U0578448

千年一诺

——西安丝绸之路申遗实录

（上册）

西安市文物局　编著

文物出版社

图书在版编目（CIP）数据

千年一诺：西安丝绸之路申遗实录：全 2 册 / 西安市文物局编著 . -- 北京：文物出版社，2015.12
ISBN 978-7-5010-4449-8

Ⅰ . ①千… Ⅱ . ①西… Ⅲ . ①文化遗产－介绍－西安市 Ⅳ . ① K294.11

中国版本图书馆 CIP 数据核字 (2015) 第 278617 号

千年一诺——西安丝绸之路申遗实录

编　　著：西安市文物局

责任编辑：李　睿
责任印制：张　丽

出版发行：文物出版社
地　　址：北京市东直门内北小街 2 号楼
网　　址：http: //www.wenwu.com
邮　　箱：web@wenwu.com
经　　销：新华书店
制　　版：北京宝蕾元科技发展有限责任公司
印　　刷：北京京都六环印刷厂
开　　本：889 × 1194 毫米　1/16
印　　张：38.25
版　　次：2015 年 12 月第 1 版
印　　次：2015 年 12 月第 1 次印刷
书　　号：ISBN 978-7-5010-4449-8
定　　价：680.00 元（全二册）

2100 多年前，中国汉代的张骞肩负和平友好使命，两次出访中亚，开启了中国同中亚各国友好交往的大门，开辟出一条横贯东西、连接欧亚的丝绸之路。

我的家乡陕西，就位于古丝绸之路的起点。站在这里，回首历史，我仿佛听到了山间回荡的声声驼铃，看到了大漠飘飞的袅袅孤烟。……

——引自国家主席习近平于 2013 年 9 月 7 日在哈萨克斯坦纳扎尔巴耶夫大学的演讲。

《千年一诺——西安丝绸之路申遗实录》编辑委员会

目 录

序

丝路起点　照亮未来

西安市文物局　郑育林

沉淀于历史的丝路文化如何传承？面向未来的丝路前途如何开拓？金秋九月，国家主席习近平，沿着古丝绸之路，先后访问中亚四国，作出了坚定而深刻的回答：共同建设“丝绸之路经济带”，共同谱写丝绸之路文明发展新篇章。这无疑赋予了作为丝绸之路起点城市的西安新的历史使命。

对于广大西安文物工作者，保护和传承古丝绸之路，是我们振兴丝绸之路的最直接最有力的实际行动。我们必须从起点再出发，借助丝路申遗这扇窗口，承载起新时代的光荣与梦想，去点亮丝绸之路的新辉煌。

实施重点项目，带动西安丝绸之路文化遗产持续保护。汉长安城未央宫遗址、唐长安城大明宫遗址、大雁塔、小雁塔、兴教寺塔五处，是已确定的“丝绸之路：起始段和天山廊道的路网”中西安段的五处遗产申报点。针对这五处遗产，西安市采取了重点投入、重点管理、重点实施的方式，在保护过程中攻克难题、解决问题。

未来我们将继续推进五处遗产精细化、科学化管理，并以大量实践探寻出的保护规律为基础，连贯持续地对明德门遗址、含光门遗址、延平门遗址、天坛遗址、大唐西市遗址、兴庆宫遗址、大清真寺、草堂寺鸠摩罗什舍利塔、大秦寺塔等丝路相关遗产点的保护项目，形成示范和带动作用。

回馈百姓民生，凝聚全社会共同保护的积极力量。西安市决定汉长安城未央宫遗址保护展示区从今年10月28日起免费向社会开放，标志着西安五处遗产点文物保护、环境治理各项工作已基本完成，并全部实现对外开放。

从实际完成情况看，文物环境整治取得了重大突破，申遗点文物所处的环境有了极大改善，使文物本身的价值得到凸显；申遗成为惠及千万百姓的民生工程，申遗工作与百姓福祉紧密相连，涉及申遗的百姓生活和生活环境已经或正在发生新的改善。

未来我们将持续加大遗产的宣传，培养公众的保护意识，使他们成为参与保护的积极力量；不断探索遗产保护与区域居民协调发展的新途径，使遗产区和周边居民成为遗产受益者与保护遗产的积极力量。

接轨国际标准，全面提升西安文化遗产保护管理工作水平。全力开展丝路申遗工作，给西安的城市管理者及文物保护实践者提供了一次近距离全面接触世界遗产的机会，使我们再一次深刻感受和认识到了世界遗产保护的精神理念、原则措施、技术方案等，严格按照世界遗产评定的程序开展工作，就是以世界遗产的保护管理要求为标杆，结合西安实际，提升全市文化遗产保护管理水平，促进城市全面发展的过程；也是不断加强地区和国家间沟通、合作、交流，提升西安开放度的过程。

未来我们将继续以丝路申遗为契机，不断推动我市文化遗产保护管理水平，发展我市文化旅游事业，促进城市文化建设，充分彰显西安丝路起点的历史地位，推动西安与丝路沿线城市全方位的交流与合作，为丝绸之路经济带建设做出贡献。（原刊于《中国文物报》2013 年 11 月 20 日）

前 言

古丝绸之路东起中国古都长安（今陕西西安），经中亚通往南亚、西亚直达欧州、北非，全长 8000 多公里，跨度近 5000 公里，在中国境内有 4400 多公里，它开通了世界上最长的陆上经济商贸之路、文化交融之路、科技交流之路，沟通了亚、欧、非各国各民族之间的联系与往来，成为东西方交流的大通道。在其形成与发展过程中，古代世界性的几大宗教和代表性的文化进行了充分交流与融合。可以说，丝绸之路是地理大发现以前一条改变世界历史与文明的大通道，它以长安为起点，面向世界，沟通了东西方文明，促进了两个文明的相互渗透。这条令人遐想的文化线路，是长期历史演变、多种文化互动交流的结果，其主干道宛若飘动的丝带，自长安往西穿越沙漠而过。长安，作为丝绸之路的起点，其悠久的历史和丰厚的丝路遗迹如同熠熠生辉的珍珠镶嵌在关中大地和丝路古道上，它们既是丝路文化不可或缺的重要载体，也是辉煌丝路的永恒见证，更是今日西安面向世界、建设丝绸之路经济带新起点的坚实文化支撑。

长安—西安

一、长安春秋

西安，古称长安、京兆、镐京等，在《史记》中被誉为“金城千里，天府之国”的形胜之地。优越的自然环境，赋予人类生存的基础条件，使西安成为中华文明的发祥地之一。早在约 100 万年前，蓝田人就在这里生存；距今约 6000 年的新石器时代，半坡人在灞河岸边建立部落，种植狩猎；2008 年，西安高陵杨官寨发现距今约 6000 余年的新石器晚期城市遗迹，被选为当年中国十大考古发现之首；此外，还有姜寨遗址、白家遗址、北李遗址、严上遗址、尚家遗址等等，反映了西安地区从新石器到商周时期人们的居住与生活及西安地区古人类发展的延续性。

古代西安第一个全国性都城是公元前 11 世纪中期周文王“作邑于丰”的丰京，以及周武王即位以后在沣河东岸营建的镐京。丰京、镐京位于沣河的西东两岸，是当时全国最大的政治、经济、文化中心，西周末年，周平王东迁，丰镐不再作为国都，春秋时期遭到严重破坏。

公元前 350 年，秦孝公迁都咸阳，首先在城内营筑冀阙，以后历代秦王又增建了许多宫殿。

秦始皇在统一全国的过程中，吸收了关东六国的宫殿建筑，又在咸阳塬上仿建六国宫室，咸阳城规模不断扩大。秦咸阳城不仅是战国时期秦国的都城，也是公元前 221 年秦统一六国、建立秦王朝后的古代西安的第二个全国性都城。

公元前 202 年，夺取秦朝末年农民起义胜利果实的刘邦在西安建立了第三个全国性都城——汉长安城。汉长安城是中国古代第一个建制完整、功能齐备的统一帝国的都城，城垣内面积约 36 平方公里。公元前 138 年，汉武帝在未央宫做出派张骞出使西域的重大决策，之后这里又成为丝绸之路的起点而备受西域各国人民的向往。公元 8 年，外戚王莽夺取西汉政权，建立新莽。公元 17 年，农民起义爆发，焚烧了汉长安城中的大部分建筑。东汉以长安为西京。东汉末年，汉献帝曾被董卓胁迫迁都长安，其后军阀混战，攻入长安，汉长安城再次遭到严重破坏。其后西晋（愍帝）以及前赵、前秦、后秦、西魏、北周、隋（文帝）等王朝相继以汉长安故城为都，但皆未能恢复西汉盛况，亦未能完成全国性的统一。

中国古代在西安建立的第四个全国性都城是规模最大、布局严谨的隋大兴、唐长安城。隋大兴城位于汉长安城东南，面积约 84 平方公里，唐建国后，仍以大兴城为都，改名长安城，仅作了局部修改和扩充，其中最重要的是在唐长安城东北扩建了大明宫。唐王朝时期国家政治鼎盛，经济繁荣，文化发达，创造了中国古代最为光辉灿烂的文明，特别是当时实行对外开放的政策，广泛吸纳外来先进文化，大力开展文化交流活动，使唐长安城成为当时世界上最大最繁荣的国际都市之一，其中的大雁塔、小雁塔就是佛教传入中原地区并融入汉族文化的标志性建筑。公元 904 年朱温胁迫唐昭宗迁都洛阳，并下令拆长安宫室屋木自渭水浮入黄河运往洛阳。隋大兴、唐长安城作为国都 320 余年，至此全部废毁。

唐以后，中国的政治经济中心东移，西安逐渐失去国都地位，成为地方性都会，作为西北重镇，西安一直控制着中国的西北和西南地区，备受历代统治者重视，经济文化建设仍得以较快地发展。

五代时，后梁改京兆府为雍州，设大安府，后唐改大安府为京兆府，后晋在京兆府设晋昌军，后汉改晋昌军为永兴军，后周仍以永兴军路为管理关中地区事务的重要机构。

北宋时期西安称京兆府城。金朝沿用宋制，设京兆府路。忽必烈建立元朝后，在潼关以西设立陕西行省，以京兆府作为陕西行省的治所，并将他的第三子忙哥剌封为安西王，镇守关中，元朝在京兆府城东北面，建造了安西王府，将“京兆府”改称“安西路”。

公元 1369 年明太祖朱元璋成立西安府，西安之名由此出现，并且沿用至今，西安今天的格局形成于明代。“西安”与“安西”同义，取西部疆土平安、稳固之意。

清朝沿明制设西安府，治所在明西安府旧址。民国时，西安曾定名西京，1949 年 5 月，西安宣告解放。

在长安—西安的漫长历史进程中，作为华夏文明的发源地之一、“丝绸之路”的起点、中国历史上的千年帝都和最早对外开放的城市，西安留下了极为丰富的文物资源。

二、西安古迹与保护

根据第三次全国文物普查显示，目前西安地区在册的各类不可移动文物点 3246 处，全国重点文物保护单位 52 处，省级文物保护单位 105 处，市（县）级文物保护单位 219 处。西安地区既有闻名于世的蓝田猿人、西安半坡、临潼姜寨等石器时代遗址；周、秦、汉、隋、唐等都城遗址；有享誉海内外的唐大、小雁塔，明西安城墙、钟鼓楼、清真寺、城隍庙等古建筑；有规模巨大的秦始皇陵、汉文帝霸陵、汉宣帝杜陵、明秦藩王十三陵等帝王陵墓；有影响深远的大慈恩寺、荐福寺、兴善寺、青龙寺、兴教寺、香积寺、华严寺、水陆庵等著名佛教寺院及石刻、佛造像；有西安事变旧址、八路军驻西安办事处旧址、革命公园等近现代重要史迹，还有许多深埋地下的文物古迹亟待人们不断去解读、诠释。丰富的地上地下文物资源，使西安的文物保护工作任务艰巨，使命光荣。

总体来说，西安市主要采取以下措施开展本地区的文物保护工作。

1. 编制保护规划

建国初期，西安市在第一次总体规划中，就确定了城市建设应避开重大历史文化遗址的重要原则。把汉长安城、秦阿房宫、唐大明宫、唐兴庆宫等几个重要遗址，规划为公共绿地，以应对新中国建立后西安第一次城市规模扩张和建设的热潮。20 世纪 80 年代初编制完成的西安市第二次总体规划，继续坚持古城保护的宗旨，提出“保护明城完整格局，显示唐城宏大规模，保护周秦汉唐重大遗址”的原则。90 年代编制的第三次西安市总体规划中，在全市土地利用规划图上标注出文物保护单位，划定文物保护单位“紫线”，确保文物安全。2004 年公布的西安市第四次总体规划中，确定了西安总体布局形态为传承古都空间发展模式，提出“新旧分制”的城市发展策略，疏解旧城、建设新城。西安四次总体规划的编制，对保持西安古城风貌，保护民族文物资源起到了积极作用。

为促进文物资源的保护和合理利用工作，西安市对一些重要的文物保护单位编制了保护规划，其中《大明宫遗址保护总体规划》、《汉长安城遗址保护总体规划》、《姜寨遗址保护总体规划》、《杜陵文物保护规划》、《秦阿房宫遗址保护总体规划》通过国家文物局审批；此外，根据遗址所在地的具体情况，编制了一些专项保护规划，如《汉长安城遗址道路保护规划》和《汉长安城遗址绿化规划》。规划的编制，为各项文物保护工作的开展提供了科学依据。

2. 设立保护机构

为加强对文物古迹的保护，西安市政府设立了专门的文物局，并先后设立了多个文物局下属基层文物保护管理机构。其中西安市文物保护考古研究院主要配合西安市基本建设开展了大量的考古勘探和发掘工作，获得丰硕科研成果；西安市西周丰镐、秦阿房宫、汉长安城、唐大明宫、西汉帝陵遗址分别成立了保管所开展相关业务工作；另有大雁塔、小雁塔、钟鼓楼等古建筑管理机构和西安事变纪念馆、八路军西安办事处纪念馆等革命纪念机构、负责西安市文物行政执法工作的西安市文物稽查大队等等。保护机构的设立促进了相关文物古迹的考古勘探、古建维修、爱国教育、文物稽查等工作的开展。

3. 加强法制建设

在《中华人民共和国文物保护法》等法律、法规的要求下，西安结合古城保护的特点，制定有针对性的地方法规。除了西安市人大于1995年出台的《西安市周丰镐、秦阿房宫、汉长安城、唐大明宫遗址保护管理条例》外，2002年，颁布了《西安历史文化名城保护条例》，明确了西安历史文化名城的保护内容、管理部门、管理要求、法律责任等重要事项。另外，为了对文物保护单位周围各类新建房屋高度进行明确限制，西安制定了《控制市区建筑高度的规定》，一定程度上控制了旧城内修建高层建筑的势头，保持了城墙及各文物点周围的通视景观。2005年，陕西省人大出台了《秦始皇陵保护条例》；2006年，对《陕西省文物保护条例》进行了修改。这些地方性法规和管理办法的制定、修改、完善工作，有效地加强了文物保护工作职能，提高了管理效率，取得了很好的成效。

4. 实施保护项目

长期以来，从国家到地方对西安的文化遗产保护工作都十分重视。在国家财政和地方政府的共同努力下，实施了多项文物保护与展示工程，并对文化遗产区域进行环境整治，探索了不同的保护展示技术，为其保护利用奠定基础。

从20世纪80年代开始，西安投入巨资对西安城墙进行全面修缮，明城墙、城河、环城林的完整保留，保持了明城（老城区）的严谨格局，体现了明代城市风貌；近几年，大明宫遗址、汉长安城遗址被国家文物局和国家财政部列为全国重点保护大遗址项目计划，投入大量资金，实施了多项保护展示项目，其核心区域得到有效保护；秦始皇兵马俑、半坡遗址、碑林、城墙等重要文物区域陆续建设成为游览景区，作为宣传展示西安古都特色的窗口；对大慈恩寺（大雁塔）、荐福寺（小雁塔）、青龙寺等皇家寺院实施保护，成为反映盛唐佛教文化的窗口；在兴庆宫和芙蓉园遗址上修建园林和恢复“曲江流饮”，显示宫廷园林文化；对于西安历史街区和历史建筑、传统民居采取积极保护措施，在旧城区划定三片传统历史街区予以整体保护；对于旧城区内的传统民居和优秀建筑进行摸底、调查、实测、提出修缮方案，引导使用单位、居民进行保护、修缮；在老城区实施了钟、鼓楼广场，西大街改造等一系列与古城保护相关的项目，凸显城市特色，使古城风貌保护与现代化建设有机融合。

在项目实施过程中，西安市还结合文物保护展示工作完成地方生态环境和人居环境的改善。如2005年实施的大明宫含元殿御道保护项目，市政府一次性投入2.2亿元，在很短的时间内，拆除了御道长630、宽400米范围内的20多万平方米建筑，动迁、安置3013户居民，改变了该区域长期以来脏乱差的生活环境，体现了文物保护与民生建设相融合的特点。

5. 加大合理利用

多年来，西安市文博系统积极举办各种展演活动，如钟鼓楼保管所的中国鼓文化展、钟楼编钟展演活动，书法艺术博物馆的“秦封泥展与城墙万人书法表演赛”，西安博物院的“海洋生物标本展”、“武则天生平剪纸展”、“秦亡于奢廉政展”、“清冶铜华、光耀长安—西安博物院藏铜镜精品展”，城墙南门举办的“长安古乐表演”等等。各文博单位的这些活动，既结合自身特点，发挥自身优势，又丰富了参观内容，充分发挥了文物的社会教育功能，实现了经济效益、社会效益双丰收。

2004 年 9~10 月，西安市在日本新泻举办的《长安文物瑰宝展》，获得极大成功。此外还经常参与国家文物局、陕西省文物局组织的各种文物外展，取得良好的宣传效应。

2006 年 10 月，在国家文物局的支持下，西安市在大明宫含元殿遗址上举办的《盛典西安》大型文化演出活动取得巨大成功。

实践证明，西安走文化遗产保护与合理利用相结合、古代文明与现代科技展示表演手段相结合、专业考古发掘成果与市民群众文化生活相结合的探索是有收获的。通过挖掘西安文化资源的厚重内涵，让现代人能够感知古代灿烂的文明和现代科技的成果，促进了文物的合理利用。

6. 开展科研探讨

西安市在进行文化遗产保护利用的探索过程中，还积极开展相关领域科研理论探讨工作，出版科研著作。20 世纪以来，先后编辑出版了《西安文博丛书》（一套 9 本）、《西安古遗址》、《西安大遗址保护》、《西安文物考古研究》、《西安南郊秦墓》、《龙首原汉墓》、《韩森寨元代壁画墓》、《唐金乡县主墓》、《汉长安城遗址保护》、《汉长安城桂宫 2 号建筑遗址保护工程报告》、《陕西省丝绸之路申遗丛书》（5 本）、《迈向世遗——西汉帝都未央宫遗址申遗之路》、《东方古都西安》等一大批业务著作，每年都有数十篇学术论文发表。科研工作的开展，提升了全市文保队伍的业务水平，总结了保护经验、拓展了保护利用新思路。

7. 促进国际合作

1995 年，中国、日本、联合国教科文组织签署协议，由保护世界文化遗产日本信托基金会提供资金，三方合作实施大明宫含元殿遗址保护工程。联合国教科文组织保护世界文化遗产日本信托基金提供 235 万美元，主要用于对含元殿遗址的考古发掘、地质调查、方案设计及遗址本体的保护，此工程 2003 年底完工。2000 年，西安市政府与挪威合作实施了回民坊化觉巷历史街区保护改造项目。

2003 年，日本政府提供无偿援助资金 2.8 亿日元，用于大明宫遗址陈列馆、唐代遗址展示厅的建设及相关器材的购置，此项目是该资金在中国首次用于文化项目，工程在 2004 年 3 月完成。

2005 年，“国际古迹遗址理事会第十五届大会”在西安举行。这是该国际组织首次在中国举办会议，也是西安市历史上接待规模最大的国际性会议。会议通过了以保护历史遗产周边环境为主要内容的《西安宣言》。《西安宣言》的发表，使西安开始了全面按照国际准则开展文化遗产保护工作的新时期。

2008 年，西安市政府在与世界银行洽谈西安城市综合交通改善项目中，确定了汉长安城未央宫遗址汉代道路保护项目，项目额度 1.65 亿元。

2006~2014 年，西安还积极参与了由联合国教科文组织世界遗产中心推进的中国及中亚相关国家联合申报丝绸之路世界文化遗产项目行动。西安市的汉长安城未央宫遗址、唐长安城大明宫遗址、大雁塔、小雁塔、兴教寺塔 5 个申报点作为“丝绸之路：长安—天山廊道的路网”第一批申遗项目于 2004 年 6 月 22 日成功入选《世界遗产名录》。

丝绸之路——世界遗产

一、丝绸之路

作为古代世界的交通网络，丝绸之路很早就存在，但是作为一种正式的学术命名，却是近代以后在学术研究中逐步确立的。1877年，德国地理学家李希霍芬（Ferdinand von Richthofen）首次在他的《中国——我的旅行成果》一书中使用了丝绸之路（The Silk Road）这个概念，把“从公元前114年到公元127年间中国与河中地区（指中亚的阿姆河与锡尔河之间的地带）以及中国与印度之间，以丝绸贸易为媒介的这条西域交通路线”叫做“丝绸之路”，即2100多年前，西汉张骞两次出使西域后逐渐形成的线形文化历史古道。其后，德国历史学家阿尔巴特·赫尔曼（A. Herrmann）在他1910年出版的《中国与叙利亚之间的古代丝绸之路》一书中，不仅沿用了李希霍芬的丝绸之路概念，而且把这条路向西延伸到了地中海和小亚细亚。从此，丝绸之路这一称谓得到世界的承认，即它是中国古代经由中亚通往南亚、西亚以及欧洲、北非的陆上贸易交往的通道，因为大量的中国丝和丝织品经由此路西传，故此称作“丝绸之路”。

丝绸之路的形成主要归功于古代西安的两个著名历史人物——雄才伟略、视野开阔的汉武帝刘彻和勇于冒险、坚韧不拔的博望侯张骞。

秦末汉初，中原战乱。匈奴首领冒顿单于逐渐统一中国北部广大地区，匈奴的军事力量日益强大，西汉初年，匈奴不断南下，袭掠西汉北部边郡。而当时的西汉政府，由于长期战乱，经济萧条，人口锐减，百姓贫困，国库空虚，军力衰弱，又有异姓诸王的隐患，因此面对实力强劲的匈奴，西汉政府采取和亲、馈赠以及消极防御的政策。其后的惠帝、文帝、景帝甚至到武帝前期，也是沿用“和亲”政策处理与匈奴关系，但匈奴并不满足，不时发兵侵扰西汉北部边界，而且还以武力控制西域诸国，阻碍了西汉王朝和西域诸国的直接交往。

汉武帝时，经过汉初六七十年“休养生息”政策的积累，国家呈现出一片繁荣富足的景象。以雄厚的经济财力为资本，武帝准备进行一场抗击匈奴的战争。在一次偶然的机会中，他听说西域的大月氏人恨透了匈奴人，只是因为没人帮他们共击匈奴人而作罢。于是武帝就在全国招募使者出使西域，想联合居住在西域的大月氏以“断匈奴右臂”。公元前138年，张骞以郎官身份应募，奉命出使。他带领一百多人从长安出发，日夜兼程西行，不料西出玉门关就被匈奴俘虏，遭到长达十余年软禁。之后他们逃脱并继续西行，先后到达大宛国、大月氏、大夏。但大月氏不想再跟匈奴打仗，张骞“断匈奴右臂”的目的没有达到，于公元前128年启程回国，为避开匈奴控制地区，他们改道翻过葱岭，沿昆仑山北麓而行，经莎车（今新疆莎车）、于阗（今新疆和田）、鄯善（今新疆若羌）等地，进入羌人居住地区，但在途中又为匈奴骑兵所获，扣押一年多。公元前126年，匈奴内乱，张骞带着妻子和助手甘父三人，乘机逃回汉朝。司马迁在《史记》中把张骞此次西行誉为“凿空”，“空”同“孔”，就是开辟孔道，意思是张骞出使西域，打通了东西方交流的通道。

公元前119年，西汉王朝为联络乌孙“断匈奴右臂”，再次派张骞出使西域。张骞此次出使带300多人，牛羊万头，并携带钱币绢帛数千万，出河西走廊向西域进发。经过4年时间他和他的副使先后到达了乌孙、大宛、康居、大月氏、大夏、安息、身毒等国。然而由于当时乌孙国内乱，其国内又素惧匈奴，故此次出使亦未能达到军事结盟，共击匈奴的目的。

张骞出使西域，虽然没有达到“断匈奴右臂”的目的，但他和他的副使们的西域之行掌握了欧亚大陆的交通线路。以张骞带回的信息为基础，西汉政府实施了对匈奴的战争，取得河西走廊的控制权。为巩固胜利果实，又修筑长城并在西域设置管理机构，使西汉政府在西域的统治得到进一步巩固和加强，维护了祖国统一，保障了丝绸之路的安全和畅通。

之后，西汉王朝又招募了大量身份低微的商人，利用政府配给的货物，从长安出发到西域各国经商。这些商人后来大部分成为富商巨贾，从而吸引更多的人在这条交通路线上从事商业贸易活动，极大地推动了中原与西域之间的物质文化交流和贸易往来。通过这条交通要道，来自欧亚的一些瓜果植物、皮货、药材、香料、珠宝首饰陆续被运入汉都长安；而西汉的丝、绸、绫、缎、绢等丝制品，也源源不断地由长安运向中亚和欧洲。因此，张骞开拓的这条东西方交流通道最初的用途是一条从长安出发，联合西域诸国打击匈奴的交通路线，是一条西汉帝国与西域各国互通使节的政治外交路线。后来，随着这条交通路线的日益繁荣和丝织业的不断发展，随着西方国家对东方丝绸的珍爱和推崇，这条开始于产丝国都、逐渐以丝绸贸易为主要特征的交通要道就在1877年被德国地理学家李希霍芬形象地称为“丝绸之路”。李希霍芬所指“丝绸之路”后被称为“沙漠绿洲丝绸之路”。

丝绸之路起始于汉代，大体完成于隋代，唐代仍延续着传统格局，宋代以后有了新的发展，它是一个历经千余年，展现人类历史活动和东西方经济文化交流的重要载体。丝绸之路按线路有陆上丝绸之路与海上丝绸之路的区别。陆上丝绸之路因地理走向不一，又分为“北方丝绸之路”与“南方丝绸之路”。陆上丝绸之路所经地区的地理景观差异很大，又被细分为“草原森林丝绸之路”、“高山峡谷丝绸之路”和“沙漠绿洲丝绸之路”。

20世纪末期至21世纪初期中国和中亚国家跨国联合申报的世界遗产项目“丝绸之路:长安——天山廊道的路网”属于“丝绸之路”东段的重要组成部分，成形于公元前2世纪~公元1世纪，兴盛于公元6~14世纪，沿用至16世纪。它连接了中原地区、河西走廊、天山南北与七河地区4个地理区域。在地理气候上跨越了亚洲东部和中部的半湿润、半干旱、干旱、甚至极干旱地带，包含了高山与平原、森林与草原、沙漠和戈壁、绿洲与河谷等丰富多彩的地貌景观，沿线文物遗存众多，是丝绸之路的主干道。

二、世界遗产

1. 世界遗产的定义

1965年在华盛顿召开的“世界遗产保护”白宫会议上提出“世界遗产”的概念，这里的“世界遗产”包括有世界重要性的自然和历史地点，提倡把文化和自然遗产联合进行保护。这是长期以来对世界遗产概念不断的反思和革新的结果。

1972年11月16日联合国教科文组织在法国巴黎通过了《保护世界文化和自然遗产公约》(简称《公约》),《公约》将文化遗产与自然遗产并列。《公约》提出“部分文化或自然遗产具有突出的重要性,因而需作为全人类的世界遗产的一部分加以保护”。《公约》阐明,世界遗产的根本特征是“具有突出的普遍价值”。《公约》对文化遗产和自然遗产分别定义。

《公约》中定义的文化遗产包括:

– 文物:从历史、艺术或科学角度看具有突出的普遍价值的建筑物、碑雕和碑画,具有考古性质成分或结构、铭文、窟洞以及联合体;

– 建筑群:从历史、艺术或科学角度看在建筑式样、分布均匀或与环境景色结合方面具有突出的普遍价值的单体或连接的建筑群;

– 遗址:从历史、审美、人种学或人类学角度看具有突出的普遍价值的人类工程或自然与人联合工程以及考古地址等地方。

《公约》中定义的自然遗产包括:

– 从审美或科学角度看具有突出的普遍价值的由物质和生物结构或这类结构群组成的自然面貌;

– 从科学或保护角度看具有突出的普遍价值的地质和自然地理结构以及明确划为受威胁的动物和植物生境区;

– 从科学、保护或自然美角度看具有突出的普遍价值的天然名胜或明确划分的自然区域。

此后,《公约》中定义的世界遗产得到大家的广泛认可,并逐渐成为参与国家最多的公约。

按照1997年初版发布的《实施保护世界文化与自然遗产公约操作指南》,对于同时或部分满足《保护世界文化与自然遗产公约》中关于文化遗产和自然遗产定义的遗产项目可以评定为自然与文化混合遗产。

1992年,联合国教科文组织世界遗产委员会第16届会议提出把“文化景观遗产”纳入《世界遗产目录》。

1994年在西班牙马德里召开的“文化线路遗产”专家会议上,一致认为应将“路线作为我们文化遗产的一部分”, 第一次提出“文化线路”这一新概念,1994~2002年间,有关文化线路的国际研讨会在欧洲等地频繁召开。

在2005年《实施保护世界文化与自然遗产公约操作指南》中,在1972年公布的《公约》基础上增加的文化遗产类型包含以下几种:文化景观、历史城镇和城镇中心、遗产运河、遗产线路。

2008年,在加拿大魁北克召开的国际古迹遗址理事会第16届大会上通过《关于文化线路的国际古迹遗址理事会宪章》,简称《文化线路宪章》。《文化线路宪章》定义的文化线路是指“任何交通线路,无论是陆路、水路、还是其他类型,拥有清晰的物理界限和自身所具有的特定活力和历史功能为特征,以服务于一个特定的明确界定的目的,且必须满足以下条件:

①它必须产生于并反映人类的相互往来和跨越较长历史时期的民族、国家、地区或大陆间的多维、持续、互惠的商品、思想、知识和价值观的相互交流;

②它必须在时间上促进受影响文化间的交流,使它们在物质和非物质遗产上都反映出来;

③它必须要集中在一个与其存在于历史联系和文化遗产相关联的动态系统中。

依此定义，遗产运河和遗产线路皆属文化遗产中的文化线路类型。《文化线路宪章》标志着文化线路正式成为世界遗产保护的新领域。

随着时代的发展和人们认知能力的不断提升，世界遗产的概念也不断得到革新和完善。当前我们认定的世界遗产是指被联合国教科文组织和世界遗产委员会确认的、目前无法替代的财富，是全人类公认的具有突出意义和普遍价值的文物古迹及自然景观。世界遗产分为：自然遗产、文化遗产、自然与文化混合遗产和文化景观。

2. 世界遗产的标准

1972 年，《保护世界文化和自然遗产公约》中定义的世界遗产得到大家的广泛认可，并逐渐成为参与国家最多的公约。

1976 年 11 月在联合国教科文组织内建立了文化遗产和自然遗产的政府间委员会，即世界遗产委员会。委员会由 21 名成员组成，负责《保护世界文化和自然遗产公约》的实施。委员会每年召开一次会议，主要决定哪些遗产可以录入《世界遗产名录》，对已列入名录的世界遗产的保护工作进行监督指导。

1977 年，初版《实施保护世界文化与自然遗产公约操作指南》发布，操作指南提供了列入世界文化和自然遗产的标准，并对其基本功能和持续修订的性质给予阐述。之后，《操作指南》逐渐成为评审世界文化和自然遗产的国际参考标准和重要指导。

《实施保护世界文化和自然遗产公约操作指南》从发布之日起，就提供了列入世界文化和自然遗产的标准，即“具有突出普遍价值”。

世界遗产委员会将“具有突出普遍价值”这一条规定为遗产列入《世界遗产名录》的标准。如果遗产符合下列一项或多项标准，委员会将会认为该遗产“具有突出的普遍价值”。

根据 2008 版《实施保护世界文化与自然遗产公约操作指南》，世界文化遗产的标准有 6 个：

①代表人类创造精神的杰作；

②体现了在一段时期内或世界某一文化区域内重要的价值观交流，对建筑、技术、古迹艺术、城镇规划或景观设计的发展产生过重大影响；

③能为现存的或已消逝的文明或文化传统提供独特的或至少是特殊的见证；

④是一种建筑、建筑群、技术整体或景观的杰出范例，展现历史上一个 (或几个) 重要发展阶段；

⑤是传统人类居住、土地使用或海洋开发的杰出范例，代表一种（或几种）文化或者人类与环境的相互作用，特别是由于不可扭转的变化的影响而变得易于损坏；

⑥与具有突出的普遍意义的事件、文化传统、观点、信仰、艺术作品或文学作品有直接或实质的联系。(委员会认为本标准最好与其他标准一起使用)。

世界自然遗产的标准有 4 个：

①绝妙的自然现象或具有罕见自然美的地区；

②是地球演化史中重要阶段的突出例证，包括生命记载和地貌演变中的地质发展过程或显著

的地质或地貌特征；

③突出代表了陆地、淡水、海岸和海洋生态系统及动植物群落演变、发展的生态和生理过程；

④是生物多样性原地保护的最重要的自然栖息地，包括从科学或保护角度具有突出的普遍价值的濒危物种栖息地。

根据比对，本文主题“丝绸之路”申遗项目符合世界文化遗产标准中的②③⑤⑥共4项，符合申报世界遗产的规定，可以申报世界文化遗产。

3. 世界遗产的申报程序

对世界遗产的申报程序概括讲主要需遵循以下几点：

①国家签署《保护世界文化和自然遗产公约》并保证保护该国的文化和自然遗产，成为缔约国；

②文化和自然遗产具有“突出普遍价值”，并列入主权国《世界遗产预备名单》；

③主权国政府组织申报工作，编写申遗文本，提交联合国教科文组织世界遗产中心；

④国际古迹遗址理事会（ICOMOS）负责文化遗产项目评估，世界保护联盟（IUCN）负责自然遗产项目评估，并撰写报告；

⑤推荐在世界遗产委员会（世界遗产大会）最后审议、表决。

⑥正式登记《世界遗产名录》。

4. 中国的世界遗产

中国于1985年12月12日加入《保护世界文化和自然遗产公约》成为缔约国，1986年开始向联合国教科文组织申报世界遗产项目，1999年10月29日当选为世界遗产委员会成员。自1987年至2014年6月低，中国先后被批准列入《世界遗产名录》的世界遗产已达47处。其中2014年申报成功的大运河项目和“丝绸之路：长安—天山廊道的路网”项目都属于文化线路遗产。

三、丝绸之路申报世界遗产工作

丝绸之路是东西方文明与文化的融合、交流和对话之路，近两千年以来为人类的共同繁荣做出重要贡献。

丝绸之路（中国段）相关文化遗产的申遗准备工作启动较早，但当时考虑到其复杂性和艰巨性，考虑到沿线众多文化遗产保护管理的难度，中国曾选择丝绸之路上条件比较成熟的文化遗产点进行单独申遗。1987年，丝绸之路上的重要历史遗迹敦煌莫高窟被列入《世界遗产名录》。

1. 联合国教科文组织启动丝绸之路申遗工作

1988年，联合国教科文组织启动了作为“文化发展十年计划”组成部分的“对话之路：丝绸之路整体性研究”项目，其目的是关注东西方交往的起源，促进东西方的交流和对话。为此，10年间，联合国教科文组织分别组织了5次国际性考察。有1990年从西安到喀什的沙漠丝绸之路、1990~1991年从威尼斯到大阪的海上丝绸之路、1991年的中亚草原丝绸之路、1992年的蒙古游牧丝绸之路，以及 1995 年尼泊尔佛教丝绸之路。

在这一项目实施的 10 年里，通过组织国际性科考和会议等活动，古老的丝绸之路重新引起各国政府、学者的关注和重视。

进入 21 世纪，联合国教科文组织加快了丝绸之路研究、考察的步伐，2003~2004 年又组织两个专家考察团，分别对中国段丝绸之路进行申遗调研，并形成了考察报告，为实质性推进中国和中亚国家联合申报丝绸之路工作奠定了基础。

2003 年，该组织提出中亚和中国的丝绸之路系列申遗准备行动计划。

2005 年 11 月，在该组织中亚地区研讨会上，通过了将丝绸之路中亚段线路遗产申报列为优先项目的行动计划。

2. 中国与中亚各国政府启动与推进丝绸之路申遗工作

2006 年，新疆吐鲁番会议和乌兹别克斯坦撒马尔罕会议标志着丝绸之路申遗工作实质性行动的开始。中国政府把丝绸之路（中国段）列入“中国世界文化遗产预备名单”，丝绸之路申遗工作进入启动与推进阶段。

2007 年，中国与中亚五国（哈萨克斯坦、吉尔吉斯斯坦、塔吉克斯坦、乌兹别克斯坦、土库曼斯坦）的代表们在法国联合国教科文组织总部共同签署了关于丝绸之路申报的《概念文件》，确认了丝绸之路的基本定义、范畴和框架，明确了申报策略和程序，达成跨国联合申遗的共识，强调将“丝绸之路沙漠绿洲线路”的中国和中亚段作为第一阶段申报范围。

2007 年底，国家文物局在甘肃兰州召开“丝绸之路申报世界文化遗产协调工作会议”，会上宣布了丝绸之路联合申遗中国段涉及 6 省区的 48 处备选遗产名单，并公布了申遗工作时间表，计划于 2010 年联合将丝绸之路沙漠之路申报世界遗产。

由于申遗工作量大、情况复杂、参与各国在文化遗产保护管理方面基础不同，以致申报工作进展缓慢，申报时间表几度被迫延后。

2011 年 5 月，世界遗产中心对丝绸之路跨国联合申遗进行重大策略调整，遗产中心的专家们提出“廊道”概念，把丝绸之路划分为若干个世界遗产，在丝绸之路的整体概念框架下，分成 54 个“廊道”。其中 20 个廊道可先行申报，以及应以跨国的形式进行联合申报，以反映并促进丝绸之路沿线的国际合作。因此，原来设计的由中国和中亚五国联合的方案也拆成两段，分别为“丝绸之路：起始段和天山廊道”（连接中国、吉尔吉斯斯坦和哈萨克斯坦）和“丝绸之路：阿姆河廊道”（连接塔吉克斯坦、土库曼斯坦和乌兹别克斯坦）。本年度重新确定丝绸之路申报世界遗产工作正式提交申遗文本的时间为 2013 年 2 月。

3. 中、哈、吉三国深入推进丝绸之路申遗工作

2012 年 7 月，经联合国教科文组织世界遗产委员会与中国及中亚五国政府共同协商，最终确定由中国与哈萨克斯坦、吉尔吉斯斯坦三国共同申报“丝绸之路：起始段和天山廊道的路网”这一项目。根据本次重新确定的申遗名单，“丝绸之路：起始段和天山廊道的路网”沿线包括中心城镇遗迹、商贸聚落遗迹、交通及防御遗迹、宗教遗迹和关联遗迹 5 类代表性遗迹共 33 处，线路

跨度近5000公里，长度达8700多公里，申报遗产区总面积42680公顷，遗产区和缓冲区总面积234464公顷。中国境内有22处考古遗址、古建筑等遗迹，哈萨克斯坦、吉尔吉斯斯坦境内各有8处和3处遗迹。遗产点的选择主要是基于其与丝绸之路之间的关系程度及其保护管理情况。中国境内的申报工作涉及陕西、甘肃、新疆、河南四个省份，遗产区总面积28421公顷，遗产区和缓冲区总面积204011公顷。

为推进工作开展，仅丝绸之路文本编制方面，中、哈、吉三国就进行了4次正式的工作会议，以及无数次的文本修改。三国都成立了由两名专家和一名政府官员组成的工作小组，定期召开会议，用英语、俄语、中文三种语言进行沟通。

2013年2月，三国正式向联合国教科文组织世界遗产中心提交了涉及中文、英文、俄文、吉尔吉斯文和哈萨克文5种文字的丝绸之路申遗文本。10月，世界遗产委员会国际专家进行了遗产点现场考察评估并撰写评估报告。

2014年6月15~25日，第38届世界遗产大会在卡塔尔首都多哈召开。会议上国际古迹遗址理事会根据丝绸之路文化遗产的历史客观实际，将项目名称更名为“丝绸之路：长安—天山廊道的路网”。6月22日，中国与哈萨克斯坦、吉尔吉斯斯坦三国联合申报的“丝绸之路：长安—天山廊道的路网”获准列入《世界遗产名录》。这是《世界遗产名录》中规模最大、历史文化内涵最丰富的文化线路，也是中国首例跨国联合申报的世界遗产项目。

从1998年到2014年，联合国教科文组织的丝绸之路申遗之路走了26年。从2006年到2014年，中国的丝绸之路申遗工作前后开展了8年，作为丝绸之路的起点和中国境内入选申遗点最多的城市，西安市的丝绸之路申遗工作与国家的决策和进度相始终。

西安丝路遗产保护——丝路经济带新起点建设

一、西安的丝路遗产

在“丝绸之路：长安—天山廊道的路网”跨国联合申报世界文化遗产工作中，西安的汉长安城未央宫遗址、唐长安城大明宫遗址、大雁塔、小雁塔、兴教寺塔5个申报点最终被列入《世界遗产名录》。

1. 遗产概况

汉长安城未央宫遗址：未央宫作为西汉都城最重要的宫殿，是汉帝国的权力中心，是汉长安城的核心组成部分，遗址位于西安市未央区，始建于公元前200年。

唐长安城大明宫遗址：唐长安城大明宫遗址位于今西安市北部的龙首原上，地处唐长安城东北、南倚唐长安城北墙而建。始建于唐太宗贞观八年（634年），高宗龙朔二年（662年）重建，次年建成。

大雁塔：大雁塔位于西安市雁塔区，即唐长安城遗址南部，又称大慈恩寺塔，始建于652年（唐代），701 年重建，经历代维修，现存塔为 1604 年（明代）修复。

小雁塔：小雁塔位于西安市碑林区，始建于 707 年（唐代），又称荐福寺塔。小雁塔初为 15 级密檐砖塔，后经多次地震损坏，又多次整修，现存 13 层，高 43.38 米。

兴教寺塔：兴教寺塔位于西安市长安区杜曲镇兴教寺内，地处少陵原畔。兴教寺西跨院名“慈恩塔院”，院内有玄奘和弟子窥基、圆测墓塔，三座塔呈“品”字形排列。

2. 遗产价值

汉长安城未央宫遗址：汉长安城未央宫遗址是丝绸之路最早的东方起点，揭示了“丝绸之路”这一人类长距离交通和交流的文化线路之缘起，是丝路文化交流的重要保障。

唐长安城大明宫遗址：唐长安城大明宫遗址是 7~10 世纪丝绸之路东方起点的宫城遗址，是丝绸之路鼎盛时期东方起点城市唐长安城的代表性遗存。

大雁塔：大雁塔是 7~8 世纪为保存玄奘法师由天竺经丝绸之路带回长安的经卷佛像而建，其所存石碑“大唐三藏圣教序”和“大唐三藏圣教序记”进一步佐证了大雁塔与丝绸之路佛教传播的历史。

小雁塔：小雁塔为保存义净带回的佛教经像而建。小雁塔所在的荐福寺，是唐代长安三大译经场之一，佐证了佛教自印度东传的历史，也见证了佛教在唐代长安的流行。小雁塔为唐代同类密檐砖塔保存至今最早的一例。

兴教寺塔：兴教寺塔是唐代高僧玄奘法师及其弟子窥基、新罗弟子圆测的舍利墓塔。兴教寺塔佐证了玄奘师徒共同翻译阐释佛经以及在东亚地区发展弘扬佛教的历史。

两座伟大的城池，三座庄严的佛塔，承载着丝绸之路起点上有关物质、精神、艺术和时间上的伟大意义，是丝绸之路从开通、发展到繁荣、鼎盛时期的重要文化遗产，是东西方文明交流、融合发展的载体和物证。

二、西安丝路遗产保护与丝路经济带新起点建设

20 世纪 90 年代，中国着手推动“新亚欧大陆桥”建设，并在 20 世纪末提出“新丝绸之路”设想。进入 21 世纪，中国“新丝绸之路”在交通走廊、能源和贸易通道方面的建设得到快速推进。2013 年 9 月中国国家主席习近平在哈萨克斯坦纳扎尔巴耶夫大学演讲时提出：“为了使我们欧亚各国经济联系更加紧密、相互合作更加深入、发展空间更加广阔，我们可以用创新的合作模式，共同建设‘丝绸之路经济带’。这是一项造福沿途各国人民的大事业。”因此，丝绸之路经济带应该是以古丝绸之路覆盖区域为基础而形成的一个新的经济发展区域。

根据中央精神，陕西省委、省政府提出建设丝绸之路经济带新起点的要求，2013 年 11 月，西安市委、市政府立足自身优势，结合新时期西安在建设丝绸之路经济带中的角色定位，制定并出台了《关于加快建设丝绸之路经济带新起点的实施方案》，提出努力把西安建设成最具发展活力、最具创新能力、最具辐射带动作用的丝绸之路经济带新起点。

丝绸之路是历史文化概念，丝绸之路经济带是经济贸易通道，是指在古丝绸之路覆盖区域内

的欧亚各国经济联系新模式，丝绸之路与丝绸之路经济带虽然并非一一对应，却有着千丝万缕的联系。因此，作为丝绸之路的起点和丝绸之路经济带的新起点，西安的丝路遗产保护与丝路经济带新起点建设也存在密不可分的联系。

1. 西安丝路遗产保护为确立丝绸之路经济带新起点地位发挥了重要支撑作用。

多年来，对于丝绸之路的起点之争在国内一直存在，其原因之一就是大家看到在全国共建丝绸之路经济带的战略中，它对经济社会发展带来的巨大机遇。西安丝路遗产保护工作使西安以一次入选 5 处丝路文化遗产的方式，使该项目名称以“丝绸之路：长安—天山廊道的路网”命名的形式佐证了西安作为古丝绸之路起点城市的历史地位。

之后，西安市委、市政府依据古丝绸之路起点的历史文化优势确定了把西安建设为丝绸之路经济带新起点的基本定位。因此，西安丝路遗产保护工作，具有深远的地缘政治文化意义和经济发展意义，也为中国与中亚、西亚乃至欧洲各国的交流合作打开了新空间，对推动丝绸之路经济带建设构想的实现，具有很强的承载和支撑作用。

2. 西安丝路遗产保护为丝路经济带新起点建设提供了丰富的文化资源。

作为丝绸之路的起点，西安经过 8 年的丝绸之路遗产保护工作，保护了 5 个遗产点的真实性和完整性，极大地改善了遗产点的周边环境，为地方民众营造了赏心悦目的文化生活空间，为西安的丝绸之路经济带新起点建设提供了丰富的文化资源。

3. 西安丝路遗产保护为丝路经济带新起点建设带来新的机遇。

首先，西安丝路遗产保护工作使西安的世界文化遗产由 1 处升为 6 处，一举奠定了西安世界文化遗产大市的地位。而世界文化遗产在国际上享有盛誉，是国际公认的顶级品牌和文化桂冠，对于扩大西安文化影响力和城市对外知名度，具有不可替代的作用，对西安的旅游业发展产生不可估量的带动效应。其次，文化遗产保护需要以经济实力作支撑。通过开展丝路遗产保护工作，既向国际社会展示了西安的文化软实力，进一步夯实了西安丝路起点的历史地位，又宣传了西安的经济实力和发展活力，对扩大西安经济对外合作发展空间具有直接推动作用，为丝路经济带新起点建设带来新的机遇。

三、立足丝路经济带新起点建设，加强西安丝路遗产保护工作

西安丝路遗产保护之路，其实质就是申遗之路，是接轨国际标准对西安历史遗存进行保护的过程，也是热爱、尊重、保护、传承西安文化遗产的过程。丝路申遗工作只是手段，而保护遗产、造福后代，唤起世界范围内对这些不可再生的世界遗产的关注并推动遗产的永续传承，才是申遗的终极目的。

虽然西安的丝路申遗成功来之不易，但未来的保护、传承更任重道远，在西安建设丝路经济带新起点的过程中应继续加强对相关丝路遗产的保护工作。

1. 深入总结丝路遗产保护成功的经验

西安丝路遗产保护工作跨时长，工作繁杂，涉及面广，难度巨大，申遗成功的工作思路和合

作模式，为进一步做好遗产保护工作探索了新道路、积累了新经验，因此，要及时总结相关工作方式方法、工作程序和注意事项，尤其是一些遗产保护中形成的成熟做法要梳理出来，为以后的遗产保护工作提供借鉴，以真正实现文化遗产保护利用事业的可持续发展。

2. 严格按照世界遗产标准加强丝路遗产保护管理

目前，西安丝路遗产保护工作申遗成功。按照国际惯例，世界遗产实行的是动态管理，如果不能严格履行承诺，不按约定的标准落实有关管理措施，随时都会被从名单上拉下来。因此，西安丝路遗产保护管理工作正式步入执行国际标准的新常态，要格外珍惜来之不易的申遗成果，以高度的文化自觉和强烈的使命感、责任感，认真履行《世界遗产公约》，切实按照世界遗产标准，完善已申报成功的 5 个遗产点的监测、管理、保护展示、环境整治等工作，兑现对世界遗产委员会的承诺，体现遗产保护管理的国际标准和西安水平。

3. 积极推动丝路申遗扩展项目

按照丝路联合申遗总体规划，西安丝路申遗工作只是丝路申遗跨国联合行动的第一步，后面还有很多扩展项目需要实施。例如西安大清真寺、含光门、天坛等 9 个丝路申遗扩展项目都需要尽早准备，扎实做好相关遗产申报的各项准备工作，争取在不久的将来，西安有更多的文化遗产列入世界遗产名录。为西安建设丝路经济带新起点储存更多的文化资源存量。

从古丝绸之路的起点，到丝绸之路经济带建设的新起点，两个历史发展阶段的重要起点，蕴含了不同的时代意义和精神，但是，它们面向世界，彰显和平、交流、共同繁荣的主题是永恒的。在西安大力推进丝绸之路经济带新起点建设的征程中，路漫漫其修远兮，西安人将继续发挥丝绸之路文化遗产的基础和领航作用，使中华民族最昂扬的开拓进取、和谐共赢的精神再次从长安出发，创造出更大的辉煌。

上篇　承诺篇

西安，一座蕴涵千年古都历史神韵的城市，一座拥有丰富丝绸之路文物资源、融合古今中外文明的古丝绸之路起点，在2014年6月22日卡塔尔首都多哈举行的第38届世界遗产大会上，西安的汉长安城未央宫遗址、唐长安城大明宫遗址、大雁塔、小雁塔、兴教寺塔作为“丝绸之路：长安—天山廊道的路网”最重要组成部分成功入选《世界遗产名录》。这是西安文化遗产保护事业追梦多年结出的硕果，是全市人民的骄傲和光荣，标志着西安丝绸之路申报世界文化遗产工作历时8年奋战终获成功。

从2006~2014年，西安丝绸之路申报世界文化遗产工作历时长、范围广，任务艰巨，参与人员众多，工作中不时出现新情况，不断遇到新抉择，不停面临新挑战。回望漫漫8年申遗之路，在联合国教科文组织世界遗产中心的持续推动下，在国家文物局、陕西省文物局和丝绸之路申遗专家的悉心指导下，在西安市人民政府的强力领导下，在市申遗办、市文物局的积极协调下，在市人民政府各部门、各直属机构、申遗各相关区（县）人民政府、管委会、各申遗点管理机构等单位的密切协作下，在全市人民的鼎力支持下，有关负责同志、专家、群众、无数申遗参与者把对世界遗产的殷殷期盼转化为实施丝绸之路申遗项目的拳拳动力，在8年的申遗征程中不言放弃、不懈坚持；积极参与、勇于承担；不畏艰难、无私奉献，最终圆满完成西安丝绸之路5个申报点的申遗文本编写、文物本体保护展示、文物周边环境整治、申遗档案建设、申遗专题陈列建设、标识系统和安防系统建设、社会宣传、验收评估、补充材料编写等各项工作任务。

总结西安丝绸之路申遗工作，实质就是在国际标准和理念的指导下对历史文物进行保护的过程，申遗成功，则是西安人民长期以来坚持文物保护工作的最大收获。

1　西安丝绸之路申遗实录 2006~2008 年：积极筹备、充分调研

1.1 概述

2006~2008 年，在联合国教科文组织世界遗产中心的推动下，在国家文物局的领导下，丝绸之路跨国联合申报世界遗产工作（中国段）初步确定 48 处文化遗产预备名单，其中西安市有 6 处 14 个点。

本阶段国家文物局初步确定预备名单后，西安市人民政府成立西安市申报世界文化遗产工作筹备领导机构；西安市人民政府有关负责同志与相关部门先后到各申遗点实地考察了解情况，积极安排布置申遗工作，解决申遗工作中存在的困难与问题；组织了西安市人民政府、市申遗办、市文物局、市财政局等部门负责人赴辽宁沈阳、吉林集安、河南洛阳、登封、山西五台山、大同云冈石窟等地考察学习申遗工作，为西安丝绸之路申遗工作积累了丰富经验；西安市文物局组织开展了申遗基础工作调查研究，启动相关申遗点的规划编制、档案建设、考古勘探、申遗本体编制等工作；西安市人民政府公布了《西安市丝绸之路历史文化遗产保护管理办法》。经过多年酝酿，西安市丝绸之路申遗工作启动。

1.2 西安丝绸之路申遗实录 2006 年——提出之年

1.2.1 申遗实录 2006 年

2006 年 8 月 1~5 日

由国家文物局、世界遗产中心主办，新疆维吾尔自治区文物局、吐鲁番行署文物局承办的中国与中亚国家“第一轮丝绸之路国际协商会”在吐鲁番市召开。来自联合国教科文组织世界遗产中心、哈萨克斯坦、吉尔吉斯斯坦、塔吉克斯坦、乌兹别克斯坦和中国的专家、管理者、利益相关者等 50 余人参会。吐鲁番会议形成了《丝绸之路跨国申报世界遗产吐鲁番初步行动计划》（中、英、俄三个版本）。该《初步行动计划》对丝绸之路进行了定义与定性，确定了世界遗产入选标准，包括真实性、完整性、保护与管理情况，并提出建立国际合作机制、专业咨询机制、制定分段实施计划等。此次会议标志着丝绸之路跨国联合申遗工作开始进入启动阶段。

2006 年 8 月 15 日

国家文物局在北京召开“丝绸之路申报世界遗产国内工作会议”，丝绸之路沿线有关省、自治区文物局有关负责同志参会。会议就贯彻落实吐鲁番会议精神做了部署，研究了丝绸之路申报的技术标准。

2006 年 9 月 10 日

为了认真贯彻落实《国务院关于加强文化遗产保护的通知》（国发 [2005]42 号）精神，加强陕西省文化遗产保护工作，继承和弘扬中华民族优秀传统文化，推动社会主义先进文化建设，陕

西省人民政府正式印发《关于贯彻落实国务院通知精神加强文化遗产保护工作的实施意见》（陕政发[2006]35号）。意见明确提出“积极做好跨国联合申报丝绸之路（陕西段）世界文化遗产相关工作。”申遗，第一次明确地出现在陕西省政府的文件中。

2006年9月26日

根据国家文物局的要求，为做好丝绸之路陕西段跨国联合申报世界文化遗产工作，陕西省人民政府批准成立丝绸之路陕西段联合申报世界文化遗产工作领导小组及办公室。

组　长：赵德全副省长

副组长：梁和平副秘书长

成员由有关厅局的主管领导组成。

办公室设在陕西省文物局，负责具体组织工作。

2006年10月25~31日

来自中亚四国（哈萨克斯坦、吉尔吉斯斯坦、塔吉克斯坦、乌兹别克斯坦）、中国、意大利、联合国教科文组织世界遗产中心和ICOMOS（国际古迹遗址理事会）的代表约40人，在乌兹别克斯坦撒马尔罕召开了丝绸之路联合申遗中亚次区域国际协商会议。中国代表团介绍了中国境内丝绸之路申遗相关遗产点预备清单。中亚各国也介绍了相关遗产点价值评估及有关保护情况。ICOMOS专家亨利·克莱尔、苏珊·丹尼尔做了有关中亚和中国联合申报战略的主旨发言。撒马尔罕会议具体讨论了丝绸之路中亚段的申报问题，会上形成了丝绸之路概念文件，标志着丝绸之路申遗工作实质性行动的开始。

2006年12月8日

国家文物局第20次局务会通过了《中国世界文化遗产预备名单》重设目录，丝绸之路陕西段

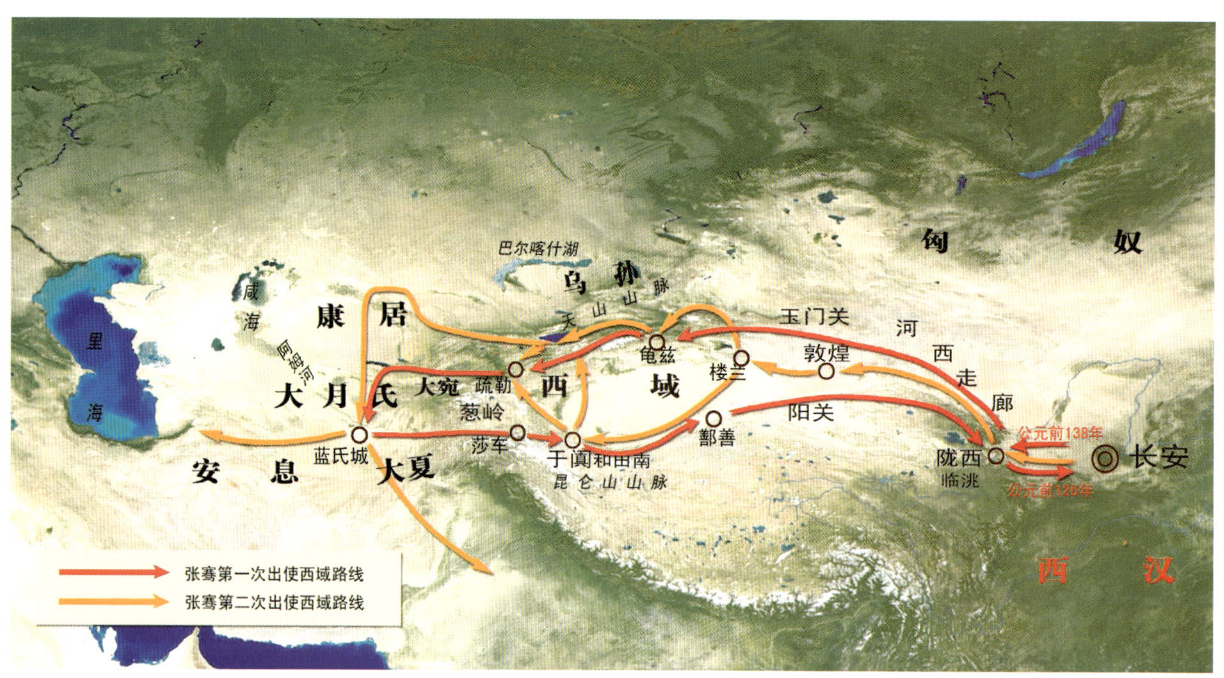

图1　张骞出使西域路线图

图 2　汉长安城未央宫前殿、椒房殿遗址

16 处文物点入选，包括汉长安城遗址、阳陵、茂陵、张骞墓、草堂寺鸠摩罗什舍利塔、唐长安城大明宫遗址、大雁塔、小雁塔、兴教寺塔、法门寺、大秦寺塔、昭陵、乾陵、大佛寺石窟、西安碑林丝路石刻群、西安清真寺。

其中西安市 9 处文物点入选，包括汉长安城遗址、草堂寺鸠摩罗什舍利塔、唐长安城大明宫遗址、大雁塔、小雁塔、兴教寺塔、大秦寺塔、西安碑林丝绸之路石刻群、西安清真寺。

2006 年 12 月 11 日

汉长安城是中国古代西汉帝国的都城，公元前 138 年张骞出使西域后，又成为丝绸之路的起点。汉长安城遗址位于西安市西北郊，是西安著名的大遗址，1961 年被国务院公布为第一批全国重点文物保护单位，也是丝绸之路申报世界遗产工作的最重要组成内容。未央宫是汉长安城的皇宫，未央宫遗址是汉长安城遗址内保存最好的区域，未央宫汉代道路保护一期工程为西安城市综合交通改善工程（世界银行）的子项目之一，该项目主要内容为汉长安城未央宫遗址内五条汉代道路的保护。（图 1，图 2）

2006 年 9 月 7 日，西安市人民政府第 17 次常务会议讨论并原则通过西安市发改委报送的《关于西安城市综合交通改善工程实施计划和建设规模及内容的请示》，明确由西安市文物局负责西安城市综合交通改善工程文化遗产子项目中的未央宫汉代道路保护一期工程。

10 月 20 日，《陕西省文物局关于汉长安城未央宫遗址汉代道路遗迹保护工程规划（送审稿）的批复》（陕文物函 [2006]275 号）发送西安市文物局。批复原则上同意按照该规划编制汉长安城未央宫道路遗迹的各项保护工程方案；规划中关于汉长安城未央宫道路遗迹的各种保护和展示方案须另行履行报批手续，得到批准后方可实施。

12 月 11 日，《西安市文物局关于申请未央宫汉代道路保护一期工程立项的函》（市文物函 [2006]450 号）致函西安市发改委，请市发改委对此项目予以批准立项。

1.2.2 结语

2006 年，新疆吐鲁番会议、乌兹别克斯坦撒马尔罕国际协商会议的召开极大地推动了丝绸之路跨国联合申报世界遗产工作，丝绸之路跨国联合申遗工作开始进入实质性阶段。在国家文物局的安排部署下，陕西省初步确定了 16 处申遗点名单，西安市有 9 处名列其中。作为丝绸之路的起点，汉长安城未央宫遗址汉代道路遗迹保护项目开始进行前期的各项准备工作。

1.3 西安丝绸之路申遗实录 2007 年——启动之年

1.3.1 申遗实录 2007 年

2007 年 1 月

中国及哈萨克斯坦、吉尔吉斯斯坦、塔吉克斯坦、乌兹别克斯坦中亚五国正式启动了丝绸之路整体申报世界文化遗产工作。

2007 年 1 月 23 日

《西安市发展和改革委员会关于未央宫汉代道路保护一期工程建设项目建议书的批复》（市发改社发 [2007]19 号）发送西安市文物局，该项目建议书编制单位为陕西省文物局西北大学文化遗产保护规划中心、西安建筑科技大学建筑设计研究院、中交第一公路勘察设计研究院。

批复对未央宫汉代道路保护一期项目有关内容批复如下：一、项目名称：未央宫汉代道路保护一期工程；二、项目单位：汉长安城遗址保管所；三、项目主管单位：西安市文物局；四、建设地址及用地：拟建地为西安市未央宫遗址区范围；五、主要建设规模：道路、桥梁、给排水、中水、电力、通信、管线综合、停车场及交通设施等附属工程；六、总投资及资金来源：计划总投资 20320 万元人民币。建设资金由市文物局通过世行贷款、争取上级文物保护专项资金及申请市政府配套等多种筹措方式解决。（图 3）

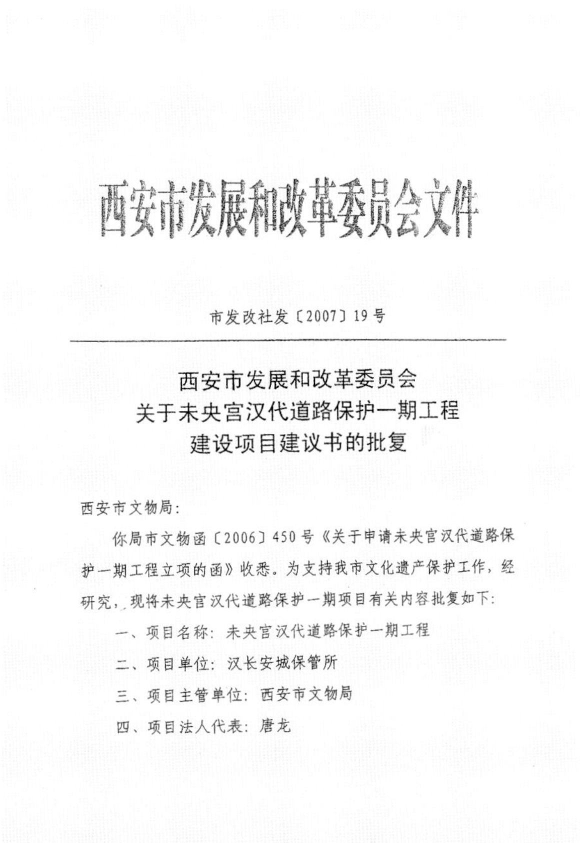

西安市发展和改革委员会文件

市发改社发〔2007〕19 号

西安市发展和改革委员会
关于未央宫汉代道路保护一期工程
建设项目建议书的批复

西安市文物局：

你局市文物函〔2006〕450 号《关于申请未央宫汉代道路保护一期工程立项的函》收悉。为支持我市文化遗产保护工作，经研究，现将未央宫汉代道路保护一期项目有关内容批复如下：

一、项目名称：未央宫汉代道路保护一期工程

二、项目单位：汉长安城保管所

三、项目主管单位：西安市文物局

四、项目法人代表：唐龙

图 3 西安市发展和改革委员会关于未央宫汉代道路保护一期工程建设项目建议书的批复

2007 年 3 月 29 日

《陕西省文物局关于转发国家文物局〈丝绸之路申遗有关国际文件〉的通知》（陕文物[2007]43 号）发送西安市文物局，通知要求各申遗点认真研究借鉴国际古迹遗址理事会世界遗产顾问苏珊 · 丹尼尔女士在丝绸之路联合申遗中亚次区域国际协商会议上做的主旨报告，报告对中国与中亚国家的丝绸之路联合申遗提出指导性意见。苏珊·丹尼尔女士的报告名称为《关于中亚丝绸之路战略途径之建议》，主要报告了背景、萨马尔罕会议之目的、目标、丝绸之路、世界遗产的文化之路、世界遗产文化之路和跨国界系列景点、丝绸之路——世界遗产的文化之路、关于丝绸之路理念的文件、中亚国家修改后并协调一致的尝试名单、首次提名问题、现存的世界遗产景点、撰就一套引导性的文件、协调一致的管理和文化旅游战略、工程资源的规划问题、主办者倡议、与其他国家之间的合作、关于所提议的开展活动的总结、萨马尔罕会议上需要讨论的具体问题共 18 个内容。（图 4）

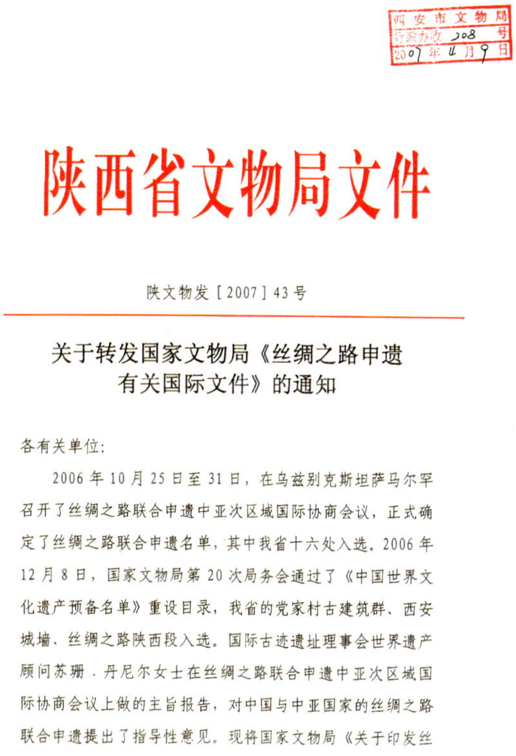

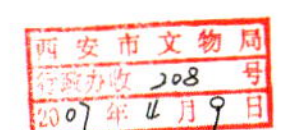

陕西省文物局文件

陕文物发［2007］43 号

关于转发国家文物局《丝绸之路申遗有关国际文件》的通知

各有关单位：

2006 年 10 月 25 日至 31 日，在乌兹别克斯坦萨马尔罕召开了丝绸之路联合申遗中亚次区域国际协商会议，正式确定了丝绸之路联合申遗名单，其中我省十六处入选。2006 年 12 月 8 日，国家文物局第 20 次局务会通过了《中国世界文化遗产预备名单》重设目录，我省的党家村古建筑群、西安城墙、丝绸之路陕西段入选。国际古迹遗址理事会世界遗产顾问苏珊 · 丹尼尔女士在丝绸之路联合申遗中亚次区域国际协商会议上做的主旨报告，对中国与中亚国家的丝绸之路联合申遗提出了指导性意见。现将国家文物局《关于印发丝

图 4　陕西省文物局关于转发国家文物局《丝绸之路申遗有关国际文件》的通知

2007 年 4 月

在“联合国教科文组织丝绸之路申遗地区研讨会”上，中国、哈萨克斯坦、吉尔吉斯斯坦、塔吉克斯坦、乌兹别克斯坦五个国家通过了 2006 年 10 月乌兹别克斯坦撒马尔罕会议上形成的丝绸之路概念文件。

2007 年 6 月 17~18 日

国家文物局在新疆乌鲁木齐召开丝绸之路跨国联合申遗第二次国内工作会议，会议邀请了考古、历史、规划、申报文本研究、石窟寺保护方面的专家并初步制定了丝绸之路申报世界遗产中国方面的工作计划。与会专家根据丝绸之路跨国联合申遗的具体要求，初步确定 48 处文化遗产预备名单，陕西省有 12 处 20 个点，分别为汉长安城遗址、茂陵、张骞墓、草堂寺鸠摩罗什舍利塔、唐长安城遗址（大明宫、大雁塔、小雁塔、西市遗址、延平门遗址、明德门遗址、含光门遗址、兴庆宫遗址、天坛遗址）、西安清真寺、兴教寺塔、法门寺、大秦寺塔、昭陵、乾陵、大佛寺石窟。其中西安市有 6 处 14 个点，分别为汉长安城遗址、草堂寺鸠摩罗什舍利塔、唐长安城遗址（大明宫、大雁塔、小雁塔、西市遗址、延平门遗址、明德门遗址、含光门遗址、兴庆宫遗址、天坛遗址）、西安清真寺、兴教寺塔、大秦寺塔。（图 5）

2007 年 7 月 9 日

汉长安城平面为不规则方形，四周筑有夯土城墙，每面城墙 3 门，共 12 座城门。直城门是汉

图 5 西安唐皇城墙含光门遗址博物馆南广场

图 6 汉长安城直城门遗址（上 - 下）

长安城西城墙中间的城门，直城门遗址是汉长安城遗址内保存较好的城门遗址、是丝绸之路申遗的重要内容。7 月 9 日，《国家文物局关于汉长安城直城门遗址保护展示方案的批复》（文物保函[2007]808 号）发送陕西省文物局。该方案设计单位为西安市文物保护修复中心和陕西省古迹遗址保护工程技术研究中心。批复原则同意汉长安城直城门遗址保护展示方案；指出该方案需修改和完善并报陕西省文物局核准后实施。（图 6）

2007 年 7 月 14~21 日

国家文物局在福建省漳州市举办为期一周的“全国世界文化遗产保护管理培训班”，西安市文物局派代表参加了此次会议。此次培训内容以世界文化遗产保护和管理的理论与实践研究为主，包括世界文化发展趋势与挑战、世界文化遗产保护与管理、文化遗产保护规划概述等课题。此次会议为全国各地的保护、管理及申报世界遗产工作提供了大量前沿信息和保护理念，使各地掌握了国际最新动态及中国世界文化遗产的发展趋势，为下一步工作的开展打下较强的理论基础。

2007 年 8 月 1 日

联合国教科文组织世界遗产中心项目专员景峰与中共西安市委常委、副市长李秋实会见时表示，今年 10 月，将在西安市举办“丝绸之路申报世界文化遗产高层论坛”，希望这次会议能确定丝绸之路申报世界文化遗产的理念，联合丝绸之路沿线城市和中亚国家共同形成一份具有国际水准的申报材料，使丝绸之路申遗工作取得实质性进展。李秋实副市长表示感谢联合国教科文组织世界遗产中心对西安文物保护工作的指导，希望能继续关注并推进西安的丝绸之路申遗工作。

2007 年 8 月 7 日

西安市文物局向西安市人民政府提交《西安市文物局关于“丝绸之路申报世界文化遗产”情况的报告》（市文物字 [2007]253 号），报告详细阐述了丝绸之路申报世界文化遗产的情况，世界文化遗产的申报要求和程序，丝绸之路申报世界文化遗产涉及西安的项目及西安市申报世界文化遗产工作的进展，建议成立“西安市丝绸之路申报世界文化遗产工作领导小组”、编制丝绸之路申报世界文化遗产保护规划等。（图 7）

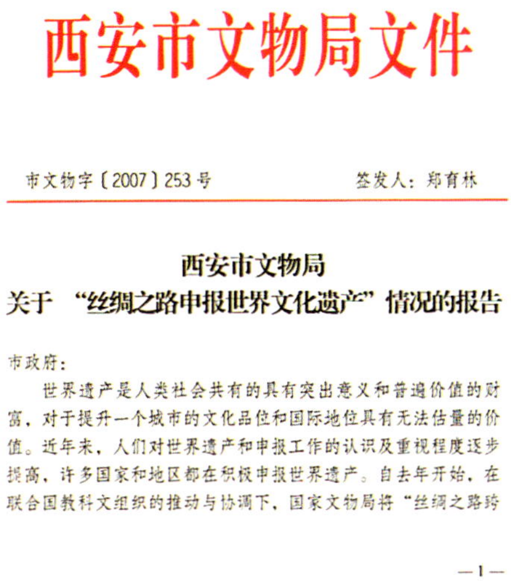

西安市文物局文件

市文物字〔2007〕253 号　　签发人：郑育林

西安市文物局
关于“丝绸之路申报世界文化遗产”情况的报告

市政府：

世界遗产是人类社会共有的具有突出意义和普遍价值的财富，对于提升一个城市的文化品位和国际地位具有无法估量的价值。近年来，人们对世界遗产和申报工作的认识及重视程度逐步提高，许多国家和地区都在积极申报世界遗产。自去年开始，在联合国教科文组织的推动与协调下，国家文物局将“丝绸之路跨

—1—

图 7　西安市文物局关于“丝绸之路申报世界文化遗产”情况的报告

2007 年 8 月 13 日

未央宫汉代道路保护一期工程为西安城市综合交通改善工程（世界银行）的子项目之一，西安市文物局为该子项目承担单位。该项目实施的主要目的是保护汉长安城未央宫汉代道路遗址的历史格局，同时将这五条道路作为未央宫遗址区域的旅游通道，结合文物保护展示项目的实施，发展旅游等相关产业。8 月 13 日，陕西省文物局《关于〈未央宫汉代道路保护一期工程可行性研究报告〉的批复》（陕文物函 [2007]232 号）发送西安市文物局，批复原则同意《可研报告》，但是涉及具体的文物保护工程要按照《文物保护法》的有关规定，履行报批手续。

2007 年 8 月 13~19 日

按照丝绸之路跨国联合申遗工作计划，受国家文物局委托，由中国社会科学院考古研究所研究员、全国政协委员安家瑶，北京市文物研究所副所长、研究员赵福生，国家文物局世界遗产处干部邢淑琴组成的“丝绸之路跨国联合申遗”专家考察评估组，在陕西省文物局领导、省内专家及国际古迹遗址理事会西安国际保护中心人员的陪同下，对陕西的唐长安城大明宫遗址、汉长安城遗址、昭陵、茂陵以及张骞墓等 19 处申遗点进行了实地考察和现场评估。8 月 13~16 日，在西安市文物局领导的陪同下，专家组对西安市的 14 个申遗点进行了现场考察，考察内容涉及遗产价值、遗址保存现状、保护管理状况等。（图 8）

2007 年 8 月 20 日

“丝绸之路（陕西段）跨国联合申遗工作座谈会”在西安举行，国家文物局丝绸之路申遗考察评估专家对陕西段申遗项目经过考察、评估提出整改意见。陕西省政府和西安市、宝鸡市、咸阳市、汉中市有关领导及省内各区县文物工作者百余人认真听取了专家的点评。专家组组长安家瑶指出，陕西和西安的申遗工作比较令人满意，但目前还存在差距需要改进。西安的文物遗迹或遗址就其本体的历史价值、科学价值、考古价值等并不存在问题，问题在于文物保护管理与国际存在差距，文

图 8 中国社会科学院考古研究所研究员安家瑶（左三）一行考察陕西丝绸之路 19 个申遗点

图 9 “丝绸之路（陕西段）跨国联合申遗工作座谈会”在西安举行

物周边的环境影响申报等。此外，专家组还建议增加“唐长安城含光门遗址”为申遗点。（图 9）

安家瑶等专家的点评大意如下——

大雁塔：大雁塔慈恩寺作为玄奘翻译从印度取回经卷的地方，其本体价值在申遗上没有任何问题。需要指出的是，大雁塔北广场在服务社会方面很好，但是音乐喷泉等是否与佛教文化相协调是应思考的问题，因为世界文化遗产国际专家届时可能会提出这样的疑问。西安市人民政府今后应引以为戒，要以保护文物主体为目标，营造文化氛围应当原汁原味，保持其完整性、真实性。慈恩寺作为唐长安城四大名寺，占地达半坊之大，其周边有大量古遗址，以前就曾发现过十多座陶窑遗址。今后在慈恩寺周边进行考古钻探，应能发现唐慈恩寺僧舍等建筑遗址，从而加厚慈恩寺文化内涵，不要重新丢失唐代遗迹。

天坛遗址：唐天坛遗址的保护符合世界文化遗产规则，其本体价值确定无疑。唐天坛遗址是圜丘遗址，建于隋代，隋朝 2 个皇帝和唐朝 19 个皇帝都在此祭天，尤其女皇武则天也曾在此祭天，女性参加祭祀是中国古代绝无仅有的事。唐天坛遗址比北京明清天坛早 1000 多年，而且比其高约 3 米。北京天坛东西南北四 个方向设陛阶而上，唐天坛十二个方向设陛阶。唐天坛遗址符合《周礼》礼制，符合《隋书》、《唐书》记载，是世界上唯一当时的祭祀建筑。天坛遗址 1999 年考古发掘时，周边村民房比天坛低。目前唐天坛遗址周边环境发生变化，民房都超过了天坛高度。这些民房应考虑是否纳入城市改造以便搬迁。另外，天坛遗址概念还包括天坛四边遗址，古代祭祀时燔烧玉帛应在天坛四边，天坛的东边陛阶和西边的路还都没有考古。所以政府应考虑收回天坛遗址旁边

部分土地，扩大天坛保护范围，建陈列厅展示发掘出土文物。（图 10）

明德门遗址：明德门是唐长安外郭城的南正门，有 5 个门道。目前遗址周边垃圾已经清除，城中村改造也把遗址保护纳入规划。故建议在城中村改造时能优先把有申遗项目的地方纳入改造范围，既可以改善遗址环境，也能适当展示明德门遗址。

延平门遗址：延平门是唐长安城西城墙最南边的一个城门。目前延平门遗址通过覆盖复原的形式展示，而且有专门物业人员管理，遗址很干净，延平门遗址保护展示工程与周边环境非常谐调，保护得非常好。此次申遗建议能把含光门遗址也加入申遗行列，因为含光门遗址地面也保存较好，唐宋文化层比较清晰。（图 11）

西市遗址：唐西市是长安城民间贸易最为宏大的市场，有西亚、中亚商人集中在此贸易经营，影响很大。西市全部面积约 1 平方公里。2006 年西市局部考古发掘出了井字形街区，东北方向的十字街揭露出来，唐代路况清楚。目前个别地点未经考古钻探而建设。建议有关方面能展示保护西市部分遗址、展出发掘文物，以期与国际专家交流。

兴庆宫遗址：兴庆宫里最主要的是勤政务本楼遗址，目前原址保存较好。建议遗址展示些出土文物、复原模型、图片说明等。（图 12）

小雁塔：小雁塔周边在绿化建设时都进行了考古钻探，周边环境也很好，申遗方面问题不大。

大清真寺：大清真寺里，伊斯兰教与中国传统建筑完美结合。寺内古建筑保存完整，符合真实性原则，其内部建筑环境符合申遗规则。但寺外的房子非常密集，不利于消防。还有旁边的相

图 10　唐天坛遗址

图 11　唐长安城延平门遗址

关单位宿舍楼高突，这些都可能对国际专家产生不利的心理影响。寺内阿訇很重视保护收藏文物，建议对这些文物建册立档。

大明宫遗址：作为大唐行政中心，大明宫遗址价值符合申遗要求。遗址布局清楚，打通御道、发掘丹凤门等都会对申遗加分。专家组建议大明宫遗址上的一些新建设施在利用完后应及时拆除，以免有碍观瞻，同时防止雨水浸入遗址。在建设大明宫遗址公园时，应充分考虑考古工作的长期性，如日本奈良平城宫已考古了 50 年，还在继续；意大利庞贝古城已考古了 100 年，还在继续。希望能尽快实施丹凤门遗址保护，以免遗址受损。

图 12　唐长安城兴庆宫勤政务本楼遗址

大秦寺、兴教寺、草堂寺：三个寺庙的塔都是最本真的古迹，其余建筑则多是晚建，所以申遗时应以塔名来申报。三寺周边应进行考古钻探，确定保护范围。寺里有许多珍贵文物，应登记造册，以免丢失。寺庙梁柱所缠绕的电线应注意防火。（图 13）

汉长安城遗址：专家组认为最有希望申遗成功的是汉长安城遗址。这里的主要轮廓、城墙遗址、宫殿遗址都基本保存完好，即使是单独申遗都有可能。未央宫前殿遗址环境保存不错。桂宫、长乐宫遗址发掘后都进行了保护展示，霸城门遗址也保护得比较好。专家组强调，务必控制汉长安城遗址内人口，尤其是外来人口，对未央宫前殿遗址应及早进行考古发掘。

图 13　户县草堂寺鸠摩罗什舍利塔保护现状

2007 年 8 月 30 日

西安市文物局《关于正式启动西安市“丝绸之路申报世界文化遗产”工作的请示》（市文物字 [2007]271 号）报请西安市人民政府，主要阐述了西安市丝绸之路申遗工作的主要内容，并请示批准成立“西安市丝绸之路申报世界文化遗产工作领导小组”和相应的工作机构，建议市政府召开全市申遗工作动员大会，并进一步加强申遗点的保护机构建设，保证申遗经费落实。（图 14）

2007 年 9 月 7 日

西安市人民政府副市长李秋实现场考察西安市各申遗点并听取西安市文物局的“申遗工作汇报”。西安市文物局有关负责同志汇报了西安申遗筹备工作进展情况、申遗点保护情况、国家文物局专家组考察结果、丝绸之路申报世界文化遗产国际学术研讨会、大明宫国家遗址公园建设国际学术论坛、丝绸之路联合申报世界文化遗产国际培训班的筹备情况等内容。（图 15）

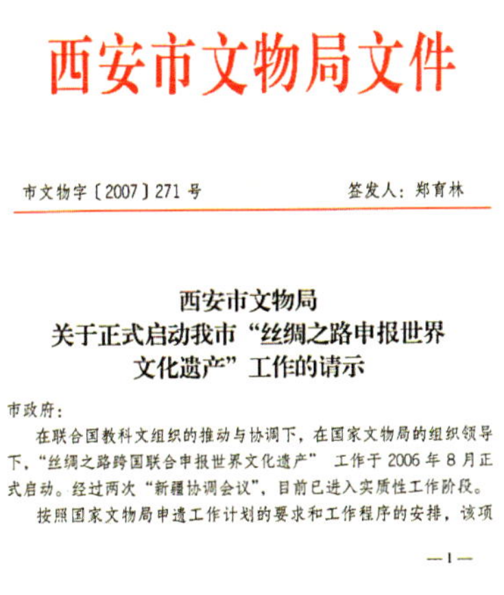

西安市文物局文件

市文物字〔2007〕271 号　　签发人：郑育林

西安市文物局
关于正式启动我市“丝绸之路申报世界
文化遗产”工作的请示

市政府：

在联合国教科文组织的推动与协调下，在国家文物局的组织领导下，“丝绸之路跨国联合申报世界文化遗产”工作于 2006 年 8 月正式启动。经过两次“新疆协调会议”，目前已进入实质性工作阶段。

按照国家文物局申遗工作计划的要求和工作程序的安排，该项

—1—

图 14　西安市文物局关于正式启动西安市丝绸之路申报世界文化遗产工作的请示

2007 年 9 月 8 日

西安市人民政府副秘书长郭艳文带队考察了河南省洛阳龙门石窟、嵩山天地之中、安阳殷墟等地的申遗工作。

2007 年 9 月 17 日

陕西省文物局《关于做好丝绸之路申报世界文化遗产申报文本编写资料工作的通知》（陕文物发 [2007]131 号）发送各相关市县文物（文化）局、宗教局及丝路申遗单位。通知指出按照国家文物局的统一部署，现阶段丝绸之路申遗的工作重点是编制申报文本。

申遗文本作为各遗产地向联合国教科文组织世界遗产中心提交的正式申请，是申遗的重要指标和评审依据，这项工作的成功与否直接关系着申遗的成败。

图 15 时任西安市人民政府副市长李秋实考察西安市各申遗点

根据国家文物局要求，陕西省的申遗文本编制工作必须于 2008 年 2 月底前完成。为此，经省文物局研究决定委托国际古迹遗址理事会西安国际保护中心（简称 IICC-X）开展全省丝绸之路申遗文本编制工作，要求各相关市县文物（文化）局、宗教局及丝路申遗单位将基础资料及时报送到国际古迹遗址理事会西安国际保护中心。

2007 年 9 月 26 日

西安市文物局《关于丝绸之路申报世界文化遗产相关工作的通知》（市文物发 [2007]294 号）发送西安市宗教局：指出在丝绸之路申报世界文化遗产预备名单中，西安市有 14 个文物点，其中属宗教、民族管理使用的共 4 处（清真寺、草堂寺、大雁塔、兴教寺），请市宗教局按照国家文物局和陕西省文物局的工作安排落实具体的工作任务和目标，确保在要求时限内完成各项工作。

2007 年 9 月

西安市文物局委托西安市城市规划设计研究院、陕西省古迹遗址保护工程技术研究中心、西北大学文化遗产保护规划中心、陕西省文化遗产研究院编制西安市各申遗点保护管理规划。

2007 年 10 月 8 日

西安市委常委、西安市人民政府副市长韩森、市文物局局长郑育林、副局长向德、市规划局副局长王西京、陕西省古迹遗址保护工程技术研究中心主任刘克成，听取了国际古迹遗址理事会副主席、国家文物局文物保护司巡视员兼世界遗产处处长郭旃对西安市各个申遗点的意见和建议。

2007 年 10 月 10 日

在中国世界文化遗产专家委员会考察评估形成推荐意见的基础上，国家文物局确定了“丝绸之路联合申报世界遗产”第一批申报项目推荐名单，公布了中国丝绸之路申报世界文化遗产的国内遗产点推荐名单（文物保函 [2007]1267 号）。名单包括 48 项申报点，其中河南省 5 处，陕西省 12 处，宁夏回族自治区 4 处，青海省 4 处，甘肃省 11 处，新疆维吾尔自治区 12 处。在陕西省的 12 处申报点中西安市有 6 处 14 点，分别为汉长安城遗址、鸠摩罗什舍利塔、唐长安城遗址（其中包含大明宫遗址、大雁塔、小雁塔、西市遗址、延平门、明德门遗址、兴庆宫遗址、天坛遗址、含光门遗址）、兴教寺塔、大秦寺塔、西安清真寺。（图 16）

2007 年 10 月 18 日

西安市人民政府召开第 14 届 24 次常务会议，会议讨论并原则通过了西安市文物局《关于正式启动我市“丝绸之路申报世界文化遗产”工作的请示》（市文物字[2007]271号）和《关于举办“丝绸之路申报世界文化遗产”系列活动的请示》。会议决定成立西安市申报世界文化遗产工作筹备领导小组，由主管文化的副市长任组长，成员由市政府分管秘书长和相关部门、区县政府负责人组成。由西安市申报世界文化遗产工作筹备领导小组对列入申报计划的文物点进行研究和进一步论证，尽快编制相关规划和工作计划，并决定于近期召开丝绸之路申遗工作动员大会。申遗工作所需机构设置，由筹备小组根据工作进程提出，报市编委会研究。申遗启动工作和系列活动的相关经费，由市财政局根据工作需要现行预付。

2007年10月25日

陕西省人民政府批准同意陕西省文物局《关于丝绸之路跨国联合申报世界文化遗产（陕西段）推荐名单的请示》（陕文物字[2007]201号）。要求各申遗相关市县按照国家文物局的要求，加强对申遗工作人力、物力、财力的支持，加大环境综合整治的力度，做好文物保护工作。

2007年10月27~31日

由国际古迹遗址理事会（ICOMOS）和国家文物局联合主办，国际古迹遗址理事会西安国际保护中心（IICC-X）承办，联合国教科文组织世界遗产中心（UNESCOWHC）支持的“丝绸之路联合申报世界遗产培训班”在西安举办。来自中亚五国以及中国境内六个省、自治区的丝绸之路沿线遗产点的近80名代表参加了培训学习。此次培训邀请到来自ICOMOS、国际文物保护与修复研究中心（ICCROM）、中国国家文物局、中国社会科学院、北京大学、清华大学、敦煌研究院、中国建筑设计

图16　西安清真寺照壁

图 17 “丝绸之路联合申遗培训班”在西安举办

研究院等机构的 13 名专家集中授课，参会代表与乌兹别克斯坦、吉尔吉斯斯坦和哈萨克斯坦的专家代表进行了交流，并在世界遗产地之一的秦始皇兵马俑博物馆进行了参观学习。培训班的举办为丝绸之路沿线各申遗点开展申遗工作提供了极大帮助，为各申遗点工作人员准备申遗文件提供了指导。（图 17）

2007 年 10 月 29 日

世界遗产专家乔拉·索拉、国内遗产专家郭旃、考古专家安家瑶、陕西省古迹遗址保护工程技术研究中心主任刘克成、西北大学文化遗产保护规划中心教授王建新等专家一行，在西安市文物局领导的陪同下，考察了西安市唐长安城明德门遗址、延平门遗址、汉长安城遗址、西安清真寺、兴教寺塔及天坛遗址等申遗点。（图 18）

图 18 世界遗产专家乔拉·索拉（右二）、国内遗产专家郭旃（右一）、考古专家安家瑶（右三）一行考察西安市申遗工作

2007 年 10 月

中国与中亚五国的代表们在法国巴黎联合国教科文组织总部共同签署了关于丝绸之路申报世界遗产的《概念文件》，确认了丝绸之路的基本定义、范畴和框架，明确了申报策略和程序，强调将丝绸之路沙漠线路的中国和中亚段作为第一阶段申报范围。

2007 年 11 月 7 日

实录一：国际古迹遗址理事会副主席、国家文物局文物保护司巡视员兼世界遗产处处长郭旃出席在西安举办的 2007 欧亚经济论坛时表示，中国联合中亚哈萨克斯坦、吉尔吉斯斯坦、塔吉克斯坦、乌兹别克斯坦等国家进行“丝绸之路”跨国申报世界文化遗产工作进展顺利。目前，有关各方已初步确定丝绸之路的时间起点为公元前 138 年张骞出使西域时起，而地理起点则初步定为中国西安。

实录二：西安市委常委、西安市人民政府副市长韩森视察汉长安城遗址保护工作，听取了西安市文物局关于汉长安城遗址保护利用工作的情况汇报。未央区政府、西安市规划局、市建委、市综合执法局、市国土局、市市容园林局等单位也做了发言。韩森副市长要求各部门做好以下工作：一是市文物局和市规划局就《汉长安城遗址保护总体规划》加强协调，尽快上报市政府和国家文物局审批。二是在“丝绸之路”跨国联合申报世界文化遗产方面，要加紧制定方案，由于汉长安城遗址是丝绸之路“申遗”工作最重要、面积最大、涉及问题较多的一个遗址点，因此，各部门要理解、支持和积极参与。三是市容管理部门就《内参》反映的遗址区垃圾问题要提出解决方案。四是遗址内的违法建筑查处工作要常抓不懈。由未央区政府和规划部门牵头，土地、综合执法和文物等部门配合，在近期进行一次检查。在这个问题上，要严格按规定办事，防止出现违规违纪问题。五是地方配合文物项目的配套土地问题，请发改委和市建委研究，逐步纳入西安市城市建设和维护计划，分期予以解决。

2007 年 11 月 22 日

西安市文物局致函西安市宗教局，要求于 11 月 29 日之前将相关申遗点规划、管理办法编制的进展情况以书面形式告知西安市文物局，以便下一步申遗工作的进行。

2007 年 11 月 26 日

为确保丝绸之路申遗相关工作的有效开展，集中力量，扎扎实实做好各阶段的工作，经研究，西安市文物局成立了丝绸之路申报世界文化遗产工作办公室，负责申遗日常性工作的组织协调、检查指导，并按照工作责任的要求，督促、落实各相关部门、各申遗单位共同做好申遗的各项前期工作。

办公室主任：向德

副主任：孙福喜

成　员：黄伟、王戈、杨小祥、郜亚秦、吴春

办公室下设综合组、财务组等机构。（图 19）

2007 年 12 月 12 日

西安市文物局组织在局会议室召开了“西安市申报世界文化遗产工作情况汇报会”。陕西省文物局、西安市文物局、西安市宗教局、IICC-X、西安市青龙寺遗址保管所、西安市大雁塔保管所、西安市大明宫遗址保管所等单位代表参加了会议。

2007 年 12 月 19 日

西安市人民政府《关于成立西安市申报世界文化遗产工作筹备领导小组的通知》（市政发 [2007]168 号）发送各区、县人民政府、市人民政府各部门、各直属机构。通知指出：为加强对西安市丝绸之路申报世界文化遗产工作的领导，经市政府研究决定：成立西安市申报世界文化遗产工作筹备领导小组和办公室。筹

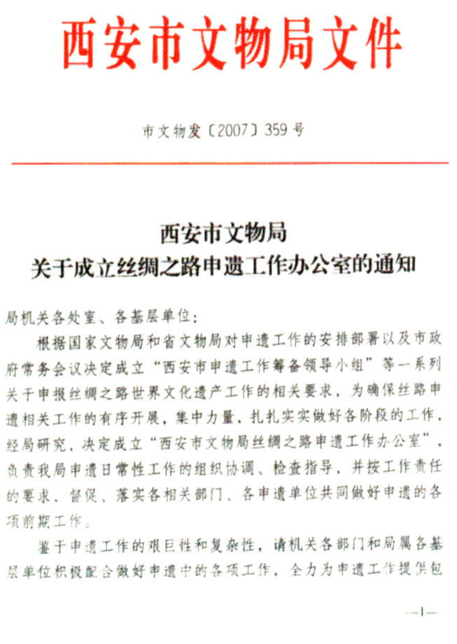

西安市文物局文件

市文物发〔2007〕359 号

西安市文物局
关于成立丝绸之路申遗工作办公室的通知

局机关各处室、各基层单位：

根据国家文物局和省文物局对申遗工作的安排部署以及市政府常务会议决定成立“西安市申遗工作筹备领导小组”等一系列关于申报丝绸之路世界文化遗产工作的相关要求，为确保丝路申遗相关工作的有序开展，集中力量，扎扎实实做好各阶段的工作，经局研究，决定成立“西安市文物局丝绸之路申遗工作办公室”，负责我局申遗日常性工作的组织协调、检查指导，并按工作责任的要求，督促、落实各相关部门、各申遗单位共同做好申遗的各项前期工作。

鉴于申遗工作的艰巨性和复杂性，请机关各部门和局属各基层单位积极配合做好申遗中的各项工作，全力为申遗工作提供包

—1—

图 19　西安市文物局关于成立丝绸之路申遗工作办公室的通知

备领导小组成员名单如下：

组　长：韩　森　西安市委常委、市人民政府副市长

副组长：兰　鹏　市政府副秘书长

郑育林　市文物局局长

向　德　市文物局副局长

成　员：任晓今　市发改委副主任

杨　宁　市财政局副局长

金维新　市国土资源局党委副书记

王西京　市规划局副局长

高省安　市建委副主任

孙智书　市城管执法局副局长

张　理　市政管委会副主任

孙福喜　市文物局副局长

贠笑冬　市宗教局副局长

杨明瑞　高新区管委会副主任

周　冰　曲江新区管委会副主任

樊大可　城墙景区管委会副主任

王　厚　新城区副区长

侯学东　碑林区副区长

徐明非　莲湖区副区长

姜长智　雁塔区副区长

袁晓莉　未央宫副区长

刘明军　长安区副区长

李美芳　周至县副县长

柴晓燕　户县副县长

筹备领导小组下设办公室，办公室设在市文物局负责具体落实工作。

办公室主任：向　德　文物局副局长

副主任：任晓今　市发改委副主任

杨　宁　市财政局副局长

王西京　市规划局副局长

高省安　市建委副主任

孙福喜　市文物局副局长（图 20）

2007 年 12 月 25 日

西安市文物局组织召开“西安市申报世界文化遗产保护规划编制讨论会”。西北大学文化遗产保护规划中心、陕西古迹遗址保护技术研究中心、西安市城市规划设计研究院等规划编制单位有关负责同志参加了会议。（图 21）

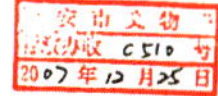

西安市人民政府文件

市政发〔2007〕168号

西安市人民政府关于
成立西安市申报世界文化遗产
工作筹备领导小组的通知

各区、县人民政府，市人民政府各工作部门，各直属机构：

为加强对我市丝绸之路申报世界文化遗产工作的领导，经市政府研究决定，成立西安市申报世界文化遗产工作筹备领导小组。领导小组成员名单如下：

组　长：韩　森　西安市副市长

副组长：兰　鹏　市政府副秘书长

郑育林　市文物局局长

—1—

图20　西安市人民政府关于成立西安市申报世界文化遗产工作筹备领导小组的通知

委　托　书

甲方（委托人）：

乙方（被委托人）：西安市城市规划设计院

兹由甲方委托乙方制作有关西安小雁塔申报世界文化遗产文本的相关规划，双方特订立此委托合同；乙方履行上述委托合同的具体劳务和甲方支付乙方的相应费用由双方另行订立合同再行约定。

本委托书一式三份，甲方贰份乙方壹份为存。

甲方（委托人）：　　　　乙方（被委托人）：

签字：　　　　签字：

签定时间：　　　　签定时间：

图21　小雁塔申报世界文化遗产文本相关规划编制委托书

2007年12月27~28日

国家文物局组织涉及丝绸之路申遗项目的6省（自治区）22个地市的政府领导和省市文物部门领导，在甘肃省兰州市召开了“丝绸之路申报世界文化遗产工作协调会”，主要目的是督促各地尽快落实丝绸之路申遗要求，并进行下一步工作部署。会议在联合国教科文组织世界遗产中心的支持和协调下，目前已形成中国与中亚国家丝绸之路联合申遗概念文件。会上宣布了丝绸之路联合申遗中国段涉及6省区的48处备选遗产名单，并计划于2010年联合将丝绸之路沙漠之路申报世界遗产。西安市人民政府、西安市文物局等有关负责同志参加了此次会议。（图22）

1.3.2 结语

2007年，为做好丝绸之路跨国联合申遗工作，国家文物局组织申遗专家对陕西段申遗项目进行了考察评估，公布了丝绸之路申报世界文化遗产的遗产点推荐名单，西安有6处14个点入选。西安市人民政府成立了丝绸之路申遗工作组织领导机构，启动了西安市丝绸之路申遗项目。西安市文物局组织规划编制单位开始各申遗点申遗保护规划的编制工作。国家文物局在甘肃省兰州市召开了“丝绸之路申报世界文化遗产工作协调会”，督促各地开展申遗工作。

图22　国家文物局在甘肃省兰州市召开“丝绸之路申报世界文化遗产工作协调会议”

1.4 西安丝绸之路申遗实录 2008 年——筹备之年

1.4.1 申遗实录 2008 年

2008 年 1 月 2 日

西安市文物局《关于贯彻落实国家文物局“丝绸之路申报世界文化遗产工作协调会”精神的请示》（市文物字 [2008]2 号）报请西安市人民政府，主要汇报了 2007 年 12 月 27~28 日兰州会议精神，提出对西安市申遗工作的建议：一是尽快召开西安市丝绸之路申遗筹备工作领导小组会议，提高各级领导、各个部门对申遗重要性的认识，分解任务、落实责任，明确工作目标；二是尽快落实申遗工作前期经费，确保申遗保护规划、保护管理办法编制工作的顺利进行；三是加强丝绸之路申遗的宣传组织工作。（图 23）

西安市文物局文件

市文物字〔2008〕2 号　　签发人：郑育林

西安市文物局
关于贯彻落实国家文物局“丝绸之路申报世界文化遗产工作协调会议”精神的请示

市政府：

2007 年 12 月 27——28 日，国家文物局组织涉及丝路申遗项目的六省（自治区）22 个地市的政府领导和省、市文物部门领导，在兰州市召开“丝绸之路申报世界文化遗产工作协调会议”，通报了丝

— 1 —

图 23　西安市文物局关于贯彻落实国家文物局“丝绸之路申报世界文化遗产工作协调会议”精神的请示

2008 年 1 月 9 日

西安市文物局致函西安市财政局，申请丝绸之路申遗工作前期准备经费。（图 24）

西安市文物局

市文物函〔2008〕4 号

西安市文物局
关于申请丝绸之路申遗工作前期准备经费的函

西安市财政局：

世界文化遗产是人类社会共有的具有突出意义和普遍价值的财富，对于提升一个城市的文化品位和国际地位具有不可估量的价值。在联合国教科文组织的推动下，在国家文物局的组织指导下，“丝绸之路跨国联合申报世界文化遗产”工作于 2006 年 8 月正式启动。作为举世公认的丝绸之路的起点城市，西安有着举起丰富的文化遗产资源，经国家文物局专家组考察，我市共有 6 处 14 个点被列入丝绸之路申报世界文化遗产推荐名单。近年来，西安市委、市政府十分重视文化遗产保护与申报工作，2007 年 10 月市政府召开了常务会议，成立丝绸之路申报世界文化遗产工作筹备领导小组，由市上分管领导担任组长，以督促此项工作的如期完成。

目前，西安市文物局对 6 处 14 个文物点的申报文本、保护规划、管理规划（管理办法）、保护展示方案编制工作进行了安排部署　为了尽快开展丝路申遗前期工作，需要工作场所、工作设置和工作人员尽快到位，所以向财政申请申遗前准备工作经费 38.18 万元，以便保护规划、实地考察等工作如期展开

— 1 —

图 24　西安市文物局关于申请丝绸之路申遗工作前期准备经费的函

2008 年 1 月 13 日

西安市文物局、西安市规划局及各申遗点申遗规划编制单位有关负责同志对西安市各申遗点进行了实地考察调研。

2008 年 1 月 15 日

西安市人民政府、西安市文物局有关负责同志对西安市部分申遗点进行了实地考察调研，详细了解了各申遗点的保存保护和管理现状。

2008 年 1 月 22 日

西安市人民政府、市文物局有关负责同志考察了西安市兴庆宫、大雁塔、小雁塔、含光门及西市等申遗点。

2008 年 1 月 28~29 日

国家文物局在河南省洛阳市召开“丝绸之路申报世界文化遗产工作交流会”，西安市文物局和西安市申遗办的同志参加了会议。会议听取了近年来成功列入世界遗产名录的相关遗产地管理部门的申遗经验介绍。此次会议的召开，推动了中国丝绸之路申遗工作的顺利

开展，对西安市的丝绸之路申遗工作具有重要借鉴作用。（图 25）

2008 年 2 月 1 日

实录一：西安市丝绸之路申报世界文化遗产规划编制工作交流会在西安市文物局会议室召开。陕西省文物局、西安市文物局、西北大学文化遗产保护规划中心、陕西省古迹遗址保护工程技术研究中心、西安市城市规划设计研究院以及陕西省古建研究所等规划编制单位有关负责同志参加了会议。会上各规划单位汇报了目前的工作进展情况，同时对各单位在规划工作中存在的一些问题进行了讨论。陕西省文物局和西安市文物局负责同志听取完各单位的汇报后，分别对规划编制工作提出具体意见和建议，同时要求各单位抓紧时间，加强相互交流，务必在规定时限内完成规划编制工作。

图 25　国家文物局在河南省洛阳市召开“全国丝绸之路申报世界文化遗产工作交流会”

实录二：西安市文物局、西安市规划局有关负责同志与陕西省古迹遗址保护工程技术研究中心主任刘克成等考察了天坛遗址、明德门遗址及西安清真寺等申遗点，就保护规划编制事宜作了针对性的探讨。

图 26　时任西安市人民政府副市长韩森（中）陪同中国社会科学院考古研究所研究员安家瑶（左一）一行考察西安申遗工作

2008 年 2 月 19 日

西安市人民政府、西安市文物局、西安市规划局有关负责同志及陕西省古迹遗址保护工程技术研究中心主任刘克成等陪同中国社会科学院考古研究所研究员、全国政协委员安家瑶考察了天坛遗址、明德门遗址、西安清真寺等申遗点。（图 26）

2008 年 2 月 22 日

中共陕西省西安市委副书记、西安市人民政府市长陈宝根召集西安市文物局、市发改委、市规划局、市财政局、市国土局、市建委、市城管执法局、市城改办、市宗教局等部门及雁塔区、莲湖区主要负责同志，实地调研了唐明德门遗址、唐天坛遗址和西安清真寺三个申遗点的环境整治工作。随后，在市政府常务会议室召开了申遗专题会议，研究西安丝绸之路申报世界文化遗产有关问题。

会议由陈宝根市长主持，陈市长强调丝绸之路“申遗”时间紧、任务重，各区县、各部门要把“申遗”工作作为西安当前和今后的一项重要工作加以重视和安排部署；要以高度负责的态度团结协作，做好各自的工作，确保西安“申遗”成功；要按照世界遗产的规范和标准，结合西安实际认真做好“申遗”保护规划编制等前期工作；要尽快落实“申遗”前期工作经费，确保工作顺利开展；要高水平建设丝绸之路“申遗”工程，使每个“申遗”点都成为西安市的新亮点。（图 27）

图 27　时任西安市人民政府市长陈宝根主持召开申遗专题会议

2008 年 3 月 5 日

西安市文物局组织召开“申遗管理办法研讨会”。西安市文物保护考古所、唐长安城大明宫遗址、青龙寺遗址、秦阿房宫遗址及西安博物院等文物局局属单位的专家和领导参加了会议。

2008 年 3 月 6 日

西安市文物局组织召开了“西安市申遗规划编制专家论证会”。会议邀请了陕西省古迹遗址保护工程技术研究中心主任刘克成、中国社会科学院考古研究所唐城考古队何岁利副研究员、西北大学文化遗产保护规划中心王建新教授、权东计教授、陕西省考古所张在明研究员等专家。陕西省文物局、西安市文物局有关负责同志也参加会议。会上，各规划单位首先汇报了西安市 7 个申遗点的规划文本，之后专家及领导们就规划体例、保护范围及价值评估等几项重要议题进行了深刻论证，并达成共识。此次会议使各规划单位的设计者对规划文本存在的问题有了清晰认识，为文本的顺利完成奠定基础。（图 28）

图 28　西安市文物局组织召开“西安市申遗规划编制专家论证会”

2008 年 3 月 13 日

西安市人民政府召集西安市文物局、市规划局、市宗教局等部门，长安区、户县、周至县等区县政府及区县文化、文物部门负责同志及兴教寺塔、鸠摩罗什舍利塔、大秦寺塔三个申遗点管理机构负责人、申遗规划编制单位工作人员一起实地考察了兴教寺塔、鸠摩罗什舍利塔及大秦寺塔三个申遗点，听取了申遗规划编制单位的意见并现场提出修改建议。

2008 年 3 月 14 日

西安市人民政府、市文物局、市发改委、市规划局、市财政局、市国土局、市建委、市宗教局等部门及未央区、莲湖区政府有关负责同志、西安丝绸之路申遗规划编制单位负责同志一行实地考察了汉长安城遗址。主要了解了申遗规划的编制情况和市文物局对申遗工作方案的汇报，市政府领导指出：丝绸之路申遗工作是一件繁重的关注任务，由于时间紧、任务重，各相关单位要紧密配合，举全市之力，确保申遗成功。

2008 年 3 月 22 日

由西安市文物局组织的“汉长安城遗址申遗工作协调会”在西安博物院召开。会议由西安市文物局副局长向德主持，未央区人民政府领导、西北大学文化遗产保护规划中心教授王建新、中国社会科学院考古所汉城队队长刘振东及西安市文物局文物处、市申遗办、市汉长安城遗址保管所相关人员参加了会议。会议首先由向德副局长介绍了汉长安城遗址申遗工作情况和面临的主要困难，王建新教授汇报了申遗规划编制情况；接下来西安市文物局和未央区人民政府共同研究部署了下一步工作任务，并各自成立工作组。未央区人民政府表示将全力配合支持申遗工作。最后向德副局长指出，各相关单位要紧密配合，加强协调，努力工作，确保此项工作的完成。

2008 年 3 月 24 日

西安市文物局、各申遗规划编制单位有关负责同志赴北京征询中国建筑设计研究院建筑历史研究所所长陈同滨对西安市申遗规划的意见。

2008 年 3 月 31 日

西安市财政局向西安市文物局拨付申遗前期准备工作专项经费。

2008 年 4 月 2 日

为尽快落实“丝绸之路”跨国申遗环境整治和遗址本体保护工作，西安市汉长安城遗址保管所致函遗址区地方政府未央宫街道办，请未央宫街道办抓紧对西安门、直城门遗址保护用地的协调工作并提出东南马寨和东张村的污水整治方案，完成未央宫前殿遗址保护用地的协调和苗圃搬迁工作。

2008 年 4 月 8~9 日

西安市财政局、西安市文物局有关负责同志赴河南省洛阳龙门石窟进行实地考察和学习，主要考察洛阳龙

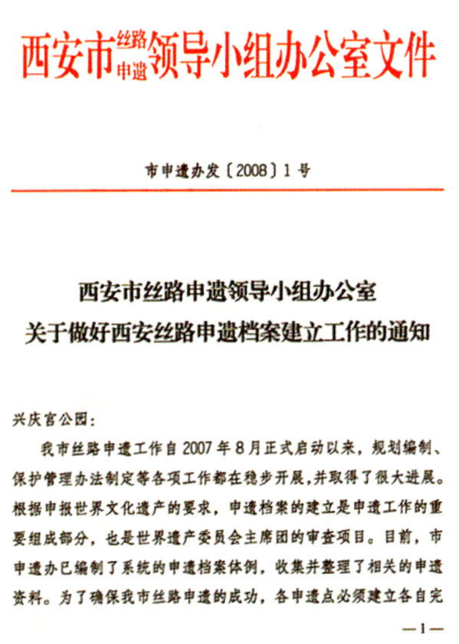

西安市丝路申遗领导小组办公室文件

市申遗办发〔2008〕1 号

西安市丝路申遗领导小组办公室
关于做好西安丝路申遗档案建立工作的通知

兴庆宫公园：

我市丝路申遗工作自 2007 年 8 月正式启动以来，规划编制、保护管理办法制定等各项工作都在稳步开展，并取得了很大进展。根据申报世界文化遗产的要求，申遗档案的建立是申遗工作的重要组成部分，也是世界遗产委员会主席团的审查项目。目前，市申遗办已编制了系统的申遗档案体例，收集并整理了相关的申遗资料。为了确保我市丝路申遗的成功，各申遗点必须建立各自完

—1—

图 29　西安市丝路申遗领导小组办公室关于做好西安丝路申遗档案建立工作的通知

门石窟申遗经费使用情况、申遗进展、相关程序及组织机构等内容。

2008 年 4 月 14 日

西安市丝绸之路申遗筹备领导小组办公室通知各申遗点，要求各申遗点制定专人负责申遗档案的建立与完善工作，并定期向市申遗办备案。（图 29）

2008 年 4 月 16~17 日

国际古迹遗址理事会副主席、国家文物局文物保护司巡视员兼世界遗产处处长郭旃带领国家文物局专家组，先后对西安市丝绸之路申遗 6 处 14 个遗址点之汉长安城遗址、唐长安城遗址（包括大明宫遗址、西市遗址、天坛遗址、明德门遗址、延平门遗址、兴庆宫遗址、含光门遗址、大雁塔和小雁塔）、鸠摩罗什舍利塔、兴教寺塔、大秦寺塔和西安清真寺等进行实地检查指导。检查中进一步明确了各申遗点的保护方案、保护范围和展示构想，现场修订了西安市丝绸之路申遗项目各申遗点的核心区和缓冲区范围，对申遗点周边环境整治提出具有建设性的意见。陕西省文物局、西安市文物局有关负责同志和负责申遗文本、保护管理规划编制单位的相关人员参加了此次检查指导工作。（图 30）

图 30　时任国际古迹遗址理事会副主席、国家文物局巡视员郭旃（右三）带领国家文物局专家组检查指导西安市丝绸之路 14 个申遗点申遗工作

2008 年 4 月 20 日

西安市未央区人民政府办公室《关于成立未央区“丝绸之路”申遗工作领导小组的通知》指出，未央区“丝绸之路”申遗工作领导小组组长是区长杨广亭、成员由相关委办局的领导组成。领导小组下设办公室，办公室设在区文物局，具体负责整个申遗工作的组织协调、检查监督等有关工作。（图 31）

西安市未央区人民政府办公室文件

未政办发〔2008〕51 号

西安市未央区人民政府办公室
关于成立未央区“丝绸之路”申遗工作
领导小组的通知

各街道办事处，区人民政府各工作部门，各直属机构：

汉长安城遗址是“丝绸之路”跨国申遗的重要组成部分。为了进一步加大汉长安城遗址保护力度，切实做好遗址及其周边申遗环境整治工作，确保国家“丝绸之路”申遗工作的顺利进行，经研究，决定成立未央区“丝绸之路”申遗工作领导小组，现将领导小组组成人员名单通知如下：

组　长：杨广亭　　区长
副组长：袁晓莉　　副区长
成　员：杨向喜　　区政府办公室主任
　　　　张广琦　　区文物局局长

－1－

图 31　西安市未央区政府办公室关于成立未央区“丝绸之路”申遗工作领导小组的通知

2008 年 4 月 24 日

国家文物局文物保护司要求各有关省、自治区文物局于 4 月 30 日之前将有关申遗材料的纸质和电子版报送文物保护司。

2008 年 4 月 25 日

西安市申报世界文化遗产工作筹备领导小组组织在西安市文物局会议室召开了“西安市丝绸之路申遗保护规划专家论证会”。参加论证会的专家有陕西省古迹遗址保护工程技术研究中心主任刘克成、西北大学文化遗产

保护规划中心王建新教授、权东计教授、中国社科院汉城考古队刘振东副研究员、中国社科院唐城考古队何岁利副研究员等。同时，陕西省文物局、西安市规划局、西安市文物局有关负责同志也参加了会议。会上，各规划单位汇报了西安市 6 处 14 个申遗点修改后的规划文本，提出文本中有待落实的问题。听取汇报后，专家及领导们本着申遗规划既能满足申遗要求，又符合西安城市建设实际需要之目标，就保护范围及管理规定等几项重要议题进行了深刻论证，最终达成共识。会议要求各规划编制单位务必在 5 月 7 日之前提交申遗规划文本。（图 32）

图 32　西安市申报世界文化遗产工作筹备领导小组组织召开“西安市丝绸之路申遗保护规划专家论证会”

2008 年 4 月 28 日

西安市申报世界文化遗产工作筹备领导小组办公室致函西安市公安局、市委宣传部、市房屋管理局、市旅游局、市市容园林局等单位，确定了以上单位为西安市丝绸之路申报世界文化遗产筹备领导小组成员单位，其主管领导为西安市丝绸之路申报世界文化遗产筹备领导小组成员。

图 33　时任西安市人民政府副秘书长李小六（右二）带队赴辽宁沈阳“故宫”、吉林集安“高句丽王城、王陵及贵族墓葬”实地调研听取申遗工作经验和具体做法

2008 年 5 月 12~15 日

由西安市人民政府副秘书长李小六同志带队，西安市文物局、市财政局、市申遗办等相关部门负责人赴辽宁沈阳“故宫”、吉林集安“高句丽王城、王陵及贵族墓葬”实地听取申遗工作经验和具体做法，并编写了申遗工作考察报告。（图 33）

2008 年 5 月 20 日

西安市申报世界文化遗产工作筹备领导小组办公室拟定了西安市丝绸之路申报世界文化遗产记

图 34 中国社会科学院考古研究所汉长安城工作队发掘直城门遗址

录档案体例，档案分为综合卷和分类卷。综合卷包括行政管理文件卷、法律文书卷、大事记卷、参考资料卷、照片卷、论文卷、图书卷、保护规划卷、环境整治卷、保护工程卷、管理办法卷。西安市 6 处 14 个申遗点设立分类卷包括四有档案、保护规划及申报文本卷、环境整治卷、保护工程卷、管理办法卷、照片卷、大事记卷、参考资料卷。

2008 年 5 月 23 日

西安市申报世界文化遗产工作筹备领导小组办公室致函西安市规划局，请规划局就丝绸之路申遗《保护管理规划》中涉及“保护区划”及“管理办法”等予以研究并提出明确意见，以便提交西安市人民政府审批。

2008 年 5 月 30 日

西安市规划局在局会议室组织召开了由西安市规划委员会总规划师韩骥主持的“西安申遗保护管理规划专家论证会”，出席此次会议的专家有中国工程院院士、中国建筑西北设计研究院总建筑师张锦秋，西安市建筑设计研究院总建筑师、高级建筑师陆晓琴，西安建筑科技大学教授吕仁义，西安市城市规划设计研究院院长、高级规划师陈道麟，市规划局原局长、高级工程师杨文晓。

2008 年 5~8 月

直城门遗址为汉长安城西城墙中间的城门遗址，是汉长安城遗址申遗工作的重要组成部分。5~8 月，中国社会科学院考古研究所汉长安城工作队发掘汉长安城直城门遗址。此次发掘面积 1400 平方米，揭示出直城门遗址的三个门道及隔墙，每个门道宽 8 米左右，相邻两个门道之间有

图 35　汉长安城直城门遗址南门道下的排水涵洞

图 37　户县草堂寺鸠摩罗什舍利塔

图 36　汉长安城直城门遗址北门道下的排水涵洞

4 米左右宽的隔墙。南门道与中门道被大量汉代红烧夯土掩埋。在北门道和南门道下面发现用楔形子母砖券顶的排水管道。（图 34、图 35、图 36）

2008 年 6 月 2~5 日

为保护丝绸之路沿线的文化遗产，推动丝绸之路系列申报世界遗产进程，由联合国教科文组织世界遗产中心与中国国家文物局共同主办，陕西省文物局承办，国际古迹遗址理事会西安国际保护中心协办的“丝绸之路系列申报世界遗产第四轮国际协商会议”在西安举行。来自中亚五国以及阿富汗、日本、伊朗、意大利、蒙古的代表以及联合国教科文组织和国际古迹遗址理事会的国际专家约80人相聚一堂，讨论丝绸之路的突出普遍价值，准备丝绸之路系列申遗项目管理的指导性文件。会议形成了新的丝绸之路申遗时间表，将申报时间由原来的2010年推迟到2011年。国家文物局和陕西省文物局为此也调整了中国丝绸之路申报世界文化遗产准备工作的通知。

2008年6月3日

西安市规划局就西安市“丝绸之路申遗”文物保护管理规划中涉及“保护区划”及“管理办法”等内容给西安市申报世界文化遗产工作筹备领导小组予以回复。原则同意大秦寺塔、鸠摩罗什舍利塔、明德门遗址、天坛遗址、汉长安城遗址规划方案；对含光门遗址、小雁塔等9处申遗点保护规划提出修改意见。（图37）

2008年6月5日

参加“丝绸之路系列申报世界遗产国际协商会”的中外专家组成员一行30余人考察汉长安城未央宫前殿遗址和直城门遗址。（图38）

图38 参加“丝绸之路系列申报世界遗产国际协商会”的中外专家组成员一行30余人考察汉长安城未央宫前殿遗址和直城门遗址

2008年6月5日~7日

由西安市人民政府副市长、市申遗工作筹备领导小组组长段先念同志带队，市政府、市文物局、市建委、市规划局、市国资局、曲江管委会、市申遗办等部门负责同志组成的西安市申遗考察组，赴河南省洛阳、登封两地，实地考察了洛阳龙门石窟成功申遗的工作经验以及登封“天地之中”历史建筑群的申遗工作情况。（图39）

图39 时任西安市人民政府副市长、市申遗筹备工作领导小组组长段先念（中）带队赴洛阳、登封两地，实地考察申遗工作情况和成功经验

2008年6月16日

西安市汉长安城遗址保管所再次致函遗址区地方政府未央宫街道办，请协调解决西安门遗址区的部分土地问题、未央宫前殿南侧苗圃搬

迁、邓六路口污水治理、道路用地和拆迁等问题。

2008 年 6 月 24 日

大秦寺位于西安周至县城东南的终南山北麓，是历史上罗马基督教传入中国最早的寺院之一，因唐朝称罗马为大秦国，故称相关寺院为大秦寺。大秦寺塔位于大秦寺遗址内大殿东侧，2006 年大秦寺塔被国务院公布为第六批全国重点文物保护单位，2007 年大秦寺塔被列入丝绸之路申报世界文化遗产预备名单。2008 年 5 月 12 日，周至大秦寺附近塔峪村村委会强行对大秦寺文管所办公用房和职工宿舍贴了封条，文管所多次交涉无果。6 月 16 日下午，西安市申报世界文化遗产工作筹备领导小组办公室检查时发现此问题，并将此事通报周至县人民政府，要求尽快调查处理并将结果报市申遗办。

图 40　西安市申报世界文化遗产工作筹备领导小组办公室召开西安市丝绸之路申遗工作协调会

2008 年 6 月 25 日

周至县人民政府致函西安市申报世界文化遗产工作筹备领导小组办公室，汇报了周至县政府对大秦寺文管所被强封的处理情况。目前，被封闭的大秦寺文管所办公用房已经启封，大秦寺文管所工作正常开展。

2008 年 6 月 27 日

西安市申报世界文化遗产工作筹备领导小组办公室在西安市人民政府会议室召开了西安市丝绸之路申遗工作协调会。会上，市申遗工作筹备领导小组向各申遗点所在的各区县、管委会介绍了西安市丝绸之路申遗点环境整治范围，并布置了环境整治前期工作任务，要求各区县、管委会在 7 月 10 日编制完成各辖区内申遗点的环境整治经费概算。（图 40）

2008 年 7 月 1 日

西安市申报世界文化遗产工作筹备领导小组办公室组织在西安市文物局会议室召开了“申遗规划编制工作答疑会”，各规划编制单位负责同志及各申遗点所在辖区的区政府负责同志参加会议。会上，各规划编制单位负责同志解答了各项目概算编制中可能存在的疑难问题。

2008 年 7 月 7 日

陕西省财政厅向西安市文物局下达文物专项保护资金，主要用于申遗点的规划编制工作。

2008 年 7 月 8 日

为进一步加强对大秦寺塔申报世界文化遗产工作的领导，经周至县人民政府研究决定，对周至县大秦寺塔申报世界文化遗产工作筹备领导小组成员进行调整，其组成人员如下：

组　长：李美芳　县政府副县长

副组长：刘佑斌　县政府办公室副主任

成　员：由县发展计划委员会、县财政局、建设局、林业局、宗教局、旅游局、国土资源局、环保局、电力局、公安局、文化体育局、楼观镇相关负责同志组成。

筹备领导小组下设办公室，办公室设在县文体局，负责落实具体工作。办公室主任由县文化体育局副局长担任。

2008 年 7 月 11 日

为进一步加强对丝绸之路申报世界文化遗产工作的领导，确保全面完成长安区丝绸之路申报世界文化遗产工作各项任务，区政府决定成立长安区丝绸之路申报世界文化遗产工作领导小组。组成人员如下：

组　长：钱虎威　区政府常务副区长

副组长：刘明军　区政府副区长

成　员：由区政府办、区文物局、区民宗局、区林业局、国土长安分局、规划长安分局、公安长安分局、区建设局、杜曲街道办相关负责同志组成。

筹备领导小组下设办公室，办公室设在区文物局，负责落实具体工作。办公室主任由区文物局田晓莉兼任。

2008 年 7~8 月

西安门遗址为汉长安城南城墙西端的城门遗址，是汉长安城遗址申报丝绸之路世界遗产的重

图 41　中国社会科学院考古研究所汉长安城工作队发掘汉长安城西安门遗址

图 42　汉长安城西安门东门道遗址

要组成内容。7~8 月，中国社会科学院考古研究所汉长安城工作队发掘汉长安城西安门遗址。发掘结果表明西安门面宽 52 米左右，进深 19~20 米。原有三个门道。现仅存东门道与中门道，西门道被现代的水渠破坏。城门东侧、城墙以北还发现一排房子，现仅存南部靠近城墙北壁的五间房。（图 41、图 42）

2008 年 7 月 14 日

中国社会科学院考古研究所学部委员刘庆柱和研究员李毓芳考察了汉长安城直城门遗址发掘工地，对考古工作进行了指导。刘庆柱先生指出，直城门遗址是汉长安城保存最完好的城门遗址之一，其发掘工作意义重大，要通过考古工作，详细了解城门规模形制；同时，保护工程方案设计单位要密切配合，做好保护方案的编制工作，为下一步的保护展示打好基础。（图 43）

图 43　中国社会科学院考古研究所学部委员刘庆柱（左一）考察汉长安城直城门遗址

2008年7月17日

西安市人民政府召集西安市文物局、市规划局、市宗教局相关负责人以及规划设计人员，对汉长安城和兴庆宫等遗址保护规划进行了专题研究。会议确定：《汉长安城遗址保护总体规划》已经市政府第46次政府常务会议原则通过，根据会议意见，市文物局又进行了补充完善，因此同意将《汉长安城遗址保护总体规划》上报国家文物局审批。

图44 国家文物局在西安组织召开“西安·唐大明宫国家大遗址保护展示示范园区暨遗址公园总体规划专家论证会”

2008年7月28日

西安市文物局《关于占压西安门遗址西门道水渠改造的函》致函西安市水务局，请西安市水务局就汉长安城西安门遗址保护方案中不改变水渠高程，不影响通流的前提下对水渠穿越城墙部分采取暗管敷设的做法予以确认。

图45 著名考古学家徐苹芳先生（右二）一行视察汉长安城直城门遗址考古工地

2008年8月3日

实录一：国家文物局组织专家在西安召开了“西安大明宫国家遗址保护示范园区暨遗址公园总体规划专家论证会”，专家们对现场进行了实地考察，并对规划进行充分论证，会议原则同意该规划，同时对规划和大明宫遗址下一阶段的保护工作提出修改意见和要求。（图44）

实录二：著名考古学家、全国哲学社会科学规划考古学组组长、中国考古学会理事长徐苹芳先生在中国社会科学院考古研究所研究员安家瑶的陪同下考察汉长安城直城门遗址考古工地。（图45）

实录三：中国建筑设计研究院建筑历史研究所所长、文化遗产保护规划国家文物局重点科研基地主任陈同滨考察汉长安城直城门遗址。

2008年8月6日

西安市申报世界文化遗产工作筹备领导小组办公室通知西安市雁塔区政府尽快报送《明德门遗址环境整治项目经费概算》。

2008 年 8 月 7 日

为积极推进大秦寺塔申报世界文化遗产工作进程，周至县申遗办在县文化体育局举办了大秦寺塔申报世界文化遗产工作知识培训班。周至县大秦寺塔申报世界文化遗产工作筹备领导小组各成员单位负责人及县文博单位负责人等 30 余人参加了培训。（图 46）

2008 年 8 月 13 日

国家文物局《关于印发大明宫国家大遗址保护展示示范园区暨遗址公园总体规划专家论证会纪要的通知》（文物保函 [2008]828 号）发送陕西省文物局，原则同意《大明宫国家大遗址保护展示示范园区暨遗址公园总体规划》。（图 47）

2008 年 8 月 14 日

中国社会科学院考古研究所所长王巍考察汉长安城直城门、西安门遗址。（图 48）

2008 年 8 月 18 日

考虑到丝绸之路跨国联合申报世界遗产工作的实际进展情况，今年 6 月在西安召开的丝绸之路申遗第四轮国际协商会形成新的申遗工作时间表，将申报时间由原来的 2010 年推迟到 2011 年。对此，国家文物局《关于做好丝绸之路申报世界文化遗产准备工作的函》（文物保函 [2008]849 号）发送陕西省文物局，对丝绸之路申遗工作做出新的部署：一是要求相关省份于 2008 年 8 月底以前提交申报文本，于 2010 年 12 月底以前将各申遗点文物保护规划报国家文物局审批；二是要求申报点所在当

图 46　周至县申遗办举办大秦寺塔申报世界文化遗产工作知识培训班

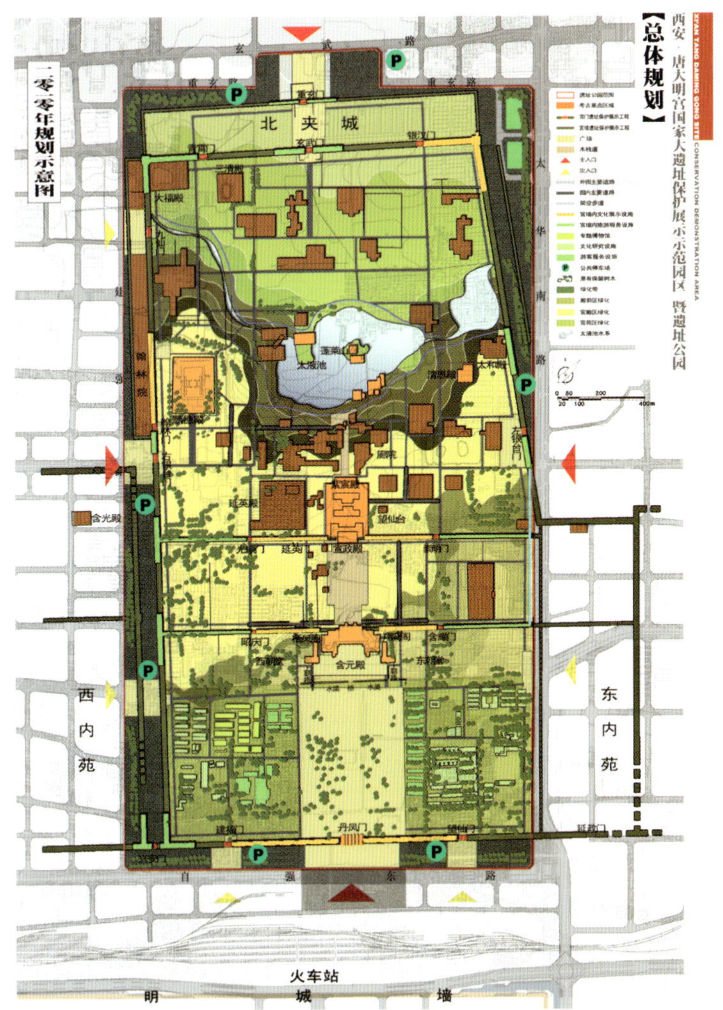

图 47　《西安唐大明宫国家大遗址保护展示示范园区暨遗址公园总体规划》2010 年规划示意图

图 48 中国社会科学院考古研究所所长王巍（右一）考察汉长安城直城门、西安门遗址

地人民政府于 2008 年 12 月底以前完成编制专项保护法规工作并尽快公布实施，于 2010 年 5 月底以前完成环境整治工作；三是完善文物展陈和旅游设施，建立健全档案和监测工作；四是加强宣传力度。

2008 年 8 月 25 日

西安市人民政府第 14 届 53 次常务会议讨论并原则通过市法制局、市文物局报送的《西安市丝绸之路历史文化遗产保护管理办法》。作为西安市加大丝绸之路申遗工作推进力度的重要措施，管理办法的出台标志着相关政策法规的进一步建立健全。

2008 年 8 月 27 日

西安清真寺，又称清真大寺，位于西安市北院门，因在大学习巷清真寺以东，故又称东大寺，是一组兼有民族传统建筑风格和伊斯兰寺院特色的古建筑群。1988 年被国务院公布为第三批全国重点文物保护单位，2007 年被列入丝绸之路申报世界文化遗产项目预备名单。

近期，清真寺牌楼等古建筑在地震结束后出现不同程度的倾斜、裂缝、部分脊瓦滑落的现象。接清真寺寺管会的报告后，西安市文物局组织专家对现场进行勘查并提出以下意见：一是尽快委托有专业资质的设计单位对牌楼、受损的碑楼进行全面详细的勘查，制定紧急抢救加固保护的方案，报省文物局同意后实施；二是按照国家文物局《关于西安清真寺古建筑维修方案的批复》文件精神，抓紧完善维修方案，尤其要抓紧编制牌楼、受损碑楼的实测和维修保护方案；三是建立寺院内古建筑的沉降、倾斜观测网，为以后的维修保护工作提供科学依据；四是对寺内的电线设置进行全面检查，加强安全防护措施。

2008 年 9 月 9 日

实录一：陕西省文物局《转发国家文物局关于西安大明宫国家遗址保护示范园区暨遗址公园总体规划专家论证会纪要的通知》（陕文物发 [2008]124 号）发送至西安市文物局，要求按照 2008 年 8 月 3 日会议专家提出的意见和要求，组织对规划进行修改完善。

实录二：西安市文物局《关于加强保护西安清真寺古建筑相关事宜的函》（市文物函 [2008]295 号）致函西安市民族事务委员会，将专家就西安清真寺内古建筑因地震受影响而提出的文物保护意见，致函西安市民族事务委员会。（图 49）

2008 年 9 月 10 日

西安市人民政府令（第 81 号）公布，《西安市丝绸之路历史文化遗产保护管理办法》已经 2008 年 8 月 25 日市人民政府第 53 次常务会议通过，自 2008 年 10 月 10 日起实施。（图 50）

2008 年 9 月 22 日

西安市文物局及西安市申遗办、西安市各申遗点的相关同志参加了陕西省文物局召开的“丝绸之路（陕西段）申报世界文化遗产工作会议”。会上讨论了申遗保护管理规划的相关问题，并对下一步申遗工作进行了部署。

2008 年 9 月 24 日

未央宫是汉长安城的皇宫，前殿是未央宫的正殿，是西汉王朝举行皇帝登基、丧事等大典大礼和重要朝会的宫殿。前殿遗址位于未央宫中东部，地面现存夯土台基南北长约 400 米，东西宽约 200 米，由南向北次第增高，最高处距离地面约 15 米。

未央宫前殿遗址是汉长安城遗址内最重要、保存最好的遗址，是汉长安城遗址申报丝绸之路世界遗产的最主要内容。遗址主要为夯筑黄土，四周设有简易保护栏杆，由于遗址本体长期处于自然裸露状态，遗址风化、冻融、植物根系破坏及游客踩踏都对遗址造成较大损害。为做好未央宫前殿遗址保护工作，未央区文物局委托陕西省古迹遗址保护工程技术研究中心制定了汉长安城未央宫前殿遗址环境整治及局部保护措施，经专家论证，该措施简单可行，且具有可逆性，对遗址不会产生破坏，并能较好解决遗址上的车辆停放、游客踩踏、局部排水问题，对保护遗址和改善环境有积极作用。9 月 24 日，西安市文物局《关于实施未央宫前殿遗址环境整治及局部保护措施的请示》（市文物字 [2008]301 号）报请陕西省文物局审批。

2008 年 9 月 26 日

实录一：汉长安城遗址是第一批全国重点文物保护单位，是国家文物局和财政部“十一五”期间重点保护的 100 处大遗址之一。由于国家文物局对

西 安 市 文 物 局

市文物函〔2008〕295 号

西安市文物局
关于加强保护西安清真寺古建筑相关事宜的函

西安市民族事务委员会：

近期，接西安清真寺寺管会报寺内牌楼等古建筑在地震后出现不同程度的倾斜、裂缝、部分脊瓦滑落的现象。我局立即组织专家组于 8 月 27 日上午对西安清真寺内的古建筑进行现场勘察。经过认真分析研究，专家一致认为，地震对寺内古建筑造成了不同程度的影响，尤其是牌楼和个别碑楼较为严重，文物安全受到影响。为此，专家提出以下意见：

一、尽快委托有专业资质的设计单位对牌楼、受损的碑楼进行全面详细的勘查，制订紧急抢救加固保护的方案，报省文物局同意后实施。

二、按照国家文物局《关于西安清真寺古建筑维修方案的批复》文件精神，抓紧完善维修方案，尤其是要抓紧编制牌楼、受损碑楼的实测和维修保护方案。

三、建立寺院内古建筑的沉降、倾斜观测网，为以后的维修

—1—

图 49　西安市文物局关于加强保护西安清真寺古建筑相关事宜的函

西安市人民政府令

第 81 号

《西安市丝绸之路历史文化遗产保护管理办法》已经 2008 年 8 月 25 日市人民政府第 53 次常务会议通过，现予公布，自 2008 年 10 月 10 日起施行。

市长　陈宝根

二〇〇八年九月十日

—1—

图 50　西安市人民政府令（第 81 号）

西安市文物局文件

市文物字（2008）304 号　　签发人：向德

西安市文物局
关于上报汉长安城遗址保护总体规划的请示

陕西省文物局：

汉长安城遗址是第一批全国重点文物保护单位，并被列入财政部、国家文物局“十一·五”大遗址保护规划，为“十一·五”规划重点保护的 100 处大遗址之一。国家文物局对汉长安城遗址保护规划项目予以立项，我局委托陕西省文物局西北大学文化遗

—1—

图 51　西安市文物局关于上报汉长安城遗址保护总体规划的请示

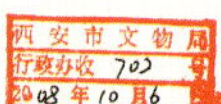

陕西省文物局文件

陕文物发〔2008〕128 号

关于做好丝绸之路（陕西段）申报
世界文化遗产工作的通知

各有关市文物局：

按照丝绸之路申报世界文化遗产准备工作的实际进展情况，今年 6 月在西安召开的丝绸之路申遗第四轮国际协商会确定了新的申遗工作时间表，将申报时间由原定的 2010 年推迟到 2011 年。为了进一步促进我省丝绸之路申报世界文化遗产工作的开展，根据国家文物局《关于做好丝绸之路申报世界文化遗产准备工作的函》的有关精神，结合我省申遗工作的实际，我局对丝绸之路（陕西段）申遗工作计划进行了调整，对下一阶段的工作做出如下安排：

一、编制申报文本．丝绸之路（陕西段）申报文本的编制，由国际古迹遗址理事会国际保护中心承担。各市文物

1

图 52　陕西省文物局关于做好丝绸之路（陕西段）申报世界文化遗产工作的通知

《汉长安城遗址保护总体规划》项目予以立项，西安市文物局委托陕西省文物局西北大学文化遗产保护规划中心实施规划的编制工作。2003 年《汉长安城遗址保护总体规划》编制完成后上报国家文物局审批，由国家文物局组织专家进行了论证并提出修改意见。根据专家意见，结合 2008 年 5 月由国务院批准的第四轮《西安市城市总体规划（2008–2020）》，西安市文物局组织规划编制单位对规划进行了修订，2008 年 5 月通过了西安市人民政府市长办公会审核。9 月 26 日，西安市文物局《关于上报汉长安城遗址保护总体规划的请示》（市文物字 [2008]304 号）上报陕西省文物局进行审批。（图 51）

实录二：陕西省文物局《关于做好丝绸之路（陕西段）申报世界文化遗产工作的通知》（陕文物发 [2008]128 号）发送西安市文物局。通知根据国家文物局《关于做好丝绸之路申报世界文化遗产准备工作的函》的有关精神，就陕西省丝绸之路申遗工作做了新的部署。（图 52）

2008 年 10 月 4 日

国际古迹遗址理事会通过了《关于文化线路的国际古迹遗址理事会宪章》，标志着文化线路正式成为世界遗产保护的新领域。

2008 年 10 月 15~17 日

陕西省政协组织部分政协委员就西安市大遗址保护及申报世界文化遗产方面情况进行视察和座谈。主要视察的申遗点有：西安清真寺、汉长安城遗址、大明宫遗址、明德门遗址、天坛遗址、大唐西市遗址、兴庆宫遗址、小雁塔。（图 53）

2008 年 10 月 20 日

陕西省人民政府办公厅通知西安市人民政府和陕西省文物局，要求按照陕西省人民政府领导在《信息快报》374 期《网称周至大秦寺遗址面临破坏危险》上的批示，解决处理大秦寺遗址面临破坏危险的问题。

2008 年 10 月 18~22 日

西安市文物局与西安市申遗办负责同志赴山西五

台山学习五台山、大同云岗石窟申遗经验。（图 54）

2008 年 10 月 23 日

西安市文物局向陕西省文物局汇报周至大秦寺遗址面临破坏危险的相关情况。

2008 年 10 月 24 日

周至县人民政府《关于大秦寺遗址遭到严重破坏查处情况的复函》致函西安市文物局，对大秦寺遗址受破坏的查处情况进行汇报：一是立即停止大秦寺周围的违法建设活动，恢复遗址原貌；二是做好相关群众和宗教居士的思想工作；三是积极配合市申遗办做好大秦寺塔保护管理规划及申遗方案；四是加强宣传工作，营造申遗氛围。

2008 年 10 月 27 日

汉长安城直城门遗址考古工作目前已基本完成，作为汉长安城遗址丝绸之路申遗工作的重要项目，西安市汉长安城遗址保管所委托西安文物保护修复中心编制了临时保护方案并报请西安市文物局审批。

2008 年 11 月 6 日

由新华社、《光明日报》等中央新闻媒体和《中国文物报》、《瞭望东方周刊》杂志组成的新闻媒体采访团采访汉长安城大遗址保护工作。（图 55）

2008 年 11 月 13 日

西安市申报世界文化遗产工作筹备领导小组办公室致函西安市广电局、莲湖区政府、市文化局、市供电局，确定了以上单位为西安市丝绸之路申报世界文化遗产筹备领

图 53　陕西省政协组织部分政协委员视察西安市大遗址保护及申报世界文化遗产方面情况

图 54　时任西安市文物局副局长向德（左一）一行赴山西五台山学习五台山申遗经验

图 55　新华社、《光明日报》、《中国文物报》、《瞭望东方周刊》杂志等新闻媒体采访团采访汉长安城大遗址保护工作

导小组成员单位，其主管领导为西安市丝绸之路申报世界文化遗产筹备领导小组成员。

2008 年 11 月 27 日

西安市申报世界文化遗产工作筹备领导小组办公室致函西安曲江新区管委会，请尽快组织编制《唐长安城——天坛遗址保护管理规划》，并于 2008 年 12 月底交到西安市文物局。

2008 年 12 月 10 日

陕西省文物局主办的“丝绸之路陕西段世界遗产申报文本评审会”顺利召开。国际古迹遗址理事会西安国际保护中心（IICC-X）做了有关《丝绸之路陕西段世界遗产申报文本编写情况》的汇报，西北大学教授李健超、王建新、黄留珠，西安市文物局原总工韩保全，陕西省文化遗产研究院周萍等专家应邀参加本次评审会，并对丝绸之路陕西段世界遗产申报文本进行了评审。听取完汇报后，与会专家客观评审了此次编写的申遗文本初稿，并对编写工作给予高度评价，一致认为该文本从历史、考古、规划等方面收集了大量基础资料，在价值评估和管理规划等主要内容方面基本符合世界遗产申报文本的要求，为丝绸之路陕西段的最后完成奠定了良好的基础。并建议补充非物质文化遗产内容，继续深化分析和整理工作，使之思路清晰、结构完整、内容翔实。

2008 年 12 月 12 日

实录一：西安市财政局向西安市文物局拨付丝绸之路申遗专项经费，用于编制西安市丝绸之路申报世界文化遗产环境整治项目可行性研究报告所需经费支出。

实录二：由于《大秦寺塔保护规划》尚未批准，给文物保护工作造成一定困难，周至县文化体育局报请西安市文物局并西安市申遗办，要求尽快明确《大秦寺塔保护规划》有关问题，以便开展丝绸之路申遗工作。

2008 年 12 月 15 日

西安市财政局向西安市文物局拨付丝绸之路申遗保护管理规划编制及申遗工作经费。

2008 年 12 月 26 日

《汉长安城遗址保护总体规划》评审会在北京召开。（图 56）

1.4.2 结语

2008 年，为学习其他世界遗产申遗成功的经验，西安市人民政府组织人员赴相关省市考察学习，并针对西安市申遗点的实际情况，逐步推进申遗各项工作的开展：在法规建设方面，西安市人民政府公布了《西安市丝绸之路历史文化遗产保护管理办法》；在组织领导机构完善方面，增加了西安市丝绸之路申报世界文化遗产筹备领导小组成员单

图 56 《汉长安城遗址保护总体规划》评审会

位，各申遗点所在区县政府设立了申遗专项工作领导机构；各申遗点启动了申遗档案的编制工作，申遗保护规划也在编制进行中，各申遗点相关的考古、文物保护工程等基础性工作开展有序。

2 西安丝绸之路申遗实录2009~2012年：正式启动、全面实施

2.1 概述

根据丝绸之路申遗进展情况和国家文物局、陕西省文物局的要求，结合西安市申遗工作实际，2009~2012年西安市丝绸之路申报世界文化遗产工作进入正式启动和全面实施阶段。本阶段西安市开展的丝绸之路申遗工作有如下几点：

一、西安市人民政府进一步调整了“西安市丝绸之路申报世界文化遗产工作领导小组”，明确了丝绸之路申遗项目实施的具体牵头负责人；成立了西安汉长安城国家大遗址保护特区建设领导小组办公室和特区管委会，特区管委会召开了汉长安城遗址申遗区域征地拆迁组织工作动员会。

二、西安市申遗办组织召开多次协调会议，主要研究丝绸之路申报世界文化遗产工作的有关问题。包括召开丝绸之路申报世界文化遗产工作动员大会；成立各级申遗领导机构；与各申遗点所在地签订《西安市丝绸之路申报世界文化遗产工作目标责任书》；协调各申遗点环境整治工作；解决社会和媒体关注的热点问题（例如唐天坛遗址保护问题；周至县大秦寺塔唐宋时代、大秦寺佛景性质之争问题；“丝绸之路起点”之争问题等）。

三、西安市申遗办组织邀请中国建筑设计研究院建筑历史研究所所长陈同滨多次进行申遗指导工作，尤其是对申遗管理规划和环境整治内容进行了具体指导。

四、西安市文物局组织完成《西安市丝绸之路申报世界文化遗产工作实施方案（2012-2013年）》的编写并报请西安市人民政府审批；组织进行了各相关申遗点的文物本体保护、展示、监测、安消防、环境整治等方面项目申报工作；开展了遗产区的考古勘探和发掘工作；组织完成基础资料报送规划编制单位工作；开展了档案资料收集和制作管理；组织完成了各申遗点保护管理办法的编制工作；组织了30多家国内主流媒体的采访宣传工作等。

五、国家文物局、陕西省人民政府、陕西省文物局和西安市人民政府有关负责同志加强对各申遗点的督促检查、地方政府积极提供经费支持。

六、西安曲江大明宫遗址保护办重点实施了大明宫国家考古遗址公园建设项目。建成西安市首个国家考古遗址公园并于2010年10月对外开放。

七、西安市文物局与未央区政府召开了多次联席会议推进汉长安城遗址申遗工作。中省合作共建汉长安城国家大遗址保护特区第一次工作会议在西安召开。

经过本阶段的精心筹备和各项基础工作的不断开展，西安市丝绸之路申报世界文化遗产工作已经拥有充分条件实施下一阶段的冲刺任务。

2.2 西安丝绸之路申遗实录2009年——落实之年

2.2.1 申遗实录2009年

2009年1月15日

经过近10年的前期调研、规划编制、专家论证和修改完善工作的开展，国家文物局批复《汉

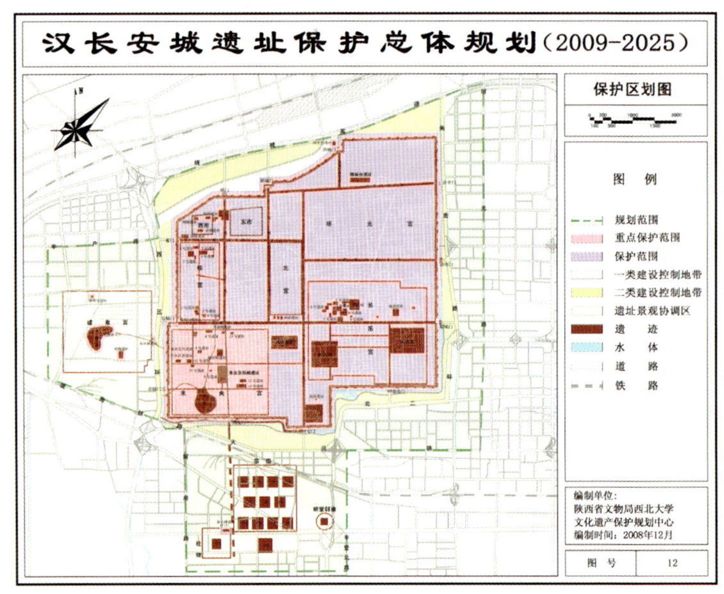

图 57 《汉长安城遗址保护总体规划》保护区划图

长安城遗址保护总体规划》（文物保函 [2009]41 号），该规划编制单位为陕西省文物局、西北大学文化遗产保护规划中心，规划的批复为汉长安城遗址保护工作的开展提供了科学指导。（图 57）

2009 年 1 月 23 日

根据丝绸之路申遗的进展情况和国家文物局、陕西省文物局的要求，结合西安市申遗工作实际，西安市文物局制订了丝绸之路申遗工作内容和新的时间安排。依据国际保护世界遗产公约精神，丝绸之路申遗工作的主要内容有以下几点：一是编制申报文本、编制保护管理规划、编制保护管理办法、编制保护展示方案和环境整治方案；二是按照世界遗产的标准，实施遗产周边的环境整治工程，实施文物本体保护展示工程；三是建立完善各丝绸之路申报世界文化申遗点的档案；四是做好丝绸之路申报世界文化遗产的相关宣传工作。国家文物局和陕西省文物局制定的新的申遗工作时间安排如下：2008 年底完成申报文本、保护管理规划、保护展示方案和环境整治方案的编制工作；2009 年 4 月底报省文物局；2010 年 3 月底前完成遗产地周边的环境整治工作；2010 年 5 月底前建立健全各申遗点的“四有”档案；2010 年 6 月至 9 月接受国际专家组评估验收。

西安市丝绸之路申遗工作点多、面广，有的申遗点处于城市建成区，特别是唐明德门遗址、天坛遗址、西安清真寺遗址以及汉长安城遗址等申遗点周边环境较差，环境整治工作难度较大，而且丝绸之路申遗工作涉及多个区县、管委会和市政府各职能部门，加上时间紧迫，需要投入的人力、物力、财力较大，任务十分艰巨。为确保申遗工作有条不紊、保质保量完成，1 月 23 日，《西安市文物局关于丝绸之路申报世界文化遗产相关问题的请示》（市文物字 [2009]9 号）报请西安市人民政府，建议市政府召开专题会议对申遗工作进行全面研究部署，主要涉及问题有三项，一是成立“西安市申报世界文化遗产工作领导小组”、“西安市申报世界文化遗产工作专家小组”；二是相关任务的分解和责任落实，审核西安市《丝绸之路申遗保护管理规划》、确定《丝绸之路申遗环境整治方案》和责任目标分解计划；三是申遗工作经费的筹集和保障，建议由市建委牵头安排各申遗点环境整治经费计划。西安市人民政府李小六副秘书长 2 月 3 日批示：一、拟召开专题会议开始全面启动，建议联系确定陈宝根市长工作时间；二、请文物局就环境整治方面的问题再做细致梳理。（图 58）

2009 年 2 月 11 日

西安市人民政府办公厅组织召开丝绸之路申报世界文化遗产工作有关问题的会议，会议由中共陕西省西安市委副书记、西安市人民政府市长陈宝根主持。参加会议的有市政府有关负责同志；市

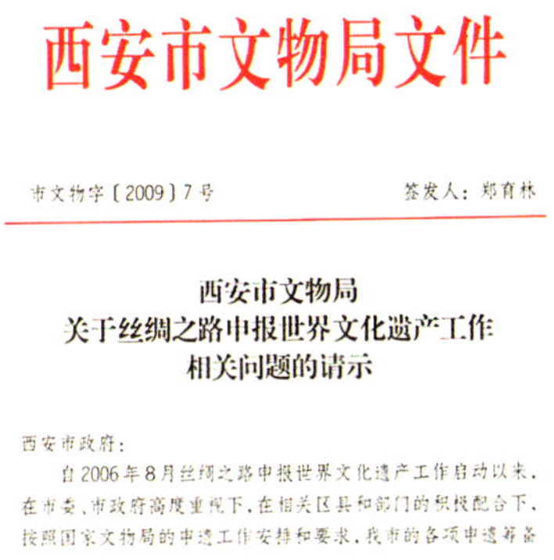

委宣传部、市宗教局、市发改委、市公安局、市财政局、市国土局、市规划局、市建委、市市政管委会、市旅游局、市文化局、市环保局、市广播电视局、市文物局、市城管执法局、市城中村改造办、市房管局、市市容园林局、市拆迁办、西安供电局、西安城投集团有关负责同志；城墙景区管委会、高新区管委会、曲江新区管委会有关负责同志；新城区政府、碑林区政府、莲湖区政府、未央区政府、长安区政府、户县政府、周至县政府有关负责同志。会议议程有三项：一是由西安市文物局汇报丝绸之路申报世界文化遗产工作有关情况；二是相关单位讨论；三是领导讲话。

西安市文物局文件

市文物字〔2009〕7号　　签发人：郑育林

西安市文物局
关于丝绸之路申报世界文化遗产工作
相关问题的请示

西安市政府：

自2006年8月丝绸之路申报世界文化遗产工作启动以来，在市委、市政府高度重视下，在相关区县和部门的积极配合下，按照国家文物局的申遗工作安排和要求，我市的各项申遗筹备

图58　西安市文物局关于丝绸之路申报世界文化遗产工作相关问题的请示

2009年2月12日

实录一：西安市人民政府组织召开了北院门地区旅游景点周边环境整治工作专题会议。会后，市政府有关负责同志与市规划局、莲湖区政府的有关同志召开专题会议，议题是研究北院门地区旅游景点周边环境整治有关问题。会议确定清真大寺及化觉巷区域改造要按照《北院门历史文化街区保护更新利用详细规划》和清真大寺丝绸之路申遗的要求，拆除寺院围墙外30米范围内乱搭乱建建筑，将超高建筑降为3层。由市房管局负责为降层后按规划方案修复的房屋补办房屋产权证。（图59）

实录二：《西安市建委关于丝绸之路申遗项目环境整治及文物保护费用有关情况的汇报》报请西安市人民政府副秘书长李小六，建议申遗项目环境整治采用与提升年相关项目、“重点旅游景点周边环境整治”项目补助政策予以实施。李小六副秘书长批示：市文物局阅，费用归类可按照此意见列，资金渠道也可按此意见汇报。

2009年2月24日

唐长安城含光门遗址是西安市丝绸之路申遗的14个申遗点之一，近两年遗址本体出现螨虫群落、霉菌及蓝藻、盐害酥粉、松动脱落、整体裂缝等现象。为此，西安市城墙景区管委会委托陕西师大文化遗产保护工程研究中心对含光门遗址进行保护实验，并编制《唐含光门土遗址病害抢救性治理方案》，2008年12月召开了专家评审会并根据专家意见对方案进行修改完善。西安市文物局《关于

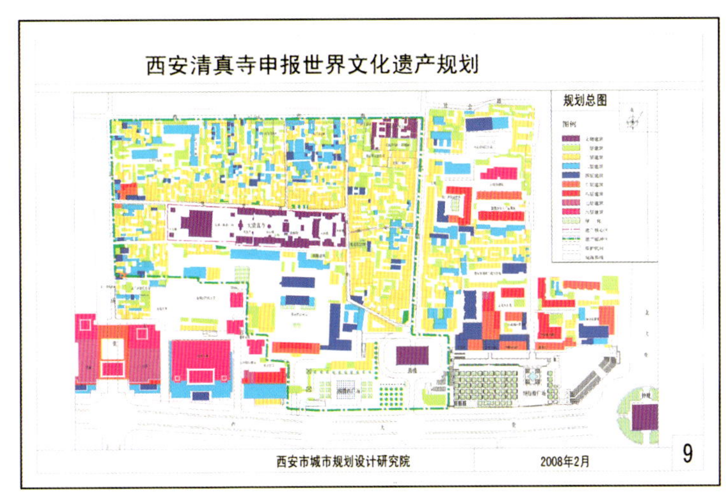

图59　《西安清真寺申报世界文化遗产规划》规划总图

图 60　唐长安城含光门遗址

唐含光门土遗址病害抢救性治理方案的请示》（市文物字 [2009]17 号）报请陕西省文物局审批。（图 60）

2009 年 3 月 24 日

根据《陕西省财政厅关于下达申遗专项经费补助的通知》精神，陕西省文物局向西安市文物局拨付申遗专项经费补助 440 万元。主要用于隋唐长安城明德门遗址考古及保护展示工程、唐长安城西市遗址保护、隋唐长安城小雁塔保护展示工程、隋唐长安城兴庆宫遗址考古及保护展示工程、兴教寺塔文物保护展示工程、大秦寺塔考古及文物保护展示工程、西安清真寺文物保护工程。（图 61）

2009 年 4 月 16 日

陕西省文物局通知西安市文物局和有关单位，提出以下几点要求：一是西安市文物局务必于 4 月底以前将各申遗点保护管理规划上报省局（附专家意见）；二是陕西省文化遗产保护规划设计研究院、国际古迹遗址理事会西安保护中心于 4 月底前将陕西省丝绸之路申遗保护管理规划、陕西省丝绸之路申遗保护管理办法、陕西省丝绸之路申遗申报文本上报省局（附专家意见）；三是西安市文物局在 4 月 25 日之前向省文物局上报前一阶段文物保护展示工程实施情况和下一阶段工作计划。

2009 年 4 月 27 日

根据陕西省文物局关于丝绸之路申报世界文化遗产工作的安排部署，按照世界遗产的标准和要求，西安市文物局组织具有专业资质的规划部门编制了丝绸之路西安段 6 处 14 个点的保护管理规划并通过了西安市规划委员会审议和规划局局长专题会议研究。之后，西安市文物局《关于丝绸之路申报世界文化遗产西安段保护管理规划的请示》（市文物字 [2009]30 号）报请陕西省文物局审批。（图 62）

陕西省文物局文件

陕文物拨款〔2009〕28 号

关于拨付申遗专项经费补助的通知

西安市文物局：

根据《陕西省财政厅关于下达申遗专项经费补助的通知》（陕财办预〔2008〕276 号），现拨付你局申遗专项经费补助 440 万元，其中隋唐长安城明德门遗址考古及保护展示工程 100 万元；唐长安城西市遗址保护 70 万元；隋唐长安城小雁塔保护展示工程 70 万元；隋唐长安城兴庆宫遗址考古及保护展示工程 30 万元；兴教寺塔文物保护展示工程 50 万元；大秦寺塔考古及文物保护展示工程 70 万元；西安清真寺文物保护工程 50 万元。请加强管理，严格按照规定用途使用。

图 61　陕西省文物局关于拨付申遗专项经费补助的通知

2009 年 4 月 28 日

实录一：根据国家文物局、陕西省文物局关于丝绸之路联合申报世界文化遗产的安排和申遗专家意见，西安市文物局《关于将兴教寺等 3 处丝绸之路申报世界文化遗产申遗点环境整治工作纳入西安市“重点旅游景点周边环境整治”项目的请示》（市文物字 [2009]33 号）报请西安市人民政府批示。5 月 23 日，西安市人民政府副市长段先念批示：请建委对三处申遗点的环境整治摸底后定。

实录二：西安市人民政府副市长段先念参加完中央党校关于文化遗产保护的学习后，给市长陈宝根致信一封，内容涉及西安如何做好文化遗产保护工作并对西安市的丝绸之路申遗工作提出几点建议：一、要求尽快启动丝绸之路申遗工作；二、尽快召开市政府常务会议或专题会议，确定丝绸之路申遗相关事项；三、尽快落实申遗资金问题。信件内容对全市文化遗产保护工作具有很强的指导意义。

2009 年 4 月 29 日

实录一：西安市文物局致函西安市机构编制委员会办公室，说明关于保留西安市申报世界文化遗产工作筹备领导小组办公室等三个临时机构的原因。

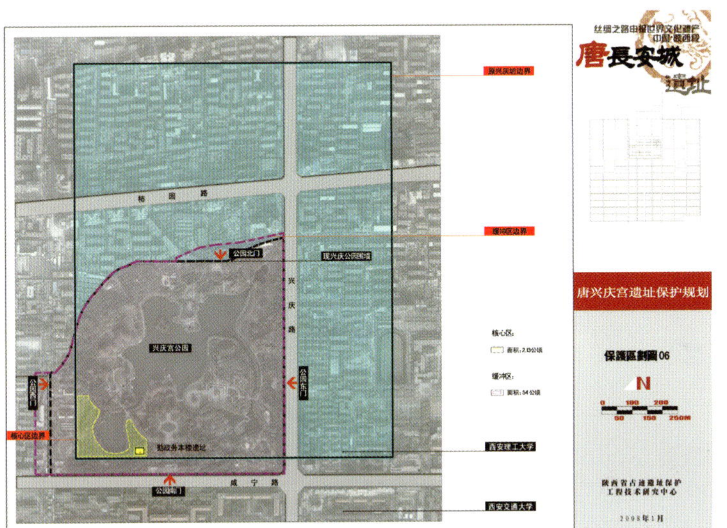

图 62　《唐兴庆宫遗址保护规划》保护区划图

实录二：为保证申遗工作有条不紊，保质保量按期完成，按照国家文物局和陕西省文物局的申遗工作计划及时间要求，结合西安市申遗工作实际，参考其他地市申遗工作经验，西安市文物局致函西安市财政局和西安市建委，申请丝绸之路申报世界文化遗产工作环境整治前期经费。

2009 年 5 月 22 日

陕西省文物局转发国家文物局《关于提交丝绸之路申报世界文化遗

产补充材料的通知》(陕文物发 [2009]61 号)发送至西安市文物局，通知要求各申遗点提交保护规划、保护管理办法及申遗文本等相关资料。

2009 年 5 月 25 日

西安市文物局通知各区县文化(文物)局、局属各相关单位：要求各单位组织开展 2009 年文化遗产日宣传活动，制定并实施文化遗产日宣传活动方案、围绕“保护文化遗产，促进科学发展”主题进行文化宣传、利用大众媒体开展深入广泛的宣传活动、加强与当地媒体联系和沟通。

2009 年 5 月

丝绸之路联合申报世界遗产相关国家的代表在哈萨克斯坦阿拉木图召开了“联合国教科文组织第五次丝绸之路联合申遗分区研讨会”。

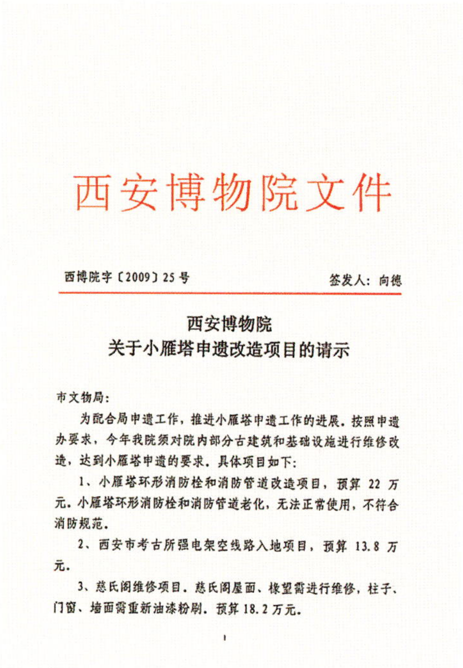

西安博物院文件

西博院字〔2009〕25 号 签发人：向德

西安博物院
关于小雁塔申遗改造项目的请示

市文物局：

为配合局申遗工作，推进小雁塔申遗工作的进展，按照申遗办要求，今年我院须对院内部分古建筑和基础设施进行维修改造，达到小雁塔申遗的要求，具体项目如下：

1、小雁塔环形消防栓和消防管道改造项目，预算 22 万元。小雁塔环形消防栓和消防管道老化，无法正常使用，不符合消防规范。

2、西安市考古所强电架空线路入地项目，预算 13.8 万元。

3、慈氏阁维修项目。慈氏阁屋面、椽望需进行维修，柱子、门窗、墙面需重新油漆粉刷。预算 18.2 万元。

1

图 63 西安博物院关于小雁塔申遗改造项目的请示

2009 年 6 月 10 日

为推进小雁塔申遗工作的开展，西安博物院报请西安市文物局对小雁塔环形消防栓和消防管道改造项目、西安市考古所强电架空线路入地项目、慈氏阁维修项目、藏经楼维修项目、北门检票房和电动门南移及周边环境综合整治项目进行审批。(图 63)

2009 年 6 月 13 日

西安市文物局与未央区人民政府联合主办的“第四届‘中国文化遗产日’暨汉长安城遗址陈列馆开馆仪式”活动在未央宫前殿遗址举行。西安市人大、市政府、市政协、未央区政府有关负责同志参加了活动。(图 64)

图 64 “第四届‘中国文化遗产日’暨汉长安城遗址陈列馆开馆仪式”活动在汉长安城未央宫前殿遗址举行

2009 年 6 月 25 日

西安曲江大明宫遗址区文物局根据《国家文物局关于大明宫宫墙及宫门遗址保护展示工程设计方案的意见》(文保函 [2009]187 号)要求，多次征询相关考古、文保专家意见，对大明宫宫墙及宫门遗址保护展示工程设计方案进行了修改完善，西安市文物局《关于呈报大明宫宫墙及宫门遗址保护展示工程设计方案的请示》(市文物字 [2009]45 号)报请陕西省文物局对修改后的设计方案进行审批。(图 65)

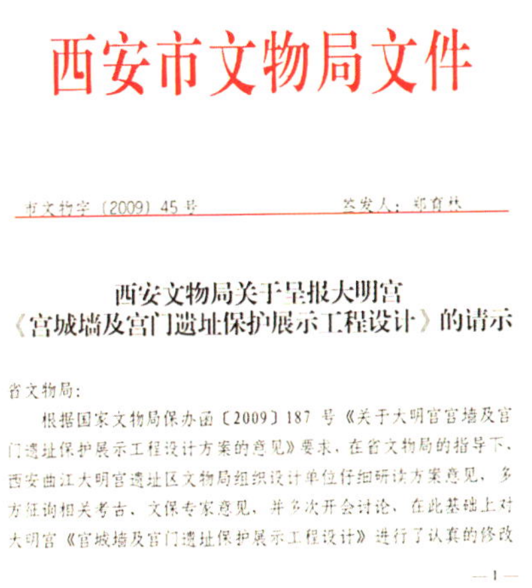

西安市文物局文件

市文物字〔2009〕45号　　签发人：郑育林

西安文物局关于呈报大明宫
《宫城墙及宫门遗址保护展示工程设计》的请示

省文物局：

根据国家文物局保办函〔2009〕187号《关于大明宫宫墙及宫门遗址保护展示工程设计方案的意见》要求，在省文物局的指导下，西安曲江大明宫遗址区文物局组织设计单位仔细研读方案意见，多方征询相关考古、文保专家意见，并多次开会讨论，在此基础上对大明宫《宫城墙及宫门遗址保护展示工程设计》进行了认真的修改

—1—

图 65　西安市文物局关于呈报《大明宫宫城墙及宫门遗址保护展示工程设计》的请示

西安市文物局文件

市文物字〔2009〕47号　　签发人：郑育林

西安市文物局
关于呈报大明宫国家遗址公园
《御道广场保护与展示工程方案设计》的请示

陕西省文物局：

根据已批复的《西安唐大明宫国家遗址保护展示示范园区暨遗址公园总体规划》总体设计思路及国家文物局文物保函【2007】802号《关于唐大明宫御道遗址保护展示方案的批复》要求，根据方案批复意见，依据考古单位最新考古勘探、定点成果，西安曲江大明

—1—

图 67　西安市文物局关于呈报大明宫国家遗址公园《御道广场保护与展示工程方案设计》的请示

图 66　汉长安城未央宫前殿遗址

2009 年 6 月 29 日

西安市人民政府杨广信副市长召集市级有关部门、开发区管委会及区、县政府分管负责同志，就丝绸之路申遗点周边环境整治工作进行了研究，会议确定将丝绸之路申遗点环境整治工作纳入西安市城市建设管理提升年工作范围。

2009 年 6 月 30 日

西安市各相关区县人民政府将辖区内丝绸之路申遗点周边环境整治项目实施主体和分管负责同志名单报送至西安市人民政府办公厅。

2009 年 7 月 2 日

陕西省委常委、西安市委书记孙清云视察汉长安城未央宫遗址保护工作。（图 66）

2009 年 7 月 6 日

西安曲江大明宫遗址区文物局根据《国家文物局关于唐大明宫御道遗址保护展示方案的批复》（文保函 [2007]802 号）要求，对御道广场保护与展示工程方案进行了修改完善。西安市文物局《关于呈报大明宫国家遗址公园御道广场保护与展示工程方案设计的请示》（市文物字 [2009]47 号）报请陕西省文物局对修改后的设计方案进行审批。（图 67）

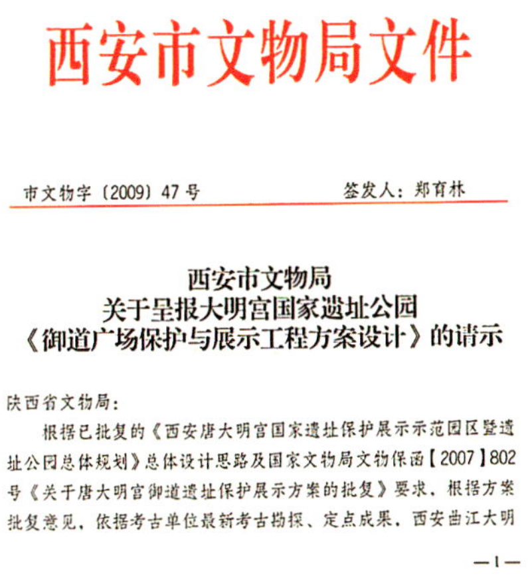

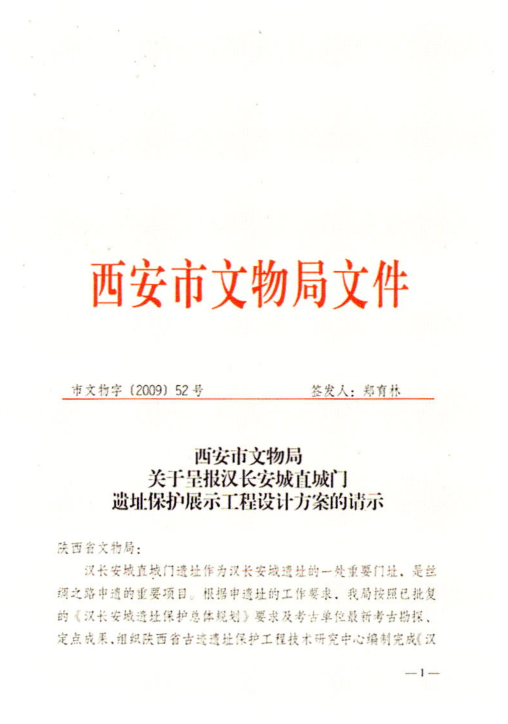

2009 年 7 月 16 日

直城门是汉长安城西城墙中间的城门，直城门遗址是丝绸之路申遗的重要项目。根据申遗工作要求，西安市文物局依据已批复的《汉长安城遗址保护总体规划》和考古部门最新考古勘探成果委托相关单位编制完成汉长安城直城门遗址保护展示工程设计方案。西安市文物局《关于呈报汉长安城直城门遗址保护展示工程方案设计的请示》（市文物字 [2009]52 号）报请陕西省文物局审批。（图 68）

西安市文物局文件

市文物字（2009）52 号　　签发人：郑育林

西安市文物局
关于呈报汉长安城直城门
遗址保护展示工程设计方案的请示

陕西省文物局：

汉长安城直城门遗址作为汉长安城遗址的一处重要门址，是丝绸之路申遗的重要项目。根据申遗址的工作要求，我局按照已批复的《汉长安城遗址保护总体规划》要求及考古单位最新考古勘探、定点成果，组织陕西省古迹遗址保护工程技术研究中心编制完成《汉

—1—

图 68　西安市文物局关于《汉长安城直城门遗址保护展示工程设计方案》的请示

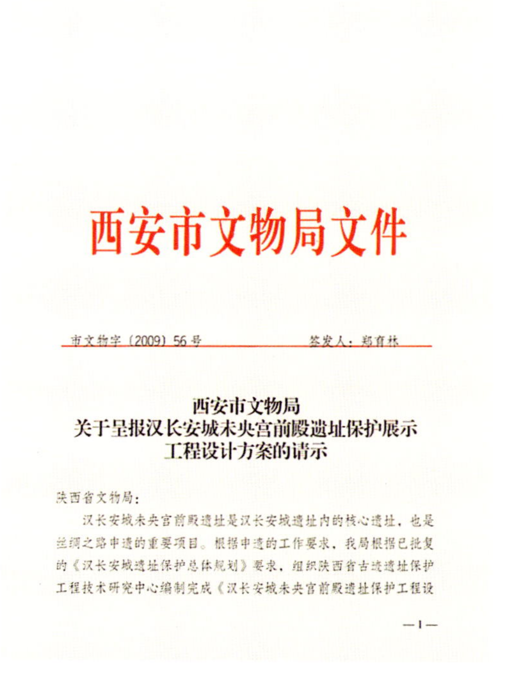

2009 年 7 月 22 日

未央宫前殿是汉长安城未央宫的正殿，未央宫前殿遗址是丝绸之路申遗的重要项目，根据申遗工作要求，西安市文物局依据已批复的《汉长安城遗址保护总体规划》委托相关单位编制完成汉长安城未央宫前殿遗址保护展示工程设计方案。西安市文物局《关于呈报汉长安城未央宫前殿遗址保护展示工程方案设计的请示》（市文物字 [2009]56 号）报请陕西省文物局审批。（图 69）

西安市文物局文件

市文物字（2009）56 号　　签发人：郑育林

西安市文物局
关于呈报汉长安城未央宫前殿遗址保护展示
工程设计方案的请示

陕西省文物局：

汉长安城未央宫前殿遗址是汉长安城遗址内的核心遗址，也是丝绸之路申遗的重要项目。根据申遗的工作要求，我局根据已批复的《汉长安城遗址保护总体规划》要求，组织陕西省古迹遗址保护工程技术研究中心编制完成《汉长安城未央宫前殿遗址保护工程设

—1—

图 69　西安市文物局关于《汉长安城未央宫前殿遗址保护展示工程设计方案》的请示

2009 年 7 月 28~29 日

根据 6 月 29 日西安市人民政府召集的会议精神，西安市申遗办和西安市建委共同就各申遗点周边环境整治工作与各实施主体单位进行现场对接。

2009 年 7 月 30 日

西安市丝绸之路申报世界文化遗产工作领导小组办公室向各申遗点发放关于申遗档案制作要求的通知，要求各申遗点加强以下几方面申遗资料的收集与整理：与丝绸之路价值相关的档案、与广义管理相关的内容、自申遗点纳入预备名录以来的本体保护、环境整治活动、基于遗产开展的文化活动。

2009 年 8 月 3 日

实录一：大明宫太液池是唐代重要的皇家池苑，西安市文物局向西安曲江大明宫遗址区文物局转发《国家文物局关于太液池遗址保护展示工程设计的意见》（办保函 [2009]382 号），要求该单位根据国家文物局批复意见（太液池的保护与展示应充分考虑申遗工作的要求、应注意为未来的考古工作预留足够的空间、

图 70　唐大明宫太液池遗址发掘现场

应进行一些必要的修改和完善），组织有关单位对设计方案做进一步修改完善。之后，相关单位对《太液池遗址保护展示工程设计》进行了修改，西安市文物局报请陕西省文物局对修改后的《大明宫太液池遗址保护展示方案》进行审批。（图 70）

实录二：西安市丝绸之路申报世界文化遗产工作领导小组办公室向各申遗点发送“关于申遗档案制作要求的通知”。

2009 年 8 月 6 日

世界银行专家组金鹰先生一行在西安市发改委和西安市城投集团有关负责同志的陪同下考察汉长安城遗址，主要考察了汉长安城遗址陈列厅、未央宫前殿遗址、西安门遗址保护工作进展状况。金鹰先生对考察结果表示满意，并希望有关各方继续努力，保证世界银行贷款项目之未央宫汉代道路一期保护项目的顺利实施。

2009 年 8 月 11~12 日

西安天坛遗址位于西安南郊陕西师范大学校园内。天坛初建于隋而废弃于唐末，是皇帝进行祭天活动的礼仪建筑，隋朝 2 个皇帝和唐朝 19 个皇帝（包括武则天在内）都在此祭天。2007 年被列入丝绸之路申报世界文化遗产预备名单。（图 71）

8 月 2 日，华商网刊登《西安天坛何时能开放，比北京天坛还要大却鲜为人知》一文，受到陕西省政府领导的关注，11 日，陕西省文物局就此事致函西安市文物局。12 日，西安市文物局就

图 71　天坛遗址

天坛遗址保护工作情况向陕西省文物局进行了书面汇报，主要汇报了遗址的历史沿革、保护管理情况、申遗工作计划及工作进展情况等。

2009 年 9 月 2 日

大秦寺位于周至县楼观台镇，寺内的大秦寺塔 2006 年被国务院公布为第六批全国重点文物保护单位，2007 年被国家文物局列入丝绸之路申报世界文化遗产预备名录。为进一步探明大秦寺的分布范围、形制、布局和年代，西安市文物保护考古所于 2009 年 5 月制定了《大秦寺遗址考古调查发掘方案》并对遗址进行考古调查、发掘。近期，由于大秦寺塔周边的土地权属发生变化，影响了大秦寺遗址的考古工作，为此，西安市文物局致函周至县人民政府对西安市文物保护考古所实施的大秦寺遗址考古工作给予配合。（图 72）

2009 年 9 月 9 日

陕西省政协文化教育委员会对“陕西申遗项目环境整治工作”进行调研，并针对西安市汉长安城、唐大明宫遗址环境整治情况进行实地考察，考察结束后召开了汇报座谈会。参加会议的有西安市文物局、市规划局、市发改委、市财政局、市提升办（西安清真寺、汉长安城未央宫遗址这两处申遗点被列入全市十一处景点周边环境整治项目内，环境整治工作正在进行，因此建议市提升办参加）主要负责同志。西安市人民政府向陕西省政协专题调研组各位成员做了《关于丝绸之路申报世界文化遗产项目环境整治工作的汇报》。（图 73、图 74）

图 72　周至大秦寺塔考古现场

2009 年 9 月 10 日

未央宫汉代道路保护一期工程为西安城市综合交通改善工程（世界银行）的子项目之一，主要内容为汉长安城未央宫遗址内五条汉代道路的保护，该项目被列为汉长安城遗址申遗的主要内容。为推进工作，西安市人民政府分管副市长召集西安市发改委、市财政局、市国土局、市规划局、市建委、市市政管委会、市城改办、西安城投集团、市文物局、市市容园林局、莲湖区政府、未央区政府、大兴新区管委会分管领导，现场检查汉长

图 73　陕西省政协文化教育委员会就“陕西申遗项目环境整治工作”调研唐大明宫遗址

图 74　陕西省政协文化教育委员会就“陕西申遗项目环境整治工作”调研汉长安城遗址

图 75　西安市人民政府召开汉长安城未央宫汉代道路遗址保护一期工程世行贷款项目专题会议

图 76　唐长安城兴庆宫遗址公园

安城遗址保护工作进展情况，并在汉城遗址保管所召开专题会议，就汉长安城未央宫汉代道路遗址保护一期工程世行贷款项目执行工作有关问题进行研究。会议确定以下事项：一、道路工程建设方面，一是立即启动世行贷款道路建设项目，市文物局按程序委托市政部门进行设计；二是由市规划局、市市政管委会在充分采纳文物部门意见基础上，对路网进行规划设计。二、征地拆迁方面，一是将西安门外道路建设区域（西安塑料厂）纳入大兴路地区城市综合改造区范围，享受新区综合改造政策，大兴新区管委会负责实施该区域的征地拆迁工作；二是由市建委、西安城投集团负责，根据世行项目实际需要，近期先筹措资金 2000 万元，用于启动汉长安城遗址区世行项目的征地拆迁工作，后续资金列入 2010 年城建计划；三是由未央区政府负责办理道路建设用地手续报批；四是由未央区政府负责，市城改办配合，利用城中村改造的相关政策，做好遗址保护区内农户的拆迁安置改造等。（图 75）

2009 年 9 月 17 日

为加快兴庆宫遗址公园及其周边改造项目的建设进程，更好地保护文化遗址，展示古城西安风貌，经西安市委、市政府同意，西安市文物局、西安曲江新区管理委员会联合成立兴庆宫遗址公园建设指挥部，具体负责兴庆宫遗址公园及其周边改造的策划设计、拆迁安置、工程建设、招商引资、财务后勤等工作的实施。（图 76）

2009 年 9 月 21 日

根据已通过国家文物局专家组论证的《大明宫国家大遗址保护展示示范园区暨遗址公园总体规划》及遗址公园保护工作的需要，西安曲江大明宫遗址区文物局组织有关部门对含元殿、宣政殿、紫宸殿三大主殿遗址区域进行了保护工程方案设计——即《中轴广场保护与展示工程方案设计》并报送至西安市文物局，西安市文物局将此方案呈报陕西省文物局审批。（图 77）

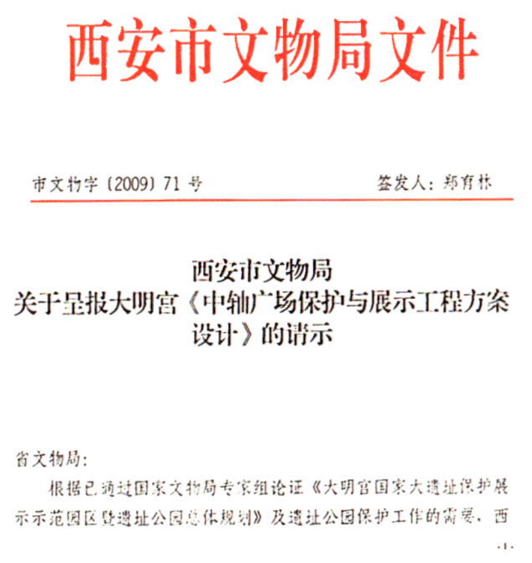

西安市文物局文件

市文物字〔2009〕71 号　　签发人：郑育林

西安市文物局
关于呈报大明宫《中轴广场保护与展示工程方案设计》的请示

省文物局：

根据已通过国家文物局专家组论证《大明宫国家大遗址保护展示示范园区暨遗址公园总体规划》及遗址公园保护工作的需要，西

图 77　西安市文物局关于呈报《大明宫中轴广场保护与展示工程方案设计》的请示

2009 年 9 月 22 日

西安市文物局（甲方）委托西安楚天信息科技有限公司（乙方）对西安市申报世界文化遗产的 6 处 14 个文化申遗点的档案资料进行数字化，并建立“丝绸之路跨国联合申报世界文化遗产”档案数据库管理系统，双方签订合同书。

2009 年 9 月 27 日

根据《国家文物局关于汉长安城遗址保护总体规划的批复》（文物保函[2009]41 号）精神，西安市文物局组织规划编制单位对《汉长安城遗址保护总体规划》进行了修改完善并报请陕西省文物局审批。

2009 年 10 月 9 日

为贯彻国家财政部、国家文物局“十一五”期间大遗址保护总体规划精神，适应新形势下大明宫遗址公园文物保护工作的需要，促进遗址公园保护建设工作的顺利开展，根据国家文物局《西安大明宫国家大遗址保护展示示范园区暨遗址公园总体规划专家论证会纪要》要求及遗址公园保护建设进度，西安曲江大明宫遗址区文物局委托编制完成《三清殿遗址、玄武门遗址、望仙台遗址、重玄门遗址保护展示设计方案》并报请西安市文物局审批。10 日，西安市文物局报请陕西省文物局审批。（图 78）

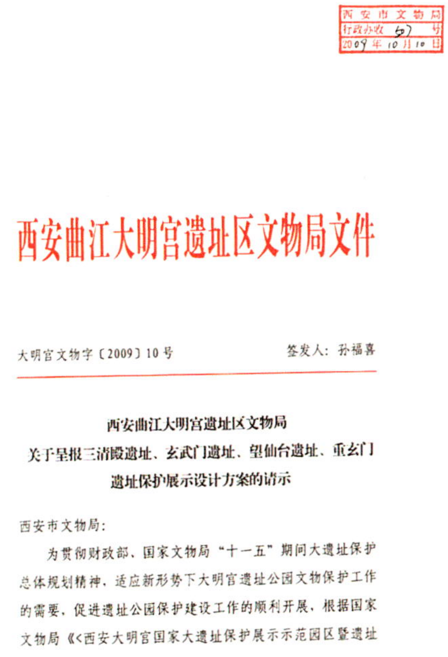

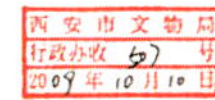

西安曲江大明宫遗址区文物局文件

大明宫文物字〔2009〕10 号　　签发人：孙福喜

西安曲江大明宫遗址区文物局
关于呈报三清殿遗址、玄武门遗址、望仙台遗址、重玄门遗址保护展示设计方案的请示

西安市文物局：

为贯彻财政部、国家文物局“十一五”期间大遗址保护总体规划精神，适应新形势下大明宫遗址公园文物保护工作的需要，促进遗址公园保护建设工作的顺利开展，根据国家文物局《<西安大明宫国家大遗址保护展示示范园区暨遗址

图 78　西安曲江大明宫遗址区文物局关于呈报《三清殿遗址、玄武门遗址、望仙台遗址、重玄门遗址保护展示设计方案》的请示

图 79 兴教寺塔

2009 年 10 月 12 日

兴教寺塔是唐代高僧玄奘及弟子圆测、窥基的墓塔。兴教寺自唐代因塔建寺，历代战火不断，至清代除三塔外几成废墟。1922 年寺僧募修大殿、僧房，寺院才初具规模。1961 年兴教寺塔被国务院公布为第一批全国重点文物保护单位，2007 年被列入丝绸之路申报世界文化遗产项目预备名单。兴教寺现为长安区重点宗教活动场所。因斋堂（厨房）面积过小、经常漏雨，难以满足需要，西安市长安区文物局报请西安市文物局对《兴教寺斋堂修复方案》进行审批。11 月 16 日，西安市文物局《关于兴教寺斋堂修复方案的请示》（市文物字 [2009]96 号）报陕西省文物局审批。（图 79）

2009 年 10 月 14 日

西安曲江大明宫遗址区文物局报请西安市文物局对《大明宫国家遗址公园博物馆工程项目》进行审批。

2009 年 10 月 19 日

为适应新形势下大明宫遗址公园文物保护工作的需要，促进遗址公园保护建设工作的顺利开展，西安曲江大明宫遗址区改造办公室申请实施西安大明宫国家遗址公园游客服务中心工程，西安市文物局《关于对大明宫国家遗址公园游客服务中心工程项目方案的请示》（市文物字 [2009]85 号）报请陕西省文物局审批。

2009 年 10 月 20 日

西安市人民政府组织召开了丝绸之路申遗项目（包括小雁塔、明德门、汉长安城遗址、天坛、西安清真寺）有关问题工作会议，会议地点在市政府，参加会议的有西安市发改委、市财政局、市规划局、市建委、市市政管委会、市城改办、西安城投集团、市文物局、碑林区政府、雁塔区政府、莲湖区政府、未央区政府、曲江新区管委会、西安供电局有关负责同志。（图 80）

2009 年 11 月 3~6 日

实录一：由中国国家文物局和联合国教科文组织世界遗产中心主办，中国古迹遗址协会和国际古迹遗址理事会西安国际保护中心承办，中国陕西省文物局协办的“丝绸之路系列申遗协调委员会第一次会议”在中国西安召开。会议的目的在于明确今后申遗的方法；确定共同的文件标准；为协调申遗以及为申遗成功的遗产协调管理制定基本原则。来自中亚五国、日本、韩国、印度、阿富汗、尼泊尔等十余个国家的代表，联合国教科文组织世界遗产中心、国际古迹遗址理事会、国际文物保护与修复研究中心等国际文化遗产机构专家代表，以及中国国家文物局、中国古迹遗址保护协会、中国建筑设计研究院建筑历史研究所、清华大学建筑学院、清华大学文化遗产保护研究所、丝绸之路中国段沿线 6 个省份申遗代表等 60 余人参加了此次会议。

图 80　西安市人民政府组织召开丝绸之路申遗项目有关问题工作会议

在为期 3 天的会议中，全体代表就会议相关议题展开热烈讨论。会议选举了国际古迹遗址理事会副主席、中国古迹遗址协会副主席兼秘书长郭旃和乌兹别克斯坦文化体育部文化物品保护与利用司副司长阿波迪萨菲克汗·莱蒙诺夫担任首届丝绸之路系列申遗协调委员会联合主席。会议同意国际古迹遗址理事会西安国际保护中心（IICC-X）承担协调委员会秘书处的职

图 81　“丝绸之路跨国系列申遗协调委员会第一次会议”在西安召开

责，主要围绕丝绸之路跨国系列申遗工作，开展资料搜集整理、组织丝绸之路跨国考察、实施文化遗产保护工程、国际交流与合作等方面的工作。

会议的成功举办为推进丝绸之路申遗项目起到重要作用，对于丝绸之路沿线国家、地区和城市之间增进互信、扩大共识、深化合作和加深友谊具有重要意义。（图 81）

实录二：西安市财政局致函西安市文物局，向市文物局预拨申遗工作前期准备经费。

2009 年 11 月 11 日

11 月 10 日，西安市人民政府副市长段先念对西安市丝绸之路申遗工作做出重要指示。11 日，为进一步加快推进此项工作，西安市文物局召开局长办公扩大会议，对市文物局下一步工作做了安排：一是要营造申遗工作氛围，邀请申遗专家进行系列讲座；二是要面向社会进行宣传；三是对一些申遗难度大的点，要通过市政府专题会议解决相关问题。

2009 年 11 月 12 日

根据《国家文物局关于汉长安城未央宫道路遗址一期保护工程设计方案的批复》（文物保函[2008]68 号）要求，西安市文物局在组织考古部门对相关资料进行完善的基础上，会同设计部门对该项目相关内容进行修改和完善，西安市文物局报请陕西省文物局对《汉长安城未央宫汉代道路遗址一期保护工程修订方案》进行审批。（图 82）

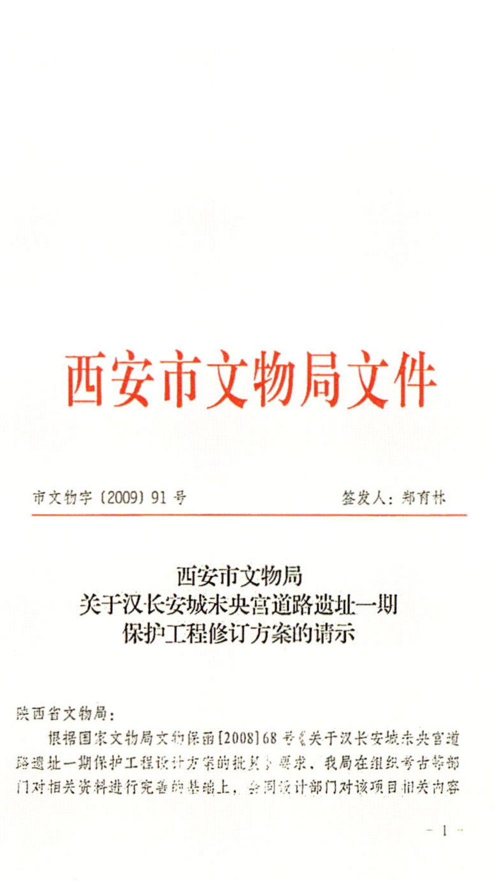

2009 年 11 月 24 日

实录一：中共陕西省西安市委副书记，西安市人民政府市长陈宝根调研丝绸之路申报世界文化遗产及汉长安城遗址保护工作并在汉长安城遗址保管所会议室举行了座谈会。市政府有关负责同志、市文物局、市国土局、市规划局、市建委负责同志参加调研，市发改委、市财政局、城投集团、市城改办、大兴路改造办负责同志参加会议，西安建筑科技大学教授刘克成、西北大学教授王建新、中国社会科学院考古研究所汉城工作队队长刘振东三位专家参加会议。会议上西安市文物局就西安市文物保护和申遗工作进行了汇报。

陈宝根市长指出，做好丝绸之路申遗工作，是进一步彰显和强化西安作为世界著名古都和历史文化名城地位、提升西安国际知名度的重要举措，对于推进人文西安建设、推动旅游产业发展、改善遗产所在地的环境都具有重要意义。各区县、各部门要以高度负责的态度，加快申遗保护规划的编制，全力做好丝绸之路申遗各项工作，确保申遗圆满成功。丝绸之路申

西安市文物局文件

市文物字〔2009〕91 号　　签发人：郑育林

西安市文物局
关于汉长安城未央宫道路遗址一期
保护工程修订方案的请示

陕西省文物局：

根据国家文物局文物保函[2008]68 号《关于汉长安城未央宫道路遗址一期保护工程设计方案的批复》要求，我局在组织考古等部门对相关资料进行完善的基础上，会同设计部门对该项目相关内容

— 1 —

图 82　西安市文物局关于汉长安城未央宫道路遗址一期保护工程修订方案的请示

图 83　时任西安市委常委、市长陈宝根（左一）、时任西安市副市长段先念（右二）调研丝绸之路申报世界文化遗产及汉长安城遗址保护工作

报世界文化遗产作为跨国联合申遗项目，涉及中国和中亚五国，申遗成功可以大幅提升遗产所在国的国际影响和文化地位，也可保护人类共同财富。西安作为丝绸之路的起点城市，有 6 处 14 个文物点被列入丝绸之路申报世界文化遗产预备名单，是申遗工作的重点城市，承担着十分重要的任务。

丝绸之路申遗是一项十分繁杂的系统工程，时间紧、任务重，各区县、各部门要把丝绸之路申遗工作作为西安市当前和今后两年一项重要工作加以重视和安排部署，以高度负责的态度，团结协作，做好各自的工作，确保西安市申遗的成功。陈宝根市长要求，要按照世界遗产的规范和标准，结合西安实际，认真做好申遗保护规划编制等前期工作；要尽快落实申遗的前期工作经费，确保工作顺利开展；要高水平建设丝绸之路申遗工程，使每个申遗点都成为西安城市新的亮点，让广大市民通过申遗受益。（图 83）

实录二：西安市文物局和未央区政府在未央区机关会议中心召开会议研究汉长安城遗址区申遗相关工作。会议确定以下事项：一、由未央区政府负责，尽快完成汉长安城遗址区内 6 条汉代道路、“申遗”项目建设涉及土地征用、流转费用及地面附着物补偿款的兑付工作，并立即启动项目建设涉及的拆迁工作。二、由市文物局负责，加快汉长安城遗址“申遗”规划的审批工作；进一步细化未央宫遗址汉代道路一期保护工程和三个遗址本体保护工程的实施进度和完成时限；明确专人，加强对汉长安城遗址保护各项工作的指导。三、由未央区政府和市文物局共同负责，加大与市城投集团的沟通力度，落实市城建计划支持的 2000 万元汉代道路一期保护工程项目配套资金；委托具有相应资质的规划设计单位，高标准做好《未央宫国家考古遗址公园规划》；形成《关于在汉长安城遗址及周边地区设立国家级大遗址保护特区》的建议，并报请市政府决策。

2009 年 11 月 25 日

西安清真寺 2007 年被列入丝绸之路申报世界文化遗产项目预备名单。寺院木牌楼因长期失修，加之汶川地震时又遭到一定程度的破坏，目前存在较大安全隐患，为此，西安市宗教事务局《关于对清真大寺木牌楼保护维修的函》（市宗函 [2009]10 号）致函西安市文物局审批。12 月 23 日，西安市文物局报请陕西省文物局对此方案审批。（图 84）

2009 年 12 月 3 日

陕西省文物局在西安市汉长安城遗址保管所会议室组织召开了未央宫汉代道路保护一期工程专家论证会。

2009 年 12 月 10 日

实录一：鸠摩罗什舍利塔位于西安市户县草堂寺内，是后秦高僧鸠摩罗什的舍利塔，为全国重点文物保护单位，2007 年被列入丝绸之路申报世界遗产项目预备名单。为做好申遗工作，户县文物管理处委托陕西省古建设计研究院对塔本体和原有保护设施进行了实测，对保护亭方案进行了设计，并报请西安市文物局申请相关经费。（图 85）

图 84　西安清真寺木牌楼

户县文物管理处文件

户文物发〔2009〕6 号

关于申请鸠摩罗什舍利塔实测及保护亭方案设计经费的报告

西安市文物局：

鸠摩罗什舍利塔是我市丝绸之路申遗的重要项目，为了更好的做好申遗工作，我们请陕西省古建设计研究院对鸠摩罗什舍利塔本体及原有保护设施进行了实测，并对保护亭方案进行设计。现设计工作已进行到尾声，请市局将设计经费4万元拨付我处。

户县文物管理处

二〇〇九年十二月十日

图 85　户县文物管理处关于草堂寺鸠摩罗什舍利塔实测及保护亭方案设计经费的报告

实录二：西安市文物局通知局机关和基层文博单位学习西安市人民政府段先念副市长的文章——《丝绸之路申遗——西安千载难逢的历史机遇》。

2009 年 12 月 11 日

随着申遗工作的进一步开展，申遗点的社会关注度不断加大。在中国人民政治协商会议陕西省十届委员会第二次会议上，由释吉祥（政协委员）等几位僧人提出：“周至大秦寺塔是建于宋代的古塔，大秦寺为传统佛教寺院，并非景教寺院。”从此引发了关于大秦寺塔唐宋时代、大秦寺佛景性质之争。

关于大秦寺塔的时代与大秦寺的性质问题，一直是学者关注和讨论的问题。仅从大秦寺塔“四有档案”中的不同记载就可以看出。1957 年 5 月陕西省人民政府以“塔峪村古塔”的名称公布大秦寺塔为陕西省第二批重点文物保护单位，塔的年代为唐代；2006 年 5 月，国务院以“大秦寺塔”的名称公布为第六批全国重点文物保护单位，塔的年代为宋代。两次公布的结果，时代并不相同。而大秦寺的性质之争，在学术界源起更早。主要是围绕“大秦景教流行中国碑”的出土地点，存在着争议。一说出土于现在的周至大秦寺，一说出土于现在的西安西郊（唐代义宁坊）。基于目前资料，难以定论。对于塔内的两处泥塑残迹和几处外文刻字，学术界普遍认为一处为希腊文，另一处为梵文，也难以定论。

鉴于以上学术争论，12 月 11 日上午，西安市文物局就大秦寺塔申遗有关问题进行了专家咨询。参会专家有北京大学外国语学院段晴，

图 86　西安市文物局就大秦寺塔申遗有关问题在北京召开专家咨询会

北京大学考古文博学院李崇峰，中国社科院考古所安家瑶，文物出版社葛承雍、关英。会议达成以下共识：一、“塔”本身是佛教的象征，如景教建塔必定有明显的景教标志，加之结合塔的造型与其他特点，大秦寺塔的建造年代应在宋代，因此，大秦寺塔应与景教无关；二、结合历史文献及目前研究成果，周至确实存在景教大秦寺寺院，不排除即是目前大秦寺所在地；三、关于申遗，不应以大秦寺塔作为主体，而应以周至大秦寺遗址或大秦寺修道院遗址为主体；四、为进一步说明大秦寺遗址的景教性质，需加强考古工作，为申遗提供更有利的证据。

西安市文物局有关负责同志参加了专家咨询会。（图 86）

2009 年 12 月 15 日

《陕西省文物局关于兴教寺斋堂修复建设的意见》对《西安市文物局关于兴教寺斋堂修复方案的请示》（市文物字 [2009]96 号）给予具体意见：要求提交兴教寺塔保护范围图并补充项目相关资料；开展项目建设区域的考古工作；召开文保、规划、申遗方面的专家论证会；根据考古结果和专家会意见另行报批方案。

图 87　维修中的小雁塔藏经楼

2009 年 12 月 22 日

西安博物院慈氏阁维修项目、藏经楼维修项目、博物院北大门环境综合整治项目等申遗工程已全部完工，西安博物院报请西安市文物局组织有关部门进行验收工作。（图 87）

2009 年 12 月 23 日

实录一：西安清真寺 2007 年被列入丝绸之路申报世界文化遗产预备名单。寺院木牌楼因年久失修，汶川地震时又遭到一定破坏，目前损害严重，存在较大安全隐患。为此，西安市文

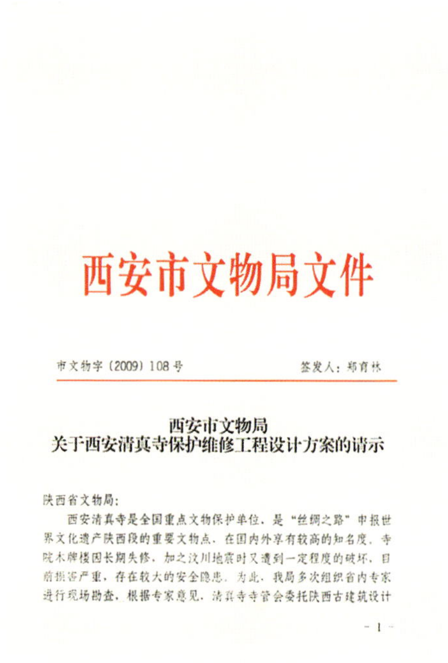

西安市文物局文件

市文物字〔2009〕108号　　签发人：郑育林

西安市文物局
关于西安清真寺保护维修工程设计方案的请示

陕西省文物局：

西安清真寺是全国重点文物保护单位，是“丝绸之路”申报世界文化遗产陕西段的重要文物点，在国内外享有较高的知名度，寺院木牌楼因长期失修，加之汶川地震时又遭到一定程度的破坏，目前损害严重，存在较大的安全隐患。为此，我局多次组织省内专家进行现场勘查，根据专家意见，清真寺寺管会委托陕西古建筑设计

－1－

图88　西安市文物局关于西安清真寺保护维修工程设计方案的请示

物局组织专家现场勘查并根据专家意见完成《清真寺木牌楼保护维修方案》。12月23日，西安市文物局《关于清真寺保护维修工程设计方案的请示》（市文物字[2009]108号）报请陕西省文物局对方案进行审批。（图88）

实录二：兴教寺位于长安区樊川塬畔，历史悠久，兴教寺塔是唐代高僧玄奘及弟子圆测、窥基的墓塔，2007年兴教寺塔被列入丝绸之路申报世界文化遗产预备名单。兴教寺塔因年久失修，汶川地震时又遭到一定破坏，塔刹及塔檐损害严重，为此西安市文物局组织编制了《兴教寺塔保护维修工程设计方案》，12月23日，西安市文物局《关于兴教寺塔保护维修工程设计方案的请示》（市文物字[2009]110号）报请陕西省文物局对方案进行审批。

2009年12月24日

陕西省文物局局长赵荣视察汉长安城遗址文化遗产保护工作。（图89）

2009年12月29日

西安市文物局向曲江大明宫遗址区文物局转发《国家文物局关于大明宫宫门宫墙遗址保护展示工程设计方案的批复》（文物保函[2009]1218号），批复原则同意所报方案。该方案尚需做必要的调整和完善：一是要保护遗址的真实性和完整性；二是弱化保护设施的外在形象，其内部空间避免商业化；三是不得在含元殿遗址前的广场上新建任何建筑物和构筑物、缩减丹凤门遗址两侧入口通道的宽度、宫墙遗址保护应强化其遗址感、宫门遗址保护应避免现代感、根据考古资料另行报批宫门宫墙遗址本体保护方案；四是继续做好大明宫遗址区考古工作，为科学保护提供依据。（图90）

图89　陕西省文物局局长赵荣（右二）视察汉长安城遗址

2.2.2 结语

2009年西安市丝绸之路申遗工作制订了工作内容和新的时间安排，计划2010年6月至9月接受国际专家组的评估验收。

根据新的时间安排，西安市人

民政府成立了丝绸之路申遗工作领导机构和专家咨询机构；对相关任务进行了分解和责任落实；加强了申遗工作经费的筹集和保障措施；确定将丝绸之路申遗点环境整治工作纳入西安市城市建设管理提升年工作范围；完成丝绸之路西安段6处14个点的保护管理规划编制并报请陕西省文物局审批；完成汉长安城直城门、未央宫前殿、唐长安城大明宫太液池等遗址和兴教寺塔、清真寺木牌楼等保护工程设计方案并报陕西省文物局审批；建立了“丝绸之路跨国联合申报世界文化遗产”档案数据库管理系统；加强申遗宣传；对引起社会关注的“大秦寺塔唐宋时代、大秦寺佛景性质之争”问题组织了专家咨询活动，获得科学认识。

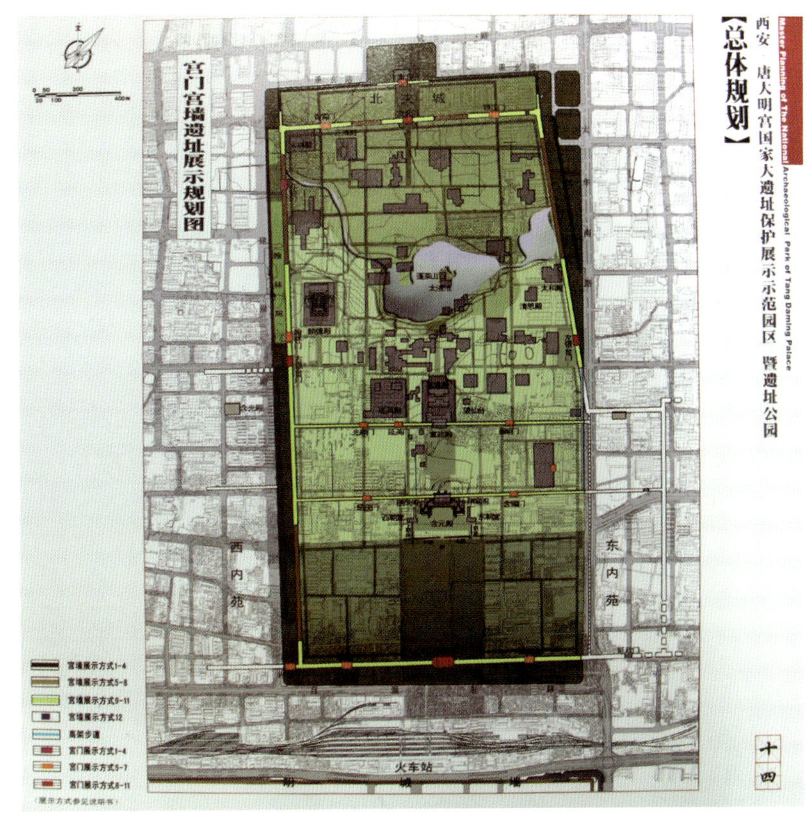

图90　唐大明宫宫门宫墙遗址展示规划图

本年度还召开了“联合国教科文组织第五次丝绸之路联合申遗分区研讨会”和“丝绸之路系列申遗协调委员会第一次会议”，促进申遗工作开展。在此过程中，西安市人民政府有关负责同志加强对此项工作的认识和领导。

至此，西安丝绸之路申遗的各项前期准备工作已基本就绪。

2.3 西安丝绸之路申遗实录2010年——推动之年

2.3.1 申遗实录2010年

2010年春

中国社会科学院考古研究所汉长安城工作队对汉长安城未央宫前殿遗址进行勘探。勘探总面积150000平方米。在前殿台基上面发现了三处规模较大的建筑基址，前殿遗址周围发现了一些夯土建筑基址。（图91）

2010年1月4日

为促进大明宫遗址公园保护建设工作的顺利开展，根据需求，西安曲江大明宫遗址保护改造办公室报请西安市文物局，申请实施大明宫国家遗址公园宫苑区游客服务中心项目。1月4日，西安市文物局《关于大明宫国家遗址公园宫苑区游客服务中心报建项目方案的请示》（市文物字[2010]1号）报请陕西省文物局审批。

图 91　中国社会科学院考古研究所汉长安城工作队对汉长安城未央宫前殿遗址进行考古勘探

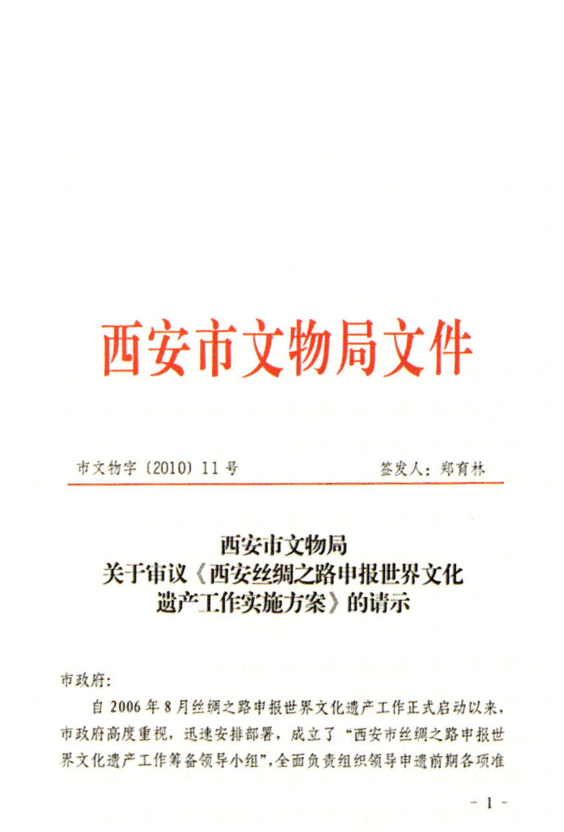

2010 年 1 月 5 日

西安市文物局向长安区文物局转发《陕西省文物局关于兴教寺斋堂修复建设的意见》，要求尽快补充完善项目工程方案的相关资料，经专家论证后，另行报批。

2010 年 1 月 22 日

目前，西安市丝绸之路申遗的各项前期准备工作已基本就绪，为全面推进丝绸之路申遗工作，西安市文物局组织编写了《西安市丝绸之路申报世界文化遗产工作实施方案》（报审稿）。1 月 22 日，西安市文物局《关于审议〈西安市丝绸之路申报世界文化遗产工作实施方案〉的请示》（市文物字 [2010]11 号）报请西安市人民政府审批。（图 92）

西安市文物局文件

市文物字〔2010〕11 号　　签发人：郑育林

西安市文物局
关于审议《西安丝绸之路申报世界文化
遗产工作实施方案》的请示

市政府：

自 2006 年 8 月丝绸之路申报世界文化遗产工作正式启动以来，市政府高度重视，迅速安排部署，成立了“西安市丝绸之路申报世界文化遗产工作筹备领导小组”，全面负责组织领导申遗前期各项准

- 1 -

图 92　西安市文物局关于审议《西安丝绸之路申报世界文化遗产工作实施方案》的请示

2010 年 2 月 8 日

西安市文物局《关于呈报修改后的三清殿遗址、玄武门遗址、重玄门遗址、博物馆及宣政殿、紫宸殿遗址保护展示工程方案的请示》（市文物字 [2010]16 号）报请陕西省文物局对修改后的方案进行审批。

2010 年 2 月 10 日

近年来，汉长安城遗址区展示框架已基本形成。为促进申遗和遗址保护工作力度，综合遗址区保护利用发展现状，结合前期调研成果，未央区人民政府与西安市文物局认为启动汉长安城遗址保护利用工作的条件已经成熟，并制订了《汉长安城遗址保护利用实施方案》。2 月 10 日，《西安市未央区人民政府、西安市文物局关于加快推进汉长安城遗址保护利用工作的请示》（未政字 [2010]4 号）报请西安市人民政府对该方案进行审批。（图 93）

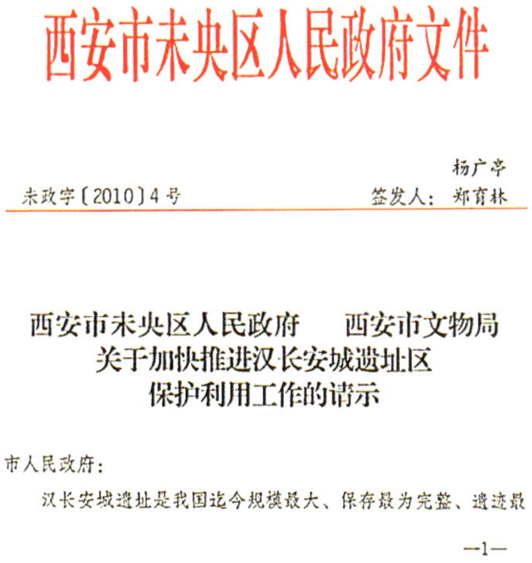

西安市未央区人民政府文件

杨广亭
未政字〔2010〕4 号　　签发人：郑育林

西安市未央区人民政府　西安市文物局
关于加快推进汉长安城遗址区
保护利用工作的请示

市人民政府：

汉长安城遗址是我国迄今规模最大、保存最为完整、遗迹最

—1—

图 93　西安市未央区人民政府、西安市文物局关于加快推进汉长安城遗址区保护利用工作的请示

2010 年 2 月 22 日

为促进汉长安城遗址区丝绸之路申遗工作，西安市文物局与未央区政府在未央区机关会议中心召开联席会议，会议由西安市文物局郑育林局长和未央区杨广亭区长主持，议题是研究汉长安城遗址区保护利用工作。会议确定以下事项：一、关于汉代道路建设。由未央区政府于 4 月 30 日前完成汉代道路涉及的征地拆迁；由市文物局负责协调莲湖区尽快完成西安门外的征地拆迁，4 月 30 号之前完成汉代道路方案设计、招投标等前期工作。二、关于汉长安城遗址保护及周边区域环境整治工作。成立汉长安城遗址保护及周边环境整治专项工作领导小组，全面统筹此项工作的规划设计、实施标准、工程进度、资金监管等工作。三、关于城门保护工程。市文物局负责加快实施西安门、直城门遗址本体保护工程，尽快编制直城门内外大街建设方案，对直城门遗址现状进行专家评估。四、关于绿化工作，由未央区政府提出委托，市文物局组织开展汉城湖内侧的文物普探工作，未央区负责完成车刘村、汉城湖内侧的绿化工作。五、关于制止遗址区违章建设问题。未央区政府和市文物局尽快联合发送《关于严禁在汉长安城遗址区内乱搭乱建的通告》，同时继续加大遗址区的执法力度。（图 94）

图 94　西安市文物局与未央区政府在未央区机关会议中心召开联席会议研究汉长安城遗址区保护利用工作

2010 年 2 月 24 日

西安市人民政府副秘书长李小六召集西安市文物局、市委宣传部、市规划局、市建委、市发改委、市财政局、市宗教局分管领导召开丝绸之路申遗有关问题工作会议。（图 95）

图 95　时任西安市人民政府副秘书长李小六（左三）召集有关部门分管领导召开丝绸之路申遗有关问题的会议

2010 年 2 月 26 日

实录一：为进一步加强对西安市丝绸之路申报世界文化遗产工作的领导，经西安市人民政府研究决定将西安市申报世界文化遗产工作筹备领导小组、西安市丝绸之路申报世界遗产工作筹备领导小组调整为西安市丝绸之路申报世界文化遗产工作领导小组。

组　长：段先念　副市长

副组长：张建政　副秘书长

　　　　李小六　副秘书长

　　　　王德安　副秘书长

领导小组下设办公室，办公室主任由李小六副秘书长兼任，办公室暂设在市文物局。（图 96）

西安市文物局
行政办收 95 号
2010 年 3 月 3 日

西安市人民政府办公厅文件

市政办发〔2010〕26 号

西安市人民政府办公厅
关于调整设立西安市丝绸之路申报世界
文化遗产工作领导小组的通知

各区、县人民政府，市人民政府各工作部门，各直属机构：

为进一步加强对我市丝绸之路申报世界文化遗产工作的领导，经市政府研究决定，将市申报世界文化遗产工作筹备领导小组、市丝绸之路申报世界遗产工作筹备领导小组调整为西安市丝绸之路申报世界文化遗产工作领导小组，现将组成人员通知如下：

组　长：段先念　副市长

— 1 —

图 96　西安市人民政府办公厅关于调整设立西安市丝绸之路申报世界文化遗产工作领导小组的通知

实录二：西安市人民政府办公厅通知各区、县人民政府，市人民政府各工作部门，各直属机构：《西安市丝绸之路申报世界文化遗产工作实施方案》已经市政府研究同意并请各部门认真组织实施。方案中成立了丝绸之路申报世界文化遗产工作领导小组，领导小组下设综合协调组、规划与环境整治组、文物保护组和宣传报道组。明确了各小组成员单位的工作职责和工作要求。（图 97）

实录三：《汉长安城未央宫前殿遗址保护工程方案》经国家文物局批复原则通过。西安市文物局根据批复意见委托中国社会科学院考古研究所汉长安城工作队对遗址进行了补充考古工作，并根据考古成果和国家文物局批复意见对方案进行了修改完善。2 月 26 日，西安市文物局《关于呈报修改后的汉长安城未央宫前殿遗址保护工程方案的请示》（市文物字 [2010]20 号）报请陕西省文物局审批。（图 98）

实录四：西安市文物局转发陕西省文物局、国家文物局《关于含光门遗址保护方案的批复的通知》（市文物发 [2010]22 号）发送曲江新区管委会，要求尽快组织方案设计单位对方案进行修改完善并报陕西省文物局核准后实施。

2010 年 3 月

为进一步做好西安市丝绸之路申遗工作，落实丝绸之路申遗专项工作责任，西安市丝绸之路申报世界文化遗产工作领导小组（甲方）与丝绸之路申遗工作各有关区、县政府及其他责任单位（乙方）签订《西安市丝绸之路申报世界文化遗产工作目标责任书》。

2010 年 3 月 1 日

按照《国家文物局关于大明宫丹凤门遗址保护展示工程初步设计批复》（文物保函 [2009]238 号）的要求，西安曲江大明宫遗址区文物局委托相关单位编制完成《丹凤门遗址本体保护展示工程方案》报请西安市文物局审批。

2010 年 3 月 3 日

实录一：按照国家文物局的申遗安排和要求，目前西安市丝绸之路申遗的各项前期准备工作已基本就绪，为全面推进此项工作，西安市文物局《关于召开丝绸之路申报世界文化遗产工作动员大会的请示》（市文物字 [2010]25 号）报请西安市人民政府审批，以确定《西安市丝绸之路申报世界文化遗产工作实施方案》，明确各项工作责任，尽快开展各申遗点的本体保护展示与环境整治工作，确保丝绸之路申遗工作的顺利进行。（图 99）

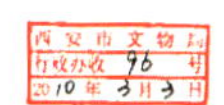
西安市文物局
行政办收 96 号
2010 年 3 月 3 日

西安市人民政府办公厅文件

市政办发〔2010〕27 号

西安市人民政府办公厅
关于印发西安市丝绸之路申报世界
文化遗产工作实施方案的通知

各区、县人民政府，市人民政府各工作部门，各直属机构：

《西安市丝绸之路申报世界文化遗产工作实施方案》已经市政府研究同意，现印发你们，请认真组织实施。

二〇一〇年二月二十六日

－1－

图 97　西安市人民政府办公厅关于印发西安市丝绸之路申报世界文化遗产工作实施方案的通知

实录二：西安市汉长安城遗址保管所向西安市文物局报告《未央宫汉代道路保护一期工程（世行贷款项目）情况及年内工作计划》。

2010 年 3 月 9 日

《汉长安城未央宫汉代道路保护一期工程初步设计评审会》召开，参加会议的有西安市发改委、市建委、市财政局、市城投集团、市文物局等单位，与会专家有中国社会科学院考古研究所汉城工作队队长刘振东、陕西省文物局文物专家李居西、西安建筑科大设计院给排水处理高工蒋友琴、长安大学公路学院交通工程研究系主任王元庆等。（图 100）

2010 年 3 月 12 日

为进一步推进丝绸之路申遗工作，明确各项工作责任，尽快开展各申遗点的本体保护展示与环境整治工作，确保丝绸之路申报世界文化遗产工作的顺利进行，西安市人民政府组织召开丝绸之路申报世界文化遗产工作动员大会。大会由市政府李小六副秘书长主持。参加人员有：董军常

图 98　汉长安城未央宫前殿遗址保护工程方案设计

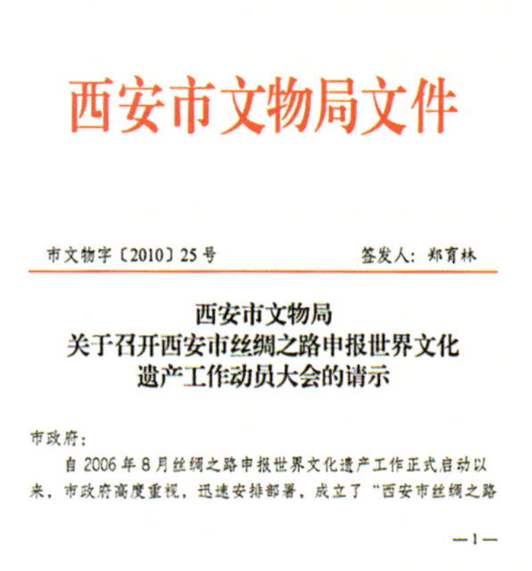

务副市长，段先念副市长；张建政、李小六、王德安副秘书长；市委宣传部、市考评办、市发改委、市财政局、市国土局、市环保局、市规划局、市建委、市市政局、市水务局、市交通局、市旅游局、市文化广电出版局、市房管局、市市容园林局、市城管执法局、市文物局、市城中村改造办、市宗教局、西安城投集团、西安水务集团、西安供电局、新城区政府、碑林区政府、莲湖区政府、雁塔区政府、未央区政府、长安区政府、户县政府、周至县政府、高新区管委会、曲江新区管委会、西安日报社、市提升办、市拆迁办有关负责同志；市申遗办、各区县申遗办、6 处 14 个申遗点部门负责同志及申遗工作主管领导。

西安市文物局文件

市文物字〔2010〕25 号　　签发人：郑育林

西安市文物局
关于召开西安市丝绸之路申报世界文化遗产工作动员大会的请示

市政府：

自 2006 年 8 月丝绸之路申报世界文化遗产工作正式启动以来，市政府高度重视，迅速安排部署，成立了“西安市丝绸之路

—1—

图 99　西安市文物局关于召开西安市丝绸之路申报世界文化遗产工作动员大会的请示

西安市文物局郑育林局长首先就丝绸之路跨国联合申遗的背景、工作内容以及西安丝绸之路申遗工作进展情况等作了全面介绍。随后，市政府副市长段先念围绕《西安市丝绸之路申报世界文化遗产实施方案》作了安排部署。强调要充分认识丝绸之路申遗的重要意义，指出丝绸之路申报世界文化遗产既是西安市文物资源提升品牌的重要载体，也是文化遗产保护利用的重要实践，是 800 多万西安人民的共同心愿，也是今明两年各级政府的一项重要工作，为此，提出五点要求：一是各相关区县政府要高度重视申遗工作，申遗点所在区、县政府要进一步明确申遗责任主体地位，切实加强领导，狠抓工作落实；二是各部门、各区县政府要严格按照市申遗办发送的《西安市丝绸之路申报世界文化遗产工作实施方案》，细化任务，明确责任，保质保量完成各项工作任务；三是全市上下要有协作精神，紧紧围绕“申遗”这一中心任务，相互支持，密切配合，共同把申遗工作做好，确保按时、保质保量完成申遗各项工作任务；四是丝绸之路申遗工作要广泛宣传，营造氛围，让广大群众充分认识“申遗”、理解“申遗”、支持“申遗”、参与“申遗”，为丝绸之路申遗提供强大的支持；五是各区县、各级相关行政主管部门要建立奖罚分明的责任追究机制，将申遗工作纳入年终考评的主要内容。

图 100　汉长安城未央宫汉代道路保护一期工程初步设计评审会

最后市政府常务副市长董军强调，市委、市政府高度重视申遗工作，相关部门要提高思想认识，切实增强做好申遗工作的责任感和紧迫感；要加强组织领导，确保申遗各项目标任务落到实处；要强化宣传工作，

通过申遗，培养提高全民文化遗产的保护意识和参与意识。（图 101）

2010 年 3 月 16 日

陕西省文物局向西安市文物局发送《关于丝绸之路申遗（陕西段）文本编制补充材料的通知》，要求于 3 月 23 日之前将地方城市、旅游等规划资料提供给国际古迹遗址理事会西安国际保护中心。

图 101　西安市人民政府召开丝绸之路申报世界文化遗产工作动员大会

2010 年 3 月 17 日

西安市文物局报请陕西省文物局对兴教寺塔保护维修工程立项。

2010 年 3 月 19 日

实录一：陕西省文物局《关于核准汉长安城未央宫前殿遗址保护工程方案的批复》（陕文物函[2010]65 号）致函西安市文物局，原则同意修改完善后的《汉长安城未央宫前殿遗址保护工程保护方案》，请西安市文物局抓紧组织相关单位做好前期工作，尽快组织实施，并加强施工管理，确保工程质量。（图 102）

实录二：西安市文物局转发陕西省文物局《关于大明宫国家遗址公园宫苑区游客服务中心保健项目审核意见的通知》（市文物发 [2010]38 号）发送曲江大明宫遗址区文物局，通知指出该项目尚需进一步补充完善并请另行报批。（图 103）

图 102　汉长安城未央宫前殿遗址保护方案效果图

2010 年 3 月 24 日

实录一：大明宫丹凤门为唐大明宫正南门，共开设五个门道，门内是约 500 米长的御道，直抵含元殿，是唐朝皇帝出入宫城的主要通道，在大明宫诸门中规格最高。考古资料表明，丹凤门遗址保存相对完整，结构关系基本清楚，是唐长安城保存至今的十分重要的建筑遗址。3 月 24 日，西安市文物局报请陕西省文物局对《大明宫丹凤门遗址本体保护展示工程方案》进行审批。（图 104）

实录二：望仙台是唐大明宫内的道教建筑。望仙台遗址为方形覆斗状，由夯土高台、高台的基座、基座周围的壕沟三部分组成。《大明宫望仙台遗址抢救加固工程设计方案》经过专家评审、并委托相关单位根据专家意见进行修改完善，现方案编制完成、施工图纸等技术资料齐全，西安市文物局报请陕西省文物局申请工程开工。（图 105）

西安市文物局文件

市文物发〔2010〕38 号

西安市文物局
转发省文物局关于大明宫国家遗址公园
宫苑区游客服务中心报建项目
审核意见的通知

大明宫遗址区文物局：

你局报来《关于大明宫国家遗址公园宫苑区游客服务中心报建的请示》，经省文物局审核，尚需进一步补充完善，现将省局意见批复你局，请按照省局意见完善方案后另行报批。

二〇一〇年[illegible]月十九日

- 1 -

图 103　西安市文物局转发省文物局关于大明宫国家遗址公园宫苑区游客服务中心报建项目审核意见的通知

图 104　唐大明宫丹凤门遗址

图 105　唐大明宫望仙台遗址

2010 年 3 月 30 日

实录一：为进一步加强文物保护，保障《汉长安城遗址保护总体规划》的实施以及丝绸之路申遗工作的顺利进行，《西安市未央区人民政府、西安市文物局关于制止汉长安城遗址保护区内违法建设的通告》发布。（图 106）

实录二：按照西安市丝绸之路申报世界文化遗产工作实施方案的要求，户县草堂寺鸠摩罗什舍利塔被列入推荐名单。为了进一步加强对此项工作的领导，经县政府研究成立户县丝绸之路申报世界文化遗产工作领导小组。具体组成人员如下：

组　长：柴晓燕　县政府副县长
　　　　张水利　县政府副县长
副组长：王领会　县政府办公室副主任、机关事务局局长
　　　　韩姚斌　县文体广电局局长
　　　　刘随年　草堂寺景区管委会副主任
成　员：由县委宣传部、县发改委、县财政局、县国

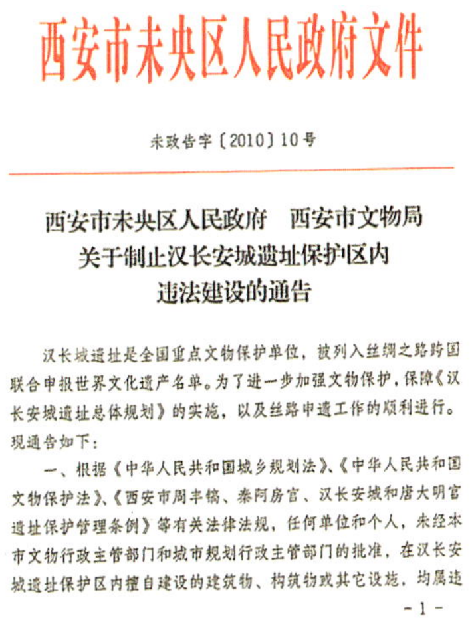

西安市未央区人民政府文件

未政告字〔2010〕10 号

西安市未央区人民政府　西安市文物局
关于制止汉长安城遗址保护区内
违法建设的通告

汉长城遗址是全国重点文物保护单位，被列入丝绸之路跨国联合申报世界文化遗产名单。为了进一步加强文物保护，保障《汉长安城遗址总体规划》的实施，以及丝路申遗工作的顺利进行。现通告如下：

一、根据《中华人民共和国城乡规划法》、《中华人民共和国文物保护法》、《西安市周丰镐、秦阿房宫、汉长安城和唐大明宫遗址保护管理条例》等有关法律法规，任何单位和个人，未经本市文物行政主管部门和城市规划行政主管部门的批准，在汉长安城遗址保护区内擅自建设的建筑物、构筑物或其它设施，均属违

- 1 -

图 106　西安市未央区人民政府、西安市文物局关于制止汉长安城遗址保护区内违法建设的通告

土局、县规划建设和住房保障局、县水务局、县民宗局、县交通运输局、县环保局、县供电分局、草堂镇相关负责同志组成。

领导小组下设文物本体保护组、环境整治组和宣传报道组。

2010 年 4 月 6 日

实录一：未央宫汉代道路保护一期工程为西安城市综合交通改善工程（世界银行）的子项目之一，西安市文物局为该子项目承担单位。该项目主要内容为汉长安城未央宫遗址内五条汉代道路保护，还包括给水、排水、照明、电力、通信管线、文物保护、停车场、绿化、服务用房及配套设施等工程。该项目实施的主要目的是保护汉长安城未央宫的历史格局，为汉长安城遗址申报世界遗产奠定基础。根据世界银行和国内文物保护程序要求，此项目方案已经获国家文物局批复（国家文物局文物保函 [2008]68 号），获陕西省文物局（陕文物函 [2010]1 号）对修订方案核准。目前，此项目已经进入施工图编制阶段，由于该项目既为第一批国家重点文物保护单位的文物保护项目，又为旅游交通道路建设项目，所以需要具备文物保护工程监理资质（甲级）和市政公用工程监理资质的单位参与。为保证监理单位选择的广泛性，西安市文物局致函西安城市基础建设投资集团有限公司，建议未央宫汉代道路保护一期工程监理单位监理招标公告能够直接在全国性媒体刊登，以保证项目尽快启动实施。（图 107）

实录二：为进一步加强对丝绸之路申报世界文化遗产工作的组织领导，莲湖区人民政府成立莲湖区丝绸之路申报世界文化遗产工作领导小组。组成人员如下：

组　长：洪增林　区政府区长

副组长：陈选民　区政府副区长

刘其智　区政府副区长

刘一平　区总工会主席、北院门街道党工委书记、西大街管委会主任

成员由区政府办、区委宣传部、区发改委、区民宗局、区住建局、区文体局、区旅游局、国土莲湖分局、规划莲湖分局、北院门街道办、西关街道办、枣园街道办、西大街管委会相关负责同志组成。

领导小组下设办公室，办公室设在北院门街道办和区文体局。

2010 年 4 月 7 日

文化部党组成员、国家文物局党组书记、局长单霁翔、副局长宋新潮等在陕西省文物局、西安市人民政府、西安市文物局有关负责同志的陪同下调研了汉长安城东城墙

汉长安城未央宫遗址拟实施项目示意图

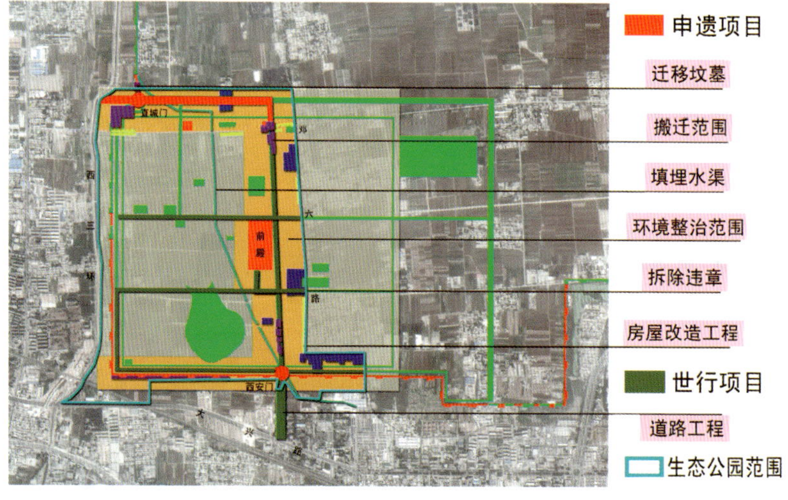

图 107　汉长安城未央宫汉代道路遗址拟实施项目示意图

图 108　时任国家文物局局长单霁翔（中）、副局长宋新潮（左五）、文物保护与考古司司长关强（左二）调研汉长安城遗址

遗址、霸城门遗址、长乐宫 4、5、6 号遗址、未央宫前殿遗址保护工作。（图 108）

2010 年 4 月 9 日

西安市丝绸之路申报世界文化遗产工作领导小组办公室主任李小六在西安市文物局主持召开申遗工作会议，会议确定了西安市申遗办副主任、各工作小组组长人选，制定了西安市申遗办工作机制，同时对下一阶段工作进行了安排。

2010 年 4 月 16 日

实录一：

按照全市丝绸之路申报世界文化遗产工作的统一安排，长安区政府决定成立长安区丝绸之路申报世界文化遗产工作领导小组。组成人员如下：

组　长：钱虎威　区委常务、常务副区长

副组长：史　伟　区长助理

成员：由区政府办、区委外宣办、长安开发采编中心、区民宗局、区文体广电局、杜曲街道办、区发改委、区财政局、国土长安分局、规划长安分局、公安长安分局、区建设局相关负责同志组成。

领导小组下设办公室，办公室设在区民族宗教事务局，负责全区丝绸之路申报世界文化遗产的日常工作。办公室主任由田晓莉同志兼任。

实录二：

周至县人民政府成立周至县丝绸之路申报世界文化遗产工作领导小组。组成人员如下：

组　长：王碧辉　县政府县长

副组长：李美芳　县政府副县长

成员：由县政府、县发改委、县财政局、县规划建设和住房保障局、县水务局、县林业局、县宗教局、县国土资源局、县交通运输局、县旅游局、县环保局、县电力局、县气象局、县公安局、县文体广电局、楼观镇相关负责同志组成。

筹备领导小组下设办公室，办公室设在县文体广电局，负责落实具体工作。

2010年4月20日

雁塔区人民政府成立雁塔区丝绸之路申报世界文化遗产工作领导小组。组成人员如下：

组　长：杨建强　区委常委、常务副区长

副组长：姜长智　区政府副区长

成员：由区委宣传部、区建设和住房保障局、区文体局、区发改委、区民宗局、区城改办、区财政局、区城管执法局、区市容园林局、区农水局、国土雁塔分局、规划雁塔分局、长延堡街道办有关负责同志组成。

领导小组下设办公室，办公室设在区文体局。

2010年4月21日

新城区人民政府成立新城区丝绸之路申报世界文化遗产工作领导小组。组成人员如下：

组　长：王　厚　副区长

副组长：张阿萍　区文体局局长

成员：由区发改委、区民宗局、区财政局、区建设和住房保障局、区执法局、区市容园林局、区城改办、高新区科技产业管理办、国土新城分局、规划新城分局、环保新城分局和西一路、中山门、解放门、长乐西路、自强路、太华路、胡家庙、长乐中路、韩森寨九个街道办有关负责同志组成。

领导小组下设办公室，办公室设在区文体局。

2010年4月22日

实录一：明德门是隋唐长安城南外城郭一道最重要的城门，经考古发掘，明德门遗址有5个门道，门道进深18.5米，各门道之间夯土隔墙厚近3米。为研究明德门遗址保护项目建设的有关问题，西安市丝绸之路申报世界文化遗产工作领导小组办公室组织召开了专题会议，西安市文物局、规划局、雁塔区政府有关负责同志参会。会议提出以下要求：由市文物局负责加强与规划专家的沟通，在保护遗址的基础上，争取适当调整和提高部分区域的控制高度，推动杨家村城中村改造的启动；由市规划局在编制和审批杨家村城中村改造控制性详细规划过程中，适当提高部分建筑的容积率和层高，平衡改造成本；雁塔区要全力配合以上两个单位的工作。（图109）

实录二：西安市文物局向西安市汉长安城遗址保管所转发《陕西省文物局关于汉长安城未央宫前殿遗址保护工程方案的批复》，要求西安市汉长安城遗址保管所严格按照省局批复意见组织实施保护工程。

2010年4月24日

为进一步加大汉长安城遗址保护力度，切实做好遗址及其周边申遗和环境整治工作，确保丝绸之路申遗工作顺利进行，经研究未央区成立未央区丝绸之路申遗工作领导小组。组成人员如下：

组　长：杨广亭　区长

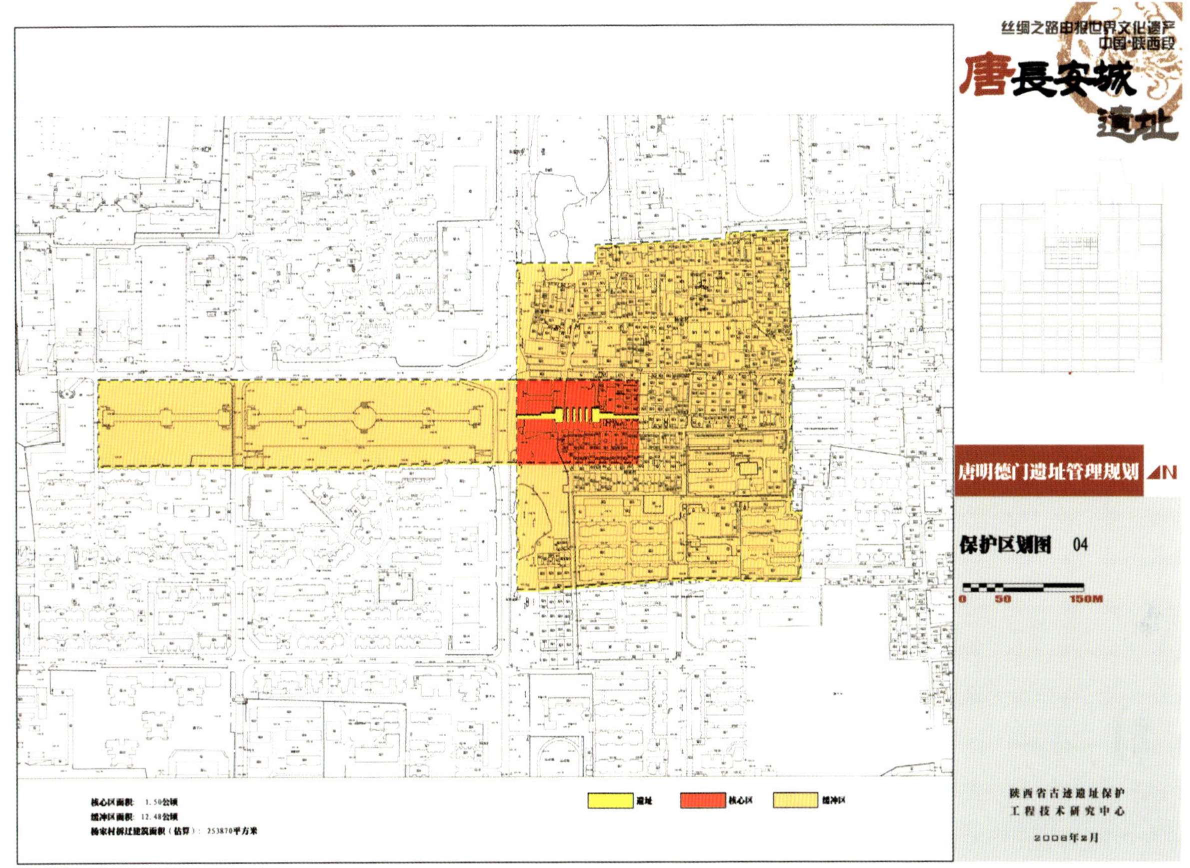

图 109　《唐长安城明德门遗址管理规划》保护区划图

副组长：袁晓莉　副区长

成员：由区政府、区文物局、国土未央分局、规划未央分局、区建设局、区财政局、公安未央分局、未央宫街道办、三桥街道办、六村堡街道办、汉城街道办有关负责同志组成。

领导小组下设办公室，办公室设在区文物局，具体负责申遗工作的组织协调和检查督促等工作。

2010 年 4 月 26 日

实录一：西安市丝绸之路申报世界文化遗产工作领导小组办公室要求各相关区县、管委会申遗领导小组将各管辖申遗点的申遗工作计划、工作进展情况于 4 月 30 日之前报西安市申遗办。

实录二：曲江新区管委会成立曲江新区管委会丝绸之路申报世界文化遗产工作领导小组。组成人员如下：

组　长：杨书民　副主任

副组长：周　冰　副主任

姚立军　副主任

李益民　副主任

王建军　文化集团常务副总经理

孙福喜　大明宫保护办副主任

成员：由文化集团、办公室、曲江土地储备中心、管委会规划局、建设环保局、楼观管理办、大明宫保护办有关负责同志组成。

领导小组下设办公室，办公室主任由周冰担任，与大明宫保护办文物局合署办公。

2010 年 4 月 30 日

近期小雁塔西北侧、沿友谊西路的房屋已开始拆迁。小雁塔是国务院公布的第一批全国重点文物保护单位，又是西安市丝绸之路申报世界文化遗产的申遗点之一，为保护小雁塔和小雁塔历史环境风貌，西安市文物局致函西安市规划局对小雁塔周边区域的建设高度进行规划控制。（图 110）

西安市文物局

市文物函〔2010〕40 号

西安市文物局
关于做好小雁塔周边文物保护工作的函

西安市规划局：

据了解，近期小雁塔西北侧、沿友谊西路的房屋已开始拆迁．小雁塔是国务院公布的第一批全国重点文物保护单位，为保护小雁塔及小雁塔的历史环境风貌，1992 年陕西省人民政府公布了保护范围和建设控制地带（陕政发【1992】35 号），小雁塔的保护范围是：南北长 450 米，东西宽 270 米；建设控制地带是：以塔基东至长安路约 420 米，西至朱雀大街 270 米，南至夏家庄约 450 米，北至友谊西路约 200 米．根据《文物保护法》的相关规定，在文物保护单位的建设控制地带进行项目建设的，须履行报批手续．

2007 年小雁塔被确定为西安市丝绸之路申报世界文化遗产的遗产点之一，为此，我局委托西安市城市规划设计研究院编制了《小雁塔申报世界文化遗产保护管理规划》，并于 2008 年 6 月通过西安市规划局和西安市规委会的认可．在此《规划》中对小雁塔周边区域的建设高度进行了规划控制．现该规划已上报国家文物局．

- 1 -

图 110　西安市文物局关于做好小雁塔周边文物保护工作的函

2010 年 5 月 4 日

实录一：为了促进考古遗址的保护展示和利用，规范考古遗址公园的建设和管理，有效发挥文化遗产保护在经济社会发展中的作用，《西安市文物局关于印发国家考古遗址公园管理办法（试行）的通知》转发至各遗址单位。

实录二：为开展申遗保护管理规划和文本编制工作，西安市丝绸之路申报世界文化遗产工作领导小组办公室通知户县申遗办，要求将《户县草堂旅游区总体规划（2004）》于 5 月 7 日前报送至市申遗办。

实录三：为开展申遗保护管理规划和文本编制工作，西安市丝绸之路申报世界文化遗产工作领导小组办公室通知周至县申遗办，要求将《周至县楼观镇塔峪村建设规划（2006-2015）》、《周至县全国生态示范县规划（2003-2020）》于 5 月 7 日前报送至市申遗办。

2010 年 5 月 5 日

为落实碑林区承担的丝绸之路申报世界文化遗产工作，加强对小雁塔周边环境整治工作的领导，碑林区人民政府研究决定成立碑林区丝绸之路申报世界文化遗产工作领导小组。组成人员如下：

组　长：郑瑛　碑林区副区长

副组长：侯学东　碑林区副区长

成员：由区委宣传部、区发改委、区建设和住房保障局、区文体局、区民宗局、区提升办、区财政局、区综合执法局、区市容园林局、国土碑林分局、规划碑林分局、环保碑林分局、长安路街道办有关负责同志组成。

领导小组下设办公室，办公室设在区文体局。

2010 年 5 月 10 日

实录一：西安市市容园林局报告西安市丝绸之路申报世界文化遗产工作领导小组办公室，已按照要求成立申遗工作领导机构并对申遗分项工作及进展情况给予安排。

实录二：由于在编制丝绸之路申遗保护管理规划和申遗文本的过程中，周至县大秦寺塔所在区县尚缺少《秦岭国家植物园总体规划（2007-2025）》，西安市丝绸之路申报世界文化遗产工作领导小组办公室与西安秦岭国家植物园建设办公室协调相关资料，要求5月12日前报送至西安市申遗办。

图111　时任西安市人民政府副秘书长李小六（中）检查户县草堂寺鸠摩罗什舍利塔和长安兴教寺塔申遗工作

2010年5月18日

西安市丝绸之路申报世界文化遗产工作领导小组办公室主任李小六检查户县草堂寺鸠摩罗什舍利塔和长安兴教寺塔申遗工作进展情况。西安市申遗办工作人员陪同。（图111）

2010年5月19日

西安市丝绸之路申报世界文化遗产工作领导小组办公室主任李小六检查唐长安城含光门遗址和兴庆宫勤政务本楼遗址申遗工作进展情况。西安市申遗办工作人员陪同。

2010年5月24日

实录一：望仙台是唐大明宫内的道教建筑。望仙台遗址为方形覆斗状，由夯土高台、高台的基座、基座周围的壕沟三部分组成。《西安市文物局关于大明宫望仙台遗址保护展示工程方案的请示》（市文物字[2010]72号）报请陕西省文物局审批该方案。

实录二：大明宫宣政殿是大明宫的第二大殿，属于中朝正殿，这里是皇帝常朝和百官办事的行政中心。紫宸殿是大明宫中轴线上的第三个主殿，位于宣政殿以北95米处，称为"内朝"。含元、宣政、紫宸三殿组成外朝、中朝、内朝的格局。《西安市文物局关于大明宫紫宸殿、宣政殿遗址保护展示工程的请示》（市文物字[2010]73号）报请陕西省文物局审批该方案。（图112）

2010年5月27日

西安市丝绸之路申报世界文化遗产工作领导小组办公室组织召开天坛遗址申遗专题工作会议。参加会议的有市申遗办主任李小六，市国土局、市文物局、市规划局等有关单位负责同志，雁塔区政府、曲江文化集团负责同志。

2010年6月1日

西安市文物局报请陕西省文物局对西安清真寺木牌楼保护维修工程立项。

2010年6月2日

由于2008年汶川地震波及西安市，造成大雁塔塔顶出现不同程度的裂纹和砖体松动，进而导致大雁塔七层内部穹顶出现渗漏现象，面积达10余平方米，安全隐患严重。《西安市宗教事务局

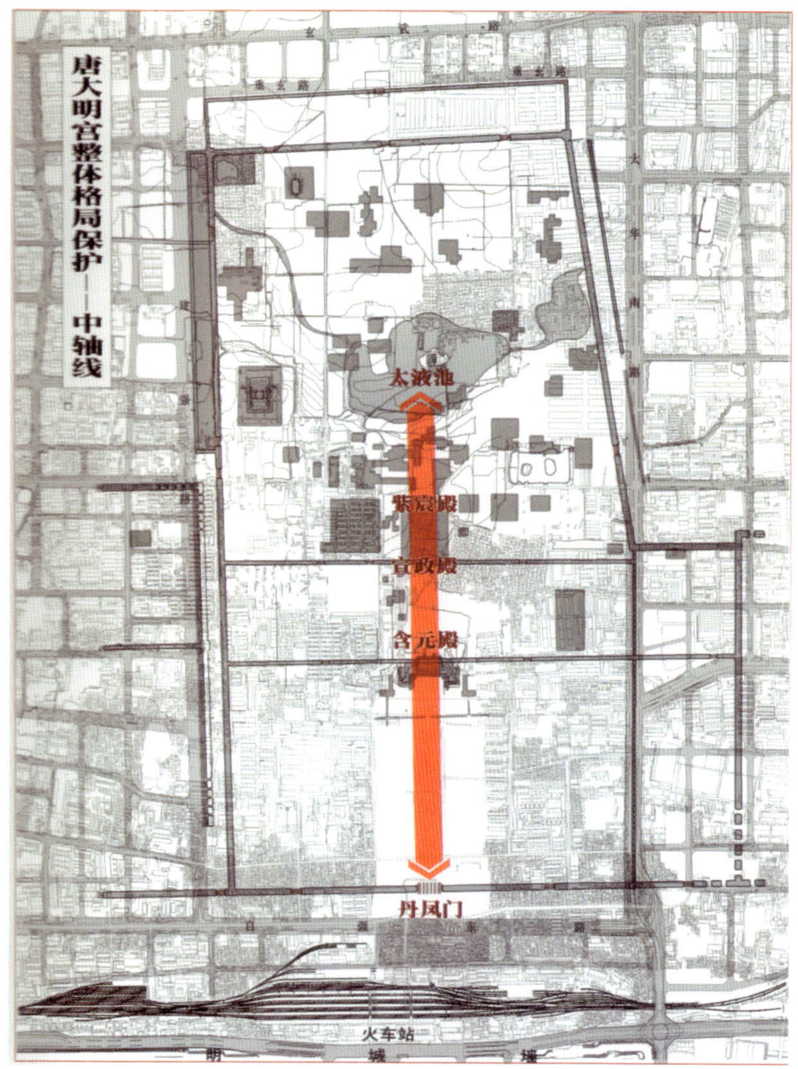

图 112　唐大明宫整体格局保护—中轴线

图 113　大雁塔塔顶维修

关于对大雁塔进行防渗漏及防风化补强处理的函》（市宗函[2010]3 号）报请西安市文物局拟参照 2000 年维修方案，对大雁塔塔顶进行防渗漏及专题防风化补强处理。（图 113）

2010 年 6 月 3 日

实录一：2008 年汶川地震波及西安市，由于大慈恩寺法堂年久失修，险情加剧，为保护法堂，《西安市宗教事务局关于对大慈恩寺法堂及耳房落架大修的函》（市宗函[2010]4 号）报请西安市文物局审批维修方案。（图 114）

实录二：为进一步做好西安市丝绸之路申报世界文化遗产档案的建立健全工作，推进档案工作的规范化、制度化，西安市丝绸之路申报世界文化遗产工作领导小组办公室要求各申遗点将本点申遗档案的负责人名单报西安市申遗办，并将每月的档案建立情况及工作进度于当月 15 日前形成书面文件报西安市申遗办，以便及时解决申遗档案建立健全过程中存在的问题。

2010 年 6 月 8 日

西安市文物局通知各区县文物局、各基层单位：2010 年 6 月 12 日全国第五个文化遗产日宣传活动方案，宣传主题为“文化遗产，在我身边”；组织丰富多彩的宣传活动；悬挂宣传横幅。

2010 年 6 月 12 日

西安博物院、西安市汉长安城遗址保管所利用展板开展了丝绸之路申报世界文化遗产的宣传活动。

2010 年 6 月 25 日

根据群众举报“有的单位未经依法审批，擅自在全国重点文物保护单位大明宫遗址保护范围内进行建设工程”事宜，国家文物局督察组 3 月 30 日和 4 月 7 日进行了两次核查，并召开座谈会，提出整改处理意见。西安市文物局将相关意见转发至西安曲江大明宫遗址区保护改造办公室要求按照意见进行整改。

2010 年 6 月 30 日

为推进汉长安城遗址区丝绸之路申遗工作，西安市文物局与未央区政府召开联席会议，会议由西安市文物局郑育林局长和未央区杨广亭区长主持，参加会议的有西安市文物局和未央区政府相关工作人员。会议确定以下事项：

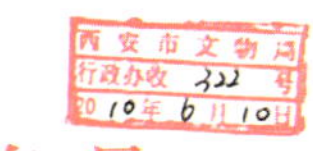

西安市宗教事务局

市宗函〔2010〕4 号

西安市宗教事务局
关于大慈恩寺法堂及耳房落架大修的函

市文物局：

大慈恩寺法堂系 1932 年由慈善家朱子桥先生用赈灾款修建。2002 年曾做过局部维修，2006 年省文保中心制定了维修方案，并经有关方面批准落架大修，但当时由于寺院财力所限，仅对法堂做了简单抢救性修复。

现在法堂屋面瓦件松动，80%残破；正脊走闪、倾斜；椽、望板糟朽 60%，连檐瓦口翘曲变形，檩条局部糟朽、开裂；前后檐青砖墙 60%风化剥落。法堂建筑由于当时修建经费有限用材偏小，建筑形式为土木结构，与民间农村民房结构相差无几，加之耳房为后加建筑，所用砖瓦大小参差不齐，建筑形式无法与大雁塔及大雄宝殿匹配。

2008 年汶川大地震后，法堂险情加剧，如不立即维修，随时会给游客人身安全造成威胁。

最近，大慈恩寺委托省文化遗产保护规划设计研究院对法堂及耳房进行了现场勘察，设计并制定了维修方案，拟对法堂

图 114　西安市宗教事务局关于大慈恩寺法堂及耳房落架大修的函

一、关于未央宫汉代道路一期保护工程。一是由区投资公司、区建设和住房保障局负责，尽快完成未央宫街道办事处上报的拆迁安置资金预算审核。二是由未央宫街道办负责，7 月底前完成道路建设涉及的西马寨村农户和企业拆迁工作。三是由未央区政府和市文物局积极争取市级 3000 万元配套资金。四是由市文物局尽快组织汉代道路污水管径设计专家论证会，合理确定道路排污管径。

二、关于未央宫前殿遗址周边环境整治及本体保护工程。一是依照申遗规划要求，由未央宫街道办和三桥街道办负责完成未央宫前殿遗址周边所有厂房等建筑拆除工作，区投资公司、区建设和住房保障局负责做好资金预算审核，区投资公司负责做好资金保障。二是区文物局负责，加紧实施未央宫前殿南侧苗圃迁移工作。三是由区农工局负责，加紧对已流转土地进行观赏性浅层绿色植物种植绿化。四是由市文物局负责加快遗址本体保护工程建设进度，未央区政府负责做好环境保障工作。

三、关于汉长安城遗址城墙内侧环境整治工作。一是成立由市文物局和未央区政府抽调专人组成的汉长安城遗址城墙内侧环境整治项目工作领导小组，具体负责制定整治方案、统筹资金使用和组织实施等各项工作。二是由区农工局牵头，相关街道办负责，在优先保证重要景观节点的基础上，在保护区范围内分批实施土地流转。

四、关于推进汉长安城遗址整体保护利用工作。一是由未央区政府尽快形成《通过加快土地流转和加强遗址区保护的请示》材料，以未央区政府和市文物局的名义联合上报西安市人民政府。

二是由未央区政府和市文物局联合利用现有法律法规，尽快研究制定遗址区保护的可行性措施。三是由未央区政府负责继续完善《关于加快推进汉长安城遗址区保护利用工作的请示》材料，尽快上报市政府。

2010 年 7 月 5 日

大福殿位于大明宫城墙西北角，并与西北角宫墙连接成一体。大福殿遗址是大明宫所有殿址中地基保存较好、夯土层较明显的遗址。西安市文物局报请陕西省文物局对《大明宫大福殿遗址保护展示工程设计方案》进行审批。（图 115）

2010 年 7 月 6 日

西安市财政局向西安市文物局和长安区文物局下达省级文物保护专项资金。

2010 年 7 月 7 日

西安市丝绸之路申报世界文化遗产工作领导小组办公室向各申遗点所属相关区县、管委会及有关部门致函尽快报送丝绸之路申遗工作进展情况及存在问题。莲湖区（大唐西市遗址和清真大寺）、雁塔区（明德门遗址、唐兴庆宫遗址）、碑林区（小雁塔）、长安区（兴教寺塔）、周至县（大秦寺塔）、高新区（唐长安城延平门遗址）、户县（草堂寺鸠摩罗什舍利塔）、未央区（汉长安城未央宫遗址）都进行了报送工作。

2010 年 7 月 8 日

陕西省人民政府第十次常务会议审议并通过《汉长安城遗址保护总体规划》。（图 116）

2010 年 7 月 9 日

陕西省副省长、党组成员景俊海在西安市人民政府副市长段先念、西安市文物局局长郑育林、副局长向德、未央区区委书记郭大为、区长杨广亭等陪同下调研汉长安城遗址，先后视察了长乐

图 115　唐大明宫大福殿遗址

宫4号、5号遗址博物馆、汉长安城遗址陈列馆和未央宫前殿遗址并召开了汉长安城遗址保护工作汇报会。（图117）

2010年7月11日

西安曲江大明宫遗址区保护改造办公室6月18日接到西安市丝绸之路申报世界文化遗产工作领导小组办公室《关于提交丝绸之路申遗档案月报工作的函》后，立即指定专人制定申遗方案，成立领导机构和工作部门，对大明宫遗址申遗相关问题进行了统一安排和部署并于7月11日复函西安市丝绸之路申报世界文化遗产工作领导小组办公室将按时上报丝绸之路申遗工作进展情况及存在问题。

2010年7月15日

兴教寺塔年久失修，塔刹及塔檐损坏严重。经国家文物局批准兴教寺塔保护维修工程立项，后又经专家勘查编制完成保护维修方案，《西安市文物局关于兴教寺保护维修工程设计方案的请示》（市文物字[2010]90号）报请陕西省文物局对该方案进行审批。

图116　《汉长安城遗址保护总体规划（2009-2025）》规划范围图

图117　时任陕西省副省长景俊海（右一）一行调研汉长安城遗址

2010年7月16日

根据国家文物局《关于开展国家考古遗址公园评定工作的通知》（文物保函[2010]536号）要求，西安市文物局将大明宫国家考古遗址公园申报材料、汉长安城国家考古遗址公园申报材料报请陕西省文物局审批。

2010年7月16~18日

为了解决各申遗点在落实申遗保护管理规划中存在的问题，尤其是环境整治的相关技术问题，西安市丝绸之路申报世界文化遗产工作领导小组办公室特邀请中国建筑设计研究院建筑历史研究所所长陈同滨来指导申遗工作。16日陈所长考察了大秦寺塔、鸠摩罗什舍利塔、兴教寺塔、兴庆宫遗址、小雁塔；17日考察了清真寺、唐大明宫遗址；18日考察了汉长安城遗址。陈所长并对各申遗点在落实申遗保护管理规划中存在的问题，尤其是环境整治的相关技术问题进行了具体指导。（图118）

图118　中国建筑设计研究院建筑历史研究所所长陈同滨（左二）指导兴教寺塔申遗工作

2010年7月23日

西安市汉长安城遗址保管所向西安市文物局汇报汉长安城南城墙遗址倾倒垃圾的情况。

2010年7月25日

文化部党组成员、国家文物局党组书记、局长单霁翔与国家文物局督察司、文保司有关负责同志和专家视察大明宫遗址并召开座谈会，在充分肯定大明宫遗址保护前期搬迁和环境整治所取得成绩的同时，针对目前大明宫考古遗址公园建设中出现的对遗址公园性质认识不到位、法制意识淡漠、遗址展示方式出现偏差的问题，提出明确的批评和意见。（图119）

图119　时任国家文物局局长单霁翔一行视察大明宫遗址并召开座谈会

2010年7月27日

实录一：为进一步扩大丝绸之路文化遗产的影响，推进丝绸之路跨国联合申报世界文化遗产工作的顺利进行，在陕西省政府的支持下，国际古迹遗址理事会西安国际保护中心、华商传媒集团、自驾游杂志社等联合主办了中国主流媒体联合报道团“丝绸之路复兴之旅”重走丝绸之路采访考察活动。联合报道团由中央电视台、新华社、陕西电视台、旅游卫视、北京青年报社、华商报社

图 120　中国主流媒体联合报道团“丝绸之路复兴之旅”重走丝绸之路采访考察活动

及新浪网等 30 多家国内主流媒体组成，8 月 6~9 日在陕西省进行了采访考察活动。（图 120）

实录二：为保证唐兴庆宫遗址申遗项目主体保护和周边环境治理工作的顺利进行，西安市兴庆宫公园向西安市文物局申请唐兴庆宫遗址申遗项目的前期启动资金。

2010 年 7 月 30 日

西安曲江大明宫遗址区保护改造办公室向国家文物局汇报落实国家文物局 7 月 25 日大明宫考古遗址公园建设座谈会精神的整改情况。

2010 年 7 月

国家文物局与陕西省政府签署了《合作共建彰显华夏文明历史文化基地框架协议》，将汉长安城大遗址列入国家文物局“十二五”期间重点文物保护项目。（图 121）

2010 年 8 月 2 日

国家文物局《关于印发大明宫遗址保护与考古遗址公园建设座谈会纪要的通知》（文物保函[2010]76 号）发送陕西省文物局，要求按照座谈会提出的意见和要求，指导地方人民政府切实做好大明宫遗址保护与国家考古遗址公园建设工作。

2010 年 8 月 3 日

西安市兴庆宫公园再次申请唐兴庆宫遗址申遗项目的前期启动资金。

2010 年 8 月 13 日

按照《西安大明宫国家大遗址保护展示示范园区暨遗址公园总体规划》以及国家文物局专家论证会的意见，根据大明宫遗址公园文物保护展示的需要，西安曲江大明宫遗址区文物局委托编制了《大明宫宫苑区游客服务设施设计方案》、《大明宫内宫墙及宫门遗址保护展示工程设计方案》、《大明宫游客服务中心设计方案》、《大明宫紫宸殿遗址保护工程设计方案》，西安市文物局报请陕西省文物局对以上设计方案进行审批。（图 122）

2010 年 8 月 17 日

西安市文物局向西安清真寺拨付申遗专项经费，用于清真寺木牌楼保护维修工程；西安市文物局向西安兴庆宫公园拨付申遗专项经费补助，用于兴庆宫勤政务本楼遗址保护展示工程。

图 121 国家文物局与陕西省政府签署《合作共建彰显华夏文明历史文化基地框架协议》

图 122 西安唐大明宫国家大遗址保护展示示范园区暨遗址公园总体规划

2010 年 8 月 23 日

关于《中国旅游报》连载《丝绸之路起点看洛阳》一书引起陕西省领导的关注和质疑，陕西省旅游局通知全省相关旅游单位停止与《中国旅游报》进行合作。为此，《中国旅游报》陕西记者站记者向陕西省人民政府景俊海副省长递交了《关于“丝绸之路起点”认定与〔中国旅游报〕广告连载一事的汇报》。

2010 年 8 月 25 日

西安清真寺木牌楼由于年久失修，最近因不断连阴雨又遭到破坏，危及木牌楼自身和游客人身安全，西安市文物局 25 日派专家现场指导工作并提出要求。

2010 年 9 月 7 日

根据西安市丝绸之路申报世界文化遗产工作领导小组办公室工作进程安排，西安市兴庆宫勤政务本楼遗址本体保护及周边环境整治方案已经完成，为使该项目下一步工作顺利进行，西安市兴庆宫公园报请西安市文物局对勤政务本楼遗址本体保护及周边环境整治工程资金来源及部门给予指示。

2010 年 9 月 9 日

《西安市文物局关于举办大明宫国家遗址公园开园庆典活动有关事宜的复函》致函西安曲江大明宫遗址区保护改造办公室：庆典活动设施均为临时性，庆典结束后七天内拆除；所有临时性设施不得对遗址本体造成破坏；做好活动区域内的安全预案，保证遗址安全。（图 123）

西安市文物局

市文物函〔2010〕89号

西安市文物局
关于举办大明宫国家遗址公园开园
庆典活动有关事宜的复函

西安曲江大明宫遗址区保护改造办公室：

贵办《关于举办大明宫国家遗址公园开园庆典活动有关事宜的函》收悉，经请示陕西省文物局，现对遗址保护方面提出以下要求：

一、整个活动中搭建的相关设施均为临时性活动设施，待活动结束后七天内拆除。

二、在整个活动中，舞台及观众台、休息室、洗手间等活动设施的搭建不能对遗址造成破坏，必须先采取保护措施，在不伤及地下遗址的基础上实施。

三、做好安全应急预案。尤其是在活动区域内，必须采取防火措施，确保遗址安全。

此复

二〇一〇年九月九日

- 1 -

图 123 西安市文物局关于举办大明宫国家遗址公园开园庆典活动有关事宜的复函

2010 年 9 月 13 日

目前，户县草堂寺申遗环境整治工作已经全面展开。由于与草堂寺整体环境不协调的草堂寺山门对面商房的拆除工作受拆迁估算、整治规划和土地等因素影响，预计难以按照计划时限完成。户县人民政府为此致函西安市丝绸之路申报世界文化遗产工作领导小组办公室，申请延期开展与草堂寺整体环境不协调的草堂寺山门外商房拆迁工作。

2010 年 9 月 17 日

大明宫国家考古遗址公园保护工作 2007 年 10 月正式启动，经过三年建设，计划于 2010 年 10 月 1 日开园并举行一系列庆祝活动。为扩大大明宫国家遗址公园的影响力，进一步宣传西安市大遗址保护工作，西安曲江大明宫遗址区文物局报请西安市文物局，请西安市文物局出面邀请中央电视台于国庆前夕视察大明宫遗址并进行相关宣传报道。

2010 年 9 月 19 日

《西安市文物局关于邀请中央电视台采访报道大明宫国家遗址公园的函》（市文物函 [2010]101 号）致函中央电视台，恳请中央电视台有关领导能来大明宫国家遗址公园检查指导，并给予宣传报道上的支持。

2010 年 10 月 1 日

西安曲江大明宫遗址保护办积极探索遗址保护展示的新途径，充分依靠政府主导，采用市场运作的方式，在充分论证的基础上，通过国际竞标方式，吸收了中国城市规划设计研究院、上海同济城市规划设计研究院、英国阿特金斯设计顾问集团、德国 ISA 设计事务所、新加坡 DPC 国际规划与设计事务所等的设计理念，实施了丹凤门、御道、宣政殿、紫宸殿、太液池等一系列保护展示工程，并通过景观营造、数字手段和轮廓展示等途径，展示了大明宫遗址的历史与研究成果。西安曲江大明宫遗址区完成了 3.5 平方公里的大明宫遗址整体保护，完成大明宫遗址区域 7 个城中村、89 家企事业单位、10 万人的搬迁安置工作，建成西安市首个国家考古遗址公园并于 10 月

图 124 大明宫国家考古遗址公园开园

1 日对外开放。（图 124）

2010 年 10 月 9 日

《涉陕舆论要情》（51 期）提出“周至县大秦寺申遗存在多种造假行为引质疑”，主要内容是反映周至县在大秦寺申遗中存在多种造假行为：如将建于宋代的大秦寺修改为唐朝所建；确定其为景教寺院缺少史料证据；“出土文物为征集所得”等，引起当地群众、文物专家和学者的质疑。

2010 年 10 月 11 日

西安市人民政府市长陈宝根 8 月 31 日对“《中国旅游报》陕西记者站记者写给景俊海副省长的《关于“丝绸之路起点”认定与〔中国旅游报〕广告连载一事的汇报》”给予批示。西安市文物局经认真研究和讨论并与陕西省文物局沟通后，就“丝绸之路起点问题”报告西安市人民政府，主要汇报了丝绸之路的概念和丝绸之路申遗工作的缘起、关于丝绸之路起点问题的所谓争论并提出以下工作设想和建议：一是组织专家对丝绸之路起点问题进行深入研究，进一步扩大西安作为丝绸之路起点在国内外的影响；二是切实做好西安市各申遗点的申遗基础工作，特别是做好汉长安城遗址申遗并组织相关的学术探讨；三是扩大对陕西、西安丝绸之路申遗工作的宣传力度。

2010 年 10 月 12 日

西安市文物局向西安市人民政府汇报了《周至大秦寺塔申遗工作相关问题》，主要汇报内容有大秦寺塔的历史沿革、申遗过程、目前由申遗而引发的关于大秦寺塔唐宋时代、大秦寺佛景性质之争的问题（专家意见：根据大秦寺塔的形制与结构，应为宋代砖塔；结合关于长安景教的历史文献及目前研究成果，周至确实存在景教寺院，其与现在的大秦寺所在地有着密切的关系，应该将现有的大秦寺作为见证景教历史的建筑纳入此次申遗工作范畴）等内容，并就申遗工作提出以下建议：申遗的根本目的是为了更好地保护文化遗产，将申遗点列入世界文化遗产名录，更有利于调动全世界先进的技术、资金和人员对遗产实施更加严密的保护；而关于大秦寺塔的时代、性质，专家意见明确，所以为保护遗产，应积极推动大秦寺申遗。（图 125）

2010 年 11 月 9 日

西安市文物局致函西安市财政局，申请 2010 年申遗工作经费。

2010 年 11 月 16 日

西安市政协丝绸之路申遗考察团考察了大明宫国家考古遗址公园并进行了丝绸之路申遗情况工作座谈会，西安市人民政府向政协委员做了《关于丝绸之路申报世界文化遗产项目工作的汇报》，主要汇报了西安市丝绸之路申遗工作基本情况和申遗工作中存在的问题、下一步的工作计划。（图 126）

2010 年 11 月 22 日

西安市丝绸之路各申遗点分别向西安市丝绸之路申报世界文化遗产工作领导小组办公室报送各点申遗工作进展情况。

2010 年 11 月 24~26 日

为进一步推动丝绸之路申遗工作，由中国国家文物局主办，陕西省文物局协办，国际古迹遗址理事会西安国际保护中心承办的"丝绸之路价值与申报世界遗产工作研讨会"在西安成功举行，会议结合中国国内各省丝绸之路申遗的进展情况，总结现有工作，就丝绸之路突出普遍价值、申遗策略等相关问题进行了深入的讨论。

本次会议有来自国内外从事丝绸之路研究、保护方面的专家，中国政府相关部门代表，丝绸

图 125　周至县大秦寺塔

之路沿线相关省、自治区文物主管部门代表参加。（图127）

图 126 西安市政协丝绸之路申遗考察团考察大明宫国家考古遗址公园

2010 年 11 月 25 日

西安市丝绸之路申报世界文化遗产工作领导小组办公室组织会议，研究兴庆宫遗址、明德门遗址、鸠摩罗什舍利塔周边项目建设有关问题。国家文物局遗产保护专家、中国建筑设计研究院建筑历史研究所所长、西安市申遗领导小组特聘技术指导陈同滨提出以下指导意见：

一、兴庆宫公园西门老家属院改造项目。一是老家属院改造项目楼层高度不得超过 70 米。二是请西安市规划部门结合城市规划对该区域的高度要求进行控制。

图 127 国家文物局主办的“丝绸之路价值与申报世界遗产工作研讨会”在西安举行

二、鸠摩罗什舍利塔核心区及其周边环境整治项目。一是原则同意鸠摩罗什舍利塔核心区及其周边环境整治方案：保持 70 年代建造的、保护塔的仿古建筑；除去基座四周的石雕板围栏，游客观赏场地限于基座以外；周围的新碑全部移至远处。二是舍利塔基座选用唐代尺寸的素方砖，按照地方传统铺砌方法铺砌，如有唐代铺砌的依据更好。三是在舍利塔基座前，拆除原有道路并增设副庭以净化遗址空间，应选用地方传统材料、传统工艺（含石条、石板、小卵石等天然石材）铺砌，增强遗址感，建议不要采用大卵石铺砌。四是山门前停顿空间的设计，地面采用大块条石铺砌。五是补种植物对遗址区内现代设施（如空调等）进行遮挡。六是舍利塔的整体环境是否可增加一些与鸠摩罗什相关的内容，他是佛教史上一个优秀人物，值得在环境设计中不动声色地展现出人的精神感，在适当地方还可以示意出所译经卷在佛教史上的传播关系，环境整体感当为肃穆、宁静、平和。

三、杨家村城中村改造项目（明德门遗址）。一是针对已经市规划局批准的城中村改造项目，明德门遗址应借此机会改进本体保护与环境保护状态，建议西安市文物局与雁塔区政府就改造前后的建筑与环境现状以及遗址保存条件现状进行充分的图像收集工作，包括录像、拍照、统计资料等，以备以后的工作查考。二是西安市规划院汇报的杨家村城中村改造控制性详细规划，应充分考虑杨家村城中村改造和明德门遗址保护的空间关系，进一步优化总平面布局，减少新建建筑对遗址的压迫感，请西安市规划院在对该规划进行调整的基础上，提供2~3个不同方案供专家比较审定。三是由明德门遗址保护规划编制单位按照专家意见，结合杨家村城中村改造控制性详细规划，对明德门遗址保护管理规划进行分析调整，使遗址保护、周边已建环境和拟建环境有机融合。方案涉及文物保护单位的保护范围应按照《文物保护法》履行相应报批程序，涉及丝绸之路申遗内容的应征求遗产保护专家的意见和建议。

2010年12月6日

实录一：西安市文物局向周至县大秦寺文物管理所拨付申遗专项经费，用于大秦寺塔考古调查及泥塑保护。（图128）

西安市文物局文件

市文物发〔2010〕203号

西安市文物局
关于拨付大秦寺塔申遗专项
经费补助的通知

大秦寺文物管理所：

根据《陕西省财政厅关于下达文物专项资金的通知》及贵单位报来的大秦寺塔文物保护进展情况，现拨付申遗专项经费补助15万元，用于大秦寺塔考古调查及泥塑保护。请加强管理，严格按照规定用途使用。

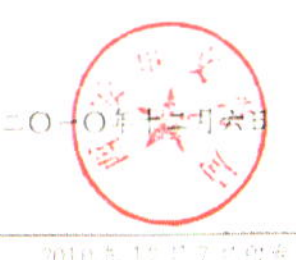

二〇一〇年十二月六日

主题词：文化　文物　经费　通知

西安市文物局办公室　2010年12月7日印发

图128　西安市文物局关于拨付大秦寺塔申遗专项经费补助的通知

实录二：西安市文物局向户县文物管理处拨付申遗专项经费，用于鸠摩罗什舍利塔文物保护工程。

实录三：根据西安清真寺木牌楼文物保护维修工程进展情况，西安市文物局向西安清真寺拨付申遗专项经费补助，用于清真寺木牌楼保护维修工程。（图129）

西安市文物局文件

市文物发〔2010〕202号

西安市文物局
关于拨付西安清真寺木牌楼申遗
专项经费补助的通知

西安清真寺：

根据《陕西省财政厅关于下达文物专项资金的通知》及贵单位报来的西安清真寺木牌楼文物保护维修工程进展情况，现拨付申遗专项经费补助39.6万元，用于西安清真寺木牌楼文物保护维修工程。请加强管理，严格按照批准方案实施，确保工程质量。

二〇一〇年十二月六日

主题词：文化　文物　经费　通知

西安市文物局办公室　2010年12月7日印发

图129　西安市文物局关于拨付西安清真寺木牌楼申遗专项经费补助的通知

2010年12月19日

受秋天连阴雨影响，大明宫大福殿遗址四周出现垮塌，为抢救保护遗址，西安曲江大明宫遗址区文物局报请西安市文物局审批《大明宫大福殿遗址抢救性保护工程方案》。（图130）

2010年12月22日

西安市丝绸之路申报世界文化遗产工作领导小组办公室组织召开专题会议，研究杨家村改造与明德门遗址保护有关问题，西安市文物局、市规划局、雁塔区政府等单位负责同志参会。会议指出明德门遗址申遗工作的开展对于加快推动杨家村城中村改造工作，改善朱雀大街沿线城市环境面貌、提升居民生活都具

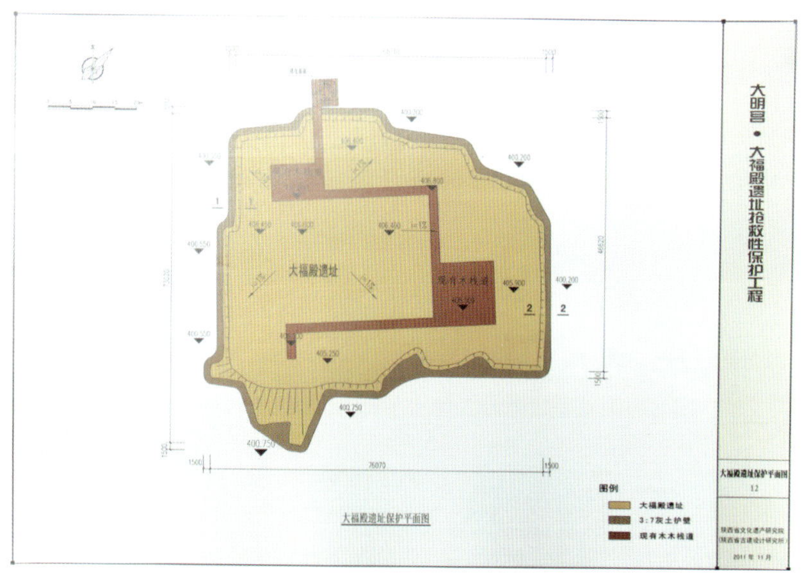

图 130 《大福殿遗址抢救性保护工程方案》大福殿遗址保护平面图

有积极的促进作用。会议决定由市规划局本周内提出 2~3 套杨家村城中村改造设计方案；市文物局协调国家级申遗和文保专家，就上述方案提出意见并由规划局根据专家意见确定杨家村控制性详细规划。

2.3.2 结语

为进一步推进丝绸之路申遗工作，明确各项工作责任，本年度西安市人民政府组织召开了丝绸之路申报世界文化遗产工作动员大会；确定了《西安市丝绸之路申报世界文化遗产工作实施方案》；成立了西安市丝绸之路申报世界文化遗产工作领导小组，并与丝绸之路申遗工作各有关区、县政府及其他责任单位签订《目标责任书》，各相关区县、管委会也成立相应的申遗工作领导机构。

西安曲江大明宫遗址保护办组织编制了唐长安城大明宫部分遗址保护展示工程方案，完成了唐长安城大明宫遗址的保护工作并于 10 月 1 日对外开放。

西安市申遗办有关负责同志对相关申报点的申遗工作进展情况进行调研；邀请申遗专家进行现场指导。

为推进汉长安城遗址保护工作，西安市文物局与未央区政府召开两次联席会议。

西安市申遗办组织了中国主流媒体联合报道团“丝绸之路复兴之旅”重走丝绸之路采访考察活动；召开“丝绸之路价值与申报世界遗产工作研讨会”；同时，各申报点将每月的档案建立情况及工作进度于当月 15 日前形成书面文件报西安市申遗办。

从各项工作进展来看，2010 年西安市丝绸之路申报世界文化遗产各项工作逐步进入轨道，平稳推进。

2.4 西安丝绸之路申遗实录 2011 年——确认之年

2.4.1 申遗实录 2011 年

2011 年 1 月 14 日

根据西安市发改委《转发陕西省国家文化和自然遗产地保护 2010 年中央预算内投资计划的通知》（市发改社发 [2010]310 号）精神，下达了汉长安城城墙遗址重要段落保护及申遗区域环境整治项目中央预算内资金 2100 万元，其中城墙遗址重要段落保护分为霸城门至安门的城墙段落、西城墙南段和直城门两侧城墙。

鉴于 2006 年国家文物局《汉长安城城墙遗址部分段落保护工程设计方案的批复》（文物保

图 131　汉长安城城墙西南角遗址

函 [2006]1097 号）中对汉长安城城墙遗址保护方案提出具体意见，《西安市文物局关于汉长安城城墙遗址重要段落保护方案的请示》（市文物字 [2011]7 号）报请陕西省文物局，拟根据国家文物局 2006 年的批复意见对以上城墙遗址实施保护。主要内容是对城墙遗址上的建筑物进行拆迁，对有害植被、垃圾进行处理；对遗迹进行物理加固、支护，豁口填堵，覆土复原展示等保护措施。（图 131）

2011 年 1 月 31 日

陕西省人民政府召开会议研究汉长安城遗址保护工作。（图 132）

图 132　陕西省人民政府召开会议研究汉长安城遗址保护工作

2011 年 2 月 28 日

勤政务本楼是唐长安城兴庆宫内的重要建筑，是唐玄宗理政和颁发诏书的地方，遗址位于兴庆宫公园南门西侧。《西安市文物局关于兴庆宫勤政务本楼遗址保护工程方案的请示》（市文物字 [2011]16 号）报请陕西省文物局审批。（图 133）

2011 年 3 月 21~22 日

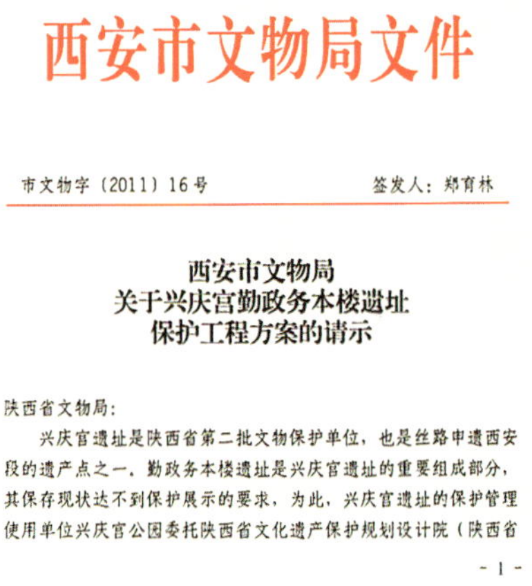

3 月 21 日，陕西省委副书记、省长赵正永在西安会见了来陕调研的文化部党组成员、国家文物局党组书记、局长单霁翔一行。双方就如何做好汉长安城遗址保护工作交换了意见。3 月 22 日，单霁翔在陕西调研大遗址保护工作，并参加汉长安城遗址保护工作座谈会。

西安市文物局文件

市文物字〔2011〕16 号　　签发人：郑育林

西安市文物局
关于兴庆宫勤政务本楼遗址
保护工程方案的请示

陕西省文物局：

兴庆宫遗址是陕西省第二批文物保护单位，也是丝路申遗西安段的遗产点之一。勤政务本楼遗址是兴庆宫遗址的重要组成部分，其保存现状达不到保护展示的要求，为此，兴庆宫遗址的保护管理使用单位兴庆宫公园委托陕西省文化遗产保护规划设计院（陕西省

- 1 -

图 133　西安市文物局关于兴庆宫勤政务本楼遗址保护工程方案的请示

2011 年 3 月 25 日

实录一：大慈恩寺是唐代长安的四大译经场之一，创建于唐太宗贞观二十二年（公元 648 年），是太子李治为了追念他的母亲文德皇后而建。为从根本上解决大慈恩寺法堂大木构件的结构问题，保护大雁塔，西安市文物局报请陕西省文物局审批大慈恩寺法堂保护维修工程立项工作。（图 134）

实录二：为进一步推动汉长安城遗址整体保护，“十一五”期间，经国家文物局批准，陕西省人民政府公布实施了《汉长安城遗址保护总体规划》，国家文物局将汉长安城遗址纳入国家考古遗址公园立项名单，陕西省政府将汉长安城遗址保护纳入“十二五”重点民生

图 134　大雁塔

工程，计划对遗址进行整体保护。由于遗址面积大，为能够摸清地下遗址分布情况，确保遗址整体保护工作的顺利推进，西安市文物局报请陕西省文物局审批《汉长安城遗址考古工作计划（2011–2015）》。（图 135）

实录三：《西安市文物局关于对汉长安城遗址保管所申请对影山楼遗址开展考古工作的批复》发送至西安市汉长安城遗址保管所，同意对影山楼遗址进行重新考古。

2011 年 4 月 29 日

含光门是唐长安城皇城南墙偏西的一处城门。含光门遗址博物馆是我国现存不多且保存较完整的隋唐城门遗址博物馆，近期，博物馆展览明清古建筑木构件文物由于自然环境变化、经费等原因，损害严重。为保护文物，《西安市文物局关于西安唐皇城墙含光门遗址博物馆急需对馆藏古建筑木构件文物进行抢救修复保护的请示》（市文物字 [2011]53 号）报请陕西省文物局审批。（图 136）

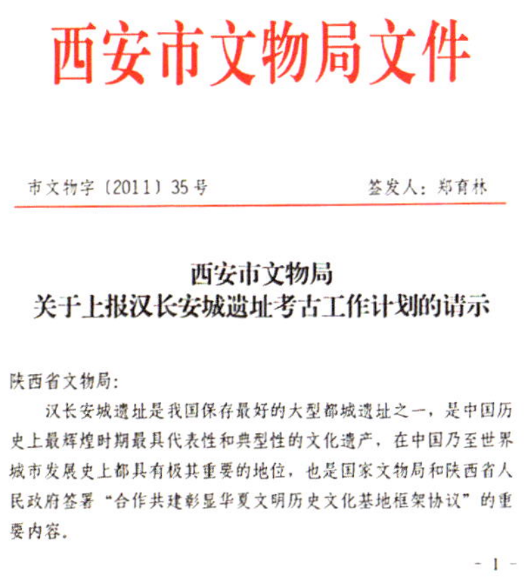

西安市文物局文件

市文物字〔2011〕35 号　　签发人：郑育林

西安市文物局
关于上报汉长安城遗址考古工作计划的请示

陕西省文物局：

汉长安城遗址是我国保存最好的大型都城遗址之一，是中国历史上最辉煌时期最具代表性和典型性的文化遗产，在中国乃至世界城市发展史上都具有极其重要的地位，也是国家文物局和陕西省人民政府签署“合作共建彰显华夏文明历史文化基地框架协议”的重要内容。

- 1 -

图 135　西安市文物局关于上报汉长安城遗址考古工作计划的请示

图 136　唐长安城含光门遗址博物馆二楼中厅西安城墙明清古建构件展

2011 年 5 月 10 日

由陕西历史博物馆主办、西安博物院协办的《丝绸之路——大西北遗珍》巡回展在第二展地——浙江省历史博物馆的展出结束，即将转入第三展地——辽宁省博物馆。

2011 年 5 月 12 日

实录一：陕西省副省长景俊海与省国家大遗址保护特区建设领导小组成员赴西安市调研汉长安城大遗址保护项目进展情况。

大家首先来到霸城门遗址和汉城湖考察遗址保护和工程建设情况，之后召开了工作座谈会，省领导指出，陕西发展已站在新的历史起点上，实施大型文物保护利用项目的时机已经成熟。加快实施汉长安城大遗址保护项目，对于加快西安国际化大都市建设、凸显陕西深厚历史文化底蕴具有重要意义，省委、省政府对此工作十分重视，西安市要充分总结大遗址保护利用工作经验，借鉴和创新管理模式，立足实际，整合资源，调动各方面积极性，建立既能满足现阶段项目建设需要、又可持续发展的体制机制。完善项目总体规划，争取国家支持，抓紧筹措资金，尽快设立承担项目建设工作的承载主体，积极推进项目顺利实施。省级各部门要按照各自职责范围积极支持和服务项目规划建设。（图 137）

实录二：西安市文物局通知各区县文化（文物）局、局属各单位开展 2011 年文化遗产日活动，要求各单位制定宣传方案和安全预案；围绕“文化遗产与美好生活”主题，充分利用大众媒体进行宣传并将宣传方案报送局文物处。

2011 年 5 月 19 日

陕西省财政厅向西安市文物局下达 2011 年重大文物保护专项资金 465 万元，主要用于杨官寨遗址保护规划编制、丰镐遗址考古勘探调查、汉长安城遗址勘探调查等。（图 138）

2011 年 5 月

在土库曼斯坦的阿什哈巴德召开的“丝绸之路协调委员会第二次会议”上，根据国际古迹遗址理事会专家提交的丝绸之路专题研究成果，提出了“廊道”概念，即按照地理、气候、文化等方面的特点和联系，将丝绸之路申遗点重新划分为若干段落，并以此作为申报的主体，形成了《丝绸之路主题研究报告》，与会各国原则上接受。遗产廊道是一种线性文化景观类型，既可以指具有文化意义的运河、道路、铁路线等，也可以指通过适当的景观整理措施，联系单个的申遗点而形成的具有一定文化意义的绿色通道，是一种在较大范围内保护历史文化的新措施。此次会议新确

图 137　时任陕西省副省长景俊海（中）一行视察汉长安城遗址保护工作

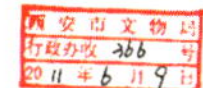

陕西省财政厅文件

陕财办教〔2011〕69号

陕西省财政厅关于下达省级重大文物保护专项资金的通知

财政局：

为提升我省文物保护水平，加快文物展示利用步伐，促进文化强省建设，根据年初预算安排，经研究，现下达你市（局）2011年重大文物保护专项资金465万元（具体项目见附表）。请严格按照规定用途使用，加强管理，及时拨付项目单位，确保资金使用效益。年终列“2070204 文物保护支出”预算科目。

附件：2011年省级重大文物保护项目经费分配表（总表不发）

二〇一一年五月十九日

图138　陕西省财政厅关于下达省级重大文物保护专项资金的通知

定的计划是将中国与哈萨克斯坦、吉尔吉斯斯坦、塔吉克斯坦、乌兹别克斯坦以及土库曼斯坦联合为丝绸之路申报世界遗产正式提交申遗文本的时间从原定的2012年推迟到2013年2月1日。（图139）

2011年6月3日

西安市文物局向各区县文化（文物）局、局属各单位发送《2011年6月11日全国第六个文化遗产日宣传活动方案》，要求组织文化遗产日宣传展、半坡遗址出土文物展、汉长安城遗址保护成果宣传展等。

2011年6月11日

国家文物局文物保护司考古处处长闫亚林实地考察汉长安城未央宫汉代道路遗址保护一期工程进展情况。

2011年7月5日

受西安市人民政府委托，市政府副秘书长李小六、市文物局局长郑育林一行在北京与中国建筑设计研究院建筑历史研究所委托人、所长陈同滨签订《汉长安城考古遗址公园项目（含世界遗产申报咨询）》委托协议书。协议双方商定由甲方负责整个项目的组织协调工作，并按照乙方要求及时提供有关规划和设计的基础资料。乙方分三个阶段完成甲方委托的工作内容：第一阶段是编制《汉长安城考古遗址公园规划纲要》和《汉长安城遗址保护管理规划》；第二阶段是编制《汉长安城考古遗址公园总体规

图139　“丝绸之路协调委员会第二次会议”在土库曼斯坦的阿什哈巴德召开

图 140　西安市人民政府与中国建筑设计研究院建筑历史研究所签订《汉长安城考古遗址公园项目（含世界遗产申报咨询）》委托协议书

划》；第三阶段是编制或指导编制《汉长安城考古遗址公园总体规划》下行的各专项规划和方案设计。（图 140）

2011 年 8 月 2 日

大明宫国家大遗址保护展示示范园区暨遗址公园总体规划及文物保护展示工程共 10 项已于 2010 年 10 月完工。《西安市文物局关于对大明宫国家考古遗址公园保护展示工程整体竣工验收的请示》（市文物字 [2011]129 号）报请陕西省文物局审批。（工程清单中御道、丹凤门、宫墙宫门、太液池、重玄门、玄武门、三清殿、中轴广场 8 项工程保护展示方案经国家文物局批复；望仙台、紫宸殿遗址 2 项保护工程方案未经国家文物局批复）（图 141）

2011 年 8 月 11 日

联合国教科文组织顾问、中国社会科学院考古研究所研究员、著名建筑学家、建筑考古学创立者杨鸿勋先生与台湾大学师生在汉长安城遗址参观考察。（图 142）

图 141　大明宫御道遗址保护后

2011 年 8 月 30 日

近期，新城区市容园林局在大明宫遗址保护范围内违法施工破坏遗址，8 月 22 日，西安曲江大明宫遗址区保护改造办公室就此事致函新城区政府制止该违法行为。28 日，该单位继续施工，根据《中华人民共和国文物保护法》和 2005 年陕西省政府公布实施的《大明宫遗址保护管理规划》，西安曲江大明宫遗址区保护改造办公室再次致函新城区政府，责令新城区市容园林局立即停止违法施工行为，按程序进行报建和另行选址。

图 142　联合国教科文组织顾问、中国社会科学院考古研究所研究员、著名建筑学家杨鸿勋先生（中左）一行考察汉长安城遗址

2011 年 9 月 3 日

国家文物局、陕西省人民政府、西安市人民政府合作共建汉长安城国家大遗址保护特区第一次工作会议在西安召开。重点就合作共建汉长安城国家大遗址保护特区，共同推进汉长安城国家大遗址保护利用项目有关事宜进行研究。会议首先由陕西省副省长景俊海和西安市副市长段先念分别就省市关于汉长安城国家大遗址保护利用项目和汉长安城国家大遗址特区建设前期筹备工作情况做了汇报。然后经与会各方认真研究，最终达成了国家文物局、陕西省人民政府、西安市人

图 143　国家文物局、陕西省人民政府、西安市人民政府合作共建汉长安城国家大遗址保护特区第一次工作会议在西安召开

民政府合作共建汉长安城国家大遗址保护特区的共识，并决定成立合作共建领导小组等事宜。国家文物局党组书记、局长单霁翔，陕西省委副书记、省政府省长赵正永，西安市委副书记、市政府市长陈宝根出席了会议并做了重要讲话。（图 143）

2011 年 9 月 4~6 日

中国建筑设计研究院建筑历史研究所所长陈同滨调研汉长安城考古遗址公园规划及申遗工作。陈所长一行先后到章城门、未央宫前殿、直城门、未央宫东宫墙遗址、安门大街和直城门大街交汇处、安门、霸城门、西市、厨城门、洛城门、楼阁台等遗址进行了实地考察。

9 月 5 日下午，陈同滨一行在未央区召开汉长安城遗址保护与利用座谈会，会议由西安市文物局向德副局长主持。未央区区委书记杨广亭、代区长吴智民等领导参加会议。

针对未央区有关领导提出当前遗址保护、利用的思路，陈所长指出，汉长安城具有两个重大价值，一个是中国文明史上第一个强盛时期汉帝国的首都，是第一个国际都市；另一个是丝绸之路的起点。丝绸之路跨国联合申报世界遗产，其东方起点中目前讨论的如汉长安城、隋唐长安城、汉魏洛阳城、隋唐洛阳城中，只有汉长安城才能担当，汉长安城是唯一起点。汉长安城遗址的保护，是这条线路申报成功与否的关键。目前正在进行和计划将要实施的所有项目应守住一条底线就是“任何行为不会对遗址造成新的破坏”，要以世界遗产的标准来规划实施。不能以今人的思想来理解古人的智慧，所有的利用展示设想必须以详细准确的考古工作为前提。陈所长最后指出，汉长安城遗址申遗工作意义重大，工作任务艰巨，希望通过各方的努力，为汉长安城遗址申报世界遗产奠定基础。（图 144）

图 144 中国建筑设计研究院建筑历史研究所所长陈同滨（右三）调研汉长安城考古遗址公园规划及申遗工作

西 安 市 文 物 局

市文物函〔2011〕112号

西安市文物局
关于加强汉长安城礼制建筑遗址区
保护管理工作的函

西安市规划局：

汉长安城礼制建筑遗址区位于西安市莲湖区西北部，东以丰登北路、南以社稷遗址南围墙向南350米的东西向平行线、西以阿房路、北以大兴路为界，已探明宗庙、社稷、明堂辟雍3组建筑基址，区域面积10.83平方公里。

2010年7月8日，陕西省政府第十次常务会议审议并通过了《汉长安城遗址保护总体规划》并公布实施。其中规定，“礼制建筑遗址区的遗迹分布区域内企事业单位的所有建筑维持现状，不准扩建和改建，禁止新的建设项目进入区内，为今后礼制建筑遗址区的整体保护和展示创造较好的基础。将礼制建筑遗址区的保护纳入西安市城市总体规划，随着城市改造和制造工业的外迁，逐步将该区域转化为遗址保护区域。”

近期，我们在遗址巡查工作中发现，在大兴路以南、阿

- 1 -

图145　西安市文物局关于加强汉长安城礼制建筑遗址区保护管理工作的函

2011 年 9 月 5 日

为确保汉长安城礼制建筑遗址的安全，西安市文物局致函西安市规划局，请市规划局加强对汉长安城礼制建筑遗址区内建设项目的审批控制。（图145）

2011 年 9 月 22 日

为加强大遗址保护工作，根据陕西省财政厅通知，西安市财政局下达西安市文物局2011年大遗址保护专项经费5000万元，主要用于汉长安城遗址和唐大明宫遗址保护项目。

2011 年 9 月 20~24 日

在乌兹别克斯坦首都塔什干召开了“丝绸之路申报世界文化遗产，丝绸之路申遗文本编制标准地区性研讨会暨跨国系列申遗协调委员会专家会议”，会议由联合国教科文组织世界遗产中心（UNESCO）组织，中国以及中亚五国申遗专家、日本援助联合国中亚信托基金代表、比利时丝绸之路研究基金（SilkRoadsCHRIS）代表等参加。会议在《阿什哈巴德协议》中所达成的初步共识与工作安排的基础上，提出了两条优先申遗的丝绸之路跨国廊道：一条联结中国、吉尔吉斯斯坦和哈萨克斯坦（即丝绸之路：起始段和天山廊道路网）；另一条穿过塔吉克斯坦、土库曼斯坦和乌兹别克斯坦。（图146）

2011 年 9 月 25 日

小雁塔是陕西省乃至全国遗留至今为数不多的唐代建筑之一，也是唐代早期最有代表性的密檐式方形砖塔。塔体经一千三百多年历七十余次地震而塔身依然如故，屹立不倒，使之成为建筑史上的奇迹而受到国内外民众的极大关注。

由西安博物院、西安城市遗产保护研究中心、国际古遗址理事会西安国际保护中心联合主办的《小雁塔防震与保护国际学术研讨会》召开，西安博物院院长向德、国家文物局文物保护与考古司副司长许言、陕西省文物局副局长刘云辉、西安市文物局局长郑育林、中国建筑西北设计研究院、中国工程院院士张锦秋等在大会上做了致辞和发言。

图146　“丝绸之路申报世界文化遗产，丝绸之路申遗文本编制标准地区性研讨会暨跨国系列申遗协调委员会专家会议”在乌兹别克斯坦首都塔什干召开

图 147 西安博物院、西安城市遗产保护研究中心、国际古遗址理事会西安保护中心联合举办小雁塔防震与保护国际学术研讨会

图 148 时任西安市人大常委会副主任芦猛虎（右四）一行调研汉长安城遗址

此次会议将通过专家相互研讨与交流，产生出更多、更新的研究成果，为推进小雁塔防震与保护研究的深入开展做出贡献。（图 147）

2011 年 9 月 28 日

陕西省文物局通知西安市文物局：由于尚缺少遗址保护工程报告及其他相关资料，要求补充大明宫遗址保护展示工程验收有关工程资料；要求望仙台遗址和紫宸殿遗址保护工程另行报批。

2011 年 9 月 29 日

实录一：3 月，汉长安城未央宫汉代道路保护一期工程进入施工阶段，施工时发现未央宫前殿西北部有较大规模夯土遗址，经考古人员判断应属于前殿附属建筑。为保护遗址，9 月 29 日，西安市汉长安城遗址保管所报请西安市文物局，申请对未央宫前殿遗址北侧区域开展考古发掘工作，并对未央宫汉代道路保护一期工程项目涉及的重要节点开展必要的试掘、发掘工作。

实录二：西安市二级公路网化工程汉长安城遗址部分汉代道路建设工程是西安市农村工作建设重点项目，其中涉及汉长安城遗址范围内 7 公里，路面宽 15 米，工程建设线位按照汉代路网规划设计，主要建设直城门大街东段 5 公里，安门大街南段 2 公里。9 月 29 日，西安市汉长安城遗址保管所报告西安市文物局对此工程施工图的初审意见如下：由于前期经专家组评审该方案可行，因此，保管所拟同意上报上级部门审批并建议根据专家意见补充开展考古工作，在项目实施时按照汉长安城遗址申遗和考古遗址公园建设要求同步调整、实施。

2011 年 10 月 19 日

西安市人大常委会副主任芦猛虎在市文物局负责同志的陪同下，与人大城建环资委领导干部到汉长安城遗址进行大遗址保护专题调研。在汉长安城遗址保管所，市文物局向市人大汇报了近年来大遗址在保护规划、机构建设、保护工程、遗址公园建设等方面工作进展情况和近期工作思路，就目前大遗址保护中普遍存在的土地资源、地方经济发展、城市基础设施建设、区域内环境及群众生活水平等问题与人大领导们进行了汇报交流。（图 148）

图 149　陕西省政协文化教育委员会实地调研汉长安城遗址并座谈

2011 年 10 月 27 日

陕西省政协文化教育委员会在省政协常委、省政协文化教育委员会主任李宗奇带领下，到汉长安城遗址进行实地调研并举行座谈。陕西省文物局、西安市文物局有关负责同志等陪同调研。调研组先后实地调研长乐宫 4、5、6 号遗址、霸城门遗址、未央宫前殿遗址保护工作，并参观了汉长安城遗址陈列馆。在随后的座谈会上，调研组一行听取了陕西省文物局关于陕西省文物保护工作有关情况通报后认为：陕西省在大遗址保护方面取得较好成绩，但当前文物保护形势非常严峻，文物保护方面遇到的问题非常突出，下一步文物保护工作任务非常艰巨。为推动陕西省大遗址工作，调研组将形成十条议案，向政府相关部门提出建议或议案。（图 149）

2011 年 10 月 31 日

实录一：西安市文物局《关于西安市二级公路网化工程汉长安城遗址部分汉代道路建设工程施工图设计方案的请示》（市文物字 [2011]106 号）报请陕西省文物局审批。

实录二：西安市文物局报请陕西省文物局对汉长安城未央宫遗址汉代道路保护一期工程项目涉及的重要节点开展必要的考古试掘、发掘工作。（图 150）

2011 年 11 月 14 日

中国社会科学院考古研究所汉长安城工作队试掘未央宫沧池遗址南壁，发现砖砌池。（图 151）

2011 年 11 月 21 日

陕西省文物局《关于汉长安城遗址部分道路建设工程设计意见的函》（陕文物函 [2011]324 号）致函西安市文物局：根据汉长安城遗址考古资料显示，此次二级公路网化工程设计与汉城道路遗迹分布出入较大，会造成对遗址的影响和错误阐释，同时也不符合世界文化遗产有关规定，不同意在汉长安城遗址区域进行西安市二级公路网化工程建设；按照国家文物局和省政府的安排部署，西安市政府正在组织汉长安城大遗址保护特区、考古遗址公园规划及“丝路”申遗等各项工作，请你局根据考古遗址公园建设及申遗工作的要求和实际需要，统

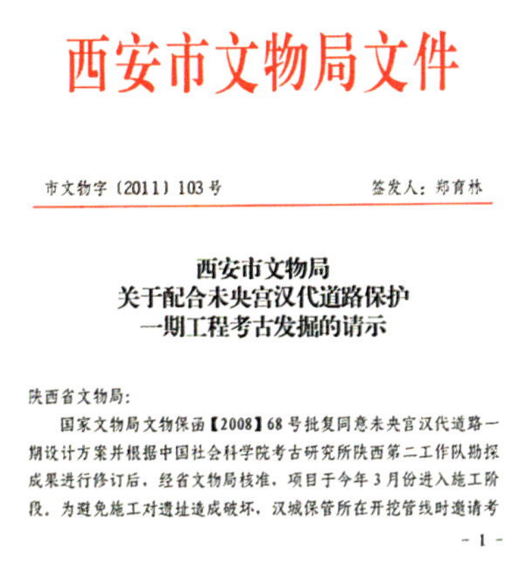

西安市文物局文件

市文物字（2011）103 号　　签发人：郑育林

西安市文物局
关于配合未央宫汉代道路保护
一期工程考古发掘的请示

陕西省文物局：

国家文物局文物保函【2008】68 号批复同意未央宫汉代道路一期设计方案并根据中国社会科学院考古研究所陕西第二工作队勘探成果进行修订后，经省文物局核准，项目于今年 3 月份进入施工阶段。为避免施工对遗址造成破坏，汉城保管所在开挖管线时邀请考

- 1 -

图 150　西安市文物局关于配合未央宫汉代道路保护一期工程考古发掘的请示

筹考虑汉城道路对汉长安城遗址总体格局的体现，同时在科学规划的基础上注意与汉城遗址外部道路的衔接，保障遗址的真实性和完整性。（图 152）

图 151　中国社会科学院考古研究所汉长安城工作队试掘未央宫沧池遗址南壁

陕西省文物局文件

陕文物函〔2011〕324 号

关于汉长安城遗址部分道路建设工程设计的意见

西安市文物局：

《关于二级公路网化工程汉长安城遗址部分汉代道路建设工程施工图设计的请示》（市文物字[2011]106 号）收悉。根据文物保护法律、法规和世界文化遗产公约的有关规定，现提出以下意见：

一、汉长安城遗址是中国历史上建都朝代最多、保存最为完整、文化内涵最为丰富的都城遗址，具有极其重要的价值。1961 年，汉长安城遗址被国务院公布为全国第一批重点文物保护单位；2005 年，财政部、国家文物局颁布《“十一五”期间大遗址保护总体规划》，汉长安城遗址被列为一百处重点保护的大遗址之一；2007 年，被列入丝绸之路跨国联合申报世界文化遗产预备名单；2010 年，省政府公布了《汉长安城遗址保护总体规划》，同年，被列入国家考古遗址公园立项名单。

图 152　陕西省文物局关于汉长安城遗址部分道路建设工程设计的意见

2011 年 11 月 30 日

世界银行副行长兼法律总顾问罗伊女士（Anne · MarieLeroy）一行，在陕西省财政厅、西安市财政局及西安市城投集团有关部门的陪同下，在汉长安城遗址调研世行贷款西安城市综合交通改善项目的子项目未央宫汉代道路保护一期工程有关情况。

2011 年 12 月 1 日

大福殿位于大明宫城墙西北角，并与西北角宫墙连接成一体。大福殿遗址是大明宫所有殿址中地基保存较好、夯土层较明显的遗址。受秋天连阴雨影响，大明宫大福殿遗址四周出现垮塌，为抢救保护遗址，西安曲江大明宫遗址区文物局委托相关部门编制了《大福殿遗址抢救性保护工程方案》并报请西安市文物局审批。12 月 5 日，《西安市文物局关于呈报大福殿遗址抢救性保护工程方案的请示》（市文物字 [2011]140 号）报请陕西省文物局审批。（图 153）

2011 年 12 月 2 日

近日，曲江新区管委会在大雁塔文物保护范围内修建轻轨项目再次违法开工，西安市大雁塔保管所就此情况报告西安市文物局。报告指出：在大雁塔文物保护范围内修建轻轨项目违反了《文物保护法》的相关规定，破坏了大雁塔周边的原真性，与“丝绸之路申遗”工作的核心思想背道

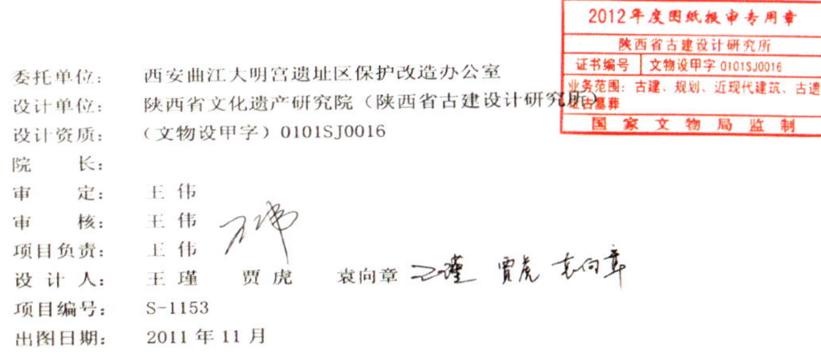

大明宫大福殿遗址抢救性保护工程

2012年度图纸报审专用章
陕西省古建设计研究所
证书编号 文物设甲字 0101SJ0016
业务范围：古建、规划、近现代建筑、古遗址古墓葬
国家文物局监制

委托单位：西安曲江大明宫遗址区保护改造办公室
设计单位：陕西省文化遗产研究院（陕西省古建设计研究所）
设计资质：（文物设甲字）0101SJ0016
院　　长：
审　　定：王 伟
审　　核：王 伟
项目负责：王 伟
设 计 人：王 瑾　贾 虎　袁向章
项目编号：S-1153
出图日期：2011 年 11 月

图 153　大明宫大福殿遗址抢救性保护工程方案

而驰，要求避免进一步加重对大雁塔的损害。

2011 年 12 月 7 日

西安市申遗办通知西安市汉长安城遗址保管所：要求按照申遗档案体例完善本单位申遗档案电子版，完成档案的收集与录入工作。

2011 年 12 月 12 日

西安市申遗办通知西安唐皇城墙含光门遗址博物馆：要求按照申遗档案体例完善本单位申遗档案电子版，完成档案的收集与录入工作。

2011 年 12 月 19 日

含元殿是唐大明宫的正殿，是皇帝举行重大庆典和朝会的地方。受秋天连阴雨影响，大明宫含元殿遗址基台四周出现新的裂缝，局部因大量雨水侵入出现沉降，为抢救保护遗址，西安曲江大明宫遗址区文物局委托相关单位编制《大明宫含元殿遗址抢救性保护工程方案》并报请西安市文物局审批。（图 154）

2011 年 12 月 20 日

2010 年 10 月，汉长安城遗址被国家文物局列入首批国家考古遗址公园立项名单。为使项目早日进入实施阶段，西安市人民政府与中国建筑设计研究院建筑历史研究所签订《汉长安城考古遗址公园项目（含申报世界遗产咨询）委托协议书》。建筑历史研究所所长陈同滨多次到汉长安城遗址进行调研。陈所长要求遗址内的保护工程按照申遗标准进行设计。虽然未央宫前殿遗址保护方案在 2009 年已经获得国家文物局批复同意，但前殿是申遗工作的重中之重，她建议对未央宫前殿遗址进行适当发掘，以便取得更多考古成果，掌握更多遗址信息；未央宫前殿遗址保护工程及其他相关保护工程应适当暂缓实施，待补充完善考古成果后组织申遗专家进行核准，纳入《汉长安城国家考古遗址公园总体规划》统筹实施。根据陈所长意见，12 月 20 日，西安市汉长安城遗址保管所报请西安市文物局对《进一步开展未央宫前殿遗址区的考古工作情况》进行审批。

2011 年 12 月 23 日

国际古迹遗址理事会副主席、中国古迹遗址保护协会副主席兼秘书长郭旃，外交部国际司副司级参赞王新霞，国家文物局世界遗产处副处长佟薇以及来自哈萨克斯坦、乌克兰、吉尔吉斯斯坦申遗专家一行考察了汉长安城遗址。（图 155）

2011 年 12 月 27 日

实录一：由国家文物局主办，新疆文物局承办，国际古迹遗址理事会西安国际保护中心协办的丝绸之路跨国系列申遗协商会在乌鲁木齐市召开。来自哈萨克斯坦、吉尔吉斯斯坦、联合国教

图 154 唐大明宫含元殿遗址

科文组织阿拉木图办事处以及中国有关专业机构、相关省级文物主管部门的代表出席了丝绸之路跨国系列申遗协商会。国家文物局与哈萨克斯坦、吉尔吉斯斯坦两国代表研究推动三国联合申遗工作，并草签了《“丝绸之路：起始段和天山廊道的路网”跨国申遗工作备忘录》。

实录二：西安市汉长安城遗址保管所报请西安市文物局对修订后的《汉长安城遗址考古工作计划（2011–2015）》进行审批。

2011 年 12 月 28 日

受连续强降雨影响，唐大明宫含元殿基址原有的几处细微裂缝宽度迅速加大，并出现新裂缝，局部出现沉降，急需进行抢险加固保护，西安市文物局《关于呈报含元殿遗址抢救性保护工程方案的请示》（市文物字[2011]153 号）报请陕西省文物局审批。

2011 年 12 月 29 日

《西安市文物局关于汉长

图 155 时任国际古迹遗址理事会副主席郭旃（左二）以及来自哈萨克斯坦、乌克兰、吉尔吉斯斯坦申遗专家一行考察汉长安城遗址

安城遗址考古工作计划（2011–2015）的请示》（市文物字 [2011]154 号）报请陕西省文物局对修订后的考古规划进行审批。（图 156）

2.4.2 结语

2011 年 5 月在土库曼斯坦的阿什哈巴德召开的“丝绸之路协调委员会第二次会议”新确定的计划是 2013 年 2 月 1 日提交丝绸之路申遗文本。

作为丝绸之路的起点和申遗工作意义最大、工作任务最艰巨的申遗点，本年度汉长安城遗址的基础工作比较突出：一是受西安市人民政府委托，西安市丝绸之路申报世界文化遗产领导小组办公室主任李小六、市文物局局长郑育林一行在北京与中国建筑设计研究院建筑历史研究所委托人、所长陈同滨签订了《汉长安城考古遗址公园项目（含世界遗产申报咨询）》委托协议书；二是报请陕西省文物局审批《汉长安城遗址考古工作计划（2011–2015）》；三是国家文物局、陕西省人民政府、西安市人民政府合作共建汉长安城国家大遗址保护特区第一次工作会议在西安召开；四

西安市文物局文件

市文物字〔2011〕154 号　　签发人：郑育林

西安市文物局
关于汉长安城遗址考古工作计划
（2011—2015 年）的请示

陕西省文物局：

根据国家文物局《关于汉长安城遗址考古工作计划（2011—2015 年）的意见》（文物保函〔2011〕544 号）要求，我们组织考古工作计划的编制单位中国社会科学院考古研究所进行了认真的修改完

-1-

图 156　西安市文物局关于汉长安城遗址考古工作计划（2011–2015）的请示

是汉长安城未央宫汉代道路保护一期工程进入施工阶段；五是国际古迹遗址理事会副主席、中国古迹遗址保护协会副主席兼秘书长郭旃、联合国教科文组织顾问杨鸿勋、中国建筑设计研究院建筑历史研究所所长陈同滨、西安市人大常委会副主任芦猛虎等专家、领导对汉长安城遗址进行了考察调研及申遗动员工作。

此外，大明宫国家大遗址保护展示示范园区暨遗址公园总体规划及文物保护展示工程共10项整体竣工并进行验收；召开了《小雁塔防震与保护国际学术研讨会》；继续加强申遗档案的整理规范工作；国际古迹遗址理事会西安国际保护中心协办召开了丝绸之路跨国系列申遗协商会。

2.5 西安丝绸之路申遗实录 2012 年——推进之年

2.5.1 申遗实录 2012 年

2012 年 1 月初

为全面推动汉长安城遗址保护利用工作和汉长安城国家考古遗址公园建设，1 月 5 日、6 日和 10 日，西安市文物局党委书记、局长郑育林在局办公室主任刘文平、文物处处长黄伟、汉城保管所所长甘洪更等的陪同下，徒步调研了汉长安城现存全部城墙遗址。在调研过程中，郑局长对汉长安城城墙遗址的保护工作给予指导：一是要保护城墙遗址的完整性；二是要加强保护和标识改造；三是加强相关研究，为 2012 年各项保护项目的顺利实施奠定基础。（图 157）

图 157　西安市文物局局长郑育林一行徒步调研汉长安城现存全部城墙遗址

2012 年 1 月 15 日

西安市长安区民族宗教事务局报请西安市丝绸之路申报世界文化遗产工作领导小组办公室，请市申遗办协调规划部门在编制《兴教寺塔管理规划》文本时考虑遗产管理用房和监测管理用房事宜。

2012 年 1 月 17 日

为使《汉长安城考古遗址公园总体规划》和《汉长安城考古遗址公园未央宫片区详细规划》能够充分结合当地实际情况，更具可操作性，西安市文物局分别致函有关单位提供相关基础资料。

西安市文物局致函西安市市政公用局提供以下资料：一是汉长安城遗址建设控制地带内外的基础设施建设情况，包括道路、电力、电讯等设施的技术经济数据和线路图（DOC 格式）；二是汉长安城遗址建设控制地带内外的市政工程管线、地下空间利用的现状和规划图（DWG 格式）。

西安市文物局致函西安市规划局提供以下资料：一是西安城市总体规划中汉长安城遗址保护范围、建设控制地带以及景观协调区范围，重点包括文物资源保护、旅游发展等章节的文字及图纸内容（文字 DOC 格式，图纸 JPG 格式）；二是西安市行政区划图（最新版纸质图）；三是汉长安城资源保护规划范围总地形图 1∶10000（DWG 格式）。

西安市文物局致函未央区人民政府提供以下资料：一是汉长安城遗址保护范围、建设控制地带内的企业、事业单位情况，包括产权、规模、人数、占地面积、建筑面积等；村镇情况（DOC 格式）。二是汉长安城未央宫遗址、城墙遗址区域内的企业、事业单位情况，包括产权、规模、人数、占地面积、建筑面积等；村镇情况（DOC 格式）。三是未央区相关规划。

西安市文物局致函中国社会科学院考古研究所提供以下资料：一是汉长安城未央宫遗址片区考古钻探区（DWG 格式）；二是汉长安城遗址考古工作计划（DOC 格式）。

西安市文物局致函西安市国土资源局提供以下资料：汉长安城遗址保护范围内的土地利用现状图和规划图（纸质图）。（图 158）

西安市文物局

市文物函〔2012〕5 号

西安市文物局
关于提供汉长安城遗址保护区范围内土地使用情况等相关基础资料的函

市国土资源局：

在省市政府的领导下、在中省文物局的共同推动下，2011 年 9 月 3 日，国家文物局、陕西省人民政府、西安市人民政府召开了《合作共建汉长安城国家大遗址保护特区工作会议》，将汉长安城国家大遗址保护特区建设工作正式列入了省、部合作共建工作。陕西省政府召开专题会议决定，积极推动在西安设立国家大遗址保护特区，当前重点实施汉长安城大遗址保护项目，建设汉长安城国家考古遗址公园。我市也已成立了汉长安城大遗址保护项目筹备领导小组，开始对项目实施进行摸底调查、制定方案等工作。十二五期间，国家文物局将把汉长安城遗址保护和考古遗址公园建设项目作为西安片区大遗址保护的重点工程，加大对汉长安城大遗址保护工作的投入和支持力度。

此外，结合丝绸之路申报世界文化遗产工作，我们已委

－1－

图 158　西安市文物局关于提供汉长安城遗址保护区范围内土地使用情况等相关基础资料的函

2012 年 1 月 30 日

西安市文物局《关于大明宫丹凤门遗址本体保护和展示工程方案（修订版）的请示》（市文物字[2012]3 号）报请陕西省文物局审批。（图 159）

2012 年 2 月 9 日

对于裸露在外的大明宫遗址区夯土台遗址遭受自然界雨水侵蚀的现象，相关管理单位邀请文保专家现场勘查，专家建议建立遗址监测系统，西安市曲江大明宫遗址区文物局委托相关单位制

作了观测技术方案并报请西安市文物局，西安市文物局《关于大明宫含元殿遗址、麟德殿遗址、丹凤门遗址保护展示厅、望仙台遗址、大福殿遗址、三清殿遗址变形观测技术方案的请示》（市文物字 [2012]15 号）报请陕西省文物局审批。

2012 年 2 月 12 日

西安市文物局邀请国家文物局专家、中国文化遗产研究院总工侯卫东及陕西省内专家赴西安清真寺就清真寺木牌楼的维修问题进行现场考察，专家对设计单位、施工单位提出的问题给予较为详细的指导，提出要认真详实地记录整理维修资料的要求，为清真寺木牌楼保护维修工程的顺利进行起到了积极的推进作用。

2012 年 2 月 13 日

为使《汉长安城考古遗址公园总体规划》和《汉长安城考古遗址公园未央宫片区详细规划》能够充分结合当地实际情况，更具可操作性，西安市文物局致函大兴新区管委会提供以下资料：一是汉长安城遗址建设控制地带内外的基础设施建设情况，包括道路、电力、电讯等设施的技术、经济数据和线路图（DOC 格式）；二是汉长安城遗址建设控制地带内外的市政工程管线、地下空间利用的现状和规划图（DWG 格式）。

2012 年 2 月 15 日

在 2008~2011 年考古工作的基础上，中国社会科学院考古研究所唐城工作队编制了 2012 年的大明宫遗址考古工作计划。西安市文物局《关于 2012 年度大明宫遗址考古工作规划的请示》（市文物字 [2012]20 号）报请陕西省文物局审批。（图 160）

图 159　大明宫丹凤门遗址本体保护和展示工程方案（修订版）

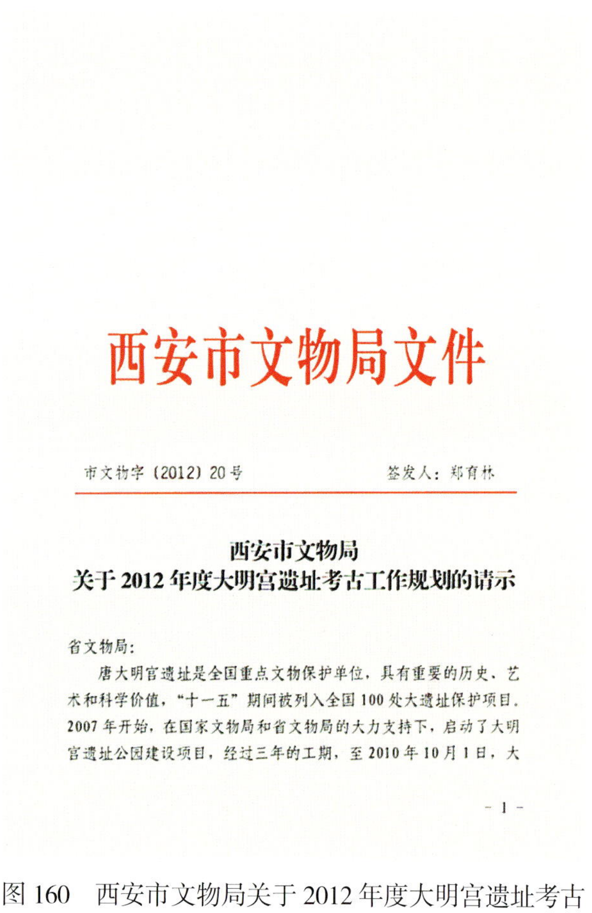

西安市文物局文件

市文物字（2012）20 号　　签发人：郑育林

西安市文物局
关于 2012 年度大明宫遗址考古工作规划的请示

省文物局：

唐大明宫遗址是全国重点文物保护单位，具有重要的历史、艺术和科学价值，“十一五”期间被列入全国 100 处大遗址保护项目。2007 年开始，在国家文物局和省文物局的大力支持下，启动了大明宫遗址公园建设项目，经过三年的工期，至 2010 年 10 月 1 日，大

- 1 -

图 160　西安市文物局关于 2012 年度大明宫遗址考古工作规划的请示

2012 年 2 月 28 日

国家文物局在北京召开了丝绸之路申遗工作推进会。研究和部署了丝绸之路申遗相关准备工作，国家文物局党组成员、副局长童明康出席会议并做了重要讲话。

2012 年 3 月 2 日

为推动申遗工作开展，协助中国与中亚国家编写申遗文本、建立申遗档案管理系统，完善申遗网络信息中心，根据国家文物局的具体安排，国际古迹遗址理事会西安国际保护中心编制完成“国际古迹遗址理事会西安国际保护中心搭建信息档案管理平台”建设方案，西安市文物局《关于国际古迹遗址理事会西安国际保护中心搭建信息档案管理平台的请示》（市文物字 [2012]24 号）报请陕西省文物局对此方案进行审批。（图 161）

2012 年 3 月 10 日

为加快申遗资料收集工作，西安博物院特地邀请西安市申遗办业务负责同志做了申遗档案资料收集的讲座，博物院各部门相关工作人员参加了讲座。

2012 年 3 月 12~16 日

国家文物局在新疆吐鲁番举办了“丝绸之路申报世界文化遗产高级研修班”，西安市文物局、西安市汉长安城遗址保管所等派员参加。主要研修内容有：丝绸之路申报世界文化遗产的意义及影响；丝绸之路的由来及在历史各时期发挥的作用；丝绸之路申报世界文化遗产的关键及步骤；丝绸之路申报世界文化遗产的新理念；丝绸之路申报世界文化遗产面临的主要问题及解决的思路；丝绸之路沿线重要的文化遗迹及最新发现；考察已列入丝绸之路申报世界文化遗产预备名录的重要遗址。（图 162）

2012 年 3 月 21 日

西安曲江大明宫遗址区文物局计划举办“情牵荆楚－梦回大唐”文化交流活动并请示西安市文物局，西安市文物局《关于举办“情牵荆楚－梦回大唐”文化交流活动的请示》（市文物字 [2012]33 号）报请陕西省文物局对活动方案进行审批。

2012 年 3 月 22 日

《西安曲江新区管理委员会关于对曲江 5A 级景区旅游观光配套项目的复函》（西曲江函 [2012]19 号）复函西安市文物局已停止此段轻轨施工，撤出全部机械并安排专人对接相关事宜。

2012 年 3 月 23 日

陕西省文物局组织的“丝绸之路——起始段和天山廊道的路网”跨国联合申报世界文化

西安市文物局文件

市文物字〔2012〕24 号　　签发人：郑育林

西安市文物局
关于国际古迹遗址理事会西安国际保护中心
搭建信息档案管理平台的请示

陕西省文物局：

国际古迹遗址理事会西安国际保护中心（IICC-X）作为国际古迹遗址理事会（ICOMOS）全球范围内的唯一业务机构，被 ICOMOS、中国国家文物局赋予协调与服务“丝绸之路跨国系列申报世界文化遗产”各项工作的职能，联合国教科文组织也将中心确定为“丝绸

- 1 -

图 161　西安市文物局关于国际古迹遗址理事会西安国际保护中心搭建信息档案管理平台的请示

图 162　国家文物局在新疆吐鲁番举办“丝绸之路申报世界文化遗产高级研修班”

遗产工作会议召开。会议主要传达国家文物局在北京、新疆召开的丝绸之路申遗会议精神，安排部署陕西省丝绸之路申遗各项工作。西安市文物局、汉长安城未央宫遗址、隋唐长安城遗址（大明宫、含光门、西市、大雁塔、小雁塔）、兴教寺塔所在地区级文物行政部门及保护管理单位负责同志参加。

2012 年 3 月 22~23 日

由联合国教科文组织世界遗产中心、联合国教科文组织阿拉木图与塔什干办事处主办，乌兹别克斯坦文化与体育部下属的文化资源保护与利用部、乌兹别克斯坦撒马尔罕的教科文组织二类中心中亚国际研究所（IICAS）协办，在乌兹别克斯坦首都塔什干召开了“丝绸之路跨国系列申遗协调委员会专家会议”。

在这次会议成果的基础上，30 多名来自中国、中亚五国的专家、代表，以及英国、日本、比利时等国的国际专家共同公布了丝绸之路跨国系列申遗的相关建议文件与详细的工作时间表。在以 2013 年 2 月 1 日为申遗文本提交期限的时间框架内，将以两条丝绸之路跨国廊道作为文本准备和申报对象：其一是中国—哈萨克斯坦—吉尔吉斯斯坦的“丝绸之路起始段与天山跨国遗产廊道”；其二是塔吉克斯坦—乌兹别克斯坦—土库曼斯坦的“阿姆河跨国遗产廊道”。

此次会议讨论了丝绸之路系列申遗工作的总框架，听取了国际古迹遗址理事会丝绸之路专题研究的成果汇报，并商议了丝绸之路跨国申遗第一阶段工作的重点廊道。

IICC-X 代表受邀参加此次会议并向与会专家做了工作报告。（图 163）

2012 年 3 月 26 日

国家文物局《关于推进丝绸之路申遗工作的通知》（文物保函 [2012]342 号）发送陕西省文物局，通知提出《丝绸之路首批申遗大名单》《丝绸之路申报世界文化遗产工作要求》。丝绸之路首批申遗大名单全国 24 处，陕西 5 处，分别是汉长安城遗迹（未央宫等）、唐长安城遗迹（大明宫含元

图 163 “丝绸之路跨国系列申遗协调委员会专家会议”在乌兹别克斯坦首都塔什干召开

殿遗址、丹凤门遗址、含光门、大雁塔、小雁塔、西市）、兴教寺塔、乾陵、张骞墓。丝绸之路申报世界文化遗产工作具体要求如下：

一、总体进度和工作要求：按照国家文物局和哈萨克斯坦、吉尔吉斯斯坦两国代表草签的《丝绸之路跨国申遗工作备忘录》，中、哈、吉三国将于2013年2月1日前联合提交丝绸之路申遗文本，力争作为丝绸之路跨国首批申报项目，在2014年列入《世界遗产名录》。为此，各地应在2013年6月底以前，完成丝绸之路首批申遗的申遗点的各项准备工作，以迎接当年7、8月间国际专家的现场考察。

二、完善工作机制，制定工作方案：建议相关省级和市县级人民政府分别成立本地区丝绸之路申遗工作领导机构和专门工作机构；建议各省、自治区应当制定切实可行的2012~2013年丝绸之路申遗倒计时工作方案，明确申遗各项工作的责任单位、实施步骤和进度安排，落实人员、经费和政策保障。该方案经省级人民政府批准后在4月底以前报国家文物局备案。

急　件

国家文物局

文物保函〔2012〕342号

关于推进丝绸之路申遗工作的通知

各有关省、自治区文物局：

近年来，在联合国教科文组织的积极推动下，中国与中亚五国联合开展了丝绸之路跨国系列申报世界文化遗产工作，取得了重要进展。2011年12月27日，我局在乌鲁木齐召开了丝绸之路跨国系列申遗协商会，与哈萨克斯坦、吉尔吉斯斯坦两国代表研究推动三国联合申遗工作，并草签了《丝绸之路跨国申遗工作备忘录》。此后，根据与有关国家和国际组织协商确定的技术路线和我国丝绸之路遗迹的现实情况，我局组织有关专家初步确定了丝绸之路首批申遗的大名单。2012年2月28日，我局在北京召开了丝绸之路申遗工作推进会，研究和部署丝绸之路申遗相关准备工作，童明康副局长出席会议并做重要讲话。根据相关会议精神，现就推进丝绸之路申遗的工作事宜通知如下：

一、总体进度和工作要求

图164　国家文物局关于推进丝绸之路申遗工作的通知

三、保护规划方面：首批申报的丝绸之路各申遗点所在各省、自治区、具有立法权的市、民族自治县均应抓紧制定本地区丝绸之路的地方性专项保护法规、规章和保护管理规划，并由相关地方人民政府于2012年11月底前颁布实施。

四、档案工作方面：各地应在2012年6月底以前完成列入首批申遗大名单的丝绸之路各申遗点“四有”档案基础工作，即竖立保护标志，划定保护区划，设立专门的遗产保护管理机构并配置必要的专业管理人员，建立完善的档案资料。

五、推进遗产保护展示、整治、监测等工作：编制丝绸之路申遗点的文物保护、展示、环境整治、监测和安消防等技术方案，并依法履行审批程序后开展各项工作。所有工作在2013年6月底以前完成。

六、申遗文本编制方面：各申遗点所在地在2012年6月底以前按照申报文本编制要求，将申遗点的基础资料报送国家文物局。

七、国家文物局将于2012年上半年对列入首批申遗大名单的丝绸之路申遗点工作进展情况进行现场检查并确定我国首批丝绸之路申遗的申遗点。（图164）

2012年3月27日

根据陕西省文物局3月23日《丝绸之路——起始段和天山廊道的路网”跨国联合申报世界文化遗产工作》会议精神，西安市文物局要求各申遗点管理单位尽快将申遗点今年的文物保护项目及经费预算报送。

图 165 时任西安市人大常委会副主任李秋实（左三）、张会彬（左一）一行在西安市副市长段先念（左二）等的陪同下到汉长安城遗址调研

图 166 中国建筑设计研究院建筑历史研究所所长陈同滨一行与西安市人民政府、西安市文物局、未央区人民政府相关负责同志座谈交流情况

2012 年 4 月 1~2 日

中国建筑设计研究院建筑历史研究所规划设计一室主任蔡超一行 5 人在汉长安城遗址区进行首次调查。调查组先后实地调查了未央宫前殿、城墙、道路、武库等遗址及周边环境。调查结束后召开了座谈会，蔡超主任表示此次调查对遗址有了比较清楚的了解，对相关知识进行归纳整理后，将尽快同陈同滨所长汇报并加快实施《汉长安城国家考古遗址公园总体规划》和《汉长安城遗址公园未央宫片区详细规划》编制工作，近期还将针对性地开展第二次实地调查工作。

2012 年 4 月 12 日

西安市人大常委会副主任李秋实一行视察汉长安城遗址申遗工作。（图 165）

2012 年 4 月 12~13 日

受国家文物局委托，承担“丝绸之路：起始段与天山廊道路网”申遗文本编制工作的中国建筑设计研究院建筑历史研究所所长陈同滨一行对西安市 6 个丝绸之路申报世界文化遗产的申遗点（兴教寺塔、大雁塔、小雁塔、含光门遗址、西市遗址、汉长安城遗址）进行了为时两天的考察调研和工作指导。西安市人民政府、西安市文物局、未央区人民政府相关负责同志与陈同滨所长一行进行了详细交流。

陈同滨所长指出，西安市各申遗点的申遗工作必须在历史文化研究上下功夫，找到、找准自己在丝绸之路上的“突出普遍价值”；目前正在进行和计划实施的所有项目都不能对遗址造成新破坏；要按照申遗要求，进一步梳理完善各种基础资料，为申遗文本编制工作提供保障。同时，陈同滨所长重点对汉长安城遗址的环境整治工作及规划编制工作进行指导并提出具体要求。（图 166）

2012 年 4 月 19 日

西安市文物局《关于曲江新区 5A 级景区旅游观光配套项目（大雁塔周边）规划方案的请示》（市文物字 [2012]42 号）报请陕西省文物局审批。

2012 年 4 月 20 日

陕西省文物局向西安市文物局转发《国家文物局关于推进丝绸之路申遗工作的通知》（文物保函 [2012]342 号），要求积极组织、协调所在地市或县人民政府开展各项申报准备工作，严格按照工作方案确定的进度安排，确保按时和高质量完成各项申遗工作任务。

2012 年 4 月 21~24 日

“文化线路监测管理国际研讨会”在陕西省西安市举行。此次会议由国家文物局主办，陕西省文物局、西安市文物局和中国古迹遗址保护协会协办，国际古迹遗址理事会西安国际保护中心（IICC-X）承办。来自美国、韩国、比利时、英国和西班牙等国的国际古迹遗址理事会（ICOMOS）专家，中国文化遗产保护领域的专家学者、丝绸之路中国段沿线省、自治区文物行政管理部门的有关负责同志参加了会议。

会议上，国内专家、各省自治区负责人就丝绸之路等文化线路的监测和管理，与 ICOMOS 等国际组织专家进行深入研讨，探讨、研究建立该类型遗产监测和管理的有效机制，为丝绸之路等文化线路遗产申遗准备工作提供有益的经验和借鉴。

文化部党组成员、副部长，国家文物局党组书记、局长励小捷会见了出席会议的中外专家代表，并和与会专家现场考察了汉长安城遗址、唐大明宫遗址等丝绸之路申遗点。励小捷表示，丝绸之路意义重大，影响深远，国家文物局高度重视丝绸之路遗产的保护、管理以及申报世界遗产工作，并为此付出了不懈努力。ICOMOS 长期以来对中国文化遗产保护给予了巨大的帮助和支持，国家文物局希望进一步加强与国际古迹遗址理事会的交流与合作，共同推进丝绸之路等文化遗产保护工作。

国家文物局党组成员、副局长童明康在会议上做了关于文化线路的保护和管理——以丝绸之路为例的主旨发言，介绍了中国各级政府和文物主管部门为加强丝绸之路遗迹的保护管理和推动丝绸之路跨国申遗所展开的研究、考古、保护修缮、立法和环境整治等大量的工作，重点介绍了对于加强丝绸之路这种大型文化线路遗产的监测管理所进行的有益探索，希望通过与国际同行的沟通与交流，共同推动丝绸之路等文化线路遗产的整体保护。

图 167　“文化线路监测管理国际研讨会”在陕西省西安市举行

国际古迹遗址理事会主席古斯塔夫·阿罗兹先生高度评价中国政府和国家文物局在经

图 168 时任国家文物局局长励小捷（左一）、副局长童明康（左二）陪同国际古迹遗址理事会主席古斯塔夫·阿罗兹（左三）考察汉长安城遗址

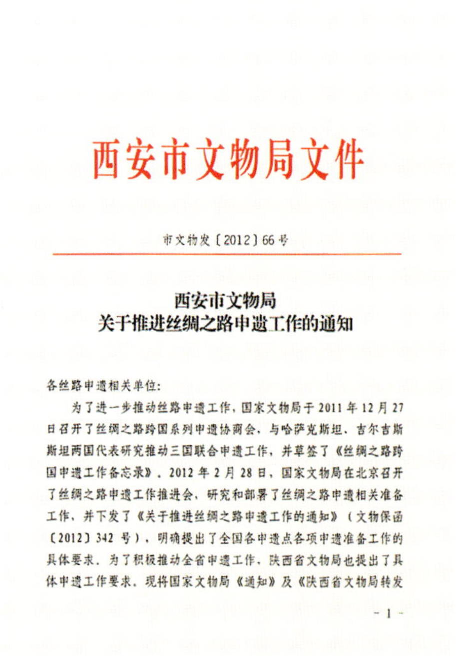

济发展过程中保护文化遗产的努力，并相信中国将在世界遗产保护领域发挥重要作用。中外专家从文化线路的概念、特点，丝绸之路等文化线路申报世界遗产的技术路线、申报策略，文化线路遗产的监测措施等方面进行了深入的探讨和交流，共同分享了国际文化线路遗产保护和管理的经验，在文化线路遗产保护的复杂性、长期性和灵活性等方面达成了共识。国际专家对中国丝绸之路申遗点，特别是西安市有关丝绸之路申遗点的保护和管理工作提出重要意见和建议。（图 167）

2012 年 4 月 22 日

实录一：文化部党组成员、副部长，国家文物局党组书记、局长励小捷陪同国际古迹遗址理事会主席古斯塔夫·阿罗兹视察汉长安城遗址。国家文物局党组成员、副局长童明康，ICOMOS 副主席郭旃，陕西省文物局，西安市文物局有关负责同志陪同视察。励局长在考察时强调，汉长安城遗址保护任务艰巨，在汉长安城遗址申遗过程中，

西安市文物局文件

市文物发〔2012〕66 号

西安市文物局
关于推进丝绸之路申遗工作的通知

各丝路申遗相关单位：

为了进一步推动丝路申遗工作，国家文物局于 2011 年 12 月 27 日召开了丝绸之路跨国系列申遗协商会，与哈萨克斯坦、吉尔吉斯斯坦两国代表研究推动三国联合申遗工作，并草签了《丝绸之路跨国申遗工作备忘录》。2012 年 2 月 28 日，国家文物局在北京召开了丝绸之路申遗工作推进会，研究和部署了丝绸之路申遗相关准备工作，并下发了《关于推进丝绸之路申遗工作的通知》（文物保函〔2012〕342 号），明确提出了全国各申遗点各项申遗准备工作的具体要求。为了积极推动全省申遗工作，陕西省文物局也提出了具体申遗工作要求。现将国家文物局《通知》及《陕西省文物局转发

- 1 -

图 169 西安市文物局关于推进丝绸之路申遗工作的通知

要严格按照申遗标准积极开展工作。（图 168）

实录二：国际古迹遗址理事会专家、国家文物局领导、中国文化遗产领域的专家学者约 30 人对小雁塔申遗点进行了实地考察。

2012 年 4 月 23 日

西安市文物局向各丝绸之路申遗相关单位发送《关于推进丝绸之路申遗工作的通知》，要求各单位结合自身情况，积极推进各项申遗准备工作、进入预备大名单的各申遗点尽快编制申遗工作方案、修改完善各申遗点的保护管理规划、完成四有档案基础工作、编制文物保护展示、监测、安消防等技术方案。（图 169）

2012 年 4 月 28 日

实录一：西安曲江大明宫遗址区文物局报请西安市文物局对《大明宫国家遗址公园综合信息监测系统方案（第一期）》进行审批。

实录二：西安市文物局向局属文保单位转发《陕西省文物局关于开展 2012 年中国文化遗产日活动的通知》，要求各单位结合实际，尽快制定本单位的活动宣传方案。

2012 年 5 月 2 日

《陕西省文物局关于曲江新区 5A 级景区旅游观光配套项目线位的意见》（陕文物函 [2012]118 号）致函西安市文物局：方案二的线位选择远离大雁塔的核心区域，有较好的隐蔽性，对大雁塔周边景观无明显影响，原则同意方案二的线位选择。5 月 4 日，西安市文物局向曲江圣唐基础设施建设公司转发陕西省文物局的意见。

2012 年 5 月 3 日

为确保西安市丝绸之路申遗工作有条不紊、保质保量按期完成，按照国家文物局要求，结合西安市申遗工作实际，西安市文物局编制了《西安市丝绸之路申报世界文化遗产工作实施方案（2012–2013 年）》，《西安市文物局关于丝绸之路申报世界文化遗产相关问题的请示》（市文物字 [2012]50 号）报请西安市人民政府对此方案进行审批。实施方案建议：一是成立以市长为组长、主管副市长为常务副组长、相关副秘书长为副组长的领导小组。领导小组下设办公室，分为综合协调组、规划与环境整治组、文物保护组、宣传报道组，具体负责推进申遗工作；二是进一步明确西安市申遗工作任务、工作要求和资金保障；三是尽快落实申遗工作前期经费；四是尽快启动汉长安城遗址申报区内的环境整治工作。（图 170）

2012 年 5 月 7 日

西安市丝绸之路申报世界文化遗产工作领导小组办公室要求各申遗点相关单位将丝绸之路申遗工作自查情况于 5 月 9 日前报送。

附件：

西安市丝绸之路：起始段和天山廊道申报世界文化遗产工作实施方案（2012–2013）

（报审稿）

丝绸之路是古代横跨欧亚大陆、举世闻名的国际贸易之路，是东西方文化传播、交流融合之路。两千多年来，丝绸之路的开辟与发展为人类文明的共同繁荣做出了巨大贡献。为了切实做好我市丝绸之路申报世界文化遗产（以下简称“丝路申遗”）的各项工作，确保丝路申遗的成功，根据国家文物局和省文物局对于丝路申遗的工作部署和安排，结合我市实际，特制定本方案。

一、丝绸之路申报世界文化遗产工作的意义

作为丝绸之路的起点城市，我市汉长安城遗址、隋唐长安城遗址（大明宫含元殿遗址、丹凤门遗址、大雁塔、小雁塔、西市遗址、含光门遗址）、兴教寺塔等 3 处 8 个点被国家文物局遗大名单。这些文物点在丝绸之路跨国联合申报世界文化遗产项目中，具有得天独厚和不可替代的重要作用。申报世界遗产一旦成功，可以极大的提升遗产所在地在世界上的影响和文化地位，激发人们保护环境、珍惜人类共同财富的热情，同时也可以带来明显的实际效益，遗产所在地由于被列入世界遗产名录而闻名于全世界，成为世界级的文化品牌和旅游热点。因此，丝路申遗必将对我市文化遗产保护和全市经济社会又好又快发展产生积极而深远的影响。

二、指导思想

- 7 -

图 170　西安市丝绸之路：起始段和天山廊道申报世界文化遗产工作实施方案（2012—2013）（报审稿）

图 171　汉长安城南城墙遗址保护工程开标会

2012 年 5 月 8 日

汉长安城城墙遗址南城墙（西安门以西段）保护工程施工和监理开标会在西安市建筑市场交易中心第二开标室举行。西安市文物局文物处、局监察室、汉长安城遗址保管所有关负责同志以及招标代理机构、投标单位相关人员参加开标会。（图 171）

代理机构陕西建诚工程造价有限公司在市招标办专管员的全程监督下主持开标。由随机抽取的评标专家对各投标单位递交的投标文件进行认真评审后，按照综合得分高低的原则，确定了中标单位的排名顺序，公示三个工作日后将正式确定中标单位。

2012 年 5 月 12 日

根据西安市文物局发送的《关于推进丝绸之路申遗工作的通知》文件精神，结合国家文物局《丝绸之路申报世界文化遗产工作要求》，西安博物院邀请陕西省文化遗产研究院的专业测绘人员开始对小雁塔遗产点的各个古建筑进行全面、专业的测绘工作。

2012 年 5 月 14 日

实录一：西安市丝绸之路申报世界文化遗产工作领导小组办公室向各申遗相关单位发送尽快报送申遗工作进展情况的通知，要求 5 月底以前提交申遗基础资料的整理情况。

实录二：西安市丝绸之路申报世界文化遗产工作领导小组办公室要求西安市城市规划设计研究院、陕西省古迹遗址保护工程技术研究中心、陕西省文化遗产研究院补充完善申遗保护管理规划及有关资料。（图 172）

西安市丝绸之路申报世界文化遗产工作领导小组办公室

西安市申遗办
关于补充完善申遗保护管理规划的通知

西安市城市规划设计研究院：
陕西省古迹遗址保护工程技术研究中心：
陕西省文化遗产研究院：

西安市文物局委托贵单位编制的《丝绸之路申报世界文化遗产保护管理规划》已于 2008 年上报国家文物局。国家文物局、陕西省文物局分别下发的《关于推进丝绸之路申遗工作的通知》已下发贵单位，请你们根据《通知》要求，结合 2012 年 4 月 12 日至 13 日，中国建筑设计研究院建筑历史研究所专家来西安考察各遗产点时提出的修改意见，尽快补充完善规划内容，并于 5 月 16 日前提交各遗产点申报区、缓冲区范围图及需要测绘的遗存内容。同时，在保护管理规划编制过程中及时与历史研究所沟通，以取得指导性意见。

另：电子版发送至 xasyb029@163.com

二〇一二年五月十四日

图 172　西安市申遗办关于补充完善申遗保护管理规划的通知

2012 年 5 月 15 日

实录一：为推动丝绸之路跨国系列申报世界遗产，加强对丝绸之路遗产的保护和管理，中国、哈萨克斯坦、吉尔吉斯斯坦在北京举行了“丝绸之路：起始段和天山廊道的路网”协调委员会第一次会议，并就 2014 年申报丝绸之路世界遗产工作达成协议。中国文化部副部长、国家文物局局长励小捷，哈萨克斯坦文化与信息部副部长阿斯卡尔·布里巴耶夫，吉尔吉斯斯坦文化与旅游部副部长库达伊别尔根·巴扎尔巴耶夫代表中、哈、吉三国签署了《“丝绸之路：起始段和天山廊道的路网”跨国系列申报世界遗

图 173　“丝绸之路：起始段和天山廊道的路网”协调委员会第一次会议在北京召开

产和协调保护管理协议》，三方将联合提出第一批丝绸之路跨国申报项目，项目名称为“丝绸之路：起始段和天山廊道的路网”。三方各派 1 名副部长组成协调委员会，下设工作组，负责具体协调事务和联合撰写申遗文本。三方将在协调委员会框架下，加强丝绸之路遗产的监测、保护管理、阐释展示和考古研究等领域的协调与合作，力争在 2014 年将三国丝绸之路项目列入《世界遗产名录》。此次会议从政府层面共同推进丝绸之路跨国系列申报世界遗产工作。（图 173）

实录二：西安市人民政府副秘书长周爱全召集市发改委、市宗教局、市公安局、市国土局、市规划局、市建委、市文物局、市市容园林局、碑林区政府、莲湖区政府、未央区政府、长安区政府分管领导；曲江新区管委会、沣东新城管委会、大兴新区管委会有关负责同志就进一步推动西安市丝绸之路申报世界文化遗产工作（以下简称“丝绸之路申遗工作”）召开了专题协调会。会上市文物局就我国丝绸之路申遗总体形势、工作要求以及西安市丝绸之路申遗工作进展情况、工作任务等问题进行了汇报，明确了各区申遗点目前急需完成的工作内容，强调了西安市丝绸之路申遗的关键时间节点，各申遗相关部门对各自需要协调配合的工作进行了研究。会议要求与会单位要统一思想认识、加强通力合作、明确工作任务、抓紧环境整治等工作。

2012 年 5 月 17 日

西安市丝绸之路申报世界文化遗产工作领导小组办公室向各申遗点所在区政府、管委会，市政府各相关职能部门发送《关于加紧实施丝绸之路申遗工作的通知》。通知要求各相关单位抓紧实施 7 月底以前必须完成的具体工作任务，主要有明确申遗前期工作小组、按时提交基础资料、完善“四有”工作、补充修改各申遗点的保护管理规划、积极开展环境整治工作。以上工作由市文物局组织实施、市规划局负责协调、市测绘院提供相关地形图和卫星影像图等图形资料、市财政局对申

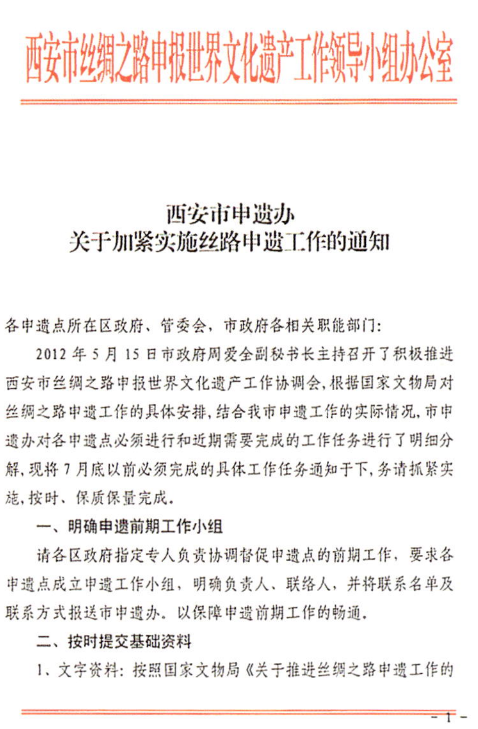

遗前期工作经费给予支持解决。（图 174）

西安市丝绸之路申报世界文化遗产工作领导小组办公室

西安市申遗办
关于加紧实施丝路申遗工作的通知

各申遗点所在区政府、管委会，市政府各相关职能部门：

2012 年 5 月 15 日市政府周爱全副秘书长主持召开了积极推进西安市丝绸之路申报世界文化遗产工作协调会，根据国家文物局对丝绸之路申遗工作的具体安排，结合我市申遗工作的实际情况，市申遗办对各申遗点必须进行和近期需要完成的工作任务进行了明细分解，现将 7 月底以前必须完成的具体工作任务通知于下，务请抓紧实施，按时、保质保量完成。

一、明确申遗前期工作小组

请各区政府指定专人负责协调督促申遗点的前期工作，要求各申遗点成立申遗工作小组，明确负责人、联络人，并将联系名单及联系方式报送市申遗办。以保障申遗前期工作的畅通。

二、按时提交基础资料

1、文字资料：按照国家文物局《关于推进丝绸之路申遗工作的

- 1 -

图 174　西安市申遗办关于加紧实施丝路申遗工作的通知

2012 年 5 月 24 日

实录一：西安市文物局向曲江大明宫遗址区文物局转发《国家文物局关于大明宫大福殿遗址抢救性保护工程设计方案批复的通知》（市文物发 [2012]94 号），要求对方案进一步修改完善，报省文物局核准后实施。

实录二：西安市文物局向曲江大明宫遗址区文物局转发《国家文物局关于大明宫含元殿遗址保护设施维修意见的通知》（市文物发 [2012]93 号），要求对方案进一步修改完善后另行报批。

2012 年 5 月 25 日

西安市人民政府副市长黄海清检查汉长安城未央宫汉代道路遗址保护一期项目建设情况并召开了专题座谈会，针对世行贷款未央宫汉代道路保护一期工程建设项目存在的问题。黄海清副市长指示：工程建设不要影响申遗工作，下一步要将城墙自行车道配套资金问题和汉长安城申遗工作与段先念副市长沟通，对和申遗工作不冲突的区域，加快工程实施步伐。因该项目存在的问题较为复杂，针对项目中还存在的问题，待汉长安城遗址总体保护机构搭建完成及申遗工作任务明确后，再举行会议专题讨论。

2012 年 5 月 29 日

实录一：西安市丝绸之路申报世界文化遗产工作领导小组办公室向各申遗相关单位发送尽快报送申遗工作进展情况的通知，要求 6 月 1 日以前上报工作进展情况。

实录二：为确保能够于 2013 年 6 月底以前完成汉长安城未央宫遗址申遗的各项工作，西安市汉长安城遗址保管所将《汉长安城遗址申遗工作要求（第一批）》上报西安市文物局，并建议呈报西安市人民政府尽快协调未央区政府、莲湖区政府（大兴新区管委会）、西咸新区沣东新城管委会等相关部门尽快开展各自辖区内建筑物搬迁、植物迁移、垃圾清运等环境整治工作。其中 A、B 分区应优先开始进行搬迁及垃圾清运工作，并能够于 2012 年 7 月底以前完成。（图 175）

2012 年 5 月 31 日

实录一：根据西安市丝绸之路申报世界文化遗产编制文本和保护管理规划需要提供申遗点 1∶5 万、1∶1 万地形图数据（提供 dwg 格式）的需要，西安市文物局签订《涉密基础测绘成果安全保密责任书》，并与陕西省基础地理信息中心签订《基础地理信息数据提供使用许可协议》。

实录二：西安市丝绸之路申报世界文化遗产工作领导小组办公室《关于加紧实施丝绸之路申

遗工作的通知》发送各申遗点区政府、管委会、各相关政府职能部门，要求抓紧实施2012年7月底以前必须完成的具体工作任务。

2012年6月1日

按照国家文物局的要求，申遗基础资料需要准备各申遗点的全景照片，由于这项工作专业性强，技术难度大，时间要求紧，西安市丝绸之路申报世界文化遗产工作领导小组办公室向各申遗点相关单位发送《关于尽快开展申遗点大场景文物拍摄工作的通知》，并推荐具有相关工作经验的王保平（陕西省文物保护研究院研究员）具体做这项工作。

2012年6月6日

西安市文物局致函西安市财政局申请2012年申遗工作经费217.9万元，其中1∶500或1∶1000的地形图和卫星影像图，经咨询西安市测绘院，需要149.64万元；1∶50000和1∶10000地形图，经咨询陕西省地理信息中心，需要8.8万元；拍摄全景照片，需要29.96万元；申遗办公经费28.69万元。（图176）

2012年6月8日

《陕西省文物局转发国家文物局关于丝绸之路网络信息档案管理平台建设方案批复的通知》（陕文物发[2012]60号）发送西安市文物局，要求西安市文物局尽快组织有关单位对平台建设方案进

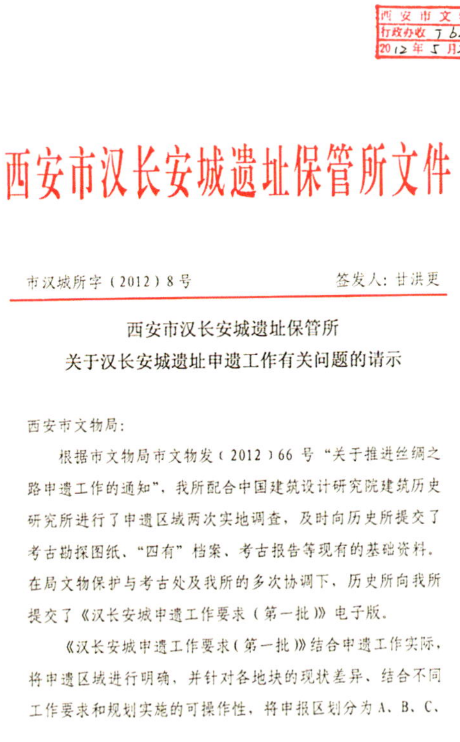

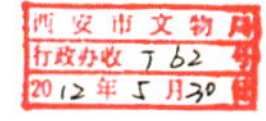

西安市汉长安城遗址保管所文件

市汉城所字（2012）8号　签发人：甘洪更

西安市汉长安城遗址保管所
关于汉长安城遗址申遗工作有关问题的请示

西安市文物局：

根据市文物局市文物发（2012）66号“关于推进丝绸之路申遗工作的通知”，我所配合中国建筑设计研究院建筑历史研究所进行了申遗区域两次实地调查，及时向历史所提交了考古勘探图纸、“四有”档案、考古报告等现有的基础资料。在局文物保护与考古处及我所的多次协调下，历史所向我所提交了《汉长安城申遗工作要求（第一批）》电子版。

《汉长安城申遗工作要求（第一批）》结合申遗工作实际，将申遗区域进行明确，并针对各地块的现状差异、结合不同工作要求和规划实施的可操作性，将申报区划分为A、B、C、

图175　西安市汉长安城遗址保管所关于汉长安城遗址申遗工作有关问题的请示

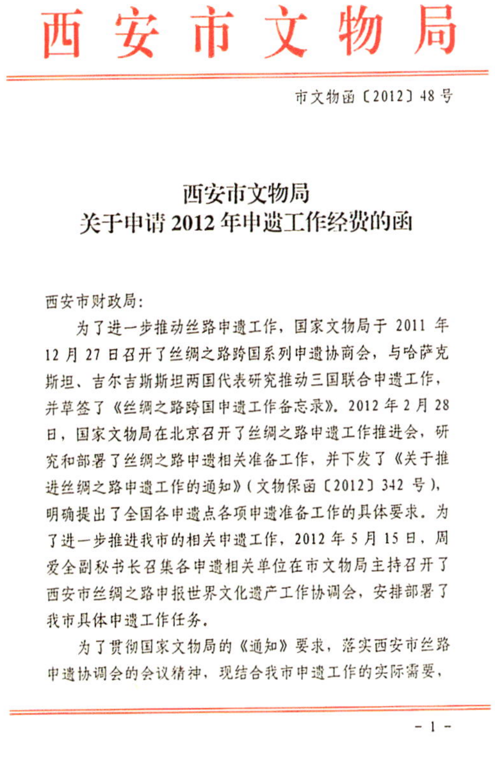

西安市文物局

市文物函〔2012〕48号

西安市文物局
关于申请2012年申遗工作经费的函

西安市财政局：

为了进一步推动丝路申遗工作，国家文物局于2011年12月27日召开了丝绸之路跨国系列申遗协商会，与哈萨克斯坦、吉尔吉斯斯坦两国代表研究推动三国联合申遗工作，并草签了《丝绸之路跨国申遗工作备忘录》。2012年2月28日，国家文物局在北京召开了丝绸之路申遗工作推进会，研究和部署了丝绸之路申遗相关准备工作，并下发了《关于推进丝绸之路申遗工作的通知》（文物保函〔2012〕342号），明确提出了全国各申遗点各项申遗准备工作的具体要求。为了进一步推进我市的相关申遗工作，2012年5月15日，周爱全副秘书长召集各申遗相关单位在市文物局主持召开了西安市丝绸之路申报世界文化遗产工作协调会，安排部署了我市具体申遗工作任务。

为了贯彻国家文物局的《通知》要求，落实西安市丝路申遗协调会的会议精神，现结合我市申遗工作的实际需要，

－1－

图176　西安市文物局关于申请2012年申遗工作经费的函

行修改和完善，于 7 月底前完成此项工作并上报省文物局核准实施。

2012 年 6 月 12 日

经过前期多次协调，申遗文本编制单位中国建筑设计研究院建筑历史研究所向西安市汉长安城遗址保管所提交了《汉长安城申遗工作要求（第一批）》，对遗址区内的申遗工作内容进行了明确，并针对遗址区内各地块现状差异、结合不同工作要求和规划实施的可操作性，划分为 4 个片区，并要求尽快开展辖区内的建筑物搬迁、植被迁移、垃圾清运等环境整治工作。西安市汉长安城遗址保管所将《工作要求（第一批）》上报西安市文物局，请市政府协调处理相关事宜。

依照西安市人民政府副市长、市申遗领导小组组长段先念的指示，西安市申遗办将《汉长安城申遗工作要求（第一批）》致函未央区政府，请未央区政府按照汉长安城遗址申遗工作要求，提出汉长安城遗址申遗区域的村民拟搬迁安置点，测算搬迁量，制定初步工作计划。（图 177）

西安市丝绸之路申报世界文化遗产工作领导小组办公室

市申遗办函〔2012〕1 号

西安市申遗办
关于汉长安城遗址申遗工作有关问题的函

未央区政府：

根据国家文物局关于丝绸之路申遗工作的要求，西安市文物局配合中国建筑设计研究院建筑历史研究所进行了汉长安城遗址申遗区域两次实地调查，提交了考古勘探图纸、“四有”档案、考古报告等基础资料。经过多次协调，中国建筑设计研究院建筑历史研究所向市文物局提交了《汉长安城申遗工作要求（第一批）》，对汉长安城遗址申遗工作内容进行了明确，并针对汉长安城遗址内申遗工作区域内各地块的现状差异、结合不同工作要求和规划实施的可操作性，划分为 4 个片区，并要求西安市相关部门尽快开展各自辖区内建筑物搬迁、植被迁移、垃圾清运等环境整治工作。

依照市申遗办主任段先念副市长指示，现将《汉长安城申遗工作要求（第一批）》函告你区。请你区按照汉长安城

- 1 -

图 177　西安市申遗办关于汉长安城遗址申遗工作有关问题的函

2012 年 6 月 14~15 日

由中亚国际研究所（IICAS，联合国教科文组织下设二类研究机构）配合联合国教科文组织驻塔什干办公室（UNESCOinTashkent），在乌兹别克斯坦撒马尔罕召开了“片治肯特－撒马尔罕－莫尔”廊道申遗专家会议。会议共同讨论并通过塔吉克斯坦—乌兹别克斯坦—土库曼斯坦跨国廊道申遗文本准备的工作计划。

2012 年 6 月 15 日

陕西省文物局《关于尽快推动陕西省丝绸之路申遗有关事宜的通知》发送西安市文物局，要求各申遗点尽快制定和颁布保护管理规划；推进遗产保护、展示、整治和监测等工作，编制相关技术方案，依法履行审批手续，并在 2013 年 6 月以前完成所有工作；支持编制单位的申报文本编制工作，2012 年 6 月 20 日以前将相关资料报送编制单位陕西省文化遗产研究院。

2012 年 6 月 18 日

实录一：陕西省文物局《关于大明宫遗址变形观测技术方案批复的通知》（陕文物发 [2012]64 号）发送西安市文物局，要求进一步修改完善方案，报陕西省文物局核准后实施。（图 178）

实录二：西安曲江大明宫遗址区文物局报请西安市文物局对《大明宫国家遗址公园综合信息监测系统方案（第一期）》进行审批。

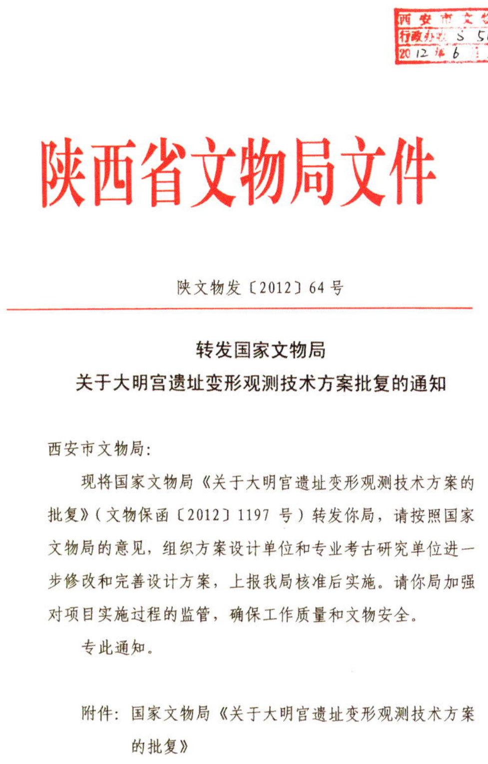

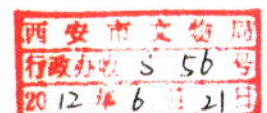

陕西省文物局文件

陕文物发〔2012〕64 号

转发国家文物局
关于大明宫遗址变形观测技术方案批复的通知

西安市文物局：

现将国家文物局《关于大明宫遗址变形观测技术方案的批复》（文物保函〔2012〕1197 号）转发你局，请按照国家文物局的意见，组织方案设计单位和专业考古研究单位进一步修改和完善设计方案，上报我局核准后实施。请你局加强对项目实施过程的监管，确保工作质量和文物安全。

专此通知。

附件：国家文物局《关于大明宫遗址变形观测技术方案的批复》

图 178　陕西省文物局转发国家文物局关于大明宫遗址变形观测技术方案批复的通知

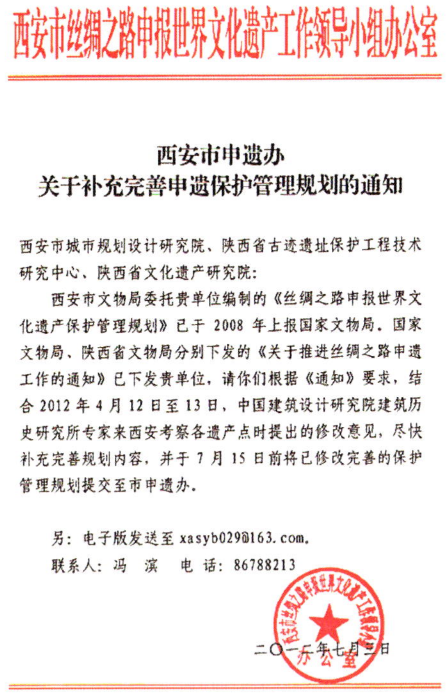

西安市丝绸之路申报世界文化遗产工作领导小组办公室

西安市申遗办
关于补充完善申遗保护管理规划的通知

西安市城市规划设计研究院、陕西省古迹遗址保护工程技术研究中心、陕西省文化遗产研究院：

西安市文物局委托贵单位编制的《丝绸之路申报世界文化遗产保护管理规划》已于 2008 年上报国家文物局。国家文物局、陕西省文物局分别下发的《关于推进丝绸之路申遗工作的通知》已下发贵单位，请你们根据《通知》要求，结合 2012 年 4 月 12 日至 13 日，中国建筑设计研究院建筑历史研究所专家来西安考察各遗产点时提出的修改意见，尽快补充完善规划内容，并于 7 月 15 日前将已修改完善的保护管理规划提交至市申遗办。

另：电子版发送至 xasyb029@163.com。
联系人：冯　滨　电　话：86788213

二〇一二年七月三日

图 179　西安市申遗办关于补充完善申遗保护管理规划的通知

2012 年 6 月 29 日

根据国家文物局《关于推进丝绸之路申遗工作的通知》之附件 2《丝绸之路申报世界文化遗产工作要求》，按照国家文物局申遗点名单，针对西安市各申遗点的具体环境条件，为了准确反映和及时上报各遗产地的现状全景照片，西安市文物局委托陕西文保钻探考古有限公司对申报世界文化遗产的各点进行高空拍摄，并签订《关于对申报世界文化遗产的各点进行高空拍摄的协议书》。

2012 年 7 月 3 日

西安市丝绸之路申报世界文化遗产工作领导小组办公室向西安市城市规划设计研究院、陕西省古迹遗址保护工程技术研究中心、陕西省文化遗产研究院发《关于补充完善申遗保护管理规划的通知》，要求根据国家文物局、陕西省文物局《关于推进丝绸之路申遗工作的通知》精神和中国建筑设计研究院建筑历史研究所专家 4 月 12~13 日来西安考察时提出的修改意见，尽快补充完善规划内容，并于 7 月 15 日之前提交。（图 179）

2012 年 7 月 4 日

实录一：中共陕西省委常委、西安市委书记魏民洲调研汉长安城未央宫前殿遗址。西安市人民政府、市文物局、未央区政府相关负责同志陪同调研。魏书记强调，要充分认识汉长安城遗址的重要价值，加快推进汉长安城遗址保护利用和申遗工作。

图 180　“丝绸之路：起始段和天山廊道的路网”工作组第一次工作会议在北京召开

实录二：西安市丝绸之路申遗文本编制单位中国建筑设计研究院建筑历史研究所提出规划所需资料清单，要求各申遗点补充资料。

2012 年 7 月 9~13 日

为推动中国、哈萨克斯坦、吉尔吉斯斯坦三国丝绸之路跨国系列申报世界遗产工作，三国在北京召开“丝绸之路：起始段和天山廊道的路网”工作组第一次工作会议，中国建筑设计研究院建筑历史研究所作为中方申遗文本编制单位同哈萨克斯坦、吉尔吉斯斯坦两国专家就申遗文本编制存在问题进行讨论，三方确定了“丝绸之路：起始段和天山廊道的路网”工作时间进度表，并就丝绸之路跨国系列申遗文本的核心内容形成一致意见，为按时提交申遗文本奠定了扎实的基础。（图 180）

2012 年 7 月 10 日

西安市丝绸之路申报世界文化遗产项目已完成基础资料报送规划编制单位工作。

2012 年 7 月 11 日

西安市文物局向曲江大明宫遗址区文物局转发《陕西省文物局关于大明宫国家考古遗址公园举办“情牵荆楚——梦回大唐”文化交流活动的批复》，要求按要求做好本次活动的筹备、管理和后续工作。

2012 年 7 月 12 日

西安市财政局向西安市文物局拨付 2012 年申遗经费 91.65 万元，主要用于申遗地形图购置、全景照拍摄及相关工作经费。

2012 年 7 月 16 日

为更科学、有效地保护好大明宫遗址，并结合申遗工作需要，曲江大明宫遗址区文物局拟建立全园遗址监测系统并制定出监测系统方案，主要目的是在对园区地上遗址进行长期持续的变形观测的基础上，开展文物保存环境、大气污染物等多项监测和日常文物管理工作，以便为遗址保护提供详实的基础资料。西安市文物局《关于呈报大明宫国家遗址公园综合信息监测系统方案（第一期）的请示》（市文物[2012]96号）报请陕西省文物局审批方案。

2012年7月17日

因“丝绸之路：起始段和天山廊道的路网”申遗工作需要，国家文物局委托中国建筑设计研究院建筑历史研究所编制申遗文本。为保证该项工作顺利开展，根据规划编制单位的要求，西安市文物局函请西安市规划局尽快提供《西安市历史文化名城保护规划》、《西安市城市总体规划》、《西安市分区规划》、《未央区、莲湖区、碑林区、长安区、雁塔区、新城区控制性详细规划》、《西安市行政区划图（最新版）》。

2012年7月24日

国家文物局《关于加快推进丝绸之路申遗工作的通知》（文物保函[2012]1604号）发送陕西省文物局，通知指出，经过国家文物局组织评估和论证，最终确定了《丝绸之路中国段首批申遗名单》，全国共计涉及6个省（自治区）26个申遗点，其中陕西省8处（汉长安城未央宫遗址、唐长安城大明宫遗址、大雁塔、小雁塔、乾陵、兴教寺塔、张骞墓、彬县大佛寺），河南省4处（汉魏洛阳城遗址、隋唐洛阳城定鼎门遗址、新安汉函谷关遗址、崤函古道石壕段遗址），甘肃省6处（玉门关遗址、麦积山石窟、悬泉置遗址、锁阳城遗址、炳灵寺石窟、张掖大佛寺），宁夏回族自治区1处（固原北朝、隋唐墓地），新疆维吾尔自治区7处（高昌故城、交河故城、克孜尔石窟、苏巴什佛寺遗址、吐峪沟石窟、北庭故城遗址、克孜尔尕哈峰燧）。西安市共计5个申遗点入选：汉长安城未央宫遗址、唐长安城大明宫遗址、大雁塔、小雁塔、兴教寺塔。（图181）

通知就有关丝绸之路申遗工作提出以下意见：一、要求相关部门充分认识丝绸之路申遗工作的紧迫性、艰巨性和复杂性，进一步细化工作任务，确保在2013年6月底以前完成所有准备工作；二、

图181　汉长安城未央宫前殿遗址

图 182 唐大明宫丹凤门遗址保护展示整体效果图

2012 年 11 月底以前，相关申遗点均应颁布地方性专项保护管理法规或规章，以及遗产保护管理规划；三、按照世界遗产申报要求，尽快划定相关申遗点的遗产区和缓冲区边界，并落实相应的保护管理措施；四、丝绸之路首批申遗点遗产区和缓冲区内拟实施的新建项目，应当满足申遗工作的需要并依法报批；五、丝绸之路首批申遗点的文物保护、展示和环境整治工程应严格遵循"不改变文物原状"、"最小干预"等原则，主要保存不同时期的历史遗存和信息，维护遗存的真实性和完整性；六、国家文物局将于 2012 年下半年对各申遗点申遗准备工作进行现场检查，对于未如期开展准备工作，影响到丝绸之路整体申遗进程的申遗点，将不再列入丝绸之路首批申遗范围。

2012 年 7 月 30 日

西安市文物局向曲江大明宫遗址区文物局转发《陕西省文物局核准大明宫丹凤门遗址本体保护展示工程方案批复》（市文物发 [2012]163 号）。（图 182）

2012 年 8 月 2 日

《陕西省文物局转发国家文物局关于加快推进丝绸之路申遗工作的通知》（陕文物发 [2012]85 号）发送西安市文物局，要求充分认识丝绸之路申遗工作的重要性、紧迫性、艰巨性和复杂性，进一步细化任务，明确目标、落实责任，确保在 2013 年 6 月底以前完成所有申遗准备工作。

2012 年 8 月 3 日

西安市丝绸之路申报世界文化遗产工作领导小组办公室组织召开了西安市申遗点保护管理规

划讨论会。陕西省文化遗产研究院、西安市申遗办、大雁塔、小雁塔等申遗点的相关保护管理单位、各申遗点保护管理规划编制单位有关负责同志参加了会议。会上，各申遗保护管理规划编制单位及各申遗点负责人就各申遗点已编制的申遗保护管理规划进行了汇报并对存在问题进行了深入讨论。会议要求：各规划编制单位应严格按照国家文物局对丝绸之路申遗保护管理规划的编制要求，抓紧修改、完善各申遗点的保护管理规划，为西安市申遗工作的顺利开展奠定基础。

2012 年 8 月 6 日

实录一：为加快推进丝绸之路申遗文本编制及陕西省保护管理规划修编工作，陕西省文物局通知西安市文物局依照国家文物局和陕西省文物局召开的丝绸之路申遗专题会议精神，于 8 月 15 日之前将资料审核并报送陕西省文化遗产研究院，相关技术委托合同也请各单位一并与该院签订。

实录二：陕西省文物局召集申遗点所在地市文物局领导会议，传达国家文物局丝绸之路申遗工作最新精神，安排部署陕西省丝绸之路申遗各项工作。西安市文物局及市各申遗点管理单位负责同志参加。丝绸之路申报世界遗产工作进入冲刺阶段。

2012 年 8 月 13 日

近日，陕西省文化遗产研究院将已经整理的中国建筑设计研究院建筑历史研究所反馈的各申遗点所需提供的基础资料清单分发至各申遗点管理机构。8 月 13 日，西安市丝绸之路申报世界文化遗产工作领导小组办公室向各申遗相关单位发送《关于报送基础资料补充完善进度的通知》，要求根据清单内容，尽快收集整理资料，按时报送。

2012 年 8 月 16 日

西安汉长安城国家大遗址保护特区建设领导小组办公室、特区管委会在汉长安城未央宫前殿遗址隆重举行成立揭牌仪式。陕西省委常委、西安市委书记魏民洲，市委副书记、市长董军为汉长安城国家大遗址保护特区揭牌，陕西省文物局、西安市人民政府、汉长安城国家大遗址保护特区有关负责同志出席。（图 183）

图 183　西安市委书记魏民洲（左）、市长董军（右）为汉长安城国家大遗址保护特区揭牌

2012 年 8 月 20 日

实录一：西安市人民政府副秘书长周爱全调研汉长安城遗址“丝绸之路”申遗工作。主要咨询了汉长安城未央宫遗址“丝绸之路”申遗区域的规划编制、申遗范围、考古进展、拆迁安置、文物本体保护展示、申遗时限等问题并要求市文物

局在近期内作出各项工作的进度安排，以利于市政府根据进度安排督查落实各项工作进展。（图 184）

图 184　西安市人民政府副秘书长周爱全（右二）调研汉长安城遗址“丝绸之路”申遗工作

实录二：西安市丝绸之路申报世界文化遗产工作领导小组办公室组织召开丝绸之路申遗协调会议，市规划局、市国土局、市交通局、市旅游局、市财政局分管领导参加会议。会议主要内容是提交《西安市城市总体规划》、《西安市土地利用规划》、《西安城市交通规划》、《西安市旅游发展总体规划》、《西安历史文化名城保护规划》、《小雁塔北部及东南部地块的控制性详细规划》。

实录三：按照国家文物局的要求，各丝绸之路申遗点必须于 2013 年 6 月底以前完成文物保护、环境整治、档案编制、监测、安保系统建设、设置展示、解说和道路标识系统等全部准备工作，7~8 月接受国际专家现场考察和评估验收。由于丝绸之路申遗工作时间紧，任务重，意义大，特别是 2011 年以来，市政府和有关职能部门领导成员有所变动，为确保西安市丝绸之路申遗工作的有效推进，《西安市文物局关于调整丝绸之路申报世界文化遗产工作领导小组的请示》（市文物字 [2012]114 号）报请西安市人民政府进一步调整“西安市丝绸之路申报世界文化遗产工作领导小组”，明确丝绸之路申遗项目实施的具体牵头负责人。具体调整内容如下：

1. 调整申遗工作领导小组

建议丝绸之路申遗工作领导小组以市长为组长，相关副市长为副组长。负责全市丝绸之路申遗工作的组织领导，解决申遗工作中的重大问题：

组　长：董　军　西安市委副书记、西安市市长

副组长：段先念　西安市人民政府副市长

　　　　王德安　西安市人民政府秘书长

成　员：周爱全　西安市人民政府副秘书长

　　　　李小六　西安市人民政府副秘书长

　　　　王西京　西安市人民政府副秘书长

成员单位：市委宣传部、市城改办、市发改委、市财政局、市法制办、市国土局、市规划局、市建委、市市政公用局、市环保局、市文物局、市水务局、市文化广电出版局、市拆迁办、西安日报社、碑林区政府、莲湖区政府、未央区政府（汉长安城国家大遗址保护特区）、长安区政府、沣东新城管委会、曲江新区管委会、大兴新区管委会。

办公室组成人员作相应调整，负责丝绸之路申遗工作的组织实施：

主　任：段先念　（兼）西安市人民政府副市长

副主任：周爱全　市政府副秘书长

李小六　市政府副秘书长

王西京　市政府副秘书长

雷英杰　市发改委主任

罗亚民　市财政局局长

田党生　市国土局局长

惠西鲁　市规划局局长

苗宝明　市建委主任

贺简政　市市政局局长

郑育林　市文物局局长

蒋少宁　市委宣传部分管领导

成员由领导小组成员单位分管领导组成。

领导小组下设办公室，分为综合协调组、规划与环境整治组、文物保护组、宣传报道组、督导组，具体负责推进西安市申遗工作。

2. 明确丝绸之路申遗项目实施的具体牵头负责人

根据以往各个申遗城市的成功经验，建议市政府确定一个具体牵头负责人，代表市政府和国家文物局指定的专业技术机构协调沟通丝绸之路申遗工作中涉及的环境整治、基础设施建设等方面的具体问题。同时，请求明确各个申遗点的具体牵头负责人和协调单位：

汉长安城遗址

牵头负责人：市政府副秘市长李小六

配合单位：未央区政府（汉长安城国家大遗址保护特区）、莲湖区政府、大兴新区管委会、沣东新城管委会、西安市文物局

大明宫遗址

牵头负责人：大明宫改造办公室倪明涛

配合单位：曲江新区管委会

大雁塔

牵头负责人：曲江管委会主任李元

配合单位：西安市宗教局

小雁塔

牵头负责人：西安市文物局局长郑育林

配合单位：碑林区政府

兴教寺塔

牵头负责人：长安区区长杨建强

配合单位：西安市宗教局（图 185）

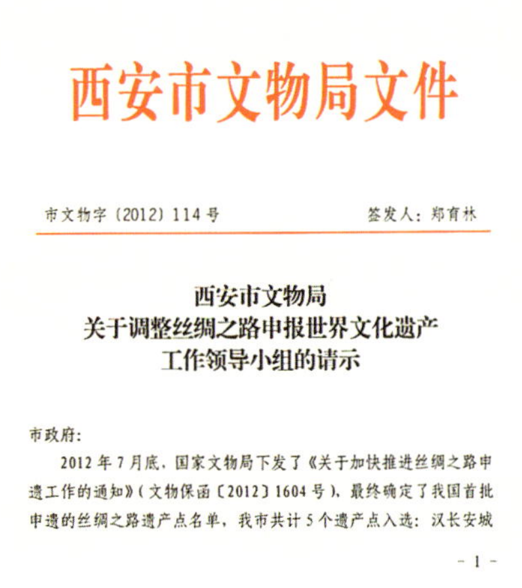

西安市文物局文件

市文物字〔2012〕114号　签发人：郑育林

西安市文物局
关于调整丝绸之路申报世界文化遗产
工作领导小组的请示

市政府：

2012年7月底，国家文物局下发了《关于加快推进丝绸之路申遗工作的通知》（文物保函〔2012〕1604号），最终确定了我国首批申遗的丝绸之路遗产点名单，我市共计5个遗产点入选：汉长安城

- 1 -

图185　西安市文物局关于调整丝绸之路申报世界文化遗产工作领导小组的请示

2012年9月7日

陕西省政协副秘书长张洪涛、西安市政协副主席、秘书长张建政一行调研汉长安城遗址的保护工作。（图186）

2012年9月10日

西安市财政局致函西安市文物局下达2012年大遗址保护专项经费2920万元，用于汉长安城和唐大明宫遗址保护项目。

2012年9月12日

陕西省文物局召开“陕西省丝绸之路跨国联合申报世界文化遗产工作会议”，会议传达国家申遗文本编制最新要求，发送陕西省各申遗点急需补充资料清单。西安市文物局和西安市各申遗单位负责同志参加。

2012年9月9~13日

由国家文物局主办、国际古迹遗址理事会西安国际保护中心（IICC-X）承办的“丝绸之路：起始段和天山廊道的路网”工作组第二次会议在北京召开。与会的中国、哈萨克斯坦和吉尔吉斯斯坦三国的工作组成员及国家代表就“丝绸之路：起始段和天山廊道的路网”项目申报世界遗产文本的主要内容，以及该项目申报世界遗产占用名额（世界遗产委员会规定从2006年开始，一个缔约国每年可至多申报两项世界遗产，其中至少有一项是自然遗产。经过

图186　西安市政协副主席张建政（中）视察汉长安城遗址

前期确认，中国2014年申报的项目为大运河项目，所以丝绸之路项目是和哈萨克斯坦、吉尔吉斯斯坦联合申报，用的是吉尔吉斯斯坦名额）等问题达成一致意见，并将于9月30日前向联合国教科文组织世界遗产中心提交预审文本。（图187）

图187　"丝绸之路：起始段和天山廊道的路网"工作组第二次会议在北京召开

2012年9月11~15日

由国家人力资源和社会保障部主办，陕西省人力资源和社会保障厅、西安市人力资源和社会保障局、西安市文物局承办，国际古迹遗址理事会西安国际保护中心协办的"文化遗产保护与城市建设问题"专题研修班在西安召开，这次培训班采取专家授课、古迹遗址现场研修、学员研讨、论文交流和考察调研相结合等方式进行。来自全国文化遗产保护与城市建设方面的高级专业技术人才或高级管理人员50人参加培训。

图188　"文化遗产保护与城市建设问题"专题研修班在西安召开

此次高级培训班的开展，使全国文化遗产保护与城市建设方面的高级专业技术人才在做好文物保护的基础上，整合资源，统筹全局，依托丰富的文物资源，打造产业强势，进而促进文化遗产保护和城市建设的有机结合。借鉴和吸收国际上认可的历史文化保护观念和做法，以尊重历史、尊重生活、尊重市民的态度，按照人与自然和谐、人与遗产和谐、遗产与环境和谐、生活与遗产和谐、传统与现代和谐的理念，在更大的空间范围和更广的地域范围来保护和延续历史文化脉络。（图188）

2012年9月14日

实录一：为进一步推进西安市丝绸之路申遗档案的建立与完善工作，西安市丝绸之路申报世界文化遗产工作领导小组办公室向丝绸之路申遗各相关单位发送《关于召开"四有档案"制作培训班的通知》。

实录二：根据9月12日陕西省文物局召开的"陕西省丝绸之路跨国联合申报世界文化遗产工

图 189　“丝绸之路协调委员会第三次会议”在吉尔吉斯斯坦首都比什凯克召开

作会议”内容和安排，西安市丝绸之路申报世界文化遗产工作领导小组办公室与各申遗单位签订申遗承诺书。

2012 年 9 月 17 日

“丝绸之路协调委员会第三次会议”在吉尔吉斯斯坦首都比什凯克召开，国际古迹遗址理事会西安国际保护中心（IICC-X）作为丝绸之路协调委员会的秘书处参加了此次会议并作了工作报告，听取了联合国教科文组织世界遗产中心及中亚代表的意见。（图 189）

2012 年 9 月 19 日

西安市丝绸之路申报世界文化遗产工作领导小组办公室组织丝绸之路申遗各相关单位主管领导、四有档案负责人参加西安市丝绸之路申遗档案（四有档案）制作培训工作。陕西省文物保护研究院副院长赵静做了档案在申遗工作中的重要性以及四有档案制作方法的讲座。（图 190）

图 190　西安市申遗办组织举办西安市丝绸之路申遗档案（四有档案）制作培训工作

2012 年 9 月 26 日

按照西安市《丝绸之路：起始段和天山廊道的路网申报世界文化遗产工作实施方案》，西安市丝绸之路申遗工作领导小组下设综合协调组、规划与环境整治组、文物保护组、宣传报道组、督察组 5 个小组，另有资料档案与文秘工作需要开展，为确保西安市丝绸之路申遗工作有条不紊、保质保量按期完成，西安市丝绸之路申报世界文化遗产工作领导小组办公室向西安市机关事务管理局申请办公用房。

2012 年 10 月 12 日

陕西省委常委、西安市委书记魏民洲一行视察汉长安城遗址保护及申遗工作。

2012 年 10 月 14 日

为保证汉长安城未央宫遗址的完整性，自 2012 年 10 月，西安汉长安城国家大遗址保护特区管委会按照“先落实安置地、安置规划和安置楼建设，后启动征地拆迁”的指导思想，积极协调解决了 1000 多亩安置用地，确定了安置规划，启动了安置楼建设，解除了群众的后顾之忧。10 月 14 日，西安汉长安城国家大遗址保护特区管委会召开汉长安城遗址申遗区域征地拆迁组织工作动员会。

未央区人民政府具体承担申遗区域 9 个村 15000 多人的征地拆迁和安置工作任务，莲湖区政府和沣东新城管委会也分别启动了各自管辖范围的申遗区居民迁移工作。（图 191）

2012 年 10 月 16 日

陕西文保勘探考古有限公司对申报世界文化遗产的各申遗点提供高空拍摄成果清单。

2012 年 10 月 17 日

《陕西省人民政府办公厅关于加快推进陕西省丝绸之路跨国联合申报世界遗产工作的通知》（陕政办函 [2012]162 号）致函西安市人民政府、陕西省文物局，要求各申遗点所在地政府根据国家统一部署，加快推进陕西省丝绸之路申遗工作。

一、要深刻认识丝绸之路申遗工作的重要性和紧迫性，牢固树立大局意识，以高度的历史责任感和使命感，紧紧抓住当前机遇，按照国家统一部署，加快推进丝绸之路申遗工作。

图 191　西安市未央区人民政府召开汉长安城遗址申遗区征地拆迁组织工作动员会

二、按时完成各项准备工作。一是各申遗点所在地政府要在 2012 年 11 月底前确保各申遗点的保护管理规划以及各地方性专项保护管理规章完善工作的完成。二是各申遗点所在政府要在 2013 年 6 月

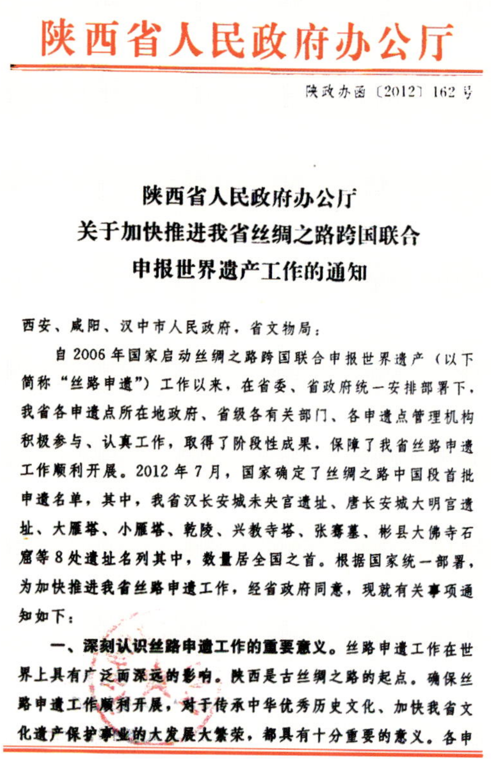

陕西省人民政府办公厅

陕政办函〔2012〕162号

陕西省人民政府办公厅
关于加快推进我省丝绸之路跨国联合
申报世界遗产工作的通知

西安、咸阳、汉中市人民政府，省文物局：

自2006年国家启动丝绸之路跨国联合申报世界遗产（以下简称“丝路申遗”）工作以来，在省委、省政府统一安排部署下，我省各申遗点所在地政府、省级各有关部门、各申遗点管理机构积极参与、认真工作，取得了阶段性成果，保障了我省丝路申遗工作顺利开展。2012年7月，国家确定了丝绸之路中国段首批申遗名单，其中，我省汉长安城未央宫遗址、唐长安城大明宫遗址、大雁塔、小雁塔、乾陵、兴教寺塔、张骞墓、彬县大佛寺石窟等8处遗址名列其中，数量居全国之首。根据国家统一部署，为加快推进我省丝路申遗工作，经省政府同意，现就有关事项通知如下：

一、深刻认识丝路申遗工作的重要意义。丝路申遗工作在世界上具有广泛而深远的影响。陕西是古丝绸之路的起点。确保丝路申遗工作顺利开展，对于传承中华优秀历史文化、加快我省文化遗产保护事业的大发展大繁荣，都具有十分重要的意义。各申

图192　陕西省人民政府办公厅关于加快推进我省丝绸之路跨国联合申报世界遗产工作的通知

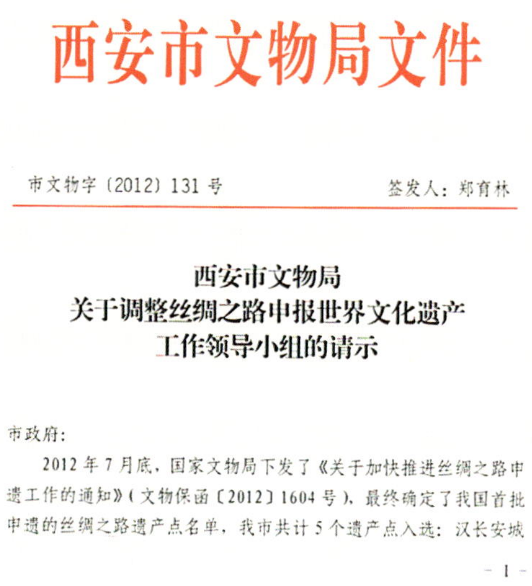

西安市文物局文件

市文物字〔2012〕131号　　签发人：郑育林

西安市文物局
关于调整丝绸之路申报世界文化遗产
工作领导小组的请示

市政府：

2012年7月底，国家文物局下发了《关于加快推进丝绸之路申遗工作的通知》（文物保函〔2012〕1604号），最终确定了我国首批申遗的丝绸之路遗产点名单，我市共计5个遗产点入选：汉长安城

－1－

图193　西安市文物局关于调整丝绸之路申报世界文化遗产工作领导小组的请示

底前完成各申遗点文物保护、环境整治工作，建立详细、健全的档案资料和必要的监测管理系统，配备安全技术防范设施，设置规范的展示、解说和道路标识系统。三是各申遗点要按照世界文化遗产申报的有关要求，结合各自实际，加快制定实施工作方案。

三、加强组织领导。陕西省文物局作为陕西省丝绸之路申遗的统筹协调部门，要按照国家有关要求，指导和督促各申遗点所在地政府完善丝绸之路申遗各项准备工作，并加大宣传力度，积极引导社会各界广泛参与丝绸之路申遗工作。各申遗点所在地政府要切实加强对申遗工作的组织领导，建立完善的申遗管理机构，配备必要的工作人员，给予相应工作经费支持，力争将这条人类历史上最为伟大的文化之路，尽早列入《世界遗产名录》，为陕西经济社会又好又快发展，实现西部强省建设目标作出应有贡献。（图192）

2012年10月18日

西安市人民政府发布《关于汉长安城未央宫遗址申报丝绸之路世界文化遗产项目征地拆迁工作的通告》（市政告字[2012]8号）。

2012年10月19日

为确保西安市丝绸之路申遗工作的有效推进，西安市文物局报请西安市人民政府，指出《西安市文物局关于调整丝绸之路申报世界文化遗产工作领导小组的请示》（市文物字[2012]114号）

报请的“西安市丝绸之路申报世界文化遗产工作领导小组”需要进一步调整如下：

1. 申遗工作领导小组调整名单

成员单位添加了市宗教局，其余单位不变。

2. 办公室成员调整名单

办公室副主任添加了贺维海（市宗教局局长），其余成员不变。（图 193）

2012 年 10 月 24 日

陕西省委副书记、省长赵正永；陕西省委常委、常务副省长娄勤俭；省委常委、市委书记魏民洲；市委副书记、市长董军一行到汉长安城未央宫前殿遗址调研汉长安城遗址保护及申遗工作。

赵正永省长指出：汉长安城遗址是我国古代建都朝代最多的都城遗址，是“丝绸之路”的起点，其文化内涵非常丰富。因此保护汉长安城遗址意义重大。为加强汉长安城遗址保护工作，西安市委市政府于 8 月 16 日成立了西安汉长安城遗址国家大遗址保护特区领导小组办公室、管委会，全面负责汉长安城遗址的保护管理工作，这是陕西省加强文物古迹遗址保护的重要举措。保护特区要积极协调，加强前期的规划编制、考古勘探、拆迁安置、环境整治等，有序推进汉长安城未央宫区域的“丝绸之路”申遗工作，为明年七八月份申遗专家的现场检查奠定基础。

市政协副主席、市文物局副局长向德、文物保护处处长黄伟、局办公室副主任刘夏盈、西安市汉长安城遗址保管所所长甘洪更等陪同调研。（图 194）

2012 年 10 月 25 日

实录一：西安市丝绸之路申报世界文化遗产工作领导小组办公室组织召开大雁塔申遗工作内容与任务分解工作会议。参加会议的有市政府、市宗教局、市规划局、曲江新区管委会、市文物

图 194 时任陕西省委副书记、省长赵正永（中），时任省委常委、常务副省长娄勤俭（左二），省委常委、西安市委书记魏民洲（右二），市委副书记、市长董军（右一）一行视察汉长安城未央宫遗址

局有关负责同志。会议主要是协调解决大雁塔的申报范围、管理规定、申遗各项工作（包括进行环境整治、整理申遗档案、建立监测系统、标识系统、丝绸之路专题展等）的落实。

实录二：为进一步推动丝绸之路申遗工作并根据工作需要，陕西省申报世界文化遗产办公室《关于确认陕西省丝绸之路申遗工作项目的通知》将各申遗点涉及的项目以附件的形式发送西安市文物局，要求各申遗单位确认后以文件形式于10月26日17：00前提交。各申遗点已按期提交。

2012年10月26日

应中国建筑设计研究院建筑历史研究所的要求，陕西省申报世界文化遗产办公室向西安市文物局发送通知，要求各申报单位填写申报表格及分布图并于10月29日17：00前提交。

2012年10月29日

陕西省申报世界文化遗产办公室组织在中国建筑设计研究院建筑历史研究所召开陕西省丝绸之路申遗工作协调会，会议主题为陕西省申遗工作的进展情况及下一步申遗工作面临的问题。西安市文物局、市规划院、市宗教局、长安区政府、大明宫遗址区改造办公室、曲江管委会、市规划局、西安汉长安城国家大遗址保护特区管委会等单位负责同志参会。会议最后要求各申遗点按照会议纪要推进工作。

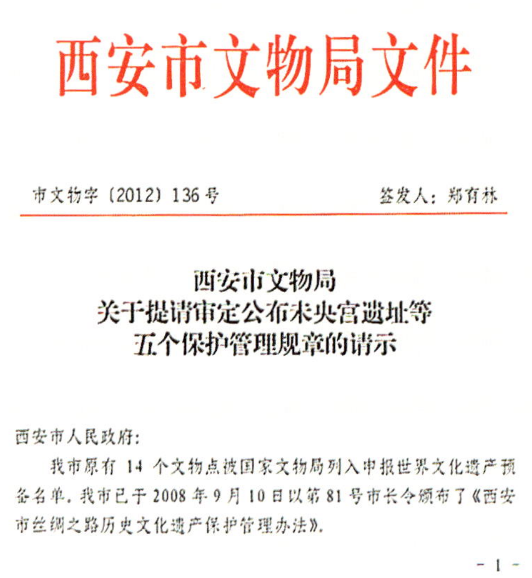

西安市文物局文件

市文物字〔2012〕136号　　签发人：郑育林

西安市文物局
关于提请审定公布未央宫遗址等
五个保护管理规章的请示

西安市人民政府：

我市原有14个文物点被国家文物局列入申报世界文化遗产预备名单。我市已于2008年9月10日以第81号市长令颁布了《西安市丝绸之路历史文化遗产保护管理办法》。

－1－

图195　西安市文物局关于提请审定公布未央宫遗址等五个保护管理规章的请示

2012年10月30日

西安市原有14个文物点被国家文物局列入丝绸之路申报世界文化遗产预备名单。2008年9月10日，西安市以第81号市长令颁布了《西安市丝绸之路历史文化遗产保护管理办法》。现经过审定，西安市有5个文物点被国家文物局列入第一批申遗名单，根据申遗要求，每个文物点都必须有单独的当地人大常委会颁布的保护条例或当地政府颁布的保护管理办法，为此，西安市文物局起草了《西安市汉长安城未央宫遗址保护管理办法》、《西安市唐大明宫遗址保护管理办法》、《西安市大雁塔保护管理办法》、《西安市小雁塔保护管理办法》、《西安市兴教寺塔保护管理办法》报请西安市人民政府研究审定并公布。（图195）

2012年10月31日

联合国教科文组织世界遗产中心亚太区项目专员林志宏教授在西北大学文化遗产学院做了题为“世界遗产、历史城市永续发展”的讲座。

林志宏教授为大家详细介绍了《保护世界文化和自然遗产公约》、《保护非物质文化遗产公

图196　联合国教科文组织世界遗产中心亚太区项目专员林志宏教授在西北大学文化遗产学院做“世界遗产、历史城市永续发展”讲座

约》、《保护和促进文化表现形式多样性公约》，并从这三个重要的公约引申出世界文化遗产保护、历史城市的可持续发展的重要性。（图196）

2012年11月2日

实录一：根据10月29日的申遗协调会会议纪要精神，《西安市申遗办要尽快落实西安市各申遗点申遗相关技术问题的函》致函西安市文物局尽快与中国建筑设计研究院建筑历史研究所联系，尽快落实西安市各申遗点相关技术问题。

实录二：陕西省文物局组织召开“陕西省丝绸之路跨国联合申报世界文化遗产工作会议”，传达国家文物局对各申遗点保护管理规划编制的最新要求，西安市文物局负责同志参会。

实录三：西安市文物局组织召开全局大会，推进西安市丝绸之路申遗工作。

2012年11月5日

国际古迹遗址理事会西安国际保护中心（IICC-X）根据国家文物局的批复意见和陕西省文物局对“丝绸之路网络信息档案管理平台”建设方案的要求，对该方案进行了修改完善。西安市文物局报请陕西省文物局对修改后的方案进行批示。

2012年11月6日

西安市人民政府办公厅组织召开会议研究丝绸之路申遗工作相关问题，会议由市政府周爱全副秘书长主持。市政府、市宗教局、市规划局、市文物局、西安汉长安城国家大遗址保护特区管委会有关负责同志，汉长安城遗址保管所、大明宫遗址保护办、西安博物院、大雁塔保管所、大慈恩寺、长安区文物局负责同志参加了会议。

会议就丝绸之路申遗工作中存在的困难和问题进行了专题研究。会议指出，丝绸之路申遗意义重大，应抓住契机，举全市之力，确保西安市5个申遗点申遗成功。申遗是一项繁杂的系统工程，时间紧、任务重，各部门、各相关区县要提高认识、克服困难，确保如期完成申遗各项工作。

会议确定以下事项：

一、各申遗点确定一名负责人，牵头负责各点申遗工作的组织协调、督促和落实。市政府副秘书长李小六负责汉长安城遗址申遗工作；曲江新区管委会、大明宫改造办主任倪明涛负责大明宫遗址申遗工作；曲江新区管委会主任李元（负责寺院围墙外）、市宗教局局长贺维海（负责寺院围墙内）分别牵头负责大雁塔申遗工作；市文物局局长郑育林负责小雁塔申遗工作；长安区区长杨建强负责兴教寺塔申遗工作。

二、由市政府组织省内文化遗产保护专家、规划编制单位、相关工作部门、各申遗点负责人就中国建筑设计研究院建筑历史研究所专家提出的保护管理规划编制意见，进行讨论研究并形成初步反馈意见。由市文物局组织相关人员与中国建筑设计研究院建筑历史研究所专家沟通协调，解决申遗规划编制中的问题。

三、关于申遗点相关工作费用问题。大雁塔经费由大慈恩寺寺管会与曲江新区管委会协调解决；小雁塔由市文物局向市政府申请；大明宫申遗由曲江大明宫遗址区保护改造办公室筹措；汉长安城遗址区由西安汉长安城国家大遗址保护特区管委会筹措；兴教寺塔由长安区筹措。

2012年11月8日

实录一：为了满足申遗文本编制的需要，西安市丝绸之路申报世界文化遗产工作领导小组办公室发出《关于报送各申遗点照片的通知》，要求各丝绸之路申遗相关单位报送申遗点的精美照片。

实录二：西安市人民政府召开申遗工作专项会议。会议上申遗专家综合兴教寺塔现状，建议其退出此次申报，将其录入丝绸之路跨国申遗拓展项目。大慈恩寺主持发言，要求保留其申遗地位，并表示将全力配合包括拆迁在内的一切申遗相关工作。会议确定，将兴教寺塔作为西安市申遗工作内容之一，由长安区政府牵头，市宗教局、文物局、增勤大师配合，并初步明确除三塔本体外，保留寺内明清时代建筑，对后期所建功能性建筑经申遗专家考察后决定拆留。

图197　国内丝绸之路研究专家、西北大学教授李健超在西安博物院乐知讲堂做“汉唐长安城与丝绸之路”专题学术讲座

西安市人民政府办公厅文件

市政办发〔2012〕243号

西安市人民政府办公厅
关于调整丝绸之路申报世界文化遗产
工作领导小组成员的通知

各区、县人民政府，市人民政府各工作部门，各直属机构：

鉴于丝绸之路申遗工作领导小组部分成员工作变动，市政府决定对丝绸之路申遗工作领导小组成员予以调整，现将调整后的领导小组成员名单通知如下：

一、申遗工作领导小组名单

组　长：董　军　西安市委副书记、西安市市长

副组长：段先念　西安市副市长

—1—

图198　西安市人民政府办公厅关于调整丝绸之路申报世界文化遗产工作领导小组成员的通知

2012年11月9日

由国际古迹遗址理事会西安国际保护中心和西安博物院组织，国内丝绸之路研究专家、西北大学教授李健超在西安博物院乐知讲堂做了题为“汉唐长安城与丝绸之路”的专题学术讲座，以历史地理的视觉对汉唐长安城和丝绸之路的形成发展及变迁进行解析。（图197）

2012年11月12日

实录一：西安市人民政府办公厅调整了丝绸之路申报世界文化遗产工作领导小组名单。成立以西安市委副书记、市长董军为组长，副市长段先念和市政府秘书长王德安为副组长、市政府副秘书长周爱全、李小六、王西京、市文物局局长郑育林为成员的申遗工作领导小组，领导小组下设办公室，负责申遗工作的组织实施，办公室下设综合协调组、规划与环境整治组、文物保护组和宣传报道组。（图198）

实录二：为了满足申遗文本编制的需要，西安市丝绸之路申报世界文化遗产工作领导小组办公室通知丝绸之路申遗各相关单位，要求报送表现各申遗点价值、优美环境及历史风貌的宣传片。

2012年11月13~14日

档案资料的建设、完善是丝绸之路申遗工作的一项重要内容，也是迎接世界遗产中心专家评估、验收不可或缺的依据，更是世界遗产委员会主席团审查项目的重要组成部分。为此，陕西省申报世界文化遗产办公室组织本省8处申遗点的专门负责同志到河南登封市“天地之中”历史建筑群申遗项目学习申遗档案资料建设工作，西安市5处申遗点派员参加。（图199）

图199　陕西省申报世界文化遗产办公室主任周魁英带队到河南登封市“天地之中”历史建筑群申遗项目学习申遗档案资料建设工作

2012年11月18~19日

中国建筑设计研究院建筑历史研究所所长陈同滨一行先后实地考察了小雁塔、大雁塔、兴教寺塔、大明宫遗址、汉长安城未央宫遗址，对各申遗点的保护范围划定、展示方法、文本编写等项工作做出了详细的指导和说明，对环境

图 200　时任国家文物局文物保护司司长关强（右一）、中国建筑设计研究院建筑历史研究所所长陈同滨（中）一行考察西安市申遗工作

整治工作提出明确的要求。（图 200）

2012 年 11 月 20 日

为支持做好丝绸之路跨国系列申报世界文化遗产工作，提升文物保护展示与利用水平，西安市财政局向西安市文物局发《关于下达丝绸之路申遗补助经费的通知》，共下达经费 215 万元，通知要求将经费用于申遗文本编制、规划修编、规划编制技术服务及监测系统建设等。

2012 年 11 月 21 日

实录一：根据申遗的需要和中国建筑设计研究院建筑历史研究所的要求，陕西省申报世界文化遗产办公室通知西安市文物局两天内补充提供兴教寺塔涵盖缓冲区的 0.6 米分辨率的卫星照片。

实录二：陕西省申报世界文化遗产办公室通知西安市文物局，要求各申遗点按照联合国教科文组织确定的格式和要求，填写《预备名单提交表格》并于 12 月 5 日前提交。

图 201　“丝绸之路：起始段和天山廊道的路网”工作组第三次会议在北京召开

2012 年 11 月 21~12 月 1 日

“丝绸之路：起始段和天山廊道的路网”工作组第三次会议在北京顺利召开。此次会议由中国国家文物局主办，国际古迹遗址理事会西安国际保护中心（IICC-X）承办。会议研究确定了中国、吉尔吉斯斯坦、哈萨克斯坦三国“丝绸之路：起始段和天山廊道的路网”最终申遗文本的内容。（图 201）

2012 年 11 月 22 日

根据 11 月 19 日中国建筑设计研究院建筑历史研究所所长陈同滨现场考察时指出的大雁塔、小雁塔、兴教寺塔的缓冲区范围需要调整事宜，西安市丝绸之路申报世界文化遗产工作领导小组办公室组织规划编制单位已初步调整了缓冲区范围并报请陕西省申报世界文化遗产办公室尽快确

认，以便购买并提供大雁塔、小雁塔、兴教寺塔正式的卫星图片资料。

2012 年 11 月 23 日

实录一：根据国家文物局领导、专家的意见，陕西省文化遗产研究院将各申遗点实施项目进行了调整，陕西省申报世界文化遗产办公室通知西安市文物局，要求各申遗点尽快确认实施项目清单并于 11 月 26 日前提交。

实录二：西安市丝绸之路申报世界文化遗产工作领导小组办公室将各申遗点计划展览面积和预算上报陕西省申遗办。

2012 年 11 月 26 日

实录一：陕西省申报世界文化遗产办公室通知西安市文物局，要求各申遗点按照 2012 年 11 月 18~19 日国家文物局领导和专家现场考察西安市各申遗点所形成的指导意见，加紧开展申遗各项工作，确保申遗工作顺利进行。

实录二：陕西省申报世界文化遗产办公室通知西安市文物局：根据国家文物局专家意见，按照世界文化遗产申报要求以及申遗文本和规划编制的需要，现将兴教寺塔、大雁塔、小雁塔缓冲区范围进行调整，要求 11 月 28 日前提交管理规划所需基础底图和其他相关资料。（图 202）

实录三：西安市文物局报请西安市丝绸之路申报世界文化遗产工作领导小组办公室，建议市申遗办将陕西省申报世界文化遗产办公室《关于尽快确认各申遗点实施项目的通知》转发至西安市各申遗点相关单位，尽快安排各申遗点实施项目确认工作。之后西安市申遗办向各申遗点通知并使各申遗点对各自实施项目清单给予确认。（图 203）

实录四：兴教寺塔、大雁塔对规划编制需补充的资料进行反馈，兴教寺塔主要反馈了现有管理机构概况，大雁塔反馈了雁塔题名、杏园观宴、慈恩牡丹等历史典故。

2012 年 11 月 28 日

为做好西安市丝绸之路申报世界文化遗产工作，

陕西省申报世界文化遗产办公室

关于落实国家文物局有关领导及专家现场考察指导意见的通知

西安市申遗办、咸阳市申遗办：

11 月 18-19 日，国家文物局有关领导和申遗专家对我省丝路申遗点进行了实地考察，对各点的保护范围划定、环境整治、展示方法、文本编写等项工作提出了明确的意见和要求，现将国家文物局领导和专家意见整理纪要下发给你们，请组织各申遗点按照纪要内容，加紧开展申遗各项工作，确保申遗工作顺利进行。

附：国家文物局领导和专家考察陕西丝路申遗工作纪要

2012 年 11 月 26 日

图 202　陕西申遗办关于落实国家文物局有关领导及专家现场考察指导意见的通知

西安市丝绸之路申报世界文化遗产工作领导小组办公室

西安市申遗办
关于尽快确认各申遗点实施项目的通知

各丝路申遗相关单位：

2012 年 11 月 18、19 日，在西安市申遗办领导的陪同下，国家文物局有关领导和申遗专家对陕西省丝路申遗点进行了实地考察，对各点的环境整治等项工作提出了明确的意见和要求。根据国家局领导、专家的意见，陕西省文化遗产研究院将各申遗点实施项目进行了调整。11 月 23 日，陕西省申遗办下发了《关于尽快确认各申遗点实施项目的通知》，要求各申遗点尽快确认实施项目清单。现将《通知》转发你们，请各单位按照《通知》要求，尽快确认各实施项目，并将已确认的实施项目加盖公章发至西安市申遗办。

联系人：成姣　　电话：86788224　　传真：86788221

二〇一二年十一月二十六日

图 203　西安市申遗办关于尽快确认各申遗点实施项目的通知

西安市文物局于2007年11月成立了“西安市文物局丝绸之路申遗工作办公室”。目前，西安市申遗工作进入关键阶段，为集中力量，确保丝绸之路申遗相关工作的有效开展，经西安市文物局研究，决定对“西安市文物局丝绸之路申遗工作办公室”机构及成员进行调整。调整后的机构及成员名单如下：

申遗工作办公室成员名单：

主　任：郑育林

副主任：向德、姜晓泉、唐世广、邰亚秦

成　员：刘文平、王戈、杨小祥、黄伟、郭治华、吴青

申遗办下设文物组、后勤组及督察组三个工作小组，成员由局机关及基层单位相关人员组成。（图204、图205）

2012年11月28~30日

根据陕西省申报世界文化遗产办公室通知，西安市人民政府周爱全副秘书长召集市文物局、市规划局、陕西省文化遗产研究院、西安市城市规划设计研究院、陕西省古迹遗址保护工程技术研究中心就兴教寺塔、大雁塔、小雁塔申遗点的缓冲区范围进行了充分讨论，形成初步沟通意见。29日经与申遗文本编制单位——中国建筑设计研究院建筑历史研究所所长陈同滨沟通，达成一致意见。30日周爱全副秘书长召集市文物局、市规划局就沟通结果进行了讨论认同。

2012年11月29日

陕西省申报世界文化遗产办公室通知西安市文物局报送考古资料表，要求各申遗点将考古编号表、考古编号图、遗产区、缓冲区图于11月30日下午17：00前提交。

2012年11月30日

实录一：西安市文物局、西安市规划局《关于报请西安市人民政府对大雁塔、小雁塔、兴教寺塔三个申遗点缓冲区范围确认问题的请示》（市文物字[2012]152号）报请西安市人民政府审批。经西安市人民政府研究同意以上三个申遗点缓冲区范围，之

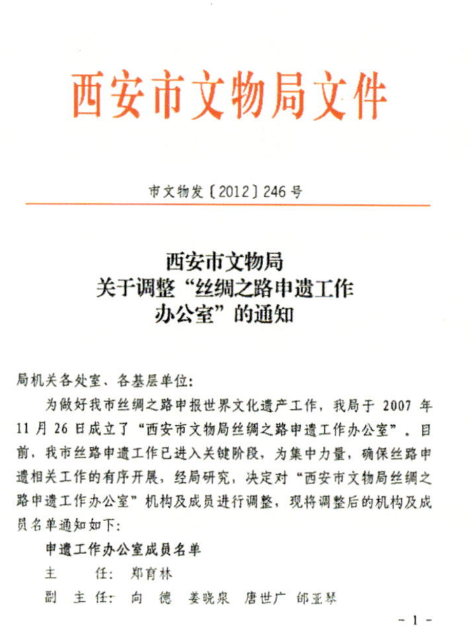

西安市文物局文件

市文物发〔2012〕246号

西安市文物局
关于调整“丝绸之路申遗工作
办公室”的通知

局机关各处室、各基层单位：

为做好我市丝绸之路申报世界文化遗产工作，我局于2007年11月26日成立了“西安市文物局丝绸之路申遗工作办公室”。目前，我市丝路申遗工作已进入关键阶段，为集中力量，确保丝路申遗相关工作的有序开展，经局研究，决定对“西安市文物局丝绸之路申遗工作办公室”机构及成员进行调整，现将调整后的机构及成员名单通知如下：

申遗工作办公室成员名单

主　　任：郑育林

副 主 任：向　德　姜晓泉　唐世广　邰亚琴

\- 1 -

图204　西安市文物局关于调整“丝绸之路申遗工作办公室”的通知1

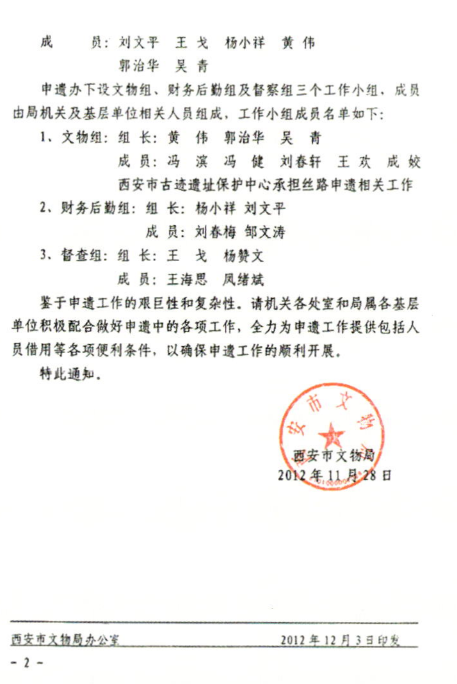

成　　员：刘文平　王　戈　杨小祥　黄　伟
郭治华　吴　青

申遗办下设文物组、财务后勤组及督察组三个工作小组，成员由局机关及基层单位相关人员组成，工作小组成员名单如下：

1、文物组：组　长：黄　伟　郭治华　吴　青
成　员：冯　滨　冯　健　刘春轩　王　欢　成　姣
西安市古迹遗址保护中心承担丝路申遗相关工作

2、财务后勤组：组　长：杨小祥　刘文平
成　员：刘春梅　邹文涛

3、督查组：组　长：王　戈　杨赞文
成　员：王海思　凤绪斌

鉴于申遗工作的艰巨性和复杂性。请机关各处室和局属各基层单位积极配合做好申遗中的各项工作，全力为申遗工作提供包括人员借用等各项便利条件，以确保申遗工作的顺利开展。

特此通知。

西安市文物局
2012年11月28日

西安市文物局办公室　　2012年12月3日印发

\- 2 -

图205　西安市文物局关于调整“丝绸之路申遗工作办公室”的通知2

后，西安市丝绸之路申报世界文化遗产工作领导小组办公室向陕西省申报世界文化遗产办公室报送了关于大雁塔、小雁塔、兴教寺塔三个申遗点缓冲区范围，并提供了相关卫星影像图。

实录二：为切实加强各申遗点档案资料建设工作，确保陕西省丝绸之路申遗档案资料工作顺利进行，为申遗成功打好基础，陕西省申报世界文化遗产办公室制订了《陕西省丝绸之路申遗档案工作规范要求》发送西安市文物局，要求结合自身情况参照执行。一是各申遗点要建立专门档案室，完善相关设施、设备，建立完善电子档案数据库，设置专人负责。二是各申遗点在以往资料收集的基础上，进一步扩大收集档案资料及相关图书资料范围，突出各申遗点价值研究及与“丝绸之路”关系等研究资料、地方志、书籍，并对资料进行整体编目、合理归纳。三是各点要对档案盒、档案封面、档案袋做出统一设计。四是各点要在四有档案的基础上增补申遗专项内容。五是各点在开展档案建设工作的同时，将纸质和电子档案报送省申遗办，配合完成省申遗办档案库建设工作。

实录三：陕西省文物局通知陕西省申报世界文化遗产办公室做好陕西电视台《七女秀陕西》拍摄工作。之后陕西省申报世界文化遗产办公室、西安市丝绸之路申报世界文化遗产工作领导小组办公室通知各申遗点相关单位做好此项工作。

2012 年 12 月 5 日

实录一：由于西安市大雁塔、兴教寺塔、小雁塔的地形图尚未到位，导致保护管理规划的编制工作无法正常进行，陕西省申报世界文化遗产办公室向西安市丝绸之路申报世界文化遗产工作领导小组办公室发送通知，要求各申遗点于12月8日早上9：00前，将补充资料提交。西安市申遗办向各相关申遗单位转发此通知。

实录二：档案工作的建立和完善是丝绸之路申遗工作的重要内容，也是迎接世界遗产专家评估、验收不可或缺的依据，更是世界遗产委员会主席团审查项目的重要组成部分。为进一步推动全省申遗档案工作、规范申遗档案体例、完善申遗档案内容，西安市丝绸之路申报世界文化遗产工作领导小组办公室向各申遗单位转发《陕西省申报世界文化遗产办公室关于加紧实施陕西省各丝绸之路申遗点档案资料建设工作的通知》，要求结合自身情况，规范、完善本申遗点申遗档案。

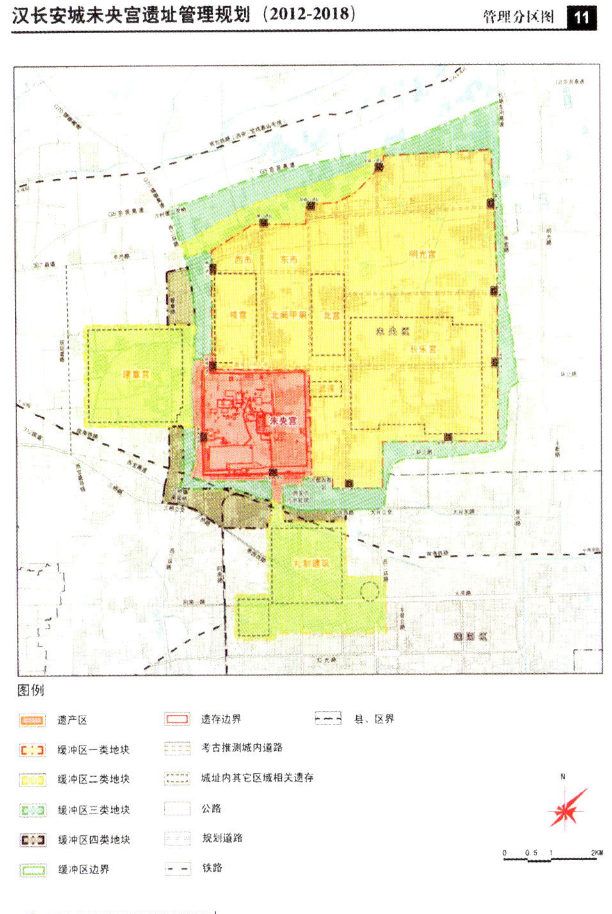

图 206　《汉长安城未央宫遗址管理规划（2012–2018）》管理分区图

图 207　北宋政和六年（1116 年）《大荐福寺重修塔记》碑

图 208　明成化八年（1472 年）《敕赐荐福禅寺重修记》碑

2012 年 12 月 6 日

实录一：未央宫遗址是汉长安城的核心区域，2012 年 7 月被列入丝绸之路联合跨国申遗名单，近期，考古单位完成了遗址区的考古勘探工作，明确了未央宫遗址的整体格局和遗迹分布情况。为进一步做好遗址保护和申遗工作，按照汉长安城遗址保护的有关规定和申报世界文化遗产的标准和要求，结合最新考古资料和未央宫遗址整体保护展示的需要，陕西省文物局组织编制了《汉长安城未央宫遗址管理规划》。《陕西省文物局关于汉长安城未央宫遗址管理规划的请示》（省文物字 [2012]226 号）报请国家文物局审批此规划。（图 206）

实录二：西安市曲江大明宫遗址区文物局报请西安市文物局对《大明宫遗址若干保护展示项目设计方案》进行审批。

实录三：根据申遗文件相关要求，西安博物院对小雁塔遗产区古建进行拍照工作。拍摄内容包括：古建单体、外部构件、重要部位、古树、石碑、重要藏品等。（图 207、图 208）

2012 年 12 月 7 日

西安市丝绸之路申报世界文化遗产工作领导小组办公室《关于补充申遗资料提交情况的说明》报告陕西省申报世界文化遗产办公室，对西安市各申遗点部分申遗资料未提交的情况给予说明。

2012 年 12 月 13 日

西安市丝绸之路申报世界文化遗产工作领导小组办公室《关于报送申遗档案月报的通知》发送长安区文物局，要求长安区文物局规范、完善兴教寺塔申遗档案工作，加强档案建设，并将工作进度以月报形式报送。

2012 年 12 月 14 日

实录一：陕西省测绘地理信息局告知西安市文物局，准许将西安市大雁塔及周边地区 1:1 万地形图数据使用于丝绸之路申遗及文物保护规划编制工作。

实录二：西安市丝绸之路申报世界文化遗产工作领导小组办公室《关于落实国家文物局有关领导及专家现场考察指导意见的通知》发送各申遗点相关单位，要求各丝绸之路申遗相关单位综合 10 月 29 日的《会议纪要》、11 月 26 日市申遗办发送的各申遗点实施项目清单以及国家文物局领导及专家现场考察陕西丝绸申遗工作纪要，对项目内容进行逐项研究，并制定实施工作计划，于 12 月 21 日前提交。

2012 年 12 月 17 日

西安市丝绸之路申报世界文化遗产工作领导小组办公室致函西安市财政局，申请丝绸之路西安 4 个申遗点（汉长安城未央宫遗址、大雁塔、小雁塔和兴教寺塔）的遗产监测系统采用单一来源采购方式，采购江苏瀚远科技股份有限公司的世界文化遗产监测预警系统。本次建立遗产监测系统的工作内容主要有：完善遗产监测预警规范体系、监测预警管理软件开发及建设、遗产监测软件培训和持续维护服务、申遗汇报服务等。

2012 年 12 月 18 日

实录一：西安市丝绸之路申报世界文化遗产工作领导小组办公室要求各丝绸之路申遗相关单位将中国建筑设计研究院建筑历史研究所所需补充资料于 12 月 25 日之前提交。

实录二：西安市文物局与陕西省基础地理信息中心签订《基础地理信息数据提供使用许可协议》。

2012 年 12 月 21 日

西安市文物局《关于呈报大明宫遗址若干保护展示项目设计方案的请示》（市文物字 [2012]171 号）报请陕西省文物局审批。

图 209　西安博物院小雁塔监测预警管理平台规划方案

2012 年 12 月 23 日

西安博物院委托江苏瀚远科技股份有限公司对小雁塔遗产点申遗的监测系统项目进行设计与施工。（图 209）

2012 年 12 月 24 日

国家文物局《关于陕西省丝绸之路申遗点管理规划意见的函》（文物保函 [2012]2277 号）发送陕西省文物局，对西安市各申遗点管理规划编制工作提出具体意见，要求对规划进行修改完善并于 2013 年 1 月 10 日前，将管理规划上报西安市人民政府公布实施。

2012 年 12 月 25 日

实录一：加强对丝绸之路遗产的保护和管理，有效维护丝绸之路遗产的真实性和完整性，对于传承中国优秀传统文化，促进相关地方经济社会的可持续发展，增进中国与丝绸之路沿线其他国家的交流与合作，促进人类社会的和平、进步与发展等，具有极其重要的意义。为此，丝绸之路沿线有关省、自治区人民政府文物主管部门河南省文物局、陕西省文物局、甘肃省文物局、青海省文物局、宁夏回族自治区文物局、新疆维吾尔自治区文物局，于2012年12月25日在北京协商一致，共同签署了《关于保护丝绸之路遗产的联合协定》，进一步促进了丝绸之路文化线路遗产保护管理协调工作机制的建立和完善。

实录二：陕西省申报世界文化遗产办公室《关于补充各申遗点管理规划资料的通知》发送至西安市申遗办，通知要求12月28日早上9：00以前，将所需资料提交。

实录三：西安市文物局报请陕西省文物局对修改后的《大明宫含元殿遗址、麟德殿遗址、丹凤门遗址、望仙台遗址、大福殿遗址、三清殿遗址变形观测技术方案》进行审批。（图210）

实录四：西安博物院召开小雁塔遗产监测会议，江苏瀚远科技股份有限公司、西安市申遗办有关负责同志等参加会议。

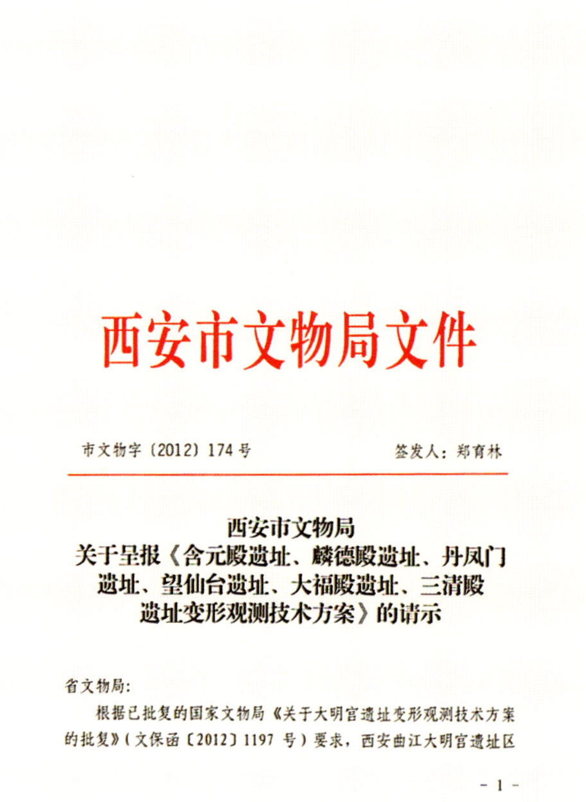

西安市文物局文件

市文物字〔2012〕174号　　签发人：郑育林

西安市文物局
关于呈报《含元殿遗址、麟德殿遗址、丹凤门遗址、望仙台遗址、大福殿遗址、三清殿遗址变形观测技术方案》的请示

省文物局：

根据已批复的国家文物局《关于大明宫遗址变形观测技术方案的批复》（文保函〔2012〕1197号）要求，西安曲江大明宫遗址区

- 1 -

图210　西安市文物局关于呈报《含元殿遗址、麟德殿遗址、丹凤门遗址、望仙台遗址、大福殿遗址、三清殿遗址变形观测技术方案》的请示

2012年12月26日

实录一：陕西省申报世界文化遗产办公室向西安市文物局转发《国家文物局关于陕西省丝绸之路申遗点管理规划意见的通知》（文物保函[2012]2277号），对申遗各申遗点管理规划的编制工作提出具体意见。陕西省申报世界文化遗产办公室要求结合自身情况，积极组织推进申遗工作：一是尽快按照文件要求，对各申遗点管理规划修改完善；二是修改完成的管理规划必须于2013年1月20日前由地方人民政府公布实施；三是规划公布文件和规划文本、图纸及相关电子档案等材料于2013年1月10日前上报陕西省文物局。

实录二：为推进文物事业科学发展，加大对重点文物保护单位的保护和建设力度，提升文物保护展示水平和影响力，西安市财政局《关于下达省级文物保护专项资金的通知》（市财发[2012]1729号）发送西安市文物局，要求将经费用于申遗档案及监测系统建设补助、申遗专题陈列补助等。

实录三：目前各申遗点管理规划已进入收尾阶段，但还缺部分资料，为此，《西安市申遗办关于补充各申遗点管理规划补充资料的通知》发送各丝路申遗相关单位，要求积极配合，于12月27日14：00点前提交相关资料。

实录四：西安市丝绸之路申报世界文化遗产工作领导小组办公室组织召开各申遗点管理监测专项工作会议，各单位申遗负责人及相关人员参加。

2012 年 12 月 28 日

实录一：西安市丝绸之路申报世界文化遗产工作领导小组办公室向陕西省文化遗产研究院转发《国家文物局关于陕西省丝绸之路申遗点管理规划意见的函》（文物保函 [2012]2277 号），要求陕西省文化遗产研究院按照通知要求，尽快补充完善管理规划，并于 2013 年 1 月 5 日前提交。

实录二：西安市丝绸之路申报世界文化遗产工作领导小组办公室向西安市汉长安城遗址保管所转发《国家文物局关于陕西省丝绸之路申遗点管理规划意见的通知》，要求西安市汉长安城遗址保管所按照通知精神，结合自身实际，积极推动丝绸之路申遗工作并补充完善申遗规划，于 2013 年 1 月 5 日前将管理规划提交市申遗办。

2012 年 12 月 31 日

实录一：根据中国建筑设计研究院建筑历史研究所通知，《丝绸之路申报世界文化遗产文本》中大雁塔、小雁塔区划图纸已经变更，其中小雁塔遗产区、大雁塔缓冲区较之前范围有所变化，为此，陕西省申报世界文化遗产办公室通知西安市申遗办根据变更后的区划范围做好丝绸之路申遗相关工作。（图 211）

实录二：鉴于小雁塔、大雁塔缓冲区范围已经西安市人民政府讨论并确认，西安市丝绸之路申报世界文化遗产工作领导小组报请陕西省申报世界文化遗产办公室，请陕西省申报世界文化遗产办公室告知小雁塔遗产区、大雁塔缓冲区范围调整的缘由及必要性，以便西安市申遗办再次向西安市人民政府请示申遗点范围调整的相关问题。

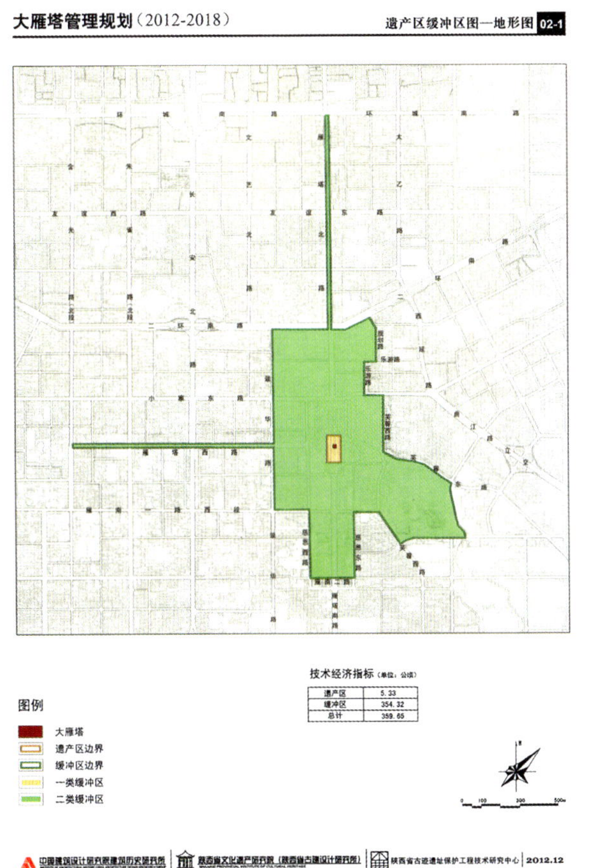

图 211　《大雁塔管理规划》遗产区缓冲区图 – 地形图

实录三：西安市人民政府（市政发 [2012]122 号）任命：未央区区长、特区办副主任吴智民同志兼任西安汉长安城国家大遗址保护特区管委会主任；席正赢、张云伟同志任西安汉长安城国家大遗址保护特区管委会副主任，市文物局副局长黄伟、市规划局副局长陈琦、市国土资源局总工毛忠安同志兼任西安汉长安城国家大遗址保护特区管委会副主任。

2012 年 12 月

为有效保护兴教寺塔、寺院及其环境，根据申报世界遗产专家的意见，在充分调研、科学评估的基础上，陕西省文化遗产研究院编制了《兴教寺塔管理规划》，给出了包括拆迁在内的兴教寺塔保护及环境整治相关工作内容。（图 212）

2.5.2 结语

随着丝绸之路中国段申遗大名单和首批申遗名单的公布，本年度西安市丝绸之路申遗各项工作开展的如火如荼。

国际层面：召开了“丝绸之路跨国系列申遗协调委员会专家会议”，会议讨论了丝绸之路系列申遗工作的总框架；在西安市举行了“文化线路监测管理国际研讨会”；在北京举行了“丝绸之路：起始段和天山廊道的路网”协调委员会第一次会议，工作组第一、第二次会议。

国家层面：国家文物局在北京召开了丝绸之路申遗工作推进会，先后提出了《丝绸之路首批申遗大名单》和《丝绸之路中国段首批申遗名单》，其中首批申遗名单陕西省 8 处，西安市 5 处（汉长安城未央宫遗址、唐长安城大明宫遗址、大雁塔、小雁塔、兴教寺塔）；在新疆吐鲁番举办了“丝绸之路申报世界文化遗产高级研修班”；和哈萨克斯坦、吉尔吉斯斯坦两国代表草签《丝绸之路跨国申遗工作备忘录》，提出中、哈、吉三国将于 2013 年 2 月 1 日前联合提交丝绸之路申遗文本，力争作为丝绸之路跨国首批申报项目，在 2014 年列入《世界遗产名录》。

图212 《兴教寺塔管理规划（2012–2018）》近期管理任务规划图

西安市层面：地方政府有关负责同志对申遗工作更加关注，时任陕西省委副书记、省长赵正永，陕西省委常委、常务副省长娄勤俭，省委常委、市委书记魏民洲，市委副书记、市长董军一行调研了汉长安城遗址申遗工作。仅 2012 年西安市委书记魏民洲先后 4 次视察汉长安城遗址申遗工作。

本年度西安市人民政府制订了《西安市丝绸之路申报世界文化遗产工作实施方案（2012–2013 年）》；进一步调整了“西安市丝绸之路申报世界文化遗产工作领导小组”，明确了丝绸之路申遗项目实施的具体牵头负责人；成立了西安汉长安城国家大遗址保护特区建设领导小组办公室、特区管委会，特区管委会召开了汉长安城遗址申遗区域征地拆迁组织工作动员会。

西安市申遗办充分发挥其协调指导的工作职能，就相关申遗任务进行及时沟通：确认丝绸之路申遗工作项目；组织实施大场景文物拍摄、申遗文本所需基础资料的收集报送、申遗点保护管理规划研讨、申遗档案的学习培训工作；邀请申遗专家进行现场指导；起草了五个申遗点的保护管理办法；组织了申遗专题讲座；受市政府委托多次组织召开申遗工作协调会研究丝绸之路申遗工作相关问题；申请丝绸之路西安市 4 个申遗点（汉长安城未央宫遗址、大雁塔、小雁塔和兴教寺塔）的遗产监测系统采用单一来源采购方式。

总的来说，2012 年在西安市委市政府的领导动员下，西安市丝绸之路申遗工作内容更具体、目标更清晰、责任更明确。面对千载难逢的历史机遇，面对2013年10月世界遗产委员会专家现场验收的繁重工作任务，相关参与人员激情澎湃、热血沸腾，在经过近7年的充分筹备后，大家同心同力，积极迎接生命中难得的机遇与挑战。

3　西安丝绸之路申遗实录2013~2014年：全面推进、攻坚克难

3.1 概述

2013~2014年西安市丝绸之路申遗工作进入全面冲刺，攻坚克难阶段。

各申遗点管理部门和工作人员根据国家文物局、陕西省文物局的相关要求和申报世界文化遗产的标准，在西安市丝绸之路申报世界文化遗产工作领导小组的指导下，在西安市丝绸之路申报世界文化遗产工作领导小组办公室的有效推动下，遗产所在区县、管委会、特区办以及遗产保护管理机构在有限时间内圆满完成了各申遗点的文物保护、标识系统、档案制作、申遗陈列等各项卓有成效的提升工作：

配合中国建筑设计研究院建筑历史研究所编制完成了5个申遗点的保护管理规划；

5个申遗点所在保护管理机构全面完成各申遗点文物本体保护展示工程；

5个遗产点所在地区政府、管委会积极采取各种措施推动了遗产地周边的环境整治与居民安置工作；特别是未央区政府和西安汉长安城国家大遗址保护特区管委会克服各种困难，对占压未央宫遗址的9个村庄和15000居民进行了拆迁安置，再现了历史上未央宫遗址的宏伟布局，保护了遗址的历史环境风貌，改善了当地村民的居住和生活环境。

西安市申遗办组织各遗产点管理机构初步建立了5个遗产点的专项监测体系，完善了申遗档案，制作了统一的遗产展示标识系统，开展了丝路专题陈列布展，全面提升了遗产点的保护管理展示水平。

2013年2月，由中国建筑设计研究院建筑历史研究所与哈萨克斯坦、吉尔吉斯斯坦代表共同组成的文本编写团队编制完成丝路申遗文本并由三国政府共同向联合国教科文组织世界遗产中心递交，丝路申遗文本被正式受理。

2013年10月，联合国教科文组织世界遗产专家对西安市5个申遗点进行了现场考察。

2014年6月22日的第38届世界遗产大会上，由中、哈、吉三国联合申报的“丝绸之路：长安—天山廊道的路网”项目顺利入选《世界文化遗产名录》。

申遗成功后，陕西省人民政府、陕西省文物局、西安市丝绸之路申报世界文化遗产工作领导小组分别对在申遗工作中做出突出贡献的单位、团体和个人给予表彰和嘉奖。

3.2 西安丝绸之路申遗实录2013年——冲刺之年

3.2.1 申遗实录2013年

2013年1月4日

西安市人民政府副市长、西安市丝绸之路申报世界文化遗产工作领导小组办公室主任段先念召集专题会议，会议由市政府周爱全副秘书长主持，参加会议的有西安市申遗办相关领导，市宗教局、市规划局、市文物局、曲江新区管委会、汉城特区管委会、碑林区政府、长安区政府负责

同志和各申遗点负责同志。

会议听取了西安市规划局关于大雁塔、兴教寺塔、小雁塔、大明宫遗址的申报区、缓冲区范围与建设高度控制有关情况的汇报；陕西省文化遗产研究院和西安市文物局关于西安市丝绸之路申遗管理规划编制工作进展情况及环境整治方案编制情况的汇报。

会议形成以下决议：一是由各申遗点派一名申遗工作负责人，于 2013 年 1 月 6 日前进驻市申遗办集中办公，由市文物局牵头，负责组织、协调、落实与各申遗点相关的各项申遗工作任务，每周向市申遗领导小组书面汇报项目进展情况。二是国家文物局已原则同意由陕西省文化遗产研究院负责编制的西安市丝绸之路申遗管理规划，市申遗办与各申遗点应全力以赴做好规划的修改完善工作，确保该规划在规定时间内完成报审工作。三是原则同意中国建筑设计研究院建筑历史研究所对西安市申遗点申报区、缓冲区范围与建设控制高度的要求。由市申遗办牵头，尽快协调小雁塔申遗点北侧中国人民解放军西安政治学院部分建设项目高度调整问题，确保申遗工作顺利进行。四是进一步明确了各申遗点工作牵头责任单位。大雁塔由市宗教局牵头，曲江新区管委会、雁塔区政府、市文物局、市规划局配合，其中寺院围墙内由市宗教局负责，围墙外由曲江新区管委会负责；兴教寺塔由长安区政府牵头，市宗教局、市文物局、市规划局配合；大明宫遗址由曲江大明宫遗址区保护改造办公室牵头，市文物局、市规划局配合；小雁塔由市文物局牵头，碑林区政府、市规划局配合；汉长安城遗址由汉城特区管委会牵头，市文物局、市规划局配合。申遗过程中涉及的环境整治经费由各牵头单位负责解决，其中大雁塔寺院围墙外周边环境整治费用由曲江新区管委会筹措，慈恩寺院内由慈恩寺寺管会筹措。

2013 年 1 月 5 日

西安市丝绸之路申报世界文化遗产工作领导小组办公室致函中国人民解放军西安政治学院，由于该单位新建项目位于小雁塔缓冲区范围内，为确保小雁塔周边环境符合保护管理规划要求，请其对新建建设项目进行调整。（图 213）

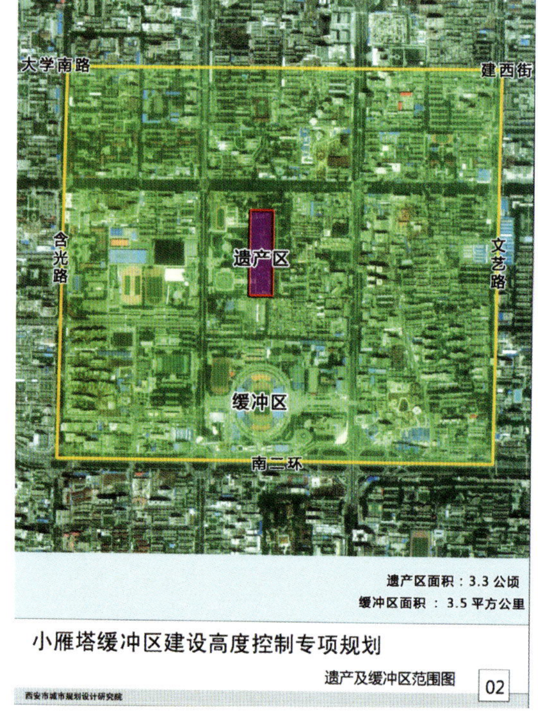

图 213 《小雁塔缓冲区建设高度控制专项规划》遗产及缓冲区范围图

2013 年 1 月 8 日

2012 年 12 月 24 日，国家文物局《关于陕西省丝绸之路遗产点管理规划意见的函》（文物保函 [2012]2277 号）发送陕西省文物局。国家文物局在函件中对西安市各遗产点管理规划编制工作提出具体意见，同时要求对规划修改完善并于 2013 年 1 月 10 日前报西安市人民政府公布实施。

2013 年 1 月 8 日，西安市丝绸之路申报世界文化遗产工作领导小组办公室《关于审批我市各丝绸之路申遗点管理规划的请示》（市申遗字 [2013]1 号）报请西安市人民政府尽快审批汉长安城未央宫遗址、唐长安城大明宫遗址、大雁塔、小雁塔、兴教寺塔

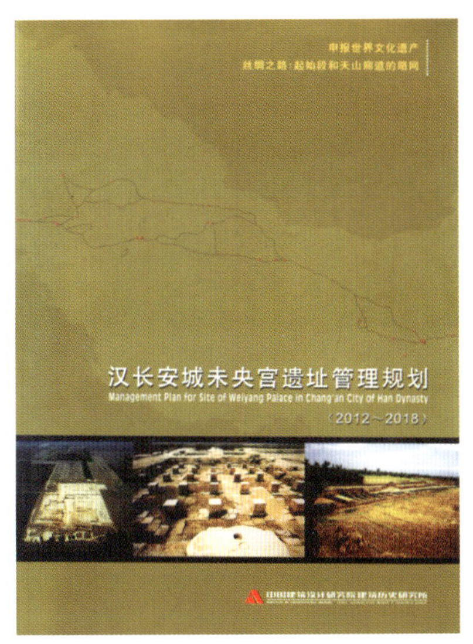

图 214　汉长安城未央宫遗址管理规划（2012–2018）

保护管理规划。（图 214）

2013 年 1 月 9 日

西安市丝绸之路申报世界文化遗产工作领导小组办公室通知各申遗相关单位：请各单位尽快委托制定申遗环境整治实施方案，尽快完成监测管理的委托工作。

2013 年 1 月 11 日

西安市文物局局长郑育林、副局长黄伟与相关处（室）负责同志一行深入汉长安城遗址调研未央宫前殿遗址环境整治工作。

大家首先查看了正在施工的未央宫前殿遗址试验段工程，咨询了试验段的土地固化、植被处理、材料选择等相关问题。之后召开了工作座谈会。郑育林局长指出，西安市申遗工作是西安市文物局 2013 年一项非常重要、紧迫的工作，申遗工作一线全体人员要充分认识面临工作的复杂性、艰巨性，面对任务多、规模大的工作实际，每一名领导干部都要有清醒的认识并做到以下几点：一是全局上下要积极响应市委、市政府号召，局机关、局属各单位从人、财、物等各方面给予汉城保管所全力支持。二是汉城保管所要进行全所动员，明晰工作任务，理清工作节点，充分发挥在全市申遗工作的神经中枢作用。三是要加大内外组织协调力度，建立工作制度，增强工作的预见性。四是要熟悉和掌握申遗工作所有文件内容和实施方案，做到技术方案吃透，工作标准实施无误。五是加强申遗信息工作的反馈、沟通，做到上下信息准确，工作推进一致，确保申遗工作顺利进行。（图 215）

2013 年 1 月 14 日

1 月 8 日西安市丝绸之路申报世界文化遗产工作领导小组办公室报请西安市人民政府审批西安市五个申遗点管理规划，1 月 14 日董军市长批示：请段先念市长召集专题会研究通过后印发执行。

2013 年 1 月 16 日

实录一：西安博物院向西安市丝绸之路申报世界文化遗产工作领导小组办公室提交《关于小雁塔申遗环境整治工作进展情况报告》。

实录二：西安博物院“小雁塔丝路申遗专题陈列大纲评

图 215　西安市文物局局长郑育林（左二）、副局长黄伟（右四）调研汉长安城遗址环境整治工作

审会”在博物馆夹层会议室召开。陕西省社会科学院研究员王亚荣，西北民族研究中心教授王欣，陕西省历史博物馆陈列部主任董理、研究部梁子，原西北大学教授李健超，西安博物院学术委员会王长启、王世平、韩保全等 8 位专家以及西安博物院相关院领导共同参加了评审会。

图 216 《唐长安城大明宫遗址管理规划》、《小雁塔管理规划》、《大雁塔管理规划》、《兴教寺塔管理规划》

2013 年 1 月 18~21 日

西安市人民政府副市长、西安市丝绸之路申报世界文化遗产工作领导小组办公室主任段先念主持召开西安市人民政府专项会议，会议讨论并原则同意《唐长安城大明宫遗址管理规划》、《小雁塔管理规划》、《大雁塔管理规划》、《兴教寺塔管理规划》。会议确定西安市申遗办与各申遗点应全力以赴做好规划的修改完善工作，确保该规划在规定时间内完成报审。（图 216）

2013 年 1 月 21 日

实录一：西安市人民政府副市长、西安市丝绸之路申报世界文化遗产工作领导小组办公室主任段先念召集市级有关部门和有关区县政府、开发区管委会的负责同志，对《汉长安城未央宫遗址管理规划》进行了专题研究。会议认为，该规划基本符合国家文物局批复、陕西省政府公布实施的《汉长安城遗址保护总体规划（2009–2025）》的要求，有利于对未央宫遗址区周边进行控制，会议原则通过该规划，并提出确定事项。市政府副秘书长周爱全、李小六、王西京，市文物局郑育林、向德，市规划局陈道麟，市水务局王谷石，汉长安城特区管委会吴智民、席正赢、张云伟，沣东新城管委会康军，莲湖区政府和文全、李岁会，大兴新区管委会任军，市政府办公厅王志林参加了会议。

实录二：西安市丝绸之路申报世界文化遗产工作领导小组办公室致函西安市规划局，请市规划局加快履行各遗产点周边城市建筑高度控制专项规划相关程序。

实录三：环境整治工作是联合国教科文组织审验的硬性指标，环境整治的完成情况直接关系到申遗的成败。目前小雁塔的申遗管理规划基本确定，环境整治工作亟需开展。小雁塔申遗环境整治工作经测算约需经费 5358.36 万元，因时间紧、任务重，根据市政府 2012 年 1 月 6 日的专项问题会议纪要精神，小雁塔遗址申遗工作经费由市文物局向市政府申请，西安市文物局《关于协调解决小雁塔遗产点环境整治项目资金的请示》（市文物字 [2013]8 号）报请西安市人民政府，申请小雁塔环境整治费用。（图 217）

2013 年 1 月 23 日

遗产申报点的监测管理工作是申报世界文化遗产工作不可或缺的重要环节，也是世界申遗专家审查考核的重要内容，其完成情况直接影响到申遗的成败。申遗成功后，该项工作也是世界遗产中心复查审核遗产点去存的重要依据。

为了建立完善各遗产点的监测管理系统，推进西安市丝绸之路申遗工作，西安市丝绸之路申报世界文化遗产工作领导小组办公室副主任周爱全主持召开了丝绸之路申遗监测管理工作专题会议。市国土局、市环保局、市宗教局、市规划局、市建委、市水务局、市林业局、市旅游局、市文物局、市地震局、市气象局、曲江新区管委会、西安汉长安城国家大遗址保护特区管委会有关负责同志；西安博物院、汉长安城遗址保管所、大明宫保护办、大明宫文物局、大雁塔保管所、长安区宗教局负责人；西安市勘察测绘院、江苏瀚远科技股份有限公司负责人参加了会议。

会议首先听取了江苏瀚远科技股份有限公司负责人对建立监测管理系统所需气象、水文、地质等资料，以及建立系统的时间进度、工作安排等工作的说明；随后各相关单位负责人就涉及本单位的监测管理工作内容与存在的问题进行了研究讨论。

会议确定了各相关单位监测管理工作的责任人：由环保局牵头，负责协调提供涉及生态环境监测、水体水质监测、自然灾害监测、土体水汽监测、土壤土质监测的相关资料与数据；由市城乡建设委员会牵头，负责协调提供涉及资金保障监测、基础设施建设、建设审批监测的相关资料与数据；由西安市申遗办负责将监测管理工作任务及职责分工发送给各相关单位，并协调各相关单位、各遗产点与承担西安市遗产点监测管理工作的江苏瀚远科技股份有限公司的对接工作。

2013 年 1 月 25 日

实录一：对于西安市文物局《关于协调解决小雁塔遗产点环境整治项目资金的请示》（市文物字 [2013]8 号）中资金的问题，1 月 24 日市政府办公厅批示：由市财政局提出意见报市政府。25 日，西安市财政局提出意见，建议根据申遗工作前期协调会意见，各申遗点所处区县承担和保障申遗点周边环境整治经费，小雁塔环境整治经费明确由碑林区政府承担；其中涉及文物保护部分，待保护规划方案确定后，由财政局筹措资金，保障项目实施。

市政府周爱全副秘书长批示：请市文物局和碑林区政府按照市财政局意见抓好落实。

实录二：西安市汉长城遗址保管所召开汉长城未央宫遗址申遗专题陈列陈列大纲讨论会，中国建筑设计研究院建筑历史研究所所长陈同滨。中国社会科学院考古研究所研究员刘振东、西北大学文化遗产学院教授王建新、陕西省文物信息咨询中心副主任谭前学等专家参加，专家对陈列大纲的内容给予明确指导意见，展览定名这“大汉中枢 丝路起点——未央宫的前世今生”。

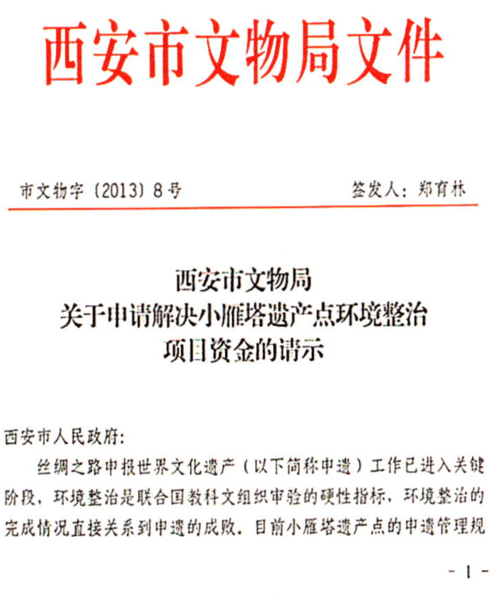

西安市文物局文件

市文物字〔2013〕8 号　　签发人：郑育林

西安市文物局
关于申请解决小雁塔遗产点环境整治
项目资金的请示

西安市人民政府：

丝绸之路申报世界文化遗产（以下简称申遗）工作已进入关键阶段，环境整治是联合国教科文组织审验的硬性指标，环境整治的完成情况直接关系到申遗的成败。目前小雁塔遗产点的申遗管理规

- 1 -

图 217　西安市文物局关于申请解决小雁塔遗产点环境整治项目资金的请示

2013 年 1 月 25~27 日

中国建筑设计研究院建筑历史研究所所长陈同滨、规划一室主任蔡超一行调研汉长安城未央宫遗址和小雁塔申遗工作。西安汉长安城国家大遗址保护特区领导小组办公室副主任李小六、王西京、郑育林、杨广亭及市申遗办、西安汉长安城国家大遗址保护特区管委会、汉城保管所等相关单位领导和工作人员陪同调研。

陈同滨所长首先来到西安博物院就小雁塔申遗点管理围墙、天王殿及金刚殿遗址、南门外广场、古树名木等环境整治项目及监测管理提出了具体整治意见，陈所长指出：相关茶秀等旅游设施不恰当，应该撤掉；小雁塔的拴马桩形象大多是狮子和莲花，都是丝绸之路传进来的，有助于解释丝绸之路文化传播对这个地区的影响，应该好好解说，充分展现遗产价值。

随后来到汉长安城遗址，陈所长对未央宫前殿遗址保护展示工程试验段施工、直城门和西安门保护及周边环境整治工作进行了现场指导，并对监测体系建设、下一步考古工作计划、遗址本体方案设计思路、遗址陈列馆陈列布展调整、遗址陈列馆院内环境改造提升、遗产区周边围栏、遗产区环境整治、拆迁实施步骤、遗产区现有绿化设计调整、完善档案及补充资料等进行分类指导。（图 218）

在与西安汉长安城国家大遗址保护特区领导小组及管委会进行座谈时，陈同滨所长指出：从西湖、元上都等申遗工作经验来看，汉长安城未央宫遗址要在不到半年时间内完成 6.1 平方公里申遗各项工作任务，必须打破常规工程管理办法，做好要打攻坚战的准备。当前部分遗址考古受

图 218　中国建筑设计研究院建筑历史研究所所长陈同滨（中）一行调研汉长安城遗址

拆迁等不确定因素影响，无法提供详尽的设计依据，部分遗址保护展示项目实施将采取边设计、边招标、边施工等“三边”工程，工程方案需现场确定，随时调整。陈同滨所长要求于1月30日前落实汉长安城未央宫遗址申遗工作架构和申遗分解任务具体负责人和专业设计队伍，2月8日前各项目专业设计队伍务必将各项目方案和预算提交历史所，历史所将在春节期间进行综合汇总，春节上班后将方案第一时间报送国家文物局，以积极推动遗址区申遗的步伐。（图219）

图219　中国建筑设计研究院建筑历史研究所所长陈同滨一行与西安汉长安城国家大遗址保护特区领导小组及管委会座谈

2013年1月28日

实录一：中国建筑设计研究院建筑历史研究所、国际古迹遗址理事会西安国际保护中心共同派遣工作人员赴巴黎联合国教科文组织总部，成功护送并递交丝绸之路跨国系列申报世界文化遗产文本。

实录二：西安市丝绸之路申报世界文化遗产工作领导小组办公室通知各丝路申遗相关单位，要求各单位于1月29日前将各点环境整治、监测管理项目的实施情况及相关资料报送至市申遗办。

2013年1月29日

西安博物院召开“小雁塔丝路申遗专题陈列大纲”内部评审会议，主要讨论大纲的内容、结构及文字等问题。

2013年1月30日

由于汉长安城遗址、唐大明宫遗址保护管理规划已经国家文物局批复同意并经陕西省人民政府公布实施，故西安市文物局、西安市规划局《关于大雁塔、小雁塔、兴教寺塔保护规划的请示》（市文物字[2013]17号）将修改完善后的《大雁塔保护规划》、《小雁塔保护规划》、《兴教寺塔保护规划》上报西安市人民政府并请尽快审批。

2013年1月31日

陕西省文物局局长赵荣、省申遗办主任周魁英一行视察汉长安城未央宫遗址申遗工程进展情况，并对申遗工程给予具体指导。汉长安城国家大遗址保护特区领导小组办公室副主任李小六、郑育林、杨广亭等领导陪同视察。

赵荣局长一到首先视察了正在施工的未央宫前殿遗址保护展示工程，并听取了关于申遗区域拆迁工作、考古工作和文物本体保护展示方案编制的汇报。赵荣局长强调：陕西省大遗址保护工作最早是从汉长安城遗址开始，汉长安城遗址保护特区能够克服各种困难在春节前完成拆迁工作，

图 220 陕西省文物局局长赵荣（中）一行视察汉长安城未央宫遗址申遗工作

一线工作人员的奉献和付出让人感动，群众的积极配合让人敬佩，文物部门要继续做好业务指导工作，尊重历史真实，完整地保护展示好汉长安城遗址，传承好这片中华文化的精神家园。

视察结束后，在汉长安城国家大遗址保护特区召开了座谈会。赵荣局长指出：汉长安城未央宫遗址作为丝绸之路的起点单位，申遗工程工作量大，情况复杂，丝绸之路申遗项目是保护汉长安城遗址的一个目标，在申遗过程中基层政府及人民为了保护民族文化做出突出贡献，付出艰辛努力，因此相关部门一定要利用这个契机加强对文化遗产保护工作的宣传力度，树立政府、群众的正能量，让更多的人理解、支持、参与保护工作，建立中国文化遗产保护的创新模式。（图 220）

2013 年 1 月底

汉长安城未央宫遗址区域的居民迁移工作基本完成，初步保证了申遗工作的文物本体保护展示项目、遗址监测项目、环境整治工作的顺利实施。

2013 年 2 月

陕西省文化遗产研究院通过现场勘查，在多次与兴教寺寺院沟通的基础上编制了《兴教寺塔申遗工程方案设计》并报国家文物局审批通过。该方案设计考虑到《兴教寺塔管理规划》相关内容，并充分结合僧众的部分要求，其涉及拆迁方面的内容较《兴教寺管理规划》已有所减少。（图 221）

2013 年 2 月 4 日

中国建筑设计研究院建筑历史研究所在 2012 年 10 月编制完成《汉长安城国家考古遗址公园未央宫片区详细规划（讨论稿）》。在广泛吸取相关单位讨论稿的意见后，《汉长安城国家考古遗

址公园未央宫片区详细规划（送审稿）》已编制完成，西安市汉长安城遗址保管所报请西安市文物局审批。（图 222）

西安市汉长安城遗址保管所报请西安市文物局审批《汉长安城未央宫遗址丝绸之路申遗项目方案》。

西安市汉长安城遗址保管所报请西安市文物局审批修订后的《汉长安城遗址考古工作计划（2011–2015）》。

2013 年 2 月 5 日

实录一：国家文物局《关于召开丝绸之路申遗工作推进会的通知》（文物保函[2013]77 号）发送陕西省文物局，通知指出拟于 2013 年 2 月 28 日在西安召开丝绸之路申遗工作推进会，主要内容是通报丝绸之路跨国系列申遗工作进展情况并安排部署 2013 年丝绸之路申遗工作任务。

实录二：根据申遗专家意见，要求西安市编制唐大明宫遗址、大雁塔、小雁塔、兴教寺塔四处申遗点的周边城市建筑高度控制专项规划。目前，四处申遗点的缓冲区建设高度控制专项规划已经修改完善，西安市丝绸之路申报世界文化遗产工作领导小组办公室《关于审批西安市各丝路申遗点周边城市建筑高度控制专项规划的请示》（市申遗字 [2013]3 号）报请西安市人民政府审批。

2013 年 2 月 13 日

2 月 13 日，《中国文物报》在头版第一条刊登了《西安汉长安城遗址保护拆迁见闻》一文；2 月 20 日，《光明日报》在头版头条刊登了《西安：文化遗址保护乐了百姓》一文，两篇文章重点报道了西安汉长安城国家大遗址保护特区开展未央宫街道办天禄阁、周家湾 9 个村的搬迁工作。

图 221　兴教寺塔申遗工程方案设计

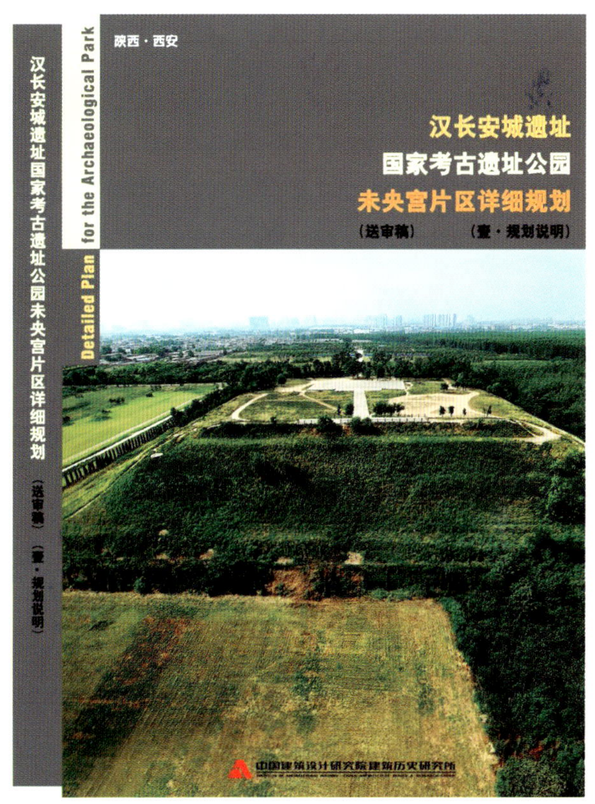

图 222　汉长安城国家考古遗址公园未央宫片区详细规划（送审稿）

如何协调保护文物和改善民生之间的关系，一直是各级政府和文物部门共同探索的课题。近年来，西安市政府不断探索，进一步明确了“大遗址保护要与当地经济社会发展、当地群众生活水平提高、当地城乡建设、当地环境改善相结合”的政策，2012 年，西安市委、市政府作出“建设汉长安城国家大遗址保护特区”的决策，同年8月通过了《西安汉长安城国家大遗址保护特区实施方案》，决定从2012年到2020年分三个阶段推进汉长安城遗址特区建设工作，并将汉长安城未央宫遗址作为特区建设的启动项目。政府本着“遗址区群众为保护大遗址作出了巨大贡献，政府不能让他们吃亏”的理念，从拆迁安置补偿、发放过渡费及冬季取暖补助、办理征地农民养老保险、免费技能培训等各个方面给予贴心周到的安排，赢得了拆迁群众的肯定和对征地拆迁工作的大力支持，未央宫附近9个村1万余名群众率先搬出大遗址保护区。当地农民对拆迁政策非常满意，认为“汉长安城遗址拆迁是一件利国利民的好事”。

2013年2月16日

西安市丝绸之路申报世界文化遗产工作领导小组办公室通知各丝路申遗相关单位，向各单位转发国家文物局《关于召开丝绸之路申遗工作推进会的通知》（文物保函[2013]77号），要求按照通知精神做好相关工作。

2013年2月18日

为进一步推进西安市丝绸之路申遗档案的建立和完善工作，西安市丝绸之路申报世界文化遗产工作领导小组办公室组织市属5家申遗单位，在陕西省文物保护研究院进行了申遗档案培训，各单位四有档案负责人就档案制作过程中存在的问题与疑惑进行了详细咨询，并现场参观学习了全国重点文物保护单位的档案制作情况。（图223）

2013年2月19日

根据全市申遗工作要求，西安博物院委托陕西省文化遗产研究院编制了《小雁塔申遗工程设计方案》并报请西安市文物局审批。

2013年2月20日

实录一：根据全市申遗工作要求，西安市宗教局报请西安市文物局审批由陕西省文化遗产研究院编制的《大雁塔申遗工程方案》。

实录二：西安市长安区民族宗教事务局报请西安市申遗办，认为陕西省文化遗产研究院编制的《兴教寺塔申遗环境整治方案》需要完善。

2013年2月22日

西安市人民政府在市政府9号楼第一会议室召开会议研究丝绸之路申遗点周边城市建筑高度控制事宜，市规划局、市建委、市国土局、市文物局、曲江新区管委会和碑林区、雁塔区、长安区政府、曲

图223 西安市丝绸之路申报世界文化遗产工作领导小组办公室在陕西省文物保护研究院组织申遗档案培训

江大明宫改造办分管领导，市城市规划设计研究院承担此规划编制的负责同志参会。

2013 年 2 月 27 日

国家文物局党组成员、副局长童明康、文物保护与考古司副司长陆琼一行四人调研汉长安城未央宫遗址和大明宫遗址申遗工作。

图 224 时任国家文物局副局长童明康（左二）、文物保护与考古司副司长陆琼（右二）一行调研汉长安城未央宫遗址和大明宫遗址申遗工作

在调研期间，陕西省人民政府副省长白阿莹会见了童明康副局长一行，二人对陕西大遗址保护工作，尤其是汉长安城遗址保护和特区建设等方面进行了沟通和交流。童明康局长对陕西省、西安市高度重视和积极推进相关申遗工作给予了充分肯定，并对遗址的保护、整治和展示等工作提出了具体的指导意见。

在汉长安城遗址，童明康副局长一行先后考察了未央宫遗址区域拆迁现场、西安门遗址区域环境整治现场和未央宫前殿遗址保护工程现场。童明康副局长表示，西安市人民政府在这么短的时间基本完成了未央宫遗址区的拆迁工作，工程量大，工作成效显著，但是今后的工作任务仍然非常的艰巨。目前，国际遗产专家考察日益临近，时间已经非常紧张，要分清轻重缓急，尽快完成垃圾清运，加强考古工作，进行重点勘探，搞清文化内涵。然后根据考古结果，确定作为绿化标识还是文物展示。

在大明宫遗址，童明康一行重点调研了大明宫遗址申遗整治工作情况。童局长要求，申遗工作一定要坚持实事求是，量力而行的原则，优先解决遗产保护的突出问题，既要保证符合申遗的基本要求，又要具有可操作性，不能脱离实际。对于以前完成的保护和整治工程，存在争议的可以做一些适当的调整、完善，但是不宜再大动，更不能够随便的“翻烧饼”。对于一些确实有利于遗产保护，但是目前尚不具备实施条件的工程项目，可以作为承诺项目，按照规划要求，在今后一段时间内逐步实施。

参加会谈和陪同调研的有陕西省申遗办、省文物局、省文化遗产研究院、西安市汉长安城国家大遗址保护特区管委会、西安曲江大明宫保护办的领导和负责同志。（图 224）

2013 年 2 月 28 日

“丝绸之路申遗工作推进会”在西安召开。此次会议由国家文物局主办，陕西省文物局协办，国际古迹遗址理事会西安国际保护中心（以下简称 IICC—X）承办。国家文物局副局长、党组成员童明康、西安市人民政府副市长、市申遗办主任段先念等领导以及丝绸之路沿线的河南、陕西、甘肃、青海、宁夏、新疆 6 个省、自治区文物局，丝绸之路首批申遗涉及的 11 个地、市、州人民政府和 22 个首批申遗点保护管理机构和有关专业机构的负责同志出席了会议。

国家文物局副局长童明康出席会议并做了重要讲话。他指出 2012 年丝绸之路跨国系列申遗工作取得重大进展，丝绸之路遗产的保护整治工作取得明显成效。并强调 2013 年是丝绸之路申遗最关键的一年，丝绸之路沿线各级地方人民政府要充分认识丝绸之路申遗工作的重要性、艰巨性和紧迫性，在工作机构、制度建设、人员配置等各方面切实加强组织领导。地方各级文物部门尤其是相关省、自治区文物局要在申遗工作中发挥重要作用，做好组织协调的具体工作。要根据世界遗产申报的要求，制订科学的工作计划，加强监督管理，确保各项工作按时完成。要加大对丝绸之路遗产保护和申遗工作的经费投入，做好丝绸之路申遗的宣传工作，使其成为造福于民的保护工程、民生工程和民心工程。

西安市人民政府副市长、市申遗办主任段先念出席会议并发表致辞，他指出丝绸之路申遗对西安发展是一次难得机遇，现在申遗工作已经进入冲刺阶段，我们将一定按照国家文物局和陕西省文物局的工作部署，加快推进申遗工作，确保按时高质量完成，力争申遗成功，为西安市文化遗产保护工作开创新的局面。

IICC-X 的代表介绍并在线演示了丝绸之路档案信息管理信息系统（AIMS），会议上明确了丝绸之路相关各省、市、遗产点与 IICC—X 的协作机制，由各省各点尽快向 IICC—X 提供申遗资料，共同完善丝绸之路中哈吉联合申遗档案中心建设。（图 225）

2013 年 3 月 1 日

实录一：国家文物局文保司副司长陆琼对西安市长安区兴教寺塔申遗工作进行了调研，陕西省文物局、西安市文物局、长安区民宗局有关负责同志陪同调研。陆琼副司长首先调研了兴教寺，宽显法师向陆琼副司长详细介绍了兴教寺的三藏塔和三藏院的保护与管理工作。之后在座谈当中，陆琼副司长强调：兴教寺塔是全国重点文物保护单位，所有保护范围及建设控制地带内的建设都应履行报批手续，以保护文化遗产最原始的历史面貌；陆司长就兴教寺塔环境整治工作给出了较为具体的建议，强调共同参与、充分沟通、和谐申遗。

实录二：陕西省西安市委副书记、市长董军调研汉长安城特区建设工作，首先来到汉长安城未央宫街道周河湾村、西马寨村察看了村庄搬迁情况；之后登上未央宫前殿遗址，察看文物本体保护展示工程进展情况；随后主持召开座谈会，就特区建设及遗址“丝绸之路申遗”有关工作进行了研究。会议先后听取了西安市文物局、未央区、莲湖区、沣东新城关于汉长安城遗址保护工作和遗址区内文物保护、申遗进展、村庄搬迁、环境整治及特区管委会组建等工作汇报。会

图 225　“丝绸之路申遗工作推进会”在西安召开

议研究并确定以下事项：一、西安汉长安城国家大遗址保护特区管委会要全面负责特区建设和申遗工作的协调、衔接；二、由特区管委会负责，会同莲湖区政府和大兴新区管委会在6月底以前全面完成申遗验收各项准备工作；另外关于申遗资金、周边区域控规、遗址区水系规划、村民安置、园林绿化、地下管网建设、皂河治理、治安和交通维护等由相应职能部门负责实施；三、沣东新城和莲湖区辖区内申遗项目建设资金问题，原则由上述两区自筹资金，在规定时限内完成各自辖区内的拆迁安置及环境整治任务，涉及的具体资金问题可与西安市财政局进行沟通，研究解决方法；四、各相关区政府和沣东新城管委会，要切实关注并妥善安排遗址区内被拆迁群众的生产生活，及时掌握并帮助解决群众生产生活中的困难，真正赢得广大群众的支持。

市政府副市长段先念，市政府秘书长王德安、副秘书长周爱全、李小六，市发改委雷英杰，市公安局王建明，市财政局杨宁，市国土局杨国胜，市规划局惠西鲁，市市政局贺简政，市交通局任立新，市水务局岳益峰，市市容园林局田高社，市城管执法局张军刚，市文物局郑育林，市城改办贺登峰，市交警支队孟琨琪，西安供电局罗健勇，莲湖区政府和文全，未央区委杨广亭、区政府吴智民，沣东新城管委会康军，汉长安城特区管委会席正赢、张云伟，市机电化工公司李永丰，市政府办公厅张峰虎、李麟参加了会议。（图226）

2013年3月4日

实录一：国家文物局和河南省、陕西省、甘肃省、青海省、宁夏回族自治区、新疆维吾尔自治区人民政府《关于保护丝绸之路遗产的联合协定》签字仪式在北京举行。文化部副部长、国家文物局局长励小捷和河南省人民政府副省长张广智、陕西省人民政府副省长白阿莹、甘肃省人民政府副省长张广智、青海省人民政府副省长张建民、宁夏回族自治区人民政府副主席王和山、新疆维吾尔自治区人民政府副主席艾尔肯·吐尼亚孜签署了联合协定并在签字仪式上致辞。国家文物局副局长童明康主持了签字仪式。国家文物局有关司室、六省、自治区人民政府和文物局的有关负责同志出席签字仪式。（图227）

实录二：西安市人民政府岳华峰常务副市长主持召开西安市人民政府常务会议，就世界文化遗产申遗点缓冲区建筑高度控制规划进行了专题研究。会议听取了西安市规划局关于兴教寺塔、小雁塔、大雁塔、大明宫遗址、汉长安城未央宫遗址缓冲区建筑高度控制规划的情况汇报。会议认为，目前，西安市已进入发展的关键时期，申遗点缓冲区建设高度控制对西安未来发展将产生重要影响，应科学处理好两者关系，保证申遗和长远发展相协调。会议要

图226　陕西省西安市委副书记、市长董军（中）调研汉长安城特区建设工作

图 227 《关于保护丝绸之路遗产的联合协定》签字仪式在北京举行

求，市级各有关部门、各有关区政府和开发区管委会要密切配合，加强沟通，按照规划要求，做好申遗前期各项准备工作。会议研究并确定以下事项：一、原则通过了西安市规划局编制的兴教寺塔、小雁塔、大雁塔、大明宫遗址、汉长安城未央宫遗址五个申遗点缓冲区建筑高度控制专项规划；二、由西安市规划局、西安市文物局负责，按照"争取缩小缓冲区范围和放宽建筑控制高度"原则，就上述五个专项规划尽快与国家文物局沟通衔接，争取国家支持；三、由西安市规划局、曲江新区管委会和汉长安城遗址保护特区管委会配合，对大明宫遗址和汉长安城未央宫遗址缓冲区建设高度控制规划进行相应调整；同时，小雁塔缓冲区要做好西安政治学院家属楼和电子大厦等建筑的高度控制。市政府和相关职能部门、各相关区政府、管委会、各申遗点负责人参加了会议。

2013 年 3 月 5 日

2012 年 7 月，国家文物局确定了"丝绸之路：起始段和天山廊道的路网"跨国联合申报世界文化遗产中国段首批遗产申报点名单，西安市汉长安城未央宫遗址、唐长安城大明宫遗址、大雁塔、小雁塔、兴教寺塔列入其中。2013 年 2 月，国家文物局、陕西省文物局召开了丝绸之路申报世界文化遗产工作推进会，明确了申遗工作的具体任务及时间要求。按照国家文物局、陕西省文物局的总体安排和部署，西安市人民政府领导拟定于 3 月 7 日进行专项检查，以推进西安市申遗工作。为此，3 月 5 日，西安市申遗办向各申遗相关单位发送《关于西安市丝绸之路申报世界文化遗产分解工作任务的通知》，通知指出按照目前西安市申遗工作具体内容，任务分解如下：

一、汉长安城未央宫遗址相关申遗工作，包括：文物本体保护、环境整治、申遗档案、监测管理、陈列展示、宣传及迎检等工作。

责任主体：未央区人民政府（汉长安城特区管委会）、莲湖区人民政府（辖区内涉及申遗范围内的环境整治）、沣东新城（辖区内涉及申遗范围内的环境整治）、西安市文物局。

二、唐长安城大明宫遗址相关申遗工作，包括：文物本体保护、环境整治、申遗档案、监测管理、陈列展示、宣传及迎检等工作。

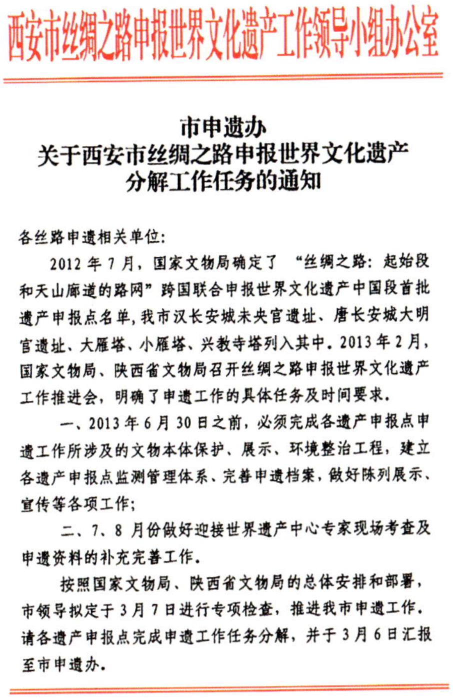

西安市丝绸之路申报世界文化遗产工作领导小组办公室

市申遗办
关于西安市丝绸之路申报世界文化遗产
分解工作任务的通知

各丝路申遗相关单位：

2012年7月，国家文物局确定了“丝绸之路：起始段和天山廊道的路网”跨国联合申报世界文化遗产中国段首批遗产申报点名单，我市汉长安城未央宫遗址、唐长安城大明宫遗址、大雁塔、小雁塔、兴教寺塔列入其中。2013年2月，国家文物局、陕西省文物局召开丝绸之路申报世界文化遗产工作推进会，明确了申遗工作的具体任务及时间要求。

一、2013年6月30日之前，必须完成各遗产申报点申遗工作所涉及的文物本体保护、展示、环境整治工程，建立各遗产申报点监测管理体系、完善申遗档案，做好陈列展示、宣传等各项工作；

二、7、8月份做好迎接世界遗产中心专家现场考查及申遗资料的补充完善工作。

按照国家文物局、陕西省文物局的总体安排和部署，市领导拟定于3月7日进行专项检查，推进我市申遗工作，请各遗产申报点完成申遗工作任务分解，并于3月6日汇报至市申遗办。

图 228　西安市申遗办关于西安市丝绸之路申报世界文化遗产分解工作任务的通知

责任主体：曲江新区管委会（曲江大明宫遗址区保护改造办公室）。

三、大雁塔申遗相关工作，包括：文物本体保护、环境整治、申遗档案、监测管理、陈列展示、宣传及迎检等工作。

责任主体：西安市民族宗教事务管理委员会（大慈恩寺围墙范围以内相关申遗工作）、曲江新区管委会（大慈恩寺围墙范围以外相关申遗工作）。

四、小雁塔申遗相关工作，包括：文物本体保护、环境整治、申遗档案、监测管理、陈列展示、宣传及迎检等工作。

责任主体：西安市文物局、碑林区人民政府（辖区内涉及申遗范围内的环境整治及其他相关工作）。

五、兴教寺塔相关申遗工作，包括：文物本体保护、环境整治、申遗档案、监测管理、陈列展示、宣传及迎检等工作。

责任主体：长安区人民政府。

六、申遗规划，包括：管理规划、文物保护规划及缓冲区城市建筑高度控制规划的编制及报批工作。

责任主体：西安市规划局、西安市文物局。

七、申遗宣传工作：组织、实施全市申遗宣传工作。

责任主体：市委宣传部。

通知要求各遗产申报点细化工作任务，尽快完成申遗工作任务分解。（图 228）

2013 年 3 月 6 日

实录一：陕西省文物局向西安市文物局转发《国家文物局关于大明宫部分重要遗址点保护展示工程设计方案批复》（文物保函[2013]181号），批复指出国家文物局原则同意所报方案，并提出修改意见。陕西省文物局要求西安市文物局按照国家文物局批复意见对方案进行深化、修改和完善，上报省局核准后实施。（图 229）

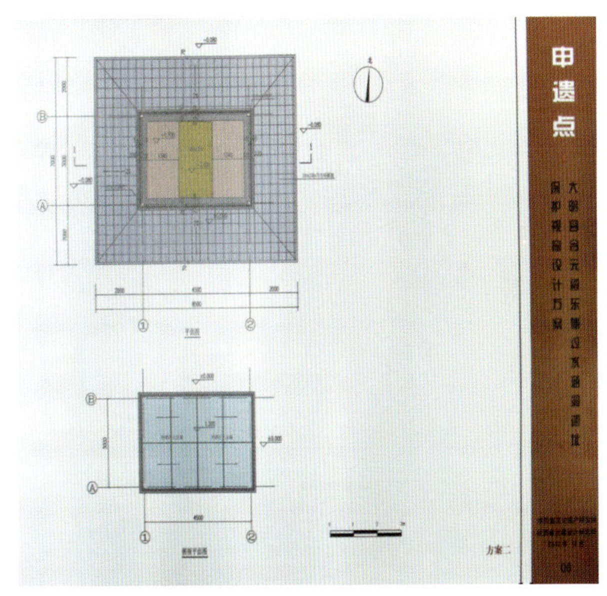

图 229　唐大明宫含元殿东侧过水涵洞遗址保护视窗设计方案

实录二：“丝绸之路：起始段和天山廊道

的路网”跨国申报世界遗产项目系列之汉长安城未央宫遗址陈列方案“大汉中枢、丝绸之路起点——未央宫的前世今生”在汉长安城遗址保管所会议室经申遗专家陈同滨、考古专家刘振东讨论初步通过。

2013 年 3 月 7 日

实录一：为落实国家文物局的工作部署与安排，全力推进西安市丝绸之路申遗工作，西安市人民政府副市长、西安市丝绸之路申报世界文化遗产工作领导小组办公室主任段先念召集西安市申遗办、市级相关部门和有关区县、开发区的负责同志对兴教寺塔、大雁塔申遗工作推进情况进行了实地调研并召开会议。会议明确了兴教寺塔和大雁塔申遗工作责任主体。一、兴教寺塔申遗责任主体为长安区政府。要求对兴教寺僧众生活场所安置用地进行选址并规划，具体由长安区政府负责资金筹措及施工，僧众生活场所安置过渡问题由僧众与长安区宗教局协商妥善安排，所需资金由长安区政府负责；会议表明针对寺院提出保留卧佛殿东、西侧方丈楼的要求，需征询申遗专家意见后决定。二、大雁塔申遗责任主体为市宗教局，曲江新区管委会全力做好配合。由大雁塔保管所和大慈恩寺完成相关环境整治工作；市宗教局负责监测和专题陈列工作。

会议决定由西安市人民政府办公厅和西安市申遗办负责抓好两处申遗点申遗各项准备工作的督察落实。

实录二：西安博物院召开会议研究小雁塔申遗陈列大纲和布展事宜。

2013 年 3 月 10 日

西安汉长安城国家大遗址保护特区领导小组办公室和管委会邀请中国社会科学院学部委员、中国社会科学院考古研究所前所长、汉长安城考古队前队长刘庆柱研究员对汉长安城遗址区申遗工作进行技术指导。特区领导小组办公室相关负责同志等参加了座谈会。

2013 年 3 月 11 日

陕西省申报世界遗产办公室向西安市丝绸之路申报世界文化遗产工作领导小组办公室发送《关于进一步推进丝绸之路申遗档案资料建设工作的意见》，意见进一步明确了陕西省丝绸之路文化遗产记录档案盒的规范，对档案盒的卷盒、外表面幅面规格、设计样式等进行了统一设计。

2013 年 3 月 13 日

应西安市丝绸之路申报世界文化遗产工作领导小组办公室邀请，中国建筑设计研究院建筑历史研究所所长陈同滨一行来小雁塔实地考察，陈所长针对兴教寺塔申遗工作中的环境整治、遗产展示等问题进行了专程考察，指出部分与景观不协调的新建建筑拆迁改造范围，明确了拆除建筑包括三藏院门前道路，三藏院南门、东西两侧围墙及院内廊房，西南区新建建筑如兴慈楼、僧舍、闻慧堂，卧佛殿西侧方丈楼，东北区新建禅堂、斋堂等。（图 230）

2013 年 3 月 15 日

“丝绸之路：起始段和天山廊道的路网”跨国申报世界遗产项目系列之汉长安城未央宫遗址陈列方案“大汉中枢、丝绸之路起点——未央宫的前世今生”已于 3 月 6 日经专家评审会初步审议通过，目前已经进入展陈形式设计阶段。为筹办好本专题展览，需要向省内外 9 家文物收藏单位借展文物 47 件（组）。西安市汉长安城遗址保管所报请西安市文物局协调解决局属各单位文物借展事宜并提请陕西省申遗办协调解决省内外其他文物收藏单位的文物借展事宜。

图 230　中国建筑设计研究院建筑历史研究所所长陈同滨（中）一行实地考察兴教寺塔申遗工作

2013 年 3 月 18 日

实录一：陕西省委常委、西安市委书记魏民洲调研汉长安城未央宫遗址申遗工作，实地察看了遗址区的周河湾、天禄阁村、大刘寨村搬迁情况和申遗工作进展情况。之后召开了座谈会，西安市委、市政府、市发改委、市财政局、市文物局、市城改办、汉城特区办、莲湖区、沣东新城主要负责同志参加座谈会。对于遗址区的申遗工作，魏书记指出：一要高度重视，确保申遗工作顺利通过；二要全力解决工作中存在的各类问题；三要明确时间节点，确保形象进度；四要深入挖掘资源，充分发挥地方历史文化优势；五要全面加强宣传工作，积极营造良好的舆论环境。

实录二：西安市丝绸之路申报世界文化遗产工作领导小组办公室向各申遗点转发《陕西省申遗办关于进一步推进丝绸之路申遗档案资料建设工作的意见》，要求加强资料的收集与扩充。

实录三：西安博物院召开“小雁塔丝路申遗陈列大纲”第二次内部评审会。

2013 年 3 月 19 日

根据申遗管理规划，西安市各申遗点编制完成《申遗工程方案》并上报国家文物局。各申遗点申遗工程均包括文物本体保护展示、环境整治、绿化及古树名木保护、“丝绸之路”专题陈列、标识系统、申遗宣传、工程监理等多项内容。根据丝绸之路申遗工作任务及时间节点的总体安排和要求，这些项目必须在 2013 年 6 月 30 日之前完成。由于《申遗工程方案》涉及城市规划、遗产保护等因素，较为复杂，国家文物局至今未正式批复。按照目前工程进度，各项工程必须开始实施，工期非常紧迫。根据《西安市工程建设项目招标投标管理办法》第 2 章第 14 条规定，西安市丝绸之路申报世界文化遗产工作领导小组办公室《关于各申遗点实施申遗工程的请示》（市申遗字[2013]4号）报请西安市人民政府将申遗工程列为政府应急性工程，以便尽快确定施工单位，确保申遗工作顺利完成。

3月20日西安市人民政府市长董军批示：原则可按应急性工程办理，但必须的程序不能简化，确保工程质量。

2013年3月20日

西安市丝绸之路申报世界文化遗产工作领导小组办公室致函西安市规划局尽快编制《小雁塔缓冲区环境控制规划》。

2013年3月21日

《国家文物局关于汉长安城未央宫遗址保护展示工程方案的批复》（文物保函[2013]307号）发送陕西省文物局。批复指出：汉长安城未央宫遗址保护展示工程应按照有关时间进度要求，坚持实事求是、便于操作的原则，确保在维护遗存真实性和完整性的同时，按时、高质量完成各项工作；批复原则同意所报方案中汉长安城未央宫遗址保护展示和标识系统部分，并提出修改意见；暂不同意所报方案中汉长安城未央宫遗址监测、绿化工程、游客服务设施、基础设施等部分内容，要求进行修改；原则同意保护展示和标识系统部分经陕西省文物局核准后实施，核准后的方案应报国家文物局备案；对于未同意的遗址监测、绿化工程、游客服务设施、基础设施等部分内容应按照要求另行报批；批复要求切实加强工程监督管理，确保工程质量和文物、人员安全。

2013年3月22日

实录一：西安市丝绸之路申报世界文化遗产工作领导小组办公室致函西安市财政局，补充申请大明宫遗址遗产监测系统采购项目采用单一来源采购方式，采购江苏瀚远科技股份有限公司的

图231　时任西安市人民政府副市长、市丝绸之路申报世界文化遗产工作领导小组办公室主任段先念在国际古迹遗址理事会西安国际保护中心会议室主持召开遗产申报点文物保护规划方案专项会议

世界文化遗产监测预警系统。

实录二：西安博物院召开“小雁塔丝路申遗陈列大纲”第三次内部评审会。

2013 年 3 月 26 日

西安市人民政府副市长、市丝绸之路申报世界文化遗产工作领导小组办公室主任段先念在国际古迹遗址理事会西安国际保护中心会议室主持召开了遗产申报点文物保护规划方案专项会议，研究大雁塔、小雁塔、兴教寺塔保护规划有关问题。会议讨论并原则同意由西安市城市规划设计研究院编制的大雁塔、小雁塔、兴教寺塔保护规划；会议指出由市规划局负责，继续与解放军西安政治学院协调，解决好该院涉及申遗工作的新建项目建筑高度控制问题。（图 231）

图 232　小雁塔丝路申遗陈展大纲审定会

2013 年 3 月 27 日

“小雁塔丝路申遗陈展大纲审定会”在西安博物院夹层会议室召开。外聘专家西安市文物局总工韩保全、陕西历史博物馆研究员王世平、陕西省文物局博物馆与社会文物处处长贾强、陕西省文物信息中心主任谭前学、西安市文物保护考古研究院副院长冯健、西安半坡博物馆馆长张礼智参加会议。本次审定会初步认可了本次展陈大纲的内容结构，基本敲定大纲的总题目为“丝路明珠小雁塔”，为大纲的定稿做好准备。（图 232）

2013 年 3 月 28 日

实录一：由于西安市丝绸之路申报世界文化遗产工作领导小组办公室在制作申遗档案中存在一些问题，西安市申遗办《关于申遗档案相关问题的请示》（市申遗字 [2013]5 号）报请陕西省申遗办，建议如下：一是申遗档案以四有档案为主，档案装订规范以国家文物局发送的《全国重点文物保护单位记录档案工作规范（试行）》为准；二是申遗档案在原四有档案的基础上，将申遗资料补充或单列于对应卷内，满足申遗需要；三是请省申遗办对需报送的主卷重要档案案卷予以明确。

实录二：根据《小雁塔管理规划》，现阶段亟需开展小雁塔南山门外环境整治工作。西安市丝绸之路申报世界文化遗产工作领导小组办公室《关于小雁塔南山门环境整治相关工作的请示》（市申遗字 [2013]6 号）报请西安市人民政府：考虑到小雁塔南山门外拆迁范围位于碑林区行政区域范围内，碑林区具有拆迁经验，建议由碑林区政府、西安市文物局实施小雁塔南山门外拆迁工作，请市政府颁布该区域内的环境综合整治工作报告。

实录三：近年来，国家文物局加大了对汉长安城大遗址保护专项资金的投入力度，先后实施了多项大遗址保护工程，其拨付的大遗址保护专项资金一直在汉长安城遗址保管所的实有资金账户核算。2012 年 7 月，根据西安市财政局相关规定，保管所的实有资金账户被撤销。目前，由于申遗工作涉及的设计、施工、考古、监理等部门较多，专项经费支付流程复杂、时间长，无法及时将所需经费拨付到位，已影响了申遗工程的实施。为确保申遗工程的顺利开展，保证拨付资金能够及时到位，西安市丝绸之路申报世界文化遗产工作领导小组办公室《关于请求协调设立汉长安城大遗址保护经费专户的请示》（市申遗字[2013]7号）报请西安市人民政府，请求协调设立汉长安城大遗址保护经费专户。

2013年3月29日

西安市丝绸之路申报世界文化遗产工作领导小组办公室《关于尽快协调西安市申遗工程方案审批工作的请示》（市申遗字[2013]8号）报请陕西省申遗办：鉴于申遗时间紧迫，请省申遗办协调国家文物局，尽快完成西安市各申遗点项目方案的审批工作，以确保西安市申遗工作有条不紊、保质保量、如期完成。

2013年3月30日

兴教寺向国家、省、市有关部门报送了《关于维护护国兴教寺塔的报告》，提出任何单位或个人在未得到兴教寺僧众同意前，不得进入寺院进行拆除施工活动；僧团对兴教寺塔的一贯使用权不可转移；兴教寺塔退出"申遗"行列的要求。

2013年4月1日

实录一：文化部副部长、国家文物局党组书记、局长励小捷一行视察汉长安城未央宫遗址申遗项目的天禄阁遗址、未央宫前殿遗址、西安门遗址项目实施情况和申遗所属区域的拆迁工作进展情况。文物部门汇报了申遗项目的考古勘探、规划编制、监测、档案、文物本体保护展示项目的保护方案、相关工程进展及施工后的效果展示情况；汉城特区管委会汇报了项目拆迁和环境整治工作的进展情况。励小捷局长对天禄阁遗址及其附近村庄周边尚未完成的拆迁工作给予现场指

图233　时任文化部副部长、国家文物局局长励小捷（右三）、文物保护与考古司司长关强（右一）在陕西省副省长白阿莹（左三）、省文物局局长赵荣（右二）、市文物局局长郑育林（左一）的陪同下视察汉长安城遗址

导，对未央宫前殿遗址正在实施的本体保护展示项目及该区域的拆迁工作给予充分肯定，对西安门外大街遗址的拆迁工作给予具体的检查督导。他指出：汉长安城未央宫遗址是丝绸之路的起点，该区域的申遗工作是保护民族文化遗产的一部分，要积极动员，认真组织，科学实施，促进我国世界遗产保护工作。目前，西安门外大街遗址作为此次申遗项目的出入口，地位重要，该区域的拆迁工作一定要到位，以便于整体申遗工作的开展。陕西省人民政府、省文物局，西安市人民政府、市文物局、汉城特区管委会、汉城保管所等有关同志陪同视察。（图 233）

图 234　大雁塔、小雁塔、兴教寺塔申遗工程方案设计

实录二：国家文物局《关于大雁塔相关整治工程方案的批复》（文物保函 [2013]346 号）发送至陕西省文物局，原则同意所报第二方案，并提出修改意见；

国家文物局《关于小雁塔相关整治工程方案的批复》（文物保函 [2013]358 号）发送至陕西省文物局，原则同意所报方案，并提出修改意见；

国家文物局《关于兴教寺塔有关整治工程方案的批复》（文物保函 [2013]345 号）发送至陕西省文物局，原则同意所报整治方案，并提出修改意见。（图 234）

2013 年 4 月 2 日

国家文物局、陕西省人民政府合作共建汉长安城国家大遗址保护特区第二次工作会议在西安召开。文化部副部长、国家文物局局长励小捷，陕西省长娄勤俭，副省长白阿莹，省委常委、西安市委书记魏民洲、西安市市长董军出席会议并讲话。

汉长安城遗址是我国迄今保存最完整的古代都城遗址。2010 年 7 月，国家文物局与陕西省政府签署了《合作共建彰显华夏文明历史文化基地框架协议》，将汉长安城大遗址列入国家文物局“十二五”期间重点文物保护项目。2011 年 9 月，国家文物局和陕西省人民政府召开了合作共建汉长安城国家大遗址保护特区第一次工作会议，确定了合作共建工作机制，同时也标志着汉长安城大遗址建设进入新阶段。

励小捷指出，汉长安城作为全国首个大遗址保护特区，陕西省和西安市在大遗址保护利用体制机制方面作了有益探索，工作卓有成效。作为一个位于城市核心区域的大遗址，一定要把保护和利用结合起来，处理好文物保护与经济社会发展、生态建设、改善民生等方面的关系，并与城市规划做好衔接。国家文物局将继续支持，使汉长安城遗址这个国家的、民族的、辉煌的历史遗迹得到更好保护、利用和展示。

娄勤俭强调，汉长安城大遗址保护特区是一项重大的文化建设工程，也是打造彰显华夏文明历史文化基地的重要工作，陕西省级有关部门和西安市要在国家文物局的指导下，坚持在保护中利用、在利用中保护的原则，从落实关中天水经济区发展规划和建设西安国际化大都市全局的角度谋划和推进这项工作，统筹考虑文物保护、城市发展和生态建设，积极进行管理体制和运行机制的创新，走出一条大遗址保护的新路子。

白阿莹指出，汉长安城大遗址保护特区建设是一项综合性的系统工程，有关各方要按照合作共建框架，加强组织领导，完善工作机制，加大工作力度，做到保护和利用有机统一。建设中要突出重点，坚持统一规划、分步实施、成熟一个、建设一个、开放一个，同时要确保项目质量能经得起历史和群众的检验。

魏民洲指出，汉长安城遗址是中华民族的文化瑰宝，是历史留给西安最珍贵的记忆，保护、建设和展示好汉长安城大遗址是我们的历史责任。西安市将按照国家文物局和省委、省政府要求，举全市之力，努力把汉长安城遗址建设成彰显华夏文明的文化工程，展示西安形象的生态工程，惠及人民群众的民生工程。

国家文物局有关司局、陕西省人民政府、省级有关部门和西安市有关部门负责人参加会议。（图 235）

2013 年 4 月 7 日

实录一：陕西省文物局向西安市文物局转发国家文物局《关于兴教寺塔有关整治工程方案的批复》（文物保函 [2013]345 号）、《关于大雁塔有关整治工程方案的批复》（文物保函 [2013]346 号）、《关于小雁塔有关整治工程方案的批复》（文物保函 [2013]358 号），要求按照批复意见尽快修改完善并报省文物局核准后实施。4 月 23 日，西安市文物局向相关单位进行了转发。

图 235　国家文物局、陕西省人民政府合作共建汉长安城国家大遗址保护特区第二次工作会议在西安召开

实录二：长安区兴教寺《关于维护护国兴教寺的报告》对兴教寺塔申报世界文化遗产事宜提出异议并要求退出“丝绸之路申遗项目”，由于长安区是兴教寺塔申遗的责任单位，西安市丝绸之路申报世界文化遗产工作领导小组办公室致函长安区政府尽快妥善处理并回复处理意见。

实录三：西安博物院召开了小雁塔丝路申遗专题陈列大纲形式设计会议，会议主要针对大纲文字内容转入形式设计阶段的各种问题进行讨论。

2013 年 4 月 8 日

接到长安区兴教寺《关于维护护国兴教寺的报告》后，陕西省文物局致函西安市人民政府（陕文物函 [2013]102 号），请市政府组织做好与宗教人士的沟通，从维护国家利益角度出发，按照已经公布的申遗管理规划，尽快完成各项工作任务，迎检世界遗产专家的考察。

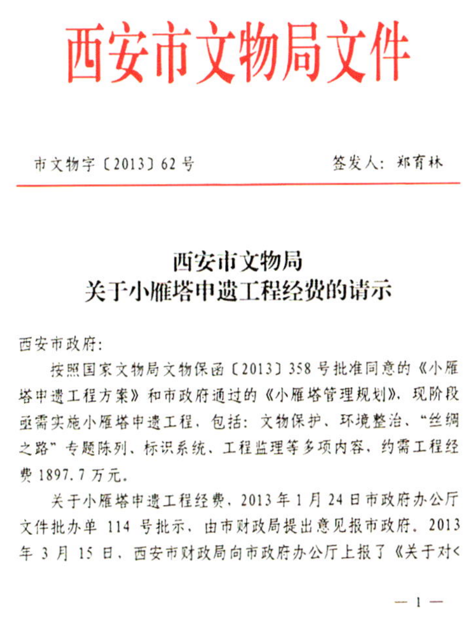

西安市文物局文件

市文物字〔2013〕62 号　　签发人：郑育林

西安市文物局
关于小雁塔申遗工程经费的请示

西安市政府：

按照国家文物局文物保函〔2013〕358 号批准同意的《小雁塔申遗工程方案》和市政府通过的《小雁塔管理规划》，现阶段亟需实施小雁塔申遗工程，包括：文物保护、环境整治、“丝绸之路”专题陈列、标识系统、工程监理等多项内容，约需工程经费 1897.7 万元。

关于小雁塔申遗工程经费，2013 年 1 月 24 日市政府办公厅文件批办单 114 号批示，由市财政局提出意见报市政府。2013 年 3 月 15 日，西安市财政局向市政府办公厅上报了《关于对<

— 1 —

图 236　西安市文物局关于小雁塔申遗工程经费的请示

2013 年 4 月 10 日

实录一：西安市人民政府周爱全副秘书长召开了兴教寺塔申遗工作专题协调会。在会上，兴教寺明确表示他们支持申遗工作，但是希望不要拆除现有寺内建筑。兴教寺称互联网上转载的公开信实为其信众发表，并非官方发表。会议决定，兴教寺表明他们对申遗的态度后，进一步协商僧众安置问题。

实录二：根据国家文物局批复同意的《小雁塔申遗工程方案》和市政府通过的《小雁塔管理规划》，现阶段亟须实施小雁塔申遗工程，包括：文物保护、环境整治、“丝绸之路”专题陈列、标识系统、工程监理等多项内容，约需工程经费 1897.7 万元。西安市文物局《关于小雁塔申遗工程经费的请示》（市文物字 [2013]62 号）报请西安市人民政府，申请小雁塔申遗工程经费。（图 236）

2013 年 4 月 11 日

实录一：兴教寺正式提交《关于退出申遗工作的报告》。报告中提出因兴教寺塔实际情况与申遗工作要求差距较大，要求退出申遗行列。

实录二：长安区人民政府向西安市申遗办提交《关于兴教寺塔申遗工作有关情况的报告》。报告中表明兴教寺僧众对拆除寺院部分建筑有抵触情绪，加之互联网上对兴教寺塔申遗进行炒作，对申遗工作造成了一定的负面影响。长安区政府建议待兴教寺僧众对申遗工作形成统一认识后，将兴教寺塔纳入第二批申遗工作。

实录三：西安市丝绸之路申报世界文化遗产工作领导小组办公室做出《兴教寺申遗相关情况

的说明》,《说明》指出:“2012年7月,兴教寺作为佛教传播史上著名人物唐代高僧玄奘法师的舍利墓塔,因见证了玄奘法师经丝绸之路西行取经的历史事件,反映了唯识宗对东亚佛教发展的影响,同汉长安城未央宫遗址、唐长安城大明宫遗址、大雁塔、小雁塔五处遗产点被国家文物局列入‘丝绸之路中国段首批申遗名单’。……之后,委托专业技术单位在充分调研论证的基础上,编制了兴教寺塔等遗产点的申遗管理规划。目前,兴教寺塔作为丝绸之路申遗点之一,已由我国政府正式提交联合国教科文组织,并列入今年的考察计划。

兴教寺申遗相关情况说明

发布机构:市文物局 发布时间:2013-04-11 索引号:013353390/2013-00625015

关键字:文物 主题分类:文物

1972年,联合国教科文组织大会缔结了《保护世界文化和自然遗产公约》,旨在通过国际间的协作,加强对世界范围内具有突出普遍价值的遗产的保护,使之永续传承。中国于1985年加入该《公约》,成为缔约国之一。西安是中国文化遗产集中分布的重要地区,有责任、有义务按照世界遗产保护要求,加强对本地区各类遗产的保护与管理。

自2006年丝绸之路跨国联合申报世界文化遗产项目启动以来,前期准备工作取得了阶段性成果。2011年12月27日,中国、哈萨克斯坦、吉尔吉斯斯坦三国共同签署了丝绸之路联合申遗备忘录,确定了“丝绸之路:起始段和天山廊道的路网”的项目名称。2012年7月,兴教寺作为佛教传播史上著名人物唐代高

图237 西安市丝绸之路申报世界文化遗产工作领导小组办公室关于兴教寺申遗有关情况的说明

按照申遗管理规划,院内玄奘塔、窥基塔、圆测塔等建筑承载了兴教寺塔申遗主体信息,要加强保护管理和科学维护;山门、钟鼓楼、大雄宝殿、藏经楼等古建筑充分体现了寺院的基本格局、建筑风格,生动地反映了玄奘塔、窥基塔、圆测塔等建筑物与当地社会历史文化发展的密切关系,要加大保护与维修力度,以保证塔和寺院发展的基本历史信息的真实性与完整性。法堂、照心楼、卧佛殿及东西厢房等新建筑作为现寺院基本格局的组成部分予以保留,并结合传统工艺、材料、技术加以妥善维护。三藏纪念堂将因遗产展示需求,予以保留。新建的禅堂,因所处位置、建筑体量及风格不影响塔、寺院整体风貌,考虑到僧众宗教活动需要,予以保留。但新建的兴慈楼、方丈楼、斋堂、僧舍等,由于建筑体量、密度过大,与兴教寺塔环境风貌不相协调,对于此类建筑,按照保护规划要求,与寺院达成一致意见拆除后,在西纬村重新选址、规划,以保障僧众生活及宗教活动的有序进行。

遗产的真实性、完整性、科学有效的管理,以及利益相关者的支持等是世界遗产申报的基本要求,兴教寺的申遗工作将在充分尊重寺院意愿的情况下进行。(图237)

2013年4月12日

西安市丝绸之路申报世界文化遗产工作领导小组办公室报请市政府,拟同意长安区政府建议,将兴教寺塔纳入“丝绸之路:起始段和天山廊道的路网”拓展项目。

2013年4月16日

实录一:国家文物局组织丝绸之路申遗各省在西安召开了丝绸之路申遗中国段展览大纲论证

会，与会领导、专家对大纲、展陈方式等进行了充分讨论、研究，确定了展览的基本框架和内容，并对中国段陈列文物提出了明确意见，即此次参展文物以《丝绸之路——大西北遗珍》展览文物为主选取，同时还需要选取对于丝绸之路具有重要佐证意义和重要价值的文物。

图 238　国家文物局世界文化遗产司世界遗产处副处长佟薇检查汉长安城未央宫遗址的申遗档案

实录二：国家文物局世界文化遗产司世界遗产处副处长佟薇在陕西省文物局、西安市文物局、汉城保管所有关负责同志的陪同下，检查了汉长安城未央宫遗址的申遗档案、现场考察了章城门遗址、未央宫前殿遗址、少府遗址、椒房殿遗址和天禄阁遗址。佟处长对汉长安城未央宫遗址申遗档案的制作给予充分肯定，对章城门和天禄阁遗址的拆迁工作给予检查部署，对少府遗址和椒房殿遗址的考古现场展示方案给予指导。（图 238）

实录三：西安市财政局向西安市人民政府办公厅发送《关于对〈西安市丝绸之路申报世界文化遗产工作领导小组办公室申请协调设立汉长安城大遗址保护经费专户的请示〉的意见》，意见指出：按政策再开专户不妥，但考虑到西安市汉长安城遗址保管所目前新建办公场所，网络尚未正常运行，而申遗工作时间紧、任务重、资金量大，为支持申遗工作顺利进行，市财政可为申遗工作开设临时专户，期限一年，专门用于申遗资金的收支管理，到期后及时撤销。

2013 年 4 月 17 日

西安市汉长安城遗址保管所报请西安市文物局审批修订后的《汉长安城未央宫遗址监测方案》。

西安市文物局《关于汉长安城未央宫遗址监测方案（修改稿）的请示》（市文物字 [2013]73 号）报请陕西省文物局审批。

西安市文物局《关于汉长安城未央宫遗址游客服务设施设计方案（修改稿）的请示》（市文物字 [2013]75 号）报请陕西省文物局审批。

西安市文物局《关于汉长安城未央宫遗址环境修复植物专项设计方案（修改稿）的请示》（市文物字 [2013]77 号）报请陕西省文物局审批。

2013 年 4 月 18 日

“4 · 18 国际古迹遗址日教育的遗产系列宣传活动”在西安展开，此次宣传活动由国际古迹遗址理事会西安国际保护中心（简称 IICC-X）组织，西安楼观、青龙寺、西安碑林博物馆、大雁塔、小雁塔、西北大学、西安交通大学承办，来自各承办方的工作人员、城市定向赛运动员、大学生志愿者、小雁塔小学学生及对教育遗产感兴趣的公众共上万人参加了此次活动。（图 239）

2013 年 4 月 23 日

国家文物局《关于兴教寺塔环境整治等相关工作意见的函》(文物保函[2013]497 号)致函陕西省人民政府并提出以下要求：一是站在讲政治讲大局的高度，确保申遗工作顺利推进；二是具体方案调整，暂不实施相关建筑拆除工程；三是 6 月 30 日前全面完成兴教寺塔周边的绿化等环境整治工作，未完成的有关工程也应在此期限内予以妥善解决；四是注意舆论引导，兴教寺塔申遗和相关的环境整治等工作不应涉及寺院的管理体制和产权归属问题。

图 239 国际古迹遗址理事会西安国际保护中心组织开展“教育的遗产——4 · 18 国际古迹遗址日”系列宣传活动

2013 年 4 月 25 日

陕西省人民政府由分管副省长组织召开了专项工作会议，研究推进兴教寺塔申遗工作。

2013 年 4 月 28 日

实录一：陕西省申报世界遗产办公室向国家文物局文保司报告了兴教寺塔环境整治等相关工作进展情况。

实录二：西安市丝绸之路申报世界文化遗产工作领导小组办公室组织召开了“丝路申遗西安市遗产申报点展陈大纲专家评审会”，陕西省考古院副院长张建林、半坡博物馆馆长张礼智、陕西省历史博物馆陈列部主任董理、原西安市文物局总工韩保全、陕西省文物局副巡视员周魁英、陕西省文物局博物馆与社会文物处处长贾强、陕西省文物局文物保护与考古处处长呼林贵、西安市文物局副局长向德、西安市文物局副局长黄伟、西安市文物局博物馆处副处长王文等参加讨论评审。西安博物院提交了《丝路明珠小雁塔》陈列大纲，经过现场陈述与答疑，各位专家审定通过并认可了大纲并对部分有争议的内容提出了修改意见。会后，经修改，小雁塔丝路申遗专题陈列大纲《丝路明珠小雁塔》最终定稿。

2013 年 5 月 2 日

国际古迹遗址理事会副主席郭旃、国家文物局世界文化遗产司副司长陆琼、世界遗产处副处长佟薇调研汉长安城未央宫遗址、小雁塔、大雁塔、兴教寺塔申遗工作。

2013 年 5 月 3~4 日

为推进丝绸之路跨国申遗工作，做好迎接今年 7~8 月间世界遗产委员会国际专家现场评估考察的准备工作，由中国国家文物局主办，国际古迹遗址理事会西安国际保护中心承办的“丝绸之路申遗工作技术研讨会”在西安召开，来自中国国家文物局、丝绸之路沿线的河南、陕西、甘肃、新疆4个省、自治区文物局，丝绸之路首批申遗涉及的11个地、市、州相关负责机构，22个首批申遗点保护管理机构和有关专业机构的负责同志出席了会议。

国际古迹遗址理事会副主席、中国古迹遗址保护协会副主席兼秘书长郭旃先生出席此次会议并就世界遗产现场评估考察的国际要求向各位参会代表做了详尽介绍；中国建筑设计研究院建筑历史研究所所长陈同滨女士出席此次会议并详细描述了迎接国际专家现场评估的技术要求；中国建筑设计研究院建筑历史研究所副所长傅晶女士也在会议上将丝绸之路申遗点保护管理汇报文件的编制要求向各位代表逐条介绍。

中国国家文物局文物保护与考古司副司长陆琼代表国家文物局做了大会致辞。陆司长指出，6月中旬第37届世界遗产大会将在柬埔寨举行，会议将确定世界遗产专家现场评估考察的时间、形式和人数；国家文物局最迟在7月初开始模拟考察；7、8月间国际申遗专家将对中哈吉三国进行现场考察评估。考察的内容主要为遗产的真实性、完整性、保护管理状况。

会议提出以下要求：一是各个遗产申报点在6月30号之前完成文物本体的保护、环境整治、遗产管理、档案建设监测等各方面的工作，迎接国际专家考察。二是准备迎检汇报的PPT，内容包括申报点的真实性，完整性和保护管理状况。5月30日前，各省、申遗点将申遗迎检PPT提交中国国家文物局进行审核；各省、遗产点可于5月20日前将申遗迎检PPT提交中国建筑设计研究院建筑历史研究所，中国建筑设计研究院建筑历史研究所将就PPT内容等问题作出修改意见。三是组织陪同的专家人员，落实现场讲解问题。四是做好迎检后勤保障，制定考察迎检方案（包括迎检路线、专家接待手册以及迎检工作接待方案）等。

相关省、自治区文物局的有关负责同志针对国际专家现场考察准备工作的技术要求、注意事项向专家进行了咨询，并就相关准备工作情况进行了交流和研讨。（图240）

2013年5月4日

中国建筑设计研究院建筑历史研究所所长陈同滨、副所长刘剑等一行五人实地调研指导汉长安城遗址申遗工作。中国社会科学院考古所汉长安城考古队队长刘振东、西安市文物局、汉城特区管委会、汉城保管所相关人员参与调研。

陈所长先后对未央宫前殿遗址保护展示工程、西安门外大兴新区建筑垃圾转运堆放现场、城墙遗址保护工程、卢家口村建筑垃圾清运现场、中央官署遗址现状、11号建筑遗址、少府遗址、椒房殿遗址试掘现场、未央宫东宫墙外侧围栏施工现场进行了考察，并对西安门外大兴新区建筑垃圾堆放位置、34号遗址保护展示工程方案、少府遗址、

图240　“丝绸之路申遗工作技术研讨会”在西安召开

椒房殿遗址保护展示工程进行了指导。

2013年5月6日

西安市丝绸之路申报世界文化遗产工作领导小组办公室就5月3日召开的“丝绸之路申遗工作技术研讨会”会议要求向西安市人民政府进行了汇报。

2013年5月7日

西安市汉长安城遗址保管所举行了“汉长安城未央宫遗址陈列方案专家评审会”。会议首先由设计方对陈列文本及形式设计方案进行了介绍，之后评审专家及陕西省、西安市文物局领导对方案进行了充分讨论，大家一致认为《大汉中枢、丝绸之路起点——未央宫的前世今生》陈列文本方案结构合理，内容完备、细致，原则同意通过评审并对方案提出了一些修改意见，要求设计方在会后修改完善。陈列文本方案的通过为七八月份进行的汉长安城未央宫遗址申遗现场检查工作奠定了基础。

参加评审会的专家有中国社会科学院汉长安城考古队队长刘振东研究员、陕西省文物局周魁英副巡视员、文物保护与考古处呼林贵处长、博物馆与社会文物处贾强处长、西安市文物局黄伟副局长、博物馆与社会文物处郭治华处长、西北大学王建新教授、西安曲江艺术博物馆馆长周天游研究员、陕西历史博物馆陈列部主任董理研究馆员、西安半坡博物馆馆长张礼智副研究馆员。（图241）

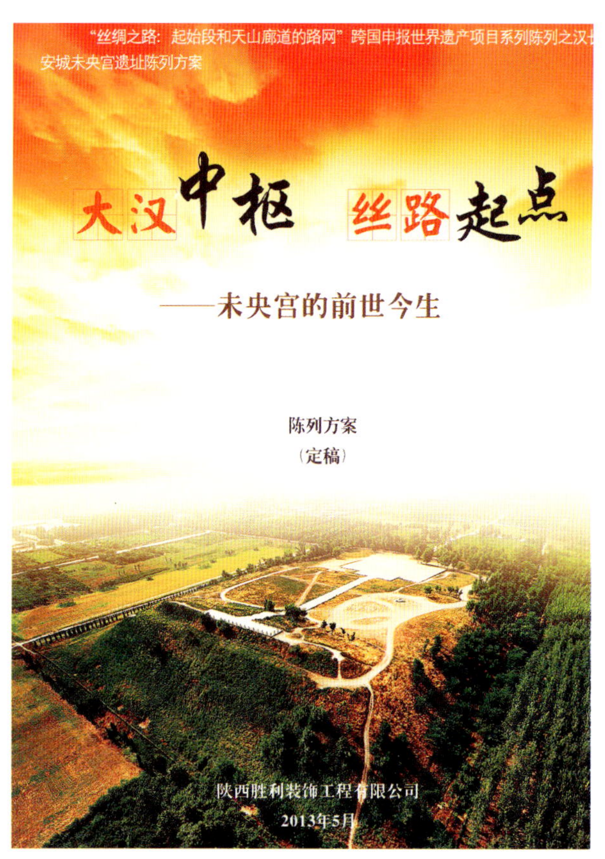

图241 《大汉中枢、丝路起点——未央宫的前世今生》陈列方案

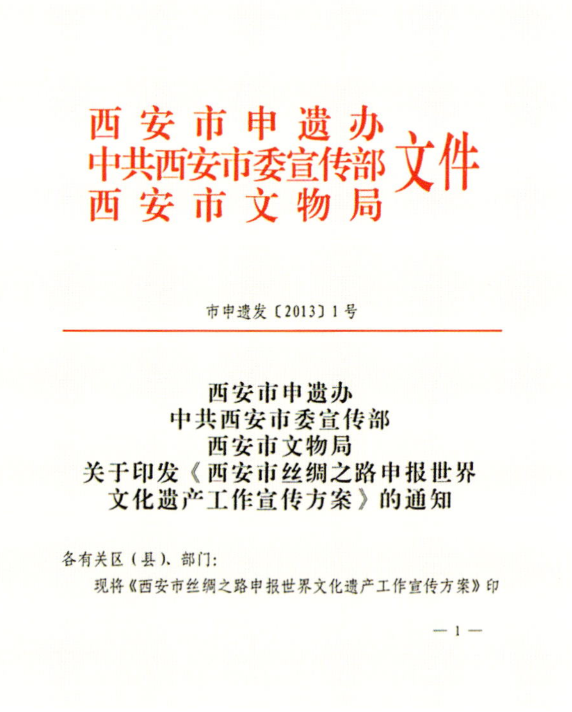

西安市申遗办
中共西安市委宣传部 文件
西安市文物局

市申遗发〔2013〕1号

西安市申遗办
中共西安市委宣传部
西安市文物局
关于印发《西安市丝绸之路申报世界文化遗产工作宣传方案》的通知

各有关区（县）、部门：

现将《西安市丝绸之路申报世界文化遗产工作宣传方案》印

—1—

图242 西安市申遗办、中共西安市委宣传部、西安市文物局关于印发《西安市丝绸之路申报世界文化遗产工作宣传方案》的通知

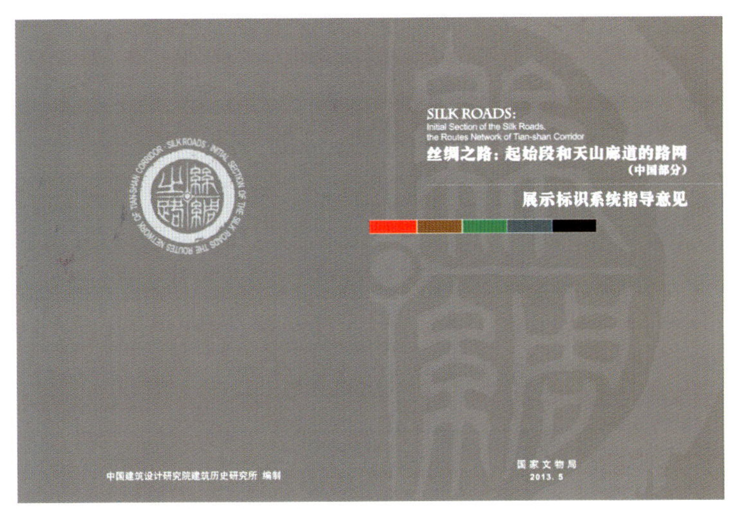

图 243　“丝绸之路：起始段和天山廊道的路网”中国部分展示标识系统指导意见

图 244　“丝绸之路：起始段和天山廊道的路网”中国部分标识

2013 年 5 月 8 日

实录一：为加大文化遗产保护工作的宣传，同时向市民宣传世界遗产知识，介绍各遗产点及保护工作成果，西安市丝绸之路申报世界文化遗产工作领导小组办公室、市委宣传部、市文物局联合制定了《西安市丝绸之路申报世界文化遗产工作宣传方案》，并向有关区县部门单位发送了该文件，要求有关区县部门单位结合实际，认真组织落实文件内容。（图 242）

实录二：西安市丝绸之路申报世界文化遗产工作领导小组办公室通知各遗产点：请各单位根据实际情况准备迎检工作所需汇报材料和迎检方案，并于 5 月 19 日下午 17 时前提交至市申遗办。

实录三：西安市文物局报请陕西省文物局审批《大明宫部分重要遗址点保护展示工程设计方案（修订版）》。

2013 年 5 月 9 日

西安市丝绸之路申报世界文化遗产工作领导小组办公室《关于申请颁布〈荐福寺南山门外环境综合整治工作通告〉的请示》（市申遗字 [2013]12 号）报请西安市人民政府颁布。

2013 年 5 月 10 日

实录一：为做好“丝绸之路：起始段和天山廊道的路网”中国部分展示工作，进一步统一、规范各遗产点的遗产标志、解说牌及引导牌等标识设施，国家文物局委托中国建筑设计研究院建筑历史研究所编制的《丝绸之路：起始段和天山廊道的路网中国部分展示标识系统指导意见》经专家评审通过。5 月 10 日，国家文物局向有关省（自治区）文物局印发了该文件，要求各有关省（自治区）文物局将该《指导意见》（含遗产标志）转发各有关市县文物主管部门，并指导有关市县参照有关内容，抓紧做好丝绸之路有关遗产点展示标识系统建设工作。对于已开展展示标识系统功能工作的遗产地，可根据实际情况做适当补充完善。（图 243、图 244）

实录二：根据陕西省人民政府关于妥善解决兴教寺塔申遗工作会议及国家文物局、国家宗教局对兴教寺塔申遗工作的要求，兴教寺撤回 4 月 11 日上报的退出申遗的报告，并表示愿积极配合做好兴教寺塔申遗相关工作。

2013 年 5 月 13 日

实录一：为推动丝绸之路跨国系列申报世界文化遗产工作，做好迎接世遗专家对我国申遗点现场考察评估工作，5 月 3 日，国家文物局在陕西组织召开了“丝绸之路申遗工作技术研讨会”。会上，有关领导和专家根据世界遗产现场评估考察的程序和要求对迎接工作中的有关事项进行了系统培训，对下一步的迎检工作做了安排部署。陕西省申遗办将此次会议的主要精神整理成文，向西安、咸阳、汉中市申遗办发送了《国家文物局丝绸之路申遗工作技术研讨会议精神》的文件，要求西安、咸阳、汉中市申遗办组织各申遗点学习和贯彻落实《国家文物局丝绸之路申遗工作技术研讨会议精神》，确保按期完成丝绸之路申遗各项工作任务。（图 245）

实录二：西安市丝绸之路申报世界文化遗产工作领导小组办公室在长安区政府常务会议室召集西安市文物局、市宗教局、市佛教协会、长安区政府、长安区民族宗教事物局、兴教寺、陕西省文化遗产研究院有关负责同志参加的专题会议，会议就《兴教寺塔申遗工程方案设计》征求寺院意见，对寺院同意实施的项目进行了确认。

实录三：西安市宗教事务局报请西安市文物局对修改后的《大雁塔相关整治工程方案》审批。

实录四：西安市文物局通知各区县文化（文物）局和局属单位：紧紧围绕“文化遗产与全面小康”的主题，制定本单位 6·8 文化遗产日活动方案，要充分利用大众媒体开展广泛的宣传活动。

实录五：西安博物院召开了小雁塔申遗专题陈列大纲的最后讨论与确定会议。

陕西省申报世界文化遗产办公室

关于贯彻落实国家文物局
丝绸之路申遗工作技术研讨会议精神的通知

西安、咸阳、汉中市申遗办：

为推动丝绸之路跨国系列申报世界文化遗产工作，做好迎接世遗专家对我国申遗点现场考察评估工作，5 月 3 日，国家文物局在陕西组织召开了丝绸之路申遗工作技术研讨会。会上，有关领导和专家根据世界遗产现场评估考察的程序和要求对迎检工作中的有关事项进行了系统培训，对下一步的迎检工作做了安排部署。根据会议记录，我办将此次会议的主要精神整理成文，请你办认真组织各申遗点学习和贯彻落实，确保按期完成丝路申遗各项工作任务。

附：《国家文物局丝绸之路申遗工作技术研讨会主要精神》

陕西省申报世界文化遗产办公室
2013 年 5 月 13 日

抄送：西安市文物局，咸阳市文物旅游局，汉中文物旅游局。

陕西省申报世界文化遗产办公　　2013 年 5 月 13 日印发

图 245　陕西省申遗办关于贯彻落实国家文物局丝绸之路申遗工作技术研讨会议精神的通知

2013 年 5 月 14 日

实录一：目前丝绸之路申遗工作已进入攻坚阶段，西安市丝绸之路申报世界文化遗产工作领导小组办公室、市委宣传部、市文物局根据申遗要求形成了《西安市丝绸之路申报世界文化遗产宣传工作方案》，西安市申遗办《关于召开全市丝绸之路申遗工作会议的请示》（市申遗字 [2013]13 号）报请西安市人民政府，进一步安排落实方案工作任务，推进申遗工作。

实录二：西安博物院报请西安市文物局审批《西安小雁塔监测预警管理平台规划方案》。

实录三：西安市文物局报请陕西省文物局核准《大雁塔相关整治工程方案》。

2013 年 5 月 16 日

陕西省文化遗产研究院编制完成《兴教寺塔申遗工程方案设计（实施项目）》，并经兴教寺住持宽池签字确认。西安市文物局报请陕西省文物局履行核准程序。

2013 年 5 月 17 日

实录一：陕西省文物局向西安市文物局转

发国家文物局《关于印发〈丝绸之路：起始段和天山廊道的路网中国部分展示标识系统指导意见〉的通知》（文物保函[2013]596号），要求按照有关内容做好申报点的标识系统建设工作。（图246）

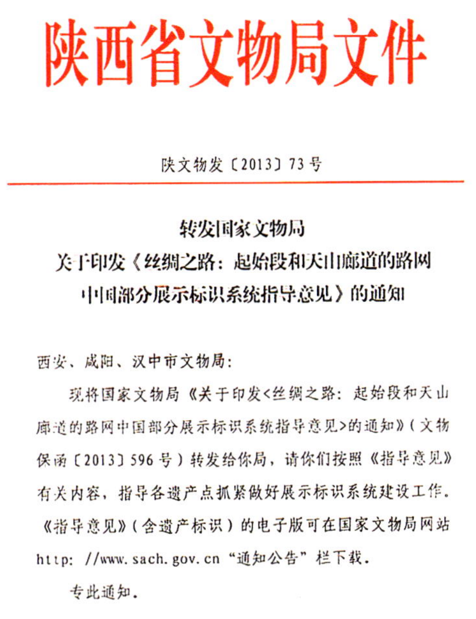

陕西省文物局文件

陕文物发〔2013〕73号

转发国家文物局
关于印发《丝绸之路：起始段和天山廊道的路网
中国部分展示标识系统指导意见》的通知

西安、咸阳、汉中市文物局：

现将国家文物局《关于印发<丝绸之路：起始段和天山廊道的路网中国部分展示标识系统指导意见>的通知》（文物保函〔2013〕596号）转发给你局，请你们按照《指导意见》有关内容，指导各遗产点抓紧做好展示标识系统建设工作。《指导意见》（含遗产标识）的电子版可在国家文物局网站http：//www.sach.gov.cn"通知公告"栏下载。

专此通知。

图246　陕西省文物局转发国家文物局关于印发《丝绸之路：起始段和天山廊道的路网中国部分展示标识系统指导意见》的通知

实录二：西安市人民政府办公厅组织召开会议，安排落实《西安市丝绸之路申报世界文化遗产宣传工作方案》工作任务。市委宣传部、市宗教局、市财政局、市工信委、市教育局、市市政局、市交通局、市文物局、西安日报社、西安广播电视台、西安城投集团公司、曲江新区管委会、未央区政府、长安区政府、市地铁办有关负责同志参加了会议。

2013年5月20~24日

目前，西安市各申遗点监测预警系统已经初步开发完成，西安市丝绸之路申报世界文化遗产工作领导小组办公室组织项目承担方赴各申报点预安装系统，并就系统业务功能进行沟通。

2013年5月22日

实录一：陕西省文物局《关于兴教寺塔申遗工程方案设计（实施项目）的意见》（陕文物函[2013]157号）发送西安市文物局，核准同意《兴教寺塔申遗工程方案设计（实施项目）》。

实录二：西安市文物局是西安市丝绸之路申报世界文化遗产工作领导小组办公室的重要成员之一，按照国家文物局和陕西省文物局关于丝绸之路申遗工作的安排和要求，近期要重点做好申报点的环境整治、新闻宣传及迎检验收前的各项准备工作。为确保申遗工作的顺利进行，西安市文物局召开局长办公会，制定了《西安市文物局申遗工作任务与分工方案》，确定了各工作小组的负责人和工作任务。

2013年5月24日

实录一：为确保世界遗产申报点的价值载体得到有效保护，提升申报点的科技保护及精细化管理水平，确保遗产综合信息监测及预警工作的长期和可持续发展，根据国家文物局和陕西省文物局对申遗工作的相关要求，各申遗点委托具有遗产点监测预警信息管理平台建设经验的江苏瀚远科技股份有限公司，编制完成《大雁塔监测预警管理平台规划方案》、《小雁塔监测预警管理平台规划方案》、《兴教寺塔监测预警管理平台规划方案》、《大明宫遗址监测预警管理平台规划方案》，西安市文物局将以上方案报送陕西省文物局核准。（图247）

实录二：西安市丝绸之路申报世界文化遗产工作领导小组办公室向各申遗点转发国家文物局《丝绸之路：起始段和天山廊道的路网中国部分展示标识系统指导意见》，请按照意见内容做好

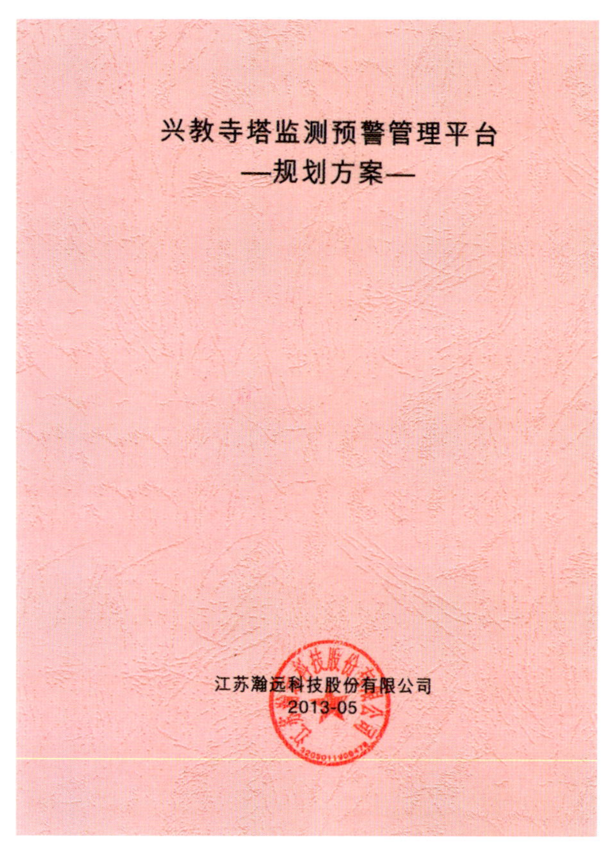

图 247 兴教寺塔监测预警管理平台规划方案

标识系统建设工作。

2013 年 5 月 27 日

实录一：西安市文物局向长安区民宗局转发《陕西省文物局关于核准兴教寺塔申遗工程方案设计（实施项目）的意见》并请按照意见执行，确保兴教寺塔申遗工作顺利进行。

实录二：西安博物院召开了“丝路明珠小雁塔展陈设计审定会”，院长向德、书记王磊，以及半坡博物馆馆长张礼智、陕西省历史博物馆陈列部主任董理、西安市文物保护考古院副院长冯健等参加会议。

2013 年 5 月 29 日

受西安市丝绸之路申报世界文化遗产工作领导小组办公室邀请，河南登封市文物局副局长郭磊在西安市文物局会议室“登封迎检”工作，就申遗档案、PPT 汇报材料、迎检安排等进行了座谈，西安市申遗办和各申遗点工作人员等参加会议。

2013 年 5 月 30 日

西安市文物局《关于小雁塔保护规划的请示》（市文物字 [2013]113 号）报请陕西省文物局审批由西安市城市规划设计研究院编制的《小雁塔保护规划》。

2013 年 6 月 3 日

西安市文物局《关于小雁塔申遗工程方案的请示》（市文物字 [2013]112 号）报请陕西省文物局核准由陕西省文化遗产研究院编制、修改完善的《小雁塔申遗工程设计方案》。

2013 年 6 月 4 日

实录一：陕西省文物局《关于拨付丝路申遗前期经费的通知》（陕文物拨款 [2013]33 号）发送西安市文物局，要求拨付申遗工程前期经费，主要用于西安市 5 处遗产点档案设施和资料整理补助、迎检计划手册编印、迎检前期及接待工作、大雁塔陈列和标识系统建设。

实录二：根据国家文物局要求，汉长安城未央宫遗址要在 2013 年 6 月底以前完成申遗区域内的环境整治、考古勘探、文物保护展示工程建设、游客服务设施建设等相关工作，其中涉及文物保护展示工程 20 余项，由于时间紧、任务重，为确保能按期完成相关工作，6 月 4 日，西安市文物局《关于未央宫遗址保护展示工程相关问题的请示》（市文物字 [2013]115 号）报请西安市人民政府，申请将未央宫遗址申遗区域文物保护展示工程按照抢救性文物保护工程组织实施，列入政府应急工程。（图 248）

2013 年 6 月 5 日

实录一：陕西省文物局《关于西安市大明宫遗址等申遗点监测预警管理平台设计方案的意见》

（陕文物函 [2013]169 号）原则同意西安市大明宫遗址、小雁塔、大雁塔、兴教寺塔四处监测预警管理平台规划方案。之后西安市文物局向相关单位进行了转发。

实录二：陕西省文物局核准同意《大明宫部分重要遗址点保护展示工程设计方案》和《大雁塔相关整治工程方案》。

实录三：陕西省文物局向西安市文物局转发国家文物局《关于汉长安城未央宫遗址保护展示相关工程的批复》(文物保函 [2013]764 号)，请西安市文物局按照国家文物局意见修改完善并报省文物局核准，核准后的方案报国家文物局备案。

2013 年 6 月 17 日

西安市文物局将陕西省文物局《关于核准大明宫重要遗址点保护展示工程设计方案的意见》（陕文物函 [2013]171 号）转发给西安曲江大明宫遗址区文物局，要求按照意见执行。（图 249）

2013 年 6 月 18 日

实录一：西安市文物局将陕西省文物局《关于核准大雁塔相关整治工程方案》（陕文物函 [2013]170 号）转发给西安市宗教事务局，要求按照意见执行。

实录二：西安市丝绸之路申报世界文化遗产工作领导小组办公室通知各丝路申遗相关单位：6 月 20 日起江苏瀚远科技股份有限公司将派工作人员赴各点安装监测预警信息管理系统，请各点准备安装事宜。

2013 年 6 月 20 日

《兴教寺塔申遗工程方案设计（实施项目）》已经陕西省文物局核准同意。根据《陕西省人民政府专项问题会议纪要》（第 42 次），兴教寺塔申遗项目“寺院内环境整治的实施工作由兴教寺负责，省文物局给予经费补助”的精神，西安市文物局《关于兴教寺塔申遗相关经费的请示》（市文物字 [2013]116 号）报请陕西省文物局尽快协调解决兴教寺院内环境整治项目资金补助问题。

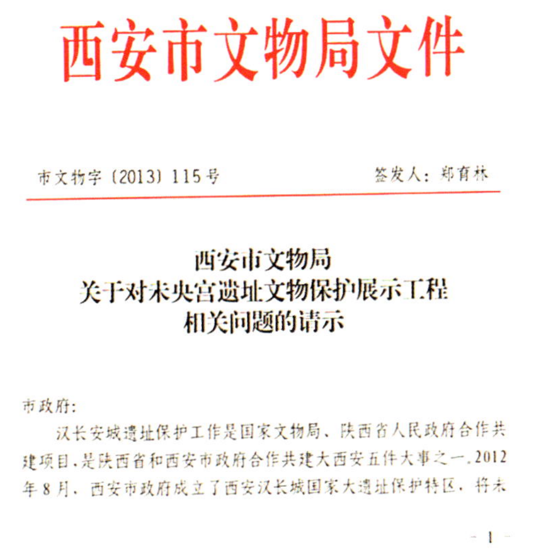

西安市文物局文件

市文物字〔2013〕115号　　签发人：郑育林

西安市文物局
关于对未央宫遗址文物保护展示工程
相关问题的请示

市政府：

汉长安城遗址保护工作是国家文物局、陕西省人民政府合作共建项目，是陕西省和西安市政府合作共建大西安五件大事之一。2012年8月，西安市政府成立了西安汉长城国家大遗址保护特区，将未

- 1 -

图 248　西安市文物局关于对未央宫遗址文物保护展示工程相关问题的请示

图 249　大明宫部分重要遗址点保护展示工程方案

图 250 时任西安市人大副主任李秋实（中）一行调研汉长安城遗址

2013 年 6 月 24 日

受国家文物局委托，陕西省文物局承办《“丝绸之路：起始段和天山廊道的路网”中国部分专题陈列》将于今年 6 月底在陕西历史博物馆完成陈列布展。根据专家意见，确定了西安市需要参展文物清单。陕西省文物局请西安市文物局组织文物收藏单位与陕西历史博物馆联系，尽快完成文物借展的相关手续，全力支持《“丝绸之路：起始段和天山廊道的路网”中国部分专题陈列》按期、高质量展出。

2013 年 6 月 25 日

实录一：西安市人大副主任李秋实一行十余人调研汉长安城遗址。西安汉长安城国家大遗址保护特区管委会、汉长安城遗址保管所等相关负责同志陪同调研。调研组一行主要考察了未央宫前殿遗址保护工程现场，详细了解了未央宫遗址的历史沿革、考古情况、遗址保护工程进展情况、遗址申报区内环境整治、村民拆迁安置工作等等。（图 250）

实录二：为全面做好申遗宣传工作，西安市丝绸之路申报世界文化遗产工作领导小组办公室向市财政局申请宣传经费，涉及传统平面媒体宣传、户外广告宣传、拍摄制作专题片、举办“西安丝路申遗百题知识竞答”活动、制作宣传折页等，以保证申遗宣传工作的有序开展。

2013 年 7 月 3 日

按照世界遗产申报规则，联合国教科文组织世界遗产委员会的文化遗产咨询机构国际古迹遗址理事会（ICOMOS）将于近期委派专家，对丝绸之路申报世界文化遗产项目进行现场考察评估。考察评估结果对于丝绸之路申遗具有关键作用。

为做好迎接国际专家现场考察评估丝绸之路跨国系列申报世界文化遗产的相关准备工作，国家文物局向有关省、自治区文物局发送了《关于做好丝绸之路申报世界文化遗产项目国际考察预演准备工作的通知》（文物保函 [2013]1086 号）。根据通知精神，国家文物局拟于 2013 年 7 月 22 日至 8 月 1 日组织预演检查，全面检查丝绸之路各申遗点的各项申遗准备工作，以便发现问题，采取补救措施。通知要求各遗产申报地协调相关市县人民政府，严格按照接待国际专家考察的相关程序和工作要求做好预演检查相关工作。7 月 9 日，陕西省文物局将通知转发至西安市文物局。（图 251）

2013 年 7 月 11 日

西安市人民政府副市长、市丝绸之路申报世界文化遗产工作领导小组办公室主任段先念召集市级有关部门和有关区政府、开发区管委会的负责同志召开会议，就西安市丝绸之路申报世界文化遗产项目迎接国际专家评估验收工作召开专题协调会议，安排部署申遗迎检工作。

会议听取了市申遗办关于申遗迎检工作的情况汇报，并针对《西安市人民政府关于做好西安市丝绸之路申报世界文化遗产项目国际专家考察（预演检查）工作总体方案（报审稿）》与参会有关单位进行了讨论研究。

会议研究并讨论通过该《方案》，确定以下事项：一是建议《方案》组长为董军市长，副组长为岳华峰常务副市长、段先念副市长；二是建议将国际专家住宿宾馆定于大唐西市，由市申遗办负责与省申遗办协调；三是同意段先念副市长作为统筹协调人参加西安市申遗迎检工作，周爱全副秘书长负责联络、实施；四是市文物局郑育林局长做好市级层面文物保护管理方面讲解的准备工作；五是陈道麟局长做好与文物保护相衔接的城市控高方面讲解准备工作；六是同意邀请中国社会科学院考古研究所研究员安家瑶先生作为西安市申遗的总体专家顾问，对隋唐长安城及各遗产点的价值进行解说；七是同意西安市迎检工作日程安排，由接待组负责机场简短的迎接仪式、入城仪式等相关工作；八是关于兴教寺塔申遗问题，一切以

加急

国家文物局

文物保函〔2013〕1086 号

关于做好丝绸之路申报世界文化遗产项目国际考察预演准备工作的通知

有关省、自治区文物局：

按照世界遗产申报规则，联合国教科文组织世界遗产委员会的文化遗产咨询机构国际古迹遗址理事会（ICOMOS）将于近期委派专家，对丝绸之路申报世界文化遗产项目进行现场考察评估。考察评估结论对于丝绸之路申遗具有关键作用。

为做好迎接国际专家考察的相关准备工作，我局拟于 2013 年 7 月 22 日至 8 月 1 日组织预演检查，全面检查丝绸之路各申遗点的各项申遗准备工作，及时发现问题，采取补救措施。预演检查工作方案见附件。请你局协调相关市县人民政府，严格按照接待国际专家考察的相关程序和工作要求，做好预演检查相关工作。

- 1 -

图 251　国家文物局关于做好丝绸之路申报世界文化遗产项目国际考察预演准备工作的通知

尊重僧侣的意见为主；九是各遗产申报点利益相关者由各责任单位负责推荐并于事先做好培训工作；十是建议将西安市国土安全局增至《方案》中成员单位；十一是各迎检小组负责对《方案》进一步完善、细化，形成可供执行的具体迎检方案；十二是由市文物局负责提供一名熟悉申遗的工作人员为各点联络员。

2013 年 7 月 16 日

实录一：近日，国家文物局发送《关于做好丝绸之路申报世界文化遗产项目国际考察预演准备工作的通知》，根据通知精神，国家文物局拟于 7 月 22 日至 8 月 1 日组织预演检查，全面检查丝绸之路各申遗点的各项申遗准备工作；本次预演由国家文物局制定检查工作方案，各相关省、自治区文物局指导、协调，相关市县人民政府严格按照接待国际专家考察的相关程序和工作要求做好预演检查相关工作。

为切实做好迎接国家文物局专家对西安市丝绸之路申报世界文化遗产项目的评估验收工作，按照国家文物局和陕西省文物局的工作部署和要求，西安市丝绸之路申报世界文化遗产工作领导小组办公室拟定了《西安市人民政府迎接国际专家考察评估西安市丝绸之路申报世界文化遗产项目工作总体方案》并报请西安市人民政府审批。

实录二：为加强对汉长安城未央宫遗址、唐长安城大明宫遗址、大雁塔、小雁塔、兴教寺塔的保护和管理，依据《中华人民共和国文物保护法》、《中华人民共和国文物保护法实施条例》、《陕西省文物保护条例》等法律法规，结合西安市实际，7 月 16 日，西安市人民政府第 60 次常务会议审议通过了《西安市汉长安城未央宫遗址保护管理办法》、《西安市唐长安城大明宫遗址保护管理办法》、《西安市大雁塔保护管理办法》、《西安市小雁塔保护管理办法》、《西安市兴教寺塔保护管理办法》。

2013 年 7 月 23 日

根据国家文物局丝绸之路申遗预检工作安排，陕西省文物局组织在陕西历史博物馆召开了丝绸之路申遗陕西段保护管理工作汇报会和利益相关者座谈会。

2013 年 7 月 23~24 日

中国社会科学院考古研究所研究员安家瑶、中国建筑设计研究院建筑历史研究所所长陈同滨作为国家文物局专家组成员按照世界遗产的规范要求对陕西省申遗工作进行全面考察评估预检工作。本次预检检查专家组从接待、工作汇报、遗产真实性、完整性、保护管理保障等方面逐项逐条进行认真检查，并实地考察了西安市的汉长安城未央宫遗址、唐大明宫遗址、大雁塔、小雁塔、兴教寺塔等申遗点。（图 252、图 253、图 254、图 255、图 256）

图 252 国家文物局专家组对汉长安城未央宫遗址申遗工作进行考察评估预检

图 253　国家文物局专家组对小雁塔申遗工作进行考察评估预检

图 254　国家文物局专家组对大雁塔申遗工作进行考察评估预检

图 255　国家文物局专家组对兴教寺塔申遗工作进行考察评估预检

图 256　国家文物局专家组对大明宫遗址申遗工作进行考察评估预检

图 257　西安市人民政府令第 105、106、107、108、109 号公布《汉长安城未央宫遗址保护管理办法》、《唐长安城大明宫遗址保护管理办法》、《大雁塔保护管理办法》、《小雁塔保护管理办法》、《兴教寺塔保护管理办法》

2013 年 7 月 26 日

西安市人民政府令第 105、106、107、108、109 号公布了《西安市汉长安城未央宫遗址保护管理办法》、《西安市唐长安城大明宫遗址保护管理办法》、《西安市大雁塔保护管理办法》、《西安市小雁塔保护管理办法》、《西安市兴教寺塔保护管理办法》，自 2013 年 8 月 26 日起施行。（图 257）

2013 年 7 月 30 日

实录一：为进一步推进丝绸之路申遗工作进度，加紧落实国家文物局预检考察工作意见，切实做好迎接国际专家考察的准备工作，陕西省人民政府在陕西省文物局召开了丝绸之路申遗工作检查督导会议，副省长白阿莹出席会议并对下一步工作及落实国家文物局预检考察意见作出重要指示：一是加强宣传、提高认识；二是明确申遗主体是各级政府，责任落实到人；三是对照专家意见开始整改工作；四是做好验收前的准备工作。陕西申遗点涉及的西安市、县（区）政府和文物、宗教部门及申遗点所在单位负责人参加会议并汇报了各自申遗工作进展情况。

实录二：陕西省申报世界遗产办公室通知西安市丝绸之路申报世界文化遗产工作领导小组办公室，要求按照省政府检查督导会议精神，对照国家文物局专家意见，认真贯彻落实，确保申遗成功。

2013 年 8 月 2 日

西安市文物局通知长安区民族宗教事务局，鉴于目前已拨付的申遗经费使用情况，经请示陕西省文物局，请从省文物局拨付的档案、陈列等申遗专项结余部分经费中拨付 20 万元专项用于兴教寺院内环境整治工程。

2013 年 8 月 6 日

为推进大运河、丝绸之路申报世界文化遗产工作，国家文物局于 8 月 6 日在北京组织召开“大运河和丝绸之路申遗工作会”。国家文物局副局长童明康出席会议并作重要讲话。大运河和丝绸之路沿线有关省级文物局、申遗文本编制单位和相关专业机构的负责同志出席会议。

童明康副局长在讲话中充分肯定了大运河和丝绸之路两个申遗项目的工作进展。他指出，大运河和丝绸之路沿线地方政府和文物部门高度重视申遗工作，开展了大量艰苦细致、务实为民的保护工作，极大地改善了遗产保护状况和环境景观，取得了显著成效，为迎接国际专家的现场考察评估打下了很好的工作基础。在此过程中，地方各级文物部门的干部职工为了申遗成功冲刺，克服了很多困难，涌现出很多感人事迹，充分证明了文物部门是一支能打胜仗、敢打胜仗的优秀队伍。目前各地迎检工作中仍然存在一些问题，要从加强组织领导，确保协调一致；完成保护整治，推进监测管理；完善展示讲解，落实考察路线；做好接待服务，注重工作细节；加强宣传教育，争取各界支持五个方面，进一步做好迎接国际专家现场考察评估的有关工作，确保在 8 月底前全面完成各申遗点段的文物本体保护、环境整治、基础设施建设、展示标识、档案监测等各方面工作。

会议还听取了大运河、丝绸之路申遗工作预演检查的工作汇报。各省级文物局代表分别介绍了本地区大运河、丝绸之路申遗工作进展、存在的问题和整改工作计划。大家一致表示将按照本次会议要求，向省政府专题汇报或召开专门会议，督促相关市县人民政府抓紧落实国家文物局的各项工作部署，确保如期完成申遗准备工作。（图 258）

图 258　“大运河和丝绸之路申遗工作会”在北京召开

2013 年 8 月 12 日

为加大陕西省文化遗产保护成果和申遗宣传力度，保证陕西省申遗宣传工作的顺利开展，陕西省申

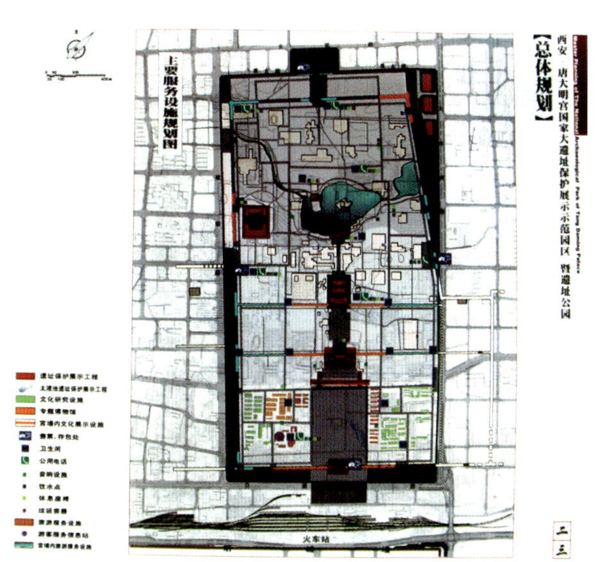

图 259　唐大明宫国家大遗址保护展示示范园区暨遗址公园总体规划主要服务设施规划图

报世界遗产办公室通知西安市丝绸之路申报世界文化遗产工作领导小组办公室于 8 月 16 日前提交相关的图片和文字资料。

2013 年 8 月 14 日

陕西省申报世界遗产办公室通知西安市丝绸之路申报世界文化遗产工作领导小组办公室定于 9 月 3 日召开“以丝路申遗为契机，推动文物景区提档升级”的新闻发布会，请西安市做好准备工作。

2013 年 8 月 19 日

为了对已编写的丝绸之路申报世界文化遗产陕西段迎检考察手册（中英文）进行修改完善，西安市丝绸之路申报世界文化遗产工作领导小组办公室报请陕西省申报世界遗产办公室尽快协调提供相关资料。

2013 年 8 月 22 日

西安市文物局《关于大明宫遗址公园周边配套服务设施建设方案的请示》（市文物字 [2013]144 号）报请陕西省文物局审批。（图 259）

2013 年 8 月 26 日

陕西省申报世界遗产办公室致函西安市丝绸之路申报世界文化遗产工作领导小组办公室，请市申遗办将《陕西省“丝绸之路申遗”宣传工作领导小组成员名单》及《陕西丝绸之路“申遗”宣传方案》转给西安市人民政府。

2013 年 8 月

为了更好地保护和管理丝绸之路陕西段遗产，实现丝绸之路陕西段遗产的展示、利用和可持续发展，积极发挥遗产的社会教育功能，丝绸之路（陕西段）文化遗产丛书印刷出版。该丛书为七册一套，分别为《汉长安城未央宫遗址》、《唐长安城大明宫遗址》、《大雁塔》、《小雁塔》、《兴教寺塔》、《彬县大佛寺石窟》、《张骞墓》。丛书以专业的视角、通俗的语言、深入浅出的叙述，全面形象地揭示了这些遗产的历史、价值以及保护与管理的状况，不仅生动地呈现出遗产的历史风貌，而且反映了文物保护技术与管理理念的成长与进步，通过生动鲜活的事例、精美的图片、优美的文字，多角度、多层次地展现和反映遗产的特色，有助于加深读者对文物的理解与认识。

2013 年 9 月 2 日

按照世界遗产申报规则，联合国教科文组织世界遗产委员会咨询机构国际古迹遗址理事会将委派国际专家狄丽玲女士和山内和也先生于 2013 年 10 月 10 日至 22 日，对跨国系列申报世界文化遗产项目“丝绸之路：起始段和天山廊道的路网”中国段进行现场考察评估。为做好相关工作，国家文物局向有关省、自治区文物局印发了《国际专家现场考察评估丝绸之路申遗项目接待工作总方案》（文物保函 [2013]1676 号），要求各局指导各相关单位按照总方案的要求，做好接待工作。（图 260）

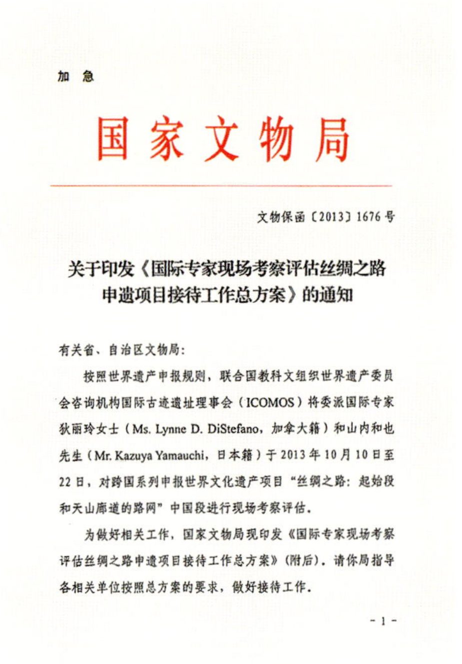

加 急

国家文物局

文物保函〔2013〕1676 号

关于印发《国际专家现场考察评估丝绸之路申遗项目接待工作总方案》的通知

有关省、自治区文物局:

按照世界遗产申报规则，联合国教科文组织世界遗产委员会咨询机构国际古迹遗址理事会（ICOMOS）将委派国际专家狄丽玲女士（Ms. Lynne D. DiStefano，加拿大籍）和山内和也先生（Mr. Kazuya Yamauchi，日本籍）于 2013 年 10 月 10 日至 22 日，对跨国系列申报世界文化遗产项目“丝绸之路：起始段和天山廊道的路网”中国段进行现场考察评估。

为做好相关工作，国家文物局现印发《国际专家现场考察评估丝绸之路申遗项目接待工作总方案》(附后)，请你局指导各相关单位按照总方案的要求，做好接待工作。

- 1 -

图 260　国家文物局关于印发《国际专家现场考察评估丝绸之路申遗项目接待工作总方案》的通知

2013 年 9 月 3 日

陕西省人民政府新闻办公室在西安举办“以丝绸之路申遗为契机，推动文物景区提档升级”为题的陕西丝绸之路申报世界文化遗产工作新闻发布会。陕西省文物局新闻发言人、副巡视员、陕西省申报世界遗产办公室主任周魁英介绍有关情况并回答记者提问。

周魁英介绍，2012 年在联合国教科文组织世界遗产委员会的协调下，确定中国和哈萨克斯坦、吉尔吉斯斯坦三国政府联合申报丝绸之路世界文化遗产，名称为“丝绸之路起始段和天山廊道的路网”，今年初丝绸之路申遗文本已递交联合国教科文组织世界遗产中心并被正式受理。该项目包括三国共 33 处遗产点，是目前世界上最大的文化遗产项目；中国四省区共 22 处被列入，其中陕西省有汉长安城未央宫遗址、唐长安城大明宫遗址、大雁塔、小雁塔、兴教寺塔、张骞墓、彬县大佛寺石窟 7 处。

周魁英指出，陕西 7 处文化遗产均是丝绸之路的重要载体和物证,在全人类文明发展史上具有突出的普遍价值。丝绸之路经过 2000 多年的发展，已经演变为一条东西方文明之间进行经济、政治、文化交流的重要道路，在这条文化线路上遗留下了大量璀璨夺目的珍贵文化遗产。陕西 7 处被列入申报名单的遗产点是丝绸之路从开通、发展到繁荣、鼎盛时期文化遗产的重要载体和典型代表，见证了东西方之间的商贸往来、文化交融、科技交流，在全人类文明史上具有重大文化价值。

周魁英说，陕西先后组织完成并上报了申遗文本，编制了各申遗点的保护管理规划，组织各申遗点实施了环境整治、陈列展示和基础设施工程及遗产监测、档案建设等申遗必需的各项准备工作，省文物局承办的“丝绸之路：起始段和天山廊道的路网——中国部分专题陈列”已经完成陈列布展工作。通过各级政府和社会各界的共同努力，这些文化遗产的真实性、完整性得到了有效保护，这既是对中华文化遗产的热爱、尊重和保护，也是对世界文化遗产保护做出的贡献。

2013 年 9 月 4 日

实录一：西安市文物局局长郑育林调研汉长安城未央宫遗址申遗工程。先后到椒房殿、少府、直城门、中央官署、西安门和汉代道路遗址本体保护施工现场进行了查看，对工程进度和存在问题进行了详细了解，对工程总体进度和质量给予了肯定。郑局长指出，目前天气正有利于施工，要抓紧时间，所有工程确保按计划完成，并做好收尾阶段的场地清理和环境卫生工作。同时，工程完工后管理工作要跟上，要立即着手研究管理问题，确保后续各项工作有序延续。汉长安城遗址保管所、项目施工单位古建公司有关负责同志陪同视察。（图 261）

实录二：西安市文物局《关于大雁塔保护规划的请示》(市文物字 [2013]149 号）报请陕西省文物局审批由陕西省文化遗产研究院和西安市城市规划设计研究院编制的《大雁塔保护规划》。（图 262）

图 261　西安市文物局局长郑育林（左二）调研汉长安城未央宫遗址申遗工程

2013 年 9 月 14 日

根据国家文物局的批复精神，汉长安城未央宫遗址保护展示相关工程方案编制单位对汉长安城未央宫遗址本体保护和展示工程、遗址标识系统、遗址展示道路工程、遗址环境修复、游客服务场地及设施、遗址监测等项目的设计方案进行了深化、修改和完善，目前方案已编成。西安市文物局《关于汉长安城未央宫遗址保护展示相关工程方案的请示》（市文物字 [2013]164 号）报请陕西省文物局核准该方案。

2013 年 9 月 16 日

实录一：陕西省文物局向西安市文物局转发国家文物局《关于印发国际专家现场考察评估丝绸之路申遗项目接待工作总方案》（文物保函 [2013]1676 号），要求按照方案做好接待工作，确保考察迎检工作顺利完成。

实录二：陕西省文物局《关于开展陕西省丝绸之路申报世界文化遗产项目国际考察预演工作的通知》（省文物发 [2013]156 号）发送西安市文物局，通知指出，按照国家文物局的要求和陕西省政府的总体部署，拟于 9 月 22 日开始组织预演检查，全面检查各申遗点的丝绸之路申遗准备工作，以便及时发现问题，采取补救措施。主要对预演现场、陪同人员、讲解翻译、照相摄影等工作提出要求。

实录三：为进一步推进陕西省丝绸之路申遗工作，陕西省申报世界遗产办公室近期对几个申遗点进行了督促检查并指出各申遗点存在的问题。陕西省文物局《关于加快推进我省丝绸之路申遗工作有关申遗的通知》（省文物发 [2013]157 号）发送西安市文物局，要求如下：一、各有关政府和部门要充分认识丝绸之路遗产保护对于当地乃至国家的重要影响和意义，是惠及群众的福祉工程，充分体现我省文化遗产的全球突出普遍价值和保护管理成果，确保申遗各项工作圆满完成，迎接世界遗产中心国际专家的考察。二、各遗产所在地政府、部门要严格按照国家文物局 7 月份预演考察、省政府丝路申遗督导会议，申遗管理规划的规定和要求，结合我省开展的检查和自查情况，认真研究，明确责任，限期完成。三、各市申遗办、遗产点保护管理机构要组织专家和人员，按照国家文物局关于《国际专家现场考察评估丝绸之路申遗项目接待总方案》要求，对迎接方案和讲解词进行认真的修改完善，并于 9 月 18 日上午前报送省申遗办。

图 262　大雁塔保护规划

图 263　灯杆挂旗宣传文化遗产保护

2013 年 9 月 23 日

中国建筑设计研究院建筑历史研究所所长陈同滨一行现场考察指导西安市的申遗迎检工作，并对各点申遗项目开展情况进行了督导。

2013 年 9 月 24 日

上午，丝绸之路申遗现场考察工作“主讲人、讲解词指导会议”在惠宾苑召开；下午，丝绸之路申遗现场考察工作“相关利益者座谈指导会议”在惠宾苑召开。会议主要由中国建筑设计研究院建筑历史研究所所长陈同滨所长进行了现场讲解。

2013 年 5~9 月

在西安市委宣传部领导下，西安市通过新闻媒体、举办专题活动、市区灯杆挂旗、人行天桥悬挂宣传标语、公交、地铁、出租、LED屏滚动播放申遗宣传片和宣传口号，在文物景区、地铁、出租车上发放宣传册页等多种方式，开展了一系列申遗宣传工作，普及了遗产知识，为申遗营造了良好社会氛围。（图 263、图 264）

图 264　人行天桥悬挂文化遗产宣传横幅

2013 年 9 月 30 日

按照国家文物局批复的申遗工作方案，西安市 5 个申遗点积极组织实施了各申遗点的环境整治工程、遗址本体保护工程、陈列展示工程、遗产监测工程、档案建设工程、基础设施工程等申遗必须的各项工程准备工作，至 9 月 30 日，共完成以下工作：

一、环境整治工程

汉长安城未央宫遗址——聘请中国建筑设计研究院建筑历史研究所编制了《汉长安城国家考古遗址公园未央宫片区详细规划》，搬迁了占压遗址上影响遗址保护利用的 9 个村庄共一万多人，组织实施了汉长安城未央宫遗址区域 6.11 平方公里范围内的环境整治工作，包括清运垃圾、回填土方、修建展示道路、实施遗址区绿化等。

唐长安城大明宫遗址——前期征用遗址区 3.5 平方公里土地，拆迁遗址区 350 万平方米建筑物，完成大明宫遗址区域 7 个城中村、89 家企事业单位，10 万人的搬迁安置。后期破除麟德殿东与太液池之间的硬质台阶及移除三清殿石子并恢复绿地覆盖、拆除宣政殿以北夯土遗迹展示上的木柱、世博会后迁回的栖凤阁建筑模型周边栽种树木等项目；对于有争议的敏感区域项目，采用不同应对方案，加强沟通，以最小的代价达成共识。

大雁塔——拆除缓冲区影响视觉效果的广告牌，改造了大慈恩寺院内的道路铺装及绿化形式，拆除了塔上原有景观灯的废旧线路，搬迁了塔上原有铝合金工作用房，并对塔内原有木地板进行了保护。

小雁塔——整治内容包括：遗产区围墙建设及铺地改造、遗址展示、南山门外入口空间改造、中轴线旧线路改造工程、小雁塔本体内照明线路改造工程、院内古建保护性修复工程、古树名木复壮工程、南山门外旧货市场拆除等。

兴教寺塔——寺院对大雄宝殿北屋面进行部分换瓦，对大雄宝殿西侧和南面地面进行青砖铺

图 265　汉长安城未央宫少府（或所辖官署）遗址保护施工中

图 266　汉长安城未央宫少府（或所辖官署）遗址保护后

地，将东面厕所进行整修，消防通道铁大门更新，寺院围墙重新刷新。

二、文物本体保护展示工程

汉长安城未央宫遗址——实施了汉长安城西安门遗址，未央宫前殿、中央官署、少府、椒房殿、石渠阁、天禄阁、东宫墙、北宫墙及有编号遗址，南城墙西段，西城墙南段城墙遗址及汉代道路遗址保护展示工程 61 处。（图 265、图 266）

唐长安城大明宫遗址——实施了大明宫丹凤门遗址本体保护工程、含元殿、麟德殿的保护砌体展示、地面标识、微缩模型诠释展示、多媒体和公众考古互动参与等展示工程。（图 267）

三、陈列展示工程

汉长安城未央宫遗址——完成了"'大汉中枢丝路起点'——未央宫的前世今生"申遗专题陈列室的改造及布展工程。展陈面积约 600 平方米。本展览分帝国都城、大哉伟哉、凿空西域、东方起点、保护传承五个部分。（图 268）

唐长安城大明宫遗址——在大明宫遗址的游客服务中心和中央博物馆，策划设计制作了大明宫遗址申报世界文化遗产专题展览等，宣传大明宫遗址的历史文化价值。

大雁塔——与专业展陈公司合作，以塔室内及三藏院回廊作为展示区，设计制作了符合大雁塔文化底蕴的专题展示。

小雁塔——筹办"丝路明珠小雁塔"展览设置在小雁塔景区中轴线的大雄宝殿内。召开了 3

图 267　唐长安城大明宫丹凤门遗址本体保护展示工程实施后

次专家论证会，最终定稿制作完成。展览内容包括“千年古塔长安名刹”、“密檐杰作佛经译场”和“守护遗产传承文化”三个单元的内容，系统地叙述了小雁塔的现状、历史与价值，以及对它的传承与保护。（图 269）

兴教寺塔——联系西北大学教授为兴教寺塔申遗编制展示大纲，经市申遗办审定，最终制作展板 12 块。（图 270）

四、遗产监测工程

汉长安城未央宫遗址——建立遗产监测预警平台，对重点遗址区能够实施监测的区域布设了温湿度、降尘、降雨量、风速、大气质量等监测设备，在遗址区增建一座小型气象站，监测气候环境。

唐长安城大明宫遗址——

图 268　“‘大汉中枢 丝路起点’——未央宫的前世今生”申遗专题展

建立遗址监测平台，开展了遗址本体变形和微生物监测；建立全园气象站进行大气环境监测；设置监控系统对突发自然灾害和游客不安全行为进行监测等工作。

大雁塔——建立遗产监测及预警平台，实现了对遗产周围气象环境、周围地下水位变化、塔体倾斜及不均匀沉降、塔上游客行为等的电子化监控。

小雁塔——进行了“小雁塔监测预警管理平台”的设计和建设，包括“遗产信息（本体和四有档案）”、“遗产 GIS”、“监测预警”、“评估决策”、“公共信息”五大基础数据库，拥有“遗产 GIS 展示”、“遗产监测预警管理”、“评估和决策管理”以及“信息资料管理”四大功能。它的建立和运行将完善小雁塔及附属荐福寺明清古建群的监测管理机制，实现对小雁塔本体的倾斜、沉降、月登塔和日入园游客量、游客行为以及本体保存环境的监测，对潜在的不利因素及时发出预警，为采取相应的保护措施提供依据。（图 271）

兴教寺塔——建立遗产监测及预警平台，实现对遗产周边的监测。

五、档案建设工程

汉长安城未央宫遗址——设立档案资料室，委派专人

图 269　“丝路明珠——小雁塔”展览

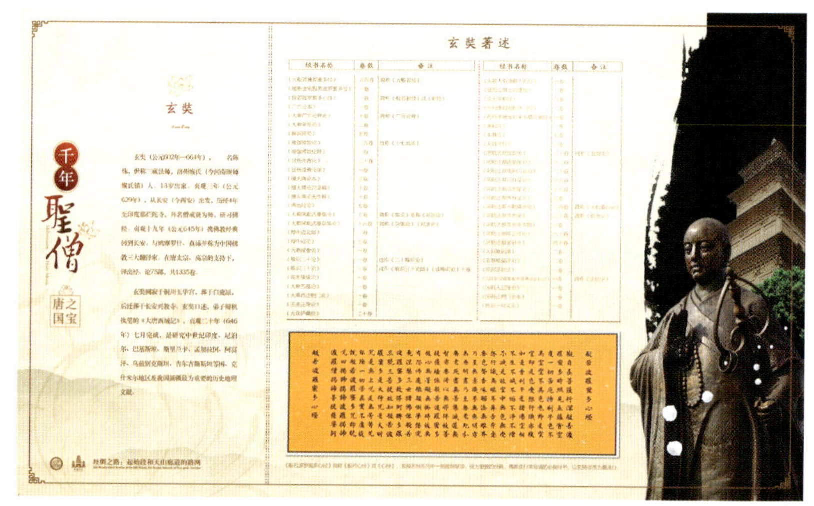

图 270　兴教寺塔申遗专题展板

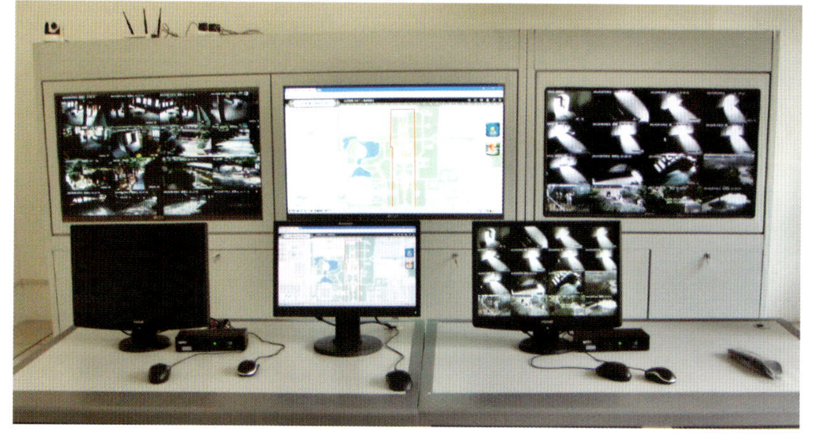

图 271　小雁塔监测管理平台

管理。完成汉长安城未央宫遗址申遗档案的编撰和整理工作，共计整理装订档案 506 卷，图书资料 920 本，收录文件 30500 份。完成了档案数据化管理。

唐长安城大明宫遗址——设立大明宫遗址档案资料室，装订档案约 3600 卷。完成了档案数据化管理。累计扫描资料 132098 页、图纸 10692 张，完成数据库题录入 85211 条，电子文件约 600 万字节。（图 272）

大雁塔——完成了申遗纸质档案的制作，设立新档案资料室，安排专职档案管理人员，完成了档案数据化管理，设立电子档案查询系统。

小雁塔——制作完成申遗档案卷宗 130 余卷，新增纸质文件资料 900 余份、电子文档 1000 余个、图纸 200 余张、大事记 500 余条、相关研究论文 50 余篇、相关媒体报道 30 余篇、相关外文研究资料书目 11 种，收集入档申遗相关照片 1200 余张。（图 273）

兴教寺塔——整理、收集、复印兴教寺塔相关行政文件，拍摄兴教寺塔及兴教寺建筑照片资料，搜集购买与兴教寺相关的图书资料，完成兴教寺塔申遗档案。

六、标识系统工程

汉长安城未央宫遗址——完成未央宫遗产区内的标识系统工程。共计夯筑标识系统夯土基座 12 座，制作、安装各类标识牌 830 个，制作展板 58 块。（图 274）

唐长安城大明宫遗址——在前期开展工作的基础上，按照相关要求，在遗产区内分别设置了 35 个界桩，155 个泡钉，廓清遗产区缓冲区范围。

图 272　唐长安城大明宫遗址档案室

图 273　小雁塔档案室

图 274　汉长安城未央宫遗址引导牌

图 275　小雁塔标识

图 276　小雁塔引导牌

大雁塔——设计并制作标识系统，在国家文物局初验提出建议后，重新完善标识系统。

小雁塔——完善小雁塔标识系统。将标识系统分为五级，进行分批制作，更新各类标牌 109 块。遗产区新的标识系统与古建、古树及碑刻融为一体，文字内容详尽，说明准确到位。（图 275、图 276）

兴教寺塔——设计并制作标识系统，并根据专家意见重新完善。

除以上六类工作外，5 个申遗点还完成了申遗文本编制、保护管理规划的编制和颁布、安防系统建设、申遗宣传、迎检讲解词的编写和培训、利益相关者的培训等工作并组织开展了多次迎检预演。截至目前，迎检前的一切工作已准备就绪。

2013 年 10 月 9 日

西安市人民政府副市长、西安市丝绸之路申报世界文化遗产工作领导小组办公室主任段先念带队，陕西省申报世界遗产办公室主任周魁英作为专家对汉长安城未央宫申遗工作进行迎检演练检查。西安市文物局、汉城特区管委会、汉城保管所有关负责同志陪同。检查结束后，在保管所会议室进行演练总结并对存在问题提出整改要求。（图 277）

图 277　陕西省申报世界遗产办公室主任周魁英（左三）作为专家对汉长安城未央宫申遗工作进行迎检演练检查

2013 年 10 月 12~13 日

联合国教科文组织世界遗产委员会咨询机构国际古迹遗址理事会委派加拿大籍

图 278　“丝绸之路：起始段和天山廊道的路网”（陕西段）申报世界文化遗产利益相关者座谈会

博士、专家狄丽玲女士对西安市申遗点进行了现场考察评估。

10 月 12 日上午，在陕西历史博物馆考察丝路申遗专项展陈、听取了丝绸之路陕西段管理工作 PPT 汇报、召开了相关利益者座谈会。下午，现场考察了汉长安城西安门遗址、汉城遗址保管所（考察监测体系、申遗档案、丝路展馆情况）、未央宫前殿遗址、西宫门遗址、中央官署遗址、少府遗址、直城门遗址、天禄阁遗址、石渠阁遗址、椒房殿遗址、东宫门遗址。（图 278、图 279）

10 月 13 日上午，考察唐长安城大明宫遗址申遗专项展览、遗址点监测、遗产档案、丹凤门、御道遗址、考古探索中心、含元殿遗址、参观大明宫遗址博物馆、考察麟德殿、大福殿、三清殿及玄武门文保

图 279　联合国教科文组织世界遗产委员会专家狄丽玲女士（中）代表世界遗产组织对汉长安城未央宫遗址申遗工作进行考察评估

图 280　联合国教科文组织世界遗产委员会专家狄丽玲女士（左三）代表世界遗产组织对唐大明宫遗址申遗工作进行考察评估

图 281　联合国教科文组织世界遗产委员会专家狄丽玲女士（右三）代表世界遗产组织对大雁塔申遗工作进行考察评估

展示工程。（图 280）

下午 14：45，考察大雁塔南山门、参观大雄宝殿、考察大雁塔保护管理情况、三藏院参观大雁塔历史图片展、考察监测系统和四有档案。（图 281）

下午 16：30，考察小雁塔南山门广场听取小雁塔遗产区介绍、沿小雁塔中轴线向北参观大雄宝殿（参观丝绸之路专题陈列；考察监测室、档案室；参观小雁塔历史沿革展）、登塔考察小雁塔、在 IICC-X 会议室查看丝绸之路档案信息数据中心。（图 282）

10 月 14 日上午，考察了兴教寺南山门、玄奘和园测、

窥基塔、参观专题展览、考察三藏院、大雄宝殿等、考察监测室、档案管理室、藏经楼。（图 283）

在迎检期间，国家文物局文本编制团队、遗产地所在区县政府、保护管理机构以及西安市人民政府聘请的相关专家共同组成遗产讲解小组，完成了包括遗产价值、考古成果、保护管理状况以及遗产规划和城市控高规划的讲解工作。

西安市丝路申遗迎检工作接待组按照国家文物局、陕西省文物局的要求，在交通、饮食、住宿、文艺展演、会见宴请等方面为国际专家提供了服务保障；迎检工作宣传组通过新闻媒体、举办专题活动、市区灯杆挂旗、人行天桥悬挂宣传标语、公交、地铁、出租、LED 屏滚动播放申遗宣传片和宣传口号、发放宣传册页等工作普及遗产知识，营造了良好社会氛围；迎检工作环境整治组实施了迎检路线沿途道路及遗产点周边的环境治理，营造了以文化遗产保护为主旨的社会氛围；迎检工作安全保卫组充分贯彻了国家文物局“内紧外松”的要求，确保了迎检安全；迎检工作资金保障组在迎检工作准备和考察期间，合理安排了相关的资金保障，确保了申遗迎检工作的顺利推进。（图 284、图 285）

图 282　联合国教科文组织世界遗产委员会专家狄丽玲女士（中）代表世界遗产组织对小雁塔申遗工作进行考察评估

图 283　联合国教科文组织世界遗产委员会专家狄丽玲女士（左四）代表世界遗产组织对兴教寺塔申遗工作进行考察评估

图 284　制作宣传折页向广大市民发放

图 285　西安市区重点区域 LED 屏播放文化遗产宣传片

图 286　西安市文物局和未央区政府在汉长安城未央宫遗址区内开展“走进丝绸之路起点，感受历史人文”千人健步走活动

2013 年 10 月 28 日

为激发社会各界对中华民族历史文化遗产保护的热情，凝心聚力，为建设丝绸之路经济带作贡献，西安市文物局和未央区政府在汉长安城未央宫遗址区内开展“走进丝绸之路起点、感受历史人文”千人健步走活动。千人健步团从西安门遗址出发，经未央宫南宫门遗址、未央宫汉代道路遗址直达未央宫前殿遗址，参与人员对遗址区的宏大气势和浓郁的文化气息感叹不已。（图 286）

3.2.2 结语

本年度西安市人民政府、西安市丝绸之路申报世界文化遗产工作领导小组办公室、西安市文物局、市级各有关部门、申遗相关区县、管委会、各相关遗产点管理机构等单位克服了时间紧、工作任务艰巨、资金不足等困难，全力投入丝绸之路申遗的最后冲刺阶段。此阶段以国家文物局的申遗工作方案为指导，经过大家的通力协作和艰苦备战，全面实施了五个遗产点申报世界文化遗产的工作内容，包括：申遗文本编写、文物本体保护、环境整治、档案建设、申遗专题陈列、标识系统建设、社会宣传、验收评估、补充材料编写等各项工作，工作成果得到验收专家的充分肯定。

3.3 西安丝绸之路申遗实录 2014 年——收获之年

3.3.1 申遗实录 2014 年

2014 年 1 月 2 日

2013 年 12 月 18 日，国际古迹遗址理事会（ICOMOS）就 2014 年提名的“丝绸之路：起始段和天山廊道的路网”提出了补充材料要求。根据 2013 年 12 月 26 日国家文物局在北京召开的大运河、丝绸之路申遗项目相关工作会议的要求和工作部署，2014 年 1 月 2 日，陕西省文物局向西安文物局发送了《关于丝绸之路申遗项目补充材料的通知》，通知要求西安市文物局以下几点：一

是市申遗办和有关业务单位配合中国建筑设计研究院建筑历史研究所进行丝绸之路价值（OUV）的研究工作，尽可能提供考古、文献等方面资料；二是组织对辖区内两京故道邮驿系统有关的遗存进行梳理，形成相关情况说明、重要遗产清单及遗产简介，配以必要的图纸、照片；三是针对辖区内驿站遗产进行梳理，提出未来5年可能扩展的项目，经当地政府同意后一并上报。

2014年1月13~17日

为进一步落实丝绸之路申遗项目的申报工作，应中国国家文物局的邀请，国际古迹遗址理事会西安国际保护中心（简称IICC-X）协助在北京召开了“丝绸之路：起始段和天山廊道的路网”中国、哈萨克斯坦、吉尔吉斯斯坦三国工作组第四次会议。

三国工作组专家、中国国家文物局文物保护与考古司（世界文化遗产司）副司长陆琼、国际古迹遗址理事会副主席、中国古迹遗址保护协会副主席兼秘书长郭旃、中国社会科学院考古研究所研究员安家瑶、中国建筑设计研究院建筑历史所所长陈同滨、北京大学考古文博学院教授陈凌等国内知名专家出席了此次会议，与三国工作组成员共同研究讨论了2013年12月18日ICOMOS对“丝绸之路”项目发来的反馈意见。

会议期间，三国工作组及专家对丝绸之路天山廊道的独特特征、首要的管理系统、系列的扩展、遗产名称以及三国协调保护管理协议等进行了热烈讨论，形成了系列行动计划并达成共识。（图287）

2014年5月24日

为促进“丝绸之路：起始段与天山廊道的路网”中国境内申报世界遗产的有效保护，加强各级政府、管理者的沟通和协作，与丝绸之路有关的省市包括陕西、河南、甘肃、新疆4省区文物局和陕西的西安、咸阳、汉中3市，河南的洛阳、三门峡2市，甘肃的天水市、酒泉市、临夏回

图287　“丝绸之路：起始段和天山廊道的路网”中国、哈萨克斯坦、吉尔吉斯斯坦三国工作组第四次会议在北京召开

族自治州，新疆的吐鲁番地区、阿克苏地区、昌吉回族自治州人民政府经协商，《4省文物局、11地市人民政府关于合作保护丝绸之路遗产的协定》(简称《协定》)在西安获得通过。

《协定》共19条，明确了各方要认识保护丝绸之路遗产的重要性，同意通过加强对遗产的保护、监测和管理，维护其突出普遍价值和真实性、完整性，提高保护管理能力和水平，推动各遗产地之间的交流和合作，促进遗产所在地经济社会可持续协调发展。

2014年5月29日

陕西省人民政府省长娄勤俭一行调研汉长安城遗址保护工作。主要到汉长安城西安门遗址、未央宫前殿遗址进行了实地查看，听取了关于汉长安城遗址保护工作情况的汇报。陕西省人民政府、省发改委、省文物局，西安市人民政府、汉城特区管委会有关负责同志陪同调研。

2014年6月16日

为做好庆祝西安丝绸之路申报世界文化遗产项目成功的准备工作，展示西安丝路遗产魅力，加大对外推介力度，同时向广大市民普及世界文化遗产知识，西安市丝绸之路申报世界文化遗产工作领导小组办公室制定了《西安市丝绸之路成功入选世界文化遗产宣传工作方案》。

2014年6月15~25日

第38届世界遗产大会在卡塔尔首都多哈召开，来自132个国家的700多名代表参加了此次大会。大会共审议了36个申报项目，包括4项扩展项目。中国与哈萨克斯坦、吉尔吉斯斯坦联合申报的“丝绸之路：长安—天山廊道的路网”项目于6月22日作为文化遗产项目成功列入《世界遗产名录》。(图288)

世界遗产委员会认为，丝绸之路是东西方之间融合、交流和对话之路，近两千年以来为人类的共同繁荣做出了重要的贡献。此次申报的丝绸之路段落，在丝绸之路交通与交流体系中具有突出特点。它形成于公元前2世纪，兴盛于公元6~14世纪，沿用至16世纪，分布于中国、哈萨克斯坦和吉尔吉斯斯坦三个国家。丝绸之路见证了公元前2世纪至公元16世纪期间，亚欧大陆经济、文化、社会发展之间的交流，尤其是游牧与农耕文明之间的交流；它在长途贸易推动大型城镇和城市发展、水利管理系统支撑交通贸易等方面是一个出色的范例；它与张骞出使西域等重大历史事件直接相关，深刻反映出佛教、摩尼教、拜火教、祆教等宗教和城市规划思想等在古代中国和中亚等地区的传播。同时，世界遗产委员会建议将其命名为“丝绸之路：长安—天山廊道的路网”。

图288 第38届世界遗产大会在卡塔尔首都多哈召开

中国、哈萨克斯坦和吉尔吉斯斯坦三国联合申报的“丝绸之路：长安—天山廊道的路网”共有33个遗产点，其中，

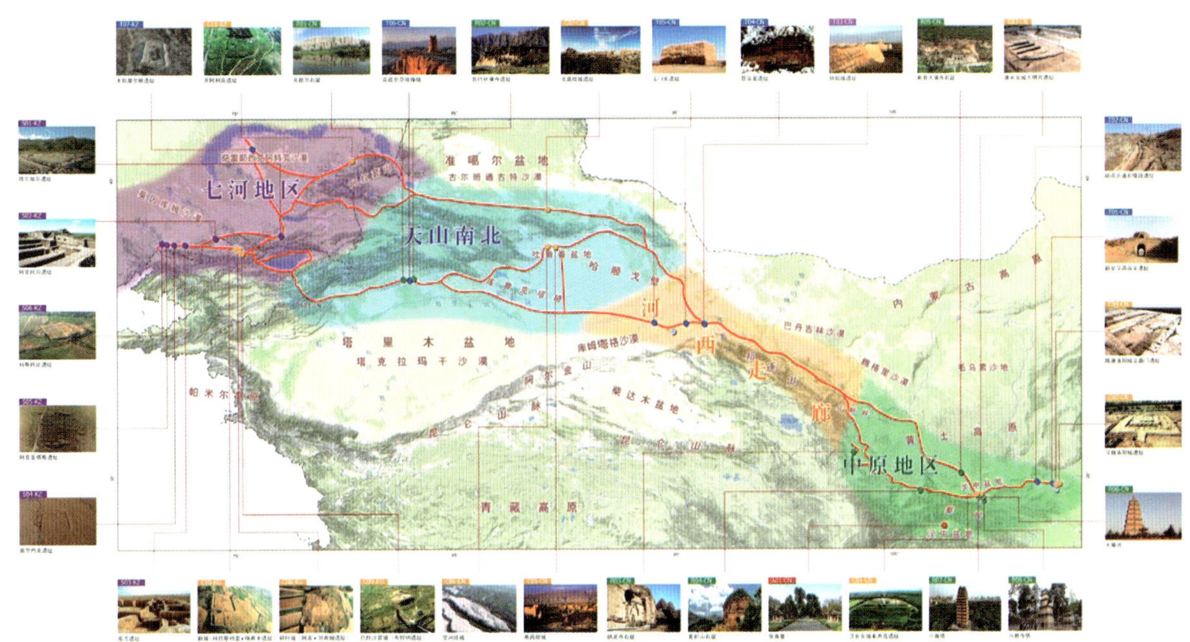

图 289　“丝绸之路：长安—天山廊道的路网”世界文化遗产点示意图

中国有 22 个遗产点，分布在河南省、陕西省、甘肃省和新疆维吾尔自治区。陕西省有 7 处：汉长安城未央宫遗址、张骞墓、唐长安城大明宫遗址、大雁塔、小雁塔、兴教寺塔、彬县大佛寺石窟；甘肃省有 5 处：玉门关遗址、悬泉置遗址、麦积山石窟、炳灵寺石窟、锁阳城遗址；新疆维吾尔自治区有 6 处：高昌故城、交河故城、克孜尔尕哈峰燧、克孜尔石窟、苏巴什佛寺遗址、北庭故城遗址；河南省有 4 处：汉魏洛阳城遗址、隋唐洛阳城定鼎门遗址、新安汉函谷关遗址、崤函古道石壕段遗址。哈萨克斯坦有 8 个遗产点：开阿利克遗址、塔尔加尔遗址、阿克托贝遗址、库兰遗址、奥尔内克遗址、阿克亚塔斯遗址、科斯托比遗址、卡拉摩尔根遗址。吉尔吉斯斯坦有 3 个遗产点：碎叶城（阿克·贝希姆遗址）、巴拉沙衮城（布拉纳遗址）、新城（科拉斯纳亚·瑞希卡遗址）。

丝绸之路申遗成功标志着丝绸之路文化遗产保护工作取得了历史性突破。此次大会决议对“丝绸之路：长安—天山廊道的路网”的文化遗产保护工作提出了四条建议，并要求三个缔约国在 2015 年 12 月 1 日前向联合国教科文组织世界遗产中心报送“丝绸之路：长安—天山廊道的路网”总体保护状况报告。（图 289）

2014 年 7 月 8 日

陕西省人民政府印发《关于表彰丝绸之路申报世界文化遗产工作先进单位的通报》，决定授予陕西省文物局等 16 个单位“丝绸之路申报世界文化遗产工作先进单位”称号，并予以通报表彰。（图 290、图 291、图 292）

2014 年 7 月 18 日

考虑到丝绸之路遗产保护管理面临的巨大压力，为进一步做好相关保护管理工作，国家文物局向陕西省人民政府致函《关于加强“丝绸之路：长安—天山廊道的路网”遗产保护和管理工作的函》，国家文物局希望陕西省做好以下几方面的工作：一是请省政府对在申遗工作中做出突出

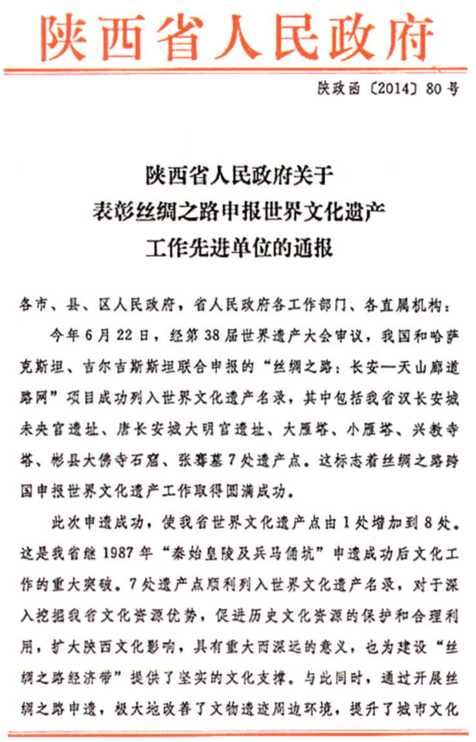

陕西省人民政府

陕政函〔2014〕80号

陕西省人民政府关于表彰丝绸之路申报世界文化遗产工作先进单位的通报

各市、县、区人民政府，省人民政府各工作部门、各直属机构：

今年6月22日，经第38届世界遗产大会审议，我国和哈萨克斯坦、吉尔吉斯斯坦联合申报的"丝绸之路：长安—天山廊道路网"项目成功列入世界文化遗产名录，其中包括我省汉长安城未央宫遗址、唐长安城大明宫遗址、大雁塔、小雁塔、兴教寺塔、彬县大佛寺石窟、张骞墓7处遗产点。这标志着丝绸之路跨国申报世界文化遗产工作取得圆满成功。

此次申遗成功，使我省世界文化遗产点由1处增加到8处。这是我省继1987年"秦始皇陵及兵马俑坑"申遗成功后文化工作的重大突破。7处遗产点顺利列入世界文化遗产名录，对于深入挖掘我省文化资源优势，促进历史文化资源的保护和合理利用，扩大陕西文化影响，具有重大而深远的意义，也为建设"丝绸之路经济带"提供了坚实的文化支撑。与此同时，通过开展丝绸之路申遗，极大地改善了文物遗迹周边环境，提升了城市文化

图290　陕西省人民政府关于表彰丝路申遗工作先进单位的通报1

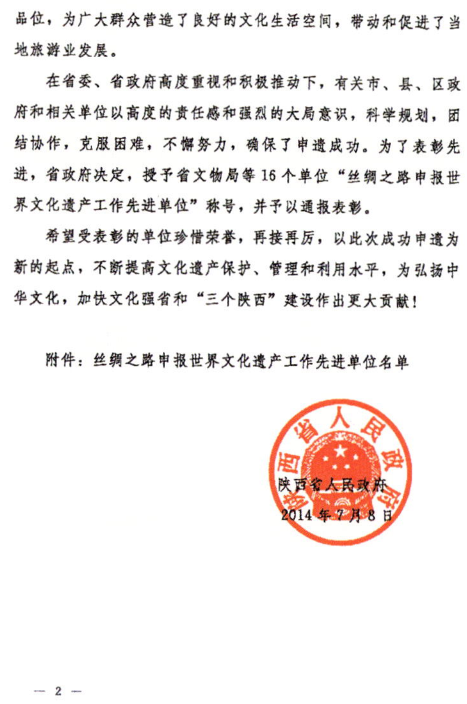

品位，为广大群众营造了良好的文化生活空间，带动和促进了当地旅游业发展。

在省委、省政府高度重视和积极推动下，有关市、县、区政府和相关单位以高度的责任感和强烈的大局意识，科学规划，团结协作，克服困难，不懈努力，确保了申遗成功。为了表彰先进，省政府决定，授予省文物局等16个单位"丝绸之路申报世界文化遗产工作先进单位"称号，并予以通报表彰。

希望受表彰的单位珍惜荣誉，再接再厉，以此次成功申遗为新的起点，不断提高文化遗产保护、管理和利用水平，为弘扬中华文化，加快文化强省和"三个陕西"建设作出更大贡献！

附件：丝绸之路申报世界文化遗产工作先进单位名单

— 2 —

图291　陕西省人民政府关于表彰丝路申遗工作先进单位的通报2

贡献的单位、团体和个人给予表彰和嘉奖；二是要重视世界文化遗产点的保护管理工作，采取有效措施全面提升保护、管理、监测和利用水平；三是要有序开展文物本体修缮、展示工作，为长远发展打下基础；四是要按照国务院《关于进一步做好旅游等开发建设活动中文物保护工作的意见》和国家文物局《关于加强文物保护单位游客承载量研究的通知》要求，切实做好遗产点的游客管理工作，妥善应对申遗成功可能带来的文物保护压力；五是进一步推动丝绸之路相关的考古、调查和研究工作；六是按照国家文物局与各相关省签订的《关于保护丝绸之路遗产的联合协定》要求，推动丝绸之路沿线各遗产点之间的交流合作，不断提升政府和民众的文化遗产保护意识；七是要求2015年7月30日前向国家文物局提交上述相关工作进展情况的中英文报告。

2014年8月27日

陕西省文物局印发《关于表彰丝绸之路申报世界文化遗产工作先进单位的通报》，决定授予西安市文物局等18个单位"丝绸之路申报世界文化遗产工作先进单位"称号，并予以通报表彰。（图293、图294、图295、图296）

2014年9月19日

9月19日上午，西安市政府召开全市世界文化遗产保护管理工作会议，总结表彰全市丝绸之路申遗工作，部署全市今后世界文化遗产保护管理和申报工作。市委常委、副市长吴义勤出席会

附件

丝绸之路申报世界文化遗产
工作先进单位名单

省文物局
西安市人民政府
咸阳市人民政府
汉中市人民政府
西安市未央区人民政府
西安市长安区人民政府
咸阳市彬县人民政府
汉中市城固县人民政府
省文化遗产研究院
西安汉长安城国家大遗址保护特区管理委员会
西安曲江大明宫遗址区保护改造办公室
西安博物院
大慈恩寺
咸阳市彬县大佛寺石窟管理处
汉中市城固县张骞纪念馆
护国兴教寺

— 3 —

图 292　陕西省人民政府关于表彰丝路申遗工作先进单位的通报 3

陕西省文物局文件

陕文物发〔2014〕142 号

关于表彰丝绸之路申报世界文化遗产工作先进单位的通报

各设区市文物局、杨凌示范区文物局、韩城市文物局、局直属各单位：

2014 年 6 月 22 日，经联合国教科文组织第 38 届世界遗产大会审议，我国和哈萨克斯坦、吉尔吉斯斯坦联合申报的“丝绸之路：长安——天山廊道路网”项目成功列入《世界文化遗产名录》，其中包括我省的汉长安城未央宫遗址、唐长安城大明宫遗址、大雁塔、小雁塔、兴教寺塔、彬县大佛寺石窟、张骞墓等 7 处遗产点，标志着丝绸之路跨国申报世界文化遗产工作取得了圆满成功。

古长安是丝绸之路的起点，我省入选的 7 处遗产点是丝绸之路从开通、发展到繁荣、鼎盛时期的重要文化遗产，是丝绸之路文化遗产的重要载体和典型代表，集中体现了陕

图 293　陕西省文物局关于表彰丝绸之路申报世界文化遗产工作先进单位的通报 1

西是丝绸之路开通时期国家层面的决策地，是开通丝绸之路第一人张骞的故乡和墓地所在地，是丝绸之路推进人类文明交流互鉴的见证地。此次申遗成功，填补了陕西 27 年来没有新增世界文化遗产的空白，是近年来我省文化遗产保护利用工作取得的重大突破和重要成果。此次申遗成功，凸显了我省丝绸之路文化遗产的突出普遍价值、真实性、完整性得到了世界遗产委员会和国际专业机构的一致认可；凸显了我省文化遗产保护理念创新和实践探索得到了国际社会的充分肯定；凸显了我省各级政府和广大人民群众为保护人类共同文化遗产做出的巨大贡献得到了国际社会的广泛赞同。此次申遗成功，对于提高我省文化遗产保护利用水平和国际知名度，深入挖掘我省文化资源优势、推动中外文明交流互鉴，扩大陕西知名度和对外开放，促进陕西丝绸之路经济带建设，都具有重大而深远的意义。

在丝绸之路申报世界文化遗产工作中，在省委、省政府的高度重视和正确领导下，在有关市、县、区政府和相关单位的大力支持和密切配合下，我省文物系统参与申报工作的单位和广大干部职工，以高度的责任感和大局意识，团结协作，克服困难，勇于担当，顽强拼搏，出色的完成了丝绸之路申遗各项工作任务，确保了这项国家重大文化遗产保护项目的圆满成功。为了表彰先进，促进工作，省文物局决定，授予西安市文物局等 18 个单位“丝绸之路申报世界文化遗产工作先进单位”称号，并予以通报表彰。

希望受到表彰的单位珍惜荣誉，将丝绸之路成功申报世界文化遗产做为新的起点，再接再厉，开拓进取，认真履行

图 294　陕西省文物局关于表彰丝绸之路申报世界文化遗产工作先进单位的通报 2

国际公约，不断提高文化遗产保护利用水平，为保护人类文化遗产，弘扬中华文化，促进我省经济社会发展和“三个陕西”建设做出新的更大贡献！

附件：丝绸之路申报世界文化遗产工作先进单位名单

陕西省文物局
2014 年 8 月 27 日

抄送：本局领导，有关处室，档。

陕西省文物局　　2014 年 8 月 27 日 印发

图 295　陕西省文物局关于表彰丝绸之路申报世界文化遗产工作先进单位的通报 3

附件

丝绸之路申报世界文化遗产
工作先进单位名单

陕西省文物局申报世界文化遗产办公室
陕西省文物局文物保护与考古处
陕西省文物局博物馆与社会文物处
陕西省文物局办公室（财务处）
陕西历史博物馆
陕西省考古研究院
陕西省文物保护研究院
陕西省文物信息咨询中心
西安市文物局
汉中市文物旅游局
咸阳市文物旅游局
国际古迹遗址理事会西安保护中心（IICC-X）
西安市长安区民族宗教事务（文物）局
西安市未央区文物局
城固县文物旅游局
彬县文物旅游局
西安市汉长安城遗址保管所
西安曲江大明宫遗址区文物局

1

图 296 陕西省文物局关于表彰丝绸之路申报世界文化遗产工作先进单位的通报 4

议并讲话，市文物局局长郑育林作丝路申遗工作报告，申遗成功单位和区县代表发言，会议由市政府副秘书长周爱全主持。会上印发了《西安市丝绸之路申报世界文化遗产工作领导小组关于表彰丝路申遗工作先进单位和先进个人的通报》，对西安市大雁塔保管所等 30 个先进单位和冯健等 147 名先进个人进行了通报表彰；对西安市实施的申报“丝绸之路：长安—天山廊道的路网”世界文化遗产项目工作中，在文本写作、规划编制、项目实施等技术方面给予指导和项目支持的中国社会科学院考古研究所汉长安城工作队等 6 个单位以及中国建筑设计研究院建筑历史研究所所长陈同滨先生等 12 名个人表示诚挚的感谢。（图 297、图 298~308）

2014 年 9 月 22 日

由国家文物局主办，陕西省文物局承办，国际古迹遗址理事会西安国际保护中心协办的“2014 年世界文化遗产丝绸之路保护管理工作会议”在西安召开，此次列入世界遗产名录的“丝绸之路：长安—天山廊道的路网”中国段沿线

图 297 西安市人民政府召开世界文化遗产管理工作会议，市委常委、副市长吴义勤（中）出席并讲话

西安市丝绸之路申报世界文化遗产工作领导小组文件

市申遗发〔2014〕1号

西安市丝绸之路申报世界文化遗产工作领导小组
关于表彰丝路申遗工作先进单位
和先进个人的通报

各区、县人民政府，市人民政府各工作部门、各直属机构、各开发区管委会、各相关单位：

2014年6月22日，由中国、哈萨克斯坦和吉尔吉斯斯坦三国联合申报的“丝绸之路：长安—天山廊道的路网”世界文化遗产项目，经联合国教科文组织第38届世界遗产委员会审议通过，正式列入《世界遗产名录》。这是对“丝绸之路：长安—天山廊道的路网”特别是西安作为古丝绸之路的东方起点的历史地位和历史价值的充分肯定。

我市的汉长安城未央宫遗址、大雁塔、小雁塔、兴教寺塔、唐

－1－

图298　西安市丝绸之路申报世界文化遗产工作领导小组关于表彰丝路申遗工作先进单位和先进个人的通知1

长安城大明宫遗址等五处遗产点作为“丝绸之路：长安—天山廊道的路网”项目的组成部分而进入《世界遗产名录》，使我市的世界文化遗产点由原来的“秦始皇陵及兵马俑坑”一处增加至六处，这在国际舞台上又一次彰显了西安作为东方文明古都的文化魅力。

我市丝路申遗工作作为中、哈、吉三国“丝绸之路：长安—天山廊道的路网”跨国系列申遗项目的重要组成部分，于2006年正式启动，历时八年，申报工作内容复杂，涉及面广，工作量大，要求高，难度大，是前所未有的开创性项目。在市委、市政府的坚强领导下，按照国家丝路申遗的整体工作部署要求，各相关部门和区县的干部群众以饱满的热情，积极参与了遗产本体保护和环境综合治理工作，表现了识大体、顾大局、同心同德、无私奉献、不怕困难、敢于担当的高尚精神风貌，涌现出一大批精诚团结、扎实苦干、顽强拼搏、贡献突出的先进单位和先进个人。

为肯定成绩、表彰先进，进一步做好我市的文化遗产保护、利用工作，市丝绸之路申报世界文化遗产工作领导小组研究决定：对西安市大雁塔保管所等30个先进单位和冯健等147名先进个人予以表彰。对西安市在申报“丝绸之路：长安—天山廊道的路网”世界文化遗产项目工作中，给予在文本制作、规划编制、项目实施等方面技术指导和项目支持的中国社科院考古研究所西安汉城队等6个单位以及中国建筑历史研究所所长陈同滨先生等12名个人表示诚挚的感谢！

希望受到表彰的单位和个人珍惜荣誉，戒骄戒躁，发扬成绩，开拓创新，再立新功。全市各级各部门的广大干部职工要以先进集体和先进个人为榜样，立足本职，爱岗敬业，锐意进取，扎实工作，为推动我市建设具有历史文化特色的国际化大都市，加快丝绸之路经济带建设做出更大的贡献。

－2－

图299　西安市丝绸之路申报世界文化遗产工作领导小组关于表彰丝路申遗工作先进单位和先进个人的通知2

附：1. 西安市丝绸之路申报世界文化遗产工作先进单位和先进个人名单
2. 西安市丝绸之路申报世界文化遗产工作致谢单位和个人名单

西安市丝绸之路申报世界文化遗产工作领导小组
（市申遗办代章）
2014年9月12日

－3－

图300　西安市丝绸之路申报世界文化遗产工作领导小组关于表彰丝路申遗工作先进单位和先进个人的通知3

附件1：

西安市丝绸之路申报世界文化遗产
工作先进单位和先进个人名单

一、先进单位：30个
西安市大雁塔保管所
西安市城市规划设计研究院
市市政设施管理局
市公安局治安管理局特行处旅游治安科
碑林区建设和住房保障局
碑林区文化体育局
新城区建设和住房保障局
新城区太华路街道办事处
新城区自强路街道办事处
西安大兴新区（土门地区）管委会土地储备交易中心
莲湖区红庙坡街道办事处
莲湖区桃园路街道办事处
未央区未央宫街道办事处
未央区大明宫街道办事处
未央区汉城街道办事处
未央区城改办
未央区纪委（监察局）
公安未央分局
未央区检察院
汉长安城国家大遗址保护特区综合办
汉长安城国家大遗址保护特区建设局
长安区政府办公室

－4－

图301　西安市丝绸之路申报世界文化遗产工作领导小组关于表彰丝路申遗工作先进单位和先进个人的通知4

长安区杜曲街道办事处
西安曲江新区管委会建设局
西安曲江大明宫投资集团
西安曲江大明宫拆迁办
西安曲江大明宫建设开发有限公司
西安曲江大明宫国家遗址公园管理有限公司
沣东新城管委会发展策划宣传局
西安市古代建筑工程公司

二、先进个人：147 名

王志林 市政府办公厅综合七处处长
张 焱 市政府办公厅综合七处副调研员
陈永利 市委宣传部外宣办副主任
赵 刚 市委宣传部外宣办干部
樊爱平 市委宣传部新闻处干部
苗志顺 市发改委主任科员
增 勤 大慈恩寺方丈
释传相 大慈恩寺都监
叶坤宁 大慈恩寺办公室主任
孙 祺 大雁塔保管所业务科科长
陈宏彬 大雁塔保管所接待科科长
杨晓洛 市公安局治安管理局主任科员
刘一峰 市公安局未央分局治安大队干警
邵靖坤 市公安局长安分局治安大队干警
杨向宜 市公安局雁塔分局曲江新区派出所干警
孙 华 市财政局科教文处处长
张小军 市财政局预算处副处长
李月娥 市财政局社保处副处长

－5－

图 302　西安市丝绸之路申报世界文化遗产工作领导小组关于表彰丝路申遗工作先进单位和先进个人的通知 5

左明洲 汉长安城特区土地储备交易中心主任科员
李 琪 市城市规划设计研究院党委副书记、院长
刘春凯 市城市规划设计研究院副总工程师
裴子瑜 市规划局总工办副主任
娄本辉 市建委建设管理处主任科员
邓小鹤 市市政公用局管网处处长
马利雅 市市政公用局调研员
沈 萌 市市政公用局副主任科员
郭少勇 市城市照明管理处维护管理中心主任
景 鹏 市交通局综合规划处干部
尚保志 汉长安城遗址特区水务局局长
陈卫民 西安急救中心急救站站长
孙玉琪 市环境监测站副站长
蔡兰芳 市外侨办礼宾处处长
刘文平 市文物局办公室主任
冯 健 市文物局文物保护与考古处处长
唐 龙 市文物局文物保护与考古处副处长
吴 青 市文物局督察与安全保卫处处长
杨小祥 市文物局计划财务处处长
刘夏盈 市文物局机关党总支专职副书记
甘洪更 汉长安城遗址保管所书记、所长
袁猷峰 汉长安城遗址保管所副所长
李 勤 汉长安城遗址保管所办公室主任
刘 勇 汉长安城遗址保管所遗址管护部部长
高亚平 汉长安城遗址保管所宣教部部长
王永伟 汉长安城遗址保管所保卫部部长
何潇雨 汉长安城遗址保管所干部

－6－

图 303　西安市丝绸之路申报世界文化遗产工作领导小组关于表彰丝路申遗工作先进单位和先进个人的通知 6

王 磊 西安博物院副院长
何继强 西安博物院物业管理部部长
李 燕 西安博物院业务研究部部长
孔正一 市西汉帝陵保护管理中心主任
冯 滨 市钟鼓楼博物馆干部
成 姣 市钟鼓楼博物馆干部
王路平 八路军西安办事处纪念馆干部
李尔吾 市文物保护考古研究院干部
陶 亮 市文物保护考古研究院干部
曹铭婧 市文物保护考古研究院干部
常 远 市文物保护考古研究院干部
高志军 西安市古代建筑工程公司副经理
周生荣 西安市古代建筑工程公司职工
张军利 市古建园林设计研究院党委书记
龚卫涛 市市容园林局园林绿化处副处长
陈拴库 市房管局房屋管理处处长
刘 斐 市城管执法局执法督查二处副处长
张 磊 市食品药品监督管理局餐饮服务监管处处长
郭永华 市法制办备案处副处级调研员
张汝欣 市法制办法规处主任科员
谢春晖 市接待办外联处处长
张志军 市接待办调研员
李 涛 市接待办调研员
高 帆 市接待办接待处主任科员
朱 凯 市接待办主任科员
杜 静 碑林区经贸局副主任科员
谭 磊 市城改办城中村工作处副处长

－7－

图 304　西安市丝绸之路申报世界文化遗产工作领导小组关于表彰丝路申遗工作先进单位和先进个人的通知 7

王雅丽 市房屋征收管理办公室（拆迁办）管理科科长
王肖勇 曲江大明宫保护办副主任
陈理志 曲江大明宫保护办副主任
王凤英 曲江大明宫投资（集团）有限公司常务副总经理
柳红梅 曲江大明宫投资集团副总经理
张黎波 曲江国家级文化产业聚集区（QCIC）管理委员会副主任
罗礼秦 曲江新区管理委员会建设环保局局长
王文胜 曲江大明宫国家遗址公园管理有限公司总经理
陆 飞 曲江大明宫投资（集团）有限公司投资管理部部长
裴 强 曲江大明宫保护办未央联络办副主任
高勤银 曲江大明宫保护办新城莲湖联络办主任
韩 燕 曲江大明宫城改办副主任
葛 超 曲江大明宫保护办策划推广局副局长
李煜炜 曲江大明宫保护办行政事务局局长
程铁成 曲江大明宫保护办财政局局长
吴 春 曲江大明宫保护办文物局局长
但华喜 曲江大明宫建设开发有限公司总经理
郝宇峰 曲江大明宫保护办安全办主任
李娟娟 曲江大明宫投资集团有限公司总工程师办公室主任
周 华 曲江大明宫保护办干部
徐嘉乐 曲江大明宫遗址公园管理有限公司行政部部长助理
汪红梅 曲江文化旅游股份有限公司人力资源部培训总监
樊金利 未央区城中村改造办公室主任
柳 萍 未央区未央宫街道党工委书记
吴秦豫 未央区未央湖街道党工委书记
杨双梨 未央区大明宫街道党工委书记
陈 明 未央区汉城街道党工委书记

－8－

图 305　西安市丝绸之路申报世界文化遗产工作领导小组关于表彰丝路申遗工作先进单位和先进个人的通知 8

郑建立　汉长安城特区城市管理局局长
陈克勤　汉长安城特区未央宫遗址区管理服务中心副主任
刘卫东　未央区文物局副局长
谢　伟　未央区纪委副书记
陈　斌　未央区信访局副局长
孔钢旗　未央区投资公司总经理
王晓熊　未央区城中村改造办公室副主任
胡醒亚　未央区汉城街道办事处副主任
李立娟　未央区审计局副局长
王永恒　汉长安城特区综合办干部
仲　巍　汉长安城特区建设局干部
高小峰　未央区区委办秘书科科长
程　江　未央区电子政务办主任
薛更生　公安未央分局未央宫派出所所长
曹海峰　未央区土地储备交易中心主任
陈　锋　未央区汉城街道党政办公室主任
王志强　未央区汉城街道计生科科长
刘　轩　新城区建设和住房保障局副局长
潘皓亮　新城区太华路街道办事处副主任
李　伟　新城区自强路街道党工委副书记、纪工委书记
孙历斌　莲湖区区委宣传部副部长、区文化体育局局长
白昌民　莲湖区农工商总公司总经理
张建利　莲湖区农工商联合公司经理
魏剑峰　大兴新区（土门地区）管委会大明宫管理办公室主任
王　翀　大兴新区（土门地区）管委会土地储备交易中心主任
司晓平　莲湖区枣园街道办事处建设提升科科长
王　萍　市国土资源局莲湖分局用地科副科长

－ 9 －

图 306　西安市丝绸之路申报世界文化遗产工作领导小组关于表彰丝路申遗工作先进单位和先进个人的通知 9

文　婷　莲湖区财政局行财科科员
王小育　碑林区建设和住房保障局局长
王宗会　碑林区文化体育局局长
葛一彪　碑林区房屋征收管理办公室负责人
张　宁　长安区民族宗教事务局局长
吕引全　长安区民族宗教事务局副局长
薛忍才　长安区杜曲街道党工委书记
赵晓宁　长安区民族宗教事务局文物管理科科长
张　涛　长安区人民政府办公室副主任
司关民　沣东新城管委会发展筹划宣传局局长
马敬峰　沣东新城建章路街道办事处主任
宁力新　市出租汽车公司党委书记
任前新　市地铁运营分公司党委副书记、纪委书记
胡晓强　市公交总公司党委工作部副部长
李向东　国网西安供电公司客服中心、大客户服务室主任
陈景安　市城投集团工程建设部部长
强青军　市城投集团项目管理部部长
文　艳　西安日报记者
陈　黎　西安晚报记者
王　安　西安广播电视台专题部编辑
高　峰　西安广播电视台广播新闻中心记者

－ 10 －

图 307　西安市丝绸之路申报世界文化遗产工作领导小组关于表彰丝路申遗工作先进单位和先进个人的通知 10

附件 2:

西安市丝绸之路申报世界文化遗产工作
致谢单位和个人名单

一、单位

1. 中国建筑设计研究院建筑历史研究所
2. 中国社会科学院考古研究所西安工作站（汉城工作队、唐城工作队）
3. 陕西省文化遗产研究院
4. 陕西省古迹遗址保护工程技术研究中心
5. 国际古迹遗址理事会西安国际保护中心
6. 江苏瀚远科技股份有限公司

二、个人

1. 国际古迹遗址理事会原副主席　郭旃
2. 中国建筑设计研究院建筑历史研究所所长　陈同滨
3. 中国社会科学院考古研究所研究员　刘庆柱
4. 中国社会科学院考古研究所研究员　安家瑶
5. 中国社会科学院考古研究所西安汉城队队长　刘振东
6. 中国社会科学院考古研究所西安唐城队队长　龚国强
7. 西北大学文化遗产院教授　王建新
8. 陕西省古迹遗址保护工程技术研究中心主任　刘克成
9. 陕西省文化遗产研究院院长　周萍
10. 陕西省文化遗产研究院副总工程师　王伟
11. 中国建筑设计研究院建筑历史研究所一室主任　蔡超
12. 江苏瀚远科技股份有限公司副总经理　孙振强

西安市文物局办公室　2014 年 9 月 17 日印发

－ 11 －

图 308　西安市丝绸之路申报世界文化遗产工作领导小组关于表彰丝路申遗工作先进单位和先进个人的通知 11

6 省（自治区）文物行政部门、11 地市人民政府、22 处遗产点管理机构的有关负责同志，申遗文本编写单位、中国丝绸之路博物馆以及受邀媒体记者等 70 余名代表参会。会上国家文物局副局长童明康发表重要讲话，全面总结回顾“丝绸之路：长安—天山廊道的路网”世界遗产申报和保护工作，分析丝绸之路遗产保护工作面临的主要问题，研究部署下一阶段保护管理工作任务。（图 309）

3.3.2 结语

2014 年年初向联合国教科文组织世界遗产委员会提交了关于丝绸之路申遗项目的补充材料；国际古迹遗址理事会西安国际保护中心协助在北京召开了“丝绸之路：起始段和天山廊道的路网”中国、哈萨克斯坦、吉尔吉斯斯坦三国工作组第四次会议；《4 省文物局、11 地市人民政府关于合作保护丝绸之路遗产的协

图 309 “2014 年世界文化遗产丝绸之路保护管理工作会议”在西安召开

定》(简称《协定》)在西安获得通过。

6 月 22 日，“丝绸之路：长安—天山廊道的路网”申报世界文化遗产成功。陕西省人民政府、陕西省文物局、西安市丝绸之路申报世界文化遗产工作领导小组分别对在申遗工作中做出突出贡献的单位、团体和个人给予表彰和嘉奖。

之后，国际古迹遗址理事会西安国际保护中心协办的“2014 年世界文化遗产丝绸之路保护管理工作会议”在西安召开。会议全面总结回顾了“丝绸之路：长安—天山廊道的路网”世界遗产申报和保护工作，分析了丝绸之路遗产保护工作面临的主要问题，对下一阶段保护管理工作任务进行了研究部署。

4 西安丝绸之路申遗工作综述

丝路之路申报世界遗产项目是国际上首次以跨国联合申报的形式开展的超大型文化线路申报项目，又是历时八年，涉及多个国家和不同地区的遗产申报项目，能够一次申遗成功，十分不易。自丝绸之路申遗工作启动以来，西安市人民政府专门成立了申遗工作领导小组，韩森、段先念副市长、董军市长先后担任申遗领导小组组长，积极推动申遗各项工作。魏民洲书记十分关心申遗与汉长安城遗址保护进展情况，多次听取工作汇报，深入遗产点调查研究，指导解决申遗工作中的重大问题。时任市长陈宝根同志多次听取汇报，现场考察，研究解决申遗工作中的重大问题。

时任副市长乔征同志、李秋实同志、杨广信同志高度重视申遗工作，深入调研，多次召开专题会议解决遗产保护以及申遗相关问题。吴义勤副市长分管申遗工作后，积极深入遗产点调查，研究、解决保护与利用的问题，多次组织召开丝路申遗专题会议，协调、指导申遗工作，总结、研究、落实丝路申遗成功后各遗产点的长期科学管理的问题，确保了遗产申报项目的成功，为后续科学有效的管理奠定了坚实基础。

图 310　汉长安城遗址区气象监测设施

从 2006~2014 年，按照西安市丝绸之路申遗工作领导小组的安排部署，西安市文物局是申遗工作的主要责任部门，市政府办公厅、市发改委、市财政局、市国土局、市建委、市规划局、市宗教局、市委宣传部、市公安局、市外办、市接待办、市园林局、市卫生局等相关部门以及各任务承担单位竭尽所能，在短时间内完成了巨量工作任务：

——中国建筑设计研究院建筑历史研究所与陕西省文化遗产研究院紧密合作，高水平编制完成了西安市各个申遗点的保护管理规划；

——遗产管理机构克服不期而遇的困难如期完成了相关文物本体的保护展示工程；

——相关区县政府按照申遗方案积极组织实施了遗产区域的环境整治与居民安置工作。未央区政府、汉城特区管委会，克服各种困难，对占压未央宫遗址的 9 个村庄涉及 1 万多居民进行了拆迁安置；西安曲江大明宫遗址区保护改造办公室联合未央区、新城区按照申遗管理规划的要求，在大明宫遗址区，拆除占压遗址建筑物 350 万平方米，安置遗址区居民 10 多万人。这些巨量遗址保护工程的实施，改善了遗址的生存环境，改善了居民的生活环境。

——西安市汉长安城遗址保管所、西安曲江大明宫遗址改造办、西安博物院、西安市大雁塔保管所、大雁塔寺管会等申遗点在短时间内，按照世界遗产的管理标准，完善了各处遗产档案系统，建立了档案维护机制；组织实施了各申遗点的丝路专题陈列布展工作；进行了遗产的标识展示工作及局部环境改造提升工作；建立了各遗产点的监测与数据采集系统，其中市气象局协助完成了遗产区气象监测站的建设。（图 310）

——2013 年 4 月中旬，由于媒体不实报道，关于兴教寺塔环境整治问题，引发了社会舆论的种种质疑，一时间对丝路申遗整体工作造成了巨大压力。对此，中央、陕西省委省政府、西安市委、市政府高度重视，按照党和政府的指示要求，市领导多次召集会议，深入现场专题调研，细心倾听各方意见，坦诚解释申遗工作的意义与具体工作方案；市委宣传部积极策划应对，组织媒体正面引导；长安区政府、西安市宗教局、市文物局多方协调沟通；最终成功解决了舆论危机，在寺院方的支持和配合下，按照申遗工作要求，建立了专项监测体系，完善了申遗档案，制作了统一的遗产展示标识系统，开展了丝路专题陈列布展，确保了申遗工作的顺利进行。

——2013 年 10 月，联合国教科文组织世界遗产专家对西安市申遗点进行了现场考察。期间，国家文物局、文本编制团队、遗产地所在区县政府、保护管理机构以及中国社会科学院考古研究所西安研究室、市规划局、江苏翰远科技股份有限公司的相关专家共同组成了遗产讲解小组，完成了包括遗产价值、考古成果、保护管理状况以及遗产规划和城市控高规划的讲解工作。

——接待组按照国家文物局、陕西省文物局的要求，严格贯彻八项规定精神，市政府接待办、市卫生局、市外办等部门不断调整、细化接待工作方案，交通、饮食、住宿、文艺展演、礼品、会见宴请等各个内容，为国际专家提供了细致周到的服务保障。

图 311　在地铁发放宣传丝绸之路宣传折页

图 312　地铁站台屏幕播放丝绸之路宣传片

——宣传组全面组织开展了申遗宣传的各项工作，在市委宣传部、市政府新闻办的组织下，西安广播电视台、西安晚（日）报社、市地铁办、市公交公司等单位积极通过新闻媒体、专题活动、灯杆挂旗、人行天桥标语、公交、地铁、出租、LED 屏播，以及在文物景区、地铁、出租车上发放宣传册页等等形式与手段，广泛传播文物保护与世界遗产知识，为申遗营造了良好社会氛围。（图 311、图 312）

——环境整治组、市容园林局联合新城区、碑林区、雁塔区、长安区、沣东新城、大兴新区、曲江新区管委会等遗产所在地管理部门高效地实施了迎检沿途及遗产点周边的环境治理，精彩展示了西安市作为国际化大都市的城市管理水平。

——安全保卫组充分贯

彻了国家文物局“内紧外松”的要求，市公安局全力协调确保了考察工作期间的安全与稳定，按照省文物局要求，稳妥地将国际专家一路送到天水，完成了省际交接。

——资金保障组、市财政局合理安排了相关的资金保障，确保了申遗迎检工作的顺利推进。

据初步统计，此次申遗工作西安市共投入人员6000余人，完成了文物保护展示工程100多项，按照世界遗产的要求建立完善了各个申遗点的展示陈列、申遗档案、遗产监测系统、社会宣传等各项工作。完成遗产区及周边环境整治面积37.4万亩，地面绿化10486亩（其中未央宫5201亩，直城门30亩，大明宫5255亩），搬迁安置人口11.5余万。

申遗工作使西安市五个文物点作为丝绸之路最重要的组成部分进入世界遗产名录，这是西安市文化遗产保护事业取得的重大成就，也是全市人民为保护人类文化遗产做出的重要贡献，不仅彰显了西安市丝绸之路起点的地位，扩大了城市文化影响力，而且对西安建设具有历史文化特色的国际化大都市和丝绸之路经济带新起点工作具有重要推动作用。

千年一诺

——西安丝绸之路申遗实录

（下册）

西安市文物局　编著

文物出版社

2100多年前，中国汉代的张骞肩负和平友好使命，两次出访中亚，开启了中国同中亚各国友好交往的大门，开辟出一条横贯东西、连接欧亚的丝绸之路。

我的家乡陕西，就位于古丝绸之路的起点。站在这里，回首历史，我仿佛听到了山间回荡的声声驼铃，看到了大漠飘飞的袅袅孤烟。……

——引自国家主席习近平于2013年9月7日在哈萨克斯坦纳扎尔巴耶夫大学的演讲。

《千年一诺——西安丝绸之路申遗实录》编辑委员会

目　录

中篇　收获篇

下篇 关注篇

附 录

中篇　收获篇

西安人用8年时间，将汉长安城未央宫遗址、唐长安城大明宫遗址、大雁塔、小雁塔、兴教寺塔5处文物点按照世界遗产的标准实现华丽转身，在梦想和努力中使之以全新的面貌呈现在世人面前。

8年申遗征程中，无数申遗参与者全程体验了这一段漫长曲折、艰辛坎坷而又充实丰盈、不辍奋进的日子，大家付出智慧与心血，收获成功与喜悦，并积累了知识与经验。在此本篇为西安所有申遗参与者提供了一个庆祝申遗成功、展示申遗收获的平台。

本篇主要收录了西安丝绸之路申遗工作中部分申遗参与者对此项工作的思考与认识，追忆与体会以及申遗成功后的感动与展望等方面的文章共39篇。文章详实、准确、全面诠释了西安丝绸之路申遗工作的方方面面，对丝绸之路拓展项目和其他项目的申遗工作积累了宝贵经验和实质性的启迪，同时对于广泛传播世界遗产保护管理理念，全面提升世界遗产保护管理水平也具有一定的借鉴意义。

借鉴国际理念 保护文化遗产

郑育林

一、意义解析：丝路申遗是怎么回事？

丝绸之路申报世界文化遗产作为一场国际性文化活动，不仅在于申遗活动本身的国际性质，而且在于丝路申遗所独有的两个特点。其一是，古丝绸之路在记忆人类远距离长时期跨区域之间的文化交流中所具有的独一无二的历史文化价值，决定了丝路申遗必然是一场国家之间的联合行动。在2007年启动时，中亚地区有5个丝路沿线国家参与，后来不知道因为什么，有两个国家退出，剩下中国与哈萨克斯坦、吉尔吉斯斯坦三国联合申报。其二是，丝路申遗工作最早的发起者，是联合国教科文组织。所以有人认为，丝路申遗活动，是一场在国际组织协调、指导下的国际活动，属于国际推动、国际协作、产生重大国际影响的国际事件。

丝绸之路申报世界文化遗产是一场基于追求共同目标、共同利益的国际间国家文化合作活动。这场文化活动的组织基础是国际公约，即《保护世界文化和自然遗产公约》，简称世界遗产公约。这也就是说，申遗活动的价值基础，是追求人类进入文明发展时期所具有普遍而且共同的利益。这场活动的社会价值在于履行面向国际社会的国家承诺，即一个国家的国际权利行使与国际义务履行。这场活动的组织原则是各国自愿，量力而行，非强制性。这场活动的工作方针是国际社会的国家之间行为准则，即合作互利、相互尊重，亦即尊重遗产地政治、法律、文化、经济等。这场活动的普遍意义在于鼓励遗产地政府以当地经济社会发展水平为基础为人类遗产做出了相应的工作努力。

丝路申遗对我们中国来说，是一场面向国际社会的国家文化遗产保护行动。在中央政府的领导下，形成了中央与地方、政府与社会、行政与技术等多方力量的有机合作与工作运行机制。这个机制的核心是：中央决策，组织各方力量协调行动；地方实施，处理文化遗产相关者利益关系；专业机构技术咨询服务，保证文化遗产保护、管理、阐述等达到国际水平；动员利益相关方目标一致、互相配合。

丝路申遗的利益是多方面的，其中最大最直接的利益是国家利益。丝路申遗的利益实现，是基于全人类共同利益实现的国家利益发展。做好申遗工作，有利于国家的国际社会话语权的地位实现；有利于国家的国际社会形象的积极塑造；有利于国家的社会组织运行水平与政府机构管理能力的实在提升；有利于国家文化软实力的提升。

丝绸之路申遗是一场非常复杂而又精彩的国际合作，产生了多方面的国际影响。

丝路申遗是一次地缘政治经济文化的紧密合作，中国、哈萨克斯坦、吉尔吉斯斯坦等国家，由此开始了广泛的国际政治经济文化交流，一个新丝绸之路经济带计划腾空出世，由此将开启区域间国家合作发展的新时期。

在丝路申遗过程中，国际组织始终发挥了行动指向作用，由于联合国教科文组织鼎力支持和指导，申遗国之间通过反复磋商，不断地克服源自政治经济文化技术等等方面的障碍，使得申遗活动最终走向行动一致。

丝路申遗从客观上讲，其实就是一场长时间、大范围的国际间的文化交流与技术磋商活动，特别是世界遗产委员会经过专业文化技术机构认真咨询，严格审核，再经由世界遗产大会代表们的深入研究讨论，使得申遗活动充满了科学精神、文化意义、人文价值和法则导向。

丝路申遗汇集了政治、经济、文化、民生等重大国家利益，这些利益之间的矛盾在超越技术解决可能的时候，必须通过外交手段取得协商，达成行动协调一致。

丝路申遗这场国际合作的每一个环节都充满了博弈，这些博弈往往是以文化的名义出现，以技术的方式操作。丝路申遗起初由中亚6国发起，后来土库曼斯坦、塔吉克斯坦、乌兹别克斯坦中途退出，其中的意义可能远远超越了我们想象的可能。

由此，我们深刻感受到，丝路申遗本来属于一场国际间的非竞争性合作，结果后来演变成了竞争性合作，将文化保护的国际合作运动发展成了国家之间的发展比赛。如果说，国际奥林匹克运动告诉我们的是：竞争可以和平，那么我们也可以说，世界遗产运动告诉我们的则是：发展应该合作！

在推进丝绸之路申遗过程中，我们深深感受到了丝路文化的世界性历史意义，最为精彩的，应该属于习近平总书记关于丝绸之路文化的论述。

习近平说，千百年来，在这条古老的丝绸之路上，各国人民共同谱写出千古传诵的友好篇章。两千多年的交往历史证明，只要坚持团结互信、平等互利、包容互鉴、合作共赢，不同种族、不同信仰、不同文化背景的国家完全可以共享和平，共同发展。这是古丝绸之路留给我们的宝贵启示(2013年9月7日在阿斯塔纳纳扎尔巴耶夫大学的演讲)。

习近平说，文明因交流而多彩，文明因交流而丰富。文明交流互鉴，是推动人类文明进步和世界和平发展的重要动力。推动文明交流互鉴，需要秉持正确的态度和原则。我认为，最重要的是坚持以下几点。第一，文明是多彩的，人类文明因多样才有交流互鉴的价值。第二，文明是平等的，人类文明因平等才有交流互鉴的前提。第三，文明是包容的，人类文明因包容才有交流互鉴的动力（2014年3月27日在巴黎联合国教科文组织总部的演讲）。

丝路申遗是一个巨量行动。丝路申遗的巨量价值在于丝路的巨量遗产价值，即人类长时期远距离异质文化交流。为完成丝路申遗参与国付出了巨量工作，丝路申遗项目涉及路线长约8700公里，包括各类遗迹共33处，其中在中国境内22处；遗产区面积29825.69公顷，缓冲区面积176526.03公顷，两区合计206351.72公顷。这次参与丝路申遗的三个国家，前后历经8年时间，对33处遗产进行了保护、研究、环境治理等管理提升工作，耗费了巨量的人力、物力。以丝路起点项目西安未央宫为例，对遗址的本体保护、环境整治工作涉及8平方公里，有9个村庄、10000多居民迁移，投入资金30亿。丝路申遗投入巨量收获也巨量。丝路申遗成功使得世界遗产在中国境内增至47项，中国涉及4省增加22处，陕西增加7处，西安增加5处。丝路申遗成功产生了巨量社会影响，这个影响涉及人口、经济、政治、文化以及城市发展等等多个方面，以习近平提出建设新丝绸之路经济带为例，可以估计到，丝路申遗的影响刚刚开始，丝路遗产对遗产所在区域发展的推动，将会逐步显现。

二、经历回顾：为申遗我们做了哪些事？

1. 申遗文本编制

文本编制是一项以世界遗产申报工作规范为指南的技术工作，具有明确的原则要求，即事实真实、认识科学、表达规范。在这个原则基础上政府管理部门、遗产保护机构与专业技术机构一起，做了非常艰苦细致的工作。

遗产价值的准确认识是文本编制工作的基础，更是关系申遗成败的基础。所以首先在价值认识方面花费巨量时间、人力，研究整理了巨量文献资料，进行了广泛而又深刻的学术讨论，使得申遗项目选择与确认、遗产价值的归纳与确认经历了相当艰苦的过程。遗产点选择也是对遗产文化价值认识厘清的过程。在西安，最初选择 14 处遗产点，经过反复研究，考虑到遗产价值认识上不同意见以及遗产管理方面的明显缺陷，最后确定了未央宫、大明宫、大雁塔、小雁塔、兴教寺塔为申遗点。其中兴教寺塔是因尊重佛教人士强烈要求加入申遗的意见而保留在申遗项目内的。

遗产的价值表达是一个非常细致、非常严谨、非常规范的技术与文化的整理工作过程，在这个过程中，我们面对的任务，不仅是要把遗产点所具有的历史文化搞清楚，而且也必须对照世界遗产标准，梳理出遗产的世界文化意义。譬如未央宫，显然它本身的文化价值在于，作为一座都城宫殿遗址，它见证中国西汉帝国时期文明发展事实，因为在这里，帝国的权力中心所在地，是西汉王朝的社会运行中枢区域。但是面对申遗，作为丝路遗产，未央宫的遗产价值只能集中在，作为西汉帝国中心，它确实在国家层面，以张骞出使西域为标志性事件，开启了丝绸之路，由此，横跨欧亚大陆的远距离、长时期的异质文明的交流一直延续不断，由此构成了世界文明史的新时期。

从纯粹技术角度看，申遗文本的编制过程其实就是将以往人们对遗产点文化认识成果的梳理过程。从形式上看，我们最后形成了饱含巨量图文的申遗文本，但是从本质上看，我们可以理解为申遗文本本身空前地汇集综合了以往科学和文化的研究成果，使得人们对丝绸之路的认识达到了一个新的水平，所以，申遗文本从这个意义上说，就是一项对丝绸之路文化研究的新成果，与以前所不同的是，这项成果具有认识范围的综合性、认识内容的确定性、认识水平的国际性、认识作用的社会性，因而决定了它在关于遗产点科学研究方面所具有的权威性。申遗成功，就以世界遗产大会的形式，程序性地确定了文本对遗产在科学认识、规范管理等方面的权威性。

由此，我们认识到，通过严肃认真的申遗文本编制过程，空前的提升了我们对遗产的认识，这个认识角度，就是国际视野、科学视野，也就是我们这一代人面向历史与未来的责任视野。所以我们体会到，文本编制过程既是文化梳理，更是科学研究，因为我们所有进行的工作都必须要有严格确定科学的依据。所以说，申遗文本不仅是作为申报工作的技术支撑，更是为以后丝路文化遗产的研究、管理提供了权威性的技术依据，无论是文字表述，还是图形表现。而且，按照世界遗产组织的相关规定，申遗成功之后，由遗产大会所审定通过的申遗文本就必然地成为丝路遗产管理工作技术依据，具有文化与技术层面的法规意义。

2. 管理规划编制

具有确定的遗产管理规划，是世界遗产项目管理的基本要求，因为一项遗产进入世界遗产名录，其意义不只是遗产价值确认，而是对于遗产保护管理的责任认定，这个责任认定是双向的，即国际组织有义务对遗产所在国家的遗产保护行动给予技术支持与经济援助，遗产国政府也应面对世界人民承担起保护管理遗产的道义与法律义务。所以，遗产管理规划，其实质是以技术规范为基础、具有法律与道义意义上的一国政府的国际承诺。这件事必须做，而且必须最认真做，必须是由政府作为主体认真做，因为它直接体现一国政府的文化水平与政治能力，开不得半点国际玩笑。

按照世界遗产组织关于遗产管理规划的要求，丝路管理规划的编制体现了若干原则与精神。

首先，遗产管理必须体现依法管理的精神。世界遗产组织动员成员国政府按照遗产保护的国际技术标准与规范实施遗产管理，尊重遗产所在国的政治、文化以及法律规定，包括所能达到的遗产管理能力与水平，但是管理规划必须在制度层面形成确定的、稳定的国家管理规定。因为任何一处遗产，它的利益相关者是多方面的，只有建立在法律层面的管理制度，才有可能有效地解决遗产在保护利用权责利益等方面的矛盾。这足以体现了国际社会在世界遗产方面的基本态度，那就是，遗产保护行动本身，可以超越政治制度差异、文化习俗差异、社会发展差异、经济水平差异等等，但是坚持依法管理是基础，尤其是对遗产相关者权利义务的法律规定，是建立社会责任体系的基础。因为这是世界遗产组织的基本宗旨所决定的，即为了人类社会的可持续性发展必须永续地保护人类自身历史文化遗产和人类赖以生存的自然遗产。因为人类社会发展的经验一再地告诉我们，离开法律制度，一切国家、社会的行为都是难以保持长期稳定、代代相续。

其次，体现科学管理原则。每一处遗产都具有自身的客观因素，必须具有合理的、有效的管理安排。包括对遗产实施管理的具体内容、谁来负责管理、通过什么方式实现管理、依靠什么机制组织协调管理行动、管理工作应该做到什么程度才算合适等等。

第三，体现长期管理原则。遗产的保护管理规划必须着眼于管理工作的长期连续性，因此特别重视管理档案完备，较之于我们以往的遗产管理实践，管理规划对遗产的监测提出了新的技术规范与要求。

第四，体现精细管理的原则。这在规划内容方面表现出全面而又严密的管理规定，尤其注意解决管理上的衔接与漏洞问题。

第五，体现对遗产社会功能的科学管理原则。这主要是规划好遗产与社会公众的关系，包括关于面向社会公众的遗产文化教育活动组织与管理，包括教育、旅游服务设施如何保持完善等等。

第六，体现对遗产的层级管理原则。对于一处遗产，它的管理责任主体应该不止一个单位，这些管理单位在对遗产的管理过程中，一般的工作责任是如何规定与衔接的？采取了什么样的工作联系与协调机制？出现危机如何去应对？包括人力保障、财政供给、日常管理等等，都必须具有明确、合理、有效的制度规定。这就是对遗产的管理责任进行层级落实，对遗产管护的有效保障进行层级落实，努力避免大而不细、华而不实的管理。

通过对遗产管理规划编制，促使我们非常深入地研究了遗产管理现状，非常系统而又明确地安排了今后对遗产的管理工作框架与细节，是对遗产管理工作的一次全面检查、补缺、改进与提升。因为，遗产管理规划事实上就是为了丝路遗产的管理建立一个科学技术性的规范，所以，遗产管理规划就成了今后我们实施遗产管理的工作指南，必须认真落实！

3. 保护工程实施

申遗点文物本体保护工程的设计与施工，本质上与申遗无关，申遗只是做好文物保护工作的一个社会契机，是一次遗产地社会对国际主流社会发展行动的积极响应，是一次建立在多方面利益协调基础上政府与社会的共同推动。文物保护工程的实在意义只在于保护工程本身。

由于申遗，充分借鉴了国际经验于我们的保护工程；也尽了最大努力，努力实现我们对保护遗产的经验继承和实践探索，使得遗产保护工作表现在工程管理方面更加系统、更加理性、更加易于理解。

针对几处遗产点的具体情况，我们实施了一批弥补性的保护工程，大多属于基础性工作完善。从实际效果看，实施保护工程只是对保护工作的一个有力促进，并不代表完结保护工作，申遗后需要继续实施，进一步深化、完善。

我们一个比较深刻的体会是，所有具体的保护工程方案，都只能说明工程本身的技术合理性，不能看作就是世界遗产的某种技术标准具体体现；因为世界遗产的价值标准和保护措施规范是历史形成的、不是固有的，保护工程只能体现实施者当时的态度、水平和能力。所以保护工作仍然需要坚持原则精神指导下的努力探索与精心设计。

4. 保护责任落实

按照世界遗产组织要求，我们地方政府对涉及遗产保护的相关法律规范进行了进一步修改完善，由政府颁布实施，以使文化遗产管护责任目标能够在法律制度的保障下得到长期稳定的落实。其中也包括了保护规划的审定与颁布。政府依据专业技术单位的意见，针对各处遗产的实际情况，对遗产保护区范围边界、建设控制区域范围边界等基本内容作了相应的调整，使得新的保护措施符合世界遗产组织关于遗产管理的原则要求。

政府颁布的一整套遗产管理文件，主要内容是关于遗产管理工作责任的法规性规定，特别注意加强了遗产管理工作的细节问题，进一步明确了各项管理工作目标、工作路线与技术方法，尤其注意在确定以往成熟工作规范的基础上，特别加强了保护措施的完善与落实，如对大雁塔、小雁塔的游客流量控制问题，不仅要有日均流量控制标准，而且必须有一个瞬时流量控制标准等。这些指标的严格设置，说明了对遗产的保护管理，必须建立在科学基础上，建立在对遗产与游人的统一管理基础上，实现遗产安全与游客安全相统一的遗产管理目标。

通过制定这些管理文件，我们深切体会到，关注遗产利益相关方的权益保障是一项非常重要的内容。我们过去往往注重政府在遗产保护方面的权利，而忽视了其他利益相关方的权益问题，形成在文物保护工作政策、理论与实践等各个方面与国际相比都有很大差距。

制定好政府管理文件的一项基础性工作，就是必须实事求是地对遗产保护工作的现状按照世界遗产管理原则要求，进行逐项核实，保证文件规定的内容必须与客观实际情况完全一致。这种一致性，是诚实负责的政治态度，是实事求是的精神，是严谨细致的技术方法。不能因为实现目标需要而去做一些客观上不可能做得到的事情。

我们还明白了，作为世界遗产的管理者，不仅必须依法落实保护工作责任，实现保护工作目标，而且还必须在保护工作方面接受社会监督，特别是必须接受国际遗产组织的监督。

5. 公众动员与教育

做好遗产面向社会的公众教育，宣传遗产文化，是世界遗产组织对遗产管理工作的基本要求。遗产的公众教育内容非常丰富，主要包括关于遗产历史文化价值知识宣传教育、遗产保护法律政策教育、遗产保护技术方法教育等等，使民众科学地认识遗产、学习遗产，参与遗产保护，享受遗产保护成果。

从英国等发达国家的经验看，关于遗产保护知识的宣传教育，必须注意满足不同社会阶层、不同年龄、不同兴趣爱好、不同学习能力游客的需要，所以，遗产教育是一门科学与技术相结合的教育活动，必须建立在科学组织安排基础之上，而不能继续以往的旅游讲解水平。

遗产的公众教育，还必须重视国家关于遗产保护利用的法律规定的权利与义务、国家关于遗产保护利用的政策支持与鼓励，国内国际关于遗产保护利用的技术规范经验。民族与宗教的，还必须重视文化禁忌等等。

遗产的公众教育，必须重视关于世界遗产保护组织及其活动的宣传教育，努力消除人们的误解与偏见。因为语言、文化、经验的差异，造成了我们对世界文化在认识上存在某种误差，这种认识与理解层面的误差，尽管不是故意而为，但有时却严重阻碍了我们参与国际交流的实际效果，造成不必要的损失。

遗产的公众教育，必须重视关于世界遗产申报工作的宣传介绍，努力消除社会舆论对遗产管理、申报工作的误解，包括对遗产进行合理开发利用的误解。

关于遗产的社会动员与公众教育是遗产管理面向社会的一项基础工作，也是衡量遗产管理水平的一项重要指标。我们必须努力促进遗产保护的社会动员与社会教育机制的建立，促进遗产教育的技术手段不断改进，使其简易有效，适合民众接受。

三、收获归纳：申遗对我们产生了哪些影响？

1. 对西安的整体性影响

丝路申报世界遗产使西安的这个古老城市的国际美誉度大幅提高。具体表现在，使西安的城市外向度增加，如在政府管理层面、社会文化建设层面、公众视野发展层面、国际旅游发展层面等等都发生了深刻影响。

丝路申遗成功，向世界再一次证明了西安的历史文化魅力与现代城市能力，各种国际文化舞台给了西安表现的机会，使世界更加关注西安。作为中国历史古都，拥有 6 处世界文化遗产，西安的城市文化的国际影响力由此而得到空前提升；西安作为国际旅游目的地，城市旅游资源的国际吸引力进一步增强；由于世界遗产管理措施的全面落实，西安的城市管理国际化水平将进一步得到提升。

整个申遗工作，由于涉及了城市管理的方方面面，包括规划、建设、园林、交通、宗教、文化、教育等等，从其他地区的经验来看，世界遗产对遗产地城市的影响将逐步显现，通过世界遗产管理活动的持续开展，由于与国际社会的广泛而又深入地交流与合作，它将逐渐地深入影响城市思维、城市价值、城市走向、城市格局、城市发展。

2. 对西安文化遗产事业的影响

丝路申遗是西安文化遗产事业发展史上的一座丰碑。它以严格的技术标准、严密的组织程序、面对世界的评审结论，客观而又科学地评价了西安文化遗产保护的水平、肯定了西安文化遗产保护的能力、检阅了西安文化遗产保护的成果、开阔了西安文化遗产保护的视野、增强了西安文化遗产推动社会进步的作用、扩大了西安文化遗产的社会影响。

（1）坚定了我们走遗产保护与城乡发展相统一的道路自信

通过丝路申遗使我们再一次深刻体会到，西安是一个大遗址城市，保护与发展是绕不开的矛盾，必须积极面对，正确处理；遗产保护必须纳入城乡总体发展之中统筹规划安排；西安遗产的大尺度特点，要求技术保护与文化展示工程必须保证历史文化信息在空间上的整体性（不零碎）、协调性（不冲突）、易读性（不误解）；西安遗产的独特性，要求保护工作必须依照世界遗产保护的原则与精神，积极进行具体保护方式、方法和手段的不断创新。由此，我们认为，面向世界，作为一个国际化的历史古都，西安文物工作的基本路线应该是：依照国际规则，遵守国家法律，运用政府政策，依靠专业组织，动员社会力量，抢抓发展机遇，实施保护项目，促进保护工作，实现利用目的。

（2）坚定了我们对文化遗产保护工作的方针自信

这次丝路申遗项目中，有大明宫、大雁塔两处，对于它们的本体保护与环境建设项目，一度受到媒体以及社会有关方面的质疑，政府与专业机构也很纠结。这次申遗过程中针对这些问题，各方面都进行了冷静的思考。申遗结果是令人高兴的，但是如何坚持科学的认识态度去准确把握国际遗产保护原则，还是需要不断地认识、不断地实践。就西安的大遗址保护实践而言，我们撇开具体的技术问题不谈，从宏观决策看，有几条经验还是可以肯定的，这就是，文化遗产保护工程必须与城乡经济发展相结合，以获得进一步保护的经济社会基础；文化遗产保护工程必须与城乡基本建设相结合，以获得切实保护的机遇；文化遗产保护工程必须与民生改善相结合，以获得持久保护的动力；文化遗产保护工程必须与环境改善相结合，以获得最大保护也是最直接的社会效益。

通过在申遗过程中学习研究遗产保护的国际经验，我们深刻体会到，文化遗产保护必须适应遗产地社会经济发展水平。遗产的本体保护与环境保护相统一，包括了自然环境和社会环境，物质环境和文化环境等等因素的相统一，因为文化遗产无法脱离现实社会的发展而存在。

（3）坚定了我们以大文物格局统揽保护利用工作的能力自信

文化遗产作为一种社会发展资源，应该属于整个人类社会，虽然遗产地政府负有对遗产的主体保护责任，但是，只有动员社会力量参与，文物保护的被动局面才能得到彻底改变；只有依靠国家政策、利用市场机制，文物保护的资金瓶颈才能得到有效突破；只有严格遵守法定程序、尊重技术规范、依靠专业团队，才能保证保护利用工作的质量与水平；只有抓住机遇，坚持因地制宜、因时制宜、因事制宜，才能保证实现保护科学、利用合理；只有充分考虑到利益相关方的权益保护问题，才能保证遗产保护社会效益最大化。遗产保护工作必须注意听取各方面的意见，努力沟通各方利益相关者对于遗产保护利用非常重要。

（4）坚定了我们对文化遗产保护的成果自信

从西安大遗址保护的成功经验看，文化遗产保护始终着眼于国家和民族的长远利益大局；文化遗产保护积极适应了城乡发展的要求，努力贡献于发展；文化遗产保护工作适应了城市发展的水平，逐步发展，不强行超越现实；文化遗产保护适应了民生改善实际，保护的成果始终惠及民生；文化遗产保护适应了改革开放大局，始终立足当前实际，继承传统经验，吸收先进理念，积极面向世界；文化遗产保护项目实施带动了整个文博事业的全面进步，包括思想认识、工作格局、工作机制、组织机构、社会功能发挥等等。

（5）坚定了我们对文化遗产保护工作的前景自信

西安的文化遗产工作将在国际舞台上备受关注，产生影响；西安的文化遗产工作将努力兑现已经做出的各项承诺，接受国际组织监督，遵守国际规则，文化遗产工作将进一步国际化；西安文化遗产保护的各项基础工作将进一步得到加强；西安的文化遗产保护工作将得到全面的改进提升，其中工作队伍素质的整体提升更加突出，工作格局将进一步朝着政府加强监督管理、社会力量积极参与的方向继续深入发展；西安的文化遗产保护将进一步面向社会，广泛地动员社会力量参与，让文博事业社会化发展成为主流。西安的文化遗产保护将通过广泛的交流保持与世界发展同步；IICC—X 将发挥更为重要的作用。

四、理念借鉴：申遗使我们长了哪些见识？

1. 主张在法律制度框架下的保护文化遗产行动

在接受世界遗产组织专家检查过程中，我们为专家一再坚持要到现场查看遗址保护区边界标识界桩深深赞叹，之后回味，更有无限感慨。体现在文化遗产保护方面的法律意识，充分体现了国际社会的法治思想。由此我们深刻感受到，具有良好的法律是文化遗产保护的社会基础；法律的制定是一个社会利益相关方共同参与的过程，是利益博弈的过程，也是铸造共同愿景的过程，由不同利益出发，达成利益共同体；在法律面前，政府也只是一个法人而已，一样享有与其他人平等的法律权益、承担相应的义务与责任；法律的第一作用不是用来惩处的，而是用来遵守的；法律规定的核心内容必须人人知晓；法律规定必须严格而又明确地体现在社会生活之中；法律与公众是国际遗产保护理念中极端重要的一对概念词汇。

2. 鼓励适应当地社会发展水平的遗产保护行动

细心的保护、完善的管理、良好的社会功能，是遗产进入世界名录的必要条件；世界遗产保护有指导性原则标准，但无具体的技术性方案；由于遗产的特殊性，在同一原则下的保护方案必然不相同；由于人们社会背景环境不同，对精神原则的理解可能存在差异，需要加强、增进沟通理解；世界遗产保护原则是处在不断发展中的技术指导原则；世界遗产保护的本质精神，在于遗产属于全人类共同的财富资源，需要全人类共同的保护行动，为了全人类的共同未来，遗产地政府应该竭尽力量保护遗产；遗产价值认知以及保护必须依靠专业技术力量，并把这种知识努力向社会大众普及。

3. 倡导立足长远可持续发展的保护工作

遗产管理必须立足遗产的永久性保护需要，不能只满足于解决当下的矛盾冲突；全面检测的信息记录；专家询问小雁塔巡查记录；完整的档案在遗产管理工作中所具有的极端重要意义；可持续保护必须认真坚持可识别性、可逆性的保护工程实施原则；任何技术改进都不应该损害对遗产价值的保护；除非紧急抢救，现在的保护应该尽量为以后的保护留下足够的余地，包括物理空间、精神文化空间和工程技术空间；重视工作档案资料的连续性积累。

大数据时代的文化遗产保护工作预测：考古数字化，博物馆数字化，遗产保护研究利用全面社会化，专业机构数据库化，政府职能部门消失，出现专司遗产权益纠纷的司法机构，可移动文物信息数据云监控云跟踪，不可移动文物修复、修缮活动仪式化等等。

4. 坚持真实性原则基础上的不断探索与发展

保护行动应该基于保护的目的，而不应该有别的目的，甚至恶意利用；手段与过程真实，保护行动方案确定应该始终基于科学合理的程序选择与组织推进；所有遗产价值的真实性都可以分为起始状态真实、经历状态真实、结果（现在）状态真实，保护方案需要针对遗产本身的价值情况进行取舍，但是，这往往很危险；古建筑是有生命的遗产，杜伦大教堂的维修给我们提供了这样的感受。是否所有的遗产都是有生命的？遗产的生命是指遗产文化价值的生命？物质载体的生命？社会功能的生命？对具有生命力的遗产该如何保护？修旧如旧到底该是哪个旧？遗产以物质态的形态保存了某种历史文化信息，但是一定的历史文化信息却不止一种物质态保存形式；因地制宜地贯彻遗产保护的真实性、元（原）真性、完整性原则。

5. 关注利益相关方在遗产保护过程中的权益保护

关注遗产与社会、与公众的关系是世界遗产保护的基本要求；法律框架下的遗产权益关系必须明确，这是遗产社会化管理使用的基础；遗产的所有权、使用权、管理权问题，必须在法律层面界定清楚，在英国的基金会管理遗产体制，非私人、也非政府，社会团体、机构管理使用文化遗产；社会财富社会化所有制，社会团体所有、管理、使用，在欧美发达国家成为公共文化事业发展的一个普遍现象；遗产作为公共文化事业，政府是监管者也是支持者，而社会法人单位成为保护使用主体，民众参与其中，利用市场机制筹措资金，招揽人才，这一切，都在相关的法律规范之下进行；法律制定、保护规划编制、保护工作协调等等，都成为公众关于遗产直接权益的表达与保障的过程，遗产保护行动中的权益问题，遗产利用中的权益问题，都应该纳入一个有形的推进机制中加以协商解决；必须通过民众的广泛参与、充分讨论、反复协商，达成一致认可的方案。发展遗产旅游是实现民众遗产利益的基本途径。

6. 强调公众在遗产文化教育中的主体作用

世界遗产组织特别重视发展遗产的公众教育、实现公众遗产利益。遗产在公众利益实现中的基本原则是：事实陈述真实（不掩盖、不歪曲、不割裂），归纳梳理科学，引人避恶向善。遗产教育的基本目的是：使公众走进客观历史，吸取历史知识，把握历史规律，增强文化素质，增长社会能力。英国国会大厦面向青少年所开展的常年有组织的参观教育活动，使我们感受到：了解事实真相是公民的基本权利，这是个严肃的法律和政治问题，不可以儿戏。英国哈德良长城城堡博物馆在公众教育内容方面，不回避历史上英国曾被罗马人侵占问题，他们相信受众有辨别是非、科学认识历史的能力，允许人们对历史基于不同角度的研究认识。所以说，遗产管理者有比提供结论更为重要的事情是提供事实物证！公众是遗产价值社会兑现的主体，遗产公众教育的内容和形式应该积极适应观众的需要，遗产管理者有义务积极准备、认真辅导。在遗产公众教育活动中，要充分使用传统手段，积极利用现代技术手段，从国际经验看，在博物馆应以传统手段为主，现代技术的使用不应该干扰观众的注意力。

（作者：郑育林，西安市文物局局长　教授）

从历史脉络中增强文化自信

惠西鲁

西安是世界闻名的历史文化古都，中华文明和中华民族重要发祥地，丝绸之路的起点，拥有3100多年的建城史，1100多年的建都史，周、秦、汉、唐在这里创造了历史的空前辉煌。从历史的长河中跋涉而来，西安就被打上了深刻的“古”的烙印，深厚历史积淀塑造了西安世界古都的地位和固有的文化自信。

2014年6月22日，在多哈举行的第38届世界遗产大会上，中国、哈萨克斯坦、吉尔吉斯斯坦三国联合申报的“丝绸之路：长安—天山廊道路网”项目获得通过并被正式列入《世界遗产名录》。该遗产项目中包含有西安的汉长安城未央宫遗址、隋唐长安城大明宫遗址、大雁塔、小雁塔以及兴教寺塔共5个遗产点，使得西安的世界文化遗产数量从原来的1处（秦始皇陵及兵马俑）增加至6处，丝路申遗的成功在西安的历史发展脉络中写下了浓重的一笔，是西安历史文化遗产保护的重大突破。作为申遗工作的重要配合部门，西安规划局及规划院积极投入到申遗工作中去，以西安规划人的高度责任感，编制规划，整治遗产点周边环境，为申遗工作做出了自己的贡献。在此过程中我也深刻地感受到本次申遗成功将西安文化遗产保护推向了一个新的高度，而正是这一次次的历史成就不断增强着西安文化的自信。

一、积淀深厚，历史文脉固有文化自信

西安历史悠久，积淀深厚，文化遗存多样，在历史文化方面拥有其他城市不可比拟的优势；同时西安在隋唐时期就是国际化大都市，是历史上的国际文化中心，因此西安历史脉络中本身就固有文化自信。在城市发展过程中，对自身文化的自信给了西安坚守华夏传统文化、坚守地域特色的信心和决心，“不求最大最强，但求最具特色”成为西安在城市风貌的塑造上坚守的原则。西安的文化自信主要体现在以下四个方面：

1. 文化遗存的资源丰富

西安文化遗存丰饶、文物古迹荟萃，境内遗产遗迹包含从世界遗产、全国重点文物保护单位、省级文物保护单位到市县级文物保护单位、文物点的历史遗产遗迹全部类型；既有大遗址、历史事件遗址等物质文化遗产，又有西安鼓乐、户县农民画等非物质文化遗产。西安境内共有世界遗产6处，全国重点文物保护单位52处，省级文物保护单位106处，市县级文物保护单位216处，登记在册文物点3246处。拥有周丰镐遗址、栎阳城遗址、汉长安城遗址、隋唐长安城遗址等都城

遗址，秦阿房宫、汉建章宫、未央宫、唐大明宫等宫殿遗址，秦始皇陵、汉杜陵、阳陵等帝王陵园，鸿门宴遗址、玄武门事件遗址、西安事变旧址等历史重要事件遗址，以及城市历史格局、宗教文化活动（宫观寺庙）、人类活动遗迹、历史文化街区、自然生态环境及历史文化环境、近现代建筑、非物质文化遗产，古树名木等共计 13 大类文物资源。西安以其种类丰富、数量众多的文化遗存，承载并展现着中华文化的发展历程与脉络，展现着华夏文化的自信。

2. 东方都城的营建典范

西安是中国六大古都中最古老、建都时间最长的一个，先后有周、秦、汉、唐等十数个王朝在西安建都。历经三千多年凝练出的城市格局形成了西安特有的营城文化和营城遗产，堪称东方都城的营建典范。三千多年前，西周的丰镐京，“方九里，旁三门，国中九经九纬，经途九轨”，《周礼 · 考工记》将其归纳为都城营建的规制；而后的秦都咸阳城利用自然地势，“渭水贯都，横桥南渡”，“表南山之巅以为阙”，错落有序的宫殿建筑与天上群星交相辉映，展现了“象天法地”的天人合一营城思想；汉长安城“揽秦制、跨周法”，延续了尊重山水形制的建城理念，北墙曲折仿北斗七星而有“斗城”之称；唐长安城，中轴对称、轴线突出；九宫格局、棋盘路网；里坊规制、分区有序 ......，蕴涵了丰富的周易和儒家礼制思想，成为我国封建王朝都城建设的里程碑和东方营城理念的典范，被东亚国家竞相模仿。

建国以来的四次总体规划，一脉相承地坚守了西安的古都格局，并在每一个历史时期有所创新、有所发展。50 年代初期的第一轮总体规划初步确定了西安的功能分区，守住了唐长安的格局和棋盘路网；80 年代初的第二轮总规，确定了“显示唐长安城的宏大规模，保持明清西安的严整格局，保护周秦汉唐的重大遗址”的古城保护原则；接下来的第三轮总体规划，按照“保护古城，降低密度”的宗旨，把保持古都风貌，发展旅游业作为支柱产业之一提到了战略高度；现行的第四轮总体规划，对城市特色、区域统筹等加以着重研究，凸显“九宫格局，棋盘路网，轴线突出，一城多心”的城市空间布局特色。

四次总体规划在不同时期针对城市发展问题，各有侧重，但都坚守了延续几千年的一脉相承的城市大格局，有序引导着西安的城市发展，使西安的城市建设将历史文化环境与生态环境相融共生。西安城市建设展现的历史悠久、历程连续的完整脉络，在中国乃至世界上都弥足珍贵，彰显着营城文化的自信。

3. 地域文化的建筑特色

辉煌的历史时代造就了绚丽的建筑艺术。从古至今，西安保留了大量历史遗存信息，无论是半坡遗址的原始穴居还是大唐宝塔的构建形制，因建成时代不同，呈现出风格各异、色彩纷呈的特点，并且建筑形式和风格、内容和规模、材料和技术，都在传承延续与发展创新的交织中演进。秦汉建筑所展现出的豪放朴拙、宏大壮丽的辉煌与气势，旨在通过建筑形式显示统一疆土、威慑天下的政治统治思想；隋唐时期的建筑，轴线明确、高台起屋、出檐深远、气势雄浑、格调高迈，整齐而不呆板，华美而不纤细；明清时期，西安出现了有别于皇家建筑的地方性建筑，如钟鼓楼、清真大寺、都城隍庙等。近年来，西安先后涌现出陕西省博物馆、大唐芙蓉园等一批具有西安地域特色的现代优秀建筑，塑造出了南北轴线“长安龙脉”的庄重形象和东西大街唐风古韵的商业氛围，同时在曲江大雁塔周边与莲湖大兴新区，通过对历史文化遗存的总结提炼，加强对周边开敞空间、建筑群体、单体、色彩、雕塑体系等的风貌管控要求，形成了特色鲜明的唐风汉韵建筑风貌区；在高新区、经开区等板块，结合五大主导产业和现代居住服务等功能，体现现代化都市风貌。历经三千多年的凝练吸纳、创新扬弃，西安的城市建筑形态形成了鲜明的个性与特色，使整座城市呈现出古今交融、各展风采、形散而神聚的独特都市意象与建筑形象，从而铸就了自己的城市建筑文化，成为广大市民的“乡愁”载体和建筑文化自信。

4. 历史国际化大都市固有文化自信

早在1300多年前，唐长安城就是名副其实国际化大都市、全球经济文化重埠。唐长安城是世界文明史上第一个人口过百万的国际化大都市，总面积达到80平方公里以上，相当于同时期巴格达的6倍，拜占庭的7倍，洛阳城的1.8倍，比明代南京城大1.9倍，比清代北京城大1.4倍；其城市GDP等于全部欧洲城市之和乘于五，这个数字彰显了唐都长安的国际地位和影响力；唐“西市”作为隋唐丝绸之路的起点和世界的商贸物流中心、文化交流中心及时尚娱乐中心，常住其中和周边的异域客商多达四五万人，是长安作为国际化大都市的重要佐证，其“藩人制藩”的管理体制和特殊的税赋政策，成为中国历史上第一个“经济特区”。可以毫不夸张地说，唐都长安城是当时世界上最宏大、最繁华、最文明的城市。历史国际化大都市的辉煌使得西安固有文化自信。

二、再创辉煌，申遗成功提升文化自信

积淀深厚，使得西安在历史发展脉络中固有文化自信；而今日申遗的成功，将再创城市文化的辉煌。丝绸之路是沟通古代中国与西方的商贸、政治和文化交流的陆地大通道，丝绸之路遗存至今的各种文化遗产承载着人类的珍贵记忆。公元2014年6月22日，第38届世界遗产大会传来喜讯：“丝绸之路：长安－天山廊道的路网”入选世界文化遗产名录。西安市的汉长安城未央宫遗址、唐大明宫遗址、大雁塔、小雁塔、兴教寺塔5处遗产点列入其中。申遗成功极大地提升了西安文化自信。

1. 申遗成功是对西安历史文化名城保护的肯定

丝绸之路申遗过程中，西安五处遗产点的真实性、完整性得到了有效保护，这是西安对中华文化遗产、对世界文化遗产保护做出的贡献；而申遗的成功，则是对西安长期卓有成效历史文化名城保护的充分肯定和最好回报。

在申遗过程中，西安市委市政府高度重视大遗址保护，全力推进“丝绸之路申遗”，对这五处遗产点采取重点投入、重点管理、重点实施的方式加以保护。为了保护汉长安城遗址完整性，不准在遗址范围内规划安排大型建设工程和城市建设工程；编制了《汉长安城遗址保护总体规划》，制定《汉长安城国家大遗址保护特区实施方案》；将汉长安城未央宫遗址保护展示区免费向社会开放，得到了区域内群众的支持和拥护。在大明宫遗址保护中，组织了“西安·唐大明宫

遗址保护展示示范园区暨国家遗址公园概念设计国际竞赛”，编制了《大明宫地区保护改造总体规划（2007-2020）》，在大明宫遗址建设国家遗址公园，将在遗址上的拥有10万人口的西安市最大棚户区整体拆除，实现了对遗址的整体保护和展示，为西安建设“城市中央公园”，并作为西安建设世界文明古都的重要支撑。今日大明宫遗址区基础设施逐渐完备，环境得到美化，极大地改善了当地群众的居住和生活条件。在大雁塔、小雁塔、兴教寺塔的保护过程中，在陈同滨老师技术总指导，省市申遗办的组织下，我局参与编制了“小雁塔和兴教寺塔2个遗产点管理规划”，组织完成了“大明宫遗址、大雁塔、小雁塔和兴教寺塔4个遗产点缓冲区建设高度控制专项”及“大雁塔、小雁塔和兴教寺塔3个遗产点保护规划”等不同类型的遗产保护规划，为申遗工作提供了建设管理控制的技术文件。西安通过开展丝绸之路申遗，极大地改善了这些文物周边的环境，为市民营造了赏心悦目的文化生活空间，增强了西安市民的文化自信心和自豪感，并为促进遗产地旅游业进步，增进社会可持续协调发展，使文化遗产保护惠及于民、反哺社会发挥巨大的作用。

2. 申遗成功将使西安文化自信迎来新一轮起航

西安五处遗产点都是丝绸之路从开通、发展到繁荣、鼎盛时期的重要文化遗产，都是丝绸之路文化遗产的重要载体和典型代表，都是东西方文明交流、融合发展的历史物证，在全人类文明史上具有重大文化价值。

西安丝绸之路申遗不在于结果，而在于过程。西安申遗之路，实质就是一个提升文物保护理念和管理水平的过程，就是一个接轨国际标准对西安历史遗存进行保护的过程，就是一个找回、发现、发掘、整理与热爱、尊重、保护、传承文化遗产的过程，为西安文化自信迎来新一轮起航。西安丝绸之路申遗是手段，不是目的。保护遗产、造福后代，唤起世界范围内对这些不可再生的世界文化遗产的关注并推动遗产的永续传承，才是申遗的终极目的。申遗成功来之不易，未来的保护、传承更是任重道远。

三、延续创新，西安将由文化自信走向文化自觉

作为西安古都保护和历史文化遗产传承的忠实守护者，我认为西安丝绸之路申遗成功是荣誉，更是责任。因此，在为申遗成功鼓掌之时，我们更要保持一种清醒：申遗只有起点，没有终点。申遗成功只是一个崭新的开始，意味着承担更多更大的责任。西安需要借助丝绸之路申遗成果，在融合中增强文化自信，在创新中增强文化自信，延续历史的辉煌，从文化自信走向文化自觉。

1. 融合中的文化自信

西安，古丝绸之路的起点，自大唐盛世以来，就形成了大气包容、兼容并蓄的城市精神。在影响了日本、西亚乃至欧洲文化艺术、风土人情的同时，西安的城市自身，也在汲取了外来文化的影响的同时不断发展壮大。在未来，我们更应该将这样的精神与气度发扬光大。将多元文化与中华优秀传统文化相融合，并将这种融合体现在城市建设中，潜移默化地引导市民对中国传统文化的整体性理解和发自内心的挚爱。

因而未来，西安对外来建筑文化的态度是在坚守地域文化基石不变的融合，以保持地域建筑文化基因不变异而扬弃创新发展。正如习近平总书记所说：我们“要有一种文化自觉的意识，文化自尊的态度，文化自强的精神”，坚定不移地保护本土文化的精髓，客观理性地理解外来文化的精华，城市规划和建筑设计也是如此。我们要融汇、吸取和消化西方建筑文化中的精髓，比如注重生态优先，讲究可持续发展；注重对文化遗产、工业遗产的保护；注重功能完善、讲究技术精美等西方城市规划及建筑理念。这些精华和优点值得我们深入思考和学习。只有不断地学习，不断地融合，理解外来文化的内涵精髓，将我们本土的历史文化遗存、传统建筑赋予新的功能，以适应当代生活的需要，而不是照搬其表现形式，这才是最佳的中西文化融汇方式。

外来文化作为地域文化的无机营养，与本土有机营养之结合，使地域文化茁壮发展，就是西安的求索之路。

2. 创新中的文化自信

只有融合依旧不够，在对西安城市历史遗产做出坚守传承和融会贯通的探索实践的同时，西安规划还意识到，创新是文化延续的生命力之所在，新时期国家发展战略对西安提出了新的要求，西安的城市建设亦要有所创新才能符合时代的潮流和完成国家赋予的任务。

创新首先是理念的创新。目前，西安将继续以保护、展示和传承传统历史文化为重大责任，一是扩大历史文化遗产的保护范围，在大西安（两市一区）范围内统筹历史文化资源，梳理保护脉络，建立大区域保护框架。二是将西安大遗址及保护单位分布最为密集的约300平方公里的三环以内的城区划定为中心城区，加大保护力度，将保护重点由老明城扩大到中心城区，疏解中心城区职能，推动中心城区内涵式发展，进一步强化历史文化的保护和发扬。三是系统地提出新时期名城保护目标、建立名城保护体系框架，全面营造中国传统文化和东方城市营建的展示与教育基地。

创新还是模式的创新。对西安而言，众多的历史文化资源是支撑起西安城市精神的脊梁，是塑造城市精神的重要元素。西安在发掘历史文化遗存内涵，拓展历史文化名城构成元素承载的功能，设计显现西安城市历史特色的地标系统，塑造、传承西安城市精神方面做出创新，形成了自己的经验。

创新还要创新的格局。在城市格局方面，西安实现了从传统营城理念的“小九宫”向新时期的“大九宫”布局的创新。即在“九宫格局”模式的主城区基础上，沿放射状交通线跳出中心城区，向外拓展城市空间，培育极具集聚吸引力的城市副中心、新城及组团，形成“一城多心”的发展格局。为缓解目前主城区交通、用地、就业、基础设施承载、安全等的压力，西安将近期的发展建设侧重于近郊区和远郊区的组团空间拓展，旨在结合“内九外八”中心城区空间发展格局，打造功能各有侧重的多个城市组团，借此分解特大城市的复合职能，在更大的地域范围内解决西安地区经济、人口和城乡均衡发展的相关问题。

3. 西安从自信到自觉

历史上的西安曾经拥有引以为豪的文化，我们在享受历史赠与的荣耀同时，也肩负着沉重的现实责任。面对人类文明历史精华的巨大遗产，我们别无选择，必须承担起继承与发展、传统与现代的双重历史使命。

因为自信，所以自觉。从认识自身拥有的无价资源，到创新出让传统文化、地域文化长久地保持生命力的最佳路径，通过坚持努力、不懈探索，使得西安特色更加凸显，文化更加强大，个性更加鲜明。西安的历史遗产保护和城市特色文化，已为大家共识和共享，经过融合与创新，正在走向不断普及与强大之路。我们也希望通过这些措施，打造西安城市文化遗产保护和风貌特色的名片，以自己独特的建设方式来诠释西安千年古都的魅力，将西安这座闪耀着华夏文明之光的古城以更加迷人的姿态展现于世人面前。

丝绸之路项目的申遗成功，使古老的丝绸之路，尤其是起点西安焕发出新的生机。对于促进丝绸之路经济带建设，彰显世界和睦相处、共同繁荣的永恒主题，具有十分重要的意义。文化特色是软实力、是地域特产、是寄托乡愁的载体。西安城市规划和历史文化名城保护经历了认识、自信、坚守、融合、创新的城市特色建设发展之路，在新时期，我们将继续沿着这条路径，正确把握文化发展的脉络和韵律，主动担当保护和弘扬中国优秀传统文化的历史责任，形成自领导到市民、自设计到管理的文化自觉行动，深入至骨髓、渗透到灵魂，实现从文化自信走向文化自觉。我们坚信，在我们的努力下，西安这株千年古树定会迸吐新芽，迎来一季千载难逢的醒春，希望西安的城市特色探索能够为传承传统文化、践行中国梦增添新的光彩。

（作者：惠西鲁，西安市规划局局长、博士生导师）

从丝绸之路起点到世界文化遗产

——汉长安城未央宫遗址申报世界文化遗产杂谈

黄　伟

岁月不居，时节如流。未央宫作为汉代都城的重要宫殿，建成至今已逾2000年，虽然它昔日辉煌、雄伟的建筑已难觅踪影，但支撑这座宫殿大厦的基础却神奇地存留了下来，这就是我们现在所称呼的汉长安城未央宫遗址。在这个区域内，生活着上万人口，他们世代赖以生存的是遗址所依附的土地；遗址依附着这片土地，随遇而安，任由人们去解读和使用。可以说几经峰回路转，最后将以其独特的价值和丝绸之路起点的身份迈入世界文化遗产的行列。

一、峰回路转

汉长安城遗址作为西汉帝国（公元前2世纪——公元1世纪）的都城遗址，被誉为中国现存规模宏大、遗迹丰富、格局明确、保存较为完整的古代统一帝国的都城遗址。而位于都城西南隅，始建于公元前200年，平面近似正方形，面积4.8平方公里，约占全城总面积1/7的未央宫，则是汉长安城中最重要的宫殿，是西汉、王莽时期皇帝的居住、朝会之所，是西汉帝国200余年间的政令、权力中心，更是奠定中国传统文化基础的地方，影响后世的汉唐雄风也由此而兴。

然而，曾几何时，峰回路转，汉长安城未央宫于公元23年被焚毁。整座宫城逐渐淹没、沉寂于地下，历经2000余年的风雨沧桑后，只有前殿和夯土城墙等遗迹仍不离不弃、顽强地向世人诉说着昔日的辉煌，隐隐展现着当年宏大的格局、清晰的建筑功能等信息，让人们想象这里如何从繁华走向衰亡。

基于这些因素，使得汉长安城遗址蕴含着丰富的历史文化信息，具有重要的历史、科学、艺术价值，被认为不仅在中国历史上具有不可替代的地位，而且在世界文明史上也具有极为重要的地位，自然也就成为西安乃至世界的文化遗产。对它的保护和利用，不仅可以增进公众对历史的了解，增强民族自尊心和自信心，促进人们对文化资源的保护意识，而且有益于提高地区文化资源的价值，对西安的文化旅游产生积极的推动作用。保护这个面积巨大的遗址，遂成为各级政府的重要任务。

由于历史原因，不知从何时起，在这片汉帝国的废墟上，又开始了人类的繁衍生息。发展到现在，汉长安城遗址区域形成了3个街道办、50余座村庄、大约有六万人口的规模。他们的存在，给遗址保护带来了压力；同时，随着时代的发展，遗址保护的要求也给这个地方人们经济的发展、生活的改善形成了束缚。这就是我们常说的遗址保护与城市建设、经济发展的矛盾。许多年来，人们在这对矛盾中生活着、工作着。于此生活的人称它为“害城”，于此工作的文物人称它为“文化遗产”。

过去一个时期，文化遗产得到保护或者说没有遭到破坏的地方，大都是经济比较落后的地区；而在经济比较发达的地区，文化遗产往往先是遭到毁坏，待经济建设发展到一定阶段，又想起文化遗产在城市建设中的地位与作用，对其加以保护，但往往悔之已晚，只好投巨资修建、恢复已经失去原味和灵魂的“假古董”。换个角度讲，文化遗产保护固然需要人们的保护意识，但同时也需要巨大的经费投入，在社会文化繁荣、经济发达的时期是容易做到的，在社会发展的初期阶段就不那么容易做到。

汉长安城遗址的保护就曾经历过这样的窘境。在中国传统的农耕时代，尽管当地居民的生产生活不可避免地对遗址产生着影响，但并不是致命的。时代发展到中国的西部大开发时期，这里的人们开始躁动不安起来。城市化进程的加快，使这里迅速处于经济建设的包围圈，遗址内外的经济发展、生活环境逐渐拉大了距离。遗址区的人们不再满足于单纯的农耕生活，开始兴厂办企业、置仓储、加盖房屋，打破了遗址区昔日的宁静。好在从新中国成立初的第一轮西安城市规划开始，就把汉长安城遗址规划为绿地予以保护，政府一直没有在此区域引进大型厂矿企业，没有规划主要城市交通道路，加上设置专门的遗址保护管理机构进行保护管理，经常性地投入一定资金实施遗址本体保护展示工程，以各种方式提醒人们在生产建设活动中注意保护遗址，使当地的大规模建设受到很大束缚。在全国的遗址类文化遗产中，汉长安城遗址的规模、格局一直没有受到太大影响，处于保护的领先地位。遗址保护在城市化的进程中，艰难地前进着，当地居民的经济发展、生活水平也在缓慢地提高着。但根本问题的解决，文物部门虽然在保护的实践中探索出了新的途径——即把对历史文化遗产的有效保护、科学利用和改善群众生活、改善民生、改善城市环境、提升城市价值有机结合起来，但如何实现却是需要巨大的经费投入和科学合理的方式方法的。这个问题的解决契机之一，就是申报世界文化遗产。

众所周知，申报世界文化遗产是国际规则，有着严格的条件和程序。如果能够列入世界遗产名录，不仅是遗产保护的最高品牌和荣誉，而且其所在城市或地区能够迅速提高在国际上的文化地位和知名度，并推动当地文化旅游的发展。对于这一点，西安的有识之士早有认识，1994 年还曾邀请国际遗产保护专家来西安考察遗产保护状况，根据遗产价值和保存现状，将汉长安城遗址、大明宫遗址、西安城墙和碑林列入了申报世界文化遗产预备名单。可惜的是，十年过去了，申报世界文化遗产依然是西安文物人的愿望和梦想。汉长安城遗址的历史、科学、艺术价值在不断得到人们新的认识与提高，遗址区的环境风貌也在随着时间的流逝而发生着悄然的改变，与世界文化遗产的标准要求渐行渐远，令人扼腕。

是金子总会放光。2006 年，汉长安城遗址保护出现了新的转折。一方面，随着国力的逐渐强盛，国家加大了对遗址保护投入的力度，将汉长安城遗址纳入财政部、国家文物局“十一五”大遗址保护规划；另一方面，这一年，正式启动了“丝绸之路跨国联合申报世界文化遗产”项目。汉长安城遗址又一次展现了它独特的文化价值，其中的关键，是它作为丝绸之路的起点的身份。

丝绸之路的开通，应该归功于汉武帝、归功于张骞；丝绸之路的发展繁荣应该归功于东西方历代各国间的经济、文化、艺术……的不断交流；丝绸之路的发现与命名应该归功于德国著名地理地质学家李希霍芬和胡特森；而将丝绸之路作为世界文化遗产来研究保护，则应该归功于联合国教科文组织。

早在 1988 年，联合国教科文组织就启动了“对话之路：丝绸之路整体性研究”项目。2003 年，该组织提出中亚和中国的丝绸之路系列申遗准备行动计划。2005 年 11 月，在该组织中亚地区研讨会上，通过了将丝绸之路中亚段线路遗产申报列为优先项目的行动计划。2006 年，在联合国教科文组织世界遗产委员会的积极协调下，中国和哈萨克斯坦、吉尔吉斯斯坦、塔吉克斯坦、乌兹别克斯坦、土库曼斯坦中亚 5 国联合启动了丝绸之路跨国申报世界文化遗产工作。

2007 年 10 月 10 日，国家文物局公布了我国丝绸之路申报世界文化遗产的国内遗产选点推荐名单，汉长安城遗址以其起点地位名列其中。2009 年 5 月，建立丝绸之路系列申遗十二国跨国协调委员会。2011 年 5 月，在协调委员会第二次会议上，国际古迹遗址理事会《丝绸之路主题研究报告》基于丝绸之路整体申报的复杂性提出的跨国廊道申报方案。2012 年 5 月，中国、哈萨克斯坦和吉尔吉斯斯坦三国联合签署了《关于“丝绸之路：起始段和天山廊道的路网”跨国系列申报世界遗产和协调保护管理的协议》，正式确定“丝绸之路：起始段和天山廊道的路网”为 2013 年跨国申报世界遗产项目。“汉长安城未央宫遗址”是此次跨国申遗的系列申报点之一。

在这个项目的带动下，不到一年的时间，按照世界文化遗产的标准和要求，地方政府实施了遗址区 9 个村落 3000 余户、1.5 万人和 1000 余户企业的搬迁工作，完成了 6 平方公里范围的绿化等环境整治工程；文物部门组织实施了 60 余项遗址本体保护展示项目和道路保护建设。如今的汉长安城未央宫遗址区，再现了汉代高耸的城墙、宽阔的道路、清晰的水系等规整的格局；展现了宫殿苑囿、官署作坊等规模布局。道路两侧油松、国槐竞相争秀，广袤的土地上，遗址与绿草交互映衬，间或有野鸡起舞、飞鸟鸣翠……简直一幅历史文化与田园风光并存的画卷。而这其中，凝聚了多少人的智慧与汗水，没有亲身经历过申报世界文化遗产过程的人，恐怕永远难以想象。

我时常想到的，不管申报的结局如何，也不管人们对申报世界遗产的做法有多少争议，总之是，长期生活在这个特殊的区域的人们实现了自身发展的解放——脱离了遗址保护的束缚；这个在世界上有着重要地位、处处透着神秘的遗址实现了完整保护的解放——脱离了在此生产生活的人类干扰的影响。况且，通过申遗这一过程，我们还学到了一些世界先进的文化遗产保护理念和方法。

2013 年 10 月，在经过世界遗产专家现场考察评估后，恰值夕阳西下，落日的霞光洒落在遗址上，我站在保管所门前，眺望着前殿被笼罩的迷人景象，不禁感慨万千：

汉宫秋色凉如水，千秋功业黄土堆。
威加四海皇居壮，凿空西域事可追。
汉族汉语遍环宇，宫阙万间何成灰。
残阳斜照阅千年，眺望前殿泪自垂。

二、起点乱象

目前，汉长安城未央宫遗址申报世界遗产的结果尚不得而知，也无需去焦灼的盼望与等待。

作为文物工作者，我想，能够通过这个途径使得遗址完整保护，并且有一个良好的环境，已是很满足了，至于有没有这个牌子，倒不必过于计较。因为我知道，申遗是手段，通过申遗实现遗址的良好保护是目的。申遗的成功与否可能有很多因素，但丝毫不会影响汉长安城遗址在文化遗产领域的价值和地位。不过，通过这次丝绸之路申报世界遗产，我也发现一些需要思考的问题，其中一个就是关于“丝绸之路起点”的问题。

自从丝绸之路申报世界文化遗产项目启动以来，“丝绸之路起点”似乎成为各方“争夺”的对象。在西安，可能因为同属于汉、唐长安的缘故，汉长安城、唐大明宫、大唐西市都以其特殊的功能而和丝绸之路的起点建立起密切的联系，前些年建于唐代开远门外的“丝绸之路群雕”，地方政府也曾有将其建为“丝绸之路起点广场”的想法；河南省的洛阳，作为东汉时期的都城，对外宣传中也称作丝绸之路的起点。

大家之所以都想争当丝绸之路的起点城市或遗产点，无非是想借申报世界文化遗产之机，使本地的文化资源能够有一个响亮的牌子，成为城市对外交往、扩大影响的名片，应该说无可厚非。但顾名思义，丝绸之路的起点，事实上只能有一个，多了，就需冠上加以区别说明的定语，如时代上的区分，走向上的区分等。不然，对缺少历史文化知识的人们来说，就只能云里雾里了，这既是对历史的不尊重，也是对历史知识受众的不尊重。

所以，毋庸置疑，丝绸之路的起点是汉代的都城——长安城，原因很简单：西汉武帝建元三年（前138年）和元狩四年（前119年），出于解除北方强大的游牧民族——匈奴威胁的目的，雄才大略的汉武帝派遣张骞两次出使西域，拟联合西域诸国共击匈奴。张骞和他的团队，先后到达大宛、大月氏、大夏以及乌孙、康居、安息、身毒等国。虽然张骞两次出使西域均未实现预期的军事目的，但他的西域之行贯通了欧亚大陆的交通线路。之后，西汉王朝又招募了大量身份低微的商人，利用政府配给的货物，从长安出发到西域各国经商。这些商人中大部分成为富商巨贾，从而吸引了更多的人在这条交通路线上从事商业贸易活动，极大地推动了中原与西域之间的物质文化交流。从此以后，通过这条交通要道，来自欧亚的一些瓜果植物、皮货、药材、香料、珠宝首饰运入汉都长安；而西汉的丝、绸、绫、缎、绢等丝制品，也源源不断地由长安运向中亚和欧洲。

张骞贯通欧亚大陆的交通后，关于这条交通要道上古代中国与西方经济、贸易方面的交往与友好联络，在古代的许多历史文献和有关资料中多有记载，但这些记载，对这条中西交往的具体路线，并没有概括为一个专有的名称。直到1877年，德国著名地理地质学家李希霍芬在其著成的《中国——亲身旅行的成果和以之为根据的研究》一书中，第一次提出这样的论断：“从公元前114年到公元127年间中国与河间地区（中亚的阿姆河与锡尔河之间的地带）以及中国与印度之间以丝绸贸易为媒介的这条西域交通线叫做dieSeidenstrasse（德语），英语译为丝绸之路（silkroad）。”此后，德国人胡特森在多年研究的基础上，撰写成专著《丝路》。从此，丝绸之路这一称谓得到世界的承认并一直广为使用至今。而丝绸之路在中西经济文化发展中的历史影响和地位的研究，也越来越为学界所重视。

作为丝绸之路的起点，应该具备时间和空间两个条件，结合历史文献记载，理所应当具体是指汉长安城的未央宫。开通西域的决策从这里做出，也是从这里出发，至今遗址犹在，还有什么可怀疑的呢？至于其他地方的起点问题，可以认为是丝绸之路的延伸，这个延伸包括时间上和空间上的延伸。不然的话，大家各自从自身利益出发，都说自己的城市或遗产点是丝绸之路的起点，恐怕会引起连锁反应，河南开封，浙江杭州、江苏扬州，乃至日本、韩国一些有着丰厚历史文化资源和背景的城市，似乎也都有理由认为自己是丝绸之路的起点。

文化遗产种类繁多，各自有各自的特征和价值，构成了世界的多元文化，谁也取代不了谁，也没有多少可比性。如此，不一定非要冠以“起点”的名称才能显示遗产的价值和地位。

三、利益相关

在丝绸之路申报世界遗产的过程中，我们注意到遗产保护领域的一个名词——利益相关者。按照世界遗产的标准和要求，遗产的申报必须取得与遗产地利益相关者的支持。但这个利益相关者究竟包括哪些方面的人，《申报世界自然和文化遗产操作指南》并没有给出十分明确的界定。我们理解，以汉长安城未央宫遗址为例，它的利益相关者应当包括遗址区的居民，遗址区的各级管理部门，以及当地的学生、教师、工人等各行各业的代表。世界遗产专家考察评估遗产点，也包括这些代表对未央宫遗址申报世界遗产的态度。这在当时看来似乎没什么问题，但现在回过头来看，好像也有值得进一步思考的问题。

我们知道，申报世界遗产最初是西方人根据西方国家的特点制定的规则，而西方和东方的文化遗产也有着不同的特点，保护方式也不尽相同。在西方，申报的世界遗产点，由于所有制问题，很少存在大规模拆迁的问题。在中国则不同，尽管所申报的遗产价值无可争议，但往往存在环境较差的问题，由此涉及的拆迁村庄、民居、厂房、道路等问题更为突出，而且为了确保申遗的成功，一般是宁愿多拆，不愿少拆。如此一来，利益相关者的态度必然和拆迁联系在一起。那么，姑且不论是否申报世界遗产，单单为了遗产保护，依中国的现状，到底该不该拆迁，以拆迁多少为宜呢？下面我们结合利益相关者这一概念，做一分析。

“利益相关者（stakeholder）”最早出现在管理学上，指组织外部环境中受组织决策和行动影响的任何相关者。随着经济社会的发展，“利益相关者”这一概念已经不仅仅局限于管理学行业，在现实中已逐渐为其他行业所接受，其概念和定义也在不断被修饰、被衍化。通常情况下，利益相关者可分为直接利益相关者和间接利益相关者。我们把它引入到文化遗产保护领域，便又赋予了它新的诠释。我们仍以申报世界文化遗产的汉长安城未央宫遗址为例：

1. 文物是人类在社会历史发展过程中遗留下来的，由人类创造并与人类生活有关的遗迹或遗物。根据《中国文物古迹保护准则》的解释，中国优秀的文物古迹，不但是中国各族人民的，也是全人类共同的财富；不但属于今天，更属于未来。从这个角度说，汉长安城未央宫遗址是全社会、全人类共有的文化遗产，因此全社会乃至全人类都是它的“利益相关者”，最起码是间接的利益相关者。对于前面提到的拆迁与否问题，恐怕不是他们十分关注的问题。他们关注更主要的是遗址的真实性、完整性和保护利用的可持续性。因为他们不是遗址的直接管理者、使用者。

2. 遗产地所在地的行政主管部门，可分为省级的、市级的、区级三个层次。他们一方面是文化遗产的保护、管理主体，另一方面也是文化遗产产生的经济、社会效益的直接受体。因此他们是申遗的“直接利益相关者”。至于所涉及的拆迁与否问题，应该是一种矛盾心理，那就是既要保证申遗的成功，又不想有太大的经费投入。加上申报世界遗产是一项专业性较强的复杂的系统工程，只能依靠专家进行，这种心理往往就表现在与所聘专家的“斗争”上。

3. 遗址区及其周围的居民，是最直接的“利益相关者”。他们世代居住、生活在遗址所在的这片土地上，对遗址有着很特殊的感情，并且是比较矛盾的感情。一方面是热爱故土、恋土恋家的感情；一方面，长期受遗址保护的束缚，生产生活环境难以有效改善提高，对遗址保护难免产生怨愤之情。如果能够搬迁到距离遗址不远的地方，反过来享受遗址公园建设带来的优美环境及其创造的发展经济的条件，他们是乐意接受搬迁的决定的。

4. 最后来说说拆迁的“度”的问题。在中国，申遗工程往往被人们戏称为拆迁工程，这与人们对世界文化遗产的理解有关，毕竟这是一项专业性太强，又没有一个绝对的标准，一般而言是靠专家的指导。即便专家之间，看法也是不尽一致的。因此拆迁的度的问题很难把握。汉长安城未央宫遗址也存在这样的问题。从一个文物工作者的角度讲，我认为，从理论上讲，不一定全部拆迁。将那些占压遗址本体、严重影响遗址景观或风貌的村庄、建筑物拆除是必要的，其他的予以保留，未必不符合申报世界文化遗产的要求，因为在《申报世界自然和文化遗产操作指南》中，明确要求人们与遗产和谐相处，也就是说，不应该将一个偌大的遗产区变成无人享受遗产的区域，这不符合我们倡导的以人为本的思想。然而，毕竟我们和西方发达国家在遗产本身及其保护的理念、方式方法上，在文明程度乃至所有制度上，还存在不少差距。就汉长安城未央宫遗址而言，很难相信按照上述办法能够保证遗址区居民的生产生活不对遗址保护构成威胁，因为遗址所依附的土地，是他们世代赖以生存的土地，他们要在土地上耕作，他们要发展经济、要进行宅基建设……不可避免地影响到遗址的安全。起码，按照目前的情况，全部搬迁遗产区的居民，是不得已的上策。

如果我的理论成立，那么文物保护工作者也是直接的利益相关者，至少，通过申报世界文化遗产，可以有效减轻遗址保护产生的压力。

从丝绸之路起点到世界遗产，汉长安城未央宫遗址的历史积淀并没有改变，随着其影响力的不断提升，参与其中的抑或是受其影响的人却在不断扩展，造成“利益相关者”群体也不断扩大。而这样的改变也表明，世界文化遗产已成为连接全世界、全人类的重要纽带。广义上讲您也是“利益相关者”。

四、任重道远

通过各级政府和社会各界的共同努力，汉长安城未央宫遗址申报世界遗产工作经取得了阶段性成果，遗址的真实性、完整性得到了有效保护，环境风貌得到了有效改善，可以说是对文化遗产保护作出的贡献。在感慰这些成果的同时，也引发了我们对一些问题的思考，主要的是，即将作为世界遗产的汉长安城未央宫遗址具有的重要的历史科学艺术价值与可视性差的矛盾，而这一矛盾集中体现在专家学者与普通受众之间。

作为丝绸之路申报世界遗产的重点项目，汉长安城未央宫遗址保护展示区一期工程基本完成，并已面向社会免费开放。随着其影响力的进一步提升，来这里参观游览的人越来越多，人们的疑惑也越来越多，那就是，到这里看到的，除了夯土台基和宫殿遗址外，就是空阔的草地，铺满砂石的道路；除了感受到汉代宫殿的宏大、道路的宽阔外，能够直观反映其价值的可视性的东西太少。当然，这不是我们的遗址保护展示的方式方法有问题，主要是由于遗址的特性决定的。但作为对社会开放的文化遗产，不仅是面对专家学者的，也应面对缺乏历史、考古知识的一般受众。我们理应在展示方式方法上多加研究，在高一般受众的历史文化素养上多做文章，逐渐缩小遗产价值大而可视性差之间的差距，使这个珍贵的文化遗产充分发挥出应有的社会效益与经济效益。

除此之外，虽然我们搬迁了遗址区的居民，但遗址区的土地性质仍未改变，这个问题还会影响以后的考古遗址公园建设；一个占地达6平方公里的考古遗址公园，不要说建设资金，单是以后常态的公园管理养护费用，也将是一个困扰这个具有世界文化遗产性质的考古遗址公园运营的大问题。

申报世界遗产，只是完成了遗址保护的第一步。在这个过程中，许多的人付出了巨大的努力，留下了许多艰辛的汗水，许多人蒙受了不少的冤屈……但是，都过去了，重要的是我们参与了，并且以我们的努力，使遗址保护由雾霾换回了蓝天。希望申报世界文化遗产工程，继续化作和煦的春风，吹遍西安亟待改善环境的所有的文化遗产区域。

我们不会就此驻足，因为我们知道，遗产保护，我们仍任重而道远。

（作者：黄伟，西安市文物局副局长、副研究员）

甲午年西安申遗成功之后的思考

邰亚秦

2014年深冬的一天，与老友聊天，老友忽慨叹道：要再过“甲午”又得60年啊！此时距6月份“丝路申遗”成功已过了半年时间，当时申遗成功的沸腾场面依然历历在目，同事们奔走分享多哈大会现场的喜悦，各大媒体争相报道申遗成功的消息。2014的“甲午西安”注定是要被浓墨重彩的载入西安历史史册的。我今年已是甲子之龄，能够有机会亲历这样一件意义重大而深远的事件，确为生命里值得纪念的一件幸事，因之有感而发。

八年申遗之路漫长而艰辛，成果来之不易，经验弥足珍贵，比如我们的黄土大遗址保护利用的理念、思路、方法和实践成果，得到了国际社会的普遍认可；又比如，在大遗址保护中我们创造出的“四个结合”的经验，充分体现了中国特色，也彰显了西安元素；还有我们在一次次被否决、被批评、被指责的申遗过程中逐步了解熟悉和掌握到的那些国际上文化遗产保护的各种规则、标准、要求；以及如何与国际文化遗产专家沟通交流；如何与多个国家联合申报；怎样归纳收集整理申遗档案才符合标准等经验，都需要进行一番系统的梳理和总结，总结好大有益，传承好有大益。由此，引发出以下几点思考。

首先，此次跨国申遗在国际上都是第一次，因此，认真总结其中的做法、规则、经验（包括教训）尤为重要。一是可以帮助我们更好自觉接受世界遗产组织的监督和检查，增加我们与国际世遗专家及丝路沿线国家友好交流沟通的经验。二是可以弥补之前我们因忙于紧张的申遗工作，（所开展的工作多是缺啥补啥，少啥添啥，并不都是我们自觉自主的行动），而对《世界遗产公约》以及申遗规则等缺少结合实践细细领会理解和普及不足的缺憾。三是对我们今后管理好已拥有的六处世界遗产具有重要指导意义。因为，要使我们的世界遗产管理工作符合世遗标准，就必须让我们的管理人员了解熟悉掌握世界遗产相关准则。四是我们还有九个世界遗产预备点以及其他几项如西安古城墙等申遗准备工作，都需要继续完善提升，因此也更需要借鉴运用这些经验和做法。因为，这八年申遗我们是在一次又一次的调整变化中改进提升的，也是由一茬一茬具体的人落实的。紧张的申遗重任令我们无暇静下来思考总结，现在申遗成功了，紧张的工作告一阶段了，若还不能及时地有组织有计划地开展总结工作，恐这些宝贵的财富会随着时间的流逝，人员的调整而丢掉了，等到需用时又得从头再来。

其二，世界文化遗产的管理维护至关重要。我们都知道，进入世界遗产名录只是第一步，而管理保护利用的工作不仅是动态的，更是漫长的、艰巨的、细致的。如若管护不到位被亮了黄牌或是被取消世界遗产资格，那我们可就犯大错了，这真不是危言耸听。目前我们面临的突出问题是怎么样管理好世界文化遗产。我曾在多个场合听到一些世界遗产单位的管理人员提出这种问题：

不知道世界遗产该怎么管？当下需要做些什么事情？怎么样才能充分发挥利用世界遗产的重要作用？对于我们文物管理部门而言，我们不仅要研究解决基层面临的这些紧迫现实问题，还要思考研究我们多年传承下来的文物保护的理念、习惯和做法，哪些是属于保留完善的？哪些是需要修正创新发展的？还有哪些是急需引进学习的？等等。

第三，如何把这次申遗工作过程中人民群众保护文化遗产的积极性巩固好、保护好、发挥好，也是我们要思考总结的一项重要工作。动员全社会持之以恒地关注支持保护文化遗产的工作，是一项长期的艰巨任务，绝不是一次申遗活动就能完成的。我们不能忽视，至今仍有一些人还在对申报世界文化遗产有质疑，花那么多钱整改大遗址值不值，尤其是在还没有看到世界文化遗产巨大的世界影响力的情况下，这种情绪将还会持续。同时，我们也应该清楚，文化遗产保护工作目前还不属政府财政重点扶持的行业，这一点也要求我们在思考如何保护好和管理好世界遗产的同时，积极依靠我们文物部门自己的力量，注意适时地继续做好两方面的组织宣传动员工作：一是主动争取相关政府部门支持的工作；二是对广大群众特别是遗址地群众持续不断的宣传动员工作。

第四，文化遗产人才的培养问题。这次跨国申遗的成功，其中一条最重要的经验是锻造了一批专业人才。通过这次申遗全过程的历练，使我们有了自己的懂申遗规则、熟悉申遗文本规划的专家；有了自己的了解申报世界文化遗产 9 个规定程序的内行；有了自己的规范申遗档案收集整理的人才等等。在此之前，我们并没有这方面的人才，更没有这方面的经验。人才兴则事业兴，人才强则事业强。当务之急是要积极做好两件事。一是巩固提升现有人才队伍。可以采取诸如培训、讲座、观摩、研讨等方式，开展专业培训，巩固人才成果。二是着眼世界文化遗产事业后继有人，可以考虑出一本有关世界文化遗产申报、管理规范，资料档案整理程序要求；申报和管理世界文化遗产过程中容易出现的问题和疑惑等方面内容的工具书，为以后的文物人留下一些宝贵的文字资料。

第五，申遗成功后的媒体宣传问题。整个申遗过程中，我们的媒体宣传策划工作是非常成功的，这也是我们应该重点总结的一项重要工作。宣传好、保护好祖先传承下来的文化遗产，是我们文物人的历史使命和责任担当。习近平总书记今年春节前回陕视察时的重要讲话，对“一带一路”建设工作进一步指明了发展方向；对陕西、西安的文物工作者们提出了殷切的期望；对古都西安文化遗产的发掘和保护，提出了新的更高的要求。我们一定要不辜负习总书记的重托和信任，要乘势而上，借势而为，进一步做好文化遗产媒体宣传的组织策划工作。在“一带一路”建设中，我们的世界文化遗产更要发挥重要作用，要以文化遗产宣传为主题，着力做好我们这几处世界文化遗产的新亮点、新进展、新变化的宣传；着力做好其他几个世界遗产预备点的整治提升、宣传推介；着力使我们的文化遗产走出国门，让人们通过世界文化遗产承载的历史信息，“记得起历史沧桑，看得见岁月留痕，留得住文化根脉”。

如果说，百年之前因那场“甲午海战”而让国人痛彻心扉的知道了落后就要挨打的道理而奋起抗争，那么，2014 的“甲午之年”，则因丝路申遗的成功，教西安的文物人更增强了面对世界遗产的责任而奋起担当。我坚信，经过严格的丝路申遗历程洗礼的西安文物工作者们，必将在这条千年丝路古道的起点上，创造出更多更大的成就与辉煌。

（作者：郃亚秦，西安市文物局副巡视员）

在遗产保护中塑造城市特色

西安市规划局

一、丰富的历史文化遗产是西安推动丝绸之路经济带建设的重要资源

1.“一带一路”战略与文化遗产保护的契合

丝绸之路作为全球化的早期版本，不仅被誉为全球最重要的商贸大动脉，亦是文化传播交流之路、文明对话之路。“丝路经济带”依托古丝路空间，东牵亚太，西系欧洲，是世界上最长且最具发展潜力的经济与文化走廊。

西安作为丝绸之路古今起点，有着特殊的历史、人文优势，表现在现存文化遗产数量众多、类别丰富且极具价值。丰富的人文内涵以及丝绸之路的文化脉络正是实现“一带一路”沿线地区“文化相通”的重要载体，因而文化遗产是西安建设“一带一路”重要节点的宝贵资源，其保护与利用将成为彰显城市特色、重塑丝绸之路影响力的重要内容。

文化是一个国家核心竞争力的重要组成部分，在综合国力竞争中的地位和作用日益突出。做好文物保护基础工作，将“一带一路”沿线区域发展前景与中华文化振兴对接起来，继续挖掘古丝绸之路的文化内涵和人文精神，并赋予其新的时代意义。有益于传承古丝绸之路精神，提升中华文化影响力。

丝路建设，文化先行。通过联合申遗，深化与沿线国家的文化交流与合作，以丝绸之路为引导，打破各国各个文物遗产各自保护现象，形成区域合作，实现共同发展，让保护人类共同遗产意识在沿线国家落地生根。

2. 在城市发展过程中不断探索历史文化资源的保护与利用方式

“秦中自古帝王都”，西安地区孕育了人类历史上最早的城市之一，华夏民族创造了辉煌的古代文明，留下了丰厚的历史文化遗产。西安的大遗址集中地区，仅周、秦、汉、唐四个历史时期遗址的规模就超过 100 平方公里，具有分布广、数量多、面积大、种类全、等级高的特点。最为宝贵的是，大遗址体现了西安历史延续传承，从未断代的特点，承载着完整的历史序列，为研究我国历史及弘扬传统提供了重要的实物载体。

这些重大遗址能够保存至今，得益于西安对历史传承保护的重视及多年来城市发展和建设经验总结。由于重要的大遗址都位于西安城市的目前或未来发展的热点区域，处理好历史保护与城市建设需求间的矛盾，要求我们在建设中结合实际情况，运用多方资源，摒弃因循守旧的思维模式，不断开拓创新。经过多年实践努力，探索出大遗址保护与生态环境相结合模式（唐城墙遗址公园）、

大遗址保护与产业开发相结合模式（大唐西市）、大遗址保护与旧城更新相结合（大明宫）、政府主导实施模式（曲江大唐芙蓉园）、政府与社会合作模式（西安城墙景区）等成功案例，形成“古代文明与现代文明交相呼应，老城区与新城区各展风采，人文资源与生态资源相互依托”的和谐局面，为本次丝路申遗工作提供了重要的研究基础。

3. 城市规划对历史文化资源的保护

自《西京陪都计划》始，西安城市总体规划便将历史文化保护和古都特色营建作为重要内容。新中国成立后，在历届市委、市政府的正确领导下，在城市规划编制与实施过程中始终将历史文化资源保护作为重要的工作内容。

在总体规划层面，自 20 世纪 50 年代起的第一轮总体规划以来，规划部门就把文物古迹作为现代化城市的组成因素，将历史文化名城保护纳入城市总体规划，把城市的各项建设与古城的传统特色和自然特色密切结合，以“新旧分制”思想为指导进行总体布局与功能划分，以“九宫格局，方格路网”的空间结构再现了唐长安城的严整格局和宏伟气势。在总体规划的编制与实施过程中，体现了文化遗产保护与城市规划建设的相互融合的密切关系。历次总体规划的重要作用在于提出城市总体层次的综合保护与控制措施，包括确定有利于古城保护的城市发展战略，确定合理的城市布局和发展方向，保护古城，建设新区，解决好交通组织、人口疏解、基础设施建设等问题。从而在城市整体角度提出相应的综合性保护措施，是调节保护与发展关系的重要手段。

在总体规划确定的保护格局与框架下，规划部门还编制并实施了一系列以“保护古城格局，管控城市风貌”为目标的保护专项规划。针对老城保护，制定了“唐皇城”复兴规划，通过该规划的实施，文化遗产得到全面保护，老城风貌得到有效控制，老城功能得到优化，使古城格局和传统风貌得到很好的保护。2008 年，西安市政府启动了北院门、三学街历史文化街区以及青龙寺遗址等 11 个旅游景区周边环境的整治工作，改善了这些文化遗产的生存环境，提升了旅游服务环境。

为了履行《保护世界文化和自然遗产公约》（1972）的保护要求，按照《文物保护法》及《文物保护法实施条例》，针对本次申遗工作，在陈同滨老师技术总指导，省市申遗办的组织下，我局参与编制了“小雁塔和兴教寺塔”2 个遗产点的管理规划，组织完成“大明宫遗址、大雁塔、小雁塔和兴教寺塔”4 个遗产点缓冲区建设高度控制专项规划及“大雁塔、小雁塔和兴教寺塔”3 个遗产点保护规划等不同类型的遗产保护规划，为申遗工作提供了建设管理控制的技术文件。其中遗产管理规划立足于遗产价值研究，指导遗产点申报世界文化遗产前及后期的保护管理工作，适用于遗产本体及其相关环境，确保文化遗产始终处于良好的可持续保护状态；利用科学方法划定遗产区与缓冲区范围，编制遗产点缓冲区建设高度控制专项规划，以高度控制为核心对遗产周边生态环境及景观风貌进行管控；遗产点保护规划是在分析与评估遗产价值和保存现状及相关信息基础上，说明保护区划变更的相关问题，划分保护区划范围，并解释说明文物本体及环境的保护措施、保护项目、遗产利用要求和展示规划、管理等分项规划的对策和要求，并对实施分期与投资估算进行统筹的管控规划。

在总体规划框架下，结合各类保护专项规划，以科学的规划技术手段把文物古迹和历史文化名城的保护结合起来，延续了文化传统、传承了历史文脉，使重要的文化遗产能够找出来、亮起来、活起来，为本次丝路申遗的成功提供了物质基础和技术保障。

二、本次申遗成功的经验与启示

作为城市的规划管理部门，我们在古都西安的建设发展中，始终将历史文化保护作为“第一要务”，使保护融入到城市可持续发展的过程中，并以此彰显城市特色与文化内涵。西安的历史文化名城保护工作为申遗工作打下了良好的基础，通过多年保护规划实践，在不断探索的基础上，本次申遗一系列工作的成功，使世界文化遗产点增加到6处，位列我国“六大古都”前列。回顾本次申遗工作的成功，有不少经验值得总结，将为下一步更好地开展历史文化名城保护以及营建传统文化的教育展示基地打好基础。

1. 合理的组织分工是申遗成功的基础保障

2006年后，丝路申遗工作正式启动，西安市人民政府成立了以市政府主要领导为组长的申遗领导小组，形成了以各部门共同参与，区县各级政府齐动员的工作局面。西安市规划局作为市申遗办的成员单位，特派业务精通、善于沟通协调的局领导任市申遗办文物保护与规划组副组长，负责统筹安排西安市规划局承担重要的申遗工作要求的规划编制，并根据工作安排，配合申遗办做好各类沟通协调工作。

根据国家文物局、省市文物局的相关要求和申报世界文化遗产的标准，在市申遗领导小组的组织领导下，各任务承担单位通力合作，在短时间内完成了大量工作任务。按照全市统一安排，市规划局进行了一系列的专项规划编制，并组织工作小组，为前来考察的联合国教科文组织世界遗产专家，对各遗产点现场进行讲解。合理的工作安排、部门的相互统筹保障了本次申遗工作的成功。

2. 坚持先进理念指导规划编制

（1）保护为主，合理利用

本次申遗工作以党的“十八大”精神为指导，全面贯彻落实科学发展观，坚持“保护为主，抢救第一，合理利用，加强管理”的文物工作方针，对文物遗产加强了基础保护工作。另一方面，统筹考虑到遗产周边地区的可持续发展，以遗产的文化内涵作为触媒，促进了城市历史地区的文化复兴，进而带动了文化事业的发展与基础设施的改善，全面提高了城市的环境品质与民生水平。

（2）坚持既定原则以指导具体工作

首先根据申报世界文化遗产的要求，在国家、省市各部门指导下，积极配合相关部门编制完成相关规划。规划确定的保护内容与城市建设规划、旅游发展规划、环境保护规划等有机结合，使规划具有指导性、操作性和科学性。严格遵守文物保护法律法规，编制了大雁塔、小雁塔及兴教寺塔保护规划，对旅游服务设施加以要求与控制，使旅游的发展与文物的真实性和完整性相互协调、相得益彰。

同时按照《保护世界文化与自然遗产公约》关于保存文物的整体性、真实性要求，保障文物周边环境的和谐性、一致性的要求，根据各申遗点的管理规划，编制了大明宫遗址、兴教寺塔、大雁塔和小雁塔 4 个遗产点缓冲区建设高度控制专项规划，制定了遗产点周边的高度控制方案，以此形成了具体的行动计划，提高了规划的实时性和操作性，为全面开展环境治理工作做出了指引。

3. 探索经验为历史文化全面保护创造良好条件

本次申遗成功为推动国家向西开放战略起到了重要的文化引领作用，为确立西安丝绸之路经济带新起点地位发挥了重要支撑作用，为西安经济发展带来了新的机遇，对促进西安文化遗产保护工作的规范提升产生了重大影响。

首先在本次申遗工作中，通过进一步熟知遗产评定程序、标准，立足国际公约、国际理念，我们坚持对遗产进行具有可持续性的长期保护，并在遗产保护基础上，推行合理利用，赋予遗产新的生命与意义。这次申遗工作，不仅从工程技术方面做到与国际保护工作接轨，而且对于遗产保护管理方面，吸取国际国内优秀理念经验予以应用，推动遗产保护与旅游产业和生态建设相结合，使文化遗产保护融入现代社会建设与百姓生活，使文化遗产保护真正成为推动城市建设的持续动力。

同时通过本次申遗工作，使我们城市规划管理工作者更加深刻地认识到历史保护核心理念就是推动文化遗产保护利用，进而使区域发展相协调。所以我们将在未来的总体规划修改中，进一步贯彻遗产保护与当地社会经济发展相结合，与当地城乡建设相结合，与人民生活水平提高相结合，与当地环境改善相结合的思路，推动多途径的文化遗产保护利用方式。

三、对未来规划建设与文化保护工作的进一步思考

本次申遗工作已经成功结束，但是给我们留下了值得思考的内容。通过对历史文化名城保护的进一步探索，我们将在本次申遗经验的基础上，不断推进西安的历史文化名城保护工作。

1. 走出静态定式，向动态的保护与利用结合模式转变

文化遗产的保护和利用是一个不可分割的整体。保护是利用的核心和基础，利用是保护的延续和体现。文化遗产资源在西安的文化产业、旅游产业链中具有基础性的地位和作用，是西安文化产业、旅游业可持续发展的战略性资源。加强物质文化遗产保护和利用工作，首先是认真做好文物保护基础性工作，加强基本建设工程中的文物保护；其次还要着力抓好重点文物保护工程，切实加强大遗址的保护工作。在保护的基础上，才有进一步利用的可能性，进而通过动态的手段突出城市特色与底蕴，即要进一步加强历史文化街区、传统民居、优秀建筑的保护，提高馆藏文物保护展示水平，着力加强对外技术交流、合作，推进文化遗产保护与利用动态协调的模式发展。

2. 顺应社会发展变化，适时对保护方式进行评估与调整

多年的保护经验告诉我们，遗产保护的手段与模式也应随社会发展变化进行相应调整。在宏

观方面，随着《关中－天水经济区发展规划》的批复实施、国家级新区西咸新区的设立以及丝绸之路经济带的建设，要求西安从更高的层面及更广的视野对历史文化名城保护进行思考，串联起城市历史发展脉络。在微观方面，根据2013年国家公布的第七批“全国重点文物保护单位”，西安市目前有全国重点文物保护单位52处，比2007年新增11处，省级、市县级文保单位数量均有增加。在文保单位数量大幅增加的同时，部分文保单位提升了保护级别、修改了保护范围、保护面积也发生了变化，都需要对城市的历史文化保护进行评估与调整。

目前我局已对唐皇城复兴规划进行了评估工作，并已启动了该规划的修改。对规划进行动态评估与调整有利于古都复兴目标的达成，促进城市文脉能够得到不断传承。

3. 加强文化宣传与公众参与，让遗产保护成为社会共识

申遗成功不是终点，而是一个更高的起点。我们应在认真履行国际承诺，做好世界文化遗产保护工作的基础上，持续加大遗产宣传，不断提高公众遗产意识，努力增加社会力量参与保护利用遗产的行业比重。以申遗成功为契机，赋予文化遗产新的生命，以文化精神拓展城市，走复兴城市文化的道路。

西汉、十六国北朝长安城考古发现概况

刘振东

长安城作为西汉皇朝的首都，由于其在中国古代都城史上占有极其重要的地位，所以很早就引起研究者的关注[1]。早期的研究多是从文献史料入手，探讨城市的营建以及宫殿建筑等问题[2]，随着田野考古调查的展开，城市布局和特征研究日益受到重视[3]，研究的广度和深度得以拓展，汉长安城的研究达到了新的水平。

汉长安城遗址位于今陕西省西安市的西北方（图一）。汉长安城的考古工作始于1956年。

汉长安城平面近方形，城墙夯筑。根据以前的测量，东城墙长6000米，南城墙长7600米，西城墙长4900米，北城墙长7200米，周长25700米，面积约36平方公里[4]。其中东城墙较平直；南城墙因迁就先筑的长乐宫、未央宫以及地形情况，造成一些曲折；西城墙有一处转折，可能受到未央宫及其西侧泬水流向的影响；北城墙因邻近渭河，呈西南—东北走向，有多处曲折。城墙底部宽14~16米，城门附近的城墙有所加宽。经在城墙西南角内外试掘，证明城角之上建有角楼一类的防御性设施，城角的内侧也有建筑[5]。个别地方的城墙有外凸现象，如西安门以西的南城墙。城墙外一周有壕沟环绕。

汉长安城每面墙上开3门，四面共有12座城门。东墙由北向南是宣平门、清明门和霸城门。北墙由东向西为洛城门、厨城门和横门。西墙由北向南是雍门、直城门和章城门。南墙由西向东为西安门、安门和覆盎门。从已发掘的霸城门、西安门、宣平门和直城门等城门遗址看，每座城门都有3个门道，每个门道的实际宽度约为6米[6]。由于城门之间的隔墙宽度不同，造成城门规模的差异，其中与未央宫、长乐宫宫门相对的西安门、霸城门门道隔墙宽14米，整座城门面阔52米，

〔1〕（日）足立喜六：《长安史迹考》，商务印书馆，1935年。

〔2〕刘敦桢：《汉长安城及未央宫》，《中国营造学社汇刊》3卷3期，1932年。

〔3〕刘庆柱：《汉长安城的考古发现及相关问题研究——纪念汉长安城考古工作四十年》，《考古》1996年第10期。

〔4〕王仲殊：《汉代考古学概说》，中华书局，1984年。

〔5〕中国社会科学院考古研究所汉长安城工作队：《西安市汉长安城城墙西南角遗址的钻探与试掘》，《考古》2006年第10期。

〔6〕王仲殊：《汉长安城考古工作的初步收获》，《考古通迅》1957年第5期；《汉长安城考古工作收获续记——宣平城门的发掘》，《考古通讯》1958年第4期；《汉长安城城门遗址的发掘与研究》，《考古学集刊》17，科学出版社，2010年。中国社会科学院考古研究所汉长安城工作队：《西安汉长安城直城门遗址2008年发掘简报》，《考古》2009年第5期。

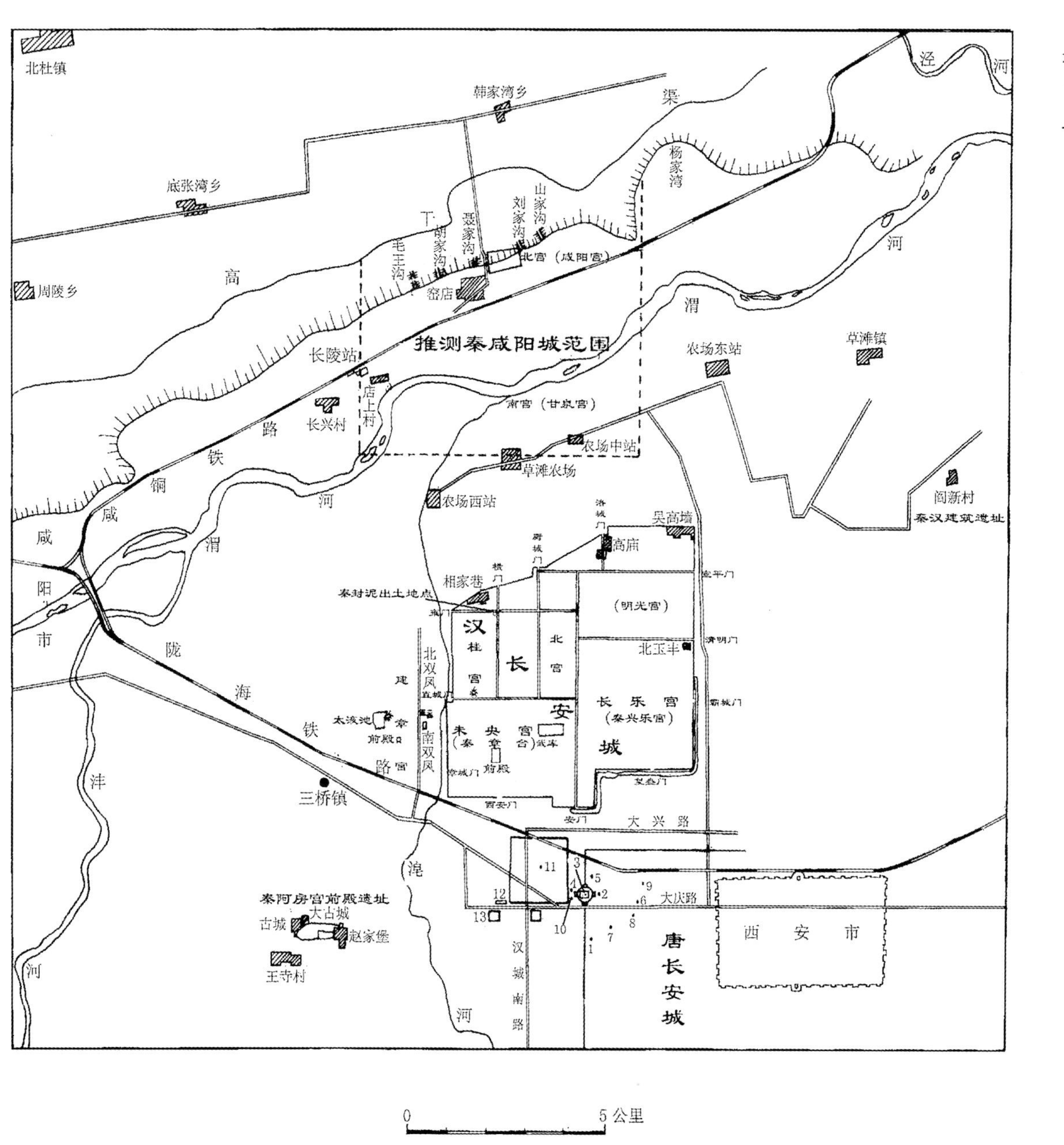

1. 圜丘　2. 明堂　3. 辟雍　4. 太学　5. 灵台　6. 颜成庙　7. 卫思后园　8. 戾后园　9. 奉明园　10. 大社　11. 王莽九庙　12. 社稷（秦社稷）　13. 新社稷

此图从1∶10万地形图上描绘。秦咸阳城范围和北宫位置参考《秦都咸阳考古报告》2页和10页插图绘出。西汉长安城南郊礼制建筑分布情况参考《西汉礼制建筑遗址》210页插图绘出。

图一　汉长安城位置图

远较其他面阔32米的城门宏伟壮观。另外，东城墙上的宣平门、清明门和霸城门，城门南北的城墙外折，形成类似瓮城的设施，显示出与其他城门不同的特征。在霸城门以南和西安门以东城墙的内侧发现类似马道的遗存，在西安门以东、直城门以南的城墙内侧还有附属建筑，应是城门屯兵之所[1]。

汉长安城12座城门中除与未央、长乐二宫相对的四座城门外，8座城门均与城内的大街相连，形成八条或东西向、或南北向笔直的大街。大街宽达数十米，据文献记载，街道中间设有供皇帝专用的“驰道”，经对直城门大街和安门大街试掘，没有发现划分“驰道”的明显标志。沿城墙内侧设有环城道路，其中东城墙南段路宽10余米，西城墙南段路宽约10米，西安门附近路宽约6米。此外，在城墙外侧还发现与城墙基本平行的道路。

汉长安城的街道将城内空间分割成11个区，中部、南部分布有未央宫(包括武库及其以南的“东第”住宅区)、长乐宫、桂宫、北宫和明光宫，约占5区；桂宫、北宫之间可能为包括“北第”在内的邸第住宅区；西北部手工业作坊和市场可能占有3区；东北部的2区可能为闾里（图二）。

未央宫是皇宫，是汉初在秦章台建筑群的基础上修建而成，位于长安城的西南隅，又称西宫。根据以前的考古资料，宫城平面近方形，边长2150~2250米，周长8800米，面积约5平方公里，约占长安城总面积的1/7。宫墙夯筑，一般墙基宽7~8米。宫城四面各辟一门，其中北门和东门外立阙，称北阙和东阙，此外还有若干座“掖门”[2]。南宫门和北墙上的一座掖门经过发掘，均为一个门道[3]。在南宫门外侧之西设有附属建筑，或为宫门卫屯兵处。宫内有三条主要道路，两条为南北平行的东西路，一条为纵贯宫城中部的南北路。两条东西路将未央宫分成南部、中部和北部三区。作为大朝正殿的前殿位于中部，皇后之宫椒房殿位于北部，南部有以沧池、渐台为中心的皇家池苑，明渠之水自沧池向北纵穿未央宫。此外，北部还分布着一些中央官署以及石渠阁、天禄阁等文化设施（图三）。作过考古发掘的有1号（前殿）、2号（椒房殿）、3号（中央官署）、4号（少府或所辖官署）、5号（西南角楼）遗址等。1号（前殿）遗址是未央宫的中心建筑，位居宫城中央，坐北朝南，现存台基平面为长方形，东西约200米，南北近400米，台基南侧高约0.6米，北侧高约15米。2号（椒房殿）遗址位于前殿台基以北350米处，东西130米，南北148.75米，由正殿、配殿及附属建筑等组成。3号（中央官署）遗址出土了6万多枚骨签，大部分刻字，内容主要是一些中央官署和地方工官生产弩机兵器的记录。此遗址或被认为是一座仓库性质的建筑。

长乐宫是在秦兴乐宫的基础上改建而成，位于城的东南，又称东宫。西汉初年高祖刘邦在此视朝，惠帝以后为太后所居。宫墙走向不甚规整，总长万余米。宫城面积约6平方公里，约占长安城总面积的1/6。宫墙基础一般宽5~9米，有的地方宽达12米。宫城四面有门，东、西门外立阙。

---

〔1〕南城墙西段外凸、清明门南北城墙外折、霸城门和西安门内侧马道、西安门以东城墙内侧附属建筑、城墙内外侧道路、城外一周壕沟、直城门大街和安门大街试掘等，都是近年考古勘探、发掘的新成果。

〔2〕中国社会科学院考古研究所《汉长安城未央宫1980~1989年考古发掘报告》，中国大百科全书出版社，1996年。

〔3〕近年，对未央宫遗址进行了全面勘探，探明宫墙、宫门、道路以及沧池等建筑遗址，并对西宫门、南北路、东西路、沧池等进行了试掘，对南宫门进行了发掘。

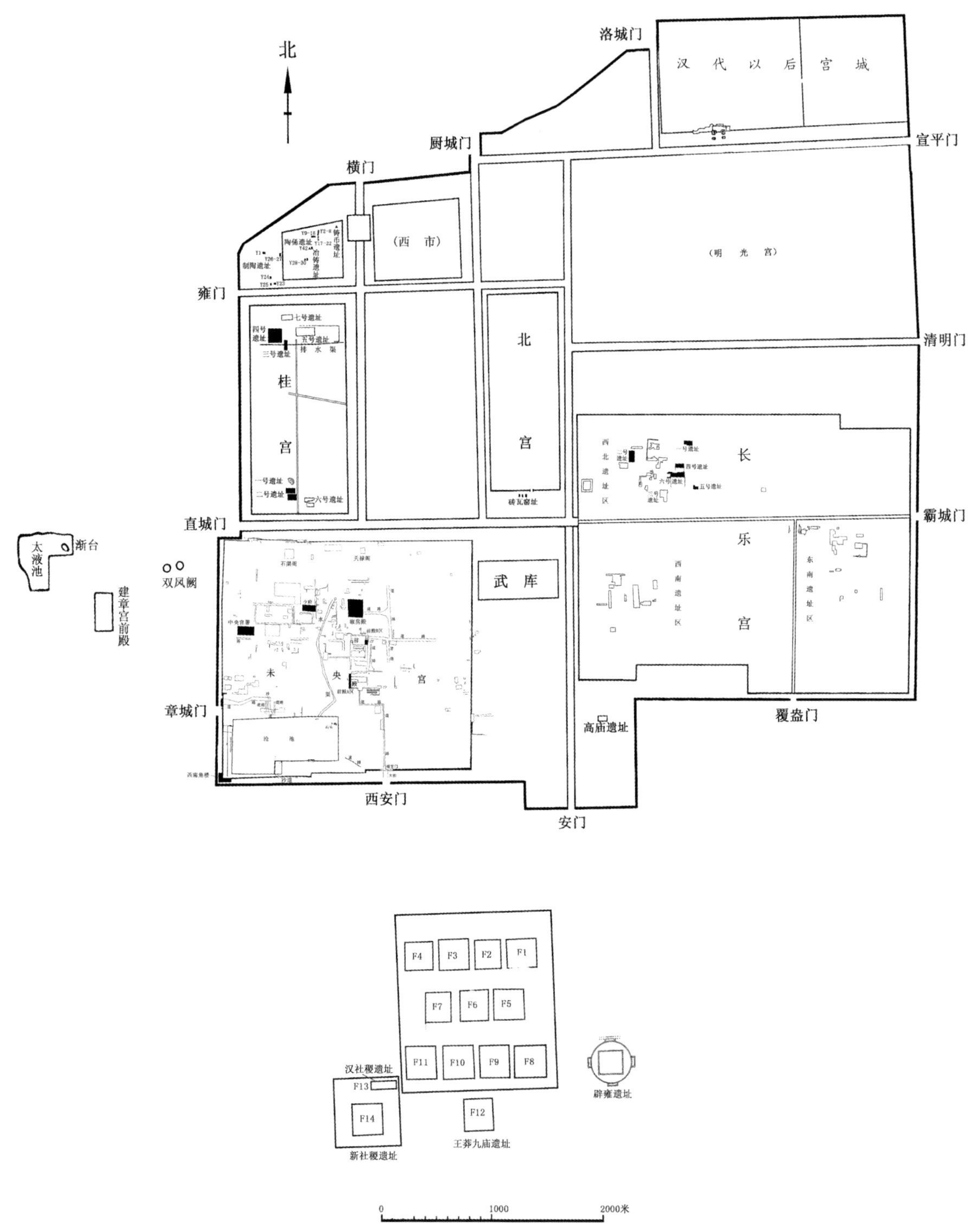

图二　汉长安城遗址平面示意图

北
石渠阁
天禄阁
少府遗址
椒房殿遗址
中央官署遗址
明
渠
前
殿
沧
池
西南角楼
图　例
遗址
道路
已发掘遗址
池、渠
0　100　200米

图三　未央宫遗址布局图

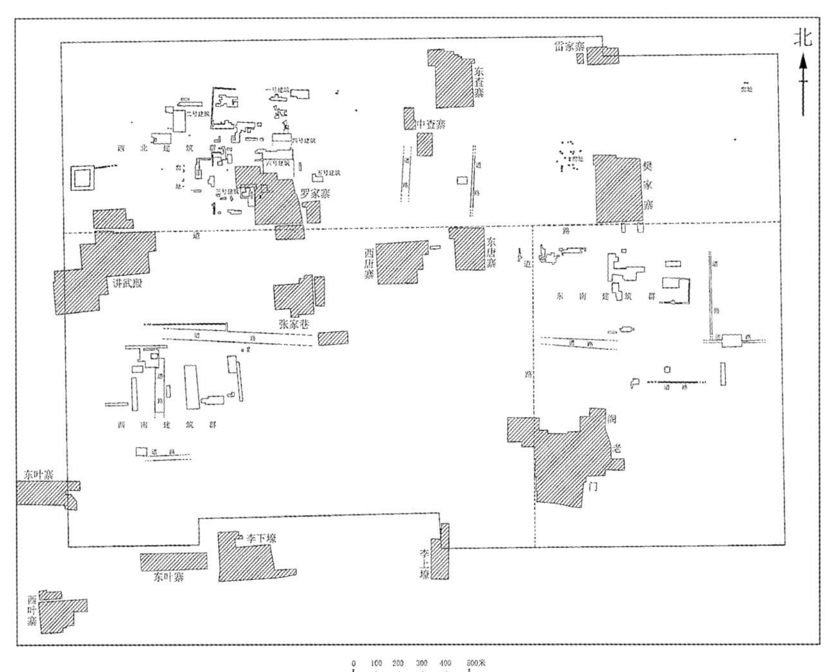

图四　长乐宫遗址平面图

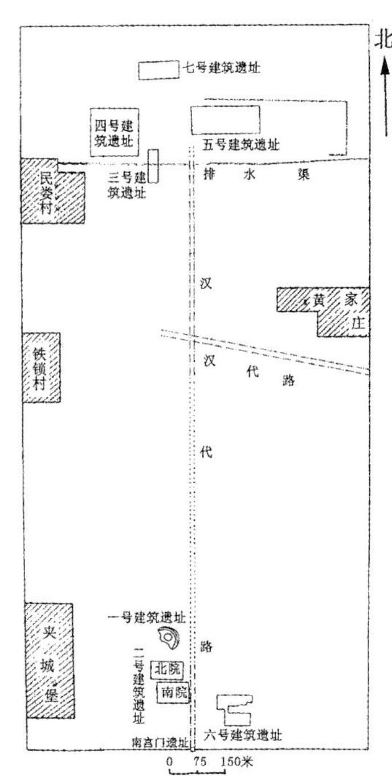

图五　桂宫遗址平面图

宫内有东西、南北向主路各一条。宫内建筑遗址比较集中分布在三个区域，即西北区、西南区和东南区，西北区是中心宫殿区。长乐宫的东北部为池苑区。考古发掘工作集中在西北区，已经试掘、发掘的建筑遗址共六座：1~4 号遗址均为大型宫殿建筑基址，5 号遗址为仓储类建筑基址，6 号遗址为特大型宫殿建筑基址〔1〕（图四）。据考证，6 号遗址为宫内最重要的前殿旧址，紧邻其北的 4 号遗址为临华殿旧址。6 号遗址以东的 5 号遗址推定为藏冰的凌室遗址。

桂宫修建于武帝时期，为后妃所居。遗址位于未央宫以北的雍门大街、横门大街、直城门大街、长安城西城墙围成的区域内。宫墙断续残存，墙基宽 4~5 米。宫城平面长方形，东西 900 米，南北 1840 米。宫内有南北、东西向主路各一条，南北路南出南宫门通往直城门大街，由文献记载知南宫门名龙楼门。宫内勘探到多处建筑遗址，对其中的 1 号、5~7 号建筑遗址进行了试掘，对 2~4 号建筑遗址进行了重点发掘〔2〕（图五）。1 号、2 号遗址作为一组宫殿建筑，在桂宫的地位最重要。3 号遗址位于宫城西北部，是一座库房类建筑。

北宫是西汉初年营建的一座宫城，汉武帝时进行了增修。北宫遗址位于厨城门大街以东、安门大街以西、雍门大街以南和直城门大街以北的区域内。宫城平面长方形，南北长 1710 米，东西宽 620 米。宫墙断续残存，墙基宽 5~8 米。已发现南宫门和北宫门遗址，出南宫门的道路通往直

〔1〕中国社会科学院考古研究所汉长安城工作队：《汉长安城长乐宫排水管道遗址发掘简报》，《考古》2003 年第 9 期；《汉长安城长乐宫二号建筑遗址发掘报告》，《考古学报》2004 年第 1 期；《汉长安城长乐宫发现凌室遗址》，《考古》2005 年第 9 期；《西安市汉长安城长乐宫四号建筑遗址》，《考古》2006 年第 10 期；《西安市汉长安城长乐宫六号建筑遗址》，《考古》2011 年第 6 期。长乐宫 1 号、3 号建筑遗址以及其他勘探、试掘资料尚未发表。

〔2〕中国社会科学院考古研究所：《汉长安城桂宫》，文物出版社，2007 年。

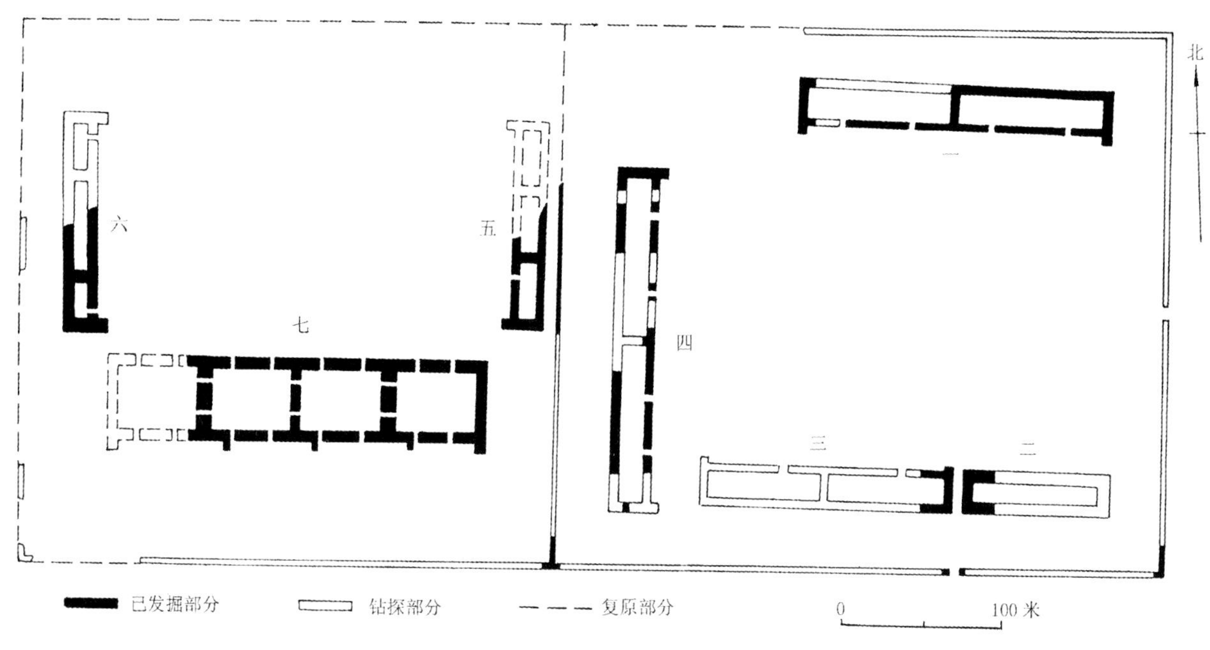

图六　武库遗址平面图

城门大街[1]。

武库是汉初规划兴建的重要建筑之一，遗址位于长安城南未央宫和长乐宫之间的安门大街西侧。通过考古勘探、试掘和发掘工作，基本弄清了武库的建筑布局：外围设围墙，平面呈长方形，东西 710 米，南北 322 米，东墙和南墙东段上各有一门；围墙内一道南北隔墙分成东、西两个院落，七座建筑遗址中，东院的北、南、西三面分布着 1~4 号遗址，西院的东、西、南三面分布着 5~7 号遗址（图六）。7 号遗址规模最大，东西长 234 米，南北宽 45.7 米。遗址出土了大量铜、铁兵器，还有一些刻字骨签[2]。

手工业作坊遗址主要分布在城的西北部，这里发现了夯土墙围成的一个区域，东西 550 米，南北 420~480 米，分布着制陶、铸铁和制币三种作坊遗址[3]（14），或为“主作陵内器物”的少府属官东园匠所辖。此外，北宫以南还分布有砖瓦窑址。对上述遗址均进行了试掘或发掘，它们的性质应属官营。

〔1〕中国社会科学院考古研究所汉城工作队：《汉长安城北宫的勘探及其南面砖瓦窑的发掘》，《考古》1996 年第 10 期。

〔2〕中国社会科学院考古研究所：《汉长安城武库》，文物出版社，2005 年。近年在武库遗址以北勘探，新发现了数座建筑遗址，说明武库的范围比以前认识的要大一些。

〔3〕俞伟超：《汉长安城西北部勘查记》，《考古通讯》1956 年第 5 期。周苏平、王子今：《汉长安城西北区陶俑作坊遗址》，《文博》1985 年第 3 期。中国社会科学院考古研究所汉城工作队：《汉长安城 1 号窑址发掘简报》，《考古》1991 年第 1 期；《汉长安城窑址发掘报告》，《考古学报》1994 年第 1 期；《汉长安城 23~27 号窑址发掘简报》，《考古》1994 年第 11 期；《1992 年汉长安城冶铸遗址发掘简报》，《考古》1995 年第 9 期。李毓芳：《汉长安城烘范窑和铸币遗址》，《中国考古学年鉴》（1993），文物出版社，1995 年。中国社会科学院考古研究所汉城工作队：《1996 年汉长安城冶铸遗址发掘简报》，《考古》1997 年第 7 期。刘振东：《汉长安城新发现六座窑址》，《考古》2002 年第 11 期。

关于长安城的市场，存在较大争议，有认为东市和西市位于城内西北部横门大街的东西两侧[1]，有认为东市在洛城门外大道的东侧，西市在横门外大道的两侧[2]，也有人认为东、西市分别位于覆盎门外大道的两侧和横门外大道的两侧[3]。据文献记载，长安城的东、西二市应在城内，由于城西北部被各种手工业作坊遗址占据，并且这些作坊生产的物品大多不是用来流通的商品，所以不宜将这一区域定位成一个市。经勘探，在横门大街以东、厨城门大街以西发现一个夯土墙围成的区域，东西780米，南北650~700米，可能是西市的旧址。东市应在西市以东的区域里探寻[4]。

建章宫位于长安城西，是汉武帝时兴建的新皇宫，规模颇大。宫城东门和北门外立阙，分别称凤阙和圆阙，凤阙的基址尚存。正殿为前殿，基址北高南低，南北320米，东西200米，北部现存高10余米。此外宫内还有神明台等大型建筑。在前殿的西北有一片低洼地，即是太液池的旧址，池东北有渐台，基址犹存[5]，池西现存一大型建筑遗址，作过部分发掘[6]。

在长安城的南郊分布着众多礼制建筑，经过考古发掘的有辟雍、社稷和王莽九庙遗址[7]（图七）。辟雍遗址位于安门正南稍偏东，创建于平帝时期。遗址平面外圆内方，主体建筑位于最中央的夯土台上，平面呈“亞”字形，边长42米。主体建筑的四周为平面呈方形的夯土围墙，边长235米，每面墙的中央辟有一门，围墙四隅各设一曲尺形配房。围墙外环绕一周水沟，直径东西368米，南北349米。

汉初，除秦社稷，立汉社稷，后来又立官社、官稷。利用秦社稷改造而成的汉社稷故址位于长安城西南部，向北正对未央宫前殿遗址，官社、官稷应与社稷在一处。遗址破坏严重，夯土台基东西残长240米，南北宽60~70米。主体建筑居中，周施廊庑，另有8座房间为附属建筑。

王莽曾立新社稷，其位置在汉社稷以南（包括已遭废弃的汉社稷）。新社稷有两重围墙，平面呈“回”字形，外围墙东西600米，南北570米，内围墙边长273米。内、外围墙四面中央各辟一门。围墙中央没有发现任何建筑的遗存[8]。

宗庙遗址紧邻社稷遗址的西北，由12组建筑构成，其中1~11号建筑布置在一个方形围墙之中，东西南北四面围墙长度分别为1635米、1660米、1490米、1415米，四面围墙上共设门14个。12号建筑在围墙之南部正中，北距南墙10多米。12组建筑的形式相同，都由中心建筑、围墙、四门和围墙四隅的曲尺形配房组成。中心建筑平面呈方形，边长55米（12号中心建筑边长约100米），四面对称；围墙平面也呈方形，边长260~284米。学术界一般认为该建筑群遗址是文献记

〔1〕刘庆柱：《西安市汉长安城东市和西市遗址》，《中国考古学年鉴》（1987），文物出版社，1988年。

〔2〕杨宽：《西汉长安布局结构的探讨》，《文博》1984年创刊号；《西汉长安布局结构的再探讨》，《考古》1989年第4期。

〔3〕孟凡人：《汉长安城形制布局中的几个问题》，《汉唐与边疆考古研究》第一辑，科学出版社，1994年。

〔4〕刘振东：《汉都长安的手工业与市》，《西汉南越国考古与汉文化》，科学出版社，2010年。

〔5〕刘庆柱、李毓芳：《汉长安城》，文物出版社，2003年。

〔6〕资料尚未发表。

〔7〕中国社会科学院考古研究所：《西汉礼制建筑遗址》，文物出版社，2003年。

〔8〕近年在内外围墙之间勘探新发现了一些建筑遗址。

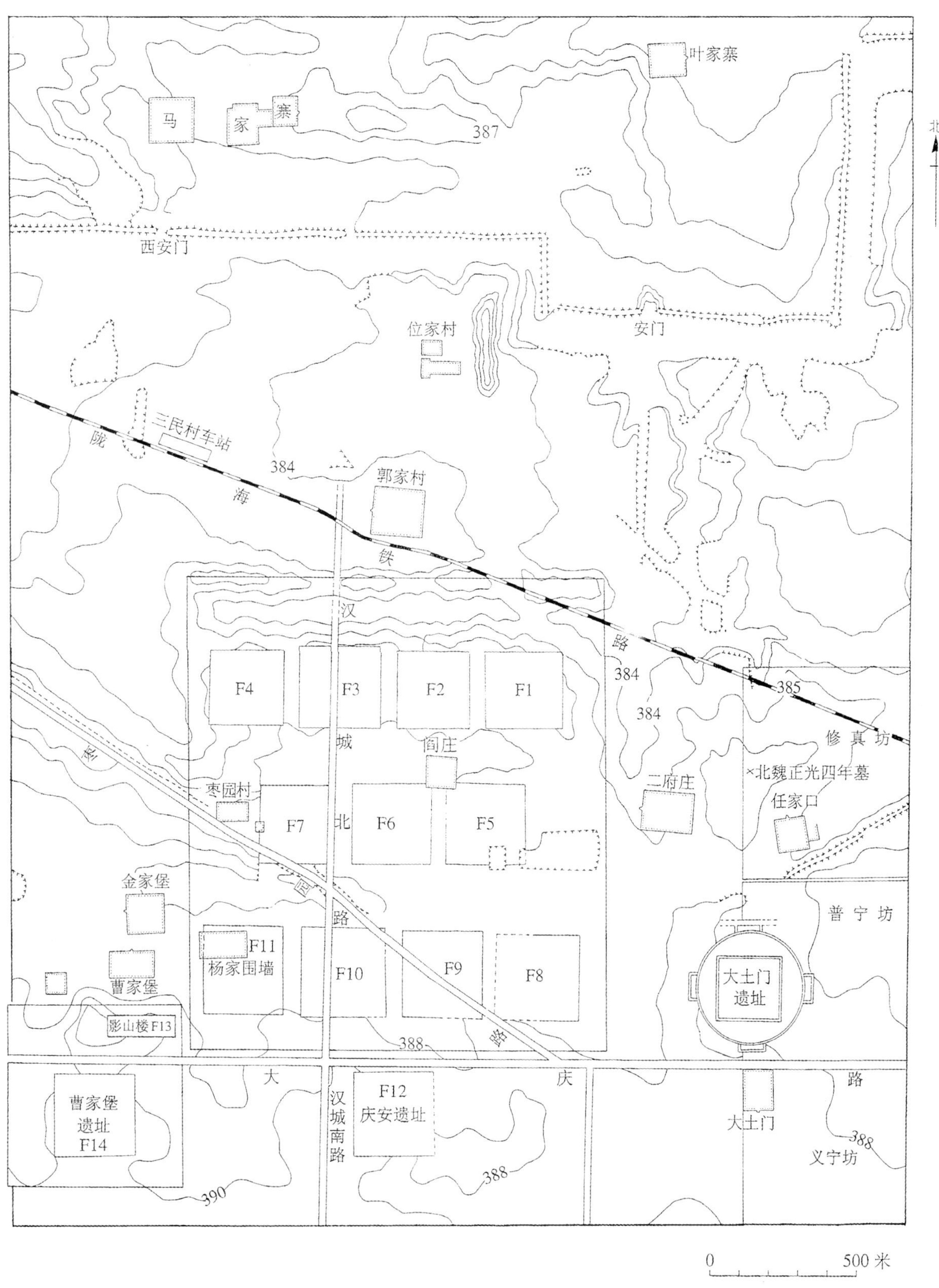

图七　南郊礼制建筑遗址分布图

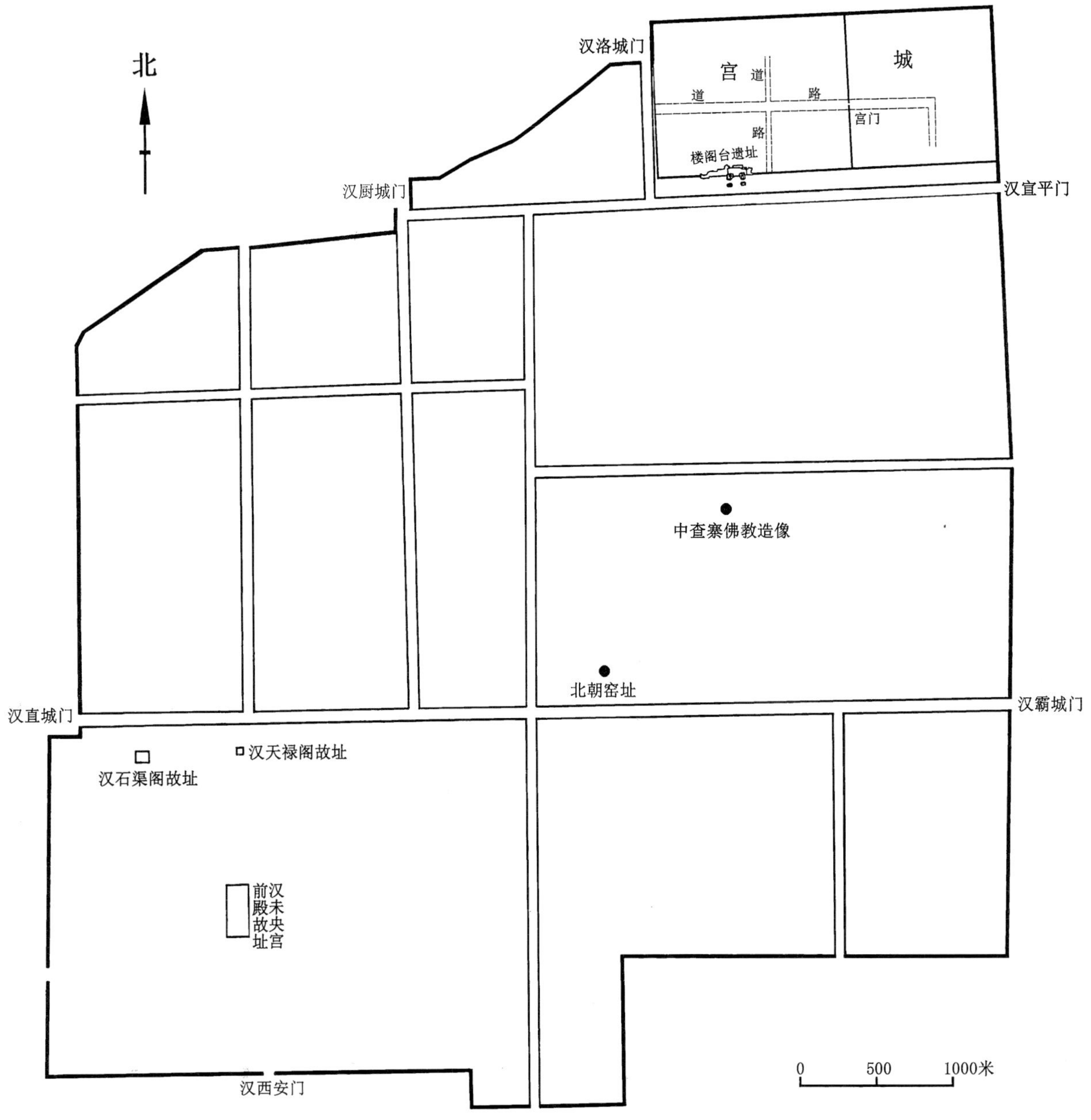

图八　十六国至北朝长安城平面布局示意图

载的“王莽九庙”。

虽然汉长安城的考古工作取得了丰硕的成果，但还有很多问题没有解决，如明光宫的地望与形制、东西二市的地望与内涵、各阶层城市居民的生存空间、建章宫的结构布局等等，都有待今后的考古工作来解决。

汉代以后，十六国时期的前赵、前秦、后秦和北朝时期的西魏、北周也建都长安，这个时期长安城的情况如何，一直是学界十分关注的问题，也是我们正在积极探索的重要课题。

2003 年 4~5 月，我们在汉长安城东北部宣平门大街与洛城门大街围成的区域内钻探发现了两个东西并列的小城遗址，二城的北墙和东小城的东墙是利用了汉长安城原有的城墙再加以修缮，二城的其他面墙为汉代以后新筑，墙宽8~10米。西小城东西长1214（北墙）~1236米（南墙），南北宽972（东墙）~974米（西墙），西墙西距洛城门大街14（北端）~56米（南端），南墙南距宣平门大街100米。东小城东西944（南墙）~988米（北墙），南北972（西墙）~990米（东墙）。经在西小城南墙处试掘，知道墙体建筑于西汉文化层上，墙体北侧有西汉、十六国、北朝各时期的地层堆积。从二小城的位置、初步试掘揭示的地层堆积等情况看，它们应是十六国时期前赵、前秦、后秦以及北朝时期西魏、北周长安城的东、西二宫城，东宫为太子宫，西宫为皇宫。二宫城到隋迁大兴城后废弃[1]。

2008年11~12月，我们对东西宫城隔墙上的一座宫门遗址进行了全面发掘清理，揭示出该宫门只有一个门道，门道东西进深13.2~13.3米，东口和西口南北宽4.4米，中间宽4.6米[2]（24）。

2004年11月，在西宫城西南约2公里处出土了一批青石佛教造像，共31件，有立佛14件、坐佛1件、立菩萨11件、残脚部2件、残莲花座3件。立佛大者仅佛身就高达1.6米，小者佛身高只有0.2米。造像表面大多施以彩绘、贴金。从造像的造型及装饰风格看，时代应为北周。另外，历年来还在宫城之西、南的多个地点出土北周时期的石造像，说明当时城内分布着不少佛寺[3]。

总之，十六国、北朝时期长安城的郭城虽然仍沿用西汉长安故城，但随着宫城转移到城的东北一隅，其他城市建筑也相应地分布在宫城的南面和西面。这个时期，长安城比较中心的范围大致在西汉厨城门大街与霸城门大街围成的区域内[4]（图八）。

（作者：刘振东，中国社会科学院考古研究所研究员）

〔1〕中国社会科学院考古研究所汉长安城工作队：《西安市十六国至北朝时期长安城宫城遗址的钻探与试掘》，《考古》2008年第9期。

〔2〕刘振东：《十六国至北朝时期长安城宫城2号建筑（宫门）遗址发掘》，《2009中国重要考古发现》，文物出版社，2010年。

〔3〕中国社会科学院考古研究所：《古都遗珍——长安城出土的北周佛教造像》，文物出版社，2010年。

〔4〕《汉长安城考古50周年笔谈》（刘振东），《考古》2006年第10期。

遗址保护展示工程设计应考虑的几个主要方面

——以汉长安城遗址文物保护工程设计为例

王　伟　薛　倩

大遗址保护是我国文化遗产保护中的一个重点，也是一个难点，特别是城市周围的大遗址，面积大，情况复杂，聚集着各类矛盾，遗址本身可视性较差，大部分是土遗址，保护难度艰巨。近年来随着国家考古遗址公园的设立，国家从大遗址考古调查的力度和大遗址保护规划的编制入手，并加强了保护措施的实施，使大遗址保护形成了一个依法、有序、科学的机制。

大遗址即大型古文化遗址，由遗存及其相关环境组成。大遗址保护和利用的核心是遗存本体和其区域适宜环境的保护，其根本目的就是保护遗址本体和展示价值内涵。实现其目的的手段之一是遗址本体保护展示工程设计。

遗址本体保护展示工程设计需要考虑的因素很多，一个设计人员在接到这样的任务时该如何入手，总结多年来的工作经验，在设计阶段应着重考虑以下几个方面问题。

一、考古资料

考古是依据，对考古报告和文献的资料整理及文字消化需要一定考古学、历史学、建筑学基础，是一种综合能力的应用。对考古报告一定要精读，对其内容不能一知半解，这是认识遗存构成及其价值的主要手段。遗址的真实性在这里无须怀疑，完整性、规模、布局是我们要了解的，大遗址原来的规划、设计、材料、工艺等要通过它提炼出来。考古图是考古报告中的主要内容，考古人员在绘制时采用的是考古行业的制图方法，同工程制图在比例、高程、定位、视图等方面有一定的区别，在细读考古报告的基础上一定要把考古图翻制成工程图。如果各种条件允许的话，设计人员应该进行一定的补测，譬如在考古发掘完成后尚未回填的情况下，就已经确定保护展示意向的，设计人员就可对考古现场的一些细节和主要构件的坐标定位和更大范围的地貌、高程进行补测，并把它放到一定范围的 1∶500 的地形图上，这样会给后面的设计带来很多便利，诸如对附加结构基础、排水、道路、管线的设置，也可大大降低图纸设计和实际遗址的冲突所带来的施工变更。

早期考古勘探与发掘工作，缺少统一的、永久的考古测量标志，给确认已探明和已经发掘的遗迹本体的位置和保护范围带来一定困难。另外部分考古工作中划定的考古探方未能全面展现出单点遗址的整体格局，并因受考古探方的约束，遗址未能全面体现，故在做文物保护工程设计中需要结合考古工作和历史文献记载，相互补充相互支持，这一点在遗址点和周围环境衔接设计时要特别关注。

受各种条件的限制，对一个面积巨大的古文化遗址来说，考古资料一定是不完全的，这并不影响遗址的保护，也不影响对其价值的展示。探明多少就保护多少，边探边保护，也是一种展示。汉长安城考古工作成绩斐然，持续五十多年经过几代考古人的艰苦工作，取得了大量的资料与研究成果，总体工作思路清晰，基本探明了汉长安城遗址的遗迹分布范围和布局，但对汉长安城遗址全面的考古勘探工作尚未全部完成，如北宫、明光宫、建章宫等宫殿区的遗迹分布状况尚未全部探明。

同一线考古人员的现场交流、沟通、听取讲解的意义很大，可以更加直观、强烈地理解遗址构成，了解遗址内涵，并会启发设计人员的思路，这一点非常重要。

二、价值评估的理解

对考古资料全面理解后，另外设计人员需要仔细阅读的就是保护规划，主要了解三个方面的内容：遗存构成、价值评估、保护区划及区划管理。

对于遗存构成需要对照考古资料进行系统化梳理，并熟悉类型及其特征。汉长安城遗址现已探明及展示的遗址就已近千处，其中遗址类型包括有城垣、城门、城壕、宫墙、宫门、宫殿、官署、仓廪、肆市、权贵府第、宗庙、道路、桥梁及闾里，数量庞大，类型丰富。

价值评估中有三大价值，即文物价值、科学价值、艺术价值，对于遗址价值评估的深入理解是保护展示工程设计的重点。设计人员充分理解领会其得以支撑的价值载体，明确价值载体需落实在具体、确实的遗址本体上，这对之后设计构思、要点、细节等具有重要的指导作用。

在《汉长安城遗址保护总体规划》中提出的文物价值是"汉长安城是我国古代第一个建制完整的统一帝国的都城，具有我国古代规模最大的礼制建筑群，是我国古代延续使用时间最长的都城，是汉民族文化形成过程中的中心，是中华民族多元一体统一国家的历史标志和象征；是当时世界上规模最大的都市，是古代丝绸之路的起点，是古代东方文明的重要标志。"其所体现的价值特征总结一个词就是"宏大"，而具体支撑价值的载体落实在：一是汉长安城规划建设理念继承秦的"象天法地"基础，实践出我国古代帝都皇权至上的新格局；二是36平方公里巨大的城址面积，是同时期西方古罗马城面积的3倍；三是南郊礼制建筑宗庙、明堂、辟雍开祭祀制度之先例，并为后世各代所依循；四是西汉王朝的政治、经济、文化中心所在地未央宫，其建筑面积占地约5平方公里，约相当长安城全城七分之一，宫内建台殿四十三处、池台千步、附属宫廷建筑十余处，功能齐全，如未央宫内布置有冷藏饮食之用的凌室、养蚕结茧取丝的茧馆等。

在汉长安城遗址保护规划中提出的科学、艺术价值是"汉长安城的选址、建设规划和功能布局，充分考虑了政治、军事、经济、环境等因素；其建设布局完整、功能齐备，营建过程反映了我国古代都城建设规划思想和理论的实践与创新，具有极高的科学性，堪称我国古代都城规划建设的典范"。其所支撑价值的载体落实在：一是汉长安城的选址，"因天材，就地利"，利用秦代离宫兴乐宫予以扩建，再建造未央宫等宫殿，后陆续完成都城城垣、道路、肆市、闾里等，城址平面布局因地形和河道而成不矩形，故北墙形似北斗七星、南墙形似南斗六星即称之为“斗城”，侧面证明当时设计主导思想是从解决实际问题出发，而不是拘泥于表面形式的规整；二是汉长安城功能齐备，城内布置有五宫、八街、九陌、九府、十二门、九市、十六桥，其中“五宫”为城内宫殿区，是政治核心功能，“八街九陌”及“环途”构成了汉长安城的基本格局，“九市”、“一百六十闾里”及“九府”组成应有的贸易、宅邸、官署的城市功能，另开凿漕渠引昆明池水入城，建网状交织的排水系统，是体现汉代科技艺术的最高水准并对后世都城建设产生深远影响。

在对价值载体确认的过程也是设计理念、要素的提炼过程，根据价值特征所赋予的内涵，从保护工程设计的方式、形制、材料、感知等具有明确的设计溯源。

对于保护区划及区划管理，必须做到不应逾越，特别是要对保护区划管理规定内容进行仔细研究。

三、设计原则

在确定设计原则前，对汉长安城这种类型的大遗址，还必须对数量众多的单体遗址的现状进行一个分类，以便于有的放矢，使保护措施具体可行。分类可采取这么几种方式：

1.以考古现状分为：已探明、已发掘、推测三种类型的遗址。已探明就是已知道遗址的具体位置、平面规模和埋藏深度。这里埋藏深度是关键一点，在设计时会限定了潜在的扰动深度；已发掘就是经过考古清理，具有详细考古报告的遗址，各个细节比较明确，但也可能受某些条件限制，比如探坑的范围不够大，揭示出来的遗址不够全面。这类遗址主要关注的是遗址本身最高点和最低点的距离差，这个差别会对遗址的保护方式的确定产生很大影响；推测遗址是根据已探明或已发掘遗址的延伸推测，周围或延长线上可能存在的遗迹，这类遗址基本上在设计上以示意性展示为主。

2.以保存现状分为：地上遗址和地下遗址。地上遗址是指现地面以上，视线可以看到的遗址，例如未央宫前殿、部分城墙、宫墙、天禄阁、石渠阁等遗址，其夯土遗迹部分存在于现地面以上；地下遗址是指经勘探或推测现存地面以下的遗址，如大部分殿址、宫门、道路、池苑、附属建筑基址等。

3.以遗址原有功能分为：道路、城垣、建筑、池苑等四类，每一类还可以再细分，并且要明晰各自的属性和组成要素，比如提到城垣就必须想到它的组成要素：墙体、城门、角楼、城壕、城内城外连接道路、广场等。在这里还需要搞清楚各类遗址原有的主要建筑材料、施工工艺、材料规格等内容，对于建筑基址要明确原有功能、等级和研究推测原有建筑的风格、形式等。

对大量单体遗址点分类梳理，既可全面掌握遗址点特征，又可对遗址进行综合分析，在制定设计原则和保护措施时既有针对性又有灵活性。

经过以上分析，可以确定设计时应遵循的一些原则：

尊重考古原则——文物保护工程设计在考古部门明确遗址分布范围内必须严格依据考古工作的研究成果进行设计及施工。

价值优先原则——以汉长安城所承载的价值特征为研究根源，系统分析文物保护工程的设计要点和特色，通过科学合理的工程设计，使得汉长安城所承载的文物价值、科学价值、艺术价值充分得以展示和阐释。在这里应该避免人为刻意的营造展现遗址价值的氛围，而让遗址自身的内涵慢慢散发出来。

整体保护原则——按照国际文化遗产保护的真实性、完整性理念，强调遗址价值的整体性保护，单体遗址服从于整体遗址，不仅包括遗址本体，还应包含遗址生存环境的内容。在对汉长安城各个遗址点的保护工程设计上不仅考虑遗址本体保护展示的完整性和真实性，设计还需融合周边环境及氛围，达到具有识别性却又不突兀的效果。

最少干预原则——遗址原址保护，尽量采用改善遗址保存环境的方式方法，防止遗址环境的人工化、园林化的趋势；工程设计前必须严格依照遗址埋藏的扰土条件要求，避免对遗址本体的干预手段，保护遗址所处地形地貌不发生改变；保护技术措施不影响遗址本体格局和环境特色，不影响遗址的真实性和可识别性；一切技术措施均不得妨碍再次对遗址进行保护工程处理，待保护设施更换时，可在不伤害遗址本体情况下安全方便拆除。

传统性原则——积极利用传统材料和工艺技术，使用传统技艺被多次实践证明是有效保护遗址的技术，如补夯、覆土等措施。

安全性原则——保护工程设计必须具备预防对遗址侵袭和游人安全的各类灾害的能力。

综合性原则——保护工程设计提高科技含量，从保护设施的材料、结构，再结合物理加固和化学保护技术进行综合科技保护。

条件成熟性原则——遗址的保护受各类因素影响，在考古资料齐全、保护技术成熟、管理设施齐备、实施方案可行的条件下方可实时保护工程。

四、遗址保护展示工程类型

对每个遗址的保护展示方式的确定，除了以上因素的分析外，还有几个规定动作，如现状调查、残损记录、破坏因素、现状评估等，这里就不赘述了。下面介绍几种主要的遗址保护展示工程类型：

1. 覆罩保护：一般都是采用大空间结构保护，使考古现场博物馆化，其覆盖建筑的形式与所展示内容的关系是抽象概念化的，不受所展示遗址的时代限制，而是以现代文化来诠释古代文化，是现代的建筑概念。如长乐宫的4、5号遗址，即将可展示的遗址部分完全真实地展示在观众面前，其上覆以大跨度钢结构现代建筑，建筑内部根据遗址的分布情况组织展线，在将遗址保护于室内的同时，将观众的游览行为也纳入室内，在方便了一般参观者的同时，也为学者专家能直接接触遗址提供了条件。其缺点是造价和维护费用昂贵，游人参观引起的气体流动，温、湿度变化仍对遗址影响很大，也就是说小环境的不完善反而造成了遗址的人为破坏，就遗址的现状而言，其表面风化破坏就是个比较突出的问题。

2. 覆土保护：地表考古现场对位复原：是相当于回填的一种做法。如官署遗址、少府遗址及桂宫2号建筑遗址做法。这几处建筑遗址的损毁情况虽不尽相同，但它们的共同特征是：都是以夯土台为主要遗址，不同程度地保留了散水、台阶、柱础、残墙等遗址，建筑平面分界清晰。如主要建筑、院落、廊道，甚至地下室、门道等都具一定程度可辨性，但都残损严重。因此，采用了这种既回填保护又复原展示的做法以满足保护遗址和展示历史信息的要求。具体做法：采用

5~10 厘米干细砂做遗址隔离层，上覆一定厚度的素土，上部用灰土层以隔绝雨水的渗透，再在其上做复原遗址考古现场的平面，这种方法对原址保护效果较好，同时显示了建筑布局和特点，复原了部分铺地、台阶、柱础等建筑形式，虽然局限于平面的概念，但观赏性较强。这种方式可以结合局部开一到三个视窗，对遗址精彩部位进行原真性展示，往往起到画龙点睛的作用。

3. 现状保护：遗址本体高出现状地面并具有一定大的体量，长期遭受风雨剥蚀，水土流失的侵害，为了保护遗址而不破坏其遗址现状，采取物理加固危险体的办法来延缓遗址的破坏，这种方法还可用于大型夯土遗址的保护，如城垣夯土遗址。

4. 遗址地面标识：对已探明范围，但未进行考古发掘的遗址，可采取地面用同一材料进行标识的办法来展示其遗址规模、位置、平面形状等信息，通常用来标识的材料有不同规格的沙石、砖、木、改性土、钢材、植物等，此办法简单易行、利于日后维护。

5. 示意性展示：主要针对推测性遗址，用不同于标识展示的材料示意出来。

上述的几种遗址保护展示的工程类型，都具有各自的优缺点，应根据遗址的特点和周边环境情况，来选择比较适合的一种或几种，以发挥各种方法的优点来充分体现其保护遗址、不改变遗址原貌的宗旨，并使遗址的历史内涵得到最充分的、最自然的表达。

最后，就设计中还需要考虑的几个重要的环节再提一下：

l. 遗址边界：在设计中必须有依据的明确单体遗址和整体遗址的边界，并要想办法在设计中体现出来；

2. 体量和色彩：遗址保护展示工程的类型在体量和色彩方面，要依据遗址的特点仔细斟酌；

3. 日常保养：设计遗址保护展示工程时，一定要考虑到以后的日常保养问题。这点非常重要，日常保养是遗址保护的一个重要方面，不容忽视。

遗址保护工程设计是遗址保护工作中一个技术性动作，不仅要依法、依规，还要遵循各类规划要求，要考虑的因素很多，所以要求设计人员前期准备要足够充分，理解遗址的价值内涵和属性特征，抓住其精髓，才可能展开自己的设计空间，完成合格设计。

（作者：王伟，陕西省文化遗产研究院　副总工程师
薛倩，陕西省文化遗产研究院　助理工程师）

汉长安城城市水利设施与水利系统研究综述

张建锋

作为人类社会文明时代的标志和重要组成部分，城市和水以及水利的关系极为密切。城市的存在和发展离不开水，离不开城市水利设施和水利系统。从古到今，城市发展的历史，同时也是一部城市水利设施及水利系统从无到有、从简单到复杂、从原始到逐步完备的发展历史。汉长安城是西汉时期的帝国都城，在包括城市供蓄水系统、排水系统和水运系统在内的城市水利建设方面，取得了引人瞩目的成就，代表了当时城市水利建设的最高水平。汉长安城的城市水利系统，在长达200多年的时间里，既保障了汉长安城内外众多居民的各项用水，又使得这座封建帝国的首都没有遭受过重大的水灾，可以说是我国古代城市水利建设中较为成功的代表。

从很早时期开始，就有学者对汉长安城的城市水利设施和水利系统给予了关注，汉长安城地区的城市水利设施和水利系统的建设、使用及相关的轶事不时见于历代文献。到了近现代，更多的学者注意到这一问题，从各个方面对汉长安城地区的城市水利设施和水利系统进行研究和考证，取得了很大的收获。纵观西汉以来历代学者对汉长安城地区城市水利设施和水利系统的研究历程，大致可以分为三个阶段。

一、汉代文献的有关记载

汉代的史籍，内容涉及汉长安城地区城市水利设施和水利系统的主要是两部正史——《史记》与《汉书》。此外，还有一部佚书《三秦记》及一些当时文人的文学著作。

《史记》为西汉时期司马迁所著，是我国第一部纪传体通史，记载了从传说中的黄帝到西汉武帝时期的历史事实。《史记》记载的内容相当广泛，包括政治、经济、军事、文化等各个方面，反映了我国西汉武帝时期以前三千多年间政治、经济、文化各方面的发展过程。该书在记载西汉前期（汉初到武帝时期）重要历史事件的过程中，对于重要水利设施的兴建也给予了著录。《河渠书》记载了西汉武帝时开凿漕渠的事迹，还记载武帝时曾经开凿子午渠漕运，但没有达到预期的效果。《平准书》记载了汉武帝修建昆明池的事迹。《封禅书》则记述了汉武帝时期修建建章宫、开凿太液池的历史事件[1]。

《汉书》为东汉时期班固编撰，是中国第一部纪传体断代史，记述了上起西汉建国（公元前206年），下至新莽败亡（公元23年）共228年的历史。《汉书》在记载西汉帝国的政治、经济、

〔1〕【西汉】司马迁：《史记》，中华书局1959年版。

文化等方面重要历史事件的同时，对于汉长安城地区城市水利设施的建设及相关的历史事件，也有所提及。如汉武帝开凿漕渠以及开子午渠未果的史实，在《沟洫志》中就有记载。汉武帝修建昆明池的记载见于《武帝纪》和《沟洫志》。《何武王嘉师丹传》中提到了汉哀帝宠臣董贤引王渠入私宅的事例。《元后传》中提到成都侯王商穿长安城引水入私宅的事例。根据《武帝纪》，汉武帝还在建章宫中修建了太液池。另据《公孙刘田王杨蔡陈郑传》记载，在武帝晚年的巫蛊事件中，太子的军队与丞相的军队作战时，“血流入沟中”，说明长安城存在路沟一类的排水设施[1]。

《三秦记》相传为汉代辛氏所撰，原书已佚，后由清代学者辑成一册。内容包括秦汉时期关中山川、都邑、宫室故事，涉及咸阳、长安、河西、敦煌、仇池、冯翊等地的山、水、关隘、城镇、名胜、古迹，考其名称、地理位置、山脉走向、河水源流等，是研究西汉长安地区地理环境、风俗人情的第一手资料。书中对于西汉长安地区的城市水利设施也有所提及，主要是三条，一是关于长安城北居民“井汲巢居”生活方式的记载，一是汉武帝在昆明池游玩的轶事，一是上林苑中的十五池[2]。

此外，一些文人的文学作品中也提到了西汉时期长安及其周边的一些城市水利设施，成为我们研究汉长安城地区城市水利系统的重要参考。如班固的《西都赋》，描绘了西汉都城长安的壮丽与繁华，其中有些词句涉及长安及其周边的某些供蓄水设施，“上囿禁苑，林麓薮泽，陂池连乎蜀汉，缭以周墙，四百余里。离宫别馆，三十六所。神池灵沼，往往而在”描述了上林苑中众多陂池星罗棋布的情景，下文中“前唐中而后太液，览沧海之汤汤。扬波涛于碣石，激神岳之嶈嶈。滥瀛洲与方壶，蓬莱起乎中央”则提到了唐中池和太液池以及后者中的三岛[3]。张衡在《西京赋》中提到“前开唐中，弥望广橡。顾临太液，沧池漭沆。渐台立于中央，赫昈昈以弘敞。清渊洋洋，神山峨峨。列瀛洲与方丈，夹蓬莱而骈罗”。文中的唐中、太液、沧池都是西汉长安城及其周边的重要池沼。“乃有昆明灵沼，黑水玄阯。周以金堤，树以柳杞。豫章珍馆，揭焉中峙。牵牛立其左，织女处其右，日月于是乎出入，象扶桑与濛汜。其中则有鼋鼍巨鳖，鳣鲤鱮鲖，鲔鲵鲿鲨，修额短项，大目折鼻，诡类殊种。鸟则鹔鹴鸹鸨，駕鹅鸿鹤。[4]”描述的则是昆明池在西汉时期的繁盛景象。

二、汉代以后的文献记述

汉代以后至清代，内容涉及汉长安城及其周边地区的城市水利设施的文献著作，包括《关中记》、《西京杂记》、《三辅故事》、《三辅旧事》、《水经注》、《三辅黄图》、《西京记》、《长安图》、《雍州图经》、《历代宅京记》、《关中胜迹图志》等。

〔1〕【东汉】班固：《汉书》，中华书局1962年版。

〔2〕刘庆柱辑注：《三秦记辑注·关中记辑注》，三秦出版社2006年版。

〔3〕王海艳、尚晓阳注析：《历代赋选》，南海出版公司2007年版，第85页。

〔4〕王海艳、尚晓阳注析：《历代赋选》，南海出版公司2007年版，第112页。

《关中记》，晋代潘岳所著，已佚，后人从众多典籍中辑出，是关于秦汉时期关中地区的重要文献。《关中记》提到了关中八水的具体名称：泾、渭、灞、浐、涝、潏、沣、滈。介绍了昆明池的历史及相关故事，并提到了未央宫内的苍池（沧池）、渐台以及长乐宫中的鱼池、酒池等水利设施[1]。

《三辅故事》传为晋人所著，记载了汉长安城中未央宫的沧池、长乐宫的鱼池、酒池以及城外的昆明池。《三辅旧事》据考证为唐初人所撰，其中有关于建章宫太液池、昆明池以及安门大街边排水沟的记载[2]。

东晋葛洪所著《西京杂记》，是一部记载西汉时期佚事传闻的笔记体小说，对于西汉长安地区的城市水利设施及相关的故事，也收录了一些。如昆明池的开凿及其功能、建章宫太液池边的植被情况、池中的舟船、长安大水时止雨的祭祀及积草池、孤树池等，成为我们今天考证汉长安城及其周边地区城市水利设施和水利系统的重要参考资料[3]。

《水经注》是北魏郦道元为中国古代的历史地理学著作《水经》所作的注文，详细介绍了我国境内一千多条河流以及与这些河流相关的郡县、城市、物产、风俗、传说、历史等。在其第十九卷《渭水下》中，记载了渭水及其支流沣水、泬水、镐水等在汉长安城附近的位置、走向及附近的各类城市设施，描述了汉长安城中的沧池、明渠及城外昆明池、镐池、太液池等的位置情况，为我们考证上述水利设施的方位、范围及沿革等提供了重要线索[4]。

《三辅黄图》，传为六朝时人所著，内容主要是记载西汉都城长安和畿辅地区的地理状况，其中长安城的内容，占据了相当大的比例，但并不仅仅局限在长安城内，还包括汉长安城郊区的布局、宫殿、馆阁、苑囿、池沼、台榭、府库、仓库、桥梁、文化设施、礼制建筑等，是研究古代都城，特别是研究汉长安城最重要的历史文献，其中部分内容与汉长安城及其郊区的城市水利设施有关。在《池沼》一卷中，提到了西汉时期的昆明池、镐池、太液池、唐中池、百子池、上林苑十池、少府佽飞外池、酒池、影蛾池、琳池、鹤池、冰池的名称，有的还描述其位置及规模。这些水池，有的在长安城内，有的在城外上林苑中，是西汉时期长安地区城市水利系统的重要内容[5]。

宋代程大昌著《雍录》一书，考证关中地区的古迹，对一些专题进行讲述考辨，并绘制若干地图。书中记载了汉长安城引水的流向及城内沧池、太液池、城外昆明池以及漕渠、王渠的走向，并对飞渠问题进行了分析[6]。

北宋宋敏求撰《长安志》，主要记载唐代长安的史迹，还收录了西汉以来长安及其附属各县的情况，内容包括相关的历史实录、传记、家谱、古志、古图、碑刻、笔记等。书中记载了汉长安城地区的部分城市水利设施，包括未央宫的沧池、建章宫的太液池、长乐宫的酒池、明渠、王渠以及城外的昆明池、上林苑中的琳池、西陂池、东陂池、牟首池（也称牛首池）、积草池、百

〔1〕刘庆柱辑注：《三秦记辑注·关中记辑注》，三秦出版社2006年版。

〔2〕【汉】赵岐等撰、【清】张澍辑、陈晓捷注：《三辅决录·三辅旧事·三辅故事》，三秦出版社2006年版。

〔3〕【汉】刘歆撰、【晋】葛洪集、向阳新、刘克任校注：《西京杂记校注》，上海古籍出版社1991年版。

〔4〕【清】杨守敬：《水经注疏》，科学出版社1957年版。

〔5〕【宋】程大昌：《雍录》，中华书局2002年版。

〔6〕陈直：《三辅黄图校证》，陕西人民出版社1980年版。

子池等池渠[1]。元代骆天骧将其分类改编，并增添金、元的若干史实，编成《类编长安志》一书，方便人们查阅[2]。上述两书对研究汉长安城及其周边地区的城市水利设施和水利系统有较大参考价值。

此外，北周时薛寘所著的《西京记》，记载了昆明池中石鲸的传说和酒池的典故[3]；作者不明，据推测为隋代或隋代以前人所著的《长安记》中提到建章宫中的太液池和未央宫中的沧池[4]，《长安图》记载了汉代长安七里渠、饮马桥和夏侯婴冢的相对位置[5]。还有一本《雍州图经》（据考证作者为隋代及唐初人），提到了横桥与汉长安城的相对位置[6]。清代毕沅所著《关中胜迹图志》在记载陕西关中地区的历史遗迹的同时，还专设了《大川 · 水利》一章，对汉长安城及其附近的河流走向及部分水利设施作了描述[7]。

三、近现代学者的相关研究

近现代对于汉长安城地区城市水利设施和水利系统的研究，最早的是日本学者足立喜六的实地考察。20世纪初，足立喜六对西安附近的历史遗迹进行了考察，并结合历史文献记载，对汉唐帝陵、汉唐长安城及长安附近的道观、寺院、古代碑石等进行了广泛深入的研究，写成《长安史迹考》（新版书名为《长安史迹研究》）一书。书中提到了未央宫内的沧池遗址，还对汉代的漕渠遗址作了调查和研究。上述调查和研究，为近现代研究汉长安城地区的城市水利设施和水利系统的最早尝试[19][8]。

1949年以后，汉长安城地区城市水利设施和水利系统的研究进入了一个新的历史时期。1950年，中央成立了中国科学院考古研究所（后改为中国社会科学院考古研究所），1956年成立了陕西第二工作队（俗称汉长安城工作队），专门负责汉长安城地区的考古工作。50多年来，经过几代考古工作者的努力，汉长安城遗址的考古工作取得了巨大的成就。除了发现大量的城墙、城门、街道、宫城、宫门、宫殿建筑等遗迹之外，还发现了为数众多的城市水利设施（包括供蓄水设施和排水设施）。这些城市水利设施遍布汉长安城内外各处、涵盖了大大小小的建筑遗迹，成为汉长安城基础设施的重要组成部分。汉长安城遗址历年发表的考古简报及报告，其中多有给、排水设施一节，对发现的给、排水设施进行介绍。与此同时，汉长安城郊区在多年的考古调查、勘探及发掘中也发现了一些排水、给水及蓄水设施的遗迹。现代考古学的发展，为研究汉长安城地区的城市水利设施和水利系统提供了丰富的田野资料，推动了这一课题研究的发展。

---

〔1〕【宋】宋敏求撰、【清】毕沅校正：《长安志》，台湾成文出版社1970年版。

〔2〕【元】骆天骧：《类编长安志》，三秦出版社2006年版。

〔3〕原书已佚，有关内容选自刘纬毅：《汉唐方志辑佚》，北京图书馆出版社1997年版。

〔4〕陈直：《三辅黄图校证》，陕西人民出版社1980年版。

〔5〕陈直：《三辅黄图校证》，陕西人民出版社1980年版。

〔6〕陈直：《三辅黄图校证》，陕西人民出版社1980年版。

〔7〕【清】毕沅：《关中胜迹图志》，三秦出版社2004年版。

〔8〕【日】足立喜六：《长安史迹考》，商务印书馆年1935年版。

在研究汉长安城地区的城市水利设施和水利系统方面,最先涉足的是历史地理学方面的学者。这方面的研究始于20世纪五六十年代，主要是对于相关城市水利设施的地望、范围与名称的考订，系统、全面的研究相对较少。1958年，黄盛璋先生概括了汉长安城在城市规划中解决水源问题的辉煌成就，总结了汉长安城水源利用的经验、特点，探讨了城市发展过程和水源开辟的关系，对今后西安市的水源建设提出了参考意见〔1〕。1959年科学出版社出版了《中国古代地理名著选读》（第一辑），其中的《水经注选注》由侯仁之、黄盛璋二先生承担，对注文中涉及的汉长安城近郊的交水、沣水、镐水、泬水、王渠、漕渠及昆明故渠的位置和走向，以及揭水陂、昆明池、太液池等陂池的地望进行了考证，除了引用相关文献外，还结合了实地调查的结果，并已经注意到当时汉长安城遗址正在进行的考古活动〔2〕。钟凤年先生在1961年对前文涉及的汉长安城东南城角水的性质、王渠的位置及走向、泬水支津与泬水支渠问题提出了不同的意见〔3〕。针对钟先生的意见，黄盛璋先生1962年撰文分析考证了汉长安城及其周边的泬水枝津与泬水支渠、渭河故道、王渠的部位及其作用以及昆明故渠（漕渠）的问题〔4〕。

20世纪七八十年代，这方面的研究有了一定进展，并逐渐上升到对于整个汉长安城地区城市水利系统的综合考察的高度。1985年，杨思植、杜甫亭从自然因素和人为因素两方面探讨了汉长安城周边的渭河、潏河、交河等河道的历史变迁〔5〕。1986年出版的《中国都城历史图录（第二集）》提到了长安附近的水系和主要渠池，对汉长安城的供水系统作了简要概括〔6〕。1990年，吕卓民先生探讨了汉长安城南郊交水和潏水的河道变迁〔7〕。1994年，王子今先生在其《秦汉交通史稿》一书中，对西汉时期漕渠的建设背景、运输里程和运期等问题作了分析和考证〔8〕。1995年，何清谷先生出版《三辅黄图校注》，利用考古学的新资料，对汉长安城及郊区的各项史迹进行考证，其中对于汉长安城及其郊区的城市水利设施及水利系统有所涉及〔9〕。史念海所著《陕西通志·历史地理卷》（1998年）中在讲述汉长安城的建设及其废弃时，提到了昆明池的建设，并对其规模、功用等作了阐述〔10〕。

21世纪以来，相关的研究主要集中在对于汉长安城城市水利系统的全面研究方面。李令福（2002年）对汉代漕渠及都市水利系统的建设与布局进行了探讨，并对水利设施建设的时间和空间布局特征的形成原因作了解释，这是对于汉代长安城市水利系统研究的深入。这篇文章后来收

〔1〕黄盛璋:《西安城市发展中的给水问题以及今后水源的利用与开发》,《地理学报》第24卷第4期，1958年11月。

〔2〕顾颉刚：《中国古代地理名著选读》（第一辑），科学出版社1959年版。

〔3〕钟凤年：《评“水经注选释”》，《考古》1961年第5期。

〔4〕黄盛璋：《关于《水经注》长安城附近复原的若干问题》，《考古》1962年第6期。

〔5〕杨思植、杜甫亭:《西安地区河流及水系的历史变迁》,《陕西师大学报（哲学社会科学版）》1985年第3期。

〔6〕叶晓军：《中国都城历史图录（第二集）》，兰州大学出版社1986年版。

〔7〕吕卓民：《西安城南交潏二水的历史变迁》，《中国历史地理论丛》1990年第2期。

〔8〕王子今：《秦汉交通史稿》，中共中央党校出版社1994年版。

〔9〕何清谷：《三辅黄图校注》，三秦出版社1995年版。

〔10〕史念海等：《陕西通志·历史地理卷》，陕西师范大学出版社1998年版。

入2004年出版的《关中水利开发与环境》一书中[1]。2006年，三秦出版社出版了《长安史迹丛刊》，其中《三辅决录、三辅故事、三辅旧事》、《三秦记辑校、关中记辑校》、《类编长安志》、《西京杂记》、《关中佚志辑校》中有些内容涉及汉长安城及其郊区的水利设施，相关学者结合实地考察的结果和考古学的新资料，对其进行了考订，反映了历史地理学方面研究的新进展[2]。杨金辉（2007年）运用历史文献、考古资料，并结合实地考察，对昆明池的兴废变迁和多种功能的演变进行了探讨[3]。2008年，李令福先生探讨了汉代昆明池的兴修以及它对长安城郊带来的[4]。喻曦（2008年）论述了滮池在历史时期的变化过程，探讨它和镐池、昆明池的关系，并对其变迁的历史地理原因进行了探讨，对于我们认识水与古代都城的关系提供了重要参考[5]。同年，徐卫民先生论述了汉长安城在建设中对于水资源的利用和改造过程，并对由此带来的影响进行了分析[6]。

随着田野考古的进展，关于汉长安城地区城市水利设施和水利系统的资料逐渐增加，一部分考古学者也开始加入到这一行列中来。1963年，胡谦盈先生经过实地踏察，探讨了沣镐地区（处于西汉上林苑范围内）的沣水、镐水、镐池、滮池和昆明池的位置及彼此相对位置，试图由此确定西周沣、镐二京的位置。虽然作者的目的无关城市水利，但客观上对昆明池的历史沿革，镐池的地望，以及镐池废弃时代（即唐代）昆明池的范围等问题作了研究[7]。1977年，戴应新先生在《关中水利史话》中对西汉时期漕渠的修建及使用情况进行了介绍[8]。1980年，胡谦盈先生又作《汉昆明池及其有关遗存踏察记》一文，对汉昆明池的位置、进出水道及池边建筑等作了进一步探究[9]。王仲殊先生（1984年）介绍了汉长安城的排水系统，并对上林苑中的昆明池遗址的保存状况作了描述[10]。刘庆柱先生（1988年）在《长安春秋》一书中对汉长安城的给水系统和排水系统作了介绍[11]；2003年又在《汉长安城》一书中专设“都城的给排水系统“一节，对上述问题作进一步的阐释[12]。秦建明先生（2004年）也撰文探讨了昆明池的修建与功能[13]。

水利史方面的专家加入到汉长安城地区城市水利的研究，相对来说起步较晚，基本上是20世

[1] 李令福：《关中水利开发与环境》，人民出版社2004年版。

[2]《长安史迹丛刊》（10册），三秦出版社2006年版。

[3] 杨金辉：《长安昆明池的兴废变迁与功能演变》，《贵州师范大学学报（社会科学版）》2007年第1期。

[4] 李令福：《汉昆明池的兴修及其对长安城郊环境的影响》，《陕西师范大学学报（哲学社会科学版）》，第37卷第4期，2008年7月。《论汉代昆明池的功能与影响》，《唐都学刊》2008年第1期。

[5] 喻曦：《历史时期滮池的变迁及其原因分析》，《唐都学刊》2008年1月第24卷第1期。

[6] 徐卫民：《汉长安城对周边水环境的改造与利用》，《河南科技大学学报（社会科学版）》第25卷第6期。2007年12月。

[7] 胡谦盈：《丰镐地区诸水道的踏察——兼论周都丰镐位置》，《考古》1963年第4期。

[8] 戴应新：《关中水利史话》，陕西人民出版社1977年版。

[9] 胡谦盈：《汉昆明池及其有关遗存踏察记》，《考古与文物》1980年第1期。

[10] 王仲殊：《汉代考古学概说》，中华书局1984年版。

[11] 刘庆柱：《长安春秋》，人民出版社1988年版。

[12] 刘庆柱、李毓芳：《汉长安城》，文物出版社2003年版。

[13] 秦建明：《汉上林苑与昆明池》，《文博》2004年第3期。

纪 80 年代以后的事情。1985 年郑连第先生在《古代城市水利》中介绍了西汉都城长安的城市水利状况，指出汉长安城的城市水利系统以昆明池为中心，蓄（蓄交水）、引（引泬水）、排（排入沣水和渭水）相结合，供水、航运、灌溉和美化环境等多种功用的综合利用系统，是一整套复杂的水利工程，包括坝、闸、渠系建筑物和堤防等[1]。《中国古代城市防洪研究》（1995 年）一书在讲到汉长安城的防洪系统时，比较详细地介绍了这座城市在防洪方面的成就，包括如下几点：选址地势较高，不致遭到水患；建设了以昆明池为主体的供、蓄、排结合的城市水利系统；汉长安城的其他防洪措施等等[2]。《中国水利史简明教程》（1996 年）中记述了西汉长安的漕渠、泬水支渠和昆明池，并指出秦汉时期的城市水利多有与漕运相结合的特点[3]。《陕西地方志 · 水利志丛书》之《西安市水利志》（1999 年）中，对西汉长安城的供水系统（以昆明池为主）进行了介绍[4]。2005 年，金戈先生探讨了古代城市在的规划、建设与水的关系，对古代都城对于水的利用和改造以及水利系统的各项设施及功能进行了概括，汉长安城被作为一个典型案例在文中多次提到[5]。2006 年，郑连第先生指出汉长安城的水利系统的特征是引潏水和交水，并在引渠上建著名的昆明池作调节水库，分数路供应城市，使居民用水、园林和航运都得到满足，并概括了中国古代城市水利的主要内容：汲饮及清洁用水、城市防卫、防洪排水、防火、航运、农田灌溉及美化和改造环境，在《城市水利的发展史》中又对城市水利的内容进一步作了概括[6]。谭徐明、周魁一两位先生（2007 年）将中国古代城市水利的发展概括为三个阶段：临水而建的自然城市、自然性与功能性相结合的城市和功能性城市，对汉代及以前的长安城市水利系统作了介绍，将其列为临水而建的中国古代城市水利建设的典型[7]。

在历史地理、考古和水利史方面的专家所进行的相关研究进行到一定阶段，积累了一定的资料以后，一些城市规划和城市建设方面的学者也涉足汉长安城地区的城市水利研究，并从城市规划和建设的角度对其进行概括和总结。1988 年出版的《中国古代城市建设》提到了汉长安城在解决城市水源问题方面的措施[8]。同年出版的《中国都城发展史》对汉长安城的排水系统作了简单的叙述，并对分布于汉长安城内外的沧池、太液池、昆明池等进行了介绍[9]。雷冬霞、马光两位先生（2003 年）通过汉、唐长安及现代西安城都邑生境的变化来研究城市水环境系统与都邑生境的适应性和协调性，提出了现代城市可持续发展的生态保证系统研究的观点[10]。

---

〔1〕郑连第：《古代城市水利》，水力电力出版社 1985 年版。

〔2〕吴庆洲：《中国古代城市防洪研究》，中国建筑工业出版社 1995 年版。

〔3〕孙保沭主编：《中国水利史简明教程》，黄河水力出版社 1996 年版。

〔4〕西安市水利志编纂委员会：《西安市水利志》，陕西人民出版社 1999 年版，第 67 页。

〔5〕金戈：《中国古都与水》，《海河水利》2005 年第 1 期。

〔6〕郑连第：《城市水利的发展史》，选自《论城市水利》，中国水利水电出版社 2007 年版。

〔7〕谭徐明、周魁一：《中国古代城市水利的市政功能与环境功能——兼论城市规划中水利的位置》，选自《论城市水利》，中国水利水电出版社 2007 年版。

〔8〕董鉴弘：《中国古代城市建设》，建筑工业出版社 1988 年版。

〔9〕叶晓军：《中国都城发展史》陕西人民出版社 1988 年版。

〔10〕雷冬霞、马光：《都邑发展与水环境——从西安城市水环境的历史变迁看可持续发展城市生态基础》，《华中建筑》第 21 卷，2003 年 1 月。

综上所述，从西汉到现在，很多学者对汉长安城地区的城市水利设施及水利系统进行了著述和研究，他们取得的成果成为今后这一课题研究进一步深化的基础。关于汉长安城地区水利设施和水利系统的研究，每个阶段都各有特色。第一阶段的参加者主要是历史学家和文学家，前者主要是在记录相关历史人物和事件的同时，涉及一些重要的水利设施的建设活动；后者则是在对长安宫廷、池苑进行夸张性的描绘以反映西汉帝国的繁盛景象时，提到了一些相关的水利设施。到了第二阶段，进行这方面研究的行列中增加了历史地理学方面的学者。在他们的著作中，不仅提到西汉时代长安地区的水利设施的名字，而且还对其中一些水利设施的方位及规模、沿革等情况进行了研究和考证，有些研究已经结合了一定的实地调查的结果。第三个阶段的参加者比前段大为增加，除了历史地理方面的学者外，考古学家、水利史学者和城市规划建设方面的学者都加入进来，从各个方面对其进行考证和归纳。研究的手段，除了参考文献、实地踏察外，有的还加上了现代考古学的资料和方法。研究的领域也比以前扩大，除了考证这些水利设施的方位、规模、沿革等情况以外，对水利设施和水利系统的功能、水资源与环境的关系、城市水资源的规划等问题也进行了探索,标志着关于汉长安城地区城市水利设施及水利系统的研究达到了一个新的阶段。

在关于汉长安城地区城市水利设施和城市水利系统的一些重要问题上，学术界还有着诸多争议。如关于一些重要城市水利设施的地望、范围与建设、使用、废弃的年代等，不同的专家有着不同的观点。这些问题的存在，一方面是由于历代文献记载的缺环及讹误所致，另一方面也与目前相关的考古资料仍然存在着不足和某些学者对于已有考古资料的理解不够全面有关。

长期以来，尤其是近现代对于汉长安城地区城市水利系统的研究，参加者大多是历史地理方面的学者和水利史方面的学者，还有部分的城市规划建设方面的学者也参加了讨论。他们多是侧重于自己的学术领域，从各自专业的角度对汉长安城及其郊区的城市水利设施和水利系统进行分析和考证，但在对考古材料的理解、掌握、引用和分析上，还存在着一定的不足，不利于形成关于汉长安城地区城市水利系统的科学观点。考古学者以田野考古工作所获得的资料为基础，运用考古学的理论和方法来探讨汉长安城地区的城市水利设施和水利系统，已经取得了一定的收获，为下一步研究的深入开展提供了一定的有利条件。

但是，总的说来，从前所进行的关于汉长安城地区城市水利设施及水利系统的考古学研究，数量相对较少，而且这些研究或者是专门对某一项水利设施的位置、形制、功用、时代等进行归纳和分析，或者是在对汉长安城遗址进行综合性考古学研究时将其作为其中的一个问题进行简单的总结。而对于汉长安城的整个城市水利系统的综合性考古学研究，目前还是一个空白。可以说，考古学界对于汉长安城城市水利问题的关注程度，同城市水利设施和水利系统在汉长安城的存在和发展中的重要作用及意义相比，很不相称。因此，加强这方面的工作，对汉长安城地区的水利设施和水利系统进行综合性的考古学研究，是目前摆在考古学者面前的一个重要学术任务和历史使命。

（作者：张建锋，中国社会科学院考古研究所、副研究员）

世界遗产 古塔雄风

增 勤

二〇一四年六月二十二日，激动人心的时刻！

下午三时左右，我在去北京高速行驶的列车上，电话铃声响了，是中国建筑设计研究院建筑历史研究所陈同滨教授，她告诉我联合国教科文组织将大雁塔正式列入世界文化遗产名录！

这一消息让我们的先贤祖辈们知道了，他们会无比欢喜兴奋。在我回忆申遗的路上刹那间火车就进京了。

大雁塔始建于公元652年，距今已有1360余年，是玄奘法师为保存经丝绸之路赴印度求法取回的经卷、佛像而建的佛塔。大雁塔是砖仿木结构楼阁式塔的典型代表，是西安市标志性建筑。1961年大雁塔被国务院列为第一批全国重点文物保护单位。

大雁塔自公元652年到2014年，这一千三百六十二年的历史岁月，它经历了无数次历史的沧桑和巨变，在风尘中依然昭示着后人。它向我们倾诉着岁月年华和人间浮云变化，这是一种无形的力量和无言的担当。

大雁塔是中国的，因为它是全国重点文物保护单位；大雁塔是世界的，因为它正式列入世界文化遗产名录；大雁塔是全人类的，因为它每天面对着不同肤色、不同国籍、不同语言、不同信仰的人们；大雁塔是陕西的，因为它见证了陕西周秦汉唐十三个王朝的兴衰和变迁；大雁塔也是佛教的，因为它是佛教传入中国最辉煌时代的一座丰碑。

申遗过程是对大雁塔保护提升的过程；是对大雁塔重新认识和定位的过程。在烽火年代和动荡时期，大雁塔都受到人们的重视和保护。

今天，国运昌盛，人民安乐，政通人和，我们要不负使命，勇于担当，像保护自己眼珠一样保护好大雁塔。在政府文物管理部门的指导和监督下，按照文物保护法和世界遗产保护的要求，“保护为主、合理利用”的原则，唯世界上两件事不可再生，一是父母、二是文物。我们要像孝敬父母一样，恭敬保护好大雁塔，让塔（它）恩泽大众，光照大千，让它永立于世界的东方。

玄奘法师是世界文化名人，大雁塔是世界文化遗产，是人类共同的精神和财富。

（作者：增勤，大慈恩寺方丈）

丝绸之路文化遗产保护与丝绸之路经济带建设

甘洪更　李　勤

一、丝绸之路经济带的提出

20世纪90年代，中国着手推动“新亚欧大陆桥”的建设，并在20世纪末提出“新丝绸之路”设想。进入21世纪，中国“新丝绸之路”在交通走廊、能源和贸易通道方面的建设得到快速推进。[1]2013年9月中国国家主席习近平在哈萨克斯坦纳扎尔巴耶夫大学演讲时提出：“为了使我们欧亚各国经济联系更加紧密、相互合作更加深入、发展空间更加广阔，我们可以用创新的合作模式，共同建设‘丝绸之路经济带’。这是一项造福沿途各国人民的大事业。可以从以下几方面先做起来，逐步形成区域大合作。第一加强政策沟通；第二加强道路联通；第三加强贸易畅通；第四加强货币流通；第五加强民心相通。”[2]因此，丝绸之路经济带应该是以古丝绸之路覆盖区域为基础而形成的一个新的经济发展区域。2013年12月14日，国家发展与改革委员会在编制“丝绸之路经济带”战略时，对所辖省份进行了重新测定。陆上“丝绸之路经济带”涵盖陕西、甘肃、青海、宁夏、新疆西北五省，以及重庆、四川、云南、广西西南四省市。

二、丝绸之路文化遗产概述

2014年6月22日，第38届世界遗产大会宣布，由中国、哈萨克斯坦和吉尔吉斯斯坦联合申报的丝绸之路“长安—天山廊道的路网”项目通过审议，正式列入《世界遗产名录》。此次申报的丝绸之路项目，全长5000公里，是古代丝绸之路中的一部分。它从西安出发，到中亚的七河地区为止，项目共涉及33个遗产点。其中，中国有22个遗产点，分布在河南省、陕西省、甘肃省和新疆维吾尔自治区。陕西省有7处：汉长安城未央宫遗址、张骞墓、唐长安城大明宫遗址、大雁塔、小雁塔、兴教寺塔、彬县大佛寺石窟；甘肃省有5处：玉门关遗址、悬泉置遗址、麦积山石窟、炳灵寺石窟、锁阳城遗址；新疆维吾尔自治区有6处：高昌故城、交河故城、克孜尔尕哈峰燧、克孜尔石窟、苏巴什佛寺遗址、北庭故城遗址；河南省有4处：汉魏洛阳城遗址、隋唐洛阳城定鼎门遗址、新安汉函谷关遗址、崤函古道石壕段遗址。

本文的丝绸之路文化遗产主要是指中国境内的这22处遗产点。

---

〔1〕白永秀、吴航：《丝绸之路经济带战略构想及实现步骤》，《中国科学报》，2014年05月16日。

〔2〕习近平:《创新合作模式 共同建设“丝绸之路经济带”》,《人民网—中国共产党新闻网》,2013年09月07日。

三、丝绸之路文化遗产保护工作概述

丝绸之路相关文化遗产保护工作的开展较早，以丝绸之路的起点汉长安城未央宫遗址为例，历史上对未央宫遗址的保护源远流长，1933 年国民政府在汉长安城未央宫遗址内的天禄阁设立天禄阁小学，方便就近管理汉长安城未央宫遗址。新中国成立后其保护工作主要由当地政府文化管理部门承担。1994 年成立保护机构后开始了较为专业系统的保护工作。1999-2000 年先后实施了未央宫天禄阁、石渠阁、未央宫夯土台遗址围栏保护，2003 年实施了汉长安城西南角城墙遗址围栏保护，2005 年实施了未央宫前殿遗址围栏保护和汉长安城西安门遗址保护，这些保护工作的开展确保了遗址的真实性和完整性。

2006 年，丝绸之路申遗工作正式启动。丝绸之路相关文化遗产的保护工作引起了国家文物局、申遗规划专家、地方政府等的高度重视。特别是 2012 至 2013 年，丝绸之路相关文化遗产单位克服了工作量巨大、情况复杂、资金短缺等难题，以世界遗产的保护理念完成了相关遗产点遗址本体的保护展示、遗址区的道路建设、遗址区监测工程、遗址陈列馆及遗址区重点部位的安防工程、遗址区标识系统工程、申遗专题陈列馆的改造及布展工程、申遗档案的编撰和整理、遗址区环境整治、绿化建设、服务设施建设等申遗工作任务。最终，中国境内 22 处丝绸之路遗产点的保护成果得到世界遗产专家的充分肯定。

四、丝绸之路文化遗产保护在丝绸之路经济带建设中的作用

多年来，随着国家社会经济的发展，文化遗产保护工作得到更多重视，文化遗产保护事业蓬勃发展，文化遗产保护与社会经济发展是相互对立还是和谐共赢的问题也引发了广泛思考。那么，丝绸之路文化遗产保护在“丝绸之路经济带”建设中有什么作用呢？可以从以下几个方面来认识。

1. 丝绸之路文化遗产与“丝绸之路经济带”的形成休戚相关

公元前 138 年汉武帝派张骞出使西域后，以汉长安城为起点，开通了丝绸之路。历史上的丝绸之路“是起始于古代中国的政治、经济、文化中心—古都长安（今天的西安）的古代贸易路线和陆路商业通道。它跨越陇山山脉，穿过河西走廊，通过玉门关和阳关，抵达新疆，沿绿洲和帕米尔高原通过中亚、西亚和北非，最终抵达非洲和欧洲”。[1] 虽然丝绸之路最初是用来运输中国古代出产的丝绸等产品，但它逐渐成为一条连通东方与西方之间经济、政治、文化交流的重要主干道。“丝绸之路经济带”是在古代丝绸之路概念基础上形成的当代经贸合作升级版，被认为是世界上最长、最具有发展潜力的经济大走廊。[2]

作为古代东西方交流的标志，丝绸之路承载着千年历史，融汇着四方文明，是东西方经济

〔1〕文件见联合国教科文卫组织网站：http://whc.unesco.org/en/tentativelists/5335/。

〔2〕胡鞍钢、马伟、鄢一龙：《“丝绸之路经济带”：战略内涵、定位和实现路径》，《新疆师范大学学报》（哲学社会科学版），2014 年 04 月，第 35 卷第 2 期。

文化交流的纽带和友好合作、互利共赢的桥梁。而与丝绸之路相关的文化遗产资源则是印证这座桥梁真实性和完整性不可或缺的重要载体，也是辉煌丝路的永恒见证，更是今天在古丝绸之路覆盖区域内的欧亚各国经济联系新模式“丝绸之路经济带”形成的物质基础。有人说“丝绸之路沿线国家、地区的文化是构成丝绸之路经济带的基础和先导，文化的巨大影响力和历史穿透性能够克服交通、交流的诸多不便，以包容的文化精神搭建起中外各国友好往来的桥梁”。[1]很难想象，如果没有与丝绸之路相关的这些文化遗产，没有繁荣共赢的古丝绸之路这个昔日的交通概念，今日的“丝绸之路经济带”概念是否会存在，古人所谓“皮之不存，毛将焉附”即谓此理。

2. 丝绸之路文化遗产保护工作为“丝绸之路经济带”建设提供了丰富的文化资源存量

时间的流逝使遗产具有了文化价值，对遗产的保护、展示正是人类文化多样性的表达。在前期丝绸之路申报世界文化遗产的过程中，管理部门对丝绸之路相关遗产点采取了一系列保护措施，这些保护工作的开展，不仅保护了遗产本体，相对较为长久地保存了与丝绸之路有关的文化资源，也带动了相关区域整个文博事业的全面进步，包括思想认识、工作格局、工作机制、组织机构、社会功能发挥等等，增加了该区域的文化资源存量。这些深厚独特的历史文化资源不仅是开展丝绸之路相关研究工作和旅游服务的前提和基础，也搭建了丝绸之路沿线城市之间的经济文化全方位交流的平台，为“丝绸之路经济带”建设项目的实施提供了丰富的文化资源存量。

3. 丝绸之路文化遗产保护是推进“丝绸之路经济带”区域文化产业繁荣发展的重要手段

古代，在丝绸之路这条具有历史意义的国际通道上，五彩丝绸、中国瓷器和香料络绎于途，为古代东西方之间经济、文化交流作出了重要贡献。作为经济全球化的早期版本，这条贸易通道被誉为全球最重要的商贸大动脉。

到了现代，与这条贸易道路相关的不同文物点以遗迹的形态保留下来，并且被相关部门实施了保护展示工作，虽然它们没有宏伟的建筑，鲜少精美的艺术品，但是当我们置身其中，仍然会发思古之幽情，仍然能体验到其昔日的辉煌或苍凉。因此，从国内角度观察，文化遗产保护工作不仅极大地改善了文物遗迹周边的环境，提升了城市的文化品位，为广大群众营造了良好的文化生活空间；而且使丝绸之路相关遗迹成为世界文化遗产，它们正以其深厚的文化内涵成为游客新的旅游胜地。从国际视野观察，文化遗产保护工作对于建立健全丝绸之路沿线文化遗产资料库，推出丝绸之路专题展览，对于沿途区域开发与丝绸之路相关的文化创意产品、旅游商品和演出等项目，对于推广丰富多彩的丝绸之路文化，对于促进遗产保护与旅游产业、文化产业和生态建设相融合具有积极意义。可以认为，丝绸之路文化遗产保护工作是推进“丝绸之路经济带”区域文化产业繁荣发展的重要手段。

---

〔1〕吴绒：《丝绸之路经济带陕西段文化资源深度开发研究》，《丝绸之路》2014年18期。

五、在“丝绸之路经济带”建设中进一步加强丝绸之路文化遗产保护工作的建议

陕西省文物局局长赵荣说：申遗只是手段不是目的；申遗成功，也只是阶段，不是终结。荣耀是暂时的，将面临更大挑战。因此，面对“丝绸之路经济带”建设的新机遇，丝绸之路沿线的文化遗产保护工作还应注意以下几点：

1. 加强丝绸之路文化遗产保护领域的人才队伍建设

在任何事业的发展中，人才资源都是第一资源，在丝绸之路经济带建设过程中，人才资源是促进丝绸之路文化遗产保护工作的重要支撑。由于丝绸之路申遗工作第一次将丝绸之路文化遗产与国际文化遗产保护工作接轨，从目前该领域管理人才的构成来看，具有国际遗产保护经验或者开展相关领域学术研究的专业人才较少，因此，面对申遗成功后的新挑战，就需要加强相关领域的人才队伍建设。针对目前的保护现状，加强人才队伍建设要从以下几方面入手：首先，提高遗产地管理人员对世界遗产保护理念的认识，提升其保护世界遗产的业务技能；其次，鼓励遗产地专业人员进行文化遗产保护领域的技术创新，探索多途径的保护利用方式；第三，加强对高科技人才的引进和运用，以便于开展与国际文化遗产保护研究领域的学术交流，吸收最新的国际保护理念提升自身保护水平。

2. 继续坚持国际理念和原则对丝绸之路文化遗产进行保护

国际遗产保护领域对于世界遗产的保护理念和原则，经历了一个认识不断深化发展的过程。在 20 世纪 60 年代之前，国际上对于遗产的保护还处在单体保护和局部保护的阶段。随着社会的发展和保护理念的不断完善，2005 年《实施世界遗产公约的操作指南》采用“原真性”和“完整性”两项原则评判文化遗产的保护状况。

“真实性”是 1994 年国际古迹遗址理事会在日本奈良通过的《关于真实性的奈良文件》中提出的，如果文化价值下列特征是真实可信的，则被认为具有真实性：外形和设计、材料和实体、用途和功能、传统，技术和管理体制、位置和背景环境、语言和其他形式的非物质遗产、精神和感觉以及其他内外因素。

从《威尼斯宪章》到《西安宣言》，完整性的内涵发生了很大扩展。最初，文化遗产的完整性只是为了确保纪念物的安全而保护其周边环境；之后，完整性考虑到经济、社会等方面因素对遗产的影响；现在，完整性概念包含了有形与无形、历史与现在、人工与自然等多方面因素。[1] 我们可以理解为完整性主要是指范围上的完整和文化概念上的完整。

应该说，真实性和完整性原则是经过长期保护实践的积累而总结形成的最科学、最普遍、最实用的评判世界遗产的标准。在“丝绸之路经济带”建设中，坚持国际理念和原则对丝绸之路文

〔1〕镇雪峰:《文化遗产的完整性与整体性保护方法——遗产保护国际宪章的经验和启示》，同济大学工学硕士学位论文，2007 年 3 月。

化遗产进行保护不仅满足世界遗产委员会两年一次回访检查的需要，更有助于对文化遗产的长久保存和适度利用。

3. 抓住机遇拓展丝绸之路后续项目的申报工作

此次申报的丝绸之路文化遗产，只属于古代丝绸之路的一部分。中国建筑设计研究院建筑历史研究所所长陈同滨指出“丝绸之路遗产构成要素包括中心城镇遗迹、商贸聚落遗迹、交通及防御遗迹、宗教遗迹、关联遗迹”。[1]根据陈所长的意见和古丝绸之路覆盖区域的文物保存现状，我们可以确认在丝绸之路经济带区域，与丝绸之路相关的已知和未知的文物点还有许多。在丝绸之路经济带建设过程中，还需要抢抓机遇，不断拓展该区域内后续项目的申报工作，最终达到以申遗促进文化遗产保护，以文化遗产保护备战申遗的工作目的。

“丝绸之路经济带”建设是中国在新的历史条件下提出的经济发展战略，而加强丝绸之路文化遗产保护是其中不可或缺的主要内容，是该项目诞生、形成和发展的文化基础，对于深入发掘丝绸之路文化内涵，大力推进丝绸之路经济带区域的文化产业发展具有积极意义。

（作者：甘洪更，西安市汉长安城遗址保管所所长
李勤，西安市汉长安城遗址保管所副研究馆员）

〔1〕陆航：《“丝绸之路经济带世界文化遗产保护专题论坛”在西安举行》，2014年05月26日，中国社会科学网。

西安市文化遗产保护的法规体系

吴　青

西安市十分重视文化遗产保护的法规建设。为贯彻《文物保护法》、《陕西省文物保护条例》等法律法规，西安市结合文物保护工作和“申遗”工作实际，制订了一系列地方法规、政府规章及规范性文件，形成了西安市文化遗产保护的法规体系。

一、有关文化遗产保护的地方法规

（一）《西安市周丰镐、秦阿房宫、汉长安城和唐大明宫遗址保护管理条例》

这是我市第一部文化遗产保护的地方法规，1995年市人大常委会通过（经省人大常委会批准）并公布实施，2010年修正。该《条例》保护管理对象是西安具有代表性的“四大遗址”，共5章31条，确定了四大遗址保护的原则、管理体制与经费、保护管理内容、奖励与处罚等内容，对“四大遗址”的保护起到了十分重要的作用。

（二）《西安历史文化名城保护条例》

2002年市人大常委会通过（经省人大常委会批准）并公布，自2002年8月1日起实施，2010年修正。本《条例》突出历史文化名城整体风貌和重要遗产的保护，明确了历史文化名城保护的原则、规划、重点区域（古遗址区域、古城墙及其以内区域和历史文化风貌区域）的保护管理以及法律责任。该《条例》对古城整体风貌的保护，对重点区域的建设控制起到了积极的作用。

（三）《西安城墙保护条例》

这是我市第一部对单项文化遗产保护的地方法规。2009年市人大常委会通过（经省人大常委会批准）并公布，自2009年11月1日起实施。该《条例》明确了西安城墙的保护原则、城墙管理机构的职责、保护经费、安全管理、审批程序、法律责任等内容，该《条例》将部分文物行政执法职责授予西安城墙管理机构。

二、有关文化遗产保护的政府规章

（一）《西安市丝绸之路历史文化遗产保护管理办法》

1. 制订背景

2006年，国家文物局确定了西安市“申遗”的预备名单，共6处14个点：汉长安城遗址、户县草堂寺鸠摩罗什舍利塔、唐长安城遗址（大明宫遗址、兴庆宫遗址、天坛遗址、西市遗址、明德门遗址、延平门遗址、含光门遗址、大雁塔、小雁塔）、长安区兴教寺塔、周至县大秦寺塔、西安清真寺。在这 14 个点中，汉长安城遗址、大明宫遗址已被纳入我市的地方法规——《西安市周丰镐、秦阿房宫、汉长安城和唐大明宫遗址保护管理条例》进行保护管理。根据“申遗”的要求，我市开始着手制订上述遗产点的政府规章。

2. 制订过程

首先，由 14 个点的管理单位草拟了每个点的管理办法。

我们对这 14 个管理办法（草案）进行了修改，统一了体例。

接着，我们将 14 个管理办法（草案）报市法制局。市法制局认为，这 14 个管理办法内容基本一致，应整合为一个管理办法，遂在征求各相关区县政府及部门的基础上，形成了《西安市丝绸之路历史文化遗产管理办法》（送审稿）。

2008 年 8 月 25 日市政府第 14 届 53 次常务会议讨论并原则通过市法制局、市文物局报送的《西安市丝绸之路历史文化遗产保护管理办法》，以西安市人民政府令第 81 号公布，并于 2008 年 10 月 10 日起施行。

3. 主要内容

该办法共 27 条，明确了丝绸之路历史文化遗产保护管理的原则、管理主体、经费来源、安全防范、法律责任等。

4. 主要特点

（1）使用“历史文化遗产”的概念，拓宽了文物的涵义，进一步与“世界文化遗产”的概念相衔接。

（2）明确了管理主体为市级文物行政管理部门，区县政府及相关部门依职责做好保护工作。

3. 具有开放性的适用范围，该《办法》的适用范围不仅包括上述 14 个不可移动文物，还包括“其他与丝绸之路有关的不可移动文物”，使该部政府规章的适用范围具有开放性。

（二）《西安市汉长安城未央宫遗址保护管理办法》等五个政府规章

1. 制订过程

2012 年 7 月，国家文物局确定了我市首批丝绸之路申遗名单：汉长安城未央宫遗址、大明宫遗址、大雁塔、小雁塔、兴教寺塔。

根据“申遗”的要求，每个遗产点都必须有当地的法规性文件。西安市文物局起草了《西安市汉长安城未央宫遗址保护管理办法》（征求意见稿）等五个文件，并征求到相关区县政府、市级相关部门的意见 62 条，与市法制办一起对这五个文件进行了修改，2013 年 6 月 27 日报市政府研究审定。

2013 年 7 月 16 日，西安市政府第 60 次常务会议研究通过，分别以市长令第 105 号、第 106 号、第 107 号、第 108 号、第 109 号发布了政府规章《西安市兴教寺塔保护管理办法》、《西安市小雁塔保护管理办法》、《西安市大雁塔保护管理办法》、《西安市大明宫遗址保护管理办法》、《西安市汉长安城未央宫遗址保护管理办法》，并于 8 月 26 日起施行。

2. 五个政府规章的主要内容

《西安市兴教寺塔保护管理办法》共 18 条，其他四个政府规章均为 21 条，分别明确了五处不可移动文物的保护原则、保护管理主体、政府主体责任、安全管理、审批程序、法律责任等内容。

3. 五个政府规章的特点

（1）针对性强。就单一的不可移动文物制订管理办法，更加符合实际，更便于操作。

（2）确定了不同的管理主体。在明确政府（开发区）主体责任的基础上，分别明确了不同的管理主体，兴教寺塔为兴教寺塔管理机构（寺管会）、小雁塔为小雁塔管理机构（西安博物院）、大雁塔为大雁塔管理机构（大雁塔文管所）、大明宫遗址为大明宫遗址保护管理机构（大明宫保护办）、汉长安城未央宫遗址为汉长安城特区管委会。相对于《西安市丝绸之路历史文化遗产管理办法》，管理主体更加明确。

（3）安全管理更加细致。五项规章中对安全管理都作了细致的规定，包括本体与环境的安全、安防设施、应急管理等。

三、有关文化遗产保护的其他文件

（一）规范性文件

1. 《西安市人民政府关于在城市重要区域禁售禁放孔明灯（许愿灯）的通告》（市政告 2010 年 4 号）。该通告明确禁止在二环以内、各文物景点周边放孔明灯，对西安古建筑的防火起到十分重要的作用。

2.《西安市人民政府关于加强建设工程中文物勘探管理工作的通告》（市政告字〔2012〕2 号）。该《通告》对建设过程中文物勘探工作进行了规范，明确了建设工程中文物勘探工作的管理部门、审批程序、建设单位的责任、文物勘探工作的监督管理等。

3.《西安市人民政府关于切实促进《文物保护法》贯彻落实的若干意见》（市政发〔2012〕115 号）。该《意见》从继续加大《文物保护法》的学习宣传力度、严格实施基本建设中文物保护法律法规政策、切实加强文物保护设施建设、着力加强文物保护队伍建设、继续强化文物保护安全措施、加快文物保护地方性立法步伐、不断创新文物管理新体制、规范民办博物馆建设发展等八个方面提出了贯彻落实《文物保护法》的具体意见，具有较强的针对性，对今后的我市的文化遗产保护工作有重要的指导作用。

4. 与“申遗”遗产点环境整治有关的规范性文件

（1）《西安市人民政府关于严厉打击汉长安城遗址保护区内违法建设行为的通告》（市政告字〔2011〕17 号）

（2）《西安市人民政府关于汉长安城未央宫遗址申报丝绸之路世界文化遗产项目征地拆迁工作的通告》（市政告字〔2012〕8 号）

（3）《西安市人民政府关于加强汉长安城遗址保护管理的通告》（市政告字〔2012〕9 号）

（4）《西安市人民政府关于荐福寺南山门外环境综合整治工作的通告》（市政告字〔2013〕6 号）

（二）涉及遗产保护的总体规划

1. 《西安市城市总体规划（2008~2020 年）》

2. 《西安历史文化名城保护规划（2008~2020）》

3. 《西安市土地利用总体规划（2006~2020 年）》

4. 《西安市旅游发展总体规划（修编）（2011~2020）》

这些规划从城市总体发展的角度，规范了地方政府支持、土地性质控制、遗产的利用等方面为遗产保护提供了较长时间的管理保障。

（三）涉及丝绸之路遗产点的专项规划

1. 保护规划

（1）《唐大明宫遗址保护总体规划》

经国家文物局同意，2005 年 7 月陕西省人民政府批准实施。

（2）《汉长安城遗址保护总体规划（2009~2025 年）》

经国家文物局同意，2010 年 7 月陕西省人民政府批准实施。

（3）《西安唐大明宫国家大遗址保护展示示范园区暨遗址公园总体规划》

2008 年国家文物局批准实施。

（4）《汉长安城考古遗址公园未央宫片区详细规划》2013 年国家文物局批准实施。

2. 管理规划

（1）《唐长安城大明宫遗址管理规划（2012 年 ~2018 年）》

（2）《大雁塔管理规划（2012 年 ~2018 年）》

（3）《小雁塔管理规划（2012 年 ~2018 年）》

（4）《兴教寺塔管理规划（2012 年 ~2018 年）》

（5）《汉长安城未央宫遗址管理规划（2012 年 ~2018 年）》

这五个管理规划已经国家文物局原则同意，西安市政府专题会议讨论通过，于 2013 年 1 月 18 日、1 月 21 日分别以市政办发〔2013〕16 号、17 号、18 号、19 号、22 号予以发布。它们是依据《实施保护世界文化与自然遗产公约操作指南》要求，为确保世界遗产五个提名对象的遗产价值载体及其完整性、真实性获得长期和有效的保护管理而编制。它们对遗产点的丝路支撑价值及载体认定、管理体系、保护、研究、展示、管理保障等方面进行综合规划，并与这些遗产作为全国重点文物保护单位的专项保护、展示等规划相衔接，以指导遗产管理工作的长期和可持续发展。

3. 丝绸之路遗产点缓冲区建设高度控制专项规划

（1）《大明宫遗址缓冲区建设高度控制专项规划》

（2）《大雁塔缓冲区建设高度控制专项规划》

（3）《小雁塔缓冲区建设高度控制专项规划》

（4）《兴教寺塔缓冲区建设高度控制专项规划》

（5）《汉长安城未央宫遗址缓冲区建设高度控制专项规划》

这五个“控高规划”是对各遗产点缓冲区内城市建设高度的控制性规划，经 2013 年 3 月 4 日市政府专题会议研究批准实施的。

（作者：吴青，西安市文物局督查与安全保卫处处长）

申遗，不仅仅是一次申报活动

吴　春

2014年6月22日，一个令人无比兴奋的日子，在卡塔尔多哈，遗产大会的投票在紧张进行，国内无数颗紧张的心也在焦急等待。跨国联合申遗是我国的第一次，丝路沿线各申报单位的工作者们，虽去不了现场，但都心系多哈，作为参与了大明宫遗址保护、申遗全过程的自己，更是心存忐忑，情牵多哈。

大明宫遗址申遗的全过程不仅漫长，与西安其他4个遗产地相比，有着更多的曲折和坎坷，其中有我们当时对遗产认识的局限性和历史考古认识需不断深化的原因；也有文化阐释多样化认识和实践等方式方法不同理解的缘故；但总体而言，大明宫遗产价值在丝路上的重要和不可或缺性，整体保护真实展示与生态环境、当地社会经济发展、与利益相关者关系的相互协调，弘扬文明、促进社会和谐发展已达成一致的共识，我们坚信应该会得到国际认可。

成功入选的消息传来，脑海里出现次数最多的当属遗产"突出的普遍价值"和"真实性和完整性"。可以说在专家的指导下对这两个概念不断深入理解和认识的过程，是全面审视我们遗产保护工作的过程；更是明确今后遗产地监测管理、教育功能发挥、与相关利益者协调关系的过程。

一、从世界遗产和丝绸之路的角度看大明宫遗址所具有的"突出的普遍价值"

1959年联合国教科文组织由埃及尼罗河阿斯旺水坝项目引发，发起了"努比亚行动计划"，强调保护"人类共同的遗产"和"人类分担保护这些遗产的责任"；1965年又在华盛顿召开"世界遗产保护"白宫会议，明确提出了"世界遗产"的概念，认为它"关系所有世界公民的现实和未来的利益"；1972年教科文组织又在巴黎通过了《保护世界文化和自然遗产公约》，明确阐明世界遗产的根本特征是"具有突出的普遍价值"，在《奈良文件》中强调了"真实性与完整性"。在其后的历次会议上，逐步扩展、深入到遗产的阐释、周边环境与遗产的协调、与利益相关者的关系、遗产地教育功能的发挥和社会经济发展的关系。

教科文组织在《实施保护世界遗产公约操作指南》中指出，"突出的普遍价值"指文化和或自然价值是如此罕见，超越了国家界限，对全人类的现在和未来均具有普遍的重要意义。

纵观公元前2世纪至公元16世纪期间的"丝绸之路"，它不仅是古代亚欧大陆间以丝绸为大宗贸易而开展的长距离商业贸易与文化交流的交通大动脉，更是东西方文明与文化的融合、对话和交流发展之路、政治外交之路。据此审视自张骞从长安出发凿空西域，开通丝绸之路，经济的发展、贸易的繁荣、宗教等文化艺术的交流融合，特别是通过先进生产技术的输出和丝绸贸易，使得汉代长安成为重要的国际交流中心，对世界产生了巨大的影响。东汉以后，内患不断增加，社会动荡不安，中原政府无暇顾及对西域的控制，西域内部纷争不断，导致丝路交通陷入半通半停。唐王朝建立后，随着社会局势稳定，经济迅速发展，军事力量的加强，向西一举击破突厥控制西域各国，并先后设立安西都护府统领安西四镇；设立北庭都护府，与安西都护府分治天山南北，控制了丝路上的西域和中亚的一些地区，并建立了稳定而有效的统治秩序；再度开放沿途各关隘，丝绸之路的东段再度开放；同时打通了天山北路的丝路分线，将西线打通至中亚，新的商路支线被不断开辟。商旅、士兵、留学生、僧侣、艺人在这条道路上络绎不绝，加上这一时期东罗马帝国、波斯保持了相对的稳定，令这条商路再度竣通并迎来了鼎盛的繁荣时期。各国珍奇异宝、身怀绝技的各色艺人、佛教景教袄教摩尼教伊斯兰教等宗教高僧、各国遣唐使纷纷聚集在唐长安城内，“万国拜含元”成为每年大明宫内含元殿前元日大朝会最形象的写照。同时中原文明也影响着周边及西方各国，甚至长安城的城市布局也被外域都城模仿，长安成为名副其实的国际大都会。这一时期丝绸之路超越了汉代，达到了空前的鼎盛时期。作为唐王朝政令中枢的大明宫，不仅强国富民、影响深远的重大军事决策、政治经济法令、外交政策等由此发出，影响着世界；而万国来朝的场面更是见证了唐王朝在丝绸之路沿线无可替代的历史地位。

在这样大的历史背景下，回顾我们最初对“突出的普遍价值”这一概念的困惑，经过专家的多次培训，由懵懵懂懂地知道大明宫遗址符合“突出的普遍价值”的标准，到渐渐明白要把遗产地放在大的历史背景下，在人类文明发展的历史长河里，它所产生的独特的、不可替代的社会影响，而并非仅就自身特点而言孤立的、局部的特点。弄清了这个概念，似乎有豁然开朗的感觉，对遗产更增添了敬畏感和自豪感。

二、正确理解遗产的“真实性和完整性”，依此审视指导遗产地的保护工作

《实施保护世界遗产公约操作指南》中针对遗产的真实性和完整性明确指出了“信息来源的真实度或可信度”，主要是指考古遗存（物质的，有确切的方位位置和实体）和历史资料记载（书面的）的真实、可信；遗存形态上是足够大的，确保能完整地代表体现遗产价值的特征。

从这点出发，经过50余年的研究工作，考古工作的成果基本证实了大明宫遗址完整的范围以及格局和门址、墙址、殿址、山水园林等重要遗存，结合历史史料研究和印证，符合遗产的完整和真实性。

审视大明宫遗址保护的整个历程，也正是体现了对真实性和完整性不断深化理解和实践的全过程。以考古成果为依据，从麟德殿、含元殿局部点状的保护工程实践，再到玄武门、重玄门、三清殿、望仙台遗址保护围栏的设立和宫墙范围标识林带的栽植，最后到国家考古遗址公园的建设，从单体保护到全面完整的保护，是实践遗产真实完整保护的具体体现；对为数不多的地面各单体遗存，尽量采取原貌真实保护；对地下遗存采取结合考古进行地面标识展示（或夯土展示，或绿化标识展示、或采用地面不同材质标识）；对遗产地环境，我们也在专家指导下，通过唐代地层

植物孢粉分析和历史史料的对比研究，力图接近唐代植物配种，对遗产区的环境进行植被修复，修复太液池水体等。

总体而言，依据《保规》和《总规》，按照考古资料基本做到了真实和完整保护。在申遗过程中，通过不断学习和理解，结合工作实际，又对部分工作进行了调整和提升。

首先，通过设立界碑界桩，更加明确了完整的遗产范围，将占压遗产的、作为城市主干道仍在使用的太华路部分，作为遗产区的组成部分标清范围（但不影响城市道路的继续使用）；确立了遗产区、缓冲区的范围，使我们今后的管理工作行之有据。

其次，结合遗产区格局研究，对部分考古遗址进行揭露性和标识性展示，如：大明宫东区主干道旁和玄武门南主干道旁的排水设施；大明宫东区北部主干道的道路地面标识；御道广场区域唐代踩踏面的地面标识；玄武门内寝殿的地面碎石标识等。

再次，对部分区域的标识进行了调整提升。对麟德殿东侧进行绿化环境处理，对靠近太液池的小广场进行了碎化的弱化处理；恢复紫宸殿北部夯土标识；对三清殿周边的环境进行绿化处理；弱化了部分服务设施的颜色，使之与遗产区更加协调等。

所有这些调整和提升，加深了我们对遗产真实性和完整性的认识，为今后遗产区的考古展示和提升工作奠定了基础。

三、提高了对系统性管理的认识

《操作指南》中对管理体制有着明确的规定和要求：

有合适的管理计划或其他有文可依的管理体制，对遗产进行长期和日常保护、保存和展示，包括计划、实施、监管、评估和反馈的循环机制等，目的在于保护遗产突出的普遍的价值。同时包括社会参与、与利益相关者的关系等。

伴随着大明宫国家考古遗址公园正式对外开放，我们也摸索着建立了遗址区的管理队伍，对遗址的保护监测到日常的运营宣传管理等都有一定的要求。对照遗产地的管理标准，我们缺乏系统的、全面的科学管理，为此我们在专业部门指导下，参照其他遗产地的成功经验，建立起适合自身实际的监测管理系统，将分散的资料、规章制度、管理机制整和在同一系统的平台下，明确规范、统一管理，随时掌握全区动态；同时建立起快速反应机制，迅速处理和及时上报突发情况，使之成为一个目标明确、任务具体、资料整备、高效务实的管理体制。在这个平台下，所有保护和监测资料基本齐全，考古及保护展示有计划开展，各项管理制度明确，各部门分工清晰，参观游览者反馈意见能得到吸收落实，系统运转效率大大提高。

通过申遗，在加强自身管理建设的同时，我们更加注重对遗产价值的宣传和教育功能的发挥，通过举办各种文化展演活动、遗产进社区进学校的活动，诠释盛唐文明对人类的贡献、对世界产生的影响，不仅让游客，更让周边更多的百姓了解遗产、热爱遗产，进而参与到保护遗产的文化活动中，让文化氛围通过百姓渗透到城市，让城市更具文化魅力和活力，促进人类文明的发展。让百姓不仅成为文明的受益者，更成为文明的传承者和创造者。

当然，我们也清楚地知道，我们的工作按照遗产地管理的要求还有相当的距离，遗址的解读还需在真实性的原则下进一步的深化和整治提升；遗址本体的监测需持续进行并采取相应的保护手段；考古研究工作需进一步深入，深化对遗产价值的理解；在遗产保护的合作交流上，增强线性联动、促进共同发展；管理工作应遵照世界遗产的要求，在世遗组织和专家的指导下，专业化、科学化和系统化地做好工作。

（作者：吴春，西安曲江大明宫遗址区文物局局长）

世界遗产申报与文化遗产保护

冯　健　常　远

一、世界遗产的概念与申报世界遗产的意义

世界遗产是指被联合国教科文组织和世界遗产委员会确认为人类罕见的、目前无法替代的财富，是全人类公认的具有突出意义和普遍价值的文物古迹及自然景观。世界遗产包括“世界文化遗产”、“世界自然遗产”、“世界文化与自然遗产”和“文化景观”四类。世界遗产是展现一个国家或地区历史文化、民俗特征、区域特色的主要窗口，刻载着文明进化的过程，阐释着历史文明演进的脉络，昭示着人与自然和谐发展的规律。为了使物质文明的进步与环境保护相协调，为了全人类的可持续发展，联合国教科文组织成员国于1972年倡导并缔结了《保护世界文化遗产与自然遗产公约》，并鼓励缔约国将具有突出普遍价值的遗产列为世界遗产名录。

申报世界遗产的意义是兼顾人类社会可持续发展与生活品质，把长远利益与短期利益、整体利益与局部利益的结合，以保护文化多样性为内涵，以美化家园与提升综合文明素质为内容，全面考虑到当地人的生活与文化感受，让人们能够望得见山，看得见水，记得住乡愁，最终推动全人类的交流、尊重、对话、了解、理解、合作，最终达到共同繁荣。

二、我国的世界遗产现状与丝路申遗工作

1. 我国的世界遗产现状

1979年，联合国教科文组织开始推动“世界遗产名录”项目。1985年11月22日，我国加入《保护世界文化与自然遗产公约》的缔约国。1986年，我国开始向联合国教科文组织申报世界遗产项目。1999年10月29日，中国当选为世界遗产委员会成员。自1987年至2015年3月，中国先后被批准列入《世界遗产名录》的世界遗产已达47处。其中自然景观10项，文化景观33项，自然和文化双重景观4项，我国世界遗产的总数稳居世界第二位。

2. 丝路申遗概况

（1）联合国教科文组织世界遗产中心的全力推动

丝绸之路跨国系列申遗历经了1988年至2005年的“酝酿”、2006年至2011年的“启动与推进”以及后来的“深入推进”三个阶段，历时久，难度大，申报项目内容复杂，要求高，涉及面广，是前所未有的开创性项目。1988年，联合国教科文组织（以下简称UNESCO）提出了丝绸之

路的研究命题，将丝绸之路称为“对话之路”，并启动丝绸之路整体性研究项目；2005 年 11 月，UNESCO 在哈萨克斯坦的阿拉木图召开了中亚地区研讨会，讨论“2003 年中亚地区世界遗产阶段性报告”及行动计划，会上中国和中亚五国“哈萨克斯坦、塔吉克斯坦、吉尔吉斯斯坦、乌兹别克斯坦、土库曼斯坦”代表一致通过了将丝绸之路中亚段作为线性遗产申报的计划。2006 年 8 月，UNESCO、中国国家文物局（以下简称 SACH）联合在新疆吐鲁番召开了“丝绸之路申报世界文化遗产国际协商会议”，丝绸之路联合申遗进入了全面推动阶段。2006 年 10 月，UNESCO 在乌兹别克斯坦撒马尔罕召开会议，具体讨论丝绸之路中亚段的申报问题，会上形成了丝绸之路概念文件，标志着丝绸之路申遗工作实质性行动的开始。2007 年，在“联合国教科文组织丝绸之路申遗地区研讨会”上，中国、哈萨克斯坦、吉尔吉斯斯坦、塔吉克斯坦、乌兹别克斯坦等 5 个国家通过了该概念文件。2008 年 6 月初，世界遗产中心与中国国家文物局在西安召开了第四轮中国和中亚国家协商会，与会专家学者及相关国家代表就确认申遗需符合的标准、评估真实性和完整性的条件等进行了讨论，为各国遴选丝绸之路申遗预备名单提供了依据。2012 年，塔什干召开了“丝绸之路跨国系列申遗协调委员会专家会议”，会议调整了丝绸之路分段申报策略，将两条跨国廊道作为文本准备和申报对象：其一是中国、哈萨克斯坦、吉尔吉斯斯坦的“丝绸之路起始段与天山跨国遗产廊道”；其二是塔吉克斯坦、乌兹别克斯坦、土库曼斯坦的“片治肯特—撒马尔罕—梅夫”。

（2）ICOMOS 的大力支持

国际古迹遗址理事会（以下简称 ICOMOS）是世界遗产委员会的专业咨询机构，为最终审定世界各国提名的世界文化遗产申报名单提供评估报告。自 20 世纪 90 年代起，ICOMOS 就为丝绸之路申遗项目提供极大的智力支持和项目咨询。2005 年，ICOMOS 召开第一次召开中亚五国联合申报“丝绸之路”工作协调会议，正式启动“丝绸之路主题报告”研究，以便各国对于丝绸之路申遗总体价值的理解，为跨国联合申报提供工作策略与专家咨询，此报告最终于 2012 年提交，并作为实际推动申遗的依据。2009 年 11 月，ICOMOS 在西安召开的第一次协调组织委员会，会议上确定需要由英国伦敦大学教授 Tim Williams 开展丝绸之路主题报告研究工作，启动上流援助计划（Upstreaming Process），全面指导和推动丝路申遗工作。2010 年，《主题报告》最终引入了“廊道”的概念，把整个丝路分解成若干路段（网）、分段申报的策略，其终于为丝路申遗提供了可操作性。2014 年，丝绸之路申遗文本正式提交后，为了推动各委员国对于文本的理解，ICOMOS 专家 Susan.Denyer 为丝路申遗项目提供六项反馈性意见，如加强文本里关于大汉帝国对于丝绸之路开通的保障性作用；中心城镇中游牧民族的要素；水资源利用的影响因素；商贸团队对于丝绸之路的贡献；佛教遗迹等内容，希望文本编制团队进一步完善并提交文本补充材料，加大丝绸之路项目申报成功的可能性。

（3）IICC-X 的全程参与与推动

国际古迹遗址理事会西安国际保护中心（IICC-X）成立于 2005 年，是 ICOMOS 在全球范围内唯一一个业务分支，致力于支持亚太地区的古迹、遗址及周边环境保护的国际和区域合作。IICC-X 作为丝绸之路跨国系列申遗协调委员会秘书处“丝绸之路：起始段和天山廊道的路网”中哈吉三国工作组秘书处，重点为丝绸之路申报世界文化遗产信息共享、合作交流提供更好的服务。2009 年，召开丝绸之路系列申遗协调委员会第一次会议上，IICC-X 被确定为丝绸之路系列申遗协调委员会秘书处。2012 年，随着廊道策略的提出，在“丝绸之路：起始段和天山廊道的路网”协调委员会第一次会议上，明确 IICC-X 作为中哈吉协调委员会工作组的秘书处，并要求三国支持IICC-X建立完善丝绸之路档案信息中心，为推进丝绸之路跨国系列申报世界遗产发挥积极作用。

受国家文物局委托，IICC-X 全程参与了丝绸之路跨国系列申遗协调工作，为丝绸之路申遗工作提供技术支持与合作基础，并围绕丝绸之路申遗的开展做了以下 6 项工作：

a. 为了加强丝路申遗项目中各国、各遗产点间的交流与协调，加强对丝绸之路文化遗产的理解，受国家文物局委托，与哈吉同事组织了一系列现场调研与考察活动。

b. 为了推动大家保护管理水平的提高，IICC-X 先后承办了 2007 年“中国与中亚五国丝绸之路联合申报世界遗产培训班”、2012 年“丝绸之路系列申遗基础知识培训讲座”、2012 年“世界遗产、历史城市永续发展”的讲座、2013“丝绸之路申遗工作推进会”及 2013 年的“丝绸之路申遗工作技术研讨会”等一系列交流培训，旨在推动丝路申遗经验的传播、理念和研究工作的共享。

c. 申遗工作中，为便于大家沟通、信息交流，在中国国家文物局的支持下，IICC-X 编写了面向丝绸之路跨国申遗所涉及各国、各组织、各地方和各遗产点的信息简报。《简报》围绕中国及中亚五国丝路申遗最新工作动态、会议决议、文件，相关遗产地价值、历史沿革、保存状况及介绍，丝路沿线文化遗产保护管理、学术研究成果等丝路遗产保护、管理、研究相关内容，加以整理、翻译，向 UNESCO 世界遗产中心、丝路沿线国家及相关专家发送，截至目前已发行九期《简报》。

d. 承办系列国际协调会。

IICC-X 先后承办了 2007 年丝绸之路申报世界文化遗产系列活动、2008 年丝绸之路系列申报世界遗产国际协商会、2009 年丝绸之路系列申遗协调委员会第一次会议、2010 年丝绸之路价值与申报世界遗产工作研讨会、2012 年“文化线路监测管理国际研讨会”。

e. 协助三国举办了文本编制的四次“丝绸之路：起始段和天山廊道的路网”工作组会议。

为了协调文本编制工作的进行，IICC-X 协助中哈吉三国分别于 2012 年 7 月、9 月、11 月及 2014 年 1 月在北京召开了四次“丝绸之路：起始段和天山廊道的路网”工作组会议，共同完善了申遗文本的基本内容，讨论了补充协议的主要内容。并在 2013 年 1 月派遣工作人员赴巴黎联合国教科文组织总部，递交“丝绸之路：起始段和天山廊道的路网”跨国系列申报世界文化遗产文本。

f. 积极参加国际协调会。

IICC-X 自 2007 年以来积极参加了由联合国教科文组织世界遗产中心（UNESCO）组织的在土库曼斯坦塔什干召开的“丝绸之路跨国联合系列申遗协调会”、“丝绸之路跨国系列申遗文本标准与申报程序及标准技术研讨会”“丝绸之路跨国系列申遗协调委员会专家会议”、“支持中亚丝绸之路跨国系列申遗档案标准与程序项目”总结会等会议，积极推动申遗工作信息交流与协调管理工作机制的建立。

g. 为了推动文化遗产保护理念进展，做了《国际文化遗产保护文件选编》编译工作。

2007 年 10 月，IICC－X 完成了《国际文化遗产保护文件选编》的编译与出版。2013 年，为能更好地推广全球范围内的文化遗产保护的先进理念，IICC-X 继续收集、整理和翻译 2007 年至今相关文化遗产保护法规、国际宪章及宣言等各类文献 25 篇，其中中国相关文件 9 篇、国际 16 篇。

并对英国伦敦大学学院教授 Tim Williams 编写的丝绸之路专题研究进行翻译，向相关的丝路申遗工作组和相关成员国提供，推动大家对于丝绸之路更深入的学习和理解，并对丝路申遗工作部署产生更明确的概念。

h. 开展丝绸之路线路图的研究工作，并协助市委、市政府完成丝路地图礼品开发设计与制作。

在 UNESCO、ICOMOS 的联合推动和指导下，国家文物局会同外交部、教科文全委会等相关部门的跨国协商和积极协调下，相关地方各级政府高度重视和全力配合下，2014 年 6 月 22 日，在卡塔尔首都多哈召开的第 38 届世界遗产大会上，由中、哈、吉跨国联合申报的“丝绸之路：长安－天山廊道的路网”项目成功列入《世界遗产名录》。

三、申遗工作的内容与实质

稀缺性和不可再生性，是每一处世界遗产的真实特质。文化遗产的脆弱性，使得许多珍贵的遗产，正面临着被破坏、被遗忘甚至消失的境地，甚至许多有突出代表性的地理环境也面临着被污染、被侵蚀甚至被销毁的窘况。与时间对世界文化遗产的自然侵蚀相比，更让人担忧的是人为性的破坏。全球范围内损毁世界文化遗产本体的事件屡有发生，尤其是宗教极端地区与经济快速发展的区域。

我国作为一个文化遗产大国，文化遗产的分布相对较广泛，年代非常久远，价值巨大，而当前又面临着经济飞速发展，城镇化进程迅速推进的压力。如何有效保护与合理利用正是文化遗产保护的焦点与难题。为了更好地继承和发展，我们有义务也有责任做好世界文化遗产的申报与保护工作，并在其中努力寻求先进国际理念与保护经验的借鉴。

1. 申遗工作的内涵与程序

申遗的实质是指世界上国家和地区以某一地区的特殊遗产价值向 UNESCO 遗产委员会申请加入世界遗产的行为。根据《世界遗产公约作业准则》所规定的世界文化遗产登陆标准《世界遗产名录》的遗产项目必须符合下列一项或几项标准并获得批准：i 代表一种独特的艺术成就，一种创造性的天才杰作；ii 能在一定时期内或世界某一文化区域内，对建筑艺术、纪念物艺术、城镇规划或景观设计方面的发展产生极大影响；iii 能为一种已消逝的文明或文化传统提供一种独特的至少是特殊的见证；iv 可作为一种建筑或建筑群或景观的杰出范例，展示出人类历史上一个或几个重要阶段；v 可作为传统的人类居住地或使用地的杰出范例，代表一种（或几种）文化，尤其在不可逆转之变化的影响下变得易于损坏；vi 与具特殊普遍意义的事件或现行传统或思想或信仰或文学艺术作品有直接或实质的联系。

根据《世界遗产公约作业准则》，世界遗产的申报需要完成下列步骤：一个国家首先要签署《保护世界文化和自然遗产公约》保证保护该国的文化和自然遗产，并成为缔约国；任何缔约国要针对本土具有突出的普遍价值的文化和自然遗产列出一个预备名单；将填好的提名申请给 UNESCO 世界遗产中心；UNESCO 世界遗产中心检查提名是否完整，如果申报文本资料完全，世界遗产中心将其交给 ICOMOS 或国际自然保护联盟组织（IUCN）专家进行考察评审；委托第三方国际非政府组织派遣专家到现场考察评估所提名的遗产是否具有突出普遍价值及遗产相关的保护管理情况；ICOMOS内部会审专家完成评估报告后，于一年一度的世界遗产大会召开6周前正式提交依据世界文化与自然遗产的评定标准所处的评价报告给UNESCO；世界遗产委员会主席团审查提名评估标准，并向世界遗产委员会提交最后的总评报告；由21个国家代表组成的世界遗产委员会在一年一度的世界遗产大会上最终决定入选（inscribe）、退回重修推迟入选（refer）、退回重来（defer）或不予列入（not inscribe)的世界遗产名录。

2. 申遗对于文化遗产保护的积极作用

当前，世界遗产申报已经成为关注的热点，伴随着申遗成功给遗产所在地带来的巨大的综合效益，不仅有利于更大范围、更宽领域、更深层次的遗产保护工作，更有利于拉动提升当地文化旅游，促进区域经济社会发展。但是同时也存在着遗产地周边环境资源（如土地资源、文物资源、水资源、森林资源）的错位开发、过度使用，也有些遗产地申遗前期花费成本巨大、申遗过后提升景区门票价格造成了公众的不理解或质疑，但这些问题都是申报手段和申报后利用层面的问题，恰恰忽视了申遗的本质。

根本上，申遗是对世界遗产凝结的“突出普遍价值”再次提炼的过程，必将推动遗产价值更大范围内的理解。因为采纳了国际标准，促成了多部门、多层级协同工作，任何一次世界文化遗产的申报过程，都将是对遗产保护管理能力的全面提升。因此，按照世界文化遗产的评定标准与保护理念进行申报，其实质不在于当下能否获得桂冠，而是对遗产的认知、保护、管理和诠释推进到一个全新的高度。通过申遗这个国际性的文化遗产保护行为，我们将重新认识和发现丝路遗产中凝结的人类杰出智慧，进而在世界语境中，即人类文明和文化发展史的体系中定位丝路沿线人民的特性与贡献，并在承认文化多样性的前提下推动各个地区的全面发展、加强区域间的合作与交流，最终谋求各区域、各国家的共同繁荣，是丝路遗产与文化带给我们的永恒启示。

四、西安丝路申遗的申报与启示

西安，是一座建立在千年古迹遗址上的城市，是融合古今文明的古丝绸之路起点。我市此次列入的5个点，汉长安城未央宫遗址、隋唐长安城大明宫遗址、大雁塔、小雁塔、兴教寺塔都是丝绸之路从开通、发展到繁荣、鼎盛时期的重要见证，都是丝绸之路文化遗产的重要载体和典型代表。

1. 西安市丝路申遗工作的申报

2007年12月19日，西安市人民政府正式成立西安市申报世界文化遗产工作筹备领导小组和办公室（以下简称申遗办），IICC-X受到市政府委托，专项负责丝路申遗的技术咨询与指导。

2007年7月开始，西安市政府多次组织申遗办工作人员对我市申遗点考察调研，并前往登封“天地之中”历史建筑群、大同云冈石窟等地考察、学习申遗经验，为我市的丝路申遗工作积累了丰富的资料。

按照国家文物局和陕西省文物局的部署，我市开展了规划编制、管理办发公布、遗产点周边环境整治等专项工作并于2008年通过了《西安市丝绸之路历史文化遗产保护管理办法》及9月西安市人民政府令公布《西安市丝绸之路历史文化遗产保护管理办法》。2009年2月开始，由陈宝根市长、杨广信副市长亲自落实，重点落实遗产点周边的环境整治问题。

我市结合5个申报遗产点的特征，建立了不同的保护和展示方法。汉长安城未央宫遗址重点维护了古遗址的真实性和完整性，隋唐长安城大明宫遗址建成我市首个国家考古遗址公园，突出区域经济文化功能，大雁塔、小雁塔、兴教寺塔作为唐僧的译经场所和圆寂地，体现了区域发展的协调。

回顾我市申遗过程，有以下几点启示：

（1）真实性原则的认识

“真实性”这一概念最早出现于《威尼斯宪章》，当时主要适用于欧洲文物古迹的保护与修复。1977年，世界遗产委员会将文化遗产价值判定与遗产真实性联系起来，并将“真实性检验”列入《实施世界遗产公约操作指南》中，标志着真实性理念作为衡量遗产价值重要内容的正式确立。1994年11月，在日本奈良通过的《奈良真实性文件》标志着真实性原则的发展。这个文献将真实性同文化多样性和遗产多样性联系起来，强调由于文化存在多样性，导致人们对于文化的理解有所差异，实施文化遗产保护的手段也会具有多样性，因此真实性的标准不应该是统一的一种固定标准，而应根据不同的文化，进行科学的评价。

西安市申遗主体很大部分是考古遗址。考古遗址的真实性，应该包括我们所能看到地上真实存在的夯土遗址；地下埋藏的或可能存在的遗址；遗址和遗址之间的空间，包括地上空间、地下的空间以及地上与地下之间的有机空间，还应包括周边的自然和人文环境、文化传统和相关居民的真实性。

对于考古遗址真实性的表现形式不仅包括对地上部分必要的保护展示，也包括对地下遗产充分的考古调查研究报告，以及长期的考古工作计划和保护利用规划。

对于古建筑的真实性应包括历史的真实与现状的真实。历史的真实表现在通过相关的文献或资料来提供足够的证据，现状的真实性要通过详细的测绘保持和维护古建筑的真实性，维系状态的真实性包括详尽、科学、规范的修复保护档案记录。

（2）完整性原则的思考

1987年版的《操作指南》中，完整性只对自然遗产适用。直到1996年，在“关于提名世界自然遗产的总体评价原则和标准”的专家会议讨论上，才将完整性标准扩展到文化遗产上，它既包括建筑、城镇、工程或者考古遗址自身组分和结构的完整，也包括其所在环境的和谐、完整，还包括了其所承载的或相关的非物质文化的完整。

2005年，修订后的《操作指南》也将完整性正式增加到文化遗产的评估中，并指出完整性是衡量遗产及其特征的整体性和无缺憾状态，包含以下内容：包括所有表现遗产突出普遍价值的必要因素；形体上要足够大，确保能完整地代表体现遗产价值的特色和行程过程；包含遗产受到发展影响的负面因素得到控制（或者这种因素可以被忽视）；其他一些能体现遗产显著特征的因素也得以维持。这也意味着文化遗产的完整性应充分理解为遗产承载信息是否完整。

对于考古遗址的完整性，应充分考虑承载价值的载体是否足够大或足够多，不仅仅指遗址物理性状是否完整，意义是否完整，还应包括环境（包括自然环境与人文环境）的完整性。古建筑的完整性不仅包括物理性状的完整，还包括建筑面临巨大的威胁，包括环境、自然、水、污染以及城市发展对其的巨大冲击以及这些威胁得到有效控制的方法。

（3）文化多样性和保护利用的多样性

文化多样性即在文化遗产保护和利用的过程中，要充分认知文化遗产的突出普遍价值属性，不能简单依照一种模式进行保护和利用的理念。

1922 年，世界环境与发展大会中，借用“生物多样性”，首次提出“文化多样性”的理念。1994 年《奈良真实性文件》中，着重强调了人们应该对文化多样性给予极大的尊重。1995 年，UNESCO 出版的《我们的文化多样性》报告指出：“文化多样性一如生态多样性客观存在，表明人类创造力的无限延展，它的美学价值通过多种途径得以体现，并不断激发新的创造。”2001 年 UNESCO 通过了《文化多样性宣言》，强调在经济全球化的过程中，尊重、维持文化多样性对全人类生存与发展的重要意义。

文化的遗产多样性，如同生物的多样性一样，是丰富而现实存在的，对于它的认知一定要怀着尊重的心情，不能简单地以已有的或自有的评价体系，主观臆断地对其价值进行评述，更不能以自己的好恶，改变或影响他们的存在形式，需要人们通过不断的文化交流理解各个文化产生、形成和发展的过程，并给予充分的保护，通过跨区域、跨民族、跨国界的形式广泛合作，才能延缓各种文化迹象的消失，才能使当代文化丰富多彩。

如今，我们纳入文化遗产保护的不仅是纪念性建筑物，而且包括更为丰富、多样的文化背景环境的保护。各个地区、各个阶段的建筑物，作为历史的见证，保留了大量珍贵的历史信息，但建筑物所依赖的环境则相比较更容易被人们忽略，稍有不慎就形成了文化遗产保护的孤岛，丧失了人们理解、认知文化遗产的背景，也就造成了文化遗产认知条件的丧失，表现在主观上就是文化遗产的保护更要注意与遗产关联的背景环境多样性的保护，使古迹遗址与现代景观之间架起一道桥梁，使人们能理解历史，更能够根植于传统文化中，创造出更为绚丽的现代景观。

申遗成功来之不易，保护任重道远。各部门、各遗产点政府、文物保护机构更需要以此为契机，认真履行《世界遗产公约》，严格按照世界遗产标准，强化保护意识，健全保护机制，加强国际合作，提升管理水平；文物战线的广大同志要进一步艰苦奋斗，不断推动基于保护基础之上的利用工作，推动文物资源保护成果的不断转换，使文物事业能够真正成为推动我市经济发展的重要力量。遗产相关领域，也要按照世界遗产的要求，做好规划、环境、建设及监测等相关内容，协同推进我市世界文化遗产保护工作，充分发挥世界遗产品牌优势，加快转变经济发展方式，推进西安旅游产业和整个经济社会又好又快发展。

世界遗产是一扇窗，通过申遗，使我们看到了遗产先进的保护理念；世界遗产是一扇门，通过申遗，使我们提升了遗产的保护管理水平；世界遗产是一面镜，通过申遗，使我们认清了自己在文化遗产管理中的地位和其中的差距；世界遗产是一条路，通过申遗，不断推动遗产保护的有效地位，最终形成以文化为先导，推动政治、经济、文化的全民交流，促进各区域、各民族共同的繁荣与发展，才是保护世界文化遗产意义的真实所在。

让不同肤色，不同民族的我们一起携起手来，共同推动文化遗产的保护和传承，使我们的世界变得更加丰富多彩和更加美丽！

（作者：冯健，西安文物保护考古研究院 院长
国际古迹遗址理事会西安保护中心 常务副主任
常远，西安文物保护考古研究院 文博助理馆员）

城市中的文化遗产

李　燕

文化遗产在城市中，城市或拥有几处文化遗产，这种现象在世界许多国家都有出现。文化遗产是留给城市的财富还是束缚城市发展的羁绊？这两者在一起是相长还是相互抵触消磨？在丝绸之路联合申遗过程中，我们获得很多的体会、经验和思考。

中、哈、吉三国联合申报“丝绸之路起始段和天山廊道的路网”世界文化遗产，是目前世界上最大的国际文化遗产申报项目，总体包括3国的33处遗产点。这其中有很多遗产点就位于城市当中。

然而，这个工程的完成，十分庞大而艰巨，中国段包括陕西、河南、甘肃、新疆的22处遗产点，整个申遗过程涵盖遗产专项法规的颁布，遗产保护管理规划的形成，文物保护展示工程，遗产区的环境整治，建立监测档案系统，完善标识系统、宣传系统，撰写申报文本，联合国教科文组织专家的现场考核以及2014年6月世界遗产大会的审议，是一个繁琐的有众多人参与其中的系统工程。其中产生了很多问题引起我们进一步的思考。

一、文化遗产的价值

申遗过程当中，专家学者通过现场指导、举办讲座，试图让普通人理解什么是文化遗产的价值。中国建筑设计研究院建筑历史研究所所长、丝路申遗申报文本编制总负责人陈同滨现场指导申遗工作时说，“遗产的真正价值不是简单的好不好看，而在于其在人类文明和发展史上的意义。她还说，申遗过程比结果重要”。[1]申遗让我们换一个角度认识文化遗产，使我们生活得更智慧，使我们对城市遗产保护产生更多的思考。

下面我们重点列举几个西安城市中心区域有代表性遗产点的价值：汉长安城未央宫遗址，价值体现是丝绸之路正式开通时的东方起点。大明宫遗址的“遗产价值”体现的是公元6–9世纪中国的盛唐文化。小雁塔是丝绸之路起始段上的佛教建筑，体现中国唐代密檐式塔的典范。

从文字来看，它们的价值似乎是那么的抽象，无法体会与当今生活的关联，而当你身处遗产区，大的望不到边的宫殿遗址、规划合理的城市排水设施，整齐有序的坊里结构，甚至于保存至今的唐砖和汉瓦，你的思想会找寻历史的时空，从而帮助你找到你所生活的城市的定位，懂得本地区与全球之间的联系，自豪于城市辉煌的历史。这就是文化遗产想告诉人们的，它的存在就是它的

〔1〕郭晓蓉《丝路申遗文案今交世遗中心》，《华商报》2013年1月27日A6版。

价值。

保护好城市的文化遗产不是让它如何光鲜，如何吸引游客，也不是增加旅游收入，而是让它延年益寿，让它与生态和谐，让我们的子孙后代了解它的文化与精神。为此我们在环境整治过程当中，注意到材质和色彩的运用，诸如将石质路面做旧，古建周围用传统意义的青砖铺地，树围、座椅和垃圾箱采用防腐木，与我们相邻的饭店的白色墙面用灰色代替，用树木和竹子遮挡围墙等等，精心设计的环境色与古塔色调一致完全融为一体，幽幽古韵与良好的舒适度吸引了周边市民每天早晨来此锻炼身体，孩子们时常穿汉服在传统节日里体会时空穿越，老年人读着碑石练习书法，古老的唐塔如此耐人寻味，浮躁的心被安静下来……一切看起来是那么自然。再例如未央宫、大明宫都是很珍贵的遗产，我们在揭示遗产价值的时候，不是以休闲娱乐的城市需求来塑造，而是要把它当年的宏伟气势揭示出来，这正是遗产本身真实性、完整性的要求。市民需要改变理念和对遗产的欣赏品位，通过申遗的过程，从政府到市民都重新认识了遗产，即遗产是可以被利用的，但不在物质消费层面，而在精神层面。

二、文化遗产与生态环境

对中国来说，特别结合我们国家的国情来看，在人口众多、资源紧缺、城镇化建设高速发展的背景下，遗产环境的保护远比遗产保护更为艰巨。西安大明宫的遗址保护处于市中心区，着重强调考虑遗产环境保护和社会和谐发展的关系，因为在规划产业制定遗产环境整体保护目标，策划综合性的保护对策，协调遗产保护和地方经济发展的关系应该说是整个遗产环境保护的关键环节。

处于在建区的唐代建筑小雁塔，生态环境上面临被周边高大建筑吞噬的环境风险。尽管城市建设的压力很大，但政府制定了规划，控制遗产周边的建设高度。比如小雁塔以视线分析为原则将周边地区控高划分为 9 米区、18 米区、24 米区等八个区域。36 米控制区以外控制为 60 米，60 米控制区以外范围内建筑为 100 米。

对于文化遗产周边生态环境的保护，限制人类发展给遗产带来的损害，首先要靠政府制定法律法规的保障，约束人类只看重眼前利益的生产活动，其次，更要依赖人类的自我反省，对古代的文化遗产的敬畏之心。文化遗产的保护与生态环境的和谐共存，最终受益的还是人类本身，在日本、印度、柬埔寨等国的寺院周围房屋价格最高、居住的人最多，原因就是文化或自然遗产营造的环境因素更适宜人类生存。

三、文化遗产与人为因素

对文化遗产影响的人为因素包括战争、改朝换代、不同信仰以及国民素养等多方面因素。唐武宗毁佛时，长安城内仅保留有四所寺院，小雁塔所在的荐福寺因为是盛唐时期的皇家寺院而幸免遇难。民国政府时期，小雁塔经历了两次战乱，饱受战火洗礼，如今在塔的北面还留有当年的炮痕。人为因素造成的影响有时是很严重的，《世界文化遗产名录》旨在让更多的人了解它们，最大程度地减少人为伤害。

近些年，对国民素质的研究与提升各国都很重视。随着经济的发展、交通的便利、旅游成为人们休闲的常态，国民素质成为影响文化遗产的又一重要因素。我们看到一些负面的报道，有人在世界文化遗产故宫的大铜缸上刻字、在长城上刻字，在同样是世界文化遗产的埃及卢克索神庙的浮雕上刻字……我们惊诧之余低头反思这个问题的症结所在。对这一问题的探讨正在进行，对国民教育的加强，对一些传统习惯的引导，将促使遗产与人的和谐共生。

四、文化遗产与自然灾害

自然灾害给文化遗产带来的损害往往非常严重，例如小雁塔就会受到雷电、干旱、暴雨、地下水，尤其是地震的影响。在小雁塔超越 1300 多年的岁月里，经历了 70 余次地震。明成化末年（1487）的地震中，小雁塔自顶至足“中裂尺许，明彻如窗牖”，在正德末年（1521）的地震中，以后又有数次的裂与合。嘉靖末年（1556）的大地震中，小雁塔塔顶被震掉了两层，现在的塔顶保留了震后的原状。

根据重大自然灾害灾前、灾中、灾后的生命周期，文化遗产保护应急机制应该由灾前预防机制、灾中应对机制和灾后恢复机制组成，它们相互依存、相互联系，共同构成文化遗产保护应急机制。

目前小雁塔设置的预警监测包括地震监测、倾斜度监测、沉降监测、气象监测、旅游监测等，对可能发生的自然灾害起到预警与防备的作用。

五、文化遗产的原状保护问题

根据申遗的要求，文化遗产应体现普遍价值，反映真实性和完整性。“普遍性价值反映遗产的过去，真实性和完整性体现遗产的现在，延续性则是保障遗产的将来。”[1]《威尼斯宪章》、《奈良真实性文件》都对遗产的真实性和完整性做了定义，我国于 1961 年 3 月发布了《关于发布文物保护管理暂行条例的通知》，其中第十一条规定“（古建筑）在进行维修、保养的时候，必须严格遵守恢复原状或者保存现在的原则”，即通常所说的“整旧如旧”的原则。

以小雁塔为例，小雁塔始建于 707 年，有 1300 多年的历史，因多次地震，塔顶坠毁，塔身出现裂缝，1965 年在古建专家梁思成先生“整旧如旧”思想的指导下，对小雁塔进行了整修。其内容主要包括：弥补裂缝，加固塔角、塔檐、塔基、塔顶（塌毁部分），修复了上塔木梯砖登道、层板，顶部设置了排雨水孔道，安装了防雷设备等。维修之后的小雁塔稳定坚固而唐风依旧，被誉为中国砖石古塔维修的范例。国际古迹遗址理事会专家狄丽玲博士在现场考察小雁塔时提出“有没有维修之前我们对这个塔做的详细记录，哪一部分是已经有的，哪一部分是损坏的，是需要维修的”并要求看到图纸的手工描绘状态，这一问题的提出，反映了专家对原真性的重视。另一案例是为了避免了风雨对碑的侵蚀又能让游客能看得更清楚，文物保护工作者对碑进行了覆膜保护，对于

〔1〕汪培梓《世界遗产申办影响因素探析》，《河南工业大学学报》（社会科学版）2011 年 6 月 第 112 页。

这一做法双方存在争议，狄丽玲女士认为这样观众看到的不是碑石的原状而且对碑的透气性和呼吸存在质疑，对碑石的覆膜保护之前缺乏先例，文物工作者正加强对它的监测，以期获取长期的数据支持。

以上事例都说到了遗产、文物的原状保护问题，需要进一步讨论的是什么是原状，即“整旧如旧”“旧”到什么程度是标准，是指遗产产生之初的形状还是其随后形成的不同历史时期的外形和特征？我们今天所说的保护应该是后者，1964 年小雁塔整修当中曾提出过按照建筑的形制惯例恢复塔顶、檐角，但在后来的讨论当中被古建专家梁思成否定了，梁先生认为加固和保持现状是对历史最大的尊重，这一建议被采纳后，小雁塔保留了无塔顶和檐角残缺的状态，这种文物修复的原则成为以后具有指导意义的原则。岁月、战争与自然灾害在小雁塔上留下了历史的痕迹，使今天人们通过它感知历史的沧桑与时代的变迁，1000 多年古塔的坚毅与悠然都是通过这些因素传递给我们，重视遗产的文化内涵，研究它所承载的各种信息，研究遗产的原状保护问题，这正是城市中的文化遗产所赋予我们的责任。

六、结语

世界遗产的可持续发展是建立在健全科学管理体制、完善世界遗产教育、培养世界遗产管理人才、建立世界遗产学术交流机制、完善自然灾害预测系统、协调遗产保护和开发的关系的基础上的。城市和文化遗产不是矛盾体，有效保护世界文化遗产和自然遗产就是保护人类文明和人类赖以生存的环境，遗产是过去形成的，它却昭示着未来。尊重和保护文化遗产就是为了爱护和延续我们的城市精神、城市文化，是城市的价值所在。

参考资料：

1. 汪培梓：《世界遗产申办影响因素探析》，《河南工业大学学报》（社会科学版）2011 年 6 月。

2.《丝绸之路申遗文本》，中华人民共和国国家文物局 2013 年 1 月。

3.《小雁塔管理规划文本》，中国建筑设计研究院建筑历史研究所、陕西省文化遗产研究院、西安市城市规划设计研究院。2012 年 12 月。

4. 卜琳：《中国文化遗产展示体系研究》，博士学位论文 2012 年 5 月。

5. 郑育林：《丝路起点照亮未来》，《中国文物信息网》2013 年 11 月 20 日。

6. 刘文艳：《重大自然灾害中非物质文化遗产保护应急机制研究》，硕士学位论文 2012 年 5 月。

（作者：李燕，西安博物院业务研究部部长、副研究馆员）

兴教寺塔申遗成功之感

宽　显

西安是一座历经13朝古都的历史名城，具有深厚的文化底蕴和传统特色。

兴教寺座落在西安市长安区少陵塬畔，是一座历经千年的历史古刹，同时也是唐代樊川八大寺之首。兴教寺塔是唐代著名的佛学家、翻译家、旅行家、佛教八宗之一唯识宗创始人玄奘大师与其弟子窥基、圆测法师的舍利塔，合称为兴教寺三塔。

2014年6月22日，在卡塔尔多哈召开的联合国教科文组织第38届世界遗产委员会会议上，兴教寺塔作为中国、哈萨克斯坦和吉尔吉斯坦三国联合申遗的“丝绸之路”中的一处遗址点成功列入世界遗产名录。

兴教寺塔是中国古代最古老的楼阁式仿木结构的砖塔，也具有古代建筑风格的特色和具有代表性的一座古塔。兴教寺塔的申遗成功和各级政府的大力支持以及寺院的积极配合有着不可分割的联系。也是大家共同努力付出所得的最好的体现。

兴教寺塔的申遗成功对兴教寺来说是一个千载难逢的机缘和历史性的一个转折，也将是兴教寺辉煌的一页历史。

兴教寺塔作为一座历史名塔具有它重要的历史地位和重要的历史意义，更能展现佛教沿丝绸之路传至长安后的发展及其对朝鲜半岛的影响。在佛教传播史和中印文化交流史上有着不可替代的作用。玄奘法师沿丝绸之路西行至印度求法学习对东南亚地区的佛教发展及弘扬有着重大的意义。

申遗的成功也是更好地发扬玄奘法师的精神和民族气概，唐代太宗皇帝称玄奘法师为“民族脊梁”。通过申遗的平台能使更多的学者和信众对玄奘法师有更进一步的了解和学习，也大大提高了兴教寺的知名度和国际地位。所以我们因玄奘法师而骄傲，玄奘法师的精神从古到今一直是我们每个人学习的榜样，也希望这种精神会一直源源不断地发扬下去，也使中印文化能更进一步地交流保持下去！

（作者：宽显，兴教寺知客）

回首“申遗”路

刘文平

2014年6月22日对我来说是一个记忆深刻的日子。因为这一天，作为申遗工作亲历者，第一时间在西安获悉了联合国教科文组织第38届世界遗产委员大会传来的喜讯：“丝绸之路：长安－天山廊道的路网”成功列入《世界遗产目录》，跨国申遗获得了圆满成功！回想起申遗的八年，曾历经紧张忙碌的一幕一幕又重现在眼前，让人难忘。心中不尽感慨这一切来之不易，它不仅凝聚着各级领导、专家学者、文物工作者、建设者们多年付出的辛勤汗水，更留下了我们每一位申遗文物工作者不懈努力的足迹。

“丝绸之路：长安－天山廊道的路网”是世界上第一个以联合申报的形式成功列入《世界遗产名录》的项目，也是我国首个跨国联合申报世界遗产的项目。西安作为丝绸之路的起点城市，对服务于国家发展战略，促进丝绸之路经济带建设，建设具有历史文化特色的国际化大都市，展示古都文化魅力具有十分重要的意义。

申遗之路漫漫。依稀记得2006年8月，在联合国教科文组织世界遗产中心倡导下，中国和哈萨克斯坦、乌兹别克斯坦、塔吉克斯坦、吉尔吉斯斯坦、土库曼斯坦等中亚五国共同参与的丝绸之路跨国申遗工作正式启动。2007年初，西安市启动了丝绸之路申遗工作，健全工作机构，设立了市申遗工作领导小组，并将申遗领导小组办公室设在市文物局，由此拉开了西安申遗的序幕。2007年10月国家文物局公布了我国丝绸之路申报世界文化遗产的国内选点推荐工作，经过专家考察，我市汉长安城未央宫遗址等14处申遗点被确定列入申遗预备名单。2008年开始，在市委、市政府的高度重视下，各申遗点的保护管理规划、文物本体保护维修、周边环境治理、陈列展示、遗产监测等方案编制工作及基础工作，按照国家文物局统一部署，有序推进。2009年、2010年由于跨国申遗工作协商复杂性，申遗相关工作节奏放慢，申遗项目整体推进有所放缓。2011年12月，跨国系列申遗协商会议确定由中国、哈萨克斯坦和吉尔吉斯斯坦三国以“丝绸之路：起始段和天山廊道的路网”名称先期申报世界文化遗产，至此申遗项目终于确定。2012年2月，国家文物局公布我市汉长安城未央宫遗址、唐大明宫遗址、大雁塔、小雁塔、兴教寺塔5处申遗点入选丝绸之路申遗首批名单，此刻开始，我市申遗进入全面展开阶段。2013年10月，西安市5处申遗点顺利通过国际专家的现场考察评估。2014年1月，“丝绸之路：起始段和天山廊道的路网”申报文本正式提交联合国教科文组织。2014年6月22日，在第38届世界遗产委员会会议上，世界遗产委员会建议将该项目命名为“丝绸之路：长安－天山廊道的路网”并一致同意将其列入《世界遗产名录》。

申遗之路艰辛。西安市作为丝绸之路申报世界遗产中国境内城市之一，单纯就申遗而言，以前从来没有做过，如何去做，怎样才能保证申遗的成功，我们并没有现成的经验可以参考。面对责任和使命，一切都需要从零开始，对担负此项工作任务的人员来讲，无疑是挑战，更是一场战斗，是一场我们必须赢得胜利的攻坚战。我们知道，世界遗产的规则，最初由西方提出而制定的，如何理解遗产的真实性、完整性，实现科学有效的管理，在操作层面并没有一个绝对的标准来执行。由于东西方文化理念上的差异，面对申遗点复杂的环境风貌，东西方在文物保护特点、方式也不尽相同，工作之中往往需要一边学习世界遗产规则、理解保护理念，一边需要专家进行现场指导，可以说整个申遗过程都是在不断学习、探索创新之中开展。为了确保申遗成功，每一处申遗点都充满着所在地区政府、利益相关者、专家三方的“斗争”。申遗点要保证顺利通过国际专家验收，需要听取专家的意见，但又不想投入太大的经费，如何按照世界遗产的标准，把握遗址环境风貌标准尺度，处理好“拆与不拆”“拆与少拆”关系，从申遗工作2007年启动至2012年的全面展开，始终都处在申遗点环境整治抉择难、治理难之中。2013年4月初引发全国新闻媒体关注的“兴教寺拆迁风波”，说明申遗工作的复杂性、艰难性。

在申遗保护工程实施过程中，也面临施工难的问题。我市五处申遗点中，文物本体保护工程量最大的是汉长安城未央宫遗址区，由于埋藏于地下或裸露地表上建筑遗址非常脆弱的原因，对保护工程实施过程中材料选择、新工艺运用要求高，需要进行反复论证，才能满足设计要求。为实现这一目标，建设方、设计方、施工方通过反复试验样品，确定施工方案，共同克服了前期工程量大、工期时间紧、土遗址保护难度大的困难，努力实现最好保护展示效果。

在申遗预检和迎检阶段，同样也给我留下深深的印象。考察评估是整个申遗过程的关键阶段，考察评估的意见将直接影响申遗点申报成果，这就是我们文物同行所说的“国际大考”。西安市作为陕西省迎检的第一站，为确保国际专家考察评估过程安全顺利，全市上下在迎检方面下足了功夫，进行了全方位细致安排，力求做到万无一失。为做好迎检工作，市申遗领导小组建立了有效联动工作机制，成立了综合协调、接待、社会宣传、安全保卫、文物保护、环境六个工作组，从申遗社会宣传氛围营造、申遗点周边环境整治、迎检保障服务等进行充分准备，明确了各级工作责任。市政府先后4次组织召开迎检专项工作会议，进行梳理、排查工作中漏洞，不断细化工作措施，确保了前期国家文物局组织专家预检工作和2013年10月11日至14日国际专家狄丽玲女士对我市五处申遗点的考察评估工作顺利进行，为丝路申遗项目最终成功交了一份满意的答卷。

申遗后的思考。屈指一算，申遗成功至今也将近一年了，市申遗办临时工作机构已撤销，工作人员也都回到了原岗位，依旧忙碌着。此刻在我的记忆里，见证大家为申遗而努力拼搏身影还在，像一部生动电影故事大片，重现在我的记忆脑海里，催人奋进。加入世界文化遗产，又会给我们工作带来什么样的变化呢？我们应清醒认识到这是一个新的课题——世界文化遗产的管理。因为我们在获得和享受世界文化遗产殊荣同时，也向世界作出了文化遗产保护的庄重承诺。我们必须严格遵守国际公约，以世界文化遗产的标准和要求，依法履行世界文化遗产保护管理责任。从这个意义上来讲，申遗成功只是我们工作新的起点而非终点，未来责任重大，任重而道远。我们将如何进行有效的管理，现行的保护管理方式、办法、手段能符合世界文化遗产的要求吗？需要我们文物行政工作者和遗产保护管理者去思考。

保护管理好世界文化遗产是全社会的一种共同责任，需要我们文物工作者在工作理念、保护管理、技术手段上进一步提升，才能符合世界文化遗产的要求，叫响世界文化遗产的品牌，真正使文化遗产成果惠及人民群众。需要我们学习世界文化遗产保护理念，提高保护管理质量和水平，严格履行《保护世界文化和自然遗产公约》及其操作指南规定的责任和义务，贯彻《中华人民共和国文物保护法》、《世界文化遗产保护管理办法》以及各遗产点专项管理办法等法律法规，在保护规划和管理规划的指导下，规范有序地开展各项工作。需要我们进一步加强世界文化遗产地的保护管理机构和人员队伍建设，建立世界遗产监测中心等必要的专业机构，积极引进和培养高水平的专业人才队伍，符合世界遗产保护管理要求。需要我们完善世界文化遗产监测体系，通过气象监测、文物本体及环境监测、安防监控、游客监测、反应性监测等内容，创建“风险监测——综合预测——提前预警——即时处理”的遗产保护管理工作模式，促进我市世界文化遗产保护管理由抢救性保护转变为预防性保护，最大限度地减小各种风险因素对遗产造成的危害。需要我们进一步完善保护管理设施和旅游接待设施，开展游客承载量研究，创新遗产展示理念，充实遗产展示内容，拓展遗产展示形式，实现文化遗产的可持续利用。

申遗对每一位参与者来说都是一段难得的人生经历，当你回想起来时，就会聆听沙漠传来的阵阵驼铃声，传来千年丝路文化带来的煦煦春风。保护、守护、传承是我们一代文物工作者的历史使命和责任！

（作者：刘文平，西安市文物局办公室主任）

宣传让丝路遗产向更多人敞开胸怀

刘夏盈

我正式接触丝路申遗工作，还是2013年5月的事了。当时，我记得在郑育林局长的办公室，郑局长拿着关于丝路申遗宣传工作方案的草案，语重心长地告诉我，从现在开始，你就正式进入丝路申遗的宣传组，在宣传部领导下，开展丝路申遗的各项宣传工作。我听后很惊喜，喜的是，丝路申遗是我们文物人多年的希望与期盼，我有幸成为其中一份子，倍感骄傲与自豪。同时我深知，民众的知晓率和支持率是申遗工作考核的一个重要指标，宣传工作的好坏，对申遗能否成功，至关重要。我听后心里感觉压力很大，担子很重。

从接到任务后，我认真学习了我市丝路申遗的相关工作进程，目前工作状态，对宣传工作方案进行了研读、分析，与申遗办的同志们进行了交流，与宣传部的各位领导加强了沟通，以最快的时间进入工作状态。回想起来，从接收工作任务，到丝路成功申遗后续宣传，历经15个月，为了向市民宣传世界遗产知识,介绍各遗产点及保护工作成果,并接受世界遗产中心专家的评估验收，我们宣传组在市委宣传部的领导下，通过新闻媒体、举办专题活动、市区灯杆挂旗、人行天桥悬挂宣传标语、公交、地铁、出租、LED屏滚动播放申遗宣传片和宣传口号，在文物景区、地铁、出租车上发放宣传册页等形式，向市民普及了遗产知识，为申遗营造了良好社会氛围，达到了预期宣传效果。尤其是申遗成功后的助力宣传，更是把世界文化遗产保护工作推向了高潮。回想起期间的工作点滴，总结颇多，收获颇多。

2012年7月，国家文物局确定了“丝绸之路：长安和天山廊道的路网”跨国联合申报世界文化遗产中国段首批遗产申报点名单，西安市汉长安城未央宫遗址、唐大明宫遗址、大雁塔、小雁塔、兴教寺5处遗产点列入其中。我们知道，这五点分布在不同行政区域，不同的行政主管部门。而丝路申遗宣传工作涉及的部门、区县比较多，工作任务重、时间跨度大。如何高效有为的协调各部门工作，就成了工作中一个重点。我作为宣传组的一名联络员，落实责任，协调沟通，共同推进工作进程成为我一个时期内的主要任务。

为了做好各部门之间的协调，西安市组建了丝路申遗宣传工作组，由市委宣传部牵头负总则，市级有关部门、市属宣传媒体共同参与，形成了强有力地工作机制。我和宣传组的同志们一起，认真细致的制定了《丝路申遗宣传工作方案》，在方案制定中力求突出工作重点，把握时间节点，采取有力措施，确保宣传实效。在工作进程中，着重向全市人民宣传世界文化遗产、世界文化遗产组织和丝绸之路遗产点的相关知识，广泛宣传西安市在文化遗产保护工作中所取得的阶段性成果和国际交流成果，积极向社会群众、利益相关者、行政机关及青少年宣传遗产保护及丝路申遗的重要意义、常识理念、政策法规、基本要求、责任义务和参与方式等，从而提高他们对遗产保护及申遗工作的知晓度与支持度。各单位各展所长，工作中形成整体合力，营造了我市丝路申遗工作宣传强势。

我清楚记得我们在承担全市文化遗产百题知识竞赛活动中，大家认真研究题目，研究竞赛机制，协调西安晚报版面，设置奖励规则，同时加强与市教育局的联系，发动、组织全市中小学生、社会各界积极参与知识答题活动。由于时间紧、任务重，我们一起渡过了十几个不眠之夜。让我最为感动是，竞赛活动进行当中，有不少热心市民给我们来电来信，积极探讨竞赛试题，有的社区组织了集中答题，有几位老人冒着酷暑亲自把答题卡送到竞赛办公室来……我们收到答题试卷上份，留下了孩子们稚嫩的文字，倾注了西安市民对古城历史文化的热爱。一位市民给我们的来信中说“丝绸之路申报世界文化遗产，全市人民人人有责，这样的活动很有意义，希望能组织更多的社会活动”……回味起来竞赛活动，我们不仅取得了知识答题活动的成功，同时收获了很多热心市民的建言建策，为我们以后的工作提出了良好的意见和建议。

在社会宣传活动中，为了加大市民对西安文化遗产保护工作的关注，按照工作方案，我们计划在全市主要街道进行灯杆挂旗和LED屏宣传片的播放工作。就当一切工作顺利进行当中，我们原先预定的街道路线与其他活动发生了冲突，同为三个全市重要活动，时间、路线又相同，一时间工作陷入两难境地。为使工作正常开展，我立即与市政部门加强了沟通协调，在全市主要干道的线路图上面，我们三家单位积极进行了磋商，街道名称、路段距离、灯杆数量一一进行核对和布局，最终在市中心南北大街、南北二环等主要路段悬挂关于文化遗产保护灯杆挂旗宣传，形成古城一道靓丽的风景线，“保护文化遗产，建设精神家园”的理念驻入到每一位市民心里，我的心里也涌现出成功的喜悦。为进一步扩大宣传效果，增添浓厚氛围，我又与相关部门联系，协调市区主要街道、中心广场LED屏，比如开元商城、中大国际、世纪金花等建筑上，进行公益宣传，滚播放丝路申遗宣传片；市地铁一二号线各个站台内和列车内视屏，滚动播放宣传视视频达续一年时间；全市出租车的路客快屏上的宣传口号吸引了市民的眼球，每一位乘坐出租车的乘客能够阅读丝路申遗宣传折页，在加深对世界遗产相关知识了解的同时，又宣传了西安的历史文化。我还和志愿者们一起，在地铁站、公交、出租、旅游景点等地向市民和游客发放宣传折页，倡议全社会形成人人关注申遗、支持申遗、人人参与到申遗中来，以各自的实际行动支持申遗。许多市民还将我们制作的喜欢折页收藏起来，说：你们的折页不仅能看，能学，还做成纪念信封能用，能收藏，真是一举多得呀！

很多市民回忆起来，都记得西安晚报、西安日报在很长一个时期内开辟的“我身边的文化遗产”专栏。为积极配合媒体做好宣传工作，我们认真进行了筹备。在业务处室的大力支持下，我不仅将近年来全市文化遗产工作进行了文字总结和梳理，同时将世界文化遗产相关知识也进行了汇总，形成媒体素材，供记者写作之用。各路媒体，又结合工作实际，适时推出评论，策划撰写了一批观点鲜明、思路新颖、论证有力的评论文章，不仅发挥新闻评论的导向作用，而且能够对文化遗产保护工作的重要性进行解读，使读者更加深入了解丝绸之路、了解世界遗产、了解申遗工作、支持申遗工作。“汉唐西安与丝绸之路”、“特区模式保护遗址大汉帝都焕发新生”、“让千年丝路重焕荣光——回首西安八年申遗路”等等一批文章见诸报端，获得了读者的好评。同时在“5.18国际博物馆日”、“6·8中国文化遗产日”期间，根据活动主题，结合我市文化遗产保护工作的理念思路、进展成就等，我们自主组织撰写刊发专版文章，我作为申遗的一名参与者，也为中国文物报和西安晚报积极撰写“以申遗为契机提升西安文化遗产保护水平”和“从丝绸之路申遗成功看西安文化遗产保护的大文章”的稿件。通过大家的共同努力，全社会形成了人人关注申遗、人人参与到申遗实践活动来，以各自的实际行动支持申遗的良好局面。

丝路申遗工作历时8年。8年的工作历程中，我虽然未能贯穿始终，但在申遗冲刺的关键时刻，我有幸与大家一起，付出以自己的一份努力，虽然有加班加点，彻夜未眠的辛苦，但也有收获成功的喜悦。当2014年6月20—22日，我们紧随世界大会的步伐，经过了焦虑、期盼以及漫长等待，听到申遗成功这一喜讯时，我们来不及相拥庆祝，又以饱满的热情投入到申遗成功的宣传工作中，以最迅捷的速度，最喜庆的文字将这一喜讯传遍千家万户，传到百姓的心里。

丝路成功申遗距今快一年时间了，我在总结梳理自己工作的同时，对丝路申遗宣传工作如何能够取得显著成效，我的体会是：完善的组织机构是取得工作成效的前期条件，全方位的协调配合是取得工作成效的重要保障，新闻媒体的集中发力是取得成效的关键所在，市民的积极参与与认可是取得成效的重要因素，高效有为的工作团队是取得成效的有力抓手，当然，所有这一切更离不开各级领导的支持与帮助。回忆往昔，当时的工作场景一幕幕经常出现在我的眼前，我想这一段的经历我收获的不仅是自己愿意为之付出的努力和汗水的工作，不仅是工作经验的积累和锤炼，更是一笔受益终身的精神财富，它不断激励我，也鞭策我，对我以后的工作提出更高的要求，使我在今后的工作实践中，不断加强学习，持续提高自身综合素质和工作水平，做好面向社会、面向行业、面向基层的信息交流与宣传教育工作，深入宣传文物保护成果，使文物保护的成果成为城乡经济社会发展的现实资源、成为人民群众精神文化生活的切实享受。

（作者：刘夏盈，西安市文物局机关党总支专职副书记、办公室副主任）

监测：世界遗产地保护管理的有效手段
——以西安市申报丝绸之路世界遗产项目为例

冯 滨

一、世界文化遗产地的管理与监测

世界文化遗产和自然遗产是大自然和人类祖先的杰作，有效保护世界文化遗产和自然遗产，就是保护人类文明和人类赖以生存的环境。1972 年 11 月 16 日，联合国教科文组织大会第 17 届会议通过《保护世界文化和自然遗产公约》。中国于 1985 年 12 月 12 日加入《保护世界文化和自然遗产公约》。1999 年 10 月 29 日，中国当选为世界遗产委员会成员。1986 年中国开始向联合国教科文组织申报世界遗产项目。自 1987 年至 2013 年 6 月，中国先后被批准列入《世界遗产名录》的世界遗产已达 45 处。2014 年 6 月 22 日在卡塔尔首都多哈进行的第 38 届世界遗产大会宣布，中国大运河、中哈吉三国联合申报的"丝绸之路：长安－天山廊道的路网"成功申报世界文化遗产。至此，我国世界遗产增至 47 项（包括自然遗产 10 项，文化遗产 33 项，自然与文化遗产 4 项），含跨国项目 1 项（丝绸之路：长安—天山廊道的路网），仅次于意大利的 50 项，居世界第二位。同时，中国是世界上拥有世界遗产类别最齐全的国家之一，也是世界自然与文化遗产数量最多的国家（与澳大利亚并列，均为 4 项）。

中国世界文化遗产具有深厚的民族特色与重要的历史意义，切实加强遗产资源的保护，保持民族文化的传承，维护世界文化的多样性就显得尤为重要。保护工作应该严格按照《保护自然与文化遗产公约》《中华人民共和国文物保护法》和相关法律法规的要求，吸收国内外先进的遗产管理经验，建立适合各遗产地管理模式，完善遗产管理体系，建立协调机制，对遗产地做出科学有效的管理。

文化遗产地的保护与管理，核心在于维护文物本体及其环境的真实性和完整性，使文化遗产的价值得以长久延续。随着我国经济的快速发展，大规模基础设施建设、工业扩张、城市化进程以及过度的旅游开发等，导致文化遗产地的环境发生了急剧变化，造成一些文化遗产的价值载体或是出现病害，或是病害加剧，乃至造成巨大损失。这种变化和局面给文化遗产地的保护与管理带来巨大威胁和挑战，使人们越来越清楚地认识到文化遗产风险防范的重要性、必要性和紧迫性，因此加强文化遗产地的预防性保护问题受到高度重视。与此同时，现代科学技术的突飞猛进，不断地拓展人们的视野并影响和改变着人们思维和行为方式，并不断地为文化遗产管理提供着新的技术手段和先进的模式。在此过程中，遗产保护管理人员逐渐认识到，对遗产进行必要的日常性

监测是保护工作不可缺少的内容，是维护遗产安全最基本、最有效的保障手段。世界遗产监测有助于实现文物（遗产）被动保护向预防性保护的转变，因为它可以为文物（遗产）保护工作乃至文物保护规划提供科学化、精细化的决策参考，使文化遗产保护工作形成良性的、有机的闭环流程。

近年来，我国文化遗产监测管理框架已初步建立，2006 年，文化部颁布了《世界文化遗产保护管理办法》，同年 12 月，国家文物局颁布了《中国世界文化遗产监测巡视管理办法》，逐步建立健全了遗产监测法律法规及相关管理机制，明确了世界文化遗产的监测程序与监测内容，规范

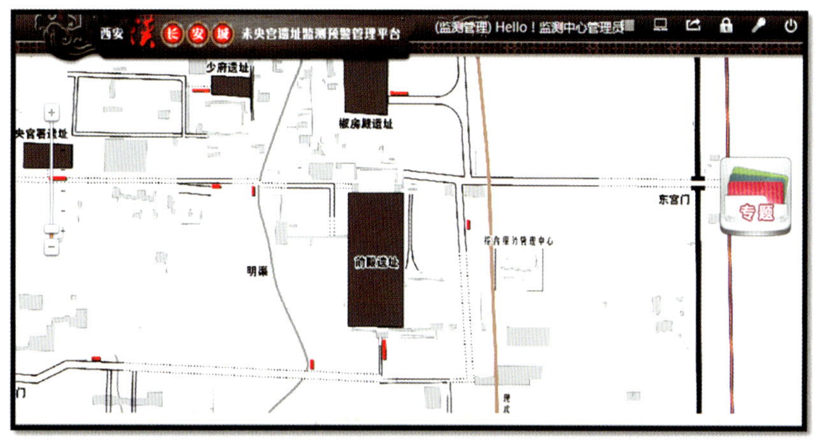

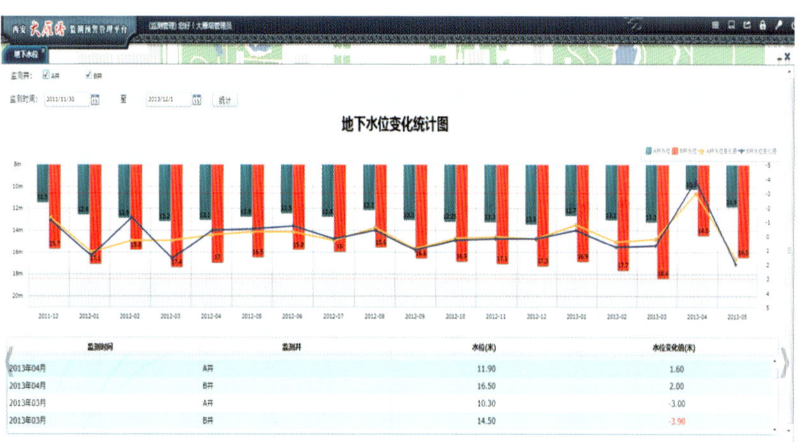

监测时间	监测井	水位(米)	水位变化值(米)
2013年04月	A井	11.90	1.60
2013年04月	B井	16.50	2.00
2013年03月	A井	10.30	-3.00
2013年03月	B井	14.50	-3.90

监测行为，提升科学管理遗产地的水平，切实保护与延承遗产价值。

按照联合国教科文组织世界遗产中心要求，申报世界遗产的申报地应建立科学完善的遗产监测预警系统。国家文物局在2012年4月下发的《关于推进丝绸之路申遗工作的通知》中，明确要求丝绸之路沿线各遗产地“建立必要的监测管理系统，配备安全技术防范设施”。在西安五个遗产申报点的申遗准备工作中，均严格按照《通知》要求，为各遗产申报地建立相应的监测管理系统，做到各个申报遗产地的科学有效保护管理。

二、“丝绸之路”世界遗产跨国联合申报成果

1.“丝绸之路”世界遗产申报情况

2006年，国家文物局正式启动丝绸之路跨国联合申报世界文化遗产工作，由陕西以及丝绸之路沿线的6省区共同参与。2012年7月，由中国与哈萨克斯坦、吉尔吉斯斯坦三国共同申报这一项目，并将申报项目名称确定为“丝绸之路·起始段与天山廊道的路网”，2013年2月，丝路申遗文本递交联合国教科文组织世界遗产中心，并被正式受理。至此，丝绸之路项目正式进入世界文化遗产的申报程序。2014年6月15日，在第38届世界遗产大会上最终以“丝绸之路：长安—天山廊道的路网”申报成功。

“丝绸之路：长安—天山廊道的路网”从中国古代长安出发、经河西走廊进入天山山脉地区，路网跨距近5000公里，总长达8700公里。作为超大型文化线路，丝绸之路路网沿线包括中心城镇遗迹、商贸城市、交通遗迹、宗教遗迹和关联遗迹等5类代表性遗迹共33处，包含了中国22处、哈萨克斯坦8处和吉尔吉斯斯坦3处。我国境内的遗产点申报工作涉及陕西、甘肃、新疆、河南4个省份，其中包括河南4处，甘肃5处，新疆6处，陕西最多共有7处，分别为汉长安城未央宫遗址、唐长安城大明宫遗址、大雁塔、小雁塔、兴教寺塔、彬县大佛寺石窟、张骞墓7处文物保护单位，这些遗迹是丝绸之路从开通、发展到繁荣、鼎盛时期的文化遗产的重要载体和典型代表，具有十分重要的历史文化价值。

2.“丝绸之路”监测管理平台建设

世界遗产“丝绸之路：长安—天山廊道的路网”各遗产申报点原来的监测工作散落在不同的部门，基本没有监测分析报告，通过部署监测预警平台软件，把原来分散在不同部门的监测资料、监测数据统一到一个软件里面来，把本体、环境和管理等方面的监测数据（包括实时数据、仪器数据和目测数据）统一管理、分析，并实现了自动预警和规范化、流程化的预警处理机制。

监测平台作为向世界遗产专家现场汇报工作的有机组成部分，它直观地体现了遗产监测管理机构的工作状态，向专家展示是如何进行遗产监测和保护的，为申遗工作加分。另外以直观体现遗产本体（城墙、都城遗址、古建筑等）、环境（气象、生态、建设行为等）、安防消防等监测的动态管理过程，体现预警标准和处理规范。监测平台有效地管理各类遗产要素的基础资料，包括文字、图纸、影像等，更重要的是档案管理，方便检索和查询相关文献图纸资料。此外还通过一些直观的统计图表，体现遗址保护和管理成果。

3．“丝绸之路”——汉长安城未央宫遗址的监测成果

遗址类申遗点以汉长安城未央宫遗址为例对其监测成果进行简单介绍。依据《实施保护世界文化和自然遗产公约的操作指南》要求，为确保世界遗产提名对象“汉长安城未央宫遗址”的价值载体得到有效保护，提升汉长安城未央宫遗址的科技保护水平，建立汉长安城未央宫遗址保存环境监测系统，以期对汉长安城未央宫遗址的本体及环境进行综合监测，实现从简单到复杂、从直觉判断到系统化、从被动到主动的世界遗产地监测工作，通过日常性的监测工作，及时发现遗产管理存在的威胁与隐患，及时找到“病因”，对症下药，做到科学保护管理世界遗产。

汉长安城未央宫遗址的监测区域包括直城门和天禄阁。其中直城门遗址监测针对其本体监测土壤温度、水分含量，也对其小环境的温度、相对湿度、二氧化碳含量等进行监测，布点位置如图所示；天禄阁遗址监测针对其本体监测土壤温度、水分含量，布点位置如图所示。

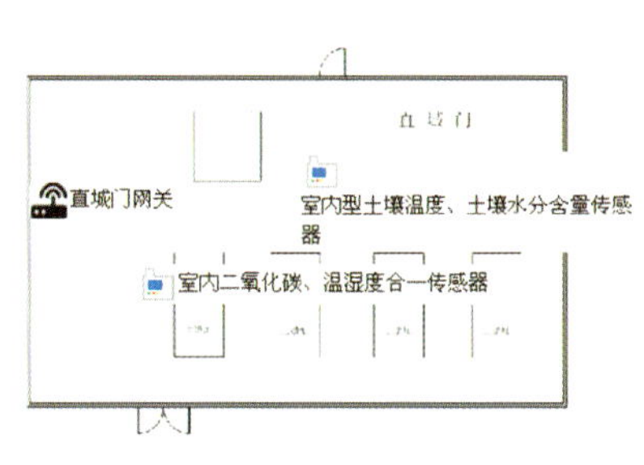

图　直城门监测点部署

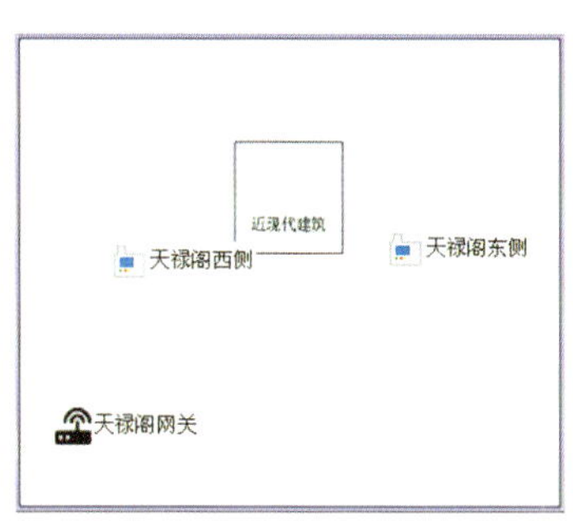

图　天禄阁监测点部署

自 2013 年 7 月以来，对汉长安城未央宫遗址的监测工作已持续一年有余，通过对其 2013 年 7 月到 2014 年 7 月一整年的数据可以得出以下结论。

（1）直城门遗址

直城门遗址全年温度为 -5.6℃ ~40.1℃，波动范围为 45.7℃，湿度为 18% ~100%，波动范围为 82%。土遗址受大气温湿度影响很大，土壤在空气湿度大时吸潮膨胀，干燥时水分蒸发又收缩，温度低于零度时还会发生冻融现象，温湿度的周期性波动导致遗址土体反复出现热胀冷缩、湿胀干缩以及冻融现象，最终发生开裂、剥落等问题。直城门全年温湿度变化波动较大，严重影响遗址的保存。

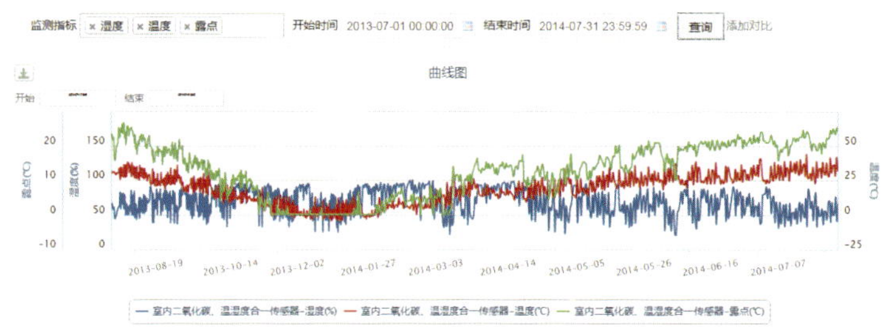

图 直城门遗址全年温湿度变化曲线图

直城门遗址全年二氧化碳含量为 342~1116ppm，二氧化碳浓度偶有超标，但基本保持在 ≤ 1000ppm 的安全范围内，初步判断二氧化碳不是造成遗址病害产生的主要原因。

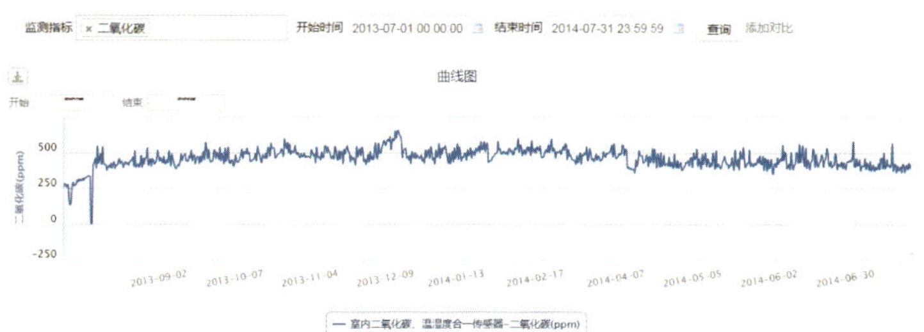

注：个别数据明显异常，不作为参考

图 直城门遗址全年 CO_2 浓度变化曲线图

直城门遗址全年土壤温度监测点监测所得土壤温度为 0.4℃ ~38.1℃，波动范围为 37.7℃；土壤容积含水率变化范围为 0~19.98%，波动范围为 19.98%；电导率变化范围为 0dS/m~0.4dS/m，波动范围为 0.4dS/m。

注：个别数据明显异常，不作为参考

图 直城门遗址全年土壤温度、容积含水率、电导率变化曲线图

（2）天禄阁遗址

天禄阁遗址西侧监测点全年土壤温度监测点监测所得土壤温度为5.2℃ ~35.7℃，波动范围为30.5℃；土壤容积含水率变化范围为7.3% ~24.7%，波动范围为17.4%。

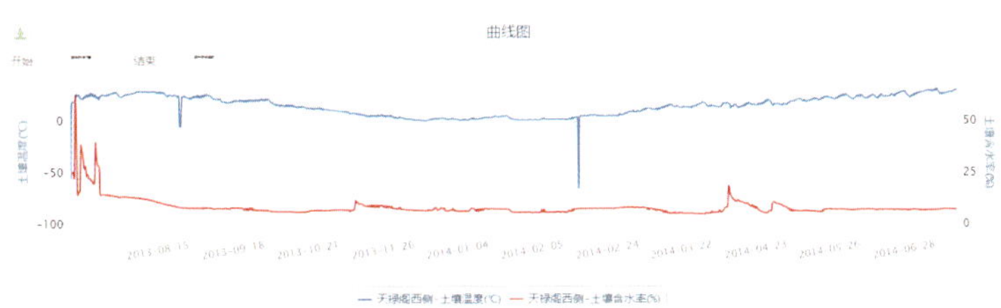

注：个别数据明显异常，不作为参考

图 天禄阁遗址西侧全年土壤温度、容积含水率变化曲线图

天禄阁遗址东侧监测点全年土壤温度监测点监测所得土壤温度为7℃ ~31℃，波动范围为24℃；土壤容积含水率变化范围为12.7% ~35.4%，波动范围为22.7%。

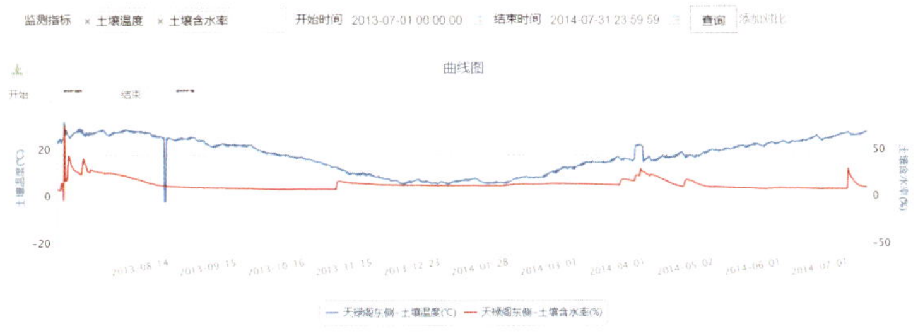

注：个别数据明显异常，不作为参考

图 天禄阁遗址东侧全年土壤温度、容积含水率变化曲线图

（3）小结

由监测结果分析可知，直城门遗址温湿度变化波动较大，温度日波动超过35℃，湿度日波动最大达到82%；二氧化碳含量基本保持在≤ 1000ppm的安全范围内；直城门土壤温度日波动较大，超过10℃，土壤含水率波动较平稳。天禄阁两侧土壤参数不均，位于天禄阁东侧的土壤温度更低，含水率更高；位于天禄阁遗址西侧的土壤温度更高，波动更大，土壤含水率更小，两侧土壤参数的长期不均匀，可能导致天禄阁承载土体稳定性失衡。

目前，通过第一阶段对于汉长安城文物本体的监测，初步实现了对文物病害的提前感知，下阶段将进一步建立病害发展与风险因素之间明确的关联关系，为世界遗产地的保护管理提供科学的决策依据，达到对遗产地精细化管理的目的。

4.“丝绸之路”——兴教寺塔的监测成果

古建筑类申遗点以兴教寺塔为例对其监测成果进行简单介绍。相比遗址类文物点，古建筑类遗迹保存面临的最大问题为建筑整体的稳定性及周围地基的变化情况。因此，西安市在兴教寺塔申遗工作中，采用了以高灵敏度地波微震动传感器为主要探测手段，运用先进的光电信号采集处理、分析和监控技术，实现了智能化探测预警、入侵报警、声音复核等功能。

图 兴教寺塔地波微震动探测报警系统

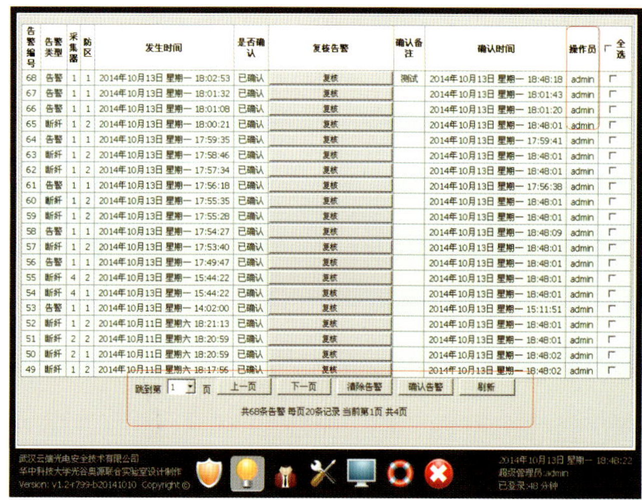

告警编号	告警类型	采集器	防区	发生时间	是否确认	复核告警	确认备注	确认时间	操作员	全选
68	告警	1	1	2014年10月13日 星期一 18:02:53	已确认	复核	测试	2014年10月13日 星期一 18:48:18	admin	
67	告警	1	1	2014年10月13日 星期一 18:01:32	已确认	复核		2014年10月13日 星期一 18:01:43	admin	
66	告警	1	1	2014年10月13日 星期一 18:01:08	已确认	复核		2014年10月13日 星期一 18:01:20	admin	
65	断纤	1	2	2014年10月13日 星期一 18:00:21	已确认	复核		2014年10月13日 星期一 18:48:01	admin	
64	告警	1	1	2014年10月13日 星期一 17:59:35	已确认	复核		2014年10月13日 星期一 17:59:41	admin	
63	断纤	1	2	2014年10月13日 星期一 17:58:46	已确认	复核		2014年10月13日 星期一 18:48:01	admin	
62	断纤	1	2	2014年10月13日 星期一 17:57:34	已确认	复核		2014年10月13日 星期一 18:48:01	admin	
61	告警	1	1	2014年10月13日 星期一 17:56:18	已确认	复核		2014年10月13日 星期一 17:56:38	admin	
60	断纤	1	2	2014年10月13日 星期一 17:55:35	已确认	复核		2014年10月13日 星期一 18:48:01	admin	
59	断纤	1	2	2014年10月13日 星期一 17:55:28	已确认	复核		2014年10月13日 星期一 18:48:01	admin	
58	告警	1	1	2014年10月13日 星期一 17:54:27	已确认	复核		2014年10月13日 星期一 18:48:09	admin	
57	断纤	1	2	2014年10月13日 星期一 17:53:40	已确认	复核		2014年10月13日 星期一 18:48:01	admin	
56	告警	1	1	2014年10月13日 星期一 17:49:47	已确认	复核		2014年10月13日 星期一 18:48:01	admin	
55	断纤	4	2	2014年10月13日 星期一 15:44:22	已确认	复核		2014年10月13日 星期一 18:48:01	admin	
54	断纤	4	1	2014年10月13日 星期一 15:44:22	已确认	复核		2014年10月13日 星期一 18:48:01	admin	
53	告警	1	1	2014年10月13日 星期一 14:02:00	已确认	复核		2014年10月13日 星期一 15:11:51	admin	
52	断纤	1	2	2014年10月11日 星期六 18:21:13	已确认	复核		2014年10月13日 星期一 18:48:01	admin	
51	断纤	2	2	2014年10月11日 星期六 18:20:59	已确认	复核		2014年10月13日 星期一 18:48:01	admin	
50	断纤	2	1	2014年10月11日 星期六 18:20:59	已确认	复核		2014年10月13日 星期一 18:48:02	admin	
49	断纤	1	2	2014年10月11日 星期六 18:17:56	已确认	复核		2014年10月13日 星期一 18:48:02	admin	

跳到第 1 页 上一页 下一页 清除告警 确认告警 刷新

共68条告警 每页20条记录 当前第1页 共4页

武汉云端光电安全技术有限公司
华中科技大学光谷奥源联合实验室设计制作
Version: V1.2-r799-b20141010 Copyright ©

2014年10月13日 星期一 18:48:22
超级管理员:admin
已登录:48 分钟

图 兴教寺塔地波微震动探测报警系统预警数据库

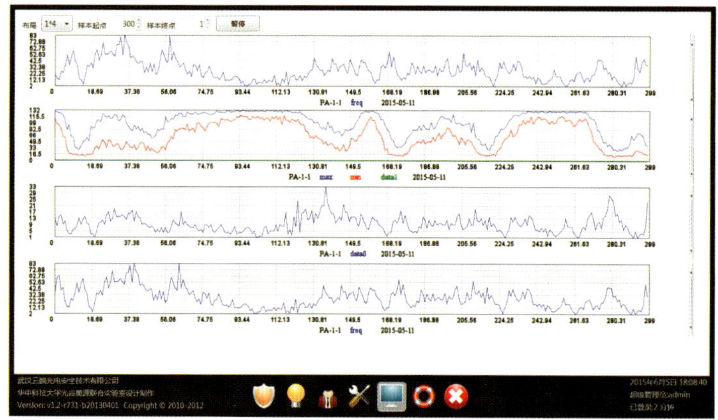

图 兴教寺塔地波微震动实时波形

目前，在兴教寺塔建立的“地波微震动探测报警系统”由中央控制探测报警平台(中央报警控制主机+区域控制报警主机)、引导传输光缆和地波微震动传感器构成。传输距离可达数十公里，可覆盖范围广。能有效感知兴教寺塔周边不小于半径20米内的挖掘震动和不小于半径100米内的爆破震动，形成一个以地面为中轴线向下呈半球形的防护区域。在不小于半径20米的防护区域内，任意方向感知到一定力度的（力度可设定）挖掘震动，系统在软件界面会产生黄色的预警信号。当挖掘持续2~5分钟（时间可设定）时，或者在不小于半径100米的防护区域内，任意方向感知到一定的能量值（能量值大小可设）的爆破能量时即可产生预警。并在报警时中央控制探测报警平台可以输出开关量信号，与监控、蜂鸣器、声光报警器、LED地图板等及其他子系统进行联动。通过这些技术手段，实现了对兴教寺塔体及地宫的稳定性和面临主要病害的实时感知和预警，提升了世界遗产地的有效保护和管理水平，在一定程度上达到了对文物古迹的预防性保护。

三、结语

文化遗产监测和文物（遗产）保护（修复）工程不同，你不能指望它立竿见影地解决某一具体问题，它是一个长期的、动态的管理行为，对引起本体病变的因素进行及时的、科学的预警，通过监测预警平台软件长期跟踪、分析监测数据，以便评估对本体病变趋势的影响，通过对遗址本体及环境的有效监测与控制干预，最大限度地防止文物的损坏，达到长久保存文物的目的。

很多遗产申报点工作人员对监测工作的重要性认识不足，而是将监测当成任务去执行，对监测什么，监测后做什么用，没有清晰的认识。这就需要在整个监测的管理过程中，不断地研究存在的问题，改善、调控监测的措施，使监测工作逐渐走向制度化、规范化。即使规范中提出的要求、指标，也不能硬性照搬，机械执行，还要考虑文物长期所处环境的适应性。通过对监测数据的分析与评估，要研究被监测对象需要采取何种措施，例如，对遗址博物馆环境，需要防什么，解决什么问题，达到什么程度等，在此基础上，布置监测工作才会做到有的放矢。

遗产监测是遗产保护管理的重要内容，依据文化遗产保护管理的实际需要，建立高效的遗产监测预警系统，实现遗产保护的信息化动态管理势在必行。在后申遗时代的遗产保护管理工作中，需要进一步深化预研究，确立监测预警的指标体系和采集、梳理、整合不同类型文化遗产实施监测的技术需求；同时建立遗产监测的各项技术指标和相关的标准、规范体系；实现遗产价值维护状况的有效监控、为合理规划和管理各类保护利用行为提供科学依据，有效地提升保护管理水平，使文化遗产保护管理体系迈向规范化、流程化和精细化，逐步实现文化遗产的预防性保护。

（作者：冯滨，西安市文物局文物保护与考古处副处长）

翻译架起申遗迎检工作的沟通桥梁

李尔吾

2014年6月22日，“丝绸之路：长安—天山廊道的路网”列入世界遗产名录，我市汉长安城未央宫遗址、唐长安城大明宫遗址、大小雁塔、兴教寺塔昂首迈入世界文化遗产行列。从1988年联合国教科文组织启动“对话之路：丝绸之路整体性研究”项目算起，这场持续26年，历经无数波折和坎坷，浸透几代文化遗产保护工作者心血和汗水的世界性项目终于取得重大突破。

国际古迹遗址理事会西安国际保护中心（ICOMOS International Conservation Centre-Xi’an，简称IICC-X从2007年承办“丝绸之路跨国联合申报世界文化遗产国际学术研讨会”算起，我和我的年轻同事们有幸长期参与了“丝绸之路：长安—天山廊道的路网”的一系列申遗工作。期间IICC-X被确立为丝绸之路跨国系列申遗协调委员会秘书处以及“丝绸之路：起始段与天山廊道的路网”（2014年正式更名为“长安—天山廊道的路网”）申遗协调委员会秘书处，承担了大量工作。

历经八年申遗，由于略有外语基础，我在从事主要工作之外承担了部分翻译任务，包括国际申遗文件、遗产资料的翻译和校对，以及面向国际专家的口译。在此过程中得以不断学习和积累，改善自身缺点与不足，逐步提高专业外语能力，并在申遗迎检中有幸成为汉长安城未央宫遗址的讲解翻译，较为圆满地完成了任务。

作为千千万万个丝路遗产保护工作者之一，以及丝路申遗这个庞大机器中的一颗螺丝钉，在迎检阶段，我记录了一些关于翻译工作的经验和故事，并有针对性地选择其中一部分与大家分享探讨。

作为申遗迎检翻译，必须时刻牢记自己“传话筒”的身份定位，即严格遵循双方意志，以“准确、迅速、简洁”为原则将信息转达给当事人。从事翻译工作比较喜欢个人发挥，在转述的过程中添油加醋，或者在未听懂的情况下按照个人理解“补足”部分内容，以上两者坚决不可取。添油加醋使不得，会导致双方谈话节外生枝并传达错误信息；听不懂不要紧，外国专家完全不会介意多说几遍。如果出于面子考虑，不愿让领导同事发现自己能力有限而创造内容，个人建议不妨先加强自身修养再从事相关工作，以免误大事。

还有一些外语水平较高的同事采用同步口译的方法，个人认为同样不可取。这是因为现场与同传箱是不一样的，坐在同传箱里可以全神贯注而且资料充足；身处现场会有很多不可预见的情况造成注意力无法集中。最佳方式还是逐段翻译。遇到长篇大论者，完全可以主动要求发言者暂停，表达清楚上一段内容之后再继续。

举一个例子。在迎检准备阶段，我们按照计划路线组织了三次预演，以便大家熟记各个遗址的顺序。而在申遗专家考察评估时，出于时间考虑，临时取消了最后一处遗址。我在翻译过程中察觉行程有变，在没有进行沟通的情况下单纯地理解为讲解员口误，因此继续介绍该遗址的具体情况并恢复了先前路线。虽然没有造成损失，但这种行为已经影响了大局。希望各位读者能够借鉴我的经验教训，在任何情形之下都必须遵循讲解者。即使发现问题，也应及时与当事人沟通，切勿我行我素。

作为申遗迎检翻译，须具备一定专业知识。从介绍某遗产点出发，最低限度应了解该遗产的历史沿革、组成，考古调查、勘探、发掘状况，文物保护、保存、展陈情况，重要研究成果等。上升到评估考察层面，则需掌握其突出普遍价值（Outstanding Universal Value）、规划、管理、相关利益者（Stakeholders）现状、档案、监测、周边环境、旅游信息等。部分具体内容建议通读《申遗文本》，因为对专家来说，文本是遗产的最主要信息来源，考察内容基本都以文本为出发点。

“丝绸之路：长安—天山廊道的路网”第一阶段项目涉及国内22处遗产点，包括土遗址、建筑、石窟寺、墓葬等。而每处遗产都有其突出普遍价值和特点，难以一概而论。因此本市在迎检过程中采取一处遗产点配备一名翻译的方法，以求讲解内容的针对性。譬如大明宫和未央宫的讲解侧重丝绸之路中心城镇的价值以及土遗址保护；大小雁塔及兴教寺塔则以较大篇幅阐述佛教沿丝路的传播以及唐代砖塔建筑等。

以汉长安城未央宫遗址为例，我被要求熟知遗产要素的各类信息，包括地上、地下遗迹保存现状；夯土建筑的特点及保护方法；申报区域内考古勘探、发掘及重要出土物资料；各组成部分的功能、特点、沿革及有确切文献记载的历史故事等等。在此基础上进一步了解遗址公园涉及的村民、工商、企业、管理、教育等相关利益者情况；针对不同遗存的展陈内容、方法以及特点；对遗址造成负面影响的监测对象如风蚀、裂隙、冻融、病害等；游客量、游客行为及附属设施；水文信息如地下水沉降、降水及自然灾害简况；四有档案的体例、各卷主要内容；遗产规划以及周边建筑控高等等。后半部分看似繁冗复杂，其实翻译时并没有太多压力。我的经验是记住各个项目的名称和总体情况即可，庞杂的具体数据就让讲解人去耗费脑细胞吧。

作为申遗迎检翻译，一定要有足量的专业词汇储备。此项要求的重要性不言而喻：不掌握词汇就听不明白，听不明白就翻不出来。这里所指的单词可不是简单的“Archaeology”、“Conservation”之类，而是至少深入两三个层级的专业词汇。打个比方，由夯土“Rammed Earth”保护出发，第一级是风化“Weathering”，第二级是病害“Hazards”，第三级则需了解青苔/地衣（Lichen）这类不常使用的词汇。再如从青铜器物“Bronze Vessel”出发，第一级是器物名称如鼎、鬲、簋（英文翻译需注重其用途区别）等，第二级是鎏金“Gilding”，第三级则是错金银“Inlay”。在有针对性地掌握这些专业词汇的基础上，才能信心十足地面对评估专家。

值得说明的是，承担与申遗相关的翻译任务，还应充分了解《实施世界遗产公约操作指南》（简称 Operation Guideline）以及 ICOMOS 面向评估专家编写的“现场评估手册”等英文资料。如果所进行的申遗项目与丝绸之路相关，那么建议再读读伦敦大学学院教授、丝绸之路专家、Tim Williams 先生所著的《丝绸之路专题研究》（A Silk Roads Thematic Study）。这里涵盖了丝绸之路研究、保护以及申遗策略、方法等一系列专业词汇和理论知识。毫不夸张地说，吃透这本著作的用词，您就是丝路申遗的首席翻译。

在对待专业词汇方面，个人经验是摸清楚其内在区别。简单的如“Protection”、“Preservation”

和“Conservation”。三者均有“保护”的含义，而“Protection”指宏观的保护手段，如保护设施及政策法规等；“Preservation”偏向遗产本身具有良好保存状况，且人为干预较少；“Conservation”则侧重于人的力量，统指遗产保护的行为和过程。与其类似，敬请各位读者加深对“Heritage”、“Monument”、“Relics”，“Settlement”、“Sites”和“Ruins”等词汇的理解和应用。此外，有必要提前了解评估专家的履历及研究方向，并有针对性地学习该领域专业词汇。

翻译过程中，有时难免出现张口忘词的情况。毕竟心理压力山大，无数只眼睛紧盯着自己嘴巴，某个平时烂熟的单词会瞬间卡壳，怎么都想不起来。比如在向评估专家介绍未央宫中央官署遗址蓄排水系统功能时，“雨水沉积”（Sediment）这个关键词突然离我而去，大脑一片空白。此时我主动叫停讲解，（因为习惯思维会一直纠结该词而影响后面内容）定了定神之后从降雨说起，然后讲蓄水，最后杂质下沉……专家终于心领神会，我也舒了一口气。

作为申遗迎检翻译，必须牢记组织纪律性。迎检考察是国家文物局、省市各级领导单位花费大量时间倾力组织、详细策划、反复演练、再三斟酌、精确到分的，容不得一丝纰漏。而翻译则是遗产的“口舌”。俗话说“祸从口出”，作为与评估专家全程零距离接触的重要工作人员，翻译的任何不当行为都会引起专家的注意，严重时更可能造成一棋不慎，全盘皆败的后果。在评估考察中，切忌在任何时候、任何情况下以任何方式询问专家的态度，比如“我们能否成功”或者“我们的保护管理水平如何”等等。即使有讲解员或陪同人员提出，也不应翻译。专家是断然不会回答这类问题的。其他方面如环境整治、拆迁安置等敏感内容最好不要主动提及。即使专家意外问起，也需要提醒讲解员慎重考虑。

此外，例如在丝路迎检工作中，部分讲解内容是全权委托专业机构完成的。此时翻译就应全身而退，一言不发，待这部分讲解结束之后再开口。如果搞不清楚状况，在别人翻译时随意打断、插话，轻则扰乱讲解员思路，重则引起反感，使专家对遗产管理者的印象分大打折扣。以上是个人对评估考察过程中的几点认识。归纳一下有：工作定位、专业知识、词汇量以及组织纪律性。做到以上四点，您就具备一名申遗讲解翻译的素质了。

（李尔吾，国际古迹遗址理事会西安国际保护中心信息中心主任）

“丝绸之路复兴之旅”助力跨国申遗采访活动启示

曹铭婧

“丝绸之路：起始段和天山廊道的路网”由公元前2世纪至公元16世纪丝绸之路的起始路段与分布于天山山脉地区的交通路网组成。从长安经河西走廊进入天山山脉地区，总长达8700多公里，是“丝绸之路”中地位特别突出、交通距离特长、交流内容极为丰富、影响力非常深远的一段。丝绸之路不仅是一条经济和文化交流之路，且具有极大的文化线路旅游开发潜力。丝绸之路文化线路旅游是我国向海外重点推介的15条黄金线路之一，也是世界旅游组织向国际旅游市场着力推介的世界级旅游线路产品之一。

2010年，为了推动丝绸之路沿线各国联合申报世界文化遗产，设立在西安的国际古迹遗址理事会西安国际保护中心和中国自驾游主流媒体联盟联联合倡议发起“丝绸之路复兴之旅”助力跨国申遗大型采访考察活动。经过近两年的筹备和策划，“丝绸之路复兴之旅”中国主流媒体联合报道团重走丝绸之路助力跨国申遗大型采访考察活动最终成行。考察团一行从丝绸之路的起点西安出发，经河西走廊进入新疆腹地，沿着古丝绸之路，经中亚五国、俄罗斯、土耳其、希腊8个国家，历时55天，跨越15000公里，最终抵达古罗马帝国发源地意大利罗马。沿途经过了西安、天水、嘉峪关、敦煌、吐鲁番、喀什、阿拉木图、塔什干、索契、伊斯坦布尔、雅典、奥林匹亚、庞贝、罗马等几十个历史悠久、风景秀丽的城市，穿越了荒原、沙漠、草地、戈壁、森林，深入地探寻了古丝绸之路地图上每一座令人抚卷而神往的驿站。正如世界文化遗产“丝绸之路：起始段和天山廊道的路网”的申遗文本中所描述的那样：“遗存类型包含了亚洲大陆上不同历史时期的诸多帝国或汗国的都城或宫城、中心城镇、商贸聚落或城镇、佛教石窟寺、古道、驿站、关隘、烽燧、长城、城堡、墓葬等考古遗址和多种宗教建筑与遗存；沿途拥有高山与平原、森林与草原、沙漠和戈壁、绿洲与河谷等亚洲内陆极富特色的地貌景观。”

新华社、中央电视台、旅游卫视、陕西电视台、华商报、《自驾游》杂志等30多家主流媒体随团采访报道。沿途得到了国际古迹遗址理事会、中国国家文物局、陕西省文物局、陕西省旅游局等各级部门鼎力支持。中亚的哈萨克斯坦阿拉木图市政厅（原哈萨克斯坦总统府），哈萨克斯坦民族委员会负责人阿利雅女士会见采访考察团；乌兹别克斯坦文化与体育部文化物品保护与利用司副司长阿杜萨菲马哈巴诺夫先生亲自到边境迎接采访考察团，并陪同采访团对塔什干、撒马尔罕、布哈拉、西瓦等文化古城进行考察；土耳其伊斯坦布尔海峡大学孔子学院中方院长倪兰女士会见了采访团并介绍了孔子学院对于中国文化输出的重要性；在意大利马尔凯大区，大区主席马里奥·斯巴卡热烈欢迎考察团；在利马窦故乡马切拉塔市，市长罗马诺·克拉奇尼先生在市政厅会见了采访团；希腊共和国文化和旅游部部长帕夫洛斯·耶鲁拉诺斯先生真诚地和全体队员进行交流。在罗马古城，陕西省旅游专场推介会首次来到这个文明古国，中国驻意大利大使丁伟、国家旅游局驻罗马办事处主任熊山华等亲帅意大利侨界和罗马各界精英200余人来到会场。此次活动加强了丝绸之路沿线各国的交流、友谊和合作，促进了共同繁荣提供各种机会，是贸易、科学与技术、艺术与文化遗产领域的全方位的相互交流和相互促进。这次活动也是新世纪国内传媒界第一次大规模丝绸之路沿线采访考察活动，新中国成立以来国内参与人数最多的大型采访考察活动。沿途收集到了详实的丝绸之路沿线一手资料，推动了申遗进程。同时也是一次极具影响力、极广泛的国际文化遗产交流活动。

丝绸之路复兴之旅自驾路线与世界文化遗产“丝绸之路：起始段和天山廊道的路网”高度一致，完全有可能作为国际文化线路旅游整体开发。丝绸之路中国段作为中国大西北的主要旅游路线，经过十几年的开发和建设，基础设施正在完善，已经成为中国诸多旅游产品中极具吸引力的一条主题旅游线路。中国国家旅游局编制了《丝绸之路旅游区总体规划》，范围涉及河南、陕西、甘肃、青海、宁夏、新疆6省区，“丝路旅游”将被打造成拥有强大产品支撑的国际品牌。沙漠之舟骆驼曾经是历史上丝绸之路的主要交通工具，今天游客可乘飞机、火车、汽车沿丝绸之路旅行，自驾汽车也可抵达罗马。丝路起点长安（西安）的咸阳机场将在现有19条国际航线的基础上，通过“分步走”战略，首先开通至阿斯塔纳、阿拉木图、杜尚别、塔什干、比什凯克、阿什哈巴德等中亚经济交通枢纽的航班。第二步开通至伊斯坦布尔的直飞航线，连通欧亚大陆桥。丝绸之路文化线路旅游的热潮来临已是必然趋势。陕西、甘肃、新疆都是旅游资源富集地，将旅游资源优势转化为旅游产业优势是西部大开发战略的重要组成部分。而要形成旅游产业优势，丝绸之路旅游产品的深度开发是一个关键着力点。

丝绸之路蕴含着享誉世界的资源品位和厚重久远的人文精神，具有承继性的主题积累与线性资源区域分布的特征，因此完全可能成为推动我国西部地区旅游业实现跨越式发展的桥梁和纽带。旅游部门与文化遗产保护管理部门下一步应充分研究世界文化遗产“丝绸之路：起始段和天山廊道的路网”的文化内涵和地理优势，重视建立起围绕文化旅游的区域合作机制，克服因丝绸之路线路过长而引起的多方竞争利益空间而缺少整体规划与统一管理开发，充分利用区域内沿线各省区的资源互补优势，加大深层次的相互合作，并通过有机整合“丝绸之路：起始段和天山廊道的路网”旅游线路产品，丝绸之路旅游定会随着世界文化遗产的成功申报而获得飞跃性的发展！

（作者：曹铭婧，国际古迹遗址理事会西安国际保护中心秘书处主任、馆员）

真实性与完整性在未央宫遗址本体保护展示工程中的实践

高亚平

申报世界遗产是一项非常复杂的系统工程，除了遗产价值的研究和申报文本的编制外，还有大量的具体工作要做。以汉长安城未央宫遗址为例，就完成了法规体系、管理体系的建设，实施了考古勘探、本体保护展示、环境治理、遗产监测、档案整理、专题陈列和标识系统等几个大项的数十项具体工程。很多第一次参与申遗工作的人员面对这些复杂的工作不知从何做起，都在努力从世界遗产的纲领性文件和操作指南中寻求工作方法，其中最为关心的问题就是世界遗产评审专家到底看重的是什么，也就是申遗众多工作中哪项是关键。在《保护世界文化和自然遗产公约》中明确指出，“具有突出意义和普遍价值”是世界遗产的最基本要求。也就是说申报的项目首先必须符合“具有突出意义和普遍价值”这一标准。同时，作为《公约》实施的纲领性文件《实施世界遗产公约操作指南》又阐释了文物古迹和生态保护学界关于原真性和完整性的保护理念，“真

汉长安城未央宫前殿遗址

少府遗址远眺未央宫

实性”和“完整性”成为能否被列为世界遗产名录的两个非常重要的条件。我们可以这样认为，申报世界遗产的核心工作就是围绕遗产的“真实性”和“完整性”而展开。如果说“具有突出意义和普遍价值”是提出申报的理由，那么“真实性”和“完整性”就是支撑这一理由的“实物证据”，我们所做的本体保护、环境整治、监测、档案、陈列和标识等等一切工作都是对这一“实物证据”进行充分展示和有效保护。离开了“真实性”和“完整性”，其他所有工作便成了无本之木、无源之水。

本文就在汉长安城未央宫遗址申遗过程中，遗址本体保护展示工程如何保证“真实性”与“完整性”的合理体现，做一简单回顾。

一、考古资料是真实性和完整性的科学基础

遗产价值的认定和实施保护的依据来源于考古资料的真实，考古资料是“真实性”、“完整性”的原始科学记录和各种理论的依据。

汉长安城未央宫的营建过程在文献中有明确记载，并且作为西汉帝都的权力中心，大量出现在史料当中和被文学作品所描述。自20世纪50年代开始，持续半个多世纪的考古发掘和勘探工作，为揭示未央宫遗址的位置规模、分布格局、建筑艺术提供了大量的实物证据，大量出土文物真实

体现了汉长安城未央宫的特征。由于历史原因，存在于遗址内的村庄和道路仍占据了遗址区内相当的面积，考古工作也受到一定的影响，被村庄占压地区考古资料仍有部分缺失，仍有很多信息需要深化和完善。虽然这并不影响未央宫遗址"真实性"和"完整性"的体现，但是，为了更为科学地对遗址加以阐释，在申遗工作前期，中国社会科学院考古研究所对未央宫及其周边区域再次开展了大规模的考古勘探，新确定建筑遗址一百多处，重点解决了未央宫四界、宫内道路等对格局完整性有影响的工作空白，为申遗工作提供了更为翔实的考古支撑。

二、真实性与完整性在申遗规划中的定位

汉长安城未央宫遗址"真实性"与"完整性"特点在于：整个遗存涵盖了城壕、城墙、城门、宫墙、宫门等防御体系；城内、外大街、环涂、宫内道路等道路体系；沧池、明渠及地下排水管道等给排水体系；由道路自然分割形成出的朝、寝宫殿区、官署建筑区、皇宫池苑区等功能明显，各功能分区建筑特色和地貌地形仍清晰可辨，完整地保留了宫殿遗址的众多元素。个别经发掘的遗址，如椒房殿、中央官署、少府等还保留了建筑的格局、建造方式等信息。这些遗迹清晰地反映了遗址的"真实性"和"完整性"特征。由于受当时保护条件限制，遗址经发掘后进行了回填保护。目前，除了未央宫前殿、石渠阁、天禄阁、J100号夯台和相邻的城墙裸露在地表外，其余遗址皆保存于地下。

随着城市的快速发展，未央宫遗址的现状并不乐观。遗址周边都已是建成区，所处的环境极为复杂。截止到2012年，在6.11平方公里规划范围内有7个自然村，居民一万多人，现代坟上万座，还有一些小的企业和库房，各种利益相关者错综复杂。地上地下遗址均为典型的东方土遗址，不仅脆弱，而且面积大，保护展示难度很大。

2012年4月中国建筑设计院建筑历史研究所接受委托，启动了《汉长城国家考古遗址公园未央宫片区详细规划》的编制工作。

历史所集多年来在大遗址保护和高句丽、元上都、西湖等申遗成功的经验，对未央宫申遗工程的"真实性"、"完整性"进行认真深入研究，在展示定位上，着重突出遗址的"规模"与"格局"，以展现未央宫作为西汉帝国政令中心、中华民族精神栖息地、"丝绸之路"起点的主要文化特征和信息。与普通市民公园所不同的是，所有工程的开展将都是为了体现这两个关键词。

未央宫最能突出体现"规模"与"格局"的莫过于周边的城墙、城门、宫墙、宫门、路网，以及前殿、少府等重要建筑基址，以此为基础，在规划中将展示区分为以前殿、椒房殿为主体的朝寝区；以少府、中央官署主体的官署建筑区；以沧池为主体的皇宫池苑区；以天禄阁、石渠阁为主体的文化建筑区；以明渠及两侧小型建筑为主体的功能过渡区。五个展示分区各有鲜明的价值特征，既相对独立同时又是整体的一部分，各种不同类型的地上地下遗址既展示了"真实性"又体现了"完整性"。

1987年国际古迹遗址理事会在华盛顿会议通过的《保护历史城镇与城区宪章》，进一步扩大了历史古迹保护的概念，认为环境是体现真实性的一部分，并需要通过建立缓冲地带加以保护。1994年的《奈良真实性文件》和2005年的《西安宣言》，都强调了保护古迹周边环境对于古迹和

遗产的重要性。因此，在今天大城市化寸土寸金的背景下，缓冲区的范围、本体周边需要保护的环境范围以及因此而涉及的拆迁范围到底要多大成为了各方利益相关者争论的焦点，也是在规划审议中最为突出的问题。

三、真实性与完整性在保护展示施工设计中的研究

汉长安、汉未央宫做为汉民族文化烙印，早已成为中国文化史上的一座精神之宫，它从来就没有在人们的意识中消失过。它的精神意义已远远超过其建筑本身，有没有宏大的建筑并不影响未央宫在中国人心目中的辉煌。但是出于世界遗产“真实性”和“完整性”原则的要求，我们必须对遗址进行必要的展示。在规划中已确定的分区展示方案，需要在具体施工设计中来完成，如何通过展示手段达到预期效果，对体现“真实性”和“完整性”非常重要。

虽然《威尼斯宪章》对古迹的保护修复有明确的理念原则，但是各遗址体现的价值特点与保存的环境状况不尽相同，不同民族、不同文化背景对遗产价值的认识与理解存在文化间的差异，这些都是遗址本体保护和展示方式不可能照搬它国现成模式的重要原因。文化遗产保护的理念长期受欧洲思想的影响，以石质建筑材料为主要特点的欧洲文化遗产保护方法并不完全适合东方土木建筑遗址的保护，我们必须有一套适合本遗址的保护和展示模式。问题是，我们按照自己的传统、习惯和模式所做的保护与展示，是否能得到国际专家的认可并通过评审呢，这是一个很重要的问题，也是在遗址保护与展示措施上难度最大的问题。

对于参与施工设计的人员来说，要准确领会、理解、表现遗产价值，首先要具备较强的专业知识和丰富的经验，现代的文化遗产保护是多学科结合的复合型专业，除了传统的考古学、历史学、建筑学、文物保护等学科的基础外，至少还涉及社会学、哲学、文学、民俗学、物理学、化学、材料学、植物园林学等方面的知识，做到人才的合理配备，才能在保护展示设计、材料、工艺、环境等方面做到完美的结合。

在未央宫遗址本体保护展示施工设计中首先遇到的问题是考古资料的细化研究和技术处理。未央宫的考古资料来自于半个多世纪以来的积累，各个不同时期因受环境、技术等条件的限制，考古报告和资料的整理有一定的局限性。比如，早期的考古资料在定位方面很多都没有引入城市坐标系统，大多以地面参照物做相对位置的描述，当地貌发生变化，原有文字描述已不能准确定位遗址的位置。为保证遗址的准确性，考古人员和设计人员对很多早期发现的遗址进行了补测，对已回填保护的遗址由考古单位进行关键部位重新揭示，确定遗址主要要素的位置坐标。

未央宫遗址属于典型的东方大型土遗址，其特征主要以夯土遗存为主，有地上遗址、地下遗址；有已发掘遗址、已探明遗址和考古推测遗址；其中以地下遗址最多，内容最为丰富，有道路、水系、宫墙、宫门、殿址、功能建筑等，几乎涵盖了遗址区各个功能类型。而这部分遗址展示也成为重点和难点。

综合《雅典宪章》、《威尼斯宪章》、《中国文物古迹保护准则》等文物保护修复原则，再结合未央宫遗址的具体情况，我们将保护与展示原则基本定位于：整体性原则、最少干预性原则、传统性原则和可逆性原则。具体保护手段如下：1. 覆土保护：对地表以下考古现场或地下遗址裸

少府遗址保护展示后

露在地表的遗存所做的回填、加盖覆土，以隔离的方式加以保护的做法。如椒房殿、中央官署、汉代道路、城墙的部分段落、宫墙及其他地下已探明遗址大多采取了这种保护方式。2. 现状保护：对城墙、前殿、天禄阁、石渠阁等体量较大的地面遗址本体以不改变现状为主，适当对原有植被进行整理，对长期遭受风雨剥蚀，水土流失的侵害的部位采取物理加固以延缓遗址的毁坏。3. 加固保护：通常与现状保护合并使用，针对地上大体量遗址本体遭受侵蚀、坍塌危险的保护加固办法。加固保护的材料选择与遗址本体固有的质感较为接近，但又区别于本体，易于辨识。4. 隔离保护：对城墙等地面遗址周边以隔离护栏、参观道路等方式，与周围环境形成隔离，以减少攀登、触摸等人为活动对遗址造成的危害。

在展示方，采取的主要方式有：1. 地表模拟复原展示：这种展示方法是在覆土保护的基础上对保护对象的原有视觉信息进行展示。做法为：对遗址本体进行一定厚度的覆土保护后，进行相应的防水处理，再在其上按 1∶1 做出复原遗址考古现场，这种方法比较直观，视觉冲击力较强，对保存状况好的地下遗址展示效果较好。中央官署遗址、少府遗址、椒房殿遗址都是这种保护方式。（图：少府遗址、椒房殿遗址保护后）2. 视窗展示：这是对地下遗址进行原真性展示的一种方式，对面积较大、不适于原状展示的地下遗址关键部分或有代表性的精彩部位现状揭露，以视窗形式进行展示，与模拟展示和标识展示相互补充，对展示遗址的“真实性”与“完整性”起到很好的效果。3. 标识展示：对已探明地下遗址，按照不同的性质，采用砾石、砖、木、钢材、植物等对其范围进行可识别标识，来展示其遗址位置、规模、形状等信息。这种办法简单易行、维护方便，在未央宫本体展示中被大量使用，如城墙、宫墙边界、道路、已探明地下遗址都采用了这种方式。在道路标识展示中，既按考古成果对原有道路的位置、宽度进行了标识展示，同时又将展示的道路作为供游人参观游览的通行道路，并用不同的颜色对已探明和推测范围进行了区别，确保其真实性不被误读。4. 现状展示：对大尺度地面遗址的展示，如城墙、前殿、天禄阁、石渠阁等，主要体现的是“规模”与“格局”，除进行必要的保护外，对其现状及环境尽量进行最小干预，以体现历史环境下的遗址真实性。

四、施工质量与措施保证

文化遗产保护是一项长期的不间断的工作，每次的保护也都只能是对遗址保存期限的再延长，不可能一劳永逸从根本上解决其最重要消亡的自然规律。但是，不管做何种保护，在当时都应该是最科学的、最好的。再好的方案与图纸，最终都要在工人们的手中把它变为现实，工程质量的好坏与工程进度能否达到要求都是决定成败的关键。未央宫土遗址的特性非常脆弱，施工中很容易出现意外误伤遗址。施工人员的技术和责任心在施工中极为重要。施工单位在进场前对工地施工人员都进行了全员文物保护知识培训，尤其是有针对性地做好农民工的培训，做到对地上、地下文物心中有数。在直接接触遗址本体的保护操作部位，全部由经验丰富的技工来操作，坚决避免出现意外。考古部门、甲方工地代表、监理、施工单位现场管理紧密配合，随时研究解决现场可能出现的问题。

在未央宫遗址本体保护施工中最能体现施工特色的可以用这三个词来概括。即“反复试验”、“精雕细刻”、“最少干预”。

受地域、土壤、空气、降水、湿度等多种自然因素影响，土遗址保护工作的地域化特征很强，能完全复制照搬的成功经验并不多，很多在其他地方可行的方案，因为环境和当地原材料的差异常常会使保护展示效果大打折扣。另外遗址本身特有的气质，也需要有一套和它相适应的保护展示方式。也正是基于这一点，我们在确定每一项新的保护展示方式和材料前，都先做一处或几处试验段进行试验，请各方面专家现场评估后再确定实施。这样做，虽然增加了很多工作量，也占用了不少宝贵的施工时间，但是，我们却得到了最好的保护展示效果。

未央宫遗址的保护展示对象既有像城墙一样需要展示其大尺度原始粗犷性格的展示方式，也有像少府一样需要细致入微精准还原的展示方式。地下遗址的模拟保护展示有两个最基本的要求，第一必须保证形似，第二是要神似。形似就是严格按照考古资料按 1∶1 的比例复原遗址发掘时的原貌，对其格局、位置精准定位，保证遗址本身所蕴含的历史文化信息准确还原，帮助游客理解遗址的真实面貌。神似，就是在做到形似的基础上，还要体现出遗址本身固有的历史感和沧桑感，从整体效果上给人一种强烈的视觉和精神上的震撼。所以，在施工中我们又是把每一项文物保护工程都当做是制作一件艺术品来完成的，整个施工过程可以说是一种精雕细刻的艺术创作的过程。

中央官署遗址施工现场

保持遗址的真实性，进行最少干预不仅是我们的规划思想，也是古遗址保护的一贯原则。在未央宫遗址的保护展示施工中，最少干预成为预防上因不当施工对遗址造成伤害的重要措施。在工程开工之前，施工人员除了熟悉图纸之外，对于遗址周围环境也要熟记于心，对图纸和现状是否存在偏差等问题都要予以仔细考虑和研究，做到心中有数。未央宫内因村庄占压等客观条件限制，考古空缺不可避免，在施工现场随时都可能有无法预见的事情发生。随时根据现场的最新变化来调整干预措施或施工方案是文物保护工程的一大特点。如果一味照图施工，极有可能对遗址造成二次伤害或干预过度。因此，在遗址保护施工中，施工人员要随时注意遗址本体及周围环境发生的细微变化，施工人员对遗址的熟悉程度和工作的责任心是及时发现问题、避免出现问题的关键。为把施工干预过度风险降到最低，施工中采取的主要措施有：一是合理安排工序，严格将工作面控制在最小范围，对周围环境不做无谓的扰动，尽最大限度地保持遗址原有自然环境。二是工程机械仅限于遗址本体以外地段辅助施工，禁止在本体上作业。三是施工人员与工程设计单位保持密切联系，现场环境和遗址特征的一些变化，能随时传递给设计人员，以在最短时间内做出合理的判定。四是在施工中把好材料使用和工艺关，新材料、新工艺都是在进行试验证实之后才应用，确保材料的无公害和工艺的可逆性。

大型土遗址的保护与展示一直是我国文化遗产保护的难点，特别是在城市周边的大遗址。近年来从国家到地方文化遗产保护机构一直在努力探索，希望能够探索出一条适宜本地区遗址特色的保护之路，也取得了一定的经验。同样，多年来汉长安城遗址也一直在保护中努力探索自己的方向，这次采取的地表模拟展示就源自 2003 年所做桂宫二号遗址保护展示的经验。“丝绸之路”我国 22 个遗产点成功列入世界遗产名录，不仅仅代表我国又多了几处世界文化遗产，更重要的是如未央宫、大明宫、汉魏洛阳城等这些有典型中国特征的大遗址能成功列入，说明凝聚着我们这一代人的智慧和为之付出努力的中国式的文化遗产保护的理念正趋于成熟，曾让我们忐忑的保护展示方式得到了国际社会的认可，文化遗产的多样性正在融入东方中国的经验。

（作者：高亚平，西安市汉长安城遗址保管所馆员）

小雁塔申遗监测工作的总结与思考

张　萍

小雁塔的申遗工作在2012年下半年集中开展，至2013年10月接受了世界遗产中心专家的评估验收。2014年6月22日，小雁塔作为“丝绸之路：长安—天山廊道路网”项目的一个遗产点，成功入选世界文化遗产名录。

在小雁塔申遗工作中，我主要从事遗产监测平台的建设部分。工作内容是协助江苏翰远科技股份公司设计和建设“小雁塔遗址监测预警管理平台”，负责提供平台建设所需的各项数据资料。该平台建成后，每天进行数据更新和系统运行维护。具体而言，就是每天必须对中轴线遗产区进行全方位巡查记录，重点记录小雁塔本体及白衣阁、藏经楼、方丈殿、大雄宝殿、东西小亭、慈氏阁、钟鼓楼、天王殿、金刚殿、古树名木等古建、古树的变化情况，添加到预警管理平台。对诸如青砖泛潮出碱、彩绘干裂脱落、游客不当行为、古树黄叶生虫等问题，及时发出预警，并及时联系相关部门协同处理。每天统计一次登塔游客量，补充添加到预警管理平台。每个月统计一次日入园游客量，补充添加到预警管理平台。每次添加更新数据的时候，都要全面检查服务器的线路情况，调试系统运行速度，如有问题出现，及时联系相关部门协同处理，确保全院范围内该系统平台的正常登录、查询。

通过近一年的参与，对于小雁塔遗产的监测管理工作，从一开始的一知半解到最后的详熟于心，付出了很大力气去学习和实践，同时也在工作中不断的思考，为什么我们为一个保存千年之久的古塔建立一个监测管理平台会有这么多的困难而感到力不从心。首先，是我们对古代遗存的监测性保护没有足够的重视。关于这一点，最好的例证就是绝大部分申遗点都是在准备申遗的同时，才着手建立遗产监测管理系统。在此之前，鲜少有遗产点出于预防性保护的理念，主动建立对古代遗存的监测系统，包括小雁塔遗产点也存在同样的问题。正是因为这种长久的重视不足，导致我们在建立遗产监测系统的时候，由于时间仓促，新开发的监测平台中一些数据的收集工作进展缓慢和艰难，甚至一些数据至今尚有空缺。其次，乃是专业人才的缺失。就小雁塔来说，至今也没有文化遗产监测方面的专业人员。这样就导致在申遗工程中花费大力气所建立的遗产监测预警管理平台，很可能会沦为一部监测数据库，失去其原本的监测预警功能。具体来讲，遗产监测预警管理平台的合理机制乃是通过该平台将遗产的各项管理工作都统筹其中，应该有专门的监测人员对各项监测项目负责，实时或者每天定时对遗产及附属古建进行观测，记录数据，并将数据及时更新至监测预警管理平台，由系统根据数据的大小或多少的变化，来判断是否进行预警。如有预警，将直接把预警信号传达给具体负责的部门，由其作出应急反应，进行处理。然而，就我参与申遗阶段的工作来观察，目前的监测预警机制还远远达不到这种较为理想的状态，实际工作中不但仍需要通过人工来传递信息,并且对于预警平台的警戒线数额的设置还存在一定的问题,而警戒线数值的设定又是发出预警信息的前提。因为没有专业的遗产监测管理方面的人才，甚至没有古建专业方面的人才，以至于我们在遗产监测数据和专业分析方面存在不足。同时，尚未建立起多部门互相配合，全面应用该监测预警管理平台，自觉统计数据，作出反应处理的有效机制，也是目前监测工作的一种缺陷。

综上而言，通过申遗监测工作的进行，个人认为，要不断监测预警平台的功能，与此同时，为了对文化遗产进行更科学有效的预防性监测管理，专业人才的引进刻不容缓。在这方面，如文化遗产专业、古建专业、测绘专业、计算机应用专业甚至是环境学、化学等专业的人才都是需要引进的。在今后的监测工作中，愿以上两方面的问题如能逐步得到解决，我们的遗产监测事业将会发展得越来越好。

（作者：张萍，西安博物院馆员）

遗产监测之利器
——世界文化遗产监测预警管理平台

孙振强　申　旺　王袁杰
郭助平　姚一坚　王卫东

丝绸之路·起始段和天山廊道的路网(西安段)包括汉长安城未央宫遗址、唐长安城大明宫遗址、大雁塔、小雁塔、兴教寺等5处世界文化遗产，按照联合国教科文组织世界遗产委员会的要求，申报世界遗产的遗产地应建立科学完善的遗产监测体系，为此我们利用自己在遗产监测信息领域的积累，结合丝绸之路·起始段和天山廊道的路网（西安段）五个申遗点实际情况，与西安丝路申遗相关机构紧密合作,建立开发了申遗点监测预警管理平台,将原本分散在不同部门的监测资料、监测数据统一到一个平台软件里,把本体、环境和管理等方面的监测数据(包括实时数据、仪器数据、人工监测数据）统一管理、分析，并实现了自动预警和规范化、流程化的预警处理机制，通过数字信息化的手段直观地将丝绸之路西安沿线遗产点保护和监测成果展示于联合国世界遗产专家面前。

以满足申遗点遗产保护的需要为基点，充分整合各个遗产点的各种信息资源，利用计算机、物联网、空间信息、虚拟现实、数据库、网络等技术，搭建“监测预警管理平台”，实现对遗产点档案资料管理、遗产展示、监测预警、分析评估和综合决策等功能，并梳理各个遗产点遗产信息资源目录体系标准，遗产点监测办法和规范。

实现遗产点各类基础资料和信息资源采集、传输、存储、管理和服务的数字智能化；建立体系完整、指标丰富、内涵科学的遗产点监测和预警机制；建立具有时效性、交互性、开放性的遗产点展示系统，传承其代表文化；促进对遗产点保护管理工作的规律性研究，制定科学合理的控制要求及整治措施；完善协同办公的工作机制，促进遗产点环境治理和改善，提高文物保护部门的管理能力。

建设遗产监测预警管理平台，明确监测内容，编制监测标准，建立监测管理网络，完善监测管理机制，实现遗产点监测预警和档案资料电子化管理，并建设实时监控和遗产数字展示平台。基本建立五大标准规范体系（要素分类、监测规范、预警标准、遗产评估和跨部门协同工作规范），五大基础数据库（遗产信息、遗产GIS、监测预警、评估决策和公共信息），四大功能（遗产GIS展示、遗产监测预警管理、评估决策管理和信息资料管理）。

系统平台采用微软.net技术开发，B/S结构，使用SQL Server2008R2数据库，基于四层的体系架构，构建监测预警管理平台系统。

平台系统由系统网络层、数据资源层、应用支撑层、系统应用层四个层次组成。

● **系统网络层：** 依托遗产点监测专网和互联网为信息资源整合、信息服务应用整合奠定坚实的基础。

● **数据资源层：** 根据监测业务要求，建设遗产动态信息数据库、档案文献数据库、遗产基础资料数据库、GIS数据库和监测信息数据库、公共信息数据库等。

● **应用支撑层：** 由ArcGis空间数据引擎、微软.net中间件、微软工作流WF、水晶报表、物联网、虚拟展示等各种服务组成，为系统应用层提供数据和技术支撑。

● **系统应用层：** 在数据资源整合基础上，建设遗产监测预警信息系统。

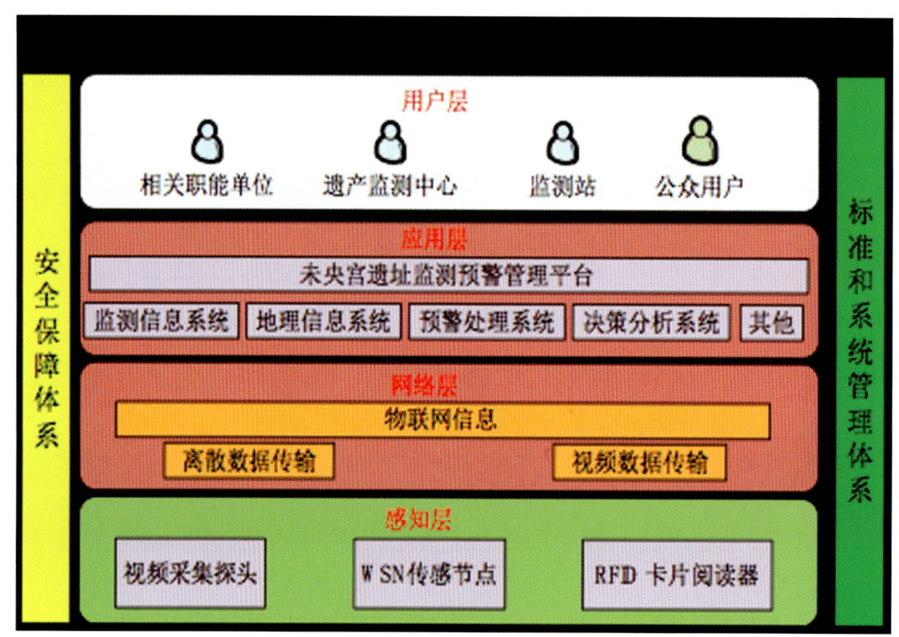

系统架构图

一、监测信息系统

本模块分为监测管理和预警管理、应急管理。监测预警范围覆盖了遗产本体、影响因素、保障体系。

1. 监测标准管理

监测指标的设置是遗产监测和预警的首要工作，必须根据不同类型的遗产设置科学有效的指标体系。

2. 监测点位管理

遗产监测点、位置配置管理。在监测数据录入过程中要使用到监测点选择。在实时采集监测数据的监测点是结合GIS地图来配置管理监测点。添加新的监测点、坐标位置必须保存到数据库。

系统还实现删除监控目标，更新监控目标的功能。

大明宫遗址监测预警管理平台监测系统模块

3. 监测记录管理

本系统实现监测记录管理按类型来分，模块为遗产本体保存状况监测。遗产影响因素监测、遗产保障体系监测。监测记录类型分为：实时记录的监测数据、手工录入的监测数据、图片类的监测记录、视频类的监测记录。

大明宫遗址监测预警管理平台监测系统模块

小雁塔监测预警管理平台监测系统模块

二、地理信息系统

将分散的遗产点遗址信息在 GIS 地图上标注，实现集中展示，向管理人员、业务工作人员及社会公众发布。实现遗产点遗址信息的数字展示，具有虚拟性、海量信息、时效性、交互性、易检性、开放性等特质。实现 GIS 基础功能：放大、缩小、测距、面积、鹰眼等功能；实现了遗产要素的 GIS 标注定位、查询、业务数据展示、物联传感数据的展示、GIS 定位预警信息。

例如汉长安城遗址面积较大，对如此大的遗址，利用监控探头和 GIS 相结合方式进行监控，在 GIS 上，一目了然地查看监控探头位置，随时调看监控视频信息。

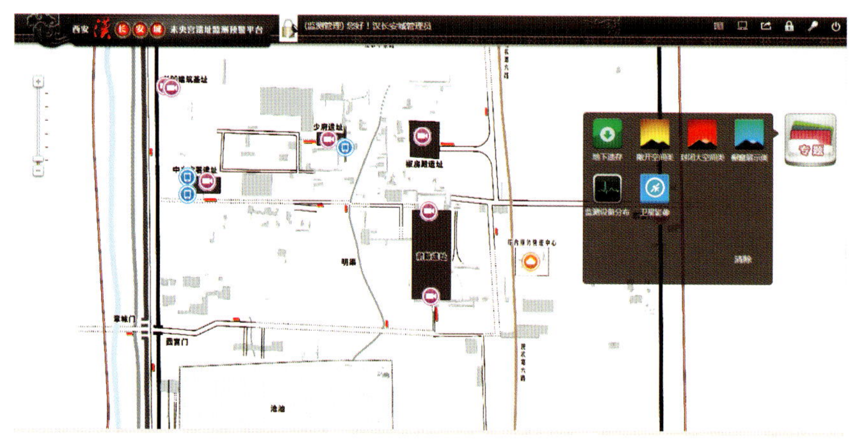

汉长安城遗产监测预警管理平台 GIS 首页

三、预警处理系统

1. 预警设置

根据《遗产预警标准》，把预警设置量化、系统化的过程。结合预警模型，系统自动进行预警提醒、预警临界值、预警等级等。

汉长安城遗址监测预警管理平台预警管理

2. 预警提醒

根据预警设置，结合实践的监测数据，系统判断是否预警，预警等级如何，再根据预警提醒方式，发送责任单位预警提醒信息。

预警提醒可以在 GIS 地图上与定位好的监测点位或遗产结合显示。预警提醒可以关闭。

汉长安城遗址监测预警管理平台预警展示

3. 预警处理

当有预警提醒时，尽量及时处理预警。首先要给出预警处理意见，处理完成后可以关闭预警信息。

4. 历史查询

可以在系统中查询已处理完的预警信息和未处理的预警信息，数据按时间和状态排序。

5. 应急管理

应急管理包括应急预案管理和应急处理，预案是应急管理的前提和基础。根据预警的级别，系统自动启动响应的预案，调度相关的专家、队伍、物资、设备等资源进行应急处置和响应。根据预案类别，当某类预警发生后，系统会自动推荐该类预案作为应急处理意见。

四、决策支持子系统

综合分析决策支持系统不仅是遗产管理的内容，也是实行遗产宏观管理的重要手段。为遗产地保护管理的各项计划的制定，为遗产单位的划定，保护范围及建设控制地带计划和纳入城乡建设规划，为建筑保护、维修，以及文物事业发展计划、长远规划和科学研究提供重要的技术手段。

根据遗产点基础资料信息、动态监测信息和评估总结，结合决策模型，为遗产保护规划、环境治理、专项整治提供科学决策。

1. 统计分析管理

按需统计出各专题图表，直观地分析遗产监测情况。

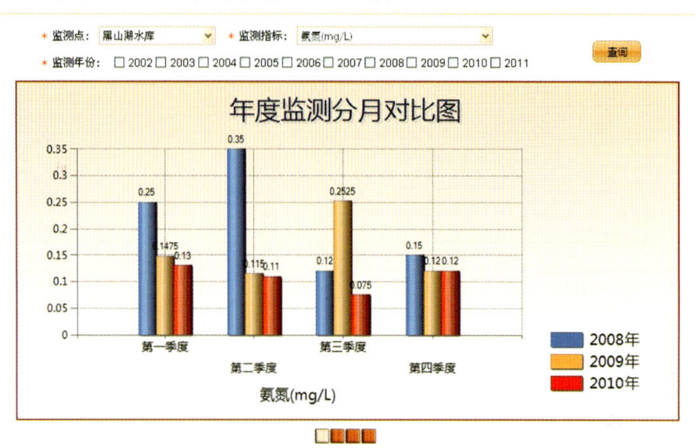

统计分析页面

2. 综合分析管理

监测报告主要是针对遗产点整体的监测报告。而综合分析是针对单个专题的分析，比如环境方面、社会发展影响、旅游管理的分析总结报告。该评价分析可以是监测中心定期或不定期，反应性的组织专题研究。根据遗产监测和预警信息，即存在的问题和不足和图表的统计情况，总结出遗产的保护现状。

综合分析页面如下。该分析报告可以导出 WORD 文件，打印，在线填写。

综合分析报告页面

3. 专家评估管理

对于重点遗产点的监测情况，按需邀请各类专家进行诊断，研究、处理意见。可以打印、导出专家评估报告。

如下图就是一个专家评价系统流程：

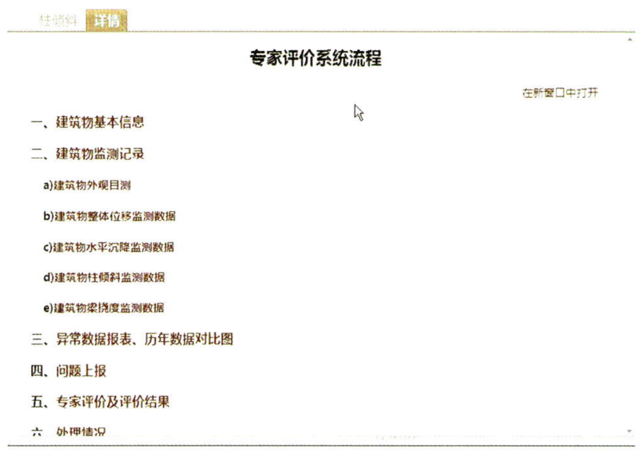

专家评价报告页面

4. 监测报告上报

定期对国家文物局汇报遗产地监测工作，报告格式固定，内容半自动生成的方式产生，完成后直接上报给领导、国家级世界文化遗产监测中心、国家文物局。

报告可以导出 WORD 文件，也可以打印。报告填写完成后可以根据上报流程，在系统内一级一级的上报，领导也可以直接退回报告，也可以修改报告。

以下是联合国要求的监测报告格式页面：

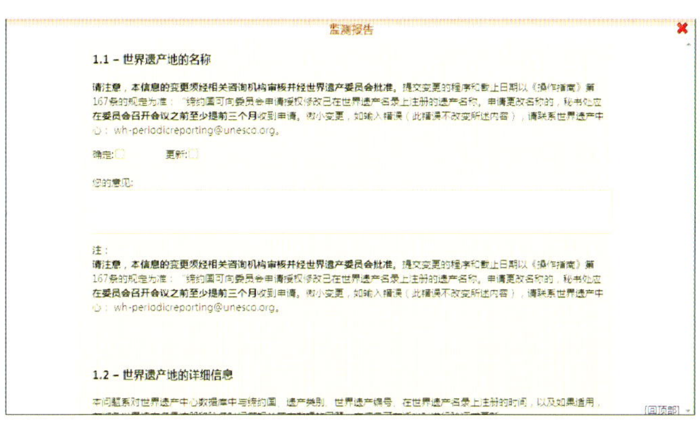

监测报告页面

遗产监测是遗产保护管理的重要内容，依据文化遗产保护管理的实际需要，建立高效的遗产监测预警管理平台系统，实现遗产保护的信息化动态管理势在必行。在申遗之后的遗产保护管理工作中，需要进一步的深化研究，确立完善监测预警指标体系，梳理整合不同文化遗产的监测技术，通过遗产监测系统平台这种不同于以往过分依赖于遗产损毁后应急性的保护工程，它强调的是基于信息收集、风险识别和风险评估等来确定遗产面临的风险因素，通过定期监测和实时监测等方法手段来分析掌握遗产的损毁变化规律，及时降低或消除各种风险因素，使遗产一直处于一种良好的状态。世界文化遗产监测预警管理平台系统的建设，可以更全面、直观地管理文物本体的监测数据，为文物病害、保护管理、保护研究提供科学依据，使文化遗产保护管理体系迈向规范化、标准化和精细化，进而实现文化遗产的预防性保护。

（作者：孙振强、申旺、王袁杰，江苏瀚远科技股份有限公司
郭助平、姚一坚、王卫东，西安瀚恒信息科技有限公司）

现代科技助力申遗

孙振强　郭助平

随着科学技术的不断发展，文物保护方法也逐步向现代化、科技化发展。目前，在文物遗址监测方面的智能化、信息化系统较多，文物保护领域均不同程度地引入监测系统，提高了遗址保护水平。

丝路申遗是瀚远科技在文物遗址监测服务领域中的一个重要契机。在省、市文物局和各申遗点保管所领导的指导及相关工作人员的配合下，通过瀚远科技整个 2013 年的不懈努力，圆满完成了丝绸之路陕西段申遗前的各项准备工作。

一、文物（世界遗产）监测预警体系规划咨询

2011 年发布的《国家文物博物馆事业发展“十二五”规划》指出：“十二五”期间，以世界文化遗产、150 处重要大遗址和国家一级博物馆为重点，初步建成国家文物安全监测平台。建立文物及其周边环境保护状况的监测、预警与响应的动态安全机制。评估文物及其周边环境的保护状况，定期发布文物安全监测报告。

那么，对文物的监测预警工作如何开展？文物（世界遗产）监测预警工作经历了一个从无到有、从简单到复杂、从直觉判断到系统化、从被动到主动的过程。瀚远科技自 2005 年以来，参与了文化景观、历史园林、古建筑、古遗址、古墓葬等不同类型文物（世界遗产）的监测预警管理业务规划和软件服务工作。可以为各遗产地提供遗产监测预警体系规划咨询业务，内容包括：

1. 梳理监测框架——根据遗产的自身特点，分别对遗产的监测站点、对象、内容、指标、频率等进行业务指导和说明，通过监测框架的梳理，确定不同遗产的监测重点和标准。

2. 设计监测软件功能——根据监测业务框架和遗产地管理模式，设计合适的软件功能架构，并对软件功能进行定义和描述。

3. 设计监测网络系统——根据监测业务框架和遗产地管理模式，设计监测网络拓扑结构，提供监测设备性能指标。

4. 提供申遗服务——瀚远科技自 2010 年起连续参与了杭州西湖、内蒙古元上都和红河哈尼梯田三个申遗项目，对于申报世界遗产的文物管理机构，瀚远科技可以提供特别针对申遗的遗产监测相关服务。

二、文物（世界遗产）监测预警管理平台开发

全国各地的文物管理部门大多数已经开展了监测工作，比如安防视频监控、消防、客流量、环境（气象）等监测工作，但往往各自独立，没有一套软件可以整合管理所有监测预警相关数据。

文物（世界遗产）监测越来越受到文物管理部门的重视。全国各遗产地纷纷成立了专门的遗产监测管理中心。如苏州古典园林、武夷山、丽江古城、故宫、颐和园、杭州西湖、登封“天地之中”历史建筑群、嘉峪关长城等。监测中心相当于文物（世界遗产）的“CT室”，它需要一整套“设备”实现对文物（世界遗产）的“全身检查”，以便综合分析判断文物（世界遗产）的“健康状况”。

文物（世界遗产）监测预警管理平台开发是瀚远科技智慧文物解决方案的核心。实现了“一套软件整合管理所有文物监测数据（包括安防监控、客流量监测、环境监测和本体监测等）”。它通过GIS技术、物联网技术、通讯技术等直观展示监测预警状况，通过自定义工作流处理预警和专家评估流程，通过智能报表系统进行决策分析和撰写监测报告。

文物（世界遗产）监测预警管理平台包括GIS、遗产信息管理、监测管理、预警管理、公众参与、决策分析和档案管理等功能。并实时集成安防视频监控、客流量、环境（气象）等监测数据。

瀚远科技开发的“瀚远世界文化遗产监测预警管理软件”荣获了“江苏省高新技术产品”、“江苏省优秀软件产品——金慧奖”，同时入选了“江苏省自主创新产品目录”；该软件受到了国家文物局、国内外世界遗产专家和各遗产地管理机构的一致认可。

三、遗产监测中心系统集成设计与施工

随着世界遗产问题的提出和发展，各种文化遗产的保护管理越来越受到重视。目前，各级保护管理机构均已开展监测工作，有些设立了专门的监测中心。瀚远科技可以依据监测中心要求的功能和使用要求，将遗产监测所需的软件、硬件、网络集成起来，提供监测中心系统集成设计与施工服务，主要分为：

1. 监测网络与传输体系——利用远程监测数据融合与传输技术实现对传感数据的压缩、预处理和远程传输，在数据处理中心实现海量数据的快速分析和处理，搭建起遗产地工程实时监测体系，建立整体性、全方位的遗产地监测管理系统。

2. 监测设备集成——提供设计、设备安装和配置、工程实施、配套软件安装和配置、网络调试、系统联调等服务。监测设备主要有遗产监测中心的软硬件基础设施；动态管理和监测预警系统平台；分布式自动数据采集监测系统；测控一体化信息采集监测站点。

3. 监测中心智能化——监测中心依托遗产监测预警信息管理平台，使用现代化的技术手段可以主动及时发现遗产监控区域内可能发生的灾害，并进行超前预报，为遗产的保护管理工作服务。

多哈世界遗产大会的落幕，标志着世界申遗史上跨国联合申遗的一个新时代，也是丝路起点城市“西安”再次闪耀世界的伟大时刻，更是多年来对致力于丝路申遗工作者最大的肯定和褒奖。

（作者：孙振强、郭助平，江苏省文物智能监测管理软件工程技术研究中心）

申遗利器之文博档案管理系统

郭助平　宁瑞琪

一、档案建设在丝路申遗中的作用

文博档案是一个城市历史变迁的缩影，记录了城市文化融合、发展的历史过程。西安是一座古韵浓厚的城市，从汉长安城到大雁塔，从大一统到盛唐文化，这个城市的每一个角落都蕴含着历史的气息。曾经有人说，你脚下踩的一块青砖，可能都经历了上千年的历史，也许有些夸张，但用来形容这座历经了几千年的古城，似乎也没有什么不妥。人类的文化遗产由于年代久远，所存的相关资料有限，留存的档案对其历史及价值的考证则显得尤为重要，“丝绸之路—天山廊道”西安段几个遗址点的申遗成功，使我们更明确地认识到文物档案建设在申报世界遗产中不可替代和忽略的重要地位，这也正是档案对于丝绸之路申遗的深远意义的原因。西安瀚恒自进入文博行业以来，一直致力于文博档案管理系统的建设，始终坚持技术创新的发展思路，基于领先的软件框架技术下，系统架构具备了高效的可靠拓展性和良好的系统优化性，加上瀚恒科技丰富的档案实践案例和专业化服务开发团队的支持，我们有理由也有信心更好地服务于文博行业。

申报世界遗产，首先是为了使之能纳入联合国教科文组织的监督之下，使之获得更为有效的保护，科学完整地为当代、更为子孙后代保留这些大自然的神奇造化和珍贵的历史遗存。世界遗产的申报成功，是国际社会对一个地区优秀遗产文化的承认。而实现文博档案信息的数字化、自动化管理是申报世界遗产的基础工作。我国的文物档案数字化目前为止还处于比较落后的阶段，很大一部分文物单位的档案管理还处于被动的、粗放性的管理模式，档案工作手段主要依靠手工操作来进行，不仅程序繁琐，手工劳动量大，而且案卷质量参差不齐，加之纸质文物的保护难度，文物档案数字化建设显得至关重要。文博档案管理系统着重解决文博单位的各种电子化文档和图像等资料的备查、存储、借阅和抢救等工作以及对电子化文档的智能检索，并且结合当前文博单位目前对纸质文档的管理、借阅等进行有效管理，为申遗档案提供坚实的技术保障。

二、申遗档案工作的主要内容及沿用标准

1. 世界遗产申遗资料内容

世界遗产委员会对申报工程中需要提供的材料做了规定，其中重要的两项为说明材料和保存状况。说明材料包括遗产的描述和图标、照片、历史状况、文献资料；保存状况包括保护管理机构、

此前的保管过程、保护措施、管理规划等。这些方面的相关档案，是申报项目历史价值在申报过程中的实物表现。

需要提交符合《公约》的包括：列举符合公约的哪些标准、遗址点的保护状况、遗产的真实性、遗址点地形图、平面地图、管理单位资料、考古挖掘的资料、相关研究学术论文、以及该遗址点的申遗价值等等。除此之外，还要搜集有关遗址的相关图书资料、地方志等，并对所有的资料进行整体编目，合理归纳，这些资料都是申遗点能申遗成功的关键档案，根据“四有”档案的建档规范，相应增加相关遗产专项内容。申遗档案分别由主卷、副卷、备考卷三部分组成，主卷包括：文字、图纸、照片、拓片及摹本、保护规划及保护工程方案、文物调查及考古发掘资料、文物保护工程及防治监测、文物展示、电子文件、续补等十种案卷；副卷包括：行政管理文件、法律文书、大事记、续补等四种案卷；备考卷包括：参考资料、论文、图书、续补等四种案卷。如图：

2. 西安市丝绸之路申遗档案工作内容规范

2012 年 11 月 30 日

序号	四有档案卷目	四有档案原有目录及内容	增补申遗专项内容
1	主卷文字卷	（一）全国重点文物保护单位登记表 （二）地理位置 （三）自然与人文环境 （四）历史沿革 （五）基本状况描述	1. 遗产价值描述 2. 丝路价值描述 3. 丝路文物登记表

续表

序号	四有档案卷目	四有档案原有目录及内容	增补申遗专项内容
		（六）价值评估 （七）相关研究情况 （八）历次调查、发掘、保护工程、展示情况 （九）保护范围、建设控制地带及建设项目控制情况 （十）保护标志情况 （十一）保护机构情况 （十二）安全保卫工作情况 （十三）附属文物登记表 （十四）重要文物藏品登记表 （十五）古树名木登记表	
2	主卷图纸卷	（一）总体图纸：地形地貌图；地质图；行政区划图；文物分布图；保护范围和建设控制地带图等 （二）考古图纸：考古发掘平面图；典型地层剖面图；重要遗迹分布图和平、剖面图；典型器物图等 （三）建筑图纸：建筑群体总平面图；单体平面图、立面图、剖面图；结构图、节点大样图等 （四）历史资料性图纸和研究复原图等	
3	主卷照片卷	（一）全景照片；群体和单体的外景、内景、重要部位照片 （二）附属文物、重要文物藏品、主要古树名木照片 （三）保护标志牌、说明牌及界桩照片。 （四）重大活动照片 （五）重大事故、自然灾害或其他异常现象照片 （六）历史资料性照片	在（三）中增补丝路申遗界碑、界桩照片
4	主卷拓片及摹本卷	（一）摩崖石刻、碑碣、重要铭刻等拓片 （二）壁画、岩画等摹本	

续表

序号	四有档案卷目	四有档案原有目录及内容	增补申遗专项内容
5	主卷保护规划及保护工程方案卷	（一）保护规划 （二）保护工程方案	1.在（一）增补历次申遗保护管理规划文本。 2.在（二）中增补申遗相关保护工程方案。
6	主卷文物调查及考古发掘资料卷	（一）文物调查记录 （二）考古发掘记录、工作报告等	
7	主卷文物保护工程及防治监测卷	（一）文物保护工程记录、竣工报告等 （二）文物监测、病害防治记录及成效报告等	1.在（一）中增补申遗相关保护工程资料。 2.增补并单列（三）监测卷：包括本体监测、环境监测、气象监测、水文监测、土地监测、植被监测。
8	主卷文物展示卷	文物展览及陈列方案、工作报告等	增补丝路申遗专项陈列方案、工作报告等。
9	主卷电子文件卷	与本处全国重点文物保护单位有关的各类电子文件	增补并单列环境整治卷：内容包括环境整治方案、施工图、工程资料。
10	主卷续补卷	收录主卷内容的动态续补	
11	副卷行政管理文件卷	各级人民代表大会、政府和文物行政管理部门发布的，关于本处全国重点文物保护单位的专项法规、文件、布告、通知等	1.增补安全保卫记录卷。 2.增补并单列申遗增补卷，内容包括：人员培训计划与状况：收载历次举办的人员培训计划、培训资料及培训说明等资料。

续表

序号	四有档案卷目	四有档案原有目录及内容	增补申遗专项内容
12	副卷法律文书卷	各级政府、文物行政管理部门或文物保护管理机构与使用单位、群众性保护组织等签署的责任书、保护合同及其他法律文书	增补丝路申遗专项法规文件
13	副卷大事记卷	与本处全国重点文物保护单位相关的重大事件记录	增补并单列申遗增补卷，内容包括： 1.申遗专栏卷：与申遗相关的大事记摘录。 2.文化活动卷：以遗产为依托，举办的各类大型文化活动记录。
14	副卷续补卷	收录副卷内容的动态续补	
15	备考卷参考资料卷	与本处全国重点文物保护单位有关、具有参考价值的非正式出版的各种资料	1.增补能够体现遗产地丝路价值、与丝路关系的非正式出版资料。 2增补宣传教育卷：收载各类以遗产为依托举办的旨在宣传遗产点或起到宣教目的的活动资料，比如艺术节、遗产点免费开放活动、各类捐赠活动、申遗专项宣传活动等。
16	备考卷论文卷	与本处全国重点文物保护单位有关的正式发表的研究论文、散见于各种出版物的考古发掘报告（简报）、文摘、报道、历史文献等。上述论文资料数量较多的，可选取有代表性的归档，其余部分编入目录	增补能够体现遗产地丝路价值、与丝路关系的发掘报告、论文、历史文献等

续表

序号	四有档案卷目	四有档案原有目录及内容	增补申遗专项内容
17	备考卷图书卷	与本处全国重点文物保护单位有关的各种图书。上述图书资料数量较多的，可选取有代表性的归档，其余部分编入目录	增补能够体现遗产地丝路价值、与丝路关系、丝路专题研究的图书
18	备考卷续补卷	收录备考卷内容的动态续补	

三、参与申遗档案建设的感悟

作为文博档案系统开发实施团队中的一员，我和我的同事们很荣幸参与了西安部分申遗点的档案实施，在丝路申遗过程中我们不仅完善自己档案工作中的不足，也向国际专家展示了我们档案工作的管理思路和成果。同时我们也有了向他们学习档案管理工作好的方法和思路的机会。在这个过程中遇到了很多困难，因为世界文化遗产委员会对于申报的遗产档案，有非常高的要求，我们所有人都是第一次接触，但是整个过程下来，面对申遗的圆满成功，所有的付出都是值得的，从最初的协助申遗单位对档案的搜集、整理、归档，到档案数字化复印、扫描到最后的编目、粘贴照片、粘贴文件、归档，严格按照申遗档案的标准一步步进行。虽然所有的问题最终都得到了解决，但是从档案实施的过程中，也存在一些普遍的问题，我国的文物档案工作还处于基本靠手工，用时才整理的状态，由于专业性人员缺乏，有些文物档案的管理还不规范，基于对当前的形势，除了加强档案工作人员专业知识的能力之外，要加快文博档案系统的建设进程，档案数字化管理会逐步取代传统的档案管理模式，实现规范化、标准化管理，所以作为文博档案管理系统的实施开发方，我们会继续致力于为文博单位提供定制化、高效的档案系统技术以及服务。

（作者：郭助平、宁瑞琪，西安瀚恒信息科技有限公司）

为申遗助力

——记丝路申遗监测项目

蔡文超 陈 曦

江苏瀚远科技股份有限公司承担了西安市五处遗产点的监测预警系统建设任务,从前期调研、方案设计、设备安装、系统开发、模拟汇报到最终的总结汇报，全程参与了此次申遗的监测任务。

一、丝路监测系统的准备与运行

1. 监测准备

按照联合国教科文组织世界遗产委员会的要求，申报世界遗产的遗产地应建立科学完善的遗产监测预警系统。国家文物局也在2012年4月下发的《关于推进丝绸之路申遗工作的通知》中明确要求丝绸之路沿线各遗产地“建立必要的监测管理系统，配备安全技术防范设施”。

早在2012年，公司就着手准备西安五个遗产点的丝路申遗项目前期准备，通过实地调研、走访专家等一系列手段,根据五个遗产点不同的遗产环境,制定了保护监测预警方案,上报省文物局、国家文物局并获得了通过。通过一系列科技手段，与遗产方的管理人员一道试图构建全方位的、系统科学的文化遗产监测体系，包括检测流程、监测手段管理、监测说明等一系列措施，也对申遗后的遗产监测提出了自己的构想。在2012年完成了监测管理系统以及安技防、监测设备的安装。后又经过一年多的反复调试，终于完成了整套监测系统的建设。

瀚远公司还协助遗产方，为每一处遗产点建设了专用监测室，不仅整合了当时现有的安消防系统，也为新型监测一体化的新型遗产监测方式做出了尝试，也为未来的新型遗产保护探索出了新的道路。

2. 监测推进

丝路申遗项目不仅是陕西省的一件大事,也是我国“走出去”战略的重要支点,丝路申遗的成败,关乎至深。所以，此次线路申遗，无论是省、市、遗产点，还是协作单位，都付出了巨大的辛劳，切实做到了“一切以保护文物为中心”；各级领导无比重视，尤其在监测保护方面，由于涉及工程建设、施工、系统开发等等环节，没有多个行业、多个部门的人齐心配合是不可能完成的。

在申遗以前，各方对遗产保护的理解不甚深刻，遗产点也总用人工巡查、人工观测代替一切监测保护,对文物保护监测的重要性认识不足,随着丝路申遗项目的逐步推进,不仅是遗产管理者、遗产使用者以及公众都认识到了保护我国优秀文化遗产的重要性。遗产管理者们也开始寻求更加智能化、更加精细化的遗产保护方式。过去粗放式的保护已经不能满足我国文化遗产走向世界的需要。应用最近科技成果，与国际文物保护制度、手段相衔接才是遗产保护的大势所趋。

在申遗过程中，很多遗产地逐渐意识到：树立为文物安全的保存环境为主的保护理念，是预防性保护的需要，通过对遗产地环境的有效监测与控制干预，最大限度地防止文物的损坏，达到长久保存文物的目的。文化遗产的风险评估，控制文物病害的发展，改善文物的保存环境与参观环境等，都需要监测数据作为依据。因此，监测是遗产地管理机构对文物保护、管理做出决策的基础支撑。

在申遗进行过程中，西安市文物局和当地五个遗产点都极度重视申遗监测工作，各方领导都多次进行了检验检查甚至模拟申遗演练，力争做到世界文化遗产监测规程里的各项要求，包括现状识别、明确价值、分类试点、全面监测等方面。在监测指标体系建立的基础之上，以文物保护第一的基本原则，采用先进的三维激光扫描技术、GPS、数字近景摄影测量技术等设备仪器，快速准确地采集文化遗产可能包含的各项信息。采用温湿度传感器、风速传感器、雨量传感器等仪器，实时监测环境变化，即时传输数据。采用多功能传感器、应力波技术、无损检测技术等相关设备，对建筑结构的材质进行监测。通过 GPS 和无线通讯技术来实现自动化采集和远程实时传输。同时视频监控系统可以和监测系统平台实现无缝链接，自动监控、判断各种险情，并且可以自动记录和发送预警通知。采用移动终端现场采集监测数据，可以在日常巡查的时候使用平板电脑、智能手机等设备现场监测采集数据。

在申遗监测的过程中，我们也不可避免地遇到了一些问题，如监测数据的合理展示、监测预警值的设定、高科技设备仪器的使用等等，物联网在文物保护中的应用还处于探索阶段，其中涉及的领域非常广泛，需要计算机、文物保护、工程建设等各方面的专业技能。目前整体技术尚不成熟，还需要实践的检验。

原来的各遗产地监测工作一般较为分散，常常由不同部门的人轮流执行，由于过去的日常监测基本靠人力主观判断，容易出现错漏或者判断失误。除了专门委托专业机构的监测，基本没有监测分析报告，很难从宏观的角度来了解遗产地的情况，因此我们以建设世界遗产动态监测预警管理为目标，明确监测内容，编制监测标准，建立监测管理网络，完善监测管理机制，实现遗产点监测预警和档案资料电子化管理，集成安防消防系统，并初步建设实时监控和遗产数字展示平台。在本次申遗工作中，遗产监测已经完全由一个谁都可以做、缺乏标准的方面，变成了有独立的监测室、监测人员、监测系统的文物保护。

二、总结

在本次申遗中，各遗产点基本建立了丝绸之路世界遗产监测管理信息平台五大标准规范体系（要素分类、监测规范、预警标准、遗产评估和跨部门协同工作规范），五大基础数据库（遗产信息、遗产 GIS、监测预警、评估决策和公共信息），四大功能（遗产 GIS 展示、遗产监测预警管理、评估决策管理和信息资料管理）。通过部署监测预警平台软件，将原来分散在不同部门的监测资料、监测数据统一到一个软件里面来，把本体、环境和管理等方面的监测数据（包括实时数据、仪器数据和目测数据）统一管理、分析，并实现了自动预警和规范化、流程化的预警处理机制。监测平台作为向世界遗产专家现场汇报工作的有机组成部分，它直观地体现了遗产监测管理机构的工作状态，向专家展示是如何进行遗产监测和保护的，为申遗增添了光彩。另外以直观体现遗产本体（城墙、都城遗址、古建筑等）、环境（气象、生态、建设行为等）、安防消防等监测的动态管理过程，体现预警标准和处理规范。监测平台有效地管理各类遗产要素的基础资料，包括文字、图纸、影像等，更重要的是档案管理，方便检索和查询相关文献图纸资料。此外还通过一些直观的统计图表，体现遗址保护和管理成果。

丝绸之路申遗成功，不仅证明丝路本身所具有的重大意义和价值之重，也说明我们在保护丝绸之路的过程中所作出的探索符合联合国教科文组织要求、符合线性文化遗产保护需要。归功于我们怀以极大的决心和勇气所积极探索出的保护丝绸之路的科学规律和有效手段。申遗并不代表我们保护丝路文化遗产的结束，恰恰是我们万里长征的第一步，如何传承世界文化遗产，有效保护与利用世界文化遗产，是我们做好丝绸之路申遗工作的同时应该着手考虑的又一重大课题。

（作者：蔡文超　陈曦，江苏瀚远科技股份有限公司）

浅谈丝路开发与沿线文物遗址保护

王京平

举世闻名的丝绸之路，是史上横亘欧亚大陆的重要交通线。在相当长的一段时间里，这条交通线沟通了欧亚之间政治、经济和文化联系，成为中国人民同中亚、西亚、欧亚人民友好交往的桥梁。由于中国丝绸源源西运，东西方交通得以畅通，形成了一条连接欧、亚大陆的交通大道——丝绸之路。

丝绸之路犹如一条绮丽多彩的锦带，从我国古代的长安城（今西安市）穿行河西走廊，沿塔克拉玛干大沙漠的南北缘，越过伊朗高原，绵亘万里，迤逦西去，一直延伸到地中海东岸和北岸。这是公元前2世纪到公元11世纪后中国同印度、两河流域、埃及、古希腊、罗马友好往来之路、经济文化交流之路。这条路上，不仅有众多的文物景点，还有漫漫平川、茫茫高原，也有雪山冰峰。开发丝绸之路，再现当年雄风，是建设丝绸之路经济带的重要措施之一。

习主席提出，为了使欧亚各国经济联系更加紧密、相互合作更加深入、发展空间更加广阔，我们可以用创新的合作模式，共同建设“丝绸之路经济带”，以点带面，从线到片，逐步形成区域大合作。

丝绸之路沿途存在着大量神秘现象、难解之谜，这将会激发人们探险旅游的热情，人们希望通过旅游活动认识和了解在自然与人类社会中存在着的种种神秘现象和知识，并加以研究、解决。丝绸之路将成为21世纪的旅游热线，同时，丝绸之路的重振，将会推动丝路沿线地区经济的大发展，从而有力地促进丝路沿线文物遗址的保护工作。

一、开发丝绸之路的必要性

丝绸之路驰名中外，近年西北各省大都有程度不同的开发措施，但未形成气候，更未形成规模，市场成熟度不足，设施相对滞后，仅处于初期阶段。为此，建议乘丝绸之经济带建设的大好机遇，加大开发力度，吸引更多的人流、物流、财流，发展人文观光旅游，促进文物遗址的保护。

1. 有利于保护文物

在丝绸之路上留下了无数汉唐古墓、千佛洞、古城池、古烽燧、古建筑，历经千年苍桑，受尽无情风雨剥蚀，又有人为破坏。倘若不采取措施，这些古迹将被继续破坏，造成人类文化遗产的巨大损失。

2. 有利于弘扬传统文化

丝绸之路，是汉唐文化开放的历史见证，是世界史展开的主轴，也是中华民族的骄傲。在这条大道上，当年汉武帝、唐太宗曾活跃一时，张骞、班超、甘英、法显、玄奘、慧超、长春真人、马可波罗留下了辉煌的篇章。展示这些文化遗产，有利于启迪后人，以史为鉴，开创未来。

3. 有利于发展旅游业

丝绸之路是西北地区得天独厚的旅游资源。这里不仅有兵马俑、汉阳陵、西夏王陵（中国金字塔）、法门寺、莫高窟、楼兰古城，也有华山、太白山、祁连山、天山，还有辽阔的草原、浩瀚的沙漠、幽深的湖泊，是人们回归自然，追寻自然野趣的天堂，也是亚洲探险、旅游的乐园。开发这些历史文化、自然资源，使其成为西部大开发的经济增长点，也会吸引更多的游客，有利于发展旅游业。

二、开发丝绸之路的依据和背景

丝绸之路大约在 11 世纪之后，其国际贸易逐渐由海路进行，加上西部地理环境恶化，民族变迁等因素，丝绸之路日趋衰落，终于退出历史舞台，它的路线被塔克拉玛干大沙漠吞没，它的光辉历史也被人们渐渐遗忘。

1895 年 1 月，瑞典探险家斯文赫定在塔克拉玛干沙漠腹地惊奇地发现了一座被沙漠掩埋的古城——丹丹马里克，又于 1900 年 3 月在死亡之海——罗布泊西岸发现了楼兰古城遗址。斯文赫定的发现在世界引起极大轰动。于是，瑞典、俄国、英国、法国、德国和日本纷纷派考察队来访古寻宝。丝绸之路被重新发现，史学家陈寅恪教授对此慨然叹道：“丝绸之路，吾国学术之伤心史也！”

自 19 世纪末至 20 世纪末，历史把丝绸之路推向世界。一个世纪以来，对这些文物文献的研究，造就了陈寅恪、陈垣、季羡林、冯承钧、张星粮、向达、黄文弼、马雍、李学勤等卓越的学者。他们中有许多人把终身献给了丝绸之路的研究事业，为丝绸之路的科学研究奠定了基础。

随着丝绸之路经济带建设工作的展开，我们应抓住这一机遇，继承并利用前人研究成果，与沿线各省文物、旅游、文艺界联合起来，组成跨行业、跨地区的组织，做好开发丝绸之路工作。丝绸之路，以其重要的历史地位和丰富的文物资源、自然资源，将在西部经济建设中再次扮演重要角色。

三、开发丝绸之路的设想

总体设想：以长期有效保护历史文化遗产为前提，以美化丝路生态环境为基础，以促进西部经济大发展为目标，坚持保护与开发并重，考古发掘与科学研究相结合，学术交流与旅游景点开发相结合，使其成为历史文化内涵深、科技含量高、娱乐参与性强的一道新旅游热线。为此建议首先建设好丝路之源工程：

1. 保护展示汉长安城西安门遗址，使其成为丝绸之路起点，并设立丝绸之路饯行仪式等旅游参与项目。

2.在汉长安城遗址筹建“丝绸之路博物馆”，展示丝绸之路沿线相关文物遗址、物产及风土人情。

3. 定期举办丝绸之路文化交流活动，举办丝路论坛，开展海内外宗教寻根活动等。

4. 开展丝绸之路沿线文物遗址考察活动。丝绸之路是海外文化旅游的友谊大道，不仅日本、南韩等邻国注目，英、法、德、意、中东等国也十分关注。为此建议组织丝绸之路沿线文物遗址考察活动：

（1）组织国际丝路古城考古活动，其路线是：汉玉门——楼兰古城——吐鲁番——高昌古城——交河古城——古城——和田。

（2）组织帝陵文物考察：秦兵马俑——汉杜陵——唐乾陵——西夏王陵等。

（3）组织佛教入中土寻访活动：法门寺——天水麦积山——青海塔尔寺——敦煌莫高窟——新疆千佛洞。

5. 建立“丝绸之路研究中心”。设丝路史、丝路宗教、丝路艺术三个研究室。

丝绸之路饮誉海内外，倘若加大保护利用开发力度，不仅有社会效益，经济效益亦会非常显著。丝绸之路沿线文物遗址的保护性开发，将促使人们更加重视文物保护。进而以点带面，逐步形成旅游热线，促进沿线文化、经济大发展。丝绸之路必将再次大放异彩。

（作者：王京平，西安帝陵保护中心主任、副研究员）

城市现代化背景下的文化遗产保护探索与实践

——以大明宫遗址成功入选世界遗产名录为例

师文博

一、大遗址保护与城市发展

西安是与开罗、雅典和罗马并称的世界四大古都之一，“丝绸之路”东方起点，中国十三朝古都所在地，已有3100多年的建城史和1100多年的建都史，其辉煌的历史和丰富的文化遗产举世闻名，悠久的历史，赋予了西安丰厚的文化积淀，地上地下蕴藏着各种各样的文化遗存。目前登记的遗址点有700多处，其中周、秦、汉、唐四大遗址区最为著名，总面积约108平方公里。

唐代是中国封建时代最为繁荣昌盛和兼容开放的时期，也是中华民族引以为傲的一段历史记忆。唐大明宫作为唐长安城三处大型宫城之一，因其规模巨大、制度完备、皇帝朝寝时间最长，被看作是大唐帝国的统治中心和国家象征，被认为是唐代宫室制度和建筑艺术的高度成就和典型代表，是中国古代宫廷建筑的巅峰之作。

由于西安大遗址的特性——土质、埋藏浅、可视性差，使其极易遭受自然与人为的破坏。特别是随着近年来城市经济、文化建设的快速发展，对于大遗址的保护形势严峻，尤其距城市中心较近的遗址更是如此，大明宫遗址情况尤为典型。

由于历史原因，大明宫遗址区及周边整体环境极为复杂，市政设施滞后，交通治安状况较差，社会面复杂，生活环境恶劣。随着周边区域的快速发展和西安市政府北迁、城市地铁开建等重大工程实施，该区域的整体改造已刻不容缓。作为国家大遗址保护的重点项目和丝绸之路申遗的重要组成部分，该项目受到国家文物局和有关国际组织的高度重视。

在高速城市现代化进程中，如何继承和弘扬优秀传统文化，保护和延续千年古都的历史文脉，凸现城市鲜明的历史文化特色，将大明宫遗址这一深厚的历史文化资源转化为经济发展的推动力，努力保持西安在新一轮激烈的城市竞争中的优势，成为摆在我们面前的迫切任务。一面是不断加快的城市化进程，一面是无法再生的文化遗产，如何在两者之间求得平衡？2007年，财政部、国家文物局发颁布《“十一五”期间大遗址保护总体规划》，明确提出建设唐大明宫遗址保护展示示范区，为我们提供了一条充满启发意义的新路径：即跳出“就保护而保护”的狭义理念，追求“文物保护、弘扬文化、促进发展、改善民生”。

二、大明宫遗址保护的工作实践

1. 重视程度前所未有

大明宫遗址区保护改造工程肇始于2006年“人文奥运·盛典西安”大型文化活动。当时，只有含元殿和麟德殿在2000年进行过砌体保护，其他遗址除个别用铁栅栏简易围栏保护外，大部分与民居混杂一处。整个遗址区上覆压着7个城中村和西安市最大的棚户区，居住人口达10多万。

2007年，西安市委、市政府在充分调研的基础上，按照申遗要求，高标准启动大明宫遗址整体保护工程，大明宫国家考古遗址公园及周边城市改造拉开序幕。为此，西安市委市政府印发了《大明宫遗址区保护改造实施方案》，成立了由市委书记、市长共同任组长，文物、规划、国土、财政、房管、工商、税务等27家部门主要领导组成的西安市大明宫遗址区保护改造领导小组，具体负责大明宫遗址区项目的组织领导和决策协调，这在西安文物保护史上前所未有。

2. 创新体制为遗址公园建设提供保障

大明宫遗址区规划面积19.16平方公里，跨新城、未央、莲湖三个行政区。由于各区情况存在较大差异，为保证项目的“五统一”（统一策划，统一规划，统一拆迁，统一建设，统一管理），市委市政府决定在领导小组下设领导小组办公室（简称“保护办”），委托国家级文化产业示范区——西安曲江新区全面实施大明宫遗址区保护改造工程，具体负责遗址及周边区域征地拆迁、产业发展、招商引资、规划建设、土地开发管理、遗址公园建设等，同时对事权进行具体划分。

其中，事关民生的遗址区居民拆迁安置工作，是大遗址保护的基础性和关键性工作。根据事权划分，拆迁安置工作由保护办分工配合所在辖区熟悉当地情况的街道办事处共同实施，这一举措取得了良好效果，确保了拆迁工作的顺利进行，为公园建设奠定了良好基础。自拆迁工作全面启动以来，共拆除占压遗址的各类建筑370万平方米，拆迁户近26000余户，涉及89家企事业单位，7个自然村，妥善安置了10余万人口，彻底改变了大明宫遗址长期与城中村和棚户区叠压的状态，使大明宫的历史格局、建筑规模、地形地势、历史环境得以重现，实现了大明宫遗址的完整保护和展示。上述工作从根本上解决了土地权属问题，这在全国尚属首例。知名学者安家瑶曾说“大明宫大遗址保护是把3.5平方公里的格局通过围墙的形式保护下来，在古遗址和当代人类生活之间形成一个新的界面”。

为保证遗址公园建设顺利进行，在保护办成立的同时，成立大明宫投资集团，作为项目实施主体和融资平台，以“文化＋旅游＋城市”的曲江模式，高起点高质量进行公园的策划、规划、建设和管理，得到了国家文物局等有关部委的高度肯定。

3. 结合实际，统一规划，分步实施

大明宫遗址区地处西安城市中心区域，规划面积19.16平方公里，国家考古遗址公园为3.5平方公里，周边改造区域为15.66平方公里。区内部分地段已形成一定规模的商业中心和居住区，根据城市业已形成的格局，经统一规划，遗址区在空间上最终形成一心（大明宫国家遗址公园）、

两翼（以火车站北广场为轴心，沿陇海线形成东西大城市改造板块）、三圈（形成未央路、太华路、北二环三个商业圈）、六区（文化旅游区、商贸服务区、商务核心区、改造示范区、中央居住区、集中安置区）。

整个大明宫遗址区保护改造周期为五年，分三步实施。

第一步（2007—2008年），启动建设大明宫国家遗址公园，基本完成大明宫国家遗址公园范围内的拆迁，全面启动建设大明宫遗址区保护改造19.16平方公里规划范围内的城市基础设施；

第二步（2009—2010年），大明宫国家遗址公园建成开放，周边区域开工建设，拆迁工作基本完成；

第三步（2011—2012年），全面完成大明宫遗址区保护改造，初步建成一个功能完备、环境优美、历史文化特色鲜明的现代化城市示范新区。

项目总体目标：将遗址的保护利用与改善人居环境、提高人民生活水平相结合，与申报世界文化遗产活动相结合；政府主导与市场运作相结合；文物资源的有效保护与合理利用相结合；弘扬民族精神与促进文化、旅游产业发展相结合。

4. 集国内外设计之所长，高标准做好公园规划设计工作

大明宫遗址1961年即被国务院公布为首批全国重点文物保护单位，陕西省政府划定了保护范围并树立保护标志。1981年，西安市政府设立了专门保管机构。20世纪80年代，曾对大明宫含元殿、麟德殿遗址和部分点状遗址进行了保护修复，并形成景区对外开放。此后持续不断的保护工作，为遗址公园的建设打下良好基础，但这种局部分散保护的局限性也是显而易见的，主要缺点就是无法显现大明宫遗址的整体格局，影响遗址保护的整体展示效果。

2007年10月，大明宫保护办成立后，即以开放的思路，展开对大明宫国家遗址公园概念设计国际竞赛工作，以期博百家之所长，吸取国内外遗址公园保护展示的新理念、新元素。首轮竞赛吸引了包括英国阿特金斯设计顾问集团（ATKINS GROUP）等国内外知名设计所13个设计方案，其中许多方案不乏闪光的亮点，开阔了大明宫国家遗址公园规划设计思路，为遗址公园总体规划的制定提供了良好的素材。

为确保几个重点遗址点的保护展示效果，2008年4月，保护办与市文物局共同开展了第二轮“西安·唐大明宫遗址保护展示示范园区暨大明宫国家遗址公园丹凤门、御道、宫墙遗址展示（概念）设计方案国际竞赛”活动，进一步拓展了大遗址保护展示思路。最终，在吸收消化各家优点的基础上，由西安建筑科技大学刘克成教授与以色列乔拉·索拉牵头编制了《西安唐大明宫国家大遗址保护展示示范园区暨遗址公园总体规划》，于2008年8月通过国家文物局专家组评审。

在设计方案细化过程中，保护办以文物部门为主导，邀请城市规划、地质、水文、环保、人口、经济、文化、旅游、建筑等中外行业专家，共同参与遗址保护和遗址公园的设计工作。在遗址公园总规和总体保护规划的基础上，从大的规划设计到20多项具体工程的方案设计，如西安古建园林设计院的环境整治（绿化）规划，西北设计院的丹凤门遗址保护展示厅方案设计，北京建设设计院的地下博物馆设计方案和太液池地质水文论证方案，中国文化遗产研究院的大明宫复原研究，英国牛津考古的考古探索中心策划设计，陕西省文化遗产保护设计院的遗址标识等，先后有法国、

以色列、挪威、日本、意大利、英国以及牛津大学考古学院、中国建筑设计研究院、西北建筑科技大学等上百家国际国内一流设计团队参与，每一个设计方案都凝聚着多家知名设计单位的思想精华。

5. 考古工作始终是考古遗址公园建设的根本

20 世纪 50 年代，中国社科院考古研究所对大明宫遗址进行了大量勘探和重要遗址的考古发掘工作，对遗址内涵有了进一步了解，对大明宫的形制布局形成了较全面的认识，首次测绘出大明宫遗址平面图，弥补了历史文献的不足。但由于历史条件制约，大明宫遗址的部分实测数据有一定误差，测绘数据尚未纳入城市坐标体系。同时，由于城市建筑叠压等影响，大明宫遗址许多区域仍是考古空白区。

在公园建设之初，另一项基础工作《大明宫遗址考古工作计划》同时开始编制。2008 年 9 月，该计划通过了国家文物局专家组会议审定。按照考古工作计划，在公园建设的同时开始对遗址公园的规模、格局等进行了全面的勘探复核。在此过程中考古发掘取得了新的突破性进展，先后完成了宫门宫墙系统、各殿址、池苑、水系、廊道、部分道路等遗址的考古勘探 280 余万平方米，并对所有的考古成果进行了精确定位，全部纳入城市坐标系统。以上考古成果，基本满足了园区遗址保护工程、环境整治和基础设施建设的需求。

6. 严守规划，突出重点，科学施工

大明宫国家遗址公园建设在《大明宫遗址区保护总体规划》和《遗址公园总体规划》的指导下，严格按照各遗址细化方案，遵循“原真性、可逆性”的原则，利用微缩景观及写意性表现手法等展示手段，较完整地勾勒出大明宫遗址整体格局和建筑风格，收到良好的展示效果。

根据规划，遗址公园内先后实施了丹凤门、御道、太液池、宫门宫墙等的遗址保护展示工程；望仙台、大福殿、三清殿等遗址抢救性保护工程；紫宸殿等遗址标识展示工程。这些工程的实施，不仅使遗址得到全面、系统、真实、有效的科学保护，而且遗址展示布局主旨明确、重点突出、脉络清晰；遗址地面遗存部分的物理构造和重要的特征保存完好；保护设施达到了对遗址本体的最小干预，具有可逆性和可识别性，建筑外形美观，功能适用，与周边环境协调。

施工过程中，为避免对遗址造成破坏，聘请专业单位编制了大明宫国家遗址公园管理手册，包括：遗址区考古发掘管理暂行办法，遗址公园文物保护工程管理暂行办法，遗址公园建设施工文物安全管理办法，遗址公园施工、监理、档案资料等管理办法等。同时，由文保专家全程参与施工组织方案制定，对全体施工、管理和监理人员进行文保知识教育，并进行现场施工巡视，将文物保护始终贯穿于整个遗址公园的建设当中。

7. 多模式创新大遗址阐释解读系统

大明宫遗址保护工作历经三十年，在遗址保护展示方面已经成功地实践了回填保护、修复性保护展示、地面植物标识展示、修建保护展示窗保护展示等方式。作为文化诠释和解读方式，大明宫国家遗址公园在对园区进行全面考古勘探的基础上，结合史料研究，也进行了不懈的探索和

实践。如：① 通过每年的考古发掘现场展示，以现场讲解、专题讲座、专家与游客知识互动的方式深度开展公众考古工作；② 运用大明宫复原研究的成果，通过微缩景观诠释大明宫全貌；③ 通过紫宸殿殿基局部复原和钢构与树木结合的方式，使观者感受大明宫内繁华落尽的沧桑；④ 利用旧有建筑进行加固改造，与牛津考古合作，建立起国内第一所用多媒体手段，系统、科学而又生动地诠释和体验考古学以及文化遗产保护的考古探索中心；⑤ 结合唐代文化艺术成就，选择典型的雕塑、书法、绘画作品，生动、多层次诠释宫廷文化等。

除此之外，我们还通过“日月大明宫”大唐服装秀、皇家舞马表演、丹凤皇家仪仗迎宾、百官上朝、万邦来仪等多个动态演艺项目，增加遗址公园的动感和吸引力；利用IMAX技术制作的电影《大明宫传奇》，使人们穿越时空，体验盛唐社会宫廷文化，令人在震撼中产生无限遐思和向往。

这一系列通俗生动的诠释解读，较深刻体现出了遗址整体的价值和内涵。完备的标识系统布局合理、位置明显，标识牌外观简洁环保，与遗址氛围相协调，标识文字内容经多位专家审阅，内容准确，标识语言使用了通用的中英日等语言，适应各类游客的阅读。

根据申报世界文化遗产工作程序，2013年10月13日，受国际古迹遗址理事会的委托，加拿大文化遗产专家狄丽玲女士对大明宫遗址申报世界文化遗产工作进行了现场考察评估。由于我们的上述种种工作努力和现场精心周密安排，验收评估工作进行顺利，取得了非常好的效果，达到了预期目的，为大明宫遗址最终迎接世界遗产大会投票表决打下了坚实的基础。

2014年6月22日，在多哈召开的第38届世界遗产大会上，大明宫遗址作为丝绸之路联合申遗的重要组成部分成功列入世界遗产名录。

三、关于“后申遗时代”的思考

大明宫遗址的保护管理工作，虽然得到了业内专家的一致肯定，但要实现可持续发展，仍然面临着严峻的挑战和困难。

（一）坚持以世界遗产的标准，完善遗产点的管理保护工作，并不断扩大申遗成果。

本次申遗工作给我们提供了一次接触世界遗产的机会，有利于我们了解世界文化遗产评定的程序、深入理解世界遗产的标准与要求，并以世界遗产的理念和标准不断夯实我们文化遗产保护的基础工作，巩固保护成果，创新利用理念与手段；进一步发掘申遗成功的经验，推动大明宫文化遗产保护管理工作的提升，为西安市的城市文化建设积累能量。

（二）强化遗产保护利用工作，坚持统筹协调、科学决策的文化遗产保护方向。遗产保护的根本目的在于传承历史，弘扬文化。利用是更好的保护。有效的资金投入是遗产保护的关键。可持续发展，是文化遗产的生存之道。只有依托遗产，发展旅游、衍生品等相关文化产业，不断提高经济效益和社会效益，才能实现文物保护与文化产业的良性互动，实现可持续发展。

（三）持续加大遗产的宣传，培养公众的保护意识，使他们成为参与保护的积极力量。人民群众是推进文化遗产保护工作的源头和动力，文化遗产保护与广大民众的根本利益息息相关。遗产所在地的各级人民政府和相关部门，必须尊重公众对文化遗产保护的知情权、参与权、监督权和受益权，使文化遗产融入生活、融入社会发展。不断探索遗产保护与区域居民协调发展的新途径，使人民群众真正成为遗产保护的受益者。加大对遗产的研究和展示成果的转换，使民众对遗产的认识不断深入。充分调动广大群众，使他们真正成为遗产的主人，成为保护遗产的积极力量。

（作者：师文博，西安市大明宫遗址保管所馆员）

汉长安城未央宫遗址本体保护工程申遗回顾

西安市古代建筑工程公司

随着2014年6月22日在卡塔尔首都多哈召开的第38届世界遗产大会的闭幕，中国、哈萨克斯坦、吉尔吉斯斯坦联合申报的“丝绸之路起始地段：长安—天山走廊的路网”获得了通过，作为此次申报世界文化遗产的一部分，汉长安城未央宫遗址也成功地成为世界文化遗产的一部分。作为这个项目的参与单位，我们感到十分荣幸，同时我们也圆满的完成了申遗范围内的施工任务，为申遗的成功出了一份力。

文化遗产是一个国家、一个民族历史记忆的物质载体，是民族繁荣与进步的重要力量源泉，也是体现民族灵魂、民族精神的重要物质见证，是树立民族自信心的重要精神来源。对文化遗产的保护与利用关系到国家与民族文化的延续与发展。举世闻名的“丝绸之路”从中国的古长安出发，一路逶迤西行，贯穿亚欧大陆，途经了不同的国家、不同的民族，称为一条多民族之间不同文明、不同文化的交流大融合之路，对沿途各民族乃至世界文化繁荣产生巨大影响，而被列入世界文化遗产申报对象。

一、夯实基础是完成任务的重要保证

我公司是西安市文物局所属的一支专业文物保护工程施工队伍，前身是1953年成立的西安市古建社，1979年公司重组。重组后，先后承建了省内外多项文物保护工程，如小雁塔塔身修复工程；钟鼓楼整修加固及更换宝顶工程；明西安城城楼、箭楼修缮工程；香积寺善导塔的整修、大明宫麟德殿保护等比较有影响的工程。这些项目除大明宫麟德殿等少数土遗址保护工程外，古建维修为类占大部分。2002年公司承担了汉长安城桂宫二号遗址（南区）保护工程，首次在汉长安城遗址实施土遗址保护展示工程。2005年，国家实施大遗址保护工程，公司又承担了汉长安城西安门、霸城门、长乐宫6号、东城墙、城墙东南角、未央宫前殿等一系列土遗址保护展示工程，涉及的类型有城墙、城门、地下夯土基址、地面夯土基址等几乎所有遗址类型的保护展示工作。大型土遗址室外保护展示工程在我国起步较晚，土遗址的保护和展示的方式和施工工艺也一直是文物保护工作中的一项难题。从实施桂宫二号遗址（南区）保护工程开始，公司便注意对土遗址保护展示方法、施工措施和新工艺、新材料的尝试、研究，在实践中探索了多种适用于西安地区土遗址保护展示的方法和施工技巧，为更好地做好土遗址保护展示工程积累了一些施工经验。也正是因为多年来在汉长安遗址本体保护工程的经验积累，我们才有可能在机遇来临时有信心、有把握打好这一场硬仗。

汉长安城未央宫遗址区的申遗工程给我们提供了一次近距离接触、感受世界遗产的机会，同时，世界遗产的保护原则、技术措施和评定标准也对我们的施工水平和管理水平提出了更高要求。机会来之不易，并且只有一次，高标准的完成各项工程是公司上下的唯一选择。经验和技术固然很重要，但更重要的是管理，好技术需要好管理才能发挥其最大作用，有了精通技术又负责的人才和科学高效的管理手段，就有了做好这项工作的基本保障。在这一思想的指导下，公司加强了汉城项目部业务力量，配备了工作经验丰富、业务熟练、技术过硬的工程管理人员，配备相关施工机具和车辆，加强现场管理力度。按照工程方案和施工图纸认真编制施工组织设计，制定相应的文物保护措施、工程质量保证措施、安全文明施工措施和环保措施，充分做好各项工程准备工作。

汉长安城是典型的大型土遗址，与古建筑和其他材质的文物不同，埋藏于地下或裸露地上的土质建筑基址遗迹非常脆弱，且与周围土壤环境不易辨别，非专业人员很难区分，施工中很容易出现意外误伤遗址。针对这一问题，在落实文物安全措施上，采取了对工地施工人员进行全员文物保护知识培训，尤其是有针对性地做好农民工的培训工作，请考古人员和文物保护专业人员现场讲解遗址分布情况和土遗址鉴别基本知识，对地上、地下文物做到心中有数，提高文物保护意识和操作技术。在直接接触遗址本体的重点保护操作部位，全部由经验丰富的技工来操作，坚决避免出现意外。在施工过程中，随时与考古部门、甲方工地代表、监理保持联系，现场发现可疑情况立即停止施工，共同研究解决方案。

多年的遗址保护工作给我们的体会是，文物保护是一项长远的、不间断的工作，只有开始，没有结束。每次保护都只能是减少危害，尽可能延长保存期限，没有一劳永逸的万全之策。但是，每一次的保护，在当时的条件下，都应该是最好的、最科学的，所以对保护施工来说，就是以科学的管理加上严格认真负责的工作态度，最大限度地将先进的保护理念变成一个个现实。

二、“最少干预原则”在未央宫遗址保护工程施工中的体现

遗产保护项目重视其真实性、完整性不只是《世界遗产公约》的要求，也是我们对文物保护展示项目的基本要求，保持遗址的真实性，进行最少干预是我们保护古遗址的一贯原则。对遗址的最小干预首先是在前期保护方案设计中就要考虑完成，但是，要将这一原则落实到位，在施工环节同样要格外注意，避免因不当施工对遗址造成伤害或干预过度。目前，我国在大型土遗址保护施工中还没有形成一套完整的技术规范，更多的是依靠施工单位的责任心和实际操作经验来控制遗址安全。在未央宫遗址的保护展示施工中，为预防上述问题，每项工程开工之前，我们要求施工人员除了熟悉施工图纸之外，还对保护展示对象的周围环境、历史和现状进行评判研究，在实施干预之前，文物的现状与安全性，需要解决的问题，干预后所带来的后果，图纸和现状是否存在偏差等问题都要予以仔细考虑和研究，做到对保护对象完全心中有数。这些看似是应由设计人员研究掌握的问题，同样对施工单位至关重要，能否将设计方案顺利贯彻落实，并且最终实现一个好的保护展示效果，是需要设计人员和现场施工人员相互配合来完成的。遗址保护展示工程是一项很特殊的工程，以未央宫遗址为例，保护展示方案编制的依据是考古发掘资料和勘探资料，很多20世纪80年代发掘的地下遗址由于受当时保护条件的限制，回填保护后因环境、地貌的各

种变化，遗址的保存状况也发生了一些变化。遗址的勘探也因村庄占压等客观条件的限制，不可避免地存在一些空缺，因此，在施工现场随时都可能出现新的情况，有些问题是设计人员也无法预见的。所以，我们必须随时根据现场的最新变化来决定干预措施是增加或减少。若出现方案与遗址实际情况有冲突的地方，决不能“削足适履”，舍去遗址而教条地执行方案，应根据遗址情况及时加以调整。在施工中如无充分准备与责任心，一味按部就班地照图施工，极有可能对遗址造成二次伤害或干预过度。因此在遗址保护施工中，施工人员要随时注意遗址本体，甚至是周围环境发生的细微变化。多数情况下，遗址现状与保护方案存在差异是由施工人员首先发现的。根据多年的工程经验，很少有遗址保护项目能够做到一次设计到位，更多的是需要大量的现场研究变更，施工人员对遗址的熟悉程度和工作的责任心是及时发现并提出合理变更的重要因素。

由于上述特殊因素，把施工干预过度风险降到最低，我们采取了以下措施：一是严格控制施工范围，以工程图纸为依据，将工作面控制在最小范围，对周围环境不做无谓的扰动，尽最大限度地保持遗址原有自然环境。二是工程机械仅限于遗址本体以外地段辅助施工，严禁驶入本体作业。三是与工程设计单位密切联系，根据现场环境和遗址特征的变化，随时将最新信息传达给设计人员，以研究确定最能体现遗址价值特征的保护展示方式。四是保护展示材料的选择上，最大限度的与遗址环境相协调，尽量使用天然的、可逆的、无公害的材料。五是在施工中尽量使用传统工艺，细微部位纯手工操作。采用的新材料、新工艺都是在进行试验和证实之后才应用。

以上措施也是我们在长期的土遗址保护展示施工中总结的一些经验，这次在未央宫遗址保护展示工程施工上也有很多的体现。例如，在未央宫前殿第三层台基保护中所回填土方全部由人工从台基下肩扛而上，遗址标识展示区外地面原有植被完全保留，没有因施工而破坏，完整地保留了遗址原有的环境风貌和历史沧桑感。标识展示遗址范围界限的仿汉土坯砖就是在文物保护工程方面专家的指导下和设计人员在现场经过反复试验对比探索出的一种保护材料，既能满足遗址保护展示的需要，又弱化了其他材料对遗址带来的不和谐干扰，解决了保护材料的一大难题。少府、椒房殿、中央官署遗址模拟展示夯土墙全部采用传统工艺逐层夯筑，纯人工按照考古资料切削成型。

三、文物保护工程不是一般的建设工程，而是一种附加了很多限制条件的艺术创作活动

我们今天所做的文物保护展示有两个最基本的目的，一是最大限度保持文物生命的延续，二是在保护基础上尽可能真实地向世人展示其科学、文化、艺术价值。人类认知世界的第一感官是视觉，人们之所以对古迹遗址有浓厚的参观兴趣，就是想通过视觉直接感受历史痕迹，把从书本上得到的历史知识去在现实中加以印证。我们出去旅游看到最多的古迹文物是古建筑和各种博物馆。相对来说，在古建筑和小型遗址的保护展示上技术和方法比较成熟，案例也很多，但对于大面积埋藏于田野之中的古代城市或宫殿遗址进行可视性展示就不是件轻松的事了，目前最常见的是局部视窗或搭建展厅原装保护展示，更多的是覆土回填保护，地表模拟展示。这种保护展示方式既达到了地下遗址保护展示的目的，又不破坏整个遗址整体风貌和格局，在汉长安城遗址的保护实践中也得到了多次应用。

由于受土壤、空气、降雨、湿度等多种自然原因影响，土遗址保护工作的地域化特色很强，能完全复制照搬的成功经验并不多，很多在理论上可行的方案，因为环境和当地原材料的差异常常会使保护效果大打折扣。也正是基于这一点，我们在组织施工时，没有按照设计图纸一股气将工程做完了事，而是每一项新的保护方式在全面实施前都先做一处试验段进行试验，请各方面专家现场评估后再作为施工的依据。这样做，虽然增加了很多工作量，也占用了不少宝贵的施工时间，但是，我们做的是文物保护工程，不是一般的建筑工程，所追求的不是工作数量，而是文物保护的质量和遗址的展示效果，尤其是遗址的展示效果，它就如同一件艺术品，它的美感只存在于我们的感官之中，就像我们欣赏绘画或鉴定一件文物，很难用一个标准的工程数据去量化，些许的色彩和质感差异，都会让它产生天地之别。

地下土遗址的模拟保护展示有两个基本原则，第一必须保证形似，第二是要神似。形似就是严格按照考古资料按 1 : 1 的比例复原遗址发掘时的原貌，对其格局、位置精准定位，保证遗址本身所蕴含的历史文化信息准确还原，帮助游客理解遗址的真实面貌。神似，就是我们在做到形似的基础上，要体现出遗址固有的历史感和沧桑感，从整体效果上给人一种强烈的视觉和精神上的震撼。按照这一原则，我们把每一个文物保护工程都是当做一件艺术品来制作完成的，整个施工过程可以说是一种精雕细刻的过程。

1964 年的《威尼斯宪章》曾提出："保护与修复古迹的目的，旨在把它们既作为历史见证，又作为艺术品予以保护。"文物古迹固然是艺术品，我们对它所做的保护设施也应该是一件艺术品，至少也是艺术品的一个重要组成部分。对这一艺术行为我们不难理解，比如古建筑的修缮、青铜器、瓷器的修复等等，经过专业人员的精心处理会从原来的残破不堪变得完美而又不失其真实，这是一种保护和艺术的完美结合。从公司多年文物保护工程实践来看，文物保护工程绝不同于一般的建设工程，而是一种艺术创作的过程，因为我们展示的不是一种可自由发挥的建筑艺术创意，而是完整保留历史遗物外在信息特征的神、形兼备的艺术品，所以说它是一种附加了很多限制条件的艺术创作活动。

2013 年，按照国家文物局"丝绸之路"申遗计划时间表，未央宫遗址区需完成文物本体保护展示施工项目近二十项，有效时间不足半年，可以说公司上下压力很大。但是，作为一支专业文物保护施工队伍，又长期从事汉长安城遗址的保护工作，我们有义务、有责任承担这项工作，虽然工作中也遇到一些困难，但是，各级领导都给予了极大关心和支持，特别是各方专家多次亲临工地，现场指导施工，帮助解决了很多技术难题，使得这项工程过程虽然很紧张，但完成得有序、平稳、顺利。

丝路申遗专题陈列“大汉中枢 丝路起点——未央宫的前世今生”筹办工作回顾

袁猷峰

自2013年元月开始到8月底，汉长安城遗址保管所对所里的基本陈列进行了调整改造，举办了“大汉中枢 丝路起点——未央宫的前世今生”专题展览，集中反映了汉长安城未央宫遗址作为汉长安城中最重要的宫殿，既是汉高祖之后西汉帝国200余年的政令中心，也是汉帝国统治者下达“汉通西域”政令的决策地和指挥中心，更是丝绸之路最早的东方起点国积极寻求与西方国家对话、交流并促成丝绸之路开辟的重要见证。

一、展览举办背景

2006年在联合国教科文组织世界遗产委员会的积极协调下，中国政府和中亚5国联合启动了丝绸之路跨国申报世界文化遗产工作。2012年7月，经联合国教科文组织世界遗产委员会与中国及中亚五国政府共同协商，最终确定中国与哈萨克斯坦、吉尔吉斯斯坦三国共同申报这一项目，并将申报项目名称确定为“丝绸之路·起始段和天山廊道的路网”。根据本次重新确定的申遗名单，我国境内的申报工作涉及陕西、甘肃、新疆、河南四个省份，包括22处遗产点，陕西省列入申报名单的遗产点有汉长安城未央宫遗址、唐长安城大明宫遗址、大雁塔、小雁塔、兴教寺塔、彬县大佛寺石窟、城固张骞墓7处文物保护单位。其中汉长安城遗址作为丝绸之路最早的东方起点，在这次申遗线路中尤为重要。根据申遗工作验收的要求，每个申遗点都要有申遗专题陈列，突出反映本申遗点与申报线路的关系、发生的主要事件及所起的作用等，是申遗验收专家现场评估验收必考项目之一。

二、办展进程

西安市汉长安城遗址保管所的“丝路申遗”专题陈列于2013年元月份启动，经过了陈列文本大纲起草、陈列形式设计、专家评审、施工单位确定、陈列布展等环节，于2013年8月完成。

1. 设计阶段

2013年元月23日，汉长安城遗址保管所委托陕西胜利装饰工程有限公司进行陈列大纲编写并进行形式设计。

自2013年2月开始，陈列大纲先后3次征求汉长安城未央宫遗址申遗规划总设计师陈同斌老师的意见和建议，多方征求考古、陈列等方面专家的意见和建议，于4月中旬定稿，转入形式设计阶段。

2. 方案评审和修订

5月7日，市文物局博物馆处组织召开了汉长安城未央宫申遗专题陈列“大汉中枢 丝路起点——未央宫的前世今生”大纲和形式设计专家评审会，对本展览的大纲和形式设计进行了评审并原则通过。在专家评审意见的基础上，保管所与设计方对大纲和设计方案进行了修订。

3. 项目招标

鉴于丝路申遗工作时间紧、任务重，按照申报世界文化遗产《汉长安城未央宫遗址管理规划》、《未央宫片区详细规划》具体内容以及前期参与申遗工程各设计单位的实际，为确保各项文物保护及相关工程能够在申遗验收前顺利完工、满足申遗验收的基本要求，经2013年5月26日西安市汉长安城国家大遗址保护特区建设领导小组办公室研究决定，对所有申遗工程项目采取政府应急工程确定施工单位，确定陈列馆展陈改造工程由陕西胜利装饰工程有限公司设计并施工。按此会议纪要，我们就申遗工程施工单位的确定情况向市文物局纪检监察室进行了报告、备案。

4. 签订施工合同

2013年7月3日，保管所与陕西胜利装饰工程有限公司签订了《汉长安城未央宫遗址陈列馆改造布展工程施工合同书》，内容包括：两个展室的基础装修、照明电气、空调通风、陈列布展工程。工程总造价1298443.59元。

5. 工程实施及监理

按照专题陈列形式设计方案，陕西胜利装饰工程有限公司于6月底进场施工，先拆除了原展厅的汉长安城遗址历史陈列，对展厅进行改造、装饰。在整个施工阶段，监理单位陕西省文化遗产研究院监理人员进行了全程监理。

6. 文物借展及布展

丝路申遗专题展共计展出文物125件（组）。在省、市文物局的支持和协调下，保管所向中国社会科学院考古研究所、陕西历史博物馆、汉阳陵博物馆、咸阳博物馆、茂陵博物馆、西安博物院等单位借展文物97件（组），所内库房挑选文物28件（组），于8月中旬完成了陈列的布展。作为丝路申遗未央宫遗址项目之一，于10月12日顺利通过了联合国教科文组织的专家验收。

三、展览内容大纲概要

“大汉中枢 丝路起点——未央宫的前世今生”专题展览集中体现了汉长安城未央宫遗址对“丝绸之路：起始段和天山廊道的路网”突出普遍价值的贡献。本展览共展出文物125件（组），系统地阐述了汉长安城未央宫遗址是中国早期帝国都城的宫殿遗址，不仅在中国历史上具有不可替代的地位，而且在世界文明史上也具有极为重要的地位，它是丝绸之路最早的东方起点，揭示了丝路发展初期西汉帝国的都城城市文化特征和文明发展水平，见证了西汉帝国对丝路开创所发挥的决定性作用。

本形式设计根据汉长安城未央宫遗址陈列室的位置、面积及周边环境，馆藏文物的种类、数量及特色，以遗址本体价值及对后世的影响为主要陈列内容，突出反映遗址区域内的文化遗存，同时将馆藏的重点文物进行展示。

陈列内容共分了五个单元：

第一单元　帝国都城——汉长安城及遗址

第二单元　大哉伟哉——未央宫及遗址

第三单元　凿空西域——未央宫对丝路开创的决定性作用

第四单元　东方起点——未央宫对丝路开拓时期的突出贡献

第五单元　保护传承——基于文化遗产保护的各方努力

根据每个单元的内容，将序厅前言及第一、第二单元内容放在了第一展厅，旨在介绍汉长安城和未央宫本身及其遗址的重要意义；把第三、四、五单元放在第二展厅，主要说明未央宫对丝绸之路的作用及贡献，以及后人对此文化遗产的保护。根据展示主题及内容，形式上以文字和图片为主，辅助陈列了相关的出土文物，第一展厅加入了汉长安城遗址沙盘模型，增强了陈列的观赏性。

前言序厅：以“宫”字瓦当图案作为序厅的背景，突出未央宫遗址的重要意义，以石虎作为基本纹饰，贯穿整个展室，色彩以西汉时期所崇尚的赤、黑为基本色调，营造出汉代神秘、沉稳、厚重的历史氛围。

第一单元：帝国都城——汉长安城及遗址。以未央宫的建设历程、城市布局两个部分，用汉长安城出土的建筑材料和部分文物向公众说明汉长安城日渐成为一个规模巨大、布局合理、宫室林立、设施齐备、繁荣开放、与西方罗马城遥相呼应的著名国际大都会。它既是东亚文明的中心，也是汉文化形成过程的中心，更是中华民族多元一体同一国家的历史标志和象征；汉长安城遗址是中国迄今规模最大、保存最为完整、遗迹最为丰富、文化价值最高的都城遗址之一。

第二单元：大哉伟哉——未央宫及遗址。以大量的历史遗存和出土的实物，展示了未央宫的壮丽重威和合理布局，揭示了未央宫遗址的真实性和完整性。

第三单元：凿空西域——未央宫对丝路开创的决定性作用。用汉匈对峙、未央定策、持节出使、贯通欧亚四个部分阐述了汉武帝时期的国家实力和出使西域策略的实施。本是出于军事目的的两次张骞出使西域的外交行动，虽然没有达到预期的军事目的，却打通了连接欧亚的陆上通道。

第四单元：东方起点——未央宫对丝路开拓时期的突出贡献。反映了这条连接东西方贸易和文化交流的通道打通后，西汉帝国为维护这条通道所做的努力，实现了汉帝国同罗马帝国在内的其他西方国家的交流，促进了汉文化的繁荣。说明了长安是中国走向世界的起点，丝绸之路是古代中国走向世界之路，是中国古代文化和西方文化实现交流、成为相互影响、融合、共同促进人类文明发展的合璧之路。

第五单元：保护传承——基于文化遗产保护的各方努力。从汉长安城的考古历程、法律法规、管理机制、保护规划、保护利用、研究宣传、公众参与等方面向公众展示了多年来政府、民众等各方基于文化遗产保护所做的工作，确保了遗产价值的维护、价值载体的保护盒可持续利用，并在此基础上探索总结大遗址保护的新模式。

四、办展体会

“大汉中枢 丝路起点——未央宫的前世今生”125件（组）的申遗专题展览，是汉长安城遗址保管所建所20年来举办的第一个高品质的展览活动，是一次难得的机遇，同时也是对全所业务工作开展的一次大挑战。在筹办过程中，我们边学习、边实践、边总结，终于完成了丝路申遗工程中这一重要任务，为观众办出了一个高水准的展览。我们的体会是：

1. 专家的指导为展览筹划确定了方向

2012年底，汉长安城未央宫遗址申报世界文化遗产文本报送联合国教科文组织以后，申遗的各项工作就有序地相继展开。汉长安城遗址保管所适时启动了未央宫遗址申遗专题陈列的筹办工作。作为丝路申遗的起点，丝路申遗项目的总设计师—陈同滨教授一开始就对汉长安城未央宫遗址的申遗专题陈列提出了很高的要求，指出一定要围绕汉长安城未央宫遗址的真实性、完整性和遗产价值，突出未央宫遗址对“丝绸之路：起始段和天山廊道的路网”突出普遍价值的贡献来筹划展览，要真实地反映丝绸之路最早的东方起点和西汉帝国对开创丝绸之路所做的贡献。按此要求，展览筹备小组专门走访了西北大学历史文化学院的王建新教授（汉长安城遗址保护规划项目负责人），中国社会科学院考古研究所汉长安城考古队队长刘振东研究员，陕西省文物局信息中心主任、秦汉史研究专家谭前学研究员等专家，听取他们对筹办汉长安城未央宫遗址丝路申遗专题展览的意见和建议。在此基础上，我们聘请谭前学研究员为业务指导，开始编写申遗专题陈列大纲。2013年元月25日，在汉城保管所内召开了陈列大纲第一次讨论会，陈同滨、刘振东、王建新、谭前学等专家参加，对陈列大纲的起草和内容布局给予了明确的指导意见，展览定名为“大汉中枢 丝路起点——未央宫的前世今生”。展览筹办组在专家的指导下于2月初拿出了初审稿，并向陈同滨老师进行了汇报。2月28日，在国家文物局召开的丝路申遗工作推进会上，陈同滨老师还就整个丝路申遗点如何做好申遗专题展览进行了工作布置，未央宫遗址的申遗专题展览大纲向与会者进行了示范交流。3月15日，“大汉中枢 思路起点”丝路申遗专题陈列大纲送交国家文物局丝路申遗项目专家评审组。专家的指导和方向把握，确保了我们再筹办过程中不走弯路，加快了工作的推进。

2. 各级领导的关切和兄弟文博单位的大力支持

在陈列的总体推进过程中，省市文物局领导给予了高度关注。省市申遗办的领导一直关注未央宫遗址丝路申遗专题展览的筹办情况，及时拨付办展经费，亲自参加了大纲文本和形式设计的评审，表示要把未央宫遗址的申遗工作作为陕西7个申遗点的重中之重。为确保专题展的举办，省市文物局先后发通知，要求各文博单位满足汉长安城遗址保管所在举办丝路申遗专题展中借展文物的需求，给予积极的支持。在展品的借展过程中，陕西历史博物馆、汉阳陵遗址博物馆、咸阳博物馆、茂陵博物馆、西安博物院、中科院考古研究所等单位给予了大力支持，共计借展藏品96件（组），满足了展览需求。

3. 坚定的信念和扎实工作的态度

"大汉中枢 丝路起点——未央宫的前世今生"专题展是汉长安城遗址保管所建所20年来举办的第一个高标准的展览。由于多年来一直从事大遗址的巡查保护工作，对举办博物馆展览没有经验，但是为了不影响申遗工作，展览筹划小组在接受办展任务后，就树立了一定要让申遗验收专家满意、展示汉城所业务工作能力的信念和目标。在工作中，力争每一步都做足功课，认真细致地做好每一项工作。特别是在展览版面文字修改定稿过程中，所里的各位业务同志反复推敲，不断精炼文本，先后经过6次修订，完成了版面设计的文稿审定。

4. 集思广益，广泛征询专家的意见

举办如此较高标准的展览对汉长安城遗址保管所来说属于第一次，需要所里业务人员的共同努力，也需要坚实的学术支持。在提炼主题、撰写大纲、准备辅助展品的过程中，每一步骤、每一细节，我们都是征询专家学者的意见，特别是征询了参与汉长安城遗址发掘者的意见，还有博物馆学专家、形式设计专家和专业展览人士的意见，力争在忠实科学的基础上，为观众提供一个精美的陈列，为申遗验收专家提供一个科学详实的介绍。

5. 加强与施工单位的合作

办好展览不仅需要优良的陈列大纲，更需要沟通合作高效流畅的制作和施工单位。在展览制作过程中，我们多次与陕西胜利装饰有限公司的设计和制作人员进行沟通，与合作者建立起有效的沟通机制，办展主体、施工单位、监理单位各负其职，及时发现和处理施工过程中出现的问题，即保证了制作质量，又提升了展览效果。

（作者：袁猷峰，西安市汉长安城遗址保管所副所长）

汉长安城未央宫遗址申遗档案工作纪实

何潇雨

在丝绸之路申遗成功一年之际，作为汉长安城未央宫遗址申遗档案的编撰者和整理者，借此机会对汉长安城未央宫遗址申遗档案编撰和整理工作做一整理和回顾。

一、编撰和整理申遗档案在申报世界遗产过程中的重要性

依据《实施保护世界文化与自然遗产公约操作指南》（2011），编写和整理申遗档案是申报世界遗产项目里不可缺少的环节，申遗档案的建立、完善工作是丝路申遗工作的重要内容，也是迎接世界遗产中心专家评估、验收不可或缺的依据，更是世界遗产委员会主席团审查验收项目的重要组成部分。

档案是对历史真实面貌物质化的再现，它客观公正、不偏不倚地维护和传承着这种文化生命。为了更好地履行《保护世界文化与自然遗产公约》（1972），保证汉长安城未央宫遗址申遗项目按照国际标准顺利通过验收，汉长安城未央宫遗址申遗档案记录和收载了汉长安城遗址的考古历程、保护展示、遗址管理、专家指导、宣传交流、领导关注、环境整治等重要资料信息，充分记录了该遗产在人类文明与文化史上的价值与地位，是诠释和传播丝绸之路遗产价值并发挥遗产的文化交流、文化传承、教育传播、生态保护等综合作用的的实物载体。

二、申遗档案工作的主要内容及沿用的规范

1. 申遗档案工作的主要内容

①档案管理的基础工作

西安市汉长安城遗址保管所1994年成立后，一直非常重视档案的收集、整理及保管工作，汉长安城遗址档案管理工作由遗址管护部负责。档案管理工作严格按照国家文物局颁布的《全国重点文物保护单位记录档案》等规范要求，建立了一系列完善的档案管理制度。形成并保存了从建所至今与遗址保护相关的全部重要档案资料及科研成果，档案以纸质档案和电子档案两种形式进行保存。

根据申报世界遗产项目以及《陕西省丝绸之路文化遗产记录档案规范》的要求，汉长安城未央宫遗址建立了专门档案室，确定专人负责，建立并完善了相关工作制度，配备了彩色激光打印机、扫描仪、档案柜、图书柜等设施设备和办公用品。档案管理实行专门的微机管理，建立完善的电

子档案数据库。

② 世界遗产申报资料内容

世界遗产委员会对申报工程中需要提供的材料作了规定，其中重要的两项为说明材料和保存状况。说明材料包括遗产的描述和图表、照片、历史状况、文献资料；保存状况包括现状描述，保护管理机构、此前的保管过程、保护措施、管理规划等。这当中，必不可少的就是档案的支持。这部分档案在申报过程中起着重要作用，是申报项目历史价值在申报过程中的实物表现。申报世界遗产，需要提供用以说明这个项目如何符合《公约》要求的各种材料，具体包括：符合哪些规定的标准，在与其同类地点比较的前提下评估本地点的保护状况、遗产的真实性、不同范围内容和比例尺的地图、地形图和平面图、多种照片和光盘等能够反映遗址的资料，有关本遗产研究成果的论著和相关机构的资料，有关保护的发掘资料，各级管理机构的资料等。

③汉长安城未央宫遗址申遗资料内容

基于以上原因作为汉长安城未央宫遗址申遗档案编撰者必须在已有资料的基础上，进一步扩大档案资料及相关图书资料的收集力度，在收集中要突出汉长安城未央宫遗址价值研究及与“丝绸之路”关系等研究资料、地方志、书籍，并对收集资料进行整体编目、合理归纳；对档案盒、档案封面、档案袋做出统一设计；在全国重点文物保护单位记录档案（四有档案）的基础上增补申遗专项内容。在主卷文字卷里增补：遗产价值描述、丝路价值描述、丝路文物登记表；在主卷照片卷里增补：丝路申遗界碑、界桩照片；在主卷保护规划及保护工程方案卷里增补：历次申遗保护管理规划文本、申遗相关保护工程方案；在主卷文物保护工程及防治监测卷里增补：申遗相关保护工程资料、增补并单列监测卷（包括本体监测、环境监测、气象监测、水文监测、土地监测、植被监测）；在主卷文物展示卷里增补：丝路申遗专项陈列方案、工作报告等；主卷电子文件卷增补并单列环境整治卷（内容包括环境整治方案、施工图、工程资料）；副卷行政管理文件卷增补：安全保卫记录卷、增补并单列人员培训计划与状况（收载历次举办的人员培训计划、培训资料集培训说明等资料）；副卷大事记卷增补：申遗专栏卷（与申遗相关的大事记摘录）、申遗文化活动卷（以遗产为依托，举办的各类大型文化活动记录）、申遗日志（申遗开始每天的工作记录）；备考卷参考资料卷增补：资料卷（能够体现遗产地丝路价值、与丝路关系的非正式出版资料）、宣传教育卷（收载各类以遗产为依托举办的旨在宣传遗产点或起到宣教目的的活动资料，比如艺术节、遗产点免费开放活动、各类捐赠活动、申遗专项宣传活动等）；备考论文卷增补：能够体现遗产地丝路价值、与丝路关系的发掘报告、论文、历史文献等；备考卷图书卷增补：能够体现遗产地丝路价值、与丝路关系、丝路专题研究的图书。

至此，综合考虑世界遗产申报资料和汉长安城未央宫遗址自身特点等各方面因素，在陕西省申遗办和西安市申遗办指导下，完成的汉长安城未央宫遗址申报遗产档案分别由主卷、副卷、备考卷三部分组成，主卷包括：文字、图纸、照片、拓片及摹本、保护规划及保护工程方案、文物调查及考古发掘资料、文物保护工程及防治监测、文物展示、电子文件、续补等十种案卷；副卷包括：行政管理文件、法律文书、大事记、续补等四种案卷；备考卷包括参考资料、论文、图书、续补等四种案卷。至验收时收录档案总卷数 506 卷，收录文件 32469 份，收录照片 1322 张，装订张片册页 661 页，收录视频及电子文件 22 部，共 19.4G，收录与汉长安城遗址相关论文 150 篇，收藏与汉长安城遗址相关的图书资料920本。同时，建立完善电子档案数据库，实现档案工作数据化管理，委托专业软件开发公司制作了西安汉长安城遗址监测预警管理平台，完整录入了汉长安城遗址“四有”档案，其结构是以全国重点文物保护单位记录档案为基础，以主卷、副卷、备考卷样式分门别类，展示了文字、图片、视频、图纸、表格等内容，直观、形象地展示了汉长安城遗址文物保护工作成果。

汉长安城未央宫遗址档案室有了这些完备的纸质档案和电子档案，为联合国遗产验收专家确认汉长安城未央宫遗址所承载的宝贵文化价值和遗产地的保护管理水平提供了真凭实据，在丝路申遗中起到了无可替代的关键作用。

2. 申遗档案工作的主要依据及引用文件

《中华人民共和国文物保护法》，第九届全国人民代表大会常务委员会第三十次会议，2002年。

《中华人民共和国文物保护法实施条例》，国务院，2003年第八次常务会议。

《国务院关于公布第五批全国重点文物保护单位和与现有全国重点文物保护单位合并项目的通知》，国务院，2001年。

《全国重点文物保护单位保护范围、标志说明、记录档案和保管机构工作规范（试行）》，国家文物局，1991年。

GB/T 11822—2000 科学技术档案案卷构成的一般要求。

GB/T 9705-88 文书档案案卷格式。

GB/T 2260-2002 中华人民共和国行政区划代码。

GB/T 11821—2002 照片档案管理规范。

GB/T 18894-2002 电子文档归档与管理规范。

GB/T 17678.1—1999 CAD 电子文件光盘存储、归档与档案管理要求第一部分电子文件归档与档案管理。

《博物馆藏品信息管理试行规范》，国家文物局，2001年。

《文物保护单位信息指标体系规范》（报审稿），文物保护单位信息指标体系规范课题组，2003年。

《关于加紧实施我省各丝路申遗点档案资料建设工作的通知》，附件：《陕西省丝路申遗档案工作内容规范》，2012年12月5日。

三、影响申遗档案编撰整理工作进程和质量的重要因素及其作用

①遗产保管机构管理层的重视是前提

在人们的普遍意识里，档案室常常是被人遗忘的角落，做档案的人往往在单位是可有可无的人。而作为遗产保管机构的西安市汉长安城遗址保管所自1994年建所至今，单位管理层就非常重视“四有”档案的管理工作，尤其汉长安城未央宫遗址申遗档案一直在机构管理层的高度重视下稳步推进，在时间、经费及硬件投入等方面予以支持，在工作协调、技术支撑上给予指导，有效保障了申遗档案各项工作的顺利开展和落实。

②收集完整多样的档案资料是重点

档案收集工作是档案工作的重中之重。纸质档案的收集仍是申遗档案的主渠道。为了保持档案资料的完整性、系统性，必须重视申报期间所形成的各种文件资料，其中包括：建立组织、工作汇报、管理计划、申报方案、保护工程资料以及地形图、保护范围现状等。在推进档案文化建设的过程中，不断加强档案资料的收集整理工作，才能保障档案的完整性和原始性。

声像档案主要是指社会活动中形成的有保存价值的以声音、形象等方式记录信息并辅以文字说明的特殊载体的历史记录。现代的记录技术与新型载体赋予了声像档案特有的功能与特点，它以声音和图像作为信息交换的方式，能再现历史阶段的自然景观或人类活动的全貌与细节，甚至可以将某些瞬间动作化快为慢、化慢为快，为人们利用提供方便。因此，在收集汉长安城未央宫遗址申遗档案时重视收集以汉长安城遗址为专题的大量声像档案作为重要补充。

电子档案，是指具有保存价值的已归档的电子文件及相应的支持软件、参数和其他相关数据。电子文件能被计算机系统识别、处理，存储在磁、光盘等介质上，以数字编码的形式存在，具有非直读性，电子文件可以通过网络传输，具有极强的共享能力。因此，在信息时代，数字化的今天，建立电子档案是必须的。在这次申遗过程中建立了汉长安城未央宫遗址电子遗产档案查询系统，实现“一体化”管理，对汉长安城遗址的档案建设意义深远，并在遗产专家验收中发挥着重要作用。

③拓宽档案收集的途径是关键

档案管理者应更新观念，树立开放、创新意识，针对不同情况，多途径、多渠道、及时、准确地开展收集工作。对于重要的事件或者工程资料，提前介入，全程关注，做到心中有数，手中有资料，档案管理者对档案的收集有超前意识。

④实现档案的规范化管理是保障

制订科学的档案库房管理规定，加强档案的规范化管理；合理摆放档案装具，方便档案存取；科学排架，以利档案保护；编制提示图卡以及完善的检索工具，高效准确地管理档案，为遗产保护工作提供档案资料信息服务；建立全宗卷，真实反映档案管理的历程。树立正确的档案保管和保护工作原则，以管为主，管用并举；加强重点，兼顾一般；建立应急预案，有备无患。以防为主，防治结合；积极吸收相关学科的成果；重点加强对现有档案的保护。

⑤提高档案管理者自身综合素质是根本

档案工作本身比较单调、枯燥、繁琐、复杂，作为档案管理者必须耐心、严谨细致地做好每一个工作环节，同时必须具备过硬的业务能力，才能更好地发挥档案的服务和利用功能。因此提高档案管理者自身综合素质，使其积极主动并高质量地完成档案的整理、收集及归档工作，才是做好档案管理工作的根本所在。有了内心强烈的责任感和坚定做好档案管理工作的决心，才能增强以传承“丝绸之路”文化纽带为己任的恒心，在关键时候方能做到繁而不乱。

四、汉长安城未央宫遗址申遗档案实践与启示

在申报世界遗产时申遗档案无疑是遗产单位突出其历史价值、研究价值和真实性的载体，其

体例是在记录档案的基础上增添世界遗产申报资料内容以及根据遗产自身特点产生的资料内容，作为文化遗产单位档案记录管理工作者来说，申遗验收结束后，才是真正的开始，在后申遗时代有责任在既有的共识和工作框架下将遗产档案工作细节逐步落实。

1. 编撰申遗档案实践和思考

科学翔实的档案记录是对遗产进行保护、研究等一切工作的基础和前提。在编撰和整理汉长安城未央宫遗址申遗档案过程中发现，记录档案实践本身也有历史局限性，档案资料记录了什么，反映了相应时代的认识，受遗产研究视角和深度的制约。概言之，丰富文化遗产保护手段的多样性，揭示文化遗产自身的多层次价值，遗产档案才更能够有的放矢，对保护而言也才能制订出现时最合理的管理、保存和修缮办法。

与此同时，要实现遗产档案的潜在价值，应该以多种形式提供利用渠道，新技术如何介入相当重要。所以规范建档体制，合理利用数据库进行科学管理和使用，设计完美的电子信息管理平台更方便展示和检索，都成为我们思索的方向，无疑也是遗产档案开始纵深积累的重要议题。经过 2013 年 10 月 12 日申遗验收的考验，这些方案在编撰和整理汉长安城未央宫遗址申遗档案期间都进行了良好的运转，并实现了从传统档案管理到世界遗产档案管理的概念和模式转换。后申遗时代的档案资源要在原有条件下，不断注入新的时代元素，彰显世界遗产的遗产价值和研究价值。

2. 成为世界遗产后档案管理工作的新探索

从遗产档案本身而言，遗产记录档案可以促进知识的有效积累，推动文化遗产研究的进步，乃至成为创新的源泉。随着人们对文化遗产认识的不断深化，特别是当一项文化遗产成为世界遗产后，记录档案内容肯定有扩大化的趋势。记录档案无止境，除文物外，文化遗产赖以存在的空间、社会、环境、自然和人对文化遗产的干预和影响，遗产事件及其解读，遗产管理和监测体系等都囊括在内。对文化遗产工程档案的延续整理和归档，遗产记录系统的可扩展性成为新的工作方向。

从遗产档案管理方面而言，遗产档案管理作为一个特定专业，能够为承担各种实践任务之间的组织者提供信息共享，也应该能够在工程实践与基础研究之间起到协调关系的作用。档案本身的文化遗产属性，除去进行整理和发表外，对于这些档案本体的保存和展示可能也是一个繁难的问题,成为人类巨大文化链条中的一环。是遗产保护和记录档案在追寻自身意义的确认工作标准时，终将面对的问题。

从遗产档案管理员方面而言，在现代生物学意义上，人本身即是档案信息。好的遗产档案要能充当真理和人性捍卫者的角色，高度依赖于记录档案管理者本人的修养和眼界，同时也依赖于合理的机制和策略。黄寓先生赞赏的“精神的贵族”，往往致力于思想的探索和情感的蕴藉。真正好的遗产档案工作离不开“精神贵族”的参与，人性的闪光、时空的自在，往往在细节中展开，为什么要静心做事？为什么要保存这个？为什么要这样保存？别人如何用？怎么更好用？基于此，才是实现遗产档案的存在和发展的意义源泉。

五、汉长安城未央宫遗址档案管理员申遗档案编撰和整理历程回放与感悟

档案资料建设是申遗工作的一项重要内容，也是世界遗产组织必须检查的关键环节，作为申遗档案的编制者，面对如此严峻的局面，我所承受的压力之重可想而知，需要严格按照省、市申遗办关于申遗档案的要求，积极完成申遗档案的编制工作。作为在验收过程中要直接面对国际专家挑战的最前沿的战士，当狄丽玲女士在档案室验收完申遗档案说出“very good！”的那一瞬间，所有的酸甜苦辣，所有的辛苦努力都值了！

2012年9月19日，为了推进我市丝绸之路申遗档案的建立与完善工作，西安市申遗办在博物院召开丝绸之路申遗档案制作培训会。从那一天起，我提前进入备战状态，会后所领导郑重其事地给我讲了申遗档案的重要性，并告诉我这件事情必须由我独自完成，因为保管所的人手有限，要确保汉长安城未央宫遗址申遗工作全面开展，每个人都有使命。说老实话，当时的我很茫然，只知道我所面临的任务异常庞大、艰巨、复杂、繁琐，还需要严谨细致。当时情况非常不乐观，档案电子版虽然有些基础，但是离申遗档案专家验收的标准还差很远，需要大量的增补录入，纸质档案更是从零开始，紧张、焦虑、不安、失眠，这种烦躁的状态一直延续到忙完市局对保管所2012年年终考核，考核完第二天我就进驻当时临时的档案室，也就是在那一天我全心全意投入到申遗档案工作中去，从那一天开始我完完全全属于申遗档案。熟悉我的人都知道，从那天开始到2012年岁末整整将近两个月时间，我都处于闭关状态，除了吃饭上厕所，一直就把自己关在档案室里，我知道如果在2012年岁末我的工作进展不到我预计的进度，2013年的新年我会在不踏实中度过。所以给自己定好计划，按照国家文物局《全国重点文物保护单位记录档案》的规范以及省、市申遗办关于申遗档案制作的要求，搜集、整理、归类、复印、扫描、编目、粘贴照片、粘贴文件、归档，终于在岁末达到了自己预计的进度。

2013年春节假期对我们而言，好像从心里就没有放松过。丝绸之路申报世界文化遗产是国际文化遗产项目，事关我国在国际上的形象和地位，对提升中华文化国际地位和树立世界文化遗产大国形象具有重要意义。丝绸之路申遗对国家、对陕西省、对西安市都是一件文化盛事，对汉长安城未央宫遗址来说更是一个千载难逢的好机会，把遗产保护好、传承好、弘扬好是我们义不容辞的使命，能在这样宏伟的事件中贡献自己的力量对汉城所每个人来说都是一个难得的机遇与挑战，而我们非常荣幸能参与这一盛事。

2013年6月份，我编制的申遗档案已经完成前期电子版的录入，以及纸质档案的归类、打印、粘贴、归档。6月中旬市申遗办统一印制的档案盒、档案袋、档案封皮全部到位，为了迎接7月23日国家文物局的申遗预演，我必须在7月15日前完成所有档案的装订和装盒工作，早上8点到单位，晚上8点离开单位，在工作案前一站就是一整天，装订后的档案卷宗每份要盖档号章、公章等大大小小十二个才算一份完整的卷宗，档案盒更麻烦，为了整齐统一，更为了整个效果看起来完美无瑕，盒子背脊和正面都不能盖章也不能手写，我采用和档案盒同色调的胶带纸，先在电脑上设置好字号大小，然后再用裁纸刀裁成需要的小块，每个档案盒需要文物保护单位名称、文物保护单位代码、案卷题名、日期等9处豆腐块式的粘贴，这样装有卷宗的档案盒整个看起来非常柔和，非常大气。就这样，短短一个月，完成了506卷档案的装订和装盒工作。7月15日，

装满卷宗的档案盒全部整齐地放入档案柜，共收录档案总卷数 506 卷，收录文件 32469 份，收录照片 1322 张，装订照片册页 661 页，收录视频及电子文件 22 部，收录与汉长安城遗址相关论文 150 篇，同时收藏与汉长安城遗址相关的图书资料 920 本。7 月 19 日，档案柜在保卫部的护送下进入新的档案室，一切工作准备就绪。7 月 23 日，申遗预演顺利举行。

预演结束后，我自己很清楚在那次预演中我很失败，当时现场的反应不够迅速，给人造成错觉档案盒里卷宗不够充实，给自己给单位多多少少都带来了负面影响，但是所领导一直给予我鼓励，给予我正面的肯定。就这样，我及时调整情绪，整理档案室档案的排放次序，熟悉档案卷宗的摆放位置，以饱满的热情迎接下一个考验。

2013 年跨国申报世界遗产项目“丝绸之路：长安—天山廊道路网”中陕西省七个遗产点的现场验收工作预定在 8 月中旬，因为大运河的加入推迟到了 10 月份，这一推迟对汉长安城未央宫遗址来说就是难得的好机会，没有完工的工程有了时间，完了的可以继续完善。我的申遗档案工作也进入了另一个新的环节，纸质档案基本结束，电子档案数据库开始调试，8 月份整整一个月我都在熟悉档案电子数据库，我这次做的纸质档案和电子档案是完全对应，我要能做到需要的时候在数据库里准确无误地找出档案资料，对于当时检索功能还不太完善的档案数据电子系统，只有靠强行记忆，3 万多份资料，每份资料从零散文件到装订好的卷宗再到装盒，毫不夸张地说在我手中经过不下 20 次，所以，这为我记忆数据库的文件位置提供了坚实的基础。

时间很快就到了 9 月中旬，即申遗专家验收前的冲刺阶段，但我的紧张情绪却与日俱增，前期一门心思都在干活上，只想着必须按规定的期限干完所有的工作，这时候才感觉到验收现场最可怕，稍有差错，将铸成无法弥补无法承担的大错。我不愿意看到，因为我的失误，给汉长安城未央宫遗址申遗验收带来不好的影响和遗憾。也许心理压力过大，在后面进行的几次预演中，每一次都有不同程度的失误，最严重的时候是一次预演中周围的人看到我在演示档案电子系统的时候，操作鼠标的手在抖。再加上每一次演练不同的专家都会有不同的意见和建议，我感觉自己有点没有方向了，这时候，所党支部书记给予明确指示：“你是一个党员，一个优秀的党员！在战场上，相信你会是个临危不惧的战士！坚持你自己觉得正确的东西！你自己做的档案，没有人比你更熟悉！在这方面，我相信，你就是专家！”就这样我逐渐稳定情绪，开始轻松的备战。

10 月 12 日 9 点到 12 点，中国建筑设计研究院建筑历史研究所规划一室主任蔡超给我把迎检的程序和讲解词重新做了调整，然后让我熟悉，并隔一会儿检查一遍，从熟悉到检查用了五次。下午 2 点，当狄丽玲女士面带微笑走进档案室时，我没有一丝一毫的紧张，虽然狄丽玲女士一进档案室，一切都没有按照预演程序进行，但是有一股神奇的力量一直支撑我居然做到了应对自如，尤其在开到最后一个空柜子的时候，我边开门边款款微笑着回答：“为了保障档案工作的完整性和延续性，这是我们专门预留的档案柜。”狄丽玲女士面带微笑连声说：“Very good！ Thank you！”然后往档案室门口走去，验收应该快结束了，可就在档案室门口，狄丽玲女士站住了，发表了一番对汉长安城未央宫遗址申遗工作和我本人影响深远的言论。当时翻译说：“狄丽玲女士说，这是她见过的世界上最干净的档案室。”

十几分钟以后，狄丽玲女士离开保管所，前往遗址现场考察验收，我依旧安安静静地待在我的档案室里，我知道大家都在院子中间，我也知道大家肯定在谈论专家在保管所验收的情况，可是我不敢出去，我怕我的眼泪会止不住流下来。终于可以画上一个圆满的句号！终于没有辜负领导的信任和重托！我需要安静！五点半以后，当确认狄丽玲女士验收完汉长安城未央宫遗址时，我选择了悄悄离开。我需要在一个属于我的安静空间里静静流泪，洗掉我的疲惫，清晰我的感动！静静回想这一年多的辛苦历程，多苦多累就算是被误会，都不曾掉过一滴眼泪，而那一刻眼泪却止也止不住地流。此时此刻我的心情很复杂，既有完成了这样一件工作量巨大的项目后的轻松，也有为文化遗产保护事业做了一件应该做之事的欣慰，更有不辱使命的解脱。

申遗工作已经告一段落，其中的点点滴滴历历在目，信任，勇气，毅力，执着的念头，都不能简简单单地说明这一切。对于像我这样一个特殊的人而言，是在对的时候做了对的事情，还是在对的时候遇到了对的人，也许二者兼有，也许后者更重要。感谢给予我信任和力量的领导，能让一个普通的生命有机会绽放光芒；感谢给予我关爱和照顾的同事，让我在温馨和谐的氛围中有勇气克服重重困难，像一群浴血奋战的勇士，互相鼓励，共同携手完成使命！作为汉长安城未央宫遗址申遗档案的编撰者和整理者，其中的艰难与辛苦、收获与享受，只有参与过申遗工作的人才会有切身的体味。在丝绸之路申遗工作这场硬仗中，作为要在验收现场直接面对专家挑战的我时刻谨记西安市汉长安城遗址保管所所领导的叮咛：“我们所打的是一场硬仗，是一场我们从来没有遇到过的硬仗。只要我们真正做到用‘心’做事，用文化之心，责任之心，事业之心为这场文化盛事做贡献，我们就一定能打胜仗！不求有功，只求无愧于心！才能无愧于文化遗产守护者的称谓！”

（作者：何潇雨，西安市汉长安城遗址保管所馆员）

回顾小雁塔申报丝绸之路世界文化遗产工作

樵卫新

一、申遗前（2006年以前）在小雁塔保管所的工作

1996年，我大学毕业分配到西安市小雁塔保管所工作，主要在当时老一辈（韩保全、姜开任、郑灿阳、李心正等）、中年一辈（孔正一、齐青梅、魏兴顺、赵其刚等）帮助和指引下，参与一些与小雁塔相关的研究、陈展等具体工作。其中有《西安文博丛书——小雁塔》编写、白衣阁《荐福寺小雁塔历史展》、小雁塔内1–5层小雁塔陈列更新、方丈殿院东墙上的《关中八景拓片展示》、以及西安市志文物志的古建筑部分、小雁塔记录档案中的图纸拓片部分整理工作。那时韩保全先生指导我编撰文物志，姜开任先生给我讲小雁塔碑石，郑灿阳先生给我讲小雁塔的修缮，李心正先生给我讲小雁塔院内的古树名木和绿化过程、茹小石先生帮助我们进行小雁塔历史陈列的艺术设计……这些情景都历历在目，使我受益无穷。

二、2006年，参与陕西省文物局启动丝绸之路（陕西段）申遗材料编写工作

2006年夏，我正在参加西安博物院筹建布展，接到市文物局的通知，与西安市文物保护考古所的张全民同志一起参加陕西省文物局丝绸之路（陕西段）申遗材料的编写工作。其间开始认真学习《遗产公约》的《操作指南》，对申报世界文化遗产这个新事物边学边干。最后张在明先生完成了丝绸之路（陕西段）申遗的综合报告，我与其他同志在各点报送材料的基础上分写了申报名录。编写小组在遗产点申报名录工作中将各个遗产点情况分为历史沿革、基本状况、价值评估、保护管理机构、陈列展示、相关研究、保护情况七个部分和附件部分。后来，丝绸之路（陕西段）申遗的预备名录得到国家文物局的认可，我国政府的丝路申遗正式启动。

三、西安博物院和国际古迹遗址理事会西安保护中心（IICC-X）的成立

2006至2007年是小雁塔保护管理事业中的一个转折时期，小雁塔进入了丝绸之路（陕西段）的预备名单，同时还有两个影响深远的可喜变化：一是2007年5月新建成的西安博物院正式开放，西安博物院由小雁塔遗产保护、研究、陈列、宣教、保卫、物业等有关业务骨干组成。在收藏展示西安地区历史文物精品的同时，对小雁塔给予更科学的管理，并对遗产区、缓冲区环境建设给

予严格的控制。二是2006年10月，国际古迹遗址理事会西安国际保护中心成立，其办公地点坐落于小雁塔院内，且该机构是一个年青有活力且专业素养很高的团队，这使得西安市丝路遗产点的申遗工作有了近水楼台先得月的便利条件。

四、参加丝绸之路联合申报世界遗产相关培训班

2007年10月末，ICOMOS和国家文物局联合主办，IICC-x承办了“丝绸之路联合申报世界遗产培训班”，来自ICOMOS、国际文物保护与修复研究中心、国家文物局、中国社会科学院、北京大学、清华大学、敦煌研究院、中国建筑研究院等机构的13名专家集中授课，主要是为丝绸之路沿线各遗产点的申遗文件提供专业指导。

2011年秋，“西安小雁塔抗震与保护国际学术研讨会”的召开是小雁塔保护历程上的一件盛事，建筑、规划、地质、遗产保护、佛教研究方面的专家共同为小雁塔进行了一次“会诊”。西安建筑科技大学建筑学院陈平教授在《小雁塔抗震能力探讨》发言中，结合部分实勘资料，对有关小雁塔的“三裂三合”传说与观点进行了科学辨析，对小雁塔的抗震性能作出了比较科学的解释。西安文物保护修复中心总工张炜的《陕西省古塔现状调查及研究》提出了对古塔倾斜原因分析和古塔倾斜安全性判定（地基可靠性、基础可靠性）标准参考数据，西北大学新生代地质与环境地质研究所教授滕志宏《古文化遗址防治的环境地质问题（以小雁塔地区为例）》提出了从新构造活动与地震灾害、黄土地层及其湿陷性问题、人为活动与环境污染问题等主要影响因素和防护措施入手对于小雁塔文化遗址及其周围的环境地质问题的分析，这为小雁塔的遗产监测系统建立完善的时侯，才认识到这两篇文章的价值所在。会上西安建筑科技大学建筑学院的年青老师王毛真所作的《荐福寺小雁塔整体环境的保护与发展研究》发言也备受大家关注，王与其他两位同事对2006年小雁塔历史文化公园和现代化博物馆建成后的小雁塔整体环境进行了科学的景观分析定位的基础上，较为准确指出了小雁塔整体环境现存的主要问题，这为小雁塔的保护产生了很大的帮助。

五、2012年，认真准备小雁塔申遗资料的报送

2012年，中国段首批遗产申报名单确定后，丝路申遗进入“深度推进”阶段。小雁塔申遗工作也以申遗资料报送为突破口，实质性的展开了。在省文化遗产研究院的支持下，陕西省遗产院设计所对小雁塔和荐福寺的文物建筑进行全面的测绘和摄影，并收集了最新的地形图；省上也最终确定了以文物四有档案的方式建立各遗产点遗产档案的方案，初步建起了小雁塔遗产档案（还有一套电子数据库系统）。

2012年12月，中国建筑设计研究院建筑历史研究所、陕西省文化遗产研究院、西安市城市规划设计研究院共同完成了《丝绸之路：起始段和天山廊道的路网（陕西段）小雁塔管理规划［2012-2018］》，西安市城市规划设计研究院完成了《小雁塔缓冲区建设高度控制专项规划》编写。这对在城市高速发展情况下有效保护遗产整体环境起到了很重要的作用。

六、2013年，小雁塔遗产点进入综合提升阶段

2013年1月中、哈、吉三国终于正式向联合国教科文组织世界遗产中心提交了申遗报告，这一年依照我们国家的申遗承诺，小雁塔从环境整治、监测预警、档案管理、标识解说、陈列展览等方面按照世界文化遗产标准开展了综合提升工作。经过大半年的努力，拆迁改造了遗产区及周边不协调的建筑、设施和管网系统，建立完善了遗产监测管理机制。尤其是重建了遗产区荐福寺的围墙，通过高高的围墙和几十年来绿化的高大树木，在高层建筑纷纷出现的城市中心地带营造保持了一个基本完整的遗产环境，实现了《西安宣言》的宗旨，显示了世界遗产保护理论对遗产保护事业的推进，也是对文物保护管理能力提高的表现。

同时在雁塔的申遗冲刺阶段，在荐福寺大雄宝殿完成了“丝路明珠小雁塔”的申遗专题陈列。其中省考古院的张建林先生、省文物局的呼林贵先生、省博物馆的谭前学先生等专家都提了宝贵意见和有益指导，陈列设计对大雄宝殿的空间和采光的合理运用，使得这些数件石刻文物精品更加熠熠生辉，也使观众理解小雁塔在丝绸之路的地位和价值起到了重要的帮助。

2013年10月，世界遗产中心专家狄丽玲女士对小雁塔进行了评估验收。2014年6月22日，“丝绸之路：长安－天山廊道路网”成功入选世界文化遗产名录，小雁塔遗产点名列其中。回首小雁塔申遗之路，更多感到的是小雁塔一直所蕴含的民族魅力，和几代文物工作者的不懈努力和汗水。

参与其中，是我们每个经历者的骄傲。

（作者：樵卫新，西安博物院业务研究部副部长馆员）

我为申遗考评专家做讲解

田继伟

有联云“女皇赐御寺，宝塔撑青穹”，曾几何时只要您在仰视小雁塔的时候，下意识地一转身就能看这幅楹联。很多的游客观后，在嘴中喃喃的念着，想必这幅楹联的诵读频率，是远远超过小雁塔本身的简介说明的吧。

信步在这珍贵历史的遗迹中，触摸着，感受着，努力地回味着，究竟是什么让他们慕名而来，是一种温暖，一种像妈妈怀抱般，能解除忧愁，寄托情思的温暖，说白了还有点抗抑郁的效果呢！这是千年间沉沉的思念，不羁于世俗的咏叹，是一个伟大的国度和伟大的时代，才能在东西方留下诸多的痕迹，让后人能看见，听见，摸见，想见。她久已流淌，温度尚在，以期待那亿万的游子能再亲近亲近，这位沧桑千年的神祇——小雁塔，此处是追思慕古的圣地，是开拓吸收世界文化的故乡。

从这幅楹联开始，一个普通的我就走进了每天“依偎”着她工作的九小时。工作十年怎么都不厌，看了千百遍怎么都不烦，讲过很多次怎么都不累，这热爱的相对论想来着实容易被理解，犹如面对着婷婷的少女，总觉得时间过得太快，没来得及好好地思忖。

平日里讲解的内容围绕着“一寺、一塔、一僧”——中文的，英文的一遍一遍地讲述，让我愈加得驾轻就熟。我经常想起这样一个英文单词“Oriental”意思是东方的，东方人的，东方宝石的等等。这个单词的前缀是“Ori-”代表着“东方的，本源的，起源的，创新的”等含义。

有幸我参与了西安小雁塔申遗，接到的申遗任务，是在市委接待办公室负责专家学者的讲解，工作面覆盖专家学者来西安考察五个申遗点的相关工作。需要讲解的资料涵盖西安市发展、资源、交通、历史沿革、文化保护等等，做到以上内容内化复述无误。为了在全程讲解中不出现差错，每天晚上都要加班积极准备，重复演练确保能准确地接待讲解任务。不假时日，我已经能熟练地展开讲解，游刃有余。

我配合申遗此遗产点主讲人进行外语口译，工作内容涉及小雁塔申遗点的概况、历史、安保、检测、遗产保护、社会功能影响等全部内容，还得随时回答专家提出的问题。

全单位负责接待检查专家狄丽玲女士的所有人员都演练了十次以上，这主要是为了确保临检工作万无一失。上至院长，下到安保人员都得将工作精确化，按照检查顺序从正南山门开始，天王殿、金刚殿、慈氏阁、大雄宝殿、档案室、监控室、小雁塔一个来回的路程走来走去，不停地打磨每一句话、每一条信息、每一处考察点。我跟随院长负责翻译每一句话，还得纠正可能出现的口误，这就是说我必须消化所有的内容，作为一个“专家”，一个随行翻译，一个纠错的“关口”检出问题，找出不足，核查漏洞，进出的信息必须是正确的，进一步完善申遗点的整体性，这就是我经历的近四个月的申遗准备工作，翻译的任务重，作用大，一直到专家狄丽玲女士来小雁塔都处于调整到最好的状态。

事后很多的同事、老师、领导都认可我在工作中的表现，但是我知道这一切离不开大家的帮助和信任。同时我最欣慰的是在拿到申遗资料和工作任务的时候，我不逃避，不怯懦，不害怕，而是培养出了习惯于接受工作挑战，勇于承担压力，努力参与团队工作，找出短板，发扬奋斗的西博人自尊的精神。作家海明威就曾经说过："斗牛，这是一种表演的出色程度，完全仰赖于斗牛士自尊的艺术。"此处我想用这句话来借喻，西博人对于这份难得的文化守护的尊严，应当成为我辈看待这份世界遗产的基准线。

那么在顺利的申遗后，还有哪些需要我们更加努力呢？我想起了葡萄牙著名的航海先驱恩里克王子的话："陆地止于此，大海始于斯。"我们的工作暂时告一段落，而新的挑战已经来到，没有时间庆祝，没有时间沾沾自喜，只有不断的向前推进，开拓才能应对文化遗产的新挑战。而在成为世界文化遗产后，西博人必须进一步的思考，下来该如何将这番事业做好。将世界文化遗产的内涵外延充分地发掘出来，来回应世界发出的潮声，在不断的翻卷出朵朵圣洁的浪花中找到属于我们的那一朵。

（作者：田继伟，西安博物院助理馆员）

小雁塔“丝路申遗”环境整治工作小记

刘　宇

小雁塔荣列遗产名录，伴随着好消息的传来，作为一名亲历了申遗环境工作整治的一线工作者，申遗时发生的点点滴滴犹如电影一般出现在眼前。

2012年，西安博物院周密部署申遗工作，成立了业务组和环境整治工作组。环境整治方面，邀请陕西省古建设计研究所为小雁塔的整体环境改造进行详细的规划设计。转眼时间就到了2013年年初，申遗环境整治规划工作还在进行着一遍又一遍的论证修改。申遗专家来了一趟又一趟，规划方案改了一遍又一遍，所有工作人员都全身心投入在这场即将到来的建设中，终于，所有准备工作就绪，而此时已经是2014年4月了。教科文组织专家10月份就会前来考察，留给我们环境整治工作的时间仅剩下半年，时间紧任务重，每一个工作人员都面临着巨大的压力。

根据专家意见，我院的环境整治工作主体包括四大项：管理围墙的修建、北大门环境改造、新建碑廊、地面的防滑做旧处理。除此以外，还有绿化改造、古建维修等若干零星小项。从开工之日起，部门每一个工作人员都奔赴在工地一线，驻守在施工现场，丝毫不敢松懈。砌墙、地面处理、铺贴青砖、线路改造，多个项目同时开工，齐头并进，散落在小雁塔院内各个角落的施工人员，最多时每天有200多人。为了得到最好的地面处理方案，仅地面的处理实验就做了五六次，得到专家、领导的一致通过后才正式推广使用。就连管理围墙的样式、收口方式也经过仔细推敲才确定使用。

为了及时处理施工中遇到的各种问题，工程例会在工地召开。工程例会由我方工作人员、施工方、监理方共同召开，不仅要汇报已完成内容、遇到的困难等，还要为下一步工作作出详细规划。为了抓工期，每一项工程的进展都做了倒计时式的安排，明确我方、施工方、监理方的任务，在每一张任务表上，都有三方签字。在申遗工作全面开展期间，每周召开两次工程例会，积极督促、协调各施工方顺利推进申遗工作。我部申遗期间累计召开例会30余次，解决了诸多施工中遇到的问题。

根据统计，2013年围绕申遗工程展开的项目共计十余项，其中新建管理围墙690米；对原有青石路面养护8045平米；新建碑廊200平米；青石铺路300平米，青砖铺路4600平米；大雄宝殿东西配殿维修，钟鼓楼维修，藏经阁、东西长廊、慈示阁及南山门油漆，其中东西配殿及东西厢房的修缮570平米；申遗绿化项目，新栽月季2000株，法青7830株，铺种草皮7600平米，栽植爬墙虎2000株，栽植小叶女贞3000株，栽植紫叶小璧600株；小雁塔内橡胶地面铺设，同时还包括围栏设置以及门楣的玻璃罩更换；大雄宝殿丝路明珠小雁塔调陈；古树保护及树池改造，制作防腐木树池14处；院内监控改造，新增动点摄像机10台，定点枪机6台，半球摄像机4台，红外一体化摄像机4台,高速球型摄像机4台;南山门外环境改造;古建筑及木结构房屋的白蚁防治,为古建筑及木结构房屋的安全排除了潜在隐患;更换中轴线申遗范围内全部坐凳、垃圾桶等。

在施工管理方面,为了强调安全生产,部门给各施工方颁发了《施工管理条例》和《安全生产文明施工管理制度》,严格规范施工方在施工过程中的各项行为。同时,积极引导施工方安全文明施工,在确保工程施工质量的同时,减少对院内环境的破坏,努力维护正常的游览秩序。在我部门的精细化管理和严格监督下,申遗期间没有发生一例安全事故,各项工程工作运转正常。

在申遗工程期间,除坚持做好日常保洁维护外,加大力度、克服各种困难,调集一切可利用资源,集中人力全面打扫中轴线区域卫生,重点对申遗区域内的古建筑、公共设施等进行保洁维护。全年派人清理房顶、古建杂草2次。因申遗施工产生的苗木移栽补栽,仅补栽草地就近万平米,补栽法国冬青、竹子近千平米。

2013年10月,小雁塔终于迎来了联合国教科文组织专家的到来。巍峨古朴的小雁塔、优美静谧的古建筑群、详实整齐的文字资料,我院申遗工作得到了狄丽玲教授的充分肯定。2014年6月,好消息从第38届世界遗产大会上传来,中哈吉三国联合申报的丝绸之路“长安－天山廊道路网”成功入列世界文化遗产名录,成为首例跨国合作、成功申遗的项目。

美丽的小雁塔,穿越千年的古刹,在幽幽苍柏间必将焕发出新的光彩。

(作者:刘宇,西安博物院工程师)

我的申遗情结

王永伟

2013 年全所的重心是申遗工作，在经历了近一年的辛苦工作后，回顾一下今年的申遗历程，有不少的感慨；

一、自豪

文物保护工作是非常神圣的一项工作，汉长安城遗址是国家第一批国保单位，其自身价值不用多言。使其成为世界文化遗产是所有中国人的愿望，特别对于从事文物保护的工作者更是如此。面对大遗址保护有许多的无奈，一些抢救保护工作根本不能彻底解决大遗址面临的困境。从我国文物保护现状来看，文物保护的难度很大，存在很多问题，特别是大遗址的保护，尤其是处于城市中心的大遗址。汉长安城遗址就是这样处于快速发展的陕西省西安市，遗址周边已经快速发展起来，作为城市“白菜心”的遗址受到了不同方面的关注，因此汉长安城遗址的保护形势越来越严重。申遗成功虽然不能全部解决汉长安城的文物保护问题，但能最大限度地保护遗址，特别是遗址申遗规划的制定实施，可以使申遗区的文物安全得到切实的保障。通过自己的努力，为汉城遗址更好地保护增添一份力量，作为文物保护工作者能参与到这项文物保护中来，感到非常自豪。

二、压力

今年的申遗工作后期，感到压力巨大。今年我负责的申遗工程中，安防和少府遗址保护展示工程感到了前所未有的压力。一是安防工程因为变更，所需设备因生产周期原因，只到验收前两天才完成；二是少府遗址保护展示工程，这项工作是领导中途给我的任务，时间非常紧迫。所领导担负整个申遗工作，工程进展非常缓慢，压力大可想而知。给我布置工作时，我感觉是在立军令状，但想到我们的努力可以使大遗址能够有效地保护，使历史文化得到传承，增添了战胜困难的勇气，变压力为动力。

三、责任

许多人一生都平平淡淡，很难体会人到极限后的愉悦。发挥人潜能的精神支柱是责任，我所今年工作中，文物保护工作者的责任感是成功的关键，在我们的团队中，处领导、所领导、设计方、施工方全部体现着良好的职业责任感，没日没夜、辛苦工作，才能完成这项艰巨的工作。通过这次战斗看到了许许多多的感人的故事，感受到文物工作者的责任感。这时我突然想起习书记的“中国梦”，感觉它离我们很近很近，如果每一个人都以使命感、责任感参与到祖国的建设中，那么明天梦就能实现。

四、锻炼

这次深深体会有两点，一是使自己在文物保护工作中得到了锻炼，特别是在文物保护理念和实践结合上得到提高。二是“没有好身体就不能更好地工作”这句话，通过这次申遗战役，在高温酷暑下的工作环境下，在没有节假日，长时间疲劳作战和顶住各方面压力的情况下，没有因病倒而耽误工作。但紧张工作停下来后，身体却出现了一些不适，使我感受到不能只有坚定的信念，还要有健康的体魄。加强学习和锻炼，为文物保护事业继续努力。

以上就是我这次申遗“会战”的一些体会。

（作者：王永伟，西安市汉长安城遗址保管所馆员）

“申遗”经历让我成长

李　琳

2014年6月22日，在卡塔尔多哈举办的第38届世界遗产大会上，“丝绸之路”申遗成功。汉长安城未央宫遗址作为丝绸之路的东方起点，被列入世界遗产名录。当这一消息传来时，多少人为之欢呼雀跃，留下激动的泪水。在成功的背后，凝聚了多少人的努力和付出、智慧与汗水，没有亲身经历过申报世界遗产过程的人是难以想象的。作为曾经参战的一员，我同欢呼的人群一起，心情久久不能平复。

2012年5月，中国、哈萨克斯坦和吉尔吉斯斯坦三国联合签署了《关于“丝绸之路：起始段和天山廊道的路网《跨国系列申报世界遗产和协调保护管理的协议》，正式确立”丝绸之路：起始段和天山廊道的路网”为2013年跨国申报世界遗产项目。汉长安城未央宫遗址作为丝绸之路的起点被列为此次申遗的系列申报点之一。申报世界文化遗产是按照国际规则开展国内文物保护工作的事业，有着非常严格的条件和程序，因此需要我们严格按照世界文化遗产的要求和标准全力推进未央宫区域申遗的各项工作。根据申遗规划方案，汉长安城未央宫遗址申报世界遗产区域需要完成以下几项工作内容：遗产区考古勘探、遗址本体保护、汉代道路复原展示、遗产区绿化、遗产区围栏、遗产区监测安防、遗产区环境整治、专题陈列布置、遗产档案建设九个方面。

根据申遗工作验收要求，每个申遗点都要有申遗专题陈列，反映本申遗点与申报线路的关系、发生的主要事件及所起的作用等，是“申遗”验收专家现场评估验收的必考项目之一。作为申遗专题陈列的中文讲解员，在申遗之初，保管所领导就同我进行谈话，并告知我讲解的成功与否关系着展陈的好坏，乃至整个未央宫的申遗成败，申遗中的每一个环节都是不容忽视的。只许成功不许失败，我感觉像是立军令状，当时的感受就是压力山大。

“大汉中枢 丝路起点——未央宫的前世今生”专题展览于2013年元月开始启动，首先是陈列文本大纲的起草，自2013年2月开始，陈列大纲先后3次征求汉长安城未央宫遗址申遗规划总设计陈同滨老师的意见和建议，多方征求考古、陈列及规划等方面专家的意见和建议，于4月中旬定稿，我拿到稿件时，已经是5月份了。看着厚厚的一本陈列大纲，感觉云山雾罩，头皮发麻。40岁的我，记忆力已大不如前，而且时间有限，我怎么能把这么厚的一本书吃掉呢？而且讲解不光是背，是要在背的基础上再提炼发挥，如数家珍地为大家讲出来。但是申遗的征程中没有退路，只能迎难而上，一点儿一点儿的啃下这块硬骨头。我翻开了陈列大纲，陈列内容共分为五个单元：第一、第二单元旨在介绍汉长安城和未央宫本身及其遗址的重要意义；第三、第四、第五单元主要说明未央宫对丝绸之路的作用与贡献、以及后人对此文化遗产的保护。根据展示主题和内容，形式上以文字和图片为主，辅助陈列了125件相关的出土文物，还加入了汉长安城遗址沙盘模型。

这所有的文字、图片、出土文物其历史背景、文化内涵、科学价值、艺术价值，对于讲解员来说，都要了然于心，只有拥有丰厚的知识储备，才能在讲解中更好地发挥，为人们传授更多的历史文化知识。往往在讲解中可能只讲了三分，但是必须要有十分的储备，这也是一个好的讲解员应该具备的。在学习大纲期间，我查阅了大量的书籍：《史记》、《汉书》、《周秦汉唐文明》、《汉长安城》、《长安与丝绸之路》、《东方古都西安研究》以及未央宫申遗区域内各遗址点考古发掘报告等，遇到不懂的或者似是而非的问题，及时向身边的同事请教。拿着考古发掘报告到每一处遗址点，对照着看遗址现象，遇到不解的用笔记下，然后向社科院考古队专家请教。在工程方面，我深入工地，了解施工程序、方案、规划、具体操作方法，对于展示工程的展示方式、措施、工艺及材料的选择上都及时地向施工方高经理请教，以做到心中有数。资料准备齐全，下来就该讲了。我利用所有的时间实践我的讲解，在办公室里为了不打扰别人，我小声地练习，一个单元、一件文物、一个一个地过，同事不知道我在干什么还笑着问我："你干什么呢？整天口中念念有词的。"在单位的餐厅，我一遍一遍正式的练习；在下班回家的路上；在公交车上，有时甚至坐过了站；在家里，晚上睡不着觉满脑子想的都是大纲内容，经常性半夜两、三点拉着灯学习。上高中的女儿看到后，感慨地说："妈妈，如果我能像你一样，这么认真的学习，我都能考上北大。"功夫不负有心人，六十页厚的陈列大纲以及后来自己整理的各种资料全部被我吸收、消化。

在陈列厅改造正式进场施工之前，之前的陈列依然对外开放，我在学习新大纲期间还担负着单位的接待讲解工作，同时还负责申遗档案副卷大事记卷中的申遗工作日志的编撰工作、申遗工作工程周报编撰及报送工作，以及申遗后期申遗工程日报工作。由于单位工作量大，参战的队伍多，还有随时来的各部门指导工作的人员，后勤保障成了大问题，我们所有的女同志还担负着帮厨的任务。时常我在厨房还揉着面，一个电话立马洗手到前面讲解，角色转换之快，同事们笑称我是上得厅堂，下得厨房。其实，汉长安城遗址保管所的哪位同志不是身兼数职、忘我工作呢？办公室主任不仅担负着申遗的各种文字资料编撰工作，还有保管所的日常工作、后勤工作，其工作之繁重，劳心劳力，以致得了耳石症，时常眩晕，但仍然坚守在岗位上。宣教部部长担负着西安门、前殿、中央官署、陈列厅改造、标识系统等多项工程任务，每天不是伏在电脑前修改图片、文字说明，就是深入施工工地指导、协调工作。由于长时期超负荷的工作导致失眠，整晚整晚睡不着觉。由于建设施工，保管所的自来水管道时常被挖断，经常性停水，保管所的几位男同志主动担负起拉水的任务，以确保正常的生活用水。诸如此类的事情数不胜数，保管所的每位同志都在为申遗努力着、奋斗着，大家团结一致、勇于承担、尽职尽责、坚守信心，这背后与领导的信任、支持、鼓励分不开的。汉城所甘洪更所长自1994年保管所成立就来到这里，埋头苦干，一干就是20年，他对这片土地的热爱，别人是无法比拟的。而这次申遗，他作为保管所的总指挥，压力更为巨大。汉长安城遗址保管所能在短期时间里完成这项任务，和所领导的态度、决心是分不开的。在申遗初期，甘所长就号召大家发扬中国建筑设计研究院建筑历史研究所精神，以确保汉长安城未央宫遗址申报世界遗产成功。同时又发挥智慧，充分发掘保管所的每位职工的潜能，根据个人能力的大小、优势长短，把每个人都派上用场。整个申遗工作持续了快一年，无论严寒酷暑，所领导都坚持在一线，每天上班去，领导已经在单位，要么就已经在施工现场，而且多少次连施工单位项目经理还没到现场，甘所长已经去检查过工作了，每天下班又是最晚的一个，有时候忙到大半夜。

将近一年没有休过周末，像春节、中秋这些传统假期都是在施工一线度过的。在申遗期间，没有假日，长时间繁重的工作，加之工作中遇到困难疑惑，职工中偶有出现疲惫、懈怠时，所长就及时召开会议或找个别人谈话给大家打气。正是有了这样一位好领导，才能带领出这样一支团结奋进、积极向上、充满战斗力的队伍；才能不辱使命、圆满完成各项申遗工作。

如今，汉长安城未央宫遗址展示区已经正式对外开放。汉代高耸的城墙、宽阔的道路、宫殿、官署、作坊等清晰、明确、完整的格局再次展现在了世人的面前，这是以前从未有过的、全新的体验。漫步其中，遗址与绿地鲜花交相辉映、相得益彰，间或有不知名的野禽翩翩起舞，简直一幅历史文化与自然田园风光和谐并存的美丽画卷。我自豪，为我国优秀灿烂的文化遗产，更为自己有幸参与到申遗这项伟大的事业，它为我平凡的人生增添了绚烂动人的篇章。

（作者：李琳，西安市汉长安城遗址保管所馆员）

我眼中大明宫遗址区的“变迁”

米和平

2014 年 6 月 22 日，大明宫遗址作为“丝绸之路”中的一处遗址点成功列入《世界遗产名录》，成为丝绸之路遗产点的明珠，西安大明宫遗址公园再次为世人所瞩目。大明宫遗址区的“变迁”，使得这一世界文化遗产得到有效地保护，使得保护区域的环境有了实质性的改善，也给大众提供了良好的休闲场所。

整整三十年过去了，大明宫遗址区的“变迁”令人欣慰。

记得自己曾于 1985 年的春天踏入大明宫遗址保护区，那时的遗址被棚户区和村庄所包围，区域道路泥泞不堪，很多地方基本没有排水设施，大明宫遗址周边的建筑杂乱无章。自己置于殿宇的遗址之上，看到的是台基的残损，遗址周围尚存的琉璃瓦片；阶道散落的方砖碎块；望仙台、三清殿和含元殿遗址周围杂草丛生,台体岌岌可危。周围棚户建筑的拔地而起。向北远瞧,根据地貌,尚能看到错落有致，似乎古人着意布局的山水画面，其实，它就是唐太液池遗址，也不难望到，它也正在被周围的村庄“蚕食”。站在大明宫遗址区的任何位置，笔者身临其境，总想感受到千年皇城的辉煌,领略盛世唐朝四方臣服的气魄,毕竟昔日的唐大明宫是华夏民族的骄傲和自豪所在。但是周围环境的荫衬已无法想象大唐皇城的宏伟。

唐大明宫遗址现已考古发掘的殿台楼亭等遗址有 40 余处，由含元殿、宣政殿、紫宸殿、玄武门、重玄门为中轴线，大明宫南部为前朝，整个区域分为殿前区、宫殿区、宫苑区三大区域。太液池置于内廷中心。唐长安城大明宫遗址是 7—10 世纪丝绸之路东方起点都城的宫城遗址，是丝绸之路鼎盛时期东方起点城市唐长安城的代表性遗存。

就是这么庞大的遗址区，被西安对此区域俗称的“道北”相代替，西安此区域环境的“脏乱差”掩饰着西安北部各种基础设施发展的不平衡。大明宫遗址的环境气候也对我们文物保护带来重重困难。

叹息，只为勇者唾弃。辉煌的过去，已被历史所湮没。如何让大明宫遗址得到有效的保护，并使这一辉煌的历史所延续，使人们从遗址的保护中得到实惠，并对遗址加以合理利用呢？所有的这些，我们在探索，探索文物保护的新路子，所有的这些，我们在实践，实践获得利益，又得效益的双重优势。

2007 年，大明宫遗址区的“变迁”开始了。西安市政府多次研究并上报文物主管部门，决定成立大明宫遗址保护办公室，下大功夫，费大力气，彻底改善大明宫遗址周边区域的环境状况，并对区域棚户区进行改造和村庄迁移，探索出大遗址保护的新模式，从而决定建设大明宫国家遗址公园。

大明宫望仙台遗址保护前

大明宫望仙台遗址保护后

大明宫含耀门遗址内宫门展示

丹凤门展示

太液池外景

几十年过去了，自己有幸参与了大明宫遗址区的“变迁”历程。陕西省文化遗产研究院作为文化遗产保护的专业机构，受邀承担西安大明宫国家遗址公园中的部分项目设计、施工、监理任务，自己也投身于大明宫遗址的建设之中。

合理的规划布局，让遗址得到保护，让历史得以重现。国际、国内文物保护、城市规划等方面的专家认真研讨，西安大明宫遗址的区域保护规划，并多次召开研讨会。研究如何将位于闹市区的大遗址有效保护起来，充分体现大遗址的历史价值和文化内涵。规划基于合理的构思和长远的设计，真正让“道北人”感受到大遗址保护带来的实惠。政府对棚户区居民和村庄进行了整体拆迁安置，妥善解决了周围群众的安置问题，为了充分展现唐大明宫遗址的历史风貌，以文化大策划和超前规划为先导，以大明宫国家遗址公园的建设为带动，改善了区域百姓生活水平，探索大遗址带动城市发展的新模式，开辟大遗址保护和利用的新路径。

遗址的有效保护，使得大明宫遗址的历史信息得以传承。大明宫遗址地上遗存寥寥无几，对于尚存的建筑史迹我们倍感珍惜。在望仙台遗址的保护中，文物保护工作者翻阅资料，寻找历史遗迹，按照文物保护工程的要求去实施，使用原材料、原工艺、原做法去施工，以原夯土的厚度断面展示唐代的夯土做法，真正做到“修旧如旧”，全面地保存、延续大明宫遗址望仙台的真实历史信息和价值。在实施各处遗址点的维护中，先进行原状拍照，并归入文物保护单位记录档案。正是因为大明宫遗址的严格保护过程，从中看到了“今”与“昔”。

历史场景的呈现，是在保护好原遗址的基础上的现代表现。岁月的流逝，场景的变迁，千年前的那个场景依然尚存。在大量考古的基础上实施者对于太液池、含元殿都进行了有效的保护并加以展示，进行了景区的整体规划，尤其对于脆弱的土遗址，进行封土保护，并从局部进行展示。在含元殿的保护过程中，我们从历史的遗迹中划定界线，进行回填保护，还原历史风貌，让后人从中体验此处的宏伟壮观场面。

对于大明宫遗址的保护，国际与国内专家和文物保护工作者多次研讨，注意发掘和利用历史文化资源。溯到源，找到根，寻到魂，找到历史和现实的结合点，要让人们通过大明宫遗址承载的历史信息，记得起历史的沧桑，看得见岁月的流痕，正是体现习总书记的要求，“努力让历史说话，让文物活起来”。

今天，我再次踏入大明宫遗址这一皇家圣土之上，规模宏大的遗址公园，处于蓝天白云之下，“地域”辽阔的公园之内看到的是鸟语花香的休闲场景；与之协调的花木垫托着大明宫遗址的祥和，丹凤门的建筑和登基大殿展示着大明宫过去的辉煌……所有的一切，正在被大众所享用。

这就是大明宫遗址区，一个充满传奇的地方；

这就是大明宫遗址区，丝绸之路的起点。

这就是大明宫遗址区的“变迁”。

（作者：米和平，陕西省文化遗产研究院 预算监理室主任）

我和“印证丝路”

伏海翔

“丝绸之路”一词，最早是马可·波罗先生把它作为文字描述在他的游记里。它如同一个彩色的梦从小就印记在我的心里，神秘而且隽永。

我是一名文物工作者，也是一名书法篆刻爱好者。书法篆刻创作是我工作闲暇的主要事情。随着“丝路申遗”工作的进展，很有幸我接触到了“申遗”的一些简单的附属工作，尽管只是一些微薄之事，但我的心情非常激动，我觉得自己和这个小时候就有的梦已经连接在一起。我见到了“丝绸之路路线图”，图上一个个地名像前人的足迹，摄我心魄。

我能为“丝路申遗”做些什么呢？……我想到了篆刻、想到了丝绸之路路线图上的地名，我准备把这些像印迹一样的地名用篆刻的形式表现出来。那是一个冬天的夜晚，印石冰冷，心却滚热，我彻夜未眠。

作为一个执刀近二十年的印人，刻印对我来说已不是难事，但是要创作一套作品，而且面对“丝绸之路”这个恢弘而充满诗意的境地，我显得渺小并且踟蹰。最初只想完成这套印作，像农民种庄稼，为了多打粮。我先选择布排简单的入手。随着创作的不断进展，交流也增多了，想法也多了起来。典籍印谱和相关的丝路著述，是我刻罢闲暇的必备读物，大多在睡觉前和如厕的时候。不仅孤独和饥饿，也有后悔，但无法停下来。每当看到满意的作品，困苦和饥饿顿时烟消云散，我觉得完成了一件有意义的事情。我把作品在网络平台和大家交流，反响日渐强烈，大家对我的鼓励感染了我的内心，我不仅仅要把这套印章刻好，而且还应该做得更多。为了表达对丝路精神的尊敬，我希望每件作品都是量身订造，尽可能蕴涵它应有的人文特色，除印章的形制精心选择外，我还在印文书体上下足了功夫，比如“楼兰”我选择了楼兰地方出土的汉代简牍帛书的字体，“拉萨”选择了藏文，“雅典”加用了希腊古文，“敦煌”旁刻了佛龛造像等。张骞、班超、玄奘这三位汉唐以来在丝绸之路上贡献卓越的代表人物，我把他们的名字也镌刻在这套印作之中，来表示我内心的敬仰。

“丝绸之路申遗”是26年的中国梦，2014年6月22日在卡塔尔多哈成为现实。那一刻，举世欢呼，我的心里反倒空荡荡，一种莫名的滋味袭入我的鼻腔，涩涩的。

7月，这套“丝绸之路沿线地名篆刻作品”得以完成，近百个殷红的印花如同足迹，艳丽而且绵远，像歌，如诉，在我心头划过，带走了创作时所有的困苦。应西安钟鼓楼博物馆相约，这些印章和我登上了古城西安的地标——西安钟楼，举办了题为“丝绸之路沿线地名篆刻展”的展览，我们给这展览冠了一个名称——“印证丝路”。数十家媒体报道了这次展览，数以万计的群众参观这个展览，我也听到了来自四面八方对这个展览和我的赞许。其实，我仅仅是一个丝路的追梦者，和真正为之付出辛苦的工作者相比，根本算不了什么，而且微不足道。

“当代艺术媒介应积极介入现实意义，篆刻也不例外……”它一直作为“印证丝路”的核心，鼓舞和激励着我。

让我无比欣悦的是，我工作的地方被以“丝绸之路”名义成功列为世界文化遗产。站在这里，我就是站在丝绸之路上，我在思索我的梦，思索对于每个人意义不同的中国梦。

“印证丝路”，是我的中国梦！

（作者：付海翔，西安博物院藏品保管部部长、馆员）

一份精心付出，两份珍贵收获

郑璐璐　黄媚美

2013年夏末，我作为公司智慧文物部的系统翻译，参与到西安申遗项目的工作中来。在此之前，公司已经投入到申遗工作中近2年时间了，为西安的大雁塔、小雁塔、大明宫、汉长安城未央宫、兴教寺和汉中的张骞墓等提供文物监测预警管理平台的系统建设。负责该项目的同事们离开苏州常驻西安，随时对系统平台进行调试、修订、完善，即便是凌晨、节假日也依然不辞辛苦地做到有求必应，其重视程度就可见一斑。

国庆过后，就要迎来世界申遗组织国际专家的实地考察和检验了，在此之前的一次次校对、演练和实践，马上就要得到证明。作为一名申遗工作的亲历者，其感受自然不同一般大众，可以说对于申遗这件事情有了一番不一样的认知。这次经历，让我体验到的是一种从内到外，似乎与这些古迹融为了一个本体的感觉，用不同以往的角度来看世人、看遗迹的眼神——“你在桥上看风景，我在看看风景的你”。

六处遗产地，哪个项目需要，就要马上赶过去跟预警平台的系统人员进行同声翻译的练习，为了能够更加专业、简练，查阅了大量书籍和外文网站，有时候纠结起来，为了一句话的专业翻译花费1个多小时的时间去修订。为了能够更加形象地、身临其境地做好同声翻译，六处遗产地都要实地练习好多次，也正因为这样我才有了大量的时间和机会，观察这些遗址，在日光变化中折射出的不同角度，在冷雨下升腾出浅浅的雾霭，在人潮鼎沸或者寺门紧闭之后庄重的静谧。参观人员络绎不绝的大雁塔，香火鼎盛，五湖四海的游客汇集于此，怀着虔诚的心仔细端详着玻璃柜中的舍利子，轻轻抚摸着布满沧桑的石板裂痕，谨慎地踏下吱嘎的木楼梯，他们揣磨着十几个世纪前那些诚心诵经的僧侣们的样子，希望经过了几世后可以听见他们在心中默念的祈愿。每次到大雁塔工作时，在布满了高科技设备的监控中心，看到数不清的虔心朝拜的人们，回头看到暮光中的塔体，那是唐朝的故事了吧，使我认为中国历史上最浪漫的一个朝代，与宗教结合起来，总有一种特殊的感觉——“不负如来不负卿，半缘修道半缘君”。

申遗工作结束至今，总是有一个场景在梦中多次出现，每次重现，当初的微风卷着尘土的干燥气息和莫名的丝丝未知花香总是把我再次带入那个画面，那里就是申遗项目之一——汉长安城未央宫遗址。这片位于陕西省西安市西北部的宫殿遗址，是现今保存最为完整的古代统一帝国的都城遗址。宽阔的格局，长方形的夯土台基分明地界定了前殿的古老布局，登上前殿遗址，将这片承载了古老繁荣的土地尽收眼底，与在监控屏幕上看到的景象完全不同，不再是一大堆的气象数据分析、微环境变化数据，而是真实的、坚实的土地。只有这些经历千年的遗迹默默等着我们去发掘去倾听，让这些重见天日，维护好它们让后代更多的人可以看到这些辉煌的历史遗迹，传承下去，这样的使命感油然而生。如果不到遗迹现场，我想是感受不到这样的广阔、凄凉、宁静和庄重的气氛，也很难有这样的一种责任感的。

近8年的申遗工作终于获得圆满成功，我作为这个庞大体系中的一名小小翻译员，觉得很荣幸能有机会参与到这样具有深远历史意义的工作中来，看着公司领导和一直奋战在项目一线的同事们，他们夜以继日、兢兢业业、毫不抱怨的工作状态，顿时觉得自己很渺小，做的事情太少。但是，我很高兴。我知道，不管我以后去见多大的世界，都会用更加虔诚和深入的视角去面对这些可贵的遗产，尽自己的力量，尽一份心去保护、传承，让这样不可复制、不可替代的文化瑰宝可以持续更久的光热。

（作者：郑璐璐、黄媚美，江苏瀚远科技股份有限公司）

下篇　关注篇

在西安丝绸之路申报世界文化遗产工作中，对相关遗产点开展的宣传工作是世界遗产委员会专家检查的一项重要内容，而媒体宣传就是其中浓墨重彩的一笔。

关注篇以西安市文化遗产保护工作为主线，展示出西安丝绸之路申遗期间部分媒体的宣传内容，主要包括：西安丝绸之路申遗工作的重要性、各申遗点的历史文化内涵、文物保护相关政策法规、与丝绸之路申遗工作有关的重大事件、西安文化遗产保护工作的阶段性成果等等。通过宣传进一步发掘出西安丰厚的历史文物内涵，提高了全市人民的文物保护意识，调动了大家参与西安丝绸之路申遗工作的积极性，为申遗工作的开展营造了良好的社会氛围。

由于媒体报道数量众多而篇幅有限，此次仅遴选了2005年以来，国内各大媒体对西安申遗工作所做的宣传报道共计51篇。其中有新闻报道、时事评论、重要成果、重大事件、工作进程，也包括丝绸之路申遗工作中西安洛阳起点之争、大遗址保护模式争论、兴教寺事件、未央宫环境整治居民搬迁等不同角度的不同声音，以真实反映和再现西安市8年的申遗历程。

1. 媒体报道 2005~2008 年

西安提丝绸之路申遗战略构想 欧亚论坛代表关注

正在西安召开的首届欧亚经济论坛上，西安市政府提出以中国为发起国，联合丝路沿线相关国家，将丝绸之路作为一个整体积极申报世界文化遗产的丝路旅游合作战略构想引起此间与会代表的极大关注。

西安，是古丝绸之路的起点。西汉时，张骞通西域，开辟了从长安（今西安市）经甘肃、新疆，到中亚、西亚，并连接地中海各国的陆上通道，这就是举世闻名的北方“丝绸之路”。这条全长七千多公里、“商旅不绝，前后相继”的古代经济大动脉，成为两千多年前东西方文明交流融合的纽带。如今，沿线各国都不约而同地开展了各自的丝路复兴计划。

在此次欧亚经济论坛旅游合作会议上，联合国官员和中亚国家代表话题几乎都围绕着丝路旅游的合作开发。西安市副市长乔征代表西安市政府建议：以中国为发起国，联合丝路沿线相关国家，将丝绸之路作为一个整体积极申报世界文化遗产。丝路沿线国家应当超越地域，特别是国家的局限，对全线遗迹进行全面考察论证，然后按完整性、系统性、原始性原则，科学、认真地遴选出丝路遗产旅游资源，进行跨国申报。

西安市政府建议成立一个在上海合作组织框架下，由联合国相关组织协调的，丝路沿线国家广泛参与的高效协调组织机构———国际丝绸之路旅游合作开发委员会。协调丝路旅游合作开发的相关事宜，开展丝路沿线国家、地区和城市的旅游双边及多边谈判，确定丝路旅游双边、多边国家政府合作的意向和项目；协调解决合作开发过程中的问题。

2005 年 11 月 12 日 中新社记者：凤音

新华网、华夏网、新浪网、搜狐网、网易网、腾讯网等多家网络媒体转载报道

丝绸之路申遗国际协商会召开

穿越时空，横跨亚欧数国的丝绸之路将以东段部分为主，进行跨国申报世界文化遗产。这是丝绸之路成为亚太地域内首个拟跨国申报世界遗产的文化线路。

8月2日，来自联合国教科文组织、中国、哈萨克斯坦、塔吉克斯坦、乌兹别克斯坦、吉尔吉斯斯坦、意大利等丝绸之路沿线相关国家的专家学者和管理者约50人，齐聚新疆吐鲁番，他们在随后三天召开的丝绸之路申报世界文化遗产国际协商会议上共商此话题。

早在二十世纪八九十年代，丝绸之路作为连接亚欧等国家的古代贸易往来之路、文化交流之路，就受到联合国教科文组织的格外重视。在联合国教科文组织的协调下，丝绸之路沿线相关国家就开始了探寻跨国联合申报世界遗产的有效途径。进入21世纪后，联合国教科文组织又组织过两次丝绸之路沿线专业考察，形成了专业考察报告，将在这次会议上详细介绍，这意味着丝绸之路申遗开始进入实质性准备阶段。

联合国教科文组织世界遗产中心亚太处项目专家景峰介绍，在今后几天时间里，来自丝绸之路沿线的国家，将探讨做好丝绸之路跨国联合申遗的合作方式，并研究形成一个共同行动纲领。

2006年8月6日　光明日报　记者：王瑟

丝路“起点之争”不容回避

8 日，在郑州举行的河南省申报世界文化遗产座谈会上，省文物局强调：国家文物局正式将河南（主要是洛阳）纳入跨国申遗项目单位，明确“洛阳是丝绸之路中国段起点之一”——这是河南省尤其是洛阳市多年争取和呼吁的结果。

长期以来，西安和洛阳“东西二京”存在丝绸之路的“起点之争”，上级有关部门本着中华民族素有的“和为贵”的精神回避了矛盾。但是，“树欲静而风不止”，作为洛阳人，我们不能对“起点之争”漠然视之。

古都西安气势逼人

作为丝绸之路申报世界文化遗产中的重要一站，自 2003 年开始，陕西省西安市大力开展了丝绸之路申报世界文化遗产的准备工作。然而，为了凸显西安在丝绸之路中的突出地位，西安在对外的各种宣传、研讨活动中，提出了“西安是古丝绸之路西行起点和东行终点”的论点。

在去年 9 月中旬闭幕的国际古迹遗址理事大会第 15 届大会上，西安市委、市政府正式提出了一个西安的城市口号：“华夏文明古都，丝绸之路起点”——在西安人眼里，丝绸之路起点自古就是西安。

去年 11 月，首届欧亚经济论坛在西安召开。在此次欧亚经济论坛旅游合作会议上，联合国官员和中亚国家代表话题几乎都围绕着丝路旅游的合作开发。西安市政府建议：以中国为发起国，联合丝绸之路沿线相关国家，将丝绸之路作为一个整体积极申报世界文化遗产。

西安市政府还建议，在上海合作组织框架下，应该成立一个由联合国相关组织协调的、丝路沿线国家广泛参与的高效协调组织机构——“国际丝绸之路旅游合作开发委员会”，以协调丝路旅游合作开发的相关事宜，开展丝路沿线国家、地区和城市的旅游双边及多边谈判，确定丝路旅游双边、多边国家政府合作的意向和项目，协调解决合作开发过程中的问题。

今年 6 月，西安又召开了以“站在新丝路的起点”为主题的“首届丝绸之路投资论坛”。论坛由联合国开发计划署、上海合作组织秘书处、西安市人民政府等联合主办，举行了包括丝绸之路区域的商机、丝绸之路上的行业战略、丝绸之路融资、各国机遇和投资会议、从新产业到新经济等 5 个单元的论坛。在论坛上，西安不仅再次强化了自己“丝路起点”的说法，还提出以此为契机，推动“丝绸之路”申遗，推进“丝绸之路沿线区域的共同繁荣”。

也正因为如此，对洛阳“丝绸之路起点”的说法，西安不可能认同。

据说，西安一考古人士对洛阳是丝绸之路起点的说法“嗤之以鼻”。他说，西汉开辟丝绸之路时长安是首都，洛阳虽在唐朝作为东都，可能有一部分使节从那里出发，但不管怎样，丝绸之路开辟时的首都还是长安。

西安另一位考古界人士则这样批解洛阳“起点说”的动机：洛阳是在打“擦边球”，洛阳很明白西安的地位是无法撼动的，但洛阳需要强化一个“多中心说”，“我不奢望能推翻你，但我可以往你身上靠，分你一杯羹”。

洛阳“丝路起点”地位不容轻视

如此说来，此次国家文物局将洛阳定为“丝绸之路起点之一”，是占了西安的便宜了？

对这种说法，洛阳人应该坚决说“不”！

对中国历史稍有常识的人都不会怀疑洛阳作为“丝路起点”的地位。

东汉以洛阳为都城长达196年，是当时中国政治、经济、文化、交通的中心，是丝绸之路的西行出发点，也是沿丝绸之路东来的终点。公元64年，汉明帝派遣使者沿丝绸之路赴西域拜佛取法，在洛阳创建“中国第一古刹”白马寺；公元73年，班超奉命由洛阳出使西域；公元9 7年，班超的属员甘英沿丝绸之路一直到达波斯湾边；班超之子班勇，曾任西域长史，并根据自己的亲身经历撰写了《西域记》。与此同时，当时西域各国、各地的使者、僧人、商人来华，也都是以国都洛阳为目的地，大量古代文献都反映了这一历史事实。

东汉之后，曹魏、西晋、北魏、隋、唐等皆以洛阳为都，故长期是丝绸之路的东方起点，并留下了大量的遗迹、遗物，如背驮行囊的骆驼、头发卷曲的昆仑俑；众多唐三彩骆驼，背驮丝卷、绸布；有一件商俑身背货包，手提水壶，迈步行进，描绘了西域商人沿丝绸之路来洛贸易的生动形象；洛阳涧西出土的波斯萨珊王朝银币、安菩墓出土的东罗马帝国的金币，也是通过丝绸之路带到洛阳的；唐时中亚吐火罗僧人宝隆在龙门东山开凿的佛龛，一直保存到今天。

洛阳市区东约15公里，至今默默沉睡着一座面积达100平方公里的汉魏故城。该城始建于西周初年，历经东周，东汉、曹魏、西晋、北魏、隋、唐等10多个朝代初，前后延续使用近1600年，是我国历史定都时间最长，规模最大且保存较为完整的古代都城遗址。此次申遗，汉魏故城作为捆绑项目之一也将申报，它是洛阳作为古丝绸之路的西行起点和东行终点的有力证明。

大量的历史文献和考古发现证明，洛阳与丝绸之路有着千丝万缕的联系，是丝绸之路的东方起点。

洛阳应该迎头赶上

目前，在西安市，从政府官员、社会人士到普通市民，都在为将西安作为古丝绸之路西行起点和东行终点而“努力”，这种做法不得不引起洛阳人的高度关注。

有学者这样说：如果洛阳是丝绸之路的西行起点这一说法得到确认，并不会对西安在丝绸之路上的历史地位造成太大影响；而如果西安的说法被确认，“洛阳在丝绸之路上将无立锥之地”。

今年8月8日，洛阳市文物局等部门就此事对外明确表态：洛阳市将于近期邀请国内外知名历史和考古专家学者齐聚洛阳，召开“丝绸之路与洛阳”的国际学术研讨会，将借此再次向外界重申洛阳作为古丝绸之路的西行起点和东行终点的历史地位。此次会议将由中国社会科学院、河南省人民政府、中国炎黄文化研讨会主办，中国科学院考古研究所、洛阳市人民政府、河南文物管理局承办。目前，市文物局正在为这次会议的召开做紧张的筹备工作。

洛阳一些历史和考古专家呼吁，要通过动员社会各界力量，来共同关心支持洛阳汉魏故城申报世界文化遗产工作，确保次此申遗成功。

在我市有关专家的倡议下，洛阳部分有识之士正在网络上发起“汉魏故城申报世界文化遗产万人签名大会”，他们拟于本周末在周王城广场举行此项活动，这充分显示了在维护洛阳历史地位上，洛阳有着强大的群众基础。

2006年8月16日 洛阳晚报 记者：李英杰

新华网等网媒转载

丝路申遗洛阳西安起点之争再起

2006年8月上旬，联合国教科文组织世界遗产中心、中国国家文物局主持的丝绸之路申报世界文化遗产国际协调会在新疆召开，会议形成了《共同行动纲领》明确，丝绸之路中国段始于公元前后的中国汉代东西两京(洛阳、长安)，止于清代末期，这标志着丝绸之路联合申遗开始进入实质性准备阶段。消息一经发布，立即引起了河南省洛阳市、陕西省西安市的高度关注，并引起了两座城市起点之争。世界遗产对一个城市的提升具有无法估量的价值，洛阳与西安的丝绸之路起点之争，是两个城市历史文化的博弈，归根结底也是为了树立一个新的城市名片，两个城市之争的背后真实原因是争一种历史文化的生产力，争城市发展的文化动力。

丝绸之路准备跨国审遗

今年8月1日至5日，由联合国教科文组织世界遗产中心和中国国家文物局主持的丝绸之路申报世界文化遗产国际协商会议在新疆的吐鲁番市召开，来自中国、哈萨克斯坦、吉尔吉斯坦、塔吉克斯坦、乌兹别克斯坦、意大利等丝绸之路的沿线国家的代表，就围绕丝绸之路联合审遗等问题展开实质性的讨论，至此，丝绸之路申遗工作进入了全面实施的阶段。

50多位来自联合国教科文组织和各个国家的代表通过了共同行动纲领并达成基本共识，未来3至4年间各国要形成跨国申遗文本，提交联合国教科文组织审查。

国家文物局负责人近日要求，丝绸之路跨国申遗项目涉及我国的4个省份，要用3年到5年的时间，做好丝绸之路沿线文化遗产的本体保护、环境整治、展示宣传工作，然后共同编制申报文本，正式向世界文化遗产委员会申报。

全面实施并不意味着刚刚开始工作，其实，在上个世纪九十年代有关部门就已经开始了准备。

古丝绸之路是汉唐时期中国丝绸西运的重要途径，从中国出发，经南亚、中亚直达欧洲，全长近8000公里，在我国古代商贸、文化、政治交流中具有重要地位，但由于丝绸之路太长，穿越国家甚多，任何国家想单独申请几无可能，但经多年努力，在1994年我国就将丝绸之路中国段列入了世界文化遗产的预备名单，但由于西汉、东汉的都城分别在西安、洛阳，丝绸之路究竟从哪里开始争论已久。

吐鲁番会议似乎也有意要模糊和淡化两地起点之争，在《共同行动纲领》中明确：丝绸之路中国段始于公元前后的中国汉代东西两京（洛阳、长安），止于清末。

“这个说法很准确，也很模糊，两地都是起点，就是告诉你们别再争了。”一位文物保护工作者如是认为。

洛阳、西安传媒激辩起点所属

“在国内，随着丝绸之路跨国联合申遗的正式启动，起点之争又随之开始。”8月17日，河南省洛阳市文物局一位负责人告诉记者：“此前西安和洛阳都在争丝绸之路中国起点，此次会议后争论更加激烈。”

一个明显的例证来自两地的传媒。

8月12日，《洛阳晚报》刊发记者署名文章《国家文物局明确洛阳是丝绸之路起点之一》。4天之后，也就是8月16日，《洛阳晚报》再次刊发记者署名文章《洛阳西安孰是孰非丝路“起点之争”不容回避》。如果第一篇是给洛阳市民带来一个轰动性喜讯的话，第二篇报道则带极强感情色彩。在文章导语最后一部分，如是写道：“长期以来，西安和洛阳‘东西二京’存在丝绸之路的‘起点之争’，上级有关部门本着中华民族素有的‘和为贵’的精神回避了矛盾。但是，‘树欲静而风不止’，作为洛阳人，我们不能对‘起点之争’漠然视之。”

就在8月16日这一天，华商网也强势介入，以本网专稿形式刊发记者署名文章《华商网独家连线陕西文物局丝绸之路起点在西安》，针对洛阳媒体的说法予以回应。文章说：“网友纷纷指出‘丝绸之路’起点自古就被定为西安，这是不用争议的事呀！”

与此同时，一场网络争论在激烈地进行着，两地的网友都摆出了自己的理由。

洛阳信息港网友“岁月无声”留言称，洛阳是丝绸之路的起点，《后汉书·西域传》等史籍中均有记载，国家文物局明确洛阳是丝调之路中国段起点之一是尊重历史，值得称赞。网友“希卅莫亚贵宾”说，丝绸之路是一项伟大的工程，是一个奇迹。洛阳作为丝路起点之一，这是洛阳人的骄傲也是中国人的骄傲。

但是支持西安人士对洛阳是丝绸之路起点的说法“嗤之以鼻”，西汉开辟丝绸之路时长安是首都，丝绸之路的起点当在国都。

来自两地官方的态度

事实上，两地起点之争由来已久。

自2003年开始，陕西省西安市大力开展了丝绸之路申报世界文化遗产的准备工作。为了凸显西汉都城西安在丝绸之路中的突出地位，西安在对外的各种宣传、研讨活动中，提出了“西安是古丝绸之路西行起点和东行终点”的论点。2005年9月，第15届国际古迹遗址理事大会闭幕时，西安正式提出了一个宣传西安的口号:“华夏文明故都，丝绸之路起点。”作为古都的西安，把丝绸之路起点一直当作了自己的骄傲。去年11月，首届欧亚经济论坛在西安召开。在此次欧亚经济论坛旅游合作会议上，联合国官员和中亚国家代表话题几乎都围绕着丝路旅游的合作开发。西安市政府建议：以中国为发起国，联合丝绸之路沿线相关国家，将丝绸之路作为一个整体积极申报世界文化遗产。

今年6月，西安又召开了以“站在新丝路的起点”为主题的“首届丝绸之路投资论坛”。

这是一个宣言，是宣言就能引起相关波动，几乎就在西安大张旗鼓地进行宣传之时，作为东汉都城的洛阳也有了反应。

“我们相信事实，有几十个方面的证据能够证明洛阳也是丝绸之路的起点。”洛阳市文物局的一位负责同志说，洛阳的白马寺是中国最早的佛教寺庙，而佛教是顺着丝绸之路传播到洛阳的；洛阳出土的胡人陶俑、古罗马金币等，都是沿丝绸之路从西域传来的东西；洛阳在东汉即为首都，在隋唐时期又是著名的东都，是商业贸易中心，从丝绸之路开拓、形成和繁荣的过程来看，洛阳才是丝绸之路最东的起点。

在《洛阳市交通志》（河南人民出版社 1986 年版）上，专门介绍丝绸之路，以洛阳为起点的道路就有三条。其中西道：从伊、洛流域出发，西经长安（今西安）、河西走廊、塔里木盆地，跨越帕米尔高原，然后经过苏联境内的乌兹别克、土库曼，之后抵达阿富汗、伊朗、叙利亚和黎巴嫩，远通罗马和埃及，全程两万多公里。

“我们看到了相关的宣传，两个城市应该相互尊重，而不是相互攻击，在这个方面，我们应该大度一些。”8 月 17 日的上午，洛阳市文物局的一名负责同志告诉记者。这位负责同志对于记者的采访要求很不情愿，在得知当地一家媒体把两地之争之事发表在当地媒体上的时候，似乎有些生气，当即打电话对该名记者表示了质疑。

“我们应该扎扎实实地做好工作，而不是私下毫无意义的争执。”

之争背后的城市名片效应

面对西安、洛阳两地的丝绸之路中国段起点之争，郑州大学历史学院研究秦汉史的袁延胜副教授告诉记者，从历史上讲，西安和洛阳都是丝绸之路中国段的起点，单独强调某一个地方都是不全面的，而两地之争也在于申遗能带来的好处，但两地还是应做好文物保护工作，心平气和地坐下来谈一谈，一起把跨国申遗工作做好。

袁教授告诉记者，据考证早在公元前 4 世纪，我国的丝绸已传至西亚以及地中海沿岸希腊各城邦，但丝绸之路正式形成应该从公元前 2 世纪张骞出使西域开始，西汉时丝绸之路起点肯定在西安，但随后东汉定都洛阳，商团和各国使节肯定会到洛阳面见皇帝，丝绸之路自然延伸了，东汉时的起点为洛阳是没有问题的，两个起点只是时间和地点上的区别。

面对两地的起点之争，袁教授强调，两地无非都是为了提高城市的知名度，促进城市发展，但“两地在国内的知名度已足够了，两个城市争起点更多的可能出于提升国际知名度的考虑”。

而洛阳市文物局有关部门负责人和洛阳市文物专家在面对洛阳当地媒体采访时曾表示，丝绸之路在世界范围内影响深远，洛阳如果做为丝绸之路中国段起点申遗，对提高洛阳在世界上的知名度、促进洛阳的对外开放，以及加强丝绸之路相关文物保护，对洛阳发展与丝绸之路沿线国家和地区的旅游、实施“旅游强市”战略等都将产生难以估量的影响。

面对争议，袁教授向《郑州晚报》独家责任记者表示，丝绸之路申遗一定得尊重历史，而这也是联合国教科文组织世界遗产中心定的哪些项目可入选丝绸之路申遗项目原则之一，所以西安洛阳两地在加强宣传的同时，都应做好自己的文物保护工作，两地应多合作少争论，把同属于中国的两个起点文物保护工作做好，一起为丝绸之路中国段申遗努力。

2006 年 8 月 18 日　郑州晚报　作者：金艳阳

新华网、腾讯网、搜狐网等多家网媒转载

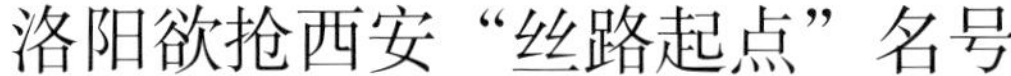

洛阳欲抢西安“丝路起点”名号

古老的丝绸之路还有另外一个起点吗？以在新疆召开的“丝绸之路申遗国际会议”为由头，西安的近邻洛阳开始就“丝路起点”大做文章，并筹办“丝绸之路跨国申遗万里行”活动。洛阳人说：“等申遗活动走到西安，西安人不要以为洛阳人打上门来了！”

宁健，洛阳市一家艺术家俱乐部的负责人。

8 月 19 日，宁健向主管上级——洛阳市文化局递交了一份报告，准备筹划举办“丝绸之路跨国申遗万里行”活动。筹备工作进展顺利，预计 9 月下旬从洛阳起程。

他笑着对记者说：“等到了西安的时候，西安人千万不要以为洛阳人打上门来了！”

在玩笑背后，宁健的担心不是没有原因。

1. 缘起

洛阳是丝路起点之一？

8 月 12 日，洛阳一家媒体刊发记者署名文章《国家文物局明确洛阳是丝绸之路起点之一》。

8 月 16 日，这家媒体再次刊发记者署名文章《丝路“起点之争”不容回避》。

第二篇文章明显带有极强的感情色彩。且看文章导语：长期以来，西安和洛阳“东西二京”存在丝绸之路的“起点之争”，上级有关部门本着中华民族素有的“和为贵”的精神回避了矛盾。但是，“树欲静而风不止”，作为洛阳人，我们不能对“起点之争”漠然视之。

郑州媒体也迅速跟进，刊发了《丝绸之路欲跨国申遗洛阳西安激辩起点归属》等一系列文章。

西安，洛阳，到底谁是丝绸之路的起点？两个城市的网站上顿时引发了一场口水大战。国内几大网站的论坛上也都存在着洛阳和西安丝路起点之争的帖子。

8 月 19 日，一项“丝路起点在洛阳万人签名”活动在洛阳市引起震动，活动一度让该市最繁华的王城广场附近的道路堵塞。

洛阳的一些专家学者，也开始在媒体上纷纷亮相，提醒西安不要忽视洛阳的声音，并明确表明：洛阳是丝路起点之一。甚至表示：如果全国只定一个起点的话，那只能是洛阳。

起点之争源自“丝绸之路”申遗

其实在国际学术界，“丝路起点在西安”这一观点似乎并未受到挑战和质疑。

为什么一个“公认的事实”，这次却在洛阳方面引起如此强烈的反应？

这要从一次会议说起。今年8月2日，由联合国教科文组织世界遗产中心和中国国家文物局联合主办的“丝绸之路申报世界文化遗产国际协商会议”（以下简称“新疆会议”）在新疆吐鲁番市召开。来自联合国教科文组织世界遗产中心的代表，以及中国、哈萨克斯坦等中亚一些丝绸之路沿线国家的专家学者和管理者出席了会议。

“新疆会议”主要围绕丝绸之路跨国联合申报世界文化遗产进行讨论，并形成了一个未来共同行动计划。这次会议标志着丝路联合申遗开始进入实质性阶段。该会议也因此成为丝路“起点之争”最直接的“导火索”。

据河南媒体报道，“新疆会议”形成的《共同行动纲领》明确表示，丝绸之路中国段始于公元前后的中国汉代东西两京（洛阳、长安）。

这条消息被认为是“洛阳被确定为丝绸之路起点”的最有力的证据。8月8日，河南省文物部门一位同志强调：国家文物局已正式将河南（主要是洛阳）纳入跨国申遗项目单位，明确洛阳是丝绸之路中国段起点之一，这是河南省尤其是洛阳市多年争取和呼吁的结果。

渴望抓住一切机会的洛阳

河南省文物鉴定委员会委员、洛阳大学易学考古研究所所长蔡运章，在接受本报记者采访时说，上个世纪50年代以来，河南，特别是洛阳在丝绸之路的研究和宣传上滞后于陕西和甘肃，学术界、社会公众也都普遍认为张骞出使西域开通了丝绸之路。“如果从西汉这个时期讲，这个说法有一定道理，但对整个丝绸之路讲，有些片面。”

蔡运章说，早在张骞出使西域之前，丝绸之路已经开通。商代晚期，中原到西域就有一条“玉石之路”，安阳殷墟富豪墓以及洛阳一些富豪墓里出土的玉器就有不少是来自新疆的和田玉。

蔡运章还拿出土的一本古代文献《穆天子传》作了例证。这本书讲述了西周时期穆天子从洛阳出发，西游到昆仑山并会见西王母的事情。蔡运章认为，这本书尽管带有神话色彩，但该书中的许多史料记录了西周时期的一些事情，应该是可信的。由此可见，洛阳到西域的通道很早就存在。“张骞，只是重新接通了这条道路，而洛阳才是丝绸之路的东方起点。”蔡运章强调。

洛阳之所以在这个时候发出这样的声音，有着更深的原因。

据悉，中国政府已经正式启动丝绸之路跨国申报世界遗产行动，中国境内，凡能证明与丝绸之路有重要关系的遗迹，都可“报名”参加。

“给洛阳一个国际的高度！”

洛阳一位记者说，城市发展到现在，还争啥，对西安和洛阳这样的古都来说，不就争个国际知名度嘛！

这种心理，在洛阳人心中压抑了很久。洛阳市一位文物工作者说，处在西安和郑州两大省会城市之间，洛阳的滋味可真不好受。洛阳街头的一幅广告语恰好表达了洛阳急欲释放的欲望：“给洛阳一个国际的高度！”

据报道，洛阳市文物局局长每次在洛阳街头看到“千年帝都，牡丹花城”公益广告牌，总禁不住慢下脚步。这位局长说：“这是最使我耿耿于怀的广告牌，在西安街头，我看到的宣传口号是‘华夏源地，千年帝都，丝路起点，秦俑故乡’。”

众所周知，世界遗产对一个城市的提升具有无法估量的价值。洛阳在这个时候提出“丝路起点”的说法就不难理解了。

洛阳和西安“丝路起点”争论背后，又是怎样的城市心态？探访发现，洛阳的做法，虽然多少有点“一厢情愿”，但在它积极进行城市包装、咄咄逼人的气势背后，是一个城市渴望明确自身定位并崛起的渴望，这种做法，或许有值得西安学习的地方。

2. 反应

沉默的西安

面对洛阳“咄咄逼人”的气势，陕西省和西安市有关部门并未作出回应。

西安市一位政府部门工作人员很“纳闷”地说：“争，是力求得到某种东西。丝绸之路起点在西安，这是国内外公认的事实。西安好像没有‘力求得到’的心态和必要。”据记者调查，“新疆会议”并没有洛阳市的代表参加（西安有代表参加）。记者费尽周折，终于拿到了“新疆会议”上形成的《初步行动计划》（即媒体报道的《共同行动纲领》）。

《初步行动计划》作出了这样的表述：“（丝绸之路）沙漠路线始于张骞出使西域，止于清末中期。主要线路分作三道，从长安（今西安）出发（东汉时起于洛阳），向西经河西走廊、敦煌，在新疆界内分为北、中、南三路，最终分别从新疆的阿力玛力（今伊犁）和喀什嘎尔（今喀什）通向中亚。”

记者在《初步行动计划》上却没有找到“丝绸之路中国段始于公元前后的中国汉代东西两京（洛阳、长安）”这样的表述。

据相关人士说，“新疆会议”并没有谈及丝绸之路起点问题，因为这已是国际共识。《初步行动计划》说得已经很明确了，“（丝绸之路）沙漠路线始于张骞出使西域”，张骞是西汉人，西汉的首都是长安（今西安）。丝路起点自然是西安。即便提到了洛阳，也说得很明确，“从长安（今西安）出发（东汉时起于洛阳）”，洛阳前面加有一个明显的限制词。

诚然，丝绸之路随着时间的推移，也会发生时间和空间上的变化，但不管怎样，也只能是延续。至于洛阳一些专家提出的丝绸之路早在张骞通西域之前就已开通的观点，目前尚未得到国内外学界的普遍认同。

自信的西安

西安的一位专家表示，起点不单单是时间和空间的概念。张骞两次通西域，打破了游牧民族对丝路贸易的垄断，使中国和中亚诸国建立了直接的贸易往来关系；东西方开始在这条大动脉上进行真正意义的对话，开始进行大规模的经济文化交流。可以说，丝绸之路的真正形成起自张骞通西域起。

据消息灵通人士透露，国家文物局根本没有确定洛阳是丝绸之路的起点。“国家政府部门怎么会对一个学术上的问题进行裁决！这是个常识问题。”一位政府机关工作人员讲。

但可以肯定一点，国家文物局确实是将河南（洛阳）纳入了丝绸之路申遗项目单位，但并不是以丝绸之路起点的名义纳入的，而是因为河南（洛阳）有丝绸之路的遗迹。据了解，国家文物局最先确定的是陕西、甘肃和新疆三省区，最后才加了河南。

省文物部门一位同志说，对申报世界遗产来说，争论谁是起点，没有任何意义，因为这次申报是主权国家之间的事情，而不是一个城市与一个城市的竞争。

采访中，西安的有关方面不愿意就“起点之争”作太多的回应。或许，这与历史文化积淀深厚的西安，表现出的大气与自信有关。但正如有网友提出的，一座城市的发展，应该有明确的营销理念。洛阳的做法，无论结果如何，都不会输，因为，洛阳需要的就是名气和关注。而西安在做好自己事的同时，也应向世人积极地展示自己，才是明智之举。

3. 升级

超越民间的“起点之争”将开始

面对洛阳媒体的高调声音，洛阳市政府部门并未予以积极的回应。

参加洛阳万人签名活动的河南科技大学一位退休教授说，这种民间的争论可以搞，政府也应该有所作为，确保洛阳作为丝绸之路唯一起点这个观点。

洛阳政府部门在记者采访中表现低调。8 月 23 日，记者来到洛阳市文物局采访。该局办公室主任明确表示，刚刚接到上面指示：不接受媒体采访。

一位洛阳媒体的同行说：“起点之争，实际上是民间之争。”

与洛阳相呼应的是，陕西和西安的文物部门，同样保持了低调。8 月 23 日，省文物局召开了丝绸之路申报世界遗产座谈会，也同样谢绝媒体采访。

也许，这场“民间之争”就要沉寂下去，但有意思的是，一场更大规模的“风暴”很快就要到来。

据记者了解，今年 11 月，河南省政府将与中国社会科学院等单位联合主办，由河南省文物局、洛阳市政府、中国社科院考古所共同承办“丝绸之路与洛阳国际学术研讨会”。

可以预见，一场超越民间“起点之争”的更高层次的竞争将要开始……

专访洛阳市文物考古所副所长郑贞富——洛阳为丝路起点对西安没有妨碍

在洛阳学界中，郑贞富是“丝路起点在洛阳”这一说法的坚定支持者。8 月 22 日，本报记者在洛阳市文物考古所对其进行了专访。

记：您认同丝绸之路始自张骞出使西域吗？

郑：我不认同。商周时期，丝绸之路已经开通，当时首都在洛阳，洛阳是名正言顺的起点。如果说西安是丝绸之路的起点，从西汉来说，有一定合理性，但在说西安为丝绸之路起点的同时，应该加两个字：之一。

记：这说明，您也认同西安是丝绸之路的起点。

郑：我是说，西安不是丝绸之路的唯一起点。

记：那您是承认西安和洛阳“两个起点”说？

郑：如果全国只定一个起点的话，那只能是洛阳。当然，我们在说洛阳是丝绸之路起点的同时，也绝不否认西安在丝绸之路上的重要作用。

记：您的这种观点在洛阳学界大概占几成？

郑：注意，这不是我个人的观点。上个世纪90年代中期，洛阳召开了一次国内学术研讨会，当时出了一本书叫《洛阳丝绸之路的起点》，这是与会四十多位专家的中心观点。这个观点在洛阳学术界也是得到普遍认同的。

记：现在已经过了十年了，就没有新的认识吗？

郑：真理是永远不变的，谎言是千变万化的。我还想说一句话，如果确定西安为丝绸之路起点的话，洛阳将无立锥之地，如果确定洛阳为丝绸之路起点的话，将对西安没有任何妨碍。

记：怎么理解这句话？

郑：如果西安被确定为丝绸之路的起点，那么洛阳与丝绸之路相关的文物遗址将失去申报世界遗产的机会。如果洛阳作为起点，它往西就是西安，因此西安仍然是丝绸之路上的重要一站。因此，争不争这个起点，对西安申报世界遗产都没有妨碍。

记：您说过任何一个地区的学者都有其研究的片面性，您能否自我解剖一下，您的片面性可能会在哪？

郑：因为立场不同，观点自然不同。如果说有一点片面性的话，那就是和西安的学者交流还不够，还应该继续了解西安吧。

（郑贞富：1968年生。北师大毕业，河南大学研究生毕业，硕士。现任洛阳市文物考古所副所长。主编、合著有《洛阳通史》、《洛阳五千年》等。）

两地市民看“起点之争”

洛阳

王先生35岁记者

也是一种炒作吧，但是各有立场，各有表述。

袁女士26岁宾馆服务员

丝绸之路的起点在洛阳？我们都是洛阳人，怎么没听说过，你不会说洛阳也有丝绸之路的遗址吧？

杨先生59岁退休工人

丝绸之路好像是从张骞开始的吧，人家是第一发起人。最近在报纸上又说洛阳是丝绸之路的起点，我一听也就认同了，也许又有了新发现。

袁先生36岁汉魏故城遗址附近的村民

丝绸之路申遗对我们有啥好处，我不好说，但是能给孩子们带来经济收入吧！

王女士20岁大学生

丝绸之路的起点在西安，这好像是公认的事情嘛！但不可否认，洛阳确实和丝绸之路有着很深厚的关系。洛阳有这种声音也许有一定的道理，希望西安能宽容地看待这件事情。

西安

魏先生33岁律师

西安是丝绸之路的起点，这已经成为既定事实，也是世界公认的。洛阳现在争起点，赚一点噱头还可以，但要改变这种共识，不可能的。

陆先生 32 岁政府机关工作人员

各说各的事，也没啥冲突，没啥可争的。丝绸之路作为一个整体讲有延续性，在西汉打通，在东汉得到延续，每个时代可能都会有每个时代的起点，但就整体而言，只能有一个起点，那就是西安。

王先生 55 岁高校教师

我不同意洛阳方面的观点，但他们有这样的声音，肯定会有他们的道理。张骞能有那样的勇气“凿通西域”，作为后人，我们更应有一种包容的胸怀，也不用非争个你死我活，一棒子把人家打死。

刘先生 40 岁出租车司机

邻居之间有啥可争的，干好自己的事就是最重要的。

2006 年 8 月 29 日　华商报　记者：秦子

新浪网、大河网等网媒转载　在百度贴吧、大河论坛、华商论坛引起网民激烈讨论

ICOMOS主席米歇尔·佩赛特“西安是丝绸之路的起点毋庸置疑”

世界著名考古历史学家、联合国教科文组织在世界文化遗产方面最重要的专业咨询机构即国际古迹遗址理事会主席米歇尔·佩赛特（图左）与国际古迹遗址理事会秘书长迪诺·本巴鲁（图中）在小雁塔景区内考察中国民俗文化。

既然是申报世界文化遗产的动力触发了丝绸之路起点的争论，那么世界文化遗产组织方面的声音就无疑是最权威的声音之一。近日，记者采访了能技术性决定世界文化遗产是否成功申报的组织的主席———世界古迹遗址理事会主席米歇尔·佩赛特先生。融合了全球各国文化考古界大牌专家的世界古迹遗址理事会，是联合国教科文组织在世界文化遗产方面最重要的也是最仰仗的专业咨询机构，可以说世界古迹遗址理事会的建议，几乎能决定世界文化遗产在联合国教科文组织里的价值地位。

记者（以下简称记）：“西安作为丝绸之路的起点，最近引起了一些争论，您怎么看？”

米歇尔·佩赛特（以下简称米）：“西安作为丝绸之路的起点是毋庸置疑的。丝绸之路的起点在西安引起争论，是没有价值的。虽然丝绸之路有许多线，但国际上公认的一条最早也是最主要打通东方和西方文化交流通道的丝绸之路起点就在中国西汉的首都，也就是长安。我们今年8月份在阿富汗就讨论过这个问题，但大家并没有怀疑西安作为丝绸之路起点这一事实。”

记：“丝绸之路的起点城市西安，留下了众多丝路上传来的文物，您知道吗？”

米：“对！这就有力说明了丝绸之路在这里起源，在这里发端。就好像罗马、雅典都分别留下了辉煌时期的文明遗迹一样，让后人信服的知道在这两个城市发生的事。我知道一些，比如骆驼俑，那就是丝绸之路上用的牲畜的艺术化物品；还有茂陵的马踏匈奴石刻，就反映了中国人为开辟丝绸之路而作的军事努力的艺术化反映。”

记：“可是，有人说丝绸之路有两个起点，若只有一个的话，那只能是西安更东边的一个城市，也就是说不是西安，您怎么看？”

米：“丝绸之路的提法，是德国著名历史地理学家李希霍芬提出来的，他提出来的丝绸路线虽然并不完全是如今的样子，但其起点应该说的就是长安，今天的西安。在西方，关于丝绸之路终点，也有许多争论，但是伊斯坦布尔、罗马等作为丝绸之路不同分支的终点在公论上没有人推翻它的。”

记：“张骞这个历史人物，您对他的历史了解得多吗？”

米：“我听说过，他在西汉时出使中国的西边地区与国家，打通了连接西方与东方的贸易路线，这条路线就是丝绸之路。你刚才说的一个城市，也就是被一些人认为是丝绸之路另一起点的城市，应该是东汉的首都。这样的话，丝绸之路开通的时间离西安东边的这个城市作为东汉首都的时间上有巨大差距的，怎么能说丝绸之路的开辟起点在这个城市，而不在西安呢？”

记：“看来您很支持西安作为丝绸之路的起点城市了？”

米：“当然。不是我一人支持，是许多世界上的专家和学者都这么认为的。这次我来西安，要在西安设立国际古迹遗址理事会的国际保护中心。这个中心的一个重要任务与使命就是研究丝绸之路的发端历史，沿袭历史，以及丝绸之路所留下来的丰硕历史文化遗产。这些历史文化遗产是全人类的，是多国共同创造的，需要多国协调来共同保护。西安作为丝绸之路的起点城市，对于国际保护中心开展丝绸之路研究具有特殊意义和便利条件。”

睿智的米歇尔·佩赛特主席一再强调，学术上的争论是正常的，包括丝绸之路起点的争论，但他还是立场鲜明地表明了他自己所持有的学术观点，那就是丝绸之路的起点是西汉首都长安。他从另一个角度来论证说，西汉以后，虽然首都迁移，丝绸之路的线向东边延伸，但并不意味着最早的起点城市和历史上定论的东西会随之变化。如果随着首都的变迁而起点城市变迁的话，那么中国应该有许多丝绸之路的起点城市，欧洲也应该有许多丝绸之路的终点城市，这当然是不准确的历史研究和认同方法。

2006年10月25日　西安晚报　记者：原建军　呼延思正

新华网论坛、新浪网、大河论坛等网络媒体转载

“丝路申遗”我省汉长安城遗址等 12 处遗产备选

经中国申遗专家和丝绸之路沿线省区文物部门共同讨论，丝绸之路跨国联合申遗中国段文化遗产预备名单日前初步确定，我省共有汉长安城遗址、茂陵、张骞墓等 12 处遗址进入预备名单。

记者从昨日文物部门获悉，丝绸之路联合申遗是整个亚太地区第一个作为“文化线路”申报的世界遗产，对今后亚太地区在文化线路的保护和申报有着重要的指导意义，申遗工作已经进入实质性筹备状态。

日前，在乌鲁木齐举行的丝绸之路跨国联合申遗工作会议上，专家们根据丝绸之路跨国联合申遗的具体要求，就河南、陕西、甘肃、宁夏、青海、新疆 6 个省（自治区）提交的文化遗产名单展开讨论，并初步确定了 48 处文化遗产预备名单，其中包括我省的汉长安城遗址、茂陵、张骞墓、草堂寺、唐长安城大明宫遗址（包括大明宫、大小雁塔、西市遗址、延平门、明德门等遗址、兴庆宫遗址、青龙寺遗址、天坛遗址门址）、西安清真寺、兴教寺、法门寺、大秦寺、昭陵、乾陵、大佛寺石窟。

据悉，为做好丝路申遗陕西段的工作，我省编制了《丝绸之路陕西段申报世界文化遗产综合报告》和《丝绸之路陕西段申报世界文化遗产第一批名录》，并对预备名单古遗迹周边环境进行了全面整治。相关专家将沿丝绸之路对各文化遗产重新考察，力争在 2009 年 1 月将跨国联合申遗文本提交联合国教科文组织世界遗产中心。

2007 年 7 月 10 日　华商报　记者：李彪

西安多个文化遗址和遗产打包申遗

昨日（20 日），丝绸之路（陕西段）跨国联合申遗工作座谈会在西安举行，国家文物局丝路申遗考察评估专家组组长安家瑶和成员赵福生等专家谈论了陕西段申遗项目的考察、评估和整改意见。省政府和西安市、宝鸡市、咸阳市、汉中市有关领导及省内各区县文物工作者百余人认真听取了专家的点评。

丝绸之路的跨国申遗，主要包括古丝绸之路起点中国和路经的中亚五国，其中中国有陕西、河南、甘肃、宁夏、青海、新疆六省市自治区。西安作为丝绸之路的起点，又有着丰厚的历史文化底蕴，这次丝绸之路第一批打包申遗的有大雁塔、小雁塔、法门寺地宫、清真寺、大明宫、汉长安城、明德门遗址、唐天坛遗址等建筑和遗址等重点申遗对象。

这次会议主要由国家文物局专家对丝绸之路（陕西段）的申遗文物点进行考察评估、提出建议和意见。此前中国社科院考古研究院和省文物局专家一行历时 8 天对陕西省申遗的 19 个遗产或遗址进行考察评估。考察内容主要有遗产价值、遗址保存保护、管理状况等。

专家组组长安家瑶说："西安是丝绸之路的起点，离开了陕西、离开了西安就没有丝绸之路了。目前陕西和西安的申遗工作较令人满意，但还存在差距需要改进。"这次的申遗，达到申遗六大标准中的第一条（世界其他申遗点很少能够单独达到这个标准）：代表独特的艺术成就，代表创造性天才杰作。她提到这次考察发现的一些问题，西安的文物遗迹或遗址申遗就其本体历史价值、科学考古价值等并不存在问题，它们本身都有相当高的价值，问题在于文物保护困难、管理与国际存在的差距以及周边的环境影响问题。

据悉，明年 4 月份跨国申遗工作小组及中亚五国专家将在西安召开协调工作会议，2009 年世界遗产中心将派专家来西安考核，2010 年联合国教科文组织世界遗产中心将表决这些项目能否成为世遗。

陕西申遗项目

昨日，国家文物局专家组安家瑶等专家据深入考察的感受，详细论述了我省 19 个申遗项目的本体优势和存在的不足，为我省各有关项目的联合申遗指明了改进方向和目标。省有关领导指出，专家的评点是诚心诚意地为我省申遗工作进行帮助，有利于各地部门发现问题、有效改进，以利申遗成功。安家瑶等专家的点评大意如下——

大雁塔：大雁塔慈恩寺作为玄奘翻译从印度所取回经卷的地方，其本体价值在申遗上没有任何问题。需要指出的是，大雁塔北广场在服务社会方面很好，但是音乐喷泉等是否与佛教文化相谐调，应思考一下，因为世界文化遗产国际专家届时可能会提出这样的疑问。市政府今后应引以为戒，要以保护主体为目标，营造文化氛围应当原汁原味，保持其完整性、真实性。慈恩寺作为唐长安四大名寺，占地达半坊之大，其周边有大量古遗址，以前就曾发现过十多座陶窑遗址。今后慈恩寺周边开发时应进行考古钻探，应能发现唐慈恩寺僧舍等建筑遗址，从而加厚慈恩寺文化内涵，不要重新丢失唐代遗迹。

天坛遗址：唐天坛遗址的保护符合世界文化遗产规则，其本体价值确定无疑。唐天坛遗址是圜丘遗址，建于隋代，隋朝2个皇帝和唐朝19个皇帝都在此祭天，尤其女皇武则天也曾在此祭天，女性参加祭祀是中国古代绝无仅有的事。唐天坛遗址比北京明清天坛早1000多年，而且比其高约3米。北京天坛东西南北四个方向设陛阶而上，唐天坛12个方向设陛阶。唐天坛遗址符合《周礼》礼制，符合《隋书》《唐书》记载，是当时世界上唯一的祭祀建筑。目前唐天坛周边环境发生变化。天坛1999年考古发掘时，瓦胡同村民房比天坛低，如今都加盖超过了天坛高度。这些村户应考虑是否纳入城市改造以行搬迁。另外，天坛遗址概念还包括天坛四边遗址，古代祭祀时燔烧玉帛应在天坛四边，天坛的东边陛阶和西边的路还都没有考古。所以，政府应考虑收回天坛旁边部分土地，扩大天坛保护范围，建陈列厅展示发掘出土文物。

明德门遗址：明德门是唐长安外郭城南正门，有5个门道。如今遗址周边垃圾已经清除，城中村改造也把遗址保护纳入规划。专家建议，在城中村改造时能优先把有申遗项目的地方纳入改造范围，这样可以改善这些遗址的环境，同时适当展示明德门遗址也有助于申遗。

延平门遗址：延平门遗址是唐长安城西城墙最南边的一个门。高新区把延平门遗址保护得非常好，通过覆盖原遗址，上面复原的形式来展示，而且有专门物业人员管理，遗址很干净。整个延平门遗址展示工程与周边环境非常谐调。国家文物局专家希望能把含光门遗址也加入申遗行列，因为含光门遗址地面也保存得不错，唐宋文化层比较清晰。

西市遗址：唐西市是长安城民间贸易最为宏大的市场，有西亚、中亚商人集中在此贸易经营，影响很大。西市全部面积约1平方公里。2006年西市局部考古发掘出了井字形街区，东北方向的十字街揭露了出来，唐代路况清楚。目前个别地点未经考古钻探而建设。希望市文物局会同有关方面展示保护西市部分遗址、展出发掘文物，以期遗址能与国际专家交流。

兴庆宫遗址：兴庆宫里最主要的是勤政务本楼，依原样保存。希望遗址展示再能多些出土文物、复原模型等和图片说明。

小雁塔：小雁塔周边在绿化建设时都进行了考古钻探，周边环境也很好，申遗方面问题不大。

大清真寺：大清真寺里，伊斯兰教与中国传统建筑完美结合。寺内古建筑保存完整，符合真实性，其内部建筑环境符合申遗规则。但寺外的房子非常密集，不利于消防。还有，旁边的政府部门宿舍楼高突，这些都可能对国际专家产生不利心理影响。寺内阿訇很重视保护收藏文物，市文物局应指导寺院对这些文物建册立档。

大明宫遗址：作为大唐行政中心，大明宫遗址价值符合世遗要求。这里布局清楚，打通御道、发掘丹凤门等都会对申遗加分。专家组期望大明宫遗址上的一些新建设施在利用完后能及时拆除，以免有碍观瞻，同时防止雨水浸入遗址。在建设大明宫遗址公园时，应充分考虑钻探考古的长期性，如日本奈良平城宫已考古了50年，还在继续；意大利庞贝古城已考古了100年，还在继续。望能早日实施国家文物局批准的丹凤门保护方案，以免遗址受损。

大秦寺、兴教寺、草堂寺：三个寺庙的塔都是最本真的古迹，其余建筑则多是晚建，所以申遗时应以塔名来申报。三寺周边应进行考古钻探，确定保护范围。寺里有许多珍贵文物，市文物局应对这些文物登记造册，以免丢失。寺庙梁柱所缠绕的电线应注意防火。

汉长安城：专家组认为最有希望申遗成功的是汉长安城遗址。这里的主要轮廓、城墙遗址、宫殿遗址都基本保存完好，即使是单独申遗都有可能。未央宫前殿遗址环境保存不错。桂宫、长乐宫遗址发掘后都进行了保护展示，霸城门遗址也保护得比较好。专家组强调，务必控制汉城内人口，尤其是外来人口，对未央宫前殿应及早进行考古发掘。

昭陵：唐太宗昭陵环境整体感觉不错，现在建设的文物库房也符合国际文保准则。专家组期望能加快昭陵两个阙台保护，否则容易水土流失，文物湮失。还有，昭陵六骏原位和蕃王像也都要尽快保护规划。昭陵附近所建太宗像有可能引起国际专家质疑，希望陵园范围内不要新建旅游设施。

茂陵：考古人员曾在陵园周围进行了大规模的钻探，发现400多个从葬坑，比汉阳陵的从葬坑大多了，茂陵的文物价值不可估量。但目前游人随便爬上茂陵主体，在上面乱扔废弃物等，有悖文保规则。茂陵陪葬的霍去病墓，现被辟为茂陵博物馆所在地，但博物馆里所建的鱼池、喷泉等有损墓园肃穆气氛，应避免喧宾夺主，让国际专家到时皱眉。

法门寺：申遗只考虑没有移动的遗址文物，法门寺塔地宫符合这个要求。塔基周围的道路修建、雕刻都有些太花哨了，反而削弱了申遗主体的光环。另外，法门寺周围拟新建一些设施，其高度甚至比法门寺塔高出许多，这将影响法门寺整体景观。法门寺周边大规模开发建设，应该进行考古钻探，以增加它的历史价值。

乾陵：乾陵门阙的保护很好。无字碑的唐代碑亭位置、大小早已考古明确出来，但至今未建防护设施保护无字碑，使得碑上裂纹更大了。世遗最忌讳商业设施，乾陵附近路上的农家乐招牌密集得很不谐调。

张骞墓：1938年专家曾对该墓进行了考古调查，其价值是不用担心的。该墓的研究工作应该跟上，墓园中应把排水设施建在地下。墓园旁边建设的城固博物馆工程应该停下来，否则国际专家来考察时看到水泥工程林立，心理将受影响。

2007年8月21日　西安晚报　记者：呼延思正 袁雨男

华夏网　新浪网　新华网　国际在线　长江网等网媒转载报道

我国考古学者认为长安西市是丝绸之路的起点

中国考古专家认为，在西安的西市旧址发掘出的紫水晶和蓝宝石等西域舶来品，是其作为“丝绸之路”起点的有力证据，它们表明，唐朝的长安城，是东西方的贸易中心和全世界最繁华的商业城市之一。

唐代的长安城内有东市和西市两大商业中心。西市又被称为“金市”，这里云集了来自西域和中亚、西亚地区的“胡商”，他们带来了中原不出产的各种奇异珍宝，又把丝绸、瓷器等中国特产从这里源源不断地运往西方。“西市是隋唐‘丝绸之路’的起点和重要标志之一。”中国国家文物局在一份文件中明确提出了这样的观点。

新中国成立后，中国的文物部门曾对西市旧址进行了两次考古挖掘。在最近一次挖掘中，考古工作有了新的进展。

“我们发现，西市里有酒肆、铁铺、珠宝古玩、衣行等220多个行业，道路两侧的商店鳞次栉比，共有4万多家铺子，每天的客流量达15万人，商业极度繁华。”中国社科院考古研究所的助理研究员何岁利对新华社记者说：“长安西市是古‘丝绸之路’起点的直接证据。”

西市在唐代位于皇城外的西南方向，今天西安城区的麋家桥与东桃园之间。考古人员在西市的旧址发现了南北和东西方向各两条主要干道，将西市分割成“井”字状的九宫格局，道路上密密麻麻的车辙依然清晰可辨。

在一家出售骨器的铺子里，考古队还发现了加工骨器的作坊。“西市不仅是商品交换的场所，还汇聚了加工业，同时又是居民住所，功能完备，犹如长安的城中之城。”何岁利说。

古老的“丝绸之路”横穿欧亚大陆，绵延7000公里。有些语言学家认为，隋唐长安的东市和西市对于汉语亦有特殊贡献。长安居民外出购物，不是去西市就是去东市，时间长了，购买货物便被称为“买东西”。汉语从此增添了“东西”这个常用词汇。

长安西市熙熙攘攘的人流里，有高鼻深眼的西域人、波斯人和阿拉伯人，还有东方的高丽人和日本人。何岁利说，在盛唐的鼎盛时期，长安有100万常住居民，其中有5万是外国人。“那时的长安风气非常开放”。西市毁于公元835年的一场大火。

为了恢复历史记忆，西安市于2001年决定恢复和重建西市的遗址。陕西省政府也已将长安西市列入为“丝绸之路”的文化遗产名单，与新疆、青海、宁夏、甘肃和河南等省区共同申请世界文化遗产。

在联合国教科文组织的协调下，中国正与哈萨克斯坦、乌兹别克斯坦、塔吉克斯坦、吉尔吉斯斯坦和土库曼斯坦等中亚五国共同协商遗产名单，准备为“丝绸之路”整体申报世界文化遗产。据悉，2010年，中国与中亚五国将向联合国教科文组织正式递交申请。

长安西市的遗址保护和重建工作得到了西安民间资本的支持。除了规划中的西市博物馆和遗址展示厅外，“大唐西市”项目还计划重建长安西市的丝绸市场和古玩街。“唐代的西市占地100万平方米，是当时世界上最大的市场。而新西市将只有唐代西市面积的九分之一。”何岁利说。

2007年8月31日　新华网　记者：王洋　冯国

央视网、凤凰、新浪网、网易等网媒转载报道

丝绸之路联合申遗开始“冲刺”

日前，国家文物局在丝绸之路重镇兰州召开“丝绸之路申报世界文化遗产协调工作会议”，会上宣布了丝绸之路联合申遗中国段涉及6省区的48处备选遗产名单，并公布了申遗工作时间表，要求相关省市按照时间表要求做好申遗工作。这标志着中国丝绸之路申遗工作已进入实质性阶段。而在此之前，为了丝绸之路跨国联合申遗，联合国教科文组织、中国和中亚国家已经做了大量准备工作。

跨越数千里、坚持上千年的丝绸古路背后，是东西方对文化交流的渴望。
照片来源：人民艺术网

东西交通古道的联合申遗之路

直到1877年，这条自中国古都长安出发，西经中亚、西亚，远及欧洲，全长近8000公里，穿越27个国家，持续近2000年的贸易之路，才有了正式的名字——丝绸之路。除了贸易，丝绸之路还承担了东西文化交流的重任。通过丝绸之路，中国的造纸术、印刷术、火药、指南针、冶炼术和瓷器等传到了西方；沿着同样的路线，西方的造桥术、棉花种植和加工、挂毯织造、天文历法、葡萄种植等技术进入了东方。佛教更是借助丝绸之路，从古印度传播到东方的日本和中亚的土库曼斯坦等地区。

本次跨国联合申遗，让沉寂已久的丝绸之路焕发了青春，而这一切可以追述至20年前的一个研究项目。1988年，联合国教科文组织启动了“对话之路：丝绸之路整体性研究”项目，该项目是“文化发展十年计划”的一部分。“联合国教科文组织应该有促进东西方交流和对话的考虑在里面。事实也证明，在那十年时间里，这个项目确实使得丝绸之路沿线国家加强了交流和对话。”甘肃省文物局前局长苏国庆告诉记者。通过组织国际性科考活动、研讨会和会议等，“对话之路”项目促进了与丝绸之路相关的课题研究，同时还组织了五次国家科考活动。

“对话之路”项目的成功实施，使得一些有识之士开始考虑，将丝绸之路整体或部分地申报世界遗产。“丝绸之路跨国联合申遗较为复杂，刚开始大家觉得难度较大。2003年，联合国教科文组织改变了申遗规则，由以前的自由申报变成每个成员国每年只能申报一处遗产。但丝绸之路的申遗不占当年申遗的名额，而且可以把几十个遗产点作为整体进行一次性申报。这大大增加了相关国家的积极性。”苏国庆说。

在把这一构想付诸实际的行动中，联合国教科文组织起了组织者和助推剂的作用。2005年11月，在哈萨克斯坦的阿拉木图召开的联合国教科文组织中亚地区研讨会上，来自该地区的成员国会议代表，一致通过了将丝绸之路中亚段作为线性遗产申报的计划。2006年8月，在新疆吐鲁番举行的研讨会上，来自中亚国家、中国和联合国教科文组织的50名与会代表进一步肯定了该计划。更为实质性的行动则始于2006年10月，联合国教科文组织在乌兹别克斯坦的撒马尔罕会议上，讨论了丝绸之路中亚段的申报，形成了丝绸之路概念文件。2007 年 4 月，在“联合国教科文组织丝绸之路申遗地区研讨会”上，中国、哈萨克斯坦、吉尔吉斯斯坦、塔吉克斯坦、乌兹别克斯坦等 5 个国家通过了该概念文件。

通过丝绸之路，中国的造纸术、印刷术、火药、指南针、冶炼术等传到了西方；西方的造桥术、棉花种植和加工、挂毯织造、天文历法、葡萄种植等技术则进入了东方。这条东西方交流之路的联合申遗，对中国，对世界，意义都十分重大。（资料照片）

2008：关键年

据了解，2008 年 7 月，世界遗产中心将向世界遗产委员会第 32 届会议提交审议中国与中亚国家的丝绸之路申遗概念文件。该文件将提出：鉴于丝绸之路线路漫长、涉及国家众多，应分段申报世界遗产，首先由中国和中亚国家联合推进丝绸之路沙漠之路申报世界遗产，并拟将其列入 2010 年申报计划。

“根据《中亚与中国丝绸之路申报世界遗产概念文件》中制定的时间表，中国和中亚国家应于 2008 年 9、10 月间向世界遗产中心提交丝绸之路申报初审文本，2009 年 2 月 1 日提交正式文本，2009 年 8 月接受国际专家考察评估。2010 年，世界遗产委员会将审议第一批申报的遗产。”国家文物局局长单霁翔说。

据此，国内形成了丝绸之路申报世界遗产工作的工作时间表，即 2008 年 4 月底前完成丝绸之路分省段保护管理规划编制工作，各省段申报文件汇总完成；5 月至 8 月，准备丝绸之路中国段保护管理规划和申报文本；6 月初，世界遗产中心与国家文物局在西安召开第四轮中国和中亚国家协商会，商定申遗合作国家，我国拟在会上汇报申报文本的准备工作情况；9 月，中国段申报材料初步准备完毕；10 月，提交世界遗产中心初审。按照国家文物局下发的时间表，相关省区也正在制定申遗时间表。

“甘肃省也正在制定申遗时间表，肯定要比国家的时间提前些。各个申遗地市也会制定时间表。”甘肃省文物局副局长廖北远告诉记者，目前，丝绸之路沿线大多数申报点已按照《全国重点文物保护单位保护规划编制要求》开展或完成了保护规划编制工作，省级文物部门在此基础上委托中国建筑设计研究院建筑历史研究所编制丝绸之路分段申遗规划。

2008 年将是我国丝绸之路申遗极为关键的一年，单霁翔强调：“时间紧，任务重。各地应该按照国际和国内丝绸之路申遗计划安排，制定省区、地州市的申遗倒计时工作时间表，落实申遗具体事项。”

中国 48 处遗产面临考验

作为一个世界遗产申报项目，丝绸之路所包括的遗产数量之多、涵盖的遗产面积之大、涉及的国家之众，都是前所未有的。单霁翔说：“若丝绸之路申遗成功，其所带来的国际文化遗产保护领域的积极影响也将是不可估量的。”

对中国而言，丝绸之路更是一项具有非同寻常意义的申报项目。我国丝绸之路申遗涉及河南、陕西、甘肃、宁夏、青海和新疆6省、自治区。去年9月，国家文物局根据专家评估意见，确立了包括陕西张骞墓，宁夏固原城，甘肃麦积山石窟、锁阳城遗址及墓群等48项遗产在内的国内申报遗产选点推荐名单，其中有些遗产项目包括了多个遗产点，48项遗产囊括了我国西部腹地大部分重要文化遗产。"集体申遗有利于遗产资源整合，减少申报工作量，实施综合保护。更重要的是，可以把40多个遗产点'打包'申报，而且不占每年的申遗名额。"苏国庆说。

"丝绸之路跨国联合申报作为联合国教科文组织特别关注、并积极推进的项目，具有得天独厚的优势，但也因申报时间紧迫、涉及遗产较多而面临前所未有的压力。"在"丝绸之路申报世界文化遗产协调工作会议"上，单霁翔说："时间表安排得很紧，要按时完成需要各方面下大决心和大力气。申遗还有很多基础准备工作要做。这次丝绸之路申遗里面有5个是西部省份，经费可能会有些紧张。"一直关注丝绸之路申遗工作进展的苏国庆说："去年9月国家组织过一次验收，就淘汰了一些工作没做好的申遗选点。国家肯定还会再组织验收，这48处遗产选点中不够标准的肯定还要下去。""国家文物局将对丝绸之路申报世界遗产国内遗产选点推荐名单实施动态管理。有些遗产价值很高，问题也很多，当时出于促进保护管理的目的将其列入名单。如果在申遗中遗产地存在的问题迟迟得不到解决，各项工作开展不利，为确保申遗整体进程，将考虑延缓这些遗产地申报。"单霁翔说。

这次申遗的只是丝绸之路的一部分，2010年中国和中亚国家丝绸之路沙漠段申遗后，联合国教科文组织世界遗产中心很可能会有进一步的计划。正如《中亚与中国丝绸之路申报世界遗产概念文件》所说的那样："该文件旨在为最终确认和收录整个丝绸之路上的文化遗产提供整体思路。"

"第一步计划提出，一旦世界遗产委员会通过该文件，第一批申报的遗产点将是中亚和中国的遗址。第二步计划将考虑申报中亚以西至地中海之间以及印度次大陆及周边包括阿富汗、印度和巴基斯坦等国的相关遗产地。"《中亚与中国丝绸之路申报世界遗产概念文件》序言上这样写道。

丝绸之路申报世界遗产国内遗产选点推荐名单

河南省：巩义石窟寺、汉魏洛阳故城、隋唐洛阳城、白马寺、汉函谷关与崤函古道；

陕西省：汉长安城遗址、茂陵及霍去病墓、张骞墓、鸠摩罗什舍利塔、唐长安城遗址、兴教寺塔、法门寺地宫、大秦寺塔、昭陵、乾陵、彬县大佛寺石窟、西安清真寺；

宁夏回族自治区：固原城、固原北朝和隋唐墓地、开城遗址、须弥山石窟；

青海省：热水墓群、日月山故道、西海郡故城、伏俟城；

甘肃省：麦积山石窟、水帘洞石窟—拉梢寺、柄灵寺石窟—下寺、玉门关及河仓城遗址、锁阳城遗址及墓群、骆驼城遗址及墓群、果园—新城墓群、张掖大佛寺、马蹄寺石窟群—金塔寺和千佛洞、榆林窟、悬泉置遗址；

新疆维吾尔自治区：交河故城、高昌故城及阿斯塔那墓地、台藏塔、苏巴什佛寺遗址、楼兰故城、尼雅遗址、克孜尔石窟、库木吐喇石窟、森木塞姆石窟、柏孜克里克石窟、吐峪沟石窟、马哈穆德卡什卡利麻扎。

2008年1月16日　光明日报　记者：陈宗立

中华网、新华网、凤凰网、新浪网、中国文化网、牛城晚报等转载

多国专家会集西安推进丝绸之路系列申报世界遗产进程

在6月2日于西安举行的丝绸之路系列申报世界遗产国际协商会上，与会专家学者及相关国家代表就确认申遗需符合的标准、评估真实性和完整性的条件等进行了深入讨论，还将提出并协调丝绸之路申遗的各国预备名单等。

为保护丝绸之路沿线的文化遗产，推动丝绸之路系列申报世界遗产进程，联合国教科文组织世界遗产中心与中国国家文物局共同主办了这次国际协商会。出席会议的有联合国教科文组织世界遗产中心、国际古迹遗址理事会的专家、官员和代表；中国及哈萨克斯坦、吉尔吉斯斯坦、塔吉克斯坦、土库曼斯坦、乌兹别克斯坦等中亚5国代表；会议还邀请阿富汗、伊朗、日本、蒙古等国家的代表参会。

据国际古迹遗址理事会副主席郭旃介绍，此次会议是围绕丝绸之路申遗举行的第四轮国际协商会，目的是审议与会缔约国所采取的行动；鼓励和支持目前中国和中亚国家各自为完成准备工作、确定丝路申遗预备名单所采取的行动；在对单体遗址进行的分类达成一致的基础上，提出并协调丝路申遗的各国预备名单；确定第一批系列申遗的具体路线；更新时间表，制定并统一第一批系列申遗的工作计划；就丝绸之路突出普遍价值认定达成一致，确认申报遗产应符合的标准、评估真实性和完整性条件；准备如何对丝绸之路系列和跨国申遗申报点进行管理的指导性文件。

中国国家文物局文物保护司司长顾玉才对中国丝绸之路申报世界文化遗产工作的进展情况进行了介绍。目前，中国已初步确定了6个省（自治区）的4 8项文化遗产作为丝绸之路中国段申报世界遗产预备名单；各省（自治区）已向国家文物局上报了各自的丝路申遗文本；加强了考古发掘、研究和档案整理等基础工作；积极开展文物本体保护和环境整治工作；对参与丝路申遗的各省（自治区）的相关管理人员进行了培训。

2008年6月4日　新华网　记者：许祖华

中华网、腾讯网等网媒转载

2. 媒体报道 2009~2012 年

15 国代表西安共商丝路“申遗”

来自中国、中亚五国、印度、伊朗、阿富汗等 15 个国家的近 60 名政府代表、文化遗产保护管理专家学者，11 月 3 日聚集在陕西西安，共同协商丝绸之路跨国系列申遗问题。

此前，国际古迹遗址理事会主席米歇尔·佩赛特在西安举行的中国民间博物馆发展论坛上表示，作为隋唐丝绸之路的起点，西安大唐西市遗址已被列入丝绸之路各国联合申报世界文化遗产的名录。

“丝绸之路”是沟通古代东西方之间经济、文化交流的重要桥梁，把古代的中华文化、印度文化、波斯文化、阿拉伯文化和古希腊、古罗马文化连接起来。

为了更好地保护丝绸之路沿线的文化遗产，2006 年 8 月，中国国家文物局、联合国教科文组织世界遗产中心在中国新疆吐鲁番召开了国际协商会议，签署了《丝绸之路跨国申报世界遗产吐鲁番初步行动计划》，标志着丝绸之路跨国联合申报世界文化遗产工作正式启动。

据悉，此次 1 5 国在西安举行协调会，将明确今后申遗的方法，确定共同的申遗文件标准，为协调申遗以及申遗成功后的遗产管理制定基本原则。同时，还将明确未来申遗的途径。在丝路申遗项目上，将讨论是采取申报一项遗产包含所有国家的诸多遗产地，还是以丝路为主题申报多项文化遗产等内容。

这次会议由国家文物局和联合国教科文组织世界遗产中心主办。今年 5 月在哈萨克斯坦阿拉木图召开的“联合国教科文组织第五次丝绸之路联合申遗分区研讨会”上商定，由中亚五国、中国、阿富汗、印度、伊朗、日本和尼泊尔每个国家各派两名代表组成“丝绸之路跨国系列申遗协调委员会”。

2009 年 11 月 4 日　新华网　记者：刘彤

我市丝路申遗动员大会昨召开

年内完成申遗点周边环境整治　董军段先念出席

西安市丝绸之路申报世界文化遗产工作动员大会昨日下午召开。据悉，今年12月底前我市将完成各申遗点周边环境整治，明年4月底前完成文物本体的保护展示。市委常委、常务副市长董军，副市长段先念出席会议。

作为丝绸之路的起点城市，我市汉长安城遗址、鸠摩罗什舍利塔、隋唐长安城遗址（大明宫遗址、大雁塔、小雁塔、大唐西市遗址、延平门遗址、明德门遗址、兴庆宫遗址、天坛遗址、含光门遗址）、兴教寺塔、大秦寺塔、西安清真寺等6处14个点被列入丝路申遗预备名单，是此次丝路申遗项目遗产点数量最多的城市。

动员大会上，段先念对我市丝路申遗工作进行了全面的安排部署，明确了申遗工作责任主体，分解了申遗工作任务，并提出了申遗经费筹措方案。他要求，今年12月底前完成各申遗点周边环境整治工作，明年4月底前完成文物本体的保护展示工作。同时，要尽快成立丝路申遗专家组，聘请国内世界遗产及文物保护管理方面的专家作为我市丝路申遗工作顾问，指导全市丝路申遗工作。

董军在讲话中指出，对西安来讲，丝绸之路申报世界文化遗产工作是贯彻实施《关中—天水经济区发展规划》的需要，能促进我市经济发展方式转变，推动经济平稳较快发展。同时，丝路申遗也是建设人民满意城市的需要。各区县、市级各相关部门要充分认识丝路申遗工作的重要性和必要性，切实增强工作的责任感和紧迫感，明确目标任务，扎实推进丝路申遗各项工作的落实。要明确工作重点，坚持工作标准，抓好资金的保障；要加强领导，形成合力，确保丝路申遗各项工作取得实效。

又讯（记者　文艳）目前，西安丝绸之路申报世界文化遗产工作进展情况如何？今后的工作重点又有哪些呢？昨日下午召开的西安市丝绸之路申报世界文化遗产工作动员大会上，市文物局局长郑育林对此做了详细的说明。

根据丝路申遗的工作内容，目前我市按照国家文物局的申遗要求，完成了西安市丝绸之路申遗保护办法的编制工作和保护管理规划的编制工作，并已通过省文物局上报国家文物局。同时，由陕西省文物局委托ICOMOS国际保护中心负责全省12处20个点的申报文本编制工作，已完成初稿，并上报国家文物局。

“文物本体保护展示既是保护利用文物的重要手段，也是此次丝路申遗的一项重要内容，为此我市积极实施文物本体保护工程。”郑育林说，目前，我市已完成延平门、含光门遗址保护展示工程；大明宫遗址整体保护展示工程正在加紧实施，遗址公园拟于今年10月向社会开放；汉长安城遗址、兴庆宫勤政务本楼遗址、兴教寺塔等涉及文物本体保护的工作都在进行。

2010年3月13日　西安日报　记者：文艳

重走丝绸之路激扬复兴之旅

“重走丝绸之路，助力丝路申遗”，经过两年多的酝酿策划和调研论证，本报和自驾游杂志、国家古迹遗址理事会国际保护中心（IICC）等，为了推动“丝绸之路沿线各国联合申报世界文化遗产”，发起组织“丝绸之路复兴之旅”大型采访考察活动。

活动将联合30多家主流媒体，并邀请有关文物、旅游方面的专家学者组成联合采访考察团，7月底自驾车从西安出发，途经8个国家，穿越欧亚大陆，历时55天，行程15000公里，于9月下旬抵达意大利的罗马。

“丝绸之路”联合申遗成为国家愿望

2008年10月，国际古迹遗址理事会通过了《关于文化线路的国际古迹遗址理事会宪章》，标志着文化线路正式成为世界遗产保护的新领域。在联合国教科文组织世界遗产中心的协调下，中国与哈萨克斯坦、吉尔吉斯斯坦、乌兹别克斯坦、塔吉克斯坦、土库曼斯坦等中亚五国政府展开“丝绸之路跨国联合申遗行动计划”。

2009年11月16日，第三届欧亚经济论坛在西安市举行。中共中央政治局常委、中华人民共和国副主席习近平出席开幕式并发表重要演讲。习近平在演讲中强调：中国愿同欧亚地区各国一道，以更加开放、更加积极的态度，促进区域合作向更高层次和更广领域发展。中国愿同欧亚地区各国密切贸易和投资合作。中国愿同欧亚地区各国增进能源资源合作。中国愿同欧亚地区各国扩大人文交流合作，共同推动丝绸之路沿线国家联合申遗成功。中国愿同欧亚地区各国完善区域合作机制。中国愿同欧亚各国共同分享发展机遇和发展经验，共同促进欧亚地区繁荣发展、和谐稳定。

这是国家领导人第一次在国际场合对于中国政府在“丝绸之路”申报世界文化遗产工作方面的立场和态度，表达了中国政府的强烈愿望。

丝绸之路联合申遗将是整个亚太地区第一个作为“文化线路”申报的世界遗产项目，丝路沿线各地方政府亦高度重视，纷纷投入大量资金和人力进行古迹修缮、文物保护和宣传推广。

陕西和西安高度重视“丝路申遗”

我国在1987年拥有了第一批“世界遗产”，我省的秦始皇陵（含兵马俑坑）正是于1987年12月被列入“世界文化遗产名录”的。目前我国已拥有25处文化遗产、7个自然遗产、4个文化与自然综合性遗产、2个非物质遗产代表、2个文化景观。但是，每个国家一年只能申报一处世界文化遗产，中国三十多个省市自治区在争夺这一张“入门券”，竞争无疑非常激烈。

西安（古称长安）作为十三朝古都，是历史上公认的“丝绸之路”起点。但让人尴尬的是，西安作为世界四大文明古都之一，却只有秦始皇陵（含兵马俑坑）这一处景区成为世界文化遗产。

丝绸之路沿线各国联合申遗，中国共有57处景点进入预备名单，其中陕西20处、甘肃12处、新疆11处、宁夏4处、青海4处、河南6处。一旦联合申遗成功，将会为我国中西部地区尤其是西北地区的旅游、经济发展增添新的动力。西安作为丝绸之路起点，将成为成功申遗后最大的受益者。

多年来，陕西省和西安市一直在开展多种工作、采取多种措施来进行申报世界文化遗产的基础性工作，大雁塔、法门寺、大明宫、含光门遗址……这些著名景区围绕申遗进行了大量保护工作，取得了不小的成就。

今年 3 月 12 日，西安市召开丝路申遗动员大会，并成立西安市丝绸之路申报世界文化遗产工作领导小组，再次吹响了申报世界文化遗产的号角。陕西文化产业投资控股有限公司董事长、西安市副市长、曲江管委会主任段先念亲自担任组长。各相关职能部门将设立丝路申遗办公室，丝路申遗工作也将纳入年终考评，要求全力做好申遗工作，力争在本次申报过程中申遗成功。

重走丝绸之路，助力跨国申遗

明年，联合国教科文组织和国际古迹遗址理事会将派出官员、专家对丝绸之路申遗准备工作进行考察、评估，所以，今年的准备工作显得尤为关键。“一木独秀不是春”，陕西、西安的联合申遗工作做得再好，如果其他国家、省区不够重视或准备不充分，丝绸之路跨国申遗就有可能失败。即便是在陕西、西安，还有很多单位、个人对丝绸之路申遗的概念、重要性、必要性不够了解。

如何用一种好的方式宣传丝路申遗？如何宣传陕西、西安的申遗准备工作来带动其他国家和省区更加重视丝路申遗准备工作？如何唤醒更多的公众加入到申遗支持队伍中来？如何让“丝绸之路”能成功申报成为世界文化遗产？如何通过古老的“丝绸之路”重焕生机彰显中华民族的伟大复兴？

进行一次纯公益性质的大型联合采访考察活动无疑成为最好的载体和方式。《华商报》作为西北地区发行量最大、影响力最强的报纸媒体，《自驾游》杂志作为中国自驾旅行第一品牌杂志，国际古迹遗址理事会国际保护中心（IICC）作为丝绸之路跨国申遗行动的联络处单位，很快就达成共识，一起倡议发起本次“中国主流媒体联合报道团‘重走丝绸之路助力跨国申遗’大型采访考察活动”。长安和罗马成为本次活动的起点和终点，“丝绸之路复兴之旅”成为本次活动的定位与口号。

“丝绸之路复兴之旅”令人神往

不同于以往任何媒体组织或者商业机构组织的科学考察和探险寻奇之旅，本次“丝绸之路复兴之旅”将探险探索和文化遗址保护以及文化传播交流等完美地融合在一起，融入了大遗址保护和申报世界文化遗产内容，以公益性为明确定位，从活动形式和内容上更加生动和饱满。

本次活动行程将贯穿欧亚大陆，从丝绸之路的起点——十三朝古都西安出发，经河西走廊进入新疆腹地，从霍尔果斯口岸出境，穿过中亚的哈萨克斯坦、吉尔吉斯斯坦、乌兹别克斯坦等国，沿着古丝绸之路，最终抵达古罗马帝国发源地——意大利罗马。沿途将经过西安、天水、兰州、嘉峪关、敦煌、哈密、吐鲁番、库车、喀什、阿拉木图、塔什干、布哈拉、基辅、伊斯坦布尔、雅典、奥林匹亚、庞贝、罗马、梵蒂冈、威尼斯等几十个历史悠久、风景秀丽的城市，这些城市都曾记录过人类历史上辉煌的记忆；活动也将穿越荒原、沙漠、草地、戈壁、森林……探寻古丝绸之路上每一座令人抚卷神往的驿站。

本次考察采访之旅也是一次景色与建筑、文化与传说交相辉映的旅程。一路西去，就像一次历史的回放，沿途不乏厚重的文化底蕴与雄奇的自然美景：有鸣沙山与月牙泉，有七月的太白积雪，有天山上的雪莲，有黄河畔上的古老水车，有吐鲁番的甜葡萄，有摇曳千年的古老驼铃，有天方夜谭的传说，有奥林匹克的发源圣地，有火山灰中重见天日的庞贝古城，有拜占庭建筑的威严与雄壮，有天主教教皇皇宫的奢华与圣洁……“丝绸之路复兴之旅”活动同时具有学术价值和文化价值，在国际组织和文物专家的配合和指导下，沿途将收集到最翔实、最新的丝绸之路沿线资料，破解一系列千古谜案与谜团，展示一系列丝路文化保护的成就与实绩，体现丝路沿线风情都市的魅力与潜力。

无论从哪个角度讲，“丝绸之路复兴之旅”都将是一次极具影响力、极广泛的国际文化遗产交流活动。

2010 年 5 月 9 日　华商报 记者：于卫华

网易网、新浪网、安徽新闻网、杭州旅游网等转载报道

丝路申遗十万车贴今起发放

今天是我国第五个“文化遗产日”，由华商报社、自驾游杂志社联合国际古迹遗址理事会国际保护中心、陕西省旅游局、西安市丝路申遗领导小组发起的“丝路申遗，我们在行动——十万精美车贴发放”仪式今天上午将在大雁塔南广场举行，此次活动也宣告“丝绸之路复兴之旅”大型采访考察活动正式启动。本次活动也得到了大明宫国家遗址公园、海马汽车等单位的大力支持。

丝绸之路联合申报世界文化遗产，公众的热情参与也必不可少，为此组委会精心设计了十万个车贴以及印制精美的荣誉证书。只要愿意在自己的汽车后挡风玻璃上张贴“丝路申遗，我们在行动”的车贴，就会获得带有编号的荣誉证书。7 月底，在公证机关、媒体代表、车主代表和参与企业的共同见证下，将根据荣誉证书的编号举办大型抽奖仪式：一等奖可免费随同丝绸之路复兴之旅采访团考察“丝绸之路国内段”（西安到新疆喀什），还有 100 张签名限量版大明宫国家遗址公园全年免费门票、500 件精美的丝绸之路复兴之旅文化衫和 1000 册丝绸之路复兴之旅大型特刊作为抽奖奖品，赠送给张贴申遗车贴的车主。

今明两天，在自驾游杂志社（太乙路环城南路十字口东南角郦景豪庭）、省电台听友俱乐部（长安南路 334 号）、海马汽车福瑞达 4S 店（高新区科技四路 192 号）、海马汽车海达 4S 店（未央路北二环立交桥下西南角）等地，都可以免费领取到申遗车贴并获得荣誉证书。同时，也欢迎各单位、社区、加油站、大型停车场作为志愿者单位参与到此次申遗车贴发放行动中来，一起为丝绸之路申报世界文化遗产而加油。咨询热线 :029—82299083、82245895

主办单位：国际古迹遗址理事会国际保护中心

中国自驾游主流媒体联盟

联合主办：大明宫国家遗址公园 海马汽车

特别支持：陕西省旅游局

西安市丝路申遗领导小组

承办单位：华商报社 自驾游杂志社

联合承办：陕西交通广播

唯一指定用车 : 海马骑士 SUV

2010 年 6 月 12 日　华商报　记者：于卫华

新浪网、大秦网、秦讯网转载报道

丝路申遗首批申报项目有望2013年提交文本 丝路申遗策略调整以“廊道”形式申遗

遗产廊道是一种线性文化景观类型，既可以指具有文化意义的运河、道路、铁路线等，也可以指通过适当的景观整理措施，联系单个的遗产点而形成的具有一定文化意义的绿色通道，是一种在较大范围内保护历史文化的新措施。

昨日下午，由国家文物局和省政府主办的欧亚经济论坛文化遗产保护与旅游分会开幕，今日专家们将就文化遗产保护与旅游、加强文化遗产保护与文化产业发展战略、传承丝绸之路文化与发展人文旅游事业、博物馆建设与人文旅游、丝绸之路旅游合作发展等议题进行研讨。

在开幕式上，记者了解到，丝路申遗在策略上进行了调整，首批申报项目有望在2013年2月1日前提交申报世界文化遗产文本。

申遗起点西安和洛阳

国家文物局局长单霁翔说，丝绸之路是世界上路线最长、影响最大的文化线路；其东起我国古都长安（今陕西西安）和洛阳，西至地中海地区，向南延伸到印度次大陆；全长10000多公里，在我国境内有4000多公里，在公元前2世纪到公元16世纪期间尤为繁荣，成为沟通东西方贸易、促进文化交流的大通道。

2006年，中亚哈萨克斯坦、吉尔吉斯斯坦、塔吉克斯坦、土库曼斯坦和乌兹别克斯坦等国和中国在中国吐鲁番召开会议，正式提出中国与中亚五国跨国联合将丝绸之路申报为世界遗产，并通过了跨国系列申遗初步行动计划。

申遗新趋势分段申报

丝路申遗进展如何？单霁翔介绍申遗工作的新趋势，在今年丝绸之路跨国系列申遗协调委员会第二次会议上，从以前的一个系列世界遗产申报，调整为在一个整体框架下的或与一个整体概念相关联的系列遗产集合，即把丝绸之路划分为贯穿着一个整体思想的若干个世界遗产。这使得系列申报更加易于操作，并将使系列申遗在不同地区、在一个整体框架下推进，同时维持跨国合作的核心思想。

单霁翔说，以“廊道”的概念，将丝绸之路遗产点重新划分为若干段落，并以此作为申报的主体，形成了《丝绸之路主题研究报告》。目前，将整个丝绸之路分成了52条廊道，与中国相关的廊道共13条，中国境内有6条；其中10条是可以申遗的廊道，而中国境内有4条。在这些线路中，包括如丝绸之路：帝王之城——洛阳至西安等。

有关专家分析，之所以提出以“廊道”概念申遗，可能由于丝路申遗涉及国家较多，各国进度不一样，以前整体打包申遗比较困难，如今提出“廊道”，成熟的“廊道”可先申报。目前，国家文物局组织有关专家学者着手对丝绸之路中国段申遗文本进行调整，确定首批申报项目。

我省有 20 个丝路景点

据悉，丝绸之路中国段已提出由 48 处遗产点组成的申遗预备名单，分布在陕西、河南、甘肃、宁夏、青海、新疆等六个省、自治区。

其中我省共有宝鸡、咸阳、汉中、西安的 12 处 20 个文物景点：包括汉长安城遗址、茂陵及霍去病墓、张骞墓、唐长安城遗址（包括大明宫遗址、西市遗址、天坛遗址、明德门遗址、延平门遗址、兴庆宫遗址、含光门遗址、大雁塔、小雁塔）、唐昭陵、唐乾陵、鸠摩罗什舍利塔、兴教寺塔、大秦寺塔、法门寺塔地宫、彬县大佛寺石窟以及西安清真寺等。

2011 年 9 月 24 日　华商报　记者：周艳涛

新浪网、网易转载报道

西安日报同一新闻报道标题：以廊道概念申报 丝路申遗有新策略

西安：丝绸之路申遗将迎“初考”

兵马俑，西安目前仅有的这个世界文化遗产已让西安蜚声世界，如果再增加14个会是什么效果？记者昨日了解到，3月24日，国际古迹遗址理事会专家们将对西安进行考察，被业界视为西安市的丝路申遗之“初考”。

丝绸之路东起中国古都长安，西经南亚、中亚直达欧洲、北非，穿越27个国家，全长约8000公里。2006年8月，联合国教科文组织世界遗产中心和中国国家文物局联合主持，召开了“丝绸之路申报世界文化遗产国际协商会议”，来自丝绸之路沿线国家的代表通过了丝绸之路联合申遗的共识。

“此次明确为中国、哈萨克斯坦、塔吉克斯坦三国联合申遗，丝路申遗中国段包括6省区22个市州的丝路重镇，初步确定了48处遗产点。”省文物局副局长刘云辉说。此次，西安共有6处14个点被列入申遗的推荐名单。分别是：汉长安城遗址、大明宫遗址、兴庆宫遗址、天坛遗址、西市遗址、明德门遗址、延平门遗址、含光门遗址、大雁塔、小雁塔、位于户县的鸠摩罗什舍利塔（草堂寺塔）、位于长安杜曲镇的兴教寺塔（玄奘墓塔）、位于周至楼观镇的大秦寺塔、位于西安市化觉巷的西安清真寺。

2012年3月14日　华商报　记者：王卫平

陕西日报、新华网、第一旅游网转载报道

西安14景点打包申遗

国际专家组团后天来“初考”

西安丝绸之路起点雕塑

西安大唐不夜城雕塑。记者尚洪涛　摄

西安6处14个景点正式进入“丝绸之路”世界文化遗产的推荐名单。记者昨从西安市文物局获悉，3月24日，国际古迹遗址理事会专家们将来西安考察，被业界视为西安市的丝路申遗之“初考”。

丝绸之路东起中国古都长安，西经南亚、中亚直达欧洲、北非，穿越27个国家，全长约8000公里。2006年8月，联合国教科文组织世界遗产中心和中国国家文物局联合主持，召开了“丝绸之路申报世界文化遗产国际协商会议”，来自丝绸之路沿线国家的代表通过了丝绸之路联合申遗的共识。“此次明确为中国、哈萨克斯坦、塔吉克斯坦三国联合申遗，丝路申遗中国段包括6省区22个市州的丝路重镇，初步确定了48处遗产点。”省文物局副局长刘云辉此前在接受媒体采访时如是说。

记者了解到，此前的广东丹霞山于2010年8月将6省参与的“中国丹霞”申报成功，涉及8处11项建筑，却被算作一个项目。而近期北京也在将100种小吃打包进行申遗，备受媒体关注。“打包申遗”在国外并不多见，国内较多采取这种方式，主要有两个原因：一是中国符合《世界遗产名录》要求的项目多，而联合国教科文组织为避免垄断，不希望一个国家一次性申请过多项目。按相关名额限制，中国现在的项目完全被批准预计需要100多年，只好“打包申遗”。二是“打包申遗”不像“名人故里争夺战”，没有排他性，有了“世界遗产”品牌对多个景点更方便管理。

新闻链接

此次，西安共有6处14个点被列入申遗的推荐名单，分别是：汉长安城遗址、大明宫遗址、兴庆宫遗址、天坛遗址、西市遗址、明德门遗址、延平门遗址、含光门遗址、大雁塔、小雁塔、鸠摩罗什舍利塔、兴教寺塔、大秦寺塔、西安清真寺。

2012年3月22日　西安晚报　记者：曾世湘　实习生薛程

央视网　新浪网等转载报道

西安争议汉长安城遗址保护模式：原状保护还是开发改造？

8 月末尾，西安细雨绵绵。沿着未央区朱宏路西侧一条不知名的小路前行，两旁村寨一切如常。

这片曾见证中国历史辉煌的“城中村”——汉长安城遗址，正处于命运的十字路口：西安正计划通过建立一座 75 平方公里的汉长安城大遗址保护特区，一方面推动历史遗址保护，同时推进城市化进程。

不过，此次确定“汉长安城国家大遗址保护特区”在 37 平方公里的遗址保护区外另外圈定 38 平方公里土地，以“外围开发反哺遗址区”，使经历过唐大明宫遗址保护的文保人士担心，汉长安城遗址保护或将复制“大明宫遗址保护模式”，重蹈其“遗址搭台、经济唱戏”的覆辙。

启动遗址保护

按西安官方表述，汉长安城遗址是中国规模最大、保存最完整、遗迹最丰富、文化含量最高的都城遗址，在世界范围内具有唯一性。“这是一段无法忘却的历史，也是中华民族的宝贵财富。”西安市市长董军形容。

作为 1963 年由国务院确定的国家第一批重点文物保护单位之一，长期以来，汉长安城遗址范围内的基本建设工程被严格控制。至今，这里仍只是一片房屋低矮的村寨。

但这片南邻西安北二环，西、北为三环路环绕的遗址区，距西安市中心地标钟楼只有 20 分钟车程，与其一路之隔的朱宏路东侧早已是高楼林立的繁华所在。尤其在西安市政府北迁、西安发展重心北移的情况下，其区位之优越，更加明显。

是故多年来，呼吁开发该区域的声音一直不断。有观点认为，汉长安城遗址上居住着几万人，其日常的种地，建煤场、市场都是对遗址的破坏。因此，“汉长安城遗址开发就是保护，不开发就是破坏”，陕西省决策咨询委员会咨询委员、西安市政府参事张宝通说。

今年 8 月 3 日，西安市委常委会讨论通过《西安汉长安城国家大遗址保护特区实施方案》（以下称《方案》），8 月 16 日，汉长安城国家大遗址保护特区建设领导小组办公室及管委会挂牌成立。这标志着汉长安城遗址保护工作迈入了实质性推进阶段。

按照《方案》，特区建设将分三个阶段：今年起至 2013 年 12 月为第一阶段，启动、完成 7.14 平方公里的汉长安城未央宫遗址申报丝绸之路世界文化遗产工作。

第二阶段为 2014 年 1 月至 2015 年 12 月，完成汉长安城遗址考古普探成果的规划调整和主要文物本体的保护和展示，全面启动特区建设范围内的基础设施。第三阶段为 2016 年 1 月至 2020 年 12 月，完成汉长安城考古遗址公园建设。

是否复制“大明宫模式”

曾主导大明宫遗址保护，有“地产市长”之称的西安市副市长段先念出任汉长安城遗址建设领导小组副组长、办公室主任，令文物界忧心汉长安城遗址保护可能将复制“大明宫模式”。

所谓“大明宫模式”，是指此前西安对唐朝宫城大明宫进行整体保护和开发利用中所寻找到的资金平衡之道。其操作可以概括为：对遗址区和周边区域的居民拆迁安置，然后建设遗址保护公园、重现历史胜景，提升周边地价，以遗址公园外围的土地开发收益支付拆迁安置和公园建设的成本。

原中国文物研究所总工程师付清远介绍，大明宫遗址保护后续遗址主题公园建设中，未按文物保护法规定进行，而是在紫宸殿、宣政殿遗址覆盖土层建设了钢、木结构“柱网状格局”的建筑，并种树。

“大明宫遗址保护值得肯定的是迁走了遗址区上的居民，改善了遗址的大环境；但在遗址上覆土种树、建不伦不类的建筑则严重背离遗址保护。”付清远说。

大明宫遗址上的“违建”后来被国家文物局要求拆除，时任国家文物局长单霁翔为此两次到西安现场督促拆除。但最终，西安也只拆了一个，宣政殿遗址上的建筑仍然屹立。

在付清远看来，大明宫遗址保护的问题在于：要保护的遗址在地下，并没有呈现出来，并且没有为以后的考古发掘和保护留下空间，成了“永世不得翻身”。

“遗址保护的核心是原状保护，而不是改造。”付清远说，“不能将古城遗址当成公园，遗址公园也不是城市公园，不能按照公园的要求来改造遗址。”

在西安，对大明宫遗址保护也存在强烈批评之声。“严格地说，这不是一种遗址保护，就是地产开发。大部分用地都被用作商业开发，遗址公园只是其中很小的一部分。”陕西省一位文物专家表示：“这是对文物资源的一种掠夺，是一种资源开发型的文化生产，就像挖石油和挖煤一样。”

资金如何筹措?

西安官方也正试图推动汉长安城遗址保护走出一条不同于“大明宫模式”的路子。

“目前已先行启动的汉长安城遗址核心——未央宫遗址保护，通过丝绸之路申报世界非物质文化遗产，严格按国际惯例先保护起来。”知情人士称，“长安城遗址申遗本身正是想避免‘大明宫模式’”。

不过，能否成功寻找到不同于“大明宫模式”的道路，仍存在不确定性。据参与汉长安城遗址保护的文保人士透露，汉长安城遗址保护中充满了微妙的博弈。

据介绍，以申报丝绸之路世界文化遗产为名进行的汉长安城遗址保护先期启动项目——未央宫遗址区保护，总投资额75亿元。因此，整个遗址区保护的投资势必更加惊人——此前，西安市完成的大明宫遗址区保护改造，规划面积为19.16平方公里，总投资120亿元，而汉长安城遗址的规划面积达到75平方公里。

在中央财政对文物保护拨款有限、西安市年财政总收入只有600多亿元的情况下，遗址保护巨额资金如何筹措，也关系到长安城遗址保护的路径选择。

此前的大明宫开发中，由于大明宫遗址周边限高，参与遗址区保护的房地产商无法实现支出与收入平衡，西安市政府被迫于2008年给企业新增可供开发土地以平衡资金。

大明宫遗址保护以16平方公里的外围开发面积平衡3.2平方公里的大明宫遗址保护区尚且有困难，要在75平方公里的长安城遗址特区内平衡37平方公里的遗址区保护，难度可想而知。

“一旦最后倒腾不过来、形成经济压力，政府极有可能拿遗址区内土地做交易，那问题就大了。”一位文保人士忧心忡忡地说。目前未央宫遗址以外长安城遗址区域的保护——这涉及其上居民搬迁，尚无明确方案。

“现在还没有搬空75平方公里内全部居民的设想。”上述知情人士说，如果75平方公里遗址特区内的居民全部搬迁，最后难免变成土地经济。

这位知情人士称，由于离明年七八月专家验收未央宫遗址申遗仅剩不足一年时间，而丝绸之路申遗事关多国。因此，只有到申遗结束后，才会考虑长安城遗址保护下一步的行动以及究竟迁移多少人。

2012年8月31日　21世纪经济报道报　记者：刘玉海李宛月
新浪、凤凰、和讯等网媒转载

3. 媒体报道 2013~2014 年

丝路申遗文案今交世遗中心

专家：西安有“开拓丝路决策地”之优势，但遗产价值揭示不足

遗址保护应遵从真实性

1 月 25 日、26 日，中国古迹遗址保护协会副主席、中国建筑设计研究院建筑历史研究所所长、丝路申遗申报文本编制总负责人陈同滨等国家丝路申遗方面的专家，先后来到汉长安城遗迹、小雁塔等处，现场指导西安申遗工作。今日，西安丝路申报文本将提交联合国世界遗产中心。

昨日，诸位专家来到小雁塔，现场指导西安申遗工作。看到小雁塔东南侧的一处茶秀时，陈同滨说：“这里游客茶秀等旅游服务设施设置并不恰当，因与遗产价值无关，建议改成展廊。”陈同滨还指出，小雁塔的拴马桩形象大多是狮子和莲花，这都是丝绸之路传进来的，有助于解释丝绸之路文化传播对我们这个地区的影响，应该加上一些解说，把遗产的真正价值展现出来。

陈同滨说，遗产的真正价值不是简单的好不好看，而在于其在人类文明和发展史上的意义。遗址保护应遵从真实性、完整性，即对遗址本身的状态不能干预，不能按照自己的理解复建；完整性则体现在原来的气势和格局都是价值组成部分，和价值有关的历史环境也要尽可能地去保全。

有些遗址通俗化过了

谈起西安丝路申遗的优劣，陈同滨说：“西安是汉唐两代帝国的中心，而整个丝绸之路开拓和鼎盛时期就是汉唐两代，优势绝对突出。比如说汉未央宫，就是当年决定开拓丝绸之路的决策之地。”

但是也有不足，如西安在文物古迹的保护方面因受旅游影响较大，对遗产本身价值揭示不够。“遗产更多是精神层面的，甚至包括神圣、敬畏的感觉。这方面我觉得西安比较欠缺，通俗化过了，敬畏感不足。例如未央宫、大明宫都是很珍贵的遗产，当我们在揭示遗产价值的时候，不是以休闲娱乐的城市需求来塑造它，而是要把它当年的宏伟气势揭示出来。这是一个全新的挑战，也是遗产本身真实性、完整性的要求。”

遗产应少承担公园功能

市民和政府的哪些行为可助推申遗？陈同滨认为，西安的文物很有价值，市民需要改变理念和对遗产的欣赏品位，不要以为遗产是用来消遣的。“这些本应是城市公园承担的功能，现在过

多地被遗产本身所承担,难免有伤害。一定要知道它所承载的功能是什么,不能赋予它太多的功能。”

她认为，尽管现在城市建设压力很大，但政府仍需要控制遗产周边的建设高度。遗产周边有控高要求，不应该影响遗产的视觉效果，因此政府不能只考虑社会效益和经济效益。通过申遗的过程，相信从政府到市民都会重新认识遗产，即遗产是可以被利用的，但不在消费层面，而在精神层面。

申遗过程比结果更重要

许多市民都很关心，西安丝绸之路申遗什么时候成功？陈同滨认为，首先希望市民更多关注申遗能不能干好。因为现存的问题很多，面临的挑战也很大，干好过程比只重视结果更重要。其次，她认为通过申遗把大家对遗产保护的措施、理念纠正到位，也很有意义。

记者从省文物局获悉，经过国家局确认，我省目前丝绸之路暂定了8个申遗点，分别是汉长安城未央宫遗址、唐长安城大明宫遗址、大雁塔、小雁塔、乾陵、兴教寺塔、张骞墓和彬县大佛寺石窟。它们的保护工作一直都在进行中。

据了解，目前申遗工作的第一个阶段即申报文本的编制已经完成，今日提交给巴黎联合国世界遗产中心总部。下一个阶段将开始现场整治，并在6月30日之前完成。7月份是世界遗产中心规定验收的时间，届时，西安将迎来国际专家组的检查。

2013年1月27日　华商报　记者：郭晓蓉

凤凰网、新浪网、21cn网、西部网等转载报道

1.5万群众率先搬出汉长安城遗址保护区

保护遗址　传承文化　惠及民生

“政府没有忘记汉城人，没想到我这么大的年龄了，还能搬出这片遗址区。”近日，西安市未央宫街道大刘寨村74岁的冷志俊老人领到政府发放的年货，他一个劲地感叹汉长安城遗址保护拆迁是件利国利民的好事。

随着征地拆迁工作接近尾声，汉长安城遗址保护区9个村1.5万群众率先搬出大遗址保护区融入西安的城市生活。此后，随着汉长安城遗址整体保护建设，遗址区10万群众的生活也将随之改变，历经2000余年风雨的大遗址也将焕发新生。

9村纳入大遗址保护拆迁范围

位于西安市西北方向这片大遗址城垣的面积达36平方公里。作为中国历史上第一个国际大都会，它是丝绸之路的东方起点。历经2000余年的风风雨雨，依然是我国迄今规模最大、保存最完整、遗迹最丰富、文化含量最高的都城遗址，是中华民族历史上最具代表性、典型性的古遗址和世界文化遗址，也是华夏文明形成发展和人类历史文明进程的珍贵实物见证。

2009年，国家文物局将汉长安城未央宫遗址列入跨国联合申报丝绸之路世界文化遗产名单。2012年，西安市委市政府作出建设汉长安城国家大遗址保护特区的重大决策，并将其列入事关西安长远发展的“五件大事”之一。同年8月，通过了《西安汉长安城国家大遗址保护特区实施方案》，决定从2012年到2020年分三个阶段推进汉长安城国家大遗址保护特区建设工作，并将总面积8.58平方公里的汉长安城未央宫遗址作为特区建设的启动项目。将未央宫街道天禄阁、周河湾、卢家口、西马寨、东南马寨、大刘寨、东张、东叶寨、西叶寨共9个村纳入保护拆迁范围。此举统筹文物保护与改善民生，通过保护遗址、弘扬文化、发展旅游、惠及民生的保护战略基本形成。

拆迁不能让保护遗址的群众吃亏

“遗址区群众为保护大遗址作出了巨大贡献，政府不能让他们吃亏。”本着这一理念，2012年10月中旬，汉长安城遗址保护征地拆迁工作拉开帷幕。

鉴于群众为保护遗址房屋普遍没有建高的实际，当地政府规定合法有效宅基地上的房屋三层及以上未盖的，只要在第一奖励期内签订拆迁安置补偿协议者视为已盖，统一予以奖励补偿。这不但补偿了许多未盖房屋群众的切身利益，也有效遏制了拆迁引起的抢建加盖现象。同时，对非法买卖宅基地行为一律不予安置、不予补偿，避免政策刺激造成买卖宅基地的行为加剧。

“响应国家的遗址保护政策，我的房子没有盖三层，但这次却给我当三层赔了。”西马寨村民赵社教说，这次征拆让他们保护遗址的人没吃亏。拆迁前他家5口人年收入约5万，400平方米的宅基地上建了大概300平方米的房子。这次拆迁给他们按政策置换了800平方米的安置用房，还赔了30余万元。“以后随便干点啥，都好过得多了。”他说。

孩子上学是许多家长共同关注的问题。拆迁户中有中小学生的，政府一次性为每人发放1800

元的交通补助费，还为学生发放了“免费入学卡”，学生持卡可在过渡居住地的未央区区属学校就近入学，免收任何借读费。春节来临之际，又为3000余户拆迁群众挨家挨户发放了米、面、油和新年大礼包等慰问品，政府时时刻刻不忘在外过渡的遗址区群众们。

“我们的难题，政府都给解决了，心里就踏实了。”周河湾村54岁的周选会说，这次拆迁将按政策为他们办理征地农民养老保险，对年轻人还要进行免费技能培训，让大家没有后顾之忧。

安置社区实行“大社区、大配套”

“遗址区再好，毕竟是农村，北三环偏点将来是城市，咱不能让娃们一直在土里打滚。”说起安置地，西马寨村民叶忙年满怀信心。

事实上，这次的拆迁群众将被安置在铁路北客站西边、长安大学以南，这里是未央区重点打造的“四大商圈”之一——北客站商圈核心区域。周边分布有奥特莱斯艺术小镇、汇聚世界顶级奢侈品的龙之梦新城、西安皇家艺术博物馆、西安汉文化博览园等系列商贸人文项目。

安置社区将按照“生活便捷不失健康宁静，乐居田园却享尽繁华”的田园都市理念进行“大社区、大配套”。幼儿园、学校、医院和群众休闲娱乐的各种配套设施一应俱全，群众看病、上学、购物、休闲娱乐都将是5分钟生活圈。想着这些，叶忙年连说“嫽（好）着哩……嫽着哩！”

天禄阁村委会主任魏建军认为，通过拆迁首先是生活环境改变了，让群众住上了有水、电、气、暖的楼房，下雨不用走泥路；更重要的是把群众从农村生活方式中解脱出来了。“一方面大家有养老保险，每人还有20平方米的商用房，定期有了收益大家便心安了；另一方面通过拆迁增加了现金收入，年轻人想干点自己的事，手里有了资本将来就不会光靠打工挣钱了。”他说。

谈及村民们未来的生活，未央区相关领导表示，让群众奔向城市化，不光是拆了旧村盖高楼，更重要的是让群众从生产生活方式上得到转变和提升。“我们在支持、帮助群众创业就业的同时，也注重群众文明素质的提升，让每个群众都从‘外’到‘里’成为真正的城市人。”

2013年2月7日　西安日报　记者：文艳

人民网、凤凰网、新浪网、腾讯网、搜狐网、网易网、大公网转载报道

西安：文化遗址保护乐了百姓

“没想到我这么大年纪了，还能搬出这片遗址区。”

春节，陕西省西安市未央宫街道大刘寨村74岁的冷志俊领到政府发放的年货，一个劲儿地感叹汉长安城遗址保护拆迁是件利国利民的好事。

随着征地拆迁工作接近尾声，汉长安城遗址保护区9个村1.5万群众率先搬出大遗址保护区，融入西安的城市生活。

（张亚军）

群众心声：爱长安城也恨长安城

“我们爱长安城，也恨长安城。”说起汉长安城遗址，作为“老汉城”的魏建武，言语里充满了纠结。这也道出了遗址区许多群众的心声。

位于西安市西北方向的这片大遗址城垣，面积36平方公里，曾是丝绸之路的东方起点。历经2000余年的风风雨雨，这里依然是我国规模最大、保存最完整、遗迹最丰富、文化含量最高的都城遗址。

近年来，随着西安城市重心北移，汉长安城遗址区周边城市面貌日新月异，而遗址区却依然在原地踏步。遗址内群众的收入不足遗址外的一半。这里成为西安最大的“城中村”。

“端着金碗要饭吃”的严峻事实，使这里的人们渐渐不安起来。受经济利益驱动，遗址区内违规建设此起彼伏，各地文物贩子出没在这里的大村小寨。虽然省、市文物部门和未央区委区政府实施了系列遗址保护工程，对遗址区的违法建设进行了严厉打击管控，但发展与保护的矛盾并未解决。

政府决策：保护遗址与改善民生同行

如何协调保护文物和改善民生之间的关系，一直是各级政府和文物部门共同探索的课题。

国务院《关中—天水经济区发展规划》明确提出西安建设国际化大都市的战略目标。汉长安城遗址如何保护，成为影响这一战略目标能否如期实现的综合性问题。

2009年，国家文物局将汉长安城未央宫遗址列入跨国联合申报丝绸之路世界文化遗产名单。2010年，陕西省政府和国家文物局共同签署《合作共建彰显华夏文明历史文化基地框架协议》。随着十七届六中全会精神的贯彻和陕西“文化强省”战略的提出，“大遗址保护要与当地经济社会发展、当地群众生活水平提高、当地城乡建设、当地环境改善相结合”的理念进一步明确。

2012年，西安市委市政府作出“建设汉长安城国家大遗址保护特区”的重大决策，并将其列入事关西安长远发展的“五件大事”之一。同年8月，通过了《西安汉长安城国家大遗址保护特区实施方案》，决定从2012年到2020年，分3个阶段推进汉长安城国家大遗址保护特区建设工作，并将总面积 8.58 平方公里的汉长安城未央宫遗址作为特区建设的启动项目。将未央宫街道天禄阁、周河湾等 9 个村纳入保护拆迁范围。至此，保护遗址、弘扬文化、发展旅游、惠及民生的保护战略基本形成。

扎实推进：不能让搬迁群众吃亏

“遗址区群众为保护大遗址作出了巨大贡献，政府不能让他们吃亏。”本着这一理念，2012 年 10 月中旬，汉长安城遗址保护征地拆迁工作拉开帷幕。

鉴于群众为保护遗址、房屋普遍没有建高的实际，当地政府规定：合法有效宅基地上的房屋三层未盖的，只要在第一奖励期内签订拆迁安置补偿协议者，视为已盖，统一予以奖励补偿。这不但补偿了许多未盖房屋群众的切身利益，也有效遏制了拆迁引起的抢建加盖现象。同时，对非法买卖宅基地行为一律不予安置、不予补偿，避免政策刺激造成买卖宅基地行为加剧。

寒冬腊月拆迁，群众难免要遇到困难。未央区委区政府和拆迁指挥部除按规定为群众发放过渡费外，还为每户发放了 5000 元的冬季取暖补助费。

孩子上学是许多家长共同关注的问题。拆迁户中有中小学生的，一次性为每人发放 1800 元的交通补助费,还为学生发放了“免费入学卡”,学生持卡可在过渡居住地的未央区区属学校就近入学，免收任何借读费。春节来临之际，区委区政府又为 3000 余户拆迁群众发放了米、面、油和新年大礼包等慰问品。

“我们的难题，政府都给解决了，心里踏实了。”周河湾村 54 岁的周选会说，这次拆迁使他们生活水平一般的人家在政策上受益较大，而且将按政策为他们办理征地农民养老保险，对年轻人还要进行免费技能培训，让大家没有后顾之忧。再说，政府实施文物保护工程，大家当然很理解很配合。

未来发展：安置区生活“嘹着哩”

“遗址区再好，毕竟是农村；北三环偏点，将来是城市，咱不能让娃们一直在土里打滚儿。”说起安置地，西马寨村民叶忙年满怀信心。“谁能想象 5 年前的北客站地区是啥样，现在的变化咱过去都不敢想。”

事实上，这次的拆迁群众将被安置在铁路北客站西边、长安大学以南，这里是未央区重点打造的“四大商圈”之一——北客站商圈核心区域。周边分布有奥特莱斯艺术小镇、汇聚世界顶级奢侈品的龙之梦新城、西安皇家艺术博物馆、西安汉文化博览园等系列商贸人文项目。

安置社区将按照“生活便捷不失健康宁静，乐居田园却享尽繁华”的理念进行建设。幼儿园、学校、医院和群众休闲娱乐的各种配套设施一应俱全，群众看病、上学、购物、休闲娱乐都将在“5 分钟生活圈”里。想到这些，叶忙年连说：“嘹（好）着哩……嘹着哩！”

天禄阁村委会主任魏建军认为，通过拆迁，群众住上了有水、电、气、暖的楼房，下雨不用走泥路，更重要的是把群众从农村生活方式中解脱出来了。

2013 年 2 月 20 日　光明日报　记者：杨永林　张哲浩　通讯员：黄建涛

中国文明网、凤凰网、新浪网等网媒转载报道

今年全市动员冲刺丝路申遗

记者从昨日召开的全市文化广电出版暨文物工作会议上获悉，今年我市将完成“百座博物馆”建设任务，并试点开展全市民办博物馆藏品数据库建设，年内努力完成2万件藏品的录入工作。

全力做好丝路申遗工作

“目前，丝路申遗工作进入冲刺阶段，必须动员全市的力量尽最大可能投入人力物力，保证完成各项申遗工作任务。”市文物局局长郑育林介绍，按照国家文物局的工作安排，6月底前完成各申遗点的各项准备工作，7至8月份迎接申遗专家的验收。我市将组织实施文物本体保护展示工程，重点做好汉长安城未央宫区域遗址公园建设，实施汉代道路保护一期工程、西安门遗址、直城门遗址与未央宫前殿遗址保护展示工程。同时，做好申遗档案的编制等工作；主动加强与国内申遗专家和机构的合作沟通，准备迎接国际专家组的考察验收。

做好汉长安城遗址公园建设

在大遗址保护利用方面，今年，我市将认真做好汉长安城遗址公园、阿房宫遗址公园建设，半坡遗址公园和汉昆明池、丰镐、杨官寨、栎阳城遗址、秦东陵、汉杜陵、霸陵的保护利用工作；推进《汉长安城考古遗址公园总体规划》和《汉长安城考古遗址公园未央宫片区详细规划》《阿房宫遗址公园规划》的编制工作；重点推动《丰镐遗址保护规划》《杨官寨遗址保护规划》《霸陵》《栎阳城遗址保护规划》《半坡遗址保护规划》等的规划编制工作。

“十二五”末专题类博物馆达到50个以上

根据“博物馆之城”建设规划，今年我市将完成“百座博物馆”建设任务。经过3年努力，我市博物馆建设工作的重点将由“数量增长”向“质量提升”转变，并将质量建设作为今后一个时期博物馆工作的重点。

今年，我市将建设各类能充分体现我市地域特色的新类型博物馆，如工业遗产博物馆、行业特色博物馆、社区博物馆，力争“十二五”末，专题类博物馆达到50个以上，使我市博物馆体系更加趋于完善和合理。配合省文物局做好正在筹划的全国第一座考古博物馆陕西考古博物馆选址定点在西安民间博物馆城区内的各项工作，以带动民间博物馆城的建设和发展。

组织实施一批文物保护工程

今年，市文物局将认真落实市政府关于全面启动各级文物保护单位保护规划编制工作的要求，积极协调各方面力量，统筹安排。今年重点启动《秦庄襄王墓保护利用规划》《明秦王家族墓保护规划》《通远坊天主教堂保护规划》《华严寺塔保护利用规划》等的规划编制工作。

同时，认真组织实施一批文物保护工程，做好长安区天池寺塔、户县化羊庙大殿、周至佛坪厅故城碑廊、蓝田红二十五军部、户县公输堂、长安区郭氏民宅的维护保护工程以及万寿寺塔纠偏的保护工程；组织开展临潼区康家、白家遗址的建所工作，开展栎阳城遗址考古工作；要推进新一批文物保护单位审报；继续做好全市重要文物点的日常监测工作。

2013年3月7日　西安日报

网易、陕西传媒网等转载

西安斥资125亿为未央宫申遗

“虽然还要在亲戚家或出租房里住上一段时间，但我们支持政府这样做，这里早就该好好清理了。”西安市未央区西叶寨村村民如是说。从去年年底开始，为了支持汉长安城未央宫遗址申报丝绸之路世界文化遗产项目，他们的家都在整体拆迁的范围之内。据悉，目前未央宫遗址内的9个村已拆迁完毕，计划3月底前启动安置房建设。

危机

申遗是遗址保护的机遇，发展模式不能走老路

未央宫是汉长安城的皇宫。汉长安城修建于公元前202年，遗址位于西安市西北郊10公里处，城内面积36平方公里，是我国迄今规模最大、遗迹最为丰富、文化含量最高的都城遗址。1961年被国务院公布为第一批全国重点文物保护单位。

2012年3月，国家文物局将汉长安城未央宫遗址、唐大明宫遗址列入中国、哈萨克斯坦、吉尔吉斯斯坦跨国联合申报“丝绸之路”世界文化遗产项目申遗大名单，要求2013年6月底前完成申遗各项工作，2013年7—8月接受国际专家验收。

不过，遗址的情况并不乐观。西安市文物局文物处副处长唐龙坦言，整个汉长安城遗址范围内有54个村、5万多人，村子与遗址交相叠压。近年来，随着外来人口涌入，各种建筑、道路不断增加，遗址受到蚕食和破坏。在他看来，“申遗是保护遗址的一个最好机遇”。

西安市文物局局长郑育林想得更长远。“遗址保护要统筹考虑自然环境、人口流动、经济发展、社会管理等问题。”他表示，联合国教科文组织对申遗条件有着明确的规定，包括区域内环境整治、道路系统建设、遗址保护展示、博物馆建设等各个方面。“像汉长安城这么大的区域，要继续用过去的经验和思路显然不行，必须要探索出一个新的发展模式。”

缺钱

尚存40多亿元资金缺口，仅靠地方力量有些捉襟见肘。

申遗不是喊口号，背后隐藏着强烈的资金需求。

到2013年春节前，未央宫遗址丝路申遗区已完成了9个村、近4000户村民的拆迁安置协议签署和搬离工作，同步完成区域内80%的企业搬迁协议签订工作，已兑付拆迁资金近10亿元。

然而，对于整个申遗过程而言，资金短缺问题依旧难缠。拆迁村民需要安置，汉长安城国家大遗址保护特区管委会已确定把西安市北三环以北的一块地作为群众集中安置用地，2400多亩土地的征地协议签订工作也在春节前完成。按照与村民的协议，安置房必须在30个月内交付给被拆迁的村民。

管委会办公室主任毛新亮说，目前已筹集12亿元作为整个申遗项目的启动资金，其中包括：向市财政借5亿元，未央区自筹1亿元，贷款2亿元，引进社会资金4亿元。

但这些钱还远远不够。联合国教科文组织对未央宫申遗有十分明确的要求，除了遗址内的村民搬迁，企业也必须全部迁走，8.58平方公里的遗址区必须做到：垃圾清理，坟头平整，地坪修复，树木移植；以考古探明为标准的汉代道路恢复，必要的公共设施建设等等。“动一下都需要钱。”毛新亮说：“整个未央宫遗址申报丝绸之路项目需要资金125亿元。”

为了解决资金问题，西安市政府正在想办法。毛新亮说，西安市在遗址区以北的火车站附近，划拨了3500亩地作为管委会的平衡用地，按照每亩200万元的市场价格，可以筹集70亿元资金，按项目的总体要求，还存在40多亿元的资金缺口。

管委会副主任席正赢则表示，一个欠发达地区要在这么短的时间内解决问题，光靠自身的力量确实有些捉襟见肘，希望国家从保护大遗址层面支持未央宫申遗。

价值

大遗址具有长远价值，短期实现经济效益存在压力

“像未央宫这种大遗址保护，投入一向巨大，容易给地方带来压力。”国际古迹遗址理事会副主席郭旃坦言：“大遗址是具有长远价值的宝贝，保护它是社会公益行为，不应因短期的经济效益问题而将其视作包袱。”在他看来，从长远角度，大遗址将为文化、旅游、生态、农业结构调整、现代服务业发展提供契机，带来地区相关产业的强大发展后劲。

理想丰满，现实却骨感。仅就目前而言，大遗址旅游等相关产业开发并不“火热”。考古现状和游客素质，被一些专家视为主要原因。

“中国目前考古方面做得并不充分，很多大遗址在考古方面还有很多工作可以做。做好大遗址保护，是为将来的持续考古保护好‘阵地’。”郭旃认为，大遗址是可以不断探索历史奥秘的一座富矿，“每个大遗址都是一本可以不断读出新故事的‘史书’，都是历史的宝藏”。

而根据国外经验来看，随着国民素质的不断提升，这种“断壁残垣”式的大遗址虽然景致不如一些自然景观，但其历史文化价值将得到越来越多的认可。“从这一点来看，大遗址的旅游价值会随着时间的推移而不断递增。”郭旃说，“这种长远的经济价值是无法估量的。”

落实到具体的保护工作，有文保专家表示，首先要保证遗址本体的真实性，可以在周边建一些庄重的建筑以示重要，而在其遗址上，可以采取地下部分不动、地上部分标识的做法，尽量不要复建或添加多余建筑。此外，要做好遗址保护的管理规章制订，处理好遗址与周围环境的关系。

2013年3月27日　人民日报　记者：王乐文　马龙

新华网、凤凰网、中国广播网、新浪网、中国青年网、西部网、新疆天山网等转载报道、东方网转载并发表评论性文章。

探访丝路跨国申遗——汉长安城遗址现场

第七届全国网络媒体陕西行

汉长安城遗址作为“丝绸之路”的起点，被列入“丝绸之路”跨国申遗名单当中。4月7日下午，第七届全国网络媒体陕西行来到西安市未央区的汉长安城遗址，实地探访这里的遗址保护工作进展。

汉长安城遗址是西汉都城遗址，位于今西安市西北方向，城垣内面积36平方公里。是我国迄今规模最大、保存最为完整、遗迹最为丰富、文化含量最高的都城遗址，是中华民族具有核心地位的重大历史文化遗产。2011年，中国与中亚国家哈萨克斯坦、吉尔吉斯斯坦启动“丝绸之路”三国跨国联合申遗，汉长安城遗址作为“丝绸之路”的起点被列入申遗名单。

据介绍，2012年，西安市委市政府以未央宫遗址“申遗”项目为契机，以保护遗产、传承文化为主题,作出建设汉长安城国家大遗址保护特区的重大决策,并将其列入事关西安长远发展的“五项重点工作”之一。通过了《西安汉长安城国家大遗址保护特区实施方案》，成立了汉长安城国家遗址保护特区建设领导小组，负责特区建设的组织领导工作，同时组建了汉长安城国家大遗址保护特区管委会，全面负责特区范围的各项管理工作。决定从2012年到2020年分三个阶段完成对大遗址的总体保护，并将总面积8.58平方公里的汉长安城未央宫遗址“申遗”作为大遗址保护特区建设的启动项目。

2012年10月14日，“申遗”区征地拆迁工作正式拉开帷幕。目前，申遗区9个村近4000户搬迁安置协议签订及搬离工作已经完成，垃圾清运已完成90%，被拆迁群众的安置楼项目已于4月1日启动。

汉长安城遗址的这片土地上也开始发生很多变化，6月底，联合国申遗专家组将赴汉长安城考察，若过程顺利，西安将添一处世界文化遗产。

2013年4月8日　国际在线　记者：杨冬霞

拆迁逼近玄奘埋骨古刹

当地政府以申遗之名要求拆除约 2/3 建筑，兴教寺或被套用“曲江模式”

摘要：埋有唐代著名高僧玄奘法师灵骨的西安兴教寺，正面临大规模拆迁。当地政府给出的拆迁原因，是丝绸之路联合申遗的需要。

玄奘塔是为数不多的保留建筑。

埋有唐代著名高僧玄奘法师灵骨的西安兴教寺，正面临大规模拆迁。当地政府给出的拆迁原因，是丝绸之路联合申遗的需要。联合申遗名单上只有兴教寺塔，不包括寺庙内其他建筑。南都记者了解到，申遗拆迁的背后，是著名的曲江系公司的商业运作。兴教寺这座千年古刹正成为业界知名的“曲江模式”新的目标。

埋有玄奘灵骨的古刹兴教寺。

拆了也可能不成功?

清明时节，细雨濛濛。随车往西安南行 20 公里，来到西安市长安区杜曲镇少陵原畔，兴教寺所在地。通往寺庙的山路上笼罩着申遗的气氛。杜曲街道早已经张挂出申遗拆迁的多条横幅，其中一条写着："申遗没有旁观者 你我都是践行人。"

兴教寺为全国重点文物保护单位。这座建于唐朝的古刹，距今有 1300 多年历史。因为埋葬着玄奘灵骨，它在世界宗教界占有重要地位，是汉族地区全国重点寺院。兴教寺每年举办的护国息灾水陆法会，在全国和东南亚佛教界都享有很高声誉。

2007 年开始，西安市开始将兴教寺纳入申请世界文化遗产工作范畴。兴教寺一位工作人员介绍，当时只提到寺庙进行环境治理、周边道路硬化等，没有提及拆迁。

2012 年 7 月，陕西省确定 5 处 8 个点列入丝绸之路联合申遗名单，包括兴教寺塔在内。长安区政府相关人士告诉南都记者，将兴教寺塔包括在内，联合申遗各单位内部也有反对意见。大雁塔相关部门认为，兴教寺塔与大雁塔的性质是相同的。这两座古迹所在地同为玄奘所创的法相宗祖庭。

2012 年 10 月，兴教寺第一次得到消息，因为申遗需要，该寺许多建筑需要拆迁。从那时开始，申遗拆迁计划开始困扰着兴教寺的僧人。

2013 年 1 月份，西安市召开了一个申遗工作协调会议，兴教寺住持宽池法师出席。宽池法师提出兴教寺退出申遗，但没有奏效。

2013 年 3 月 7 日，西安市各相关部门到兴教寺视察落实申遗工作。次日，兴教寺收到长安区民宗局限期拆迁的通知。通知要求兴教寺的整个拆除工程在 5 月 30 日之前完成。

3 月 13 日，丝路申遗申报文本编制总负责人陈同滨来兴教寺考察，有多位政府官员在场。宽池法师向南都记者介绍，他当时对陈同滨表达了担忧："修学和生活是一体化，兴教寺拆除这么多的建筑，僧团失去食宿的基本保障，等于是破坏了僧团，破坏了正常的宗教活动。"但他的话被西安市一位官员打断。该官员对陈同滨说，不用考虑兴教寺的意见，申遗的事情政府作了决定。宽池法师转述了陈同滨当时的意见，陈认为，兴教寺的现状和申遗要求的标准有很大距离，即便是按现在方案进行拆除，也很有可能在国际专家团初审时被否决，建议"放一放，暂时不申遗，等条件成熟后再申遗"。宽池法师的转述得到了当日在场的宽树法师和护法居士邢可红的佐证。

据宽池法师回忆，有关领导称他"理念不超前"，并称"在兴教寺下面建一个寺庙花不了多少钱"。根据该领导的构想，最终兴教寺的面貌是"只留三个塔，周围全部绿化"。

"对于兴教寺这样一个远离城市的传统寺院来说，拆除这么多建筑势必影响僧人的宗教活动，是一种浪费。"兴教寺方面在向南都记者提供的公文中如是说。

"为了环境更优美"

根据《西安市长安区丝绸之路申报世界文化遗产工作领导小组关于兴教寺塔申遗工作任务安排的通知》，兴教寺正面临历史上最大规模的拆迁。兴教寺负责基础设施建设的邢先生估算，如按照该方案进行，目前兴教寺三分之二的建筑将要被拆除。

寺院西边僧人生活区的兴慈楼、僧寮、卫生间、浴室、三藏院回廊，建筑面积共 4000 余平方米，将全部被拆除。其中的兴慈楼包含80多间房子。玄奘塔后三 藏院的两边陪殿和垂花门都要拆除，只剩下大遍觉堂。大遍觉堂将被改为陈列室。但是大遍觉堂内供养的玄奘法师像及墙壁上玄奘生平的悬塑像要求全部搬走。

中院要拆除东西方丈、斋堂和灶房，以及闻慧堂。其中的斋堂由几万信众捐资兴建，最多可容纳600人用膳。

东院要拆除禅堂。安放兴教寺名僧常明法师灵骨的方丈楼要拆除。现在法师居住的照心楼也要拆除。

院内的石材要求全部去掉，换成固化沙石。建筑拆除的地方进行绿化。玄奘塔旁边的两块石碑，是2000年复制大慈恩寺的石碑，也要搬走。

大殿前的两块石碑，是原来国民党要员捐资兴建兴教寺的功德碑。“文革”时期，碑被破“四旧”者砸为几截。当时的寺庙住持常明法师偷偷将断碑掩埋起来，后来又拿出来重新安放。这两块碑也被要求挪走。

根据政府规划，入寺道路将设置为人行道，安装禁止车辆通行的设施，道路改造为固化沙石路。此外将建设入寺坡道栏杆及铁链，整修寺外墙体。寺院入口处、寺内的红砖及沥青地面等要按方案整治。

而寺庙拆迁的过渡经费，由长安区负责。兴教寺僧人日后将搬到该寺的下方一所新修的庙。这座规划中的庙将作为兴教寺的下院，目前所在地为两个村庄。村庄也被要求全部搬迁，其中涉及东江坡村18户人家，西韦村28户人家。

“庙里对这次申遗是支持的，但希望尽量不要动庙里的建筑格局。该庙原来是因地制宜发展的，各项功能完善，要求能不拆尽量不拆。”兴教寺官方对南都记者称。

西安市长安区民族宗教局局长张宁告诉南都记者，“兴教寺拆掉部分建筑是为了环境更优美。具体规划还没有完全定下来，正在等国家专家组认定。兴教寺要发展，对僧人工作和生活的阶段性影响有，但不是很严重。”

兴教寺向南都记者提供了一份《兴教寺申报世界文化遗产相关问题的汇报》。该文件指出：“此次申报，主要是针对玄奘塔。此塔属于兴教寺西边塔院的主题建筑。而塔院是兴教寺在民国便形成的东西三跨院的整体院落。今天兴教寺的风貌，是历代逐步形成的，这些建筑无不是围绕着玄奘塔。所以维修玄奘塔，要保证塔院 的整体性。更要明白塔院的宗教活动职能，保障玄奘塔和塔院配套建筑整体性使用的职能，才是玄奘塔和兴教寺作为宗教活动场所的意义。如果将三藏院等历史变迁 过程中形成合理配套建筑剥离掉，只孤零零地剩下一个塔，实际上是对兴教寺塔寺一体的整体性和历史发展真实性的蹂躏。兴教寺塔院的配套设施建设的资金，很大 一部分来自香港、台湾、日本等世界各地，如果随意破坏，在十方信众和国际上，肯定会造成十分不良的影响。”

“第二个法门小镇”？

在兴教寺受拆迁困扰之前，一个庞大的“兴教寺佛教文化旅游景区建设项目”已经浮出水面。

2011年11月7日，西安市长安区政府在答复网友时提到，大明宫集团投资建设的兴教寺佛教文化旅游景区建设项目，占地面积412亩，建成后将成为集佛教文化、佛教养生、佛教旅游为一体的高规格旅游文化景区。

大明宫集团即西安曲江大明宫投资（集团）有限公司。官方资料介绍，其为经西安市政府批准，由西安曲江新区管理委员会投资设立的国有独资公司，成立于2007年10月22日，注册资本28亿元。

公开资料显示，大明宫集团是西安曲江文化产业投资（集团）有限公司（以下简称“曲江文投”）的全资子公司。曲江文投又是曲江新区管委会的下属公司。

兴教寺佛教文化旅游景区建设项目是2011年中国东西部合作与投资贸易洽谈会长安区项目集中签约成果，《西安日报》公布的《2011年西洽会长安区项目 集中签约成果》也显示，该项目由大明宫集团投资建设。记者昨日电话联系了大明宫集团，工作人员表示暂时不清楚这个情况。

第四届中国西部（西安）文化产业博览会文化产业项目库的官方资料则谈得很具体。规划中的兴教寺佛教文化旅游景区将建设四个功能区：佛教园林区、佛教寺庙区、佛教文化区、佛教休闲区。其中佛教寺庙区包括玄奘文化广场、三门四柱牌楼、108级朝圣石阶和天王殿。该资料估算，项目计划总投资1亿元人民币，其中征地拆迁费4000万元，土建工程费6000万元。该资料分析认为，项目建成后，年净收入1000万元，投资利润率16.7%，投资回收期6年。

长安区官方网站2012年3月由长安区招商局发布的文件《西安兴教寺旅游区项目》显示，西安市政府同意实施建设该项目，“兴教寺塔为丝绸之路多国联合申 请世界文化遗产项目中重要的文物点。周边自然资源丰富，可以实现佛教文化遗存与自然环境有机结合”。在该文件中，项目总投资增加到了2.3亿元人民币，包括土地成本和工程施工成本。该文件计算，项目年营业收入为4500万元，初步测算年盈利可达3000万元，在6年内全部收回投资。文件还提到，项目合作方式为合作和独资，负责部门为长安区民宗局和杜曲街道办。

作为业内知名的文化产业群曲江系的母公司，西安曲江文投主导了“曲江模式”，即先在历史文物附近圈地，炒作文化概念，后进行招商引资，打造项目使得地价升值。这一模式全国知名，也饱受争议。

推行“曲江模式”的典型场所是陕西的另一座著名古刹法门寺。据《中国证券报》报道，西安曲江文投在法门寺前方打造的非宗教场所的景区，打着“法门寺”的招牌，以慈善基金会的名义，将各种捐献当做收入来源。

据兴教寺方面介绍，西安市一名副市长曾口头表示，要把兴教寺打造成“第二个法门小镇”。西安市政府网站显示，该副市长负责文化、旅游、文物等方面的工作。另据公开资料显示，其曾任西安曲江新区管理委员会主任，是“曲江模式”的缔造者。

“玄奘塔失去僧人和信众的守护，仅仅作为一个景点，必丧失其文化内涵。不能因为改造，毁坏了弘扬佛法的道场，成为第二个法门寺。”兴教寺官方这样回应。

2013年4月10日　南方都市报　记者：高龙

新华网、光明网、凤凰网、新浪网、搜狐网等国内重要网媒高调转载，引发著名演员六小龄童微博发声，星云法师、李利安等著名宗教人士、学者纷纷发表不同看法。

西安兴教寺拆迁牵出2.3亿项目 曲江系身影再现

“因为申遗，现在兴教寺旅游区项目的相关工作都暂停了，但是如果申遗不成功，或者有其他推动力，这个项目还是会重启的。”

2.3亿元投资的陕西西安“兴教寺佛教文化旅游景区”项目，究竟是延宕还是中止，现在看来，恐怕全要看唐代兴教寺塔最终的申遗结果。

而著名的旅游推手“曲江系”与这笔大单之间未来的关系走向，仍然扑朔迷离。

“申遗”拆迁?

50天后，兴教寺内近4000平方米的建筑或将被最终拆除，这也是这一1300余年历史的唐代古建筑遭遇的一次最大规模拆迁。

资料显示，兴教寺又名“护国兴教寺”，是唐代樊川八大寺院之首，位于西安城南约20公里处的长安区内，是唐代著名翻译家、旅行家玄奘法师灵塔所在地，现为全国重点文物保护单位。

根据《西安市长安区丝绸之路申报世界文化遗产工作领导小组关于兴教寺塔申遗工作任务安排的通知》，为配合“丝绸之路”联合申遗，兴教塔所在的兴教寺建筑拆除工程必须在2013年5月30日之前完成。

这一拆除计划包含众多，西院僧人生活区、中院斋堂灶房，以及东院居住的禅房等建筑都在拆除计划中。

“庙里对这次申遗是支持的，但希望尽量不要动庙里的建筑格局，要求能不拆尽量不拆。”兴教寺官方接受媒体采访时曾表示。

2002年4月16日，国家文物局正式公布了“丝绸之路”首批申遗的24个项目，其中陕西有5处入选，包括兴教寺塔。

由于目前陕西省内仅有秦始皇陵及兵马俑一处入选世界文化遗产名单，相关方面对于丝绸之路申遗工作寄予了高度期望。

据悉，中、哈、吉三国于2013年2月1日前联合提交丝绸之路申遗文本，力争作为丝绸之路跨国首批申报项目，在2014年列入《世界遗产名录》。

而根据国家文物局通知要求，丝绸之路沿线各地应在2013年6月底前，完成丝绸之路首批申报遗产点的各项准备工作，依照此时间表，兴教寺在6月前完成拆迁的目标也随即确定下来。

“最开始寺里也是同意我们的拆迁计划，因为我们这次的拆迁不涉及任何古建筑，只是拆掉距离申遗的兴教塔太近的一些生活建筑，这些都是上世纪90年代之后僧人们自建的。”昨日，具体负责兴教寺拆迁工作的陕西省西安市长安区民宗局文物管理与文物鉴定科赵晓宁科长就此事接受《第一财经日报》采访时表 示。

赵晓宁告诉记者，在申遗专家到兴教寺考察后，依据申遗“真”、“原”的评判标准对当地提出了整改意见，建议将围绕在兴教塔旁边的僧人洗浴、住宿、灶房等生活建筑拆除，还原兴教塔本来面目。“这其中没有任何一个古建筑被拆除。”她说。

赵晓宁进一步表示，在长安区和兴教寺最初达成的协议中，划拨10亩（约合6670平方米）

土地并负责施工给兴教寺，地址由寺院选定，补偿拆迁的3000余平方米建筑面积，但后来寺庙方面将10亩土地的要求改为80亩。“口子开得太大，现在也没有找到更好的协商办法。”赵晓宁说。

公开资料显示，兴教寺拆迁的过渡经费由当地长安区负责，拆迁后兴教寺僧人将搬到该寺的下方一所新修的庙，这座规划中的庙将作为兴教寺的下院。

“曲江系”浮出

但兴教寺拆迁背后，并不只有兴教寺塔的申遗工程。

在长安区政府官方网站上，一个规划面积480亩（约合32万平方米）、投资2.3亿元的“西安兴教寺旅游区项目”正在高调推进中。

由长安区招商局发布的公开信息显示，“西安兴教寺旅游区项目”的目标是对“兴教寺周边区域实施综合利用，以兴教寺为景区核心，建设一个融旅游、文化、商贸、园林、观光、休闲度假、宗教体验为一体的文化旅游综合体”。

值得注意的是，在公布的《2011年西洽会长安区项目集中签约成果》中，“兴教寺佛教文化旅游景区，由西安曲江大明宫投资（集团）（下称“大明宫集团”）有限公司投资建设，项目总投资8000万元”。

根据公司官网信息，大明宫集团是由西安曲江新区管理委员会投资设立的国有独资公司，成立于2007年10月22日，产业主要涉及房地产开发、酒店、投资和园林绿化等领域，实际投资120亿元的大明宫遗址公园是其最著名的项目之一。

而与大明宫集团平行的兄弟公司，如西安曲江文化旅游有限公司、曲江建设、曲江影视、曲江出版传媒和曲江会展等，都同时是西安曲江文化产业投资（集团）有限公司（下称“曲江文投”）的子公司。

作为业内知名的文化产业群“曲江系”的母公司，曲江文投主导了“曲江模式”，即先在历史文物附近圈地，炒作文化概念，后进行招商引资，打造项目使得地价升值。“曲江系”在迅速走红的同时，这一模式也饱受争议。

2012年5月，迫于各方舆论压力，著名旅游景区陕西宝鸡法门寺宣布，原定于2013年赴港上市的计划暂时搁置。而法门寺背后，也是“曲江系”在运作。

此前，由曲江文投投资的西安林克斯高尔夫球场也因“未批先建”问题被曝光。这一原本用作渭河滩地景观整治的项目，随后被悄然“变脸”为严格限制审批的高球场，并已经进入营业状态。

“因为申遗，现在兴教寺旅游区项目的相关工作都暂停了，但是如果申遗不成功，或者有其他推动力，这个项目还是会重启的。”昨日，有接近曲江文投的知情人士向本报透露。

昨日下午5时，直接负责建设“西安兴教寺旅游区项目”的大明宫集团在其官网发表声明，“我们未参与兴教寺申遗的任何工作”，但对于“西安兴教寺旅游区项目”未做任何回应。

而曲江文旅媒体负责人李东昨日就此事向本报表示，由于并不属于该公司业务，对此事并不了解。

按照长安区政府网站公开信息，“西安兴教寺旅游区项目”总投资额约2.3亿元，“收入包括观光门票、餐饮、住宿收入等。按年均接待30万人次，人均消费150元计算，年营业收入为4500万元。经初步测算，项目年盈利可达3000万元，在6年内可全部收回投资”。

2013年4月11日　第一财经日报　记者：王蔚佳

李利安：详解兴教寺拆迁问题性质微妙转变真相

从4月12日开始，轰动一时的兴教寺拆迁事件的性质发生了微妙转变，国家文物局等权威机构及专家一番阐释之后，问题的性质似乎已经由因申遗而拆除寺院主体建筑的不仁不义转变为因申遗拆迁部分违规建筑的合情合理了。当日，西北大学佛教研究所所长、博士生导师李利安教授实地考察了兴教寺，并对整个拆迁事件进行了调查。李利安教授不仅还原了拆迁事件的真相，而且指出问题的性质是从主体性建筑的被拆除转变为部分建筑的被拆迁之后，寺僧就要全部被驱离。现在被列入拆迁范围的建筑主要是僧人们的宿舍和食堂，没有了僧舍、浴室、卫生间、灶房和斋堂，就意味着僧人们不能再在寺院里生存了。这种被忽视的转变却正是决定问题性质的关键。李利安文章全文如下：

2013年4月12日，陕西电视台《今日点击》栏目报道了昨天下午对我采访中的部分内容，其中只播出了我对兴慈楼建筑性质及其与寺院总体建筑风格之间关系的看法，并未报道我对立即拆除包括兴慈楼在内的众多建筑的不妥当性的看法。从建筑的性质与佛寺的风格来看兴慈楼，我的观点依然不变，但我对这种拆迁的疑虑依然存在，由此引发我更多的担忧。我觉得，兴教寺问题的性质似乎正在发生一些微妙的转变，值得引起有关方面的注意。

兴教寺因申遗遭拆迁问题被社会密切关注还不到一周，问题的性质已开始发生着一些微妙的转变。

转变一：由兴教寺主体性被拆迁转变为兴教寺部分新建建筑被拆除。关注此事的社会大众绝大部分认为兴教寺因申遗遭拆迁，寺院将不复存在，有人还以为兴教寺的文物古迹将被拆，甚至认为供奉唐僧玄奘的塔也会被拆除。根据中央电视台4月11日在新闻节目中的说法，拆除的总面积是4000平米，而保留下来的建筑只有2000平方米，可见拆除的规模的确是很大的。面对社会舆论的巨大压力，4月11日有关方面出示了经过紧急调整后的拆除清单，很多重要殿堂从被拆转变为可继续存在，如三藏院的东西配殿，藏经院的禅堂，中院的闻慧楼。有的新闻报道中还显示照心楼、垂花门、三藏院回廊等也被保留，但据我今天下午在寺院的实地询问，这三处建筑还处于被拆之列。另外，保留下来的一些建筑被改作它用，如具有客堂意义的闻慧楼被改为申遗办公室，供奉玄奘师徒三人塑像并通过泥塑浮雕展现玄奘一生的大遍觉堂被改作展览馆。但总体上看，随着各路记者的探寻采访以及各界的说明与表态等，社会大众原来担心寺院被拆除的焦虑目前正处于迅速消退之中。特别是拆除的范围有了很大的缩小，而且基本避免了对直接属于宗教用途的殿堂的拆除。于是问题的性质似乎已经由因申遗而拆除寺院主体建筑的不仁不义转变为因申遗拆迁部分违规建筑的合情合理，尤其是经国家文物局、西安市文物局，特别是国家著名文物专家的阐释之后，更显得有理有据，如果继续反对似乎不通情理、不明大义了。

然而申遗以及建立在申遗框架下的文化遗产保护仅仅是观察兴教寺问题的一个角度，如果不从文物而从宗教的角度来看，就会发现，问题的性质在从主体性建筑的被拆除转变为部分建筑的被拆迁之后，已经开始发生第二种转变，这就是从部分违规建筑的被拆迁转变为寺僧的全部被驱离。因为现在被列入拆迁范围的建筑主要是僧人们的宿舍和食堂，这是他们坚守寺院的物质载体，是他们生命延续的保障，没有了僧舍、浴室、卫生间、灶房和斋堂，就意味着他们将不能再在寺院里生存了。可见，这种被忽视的转变却正是决定问题性质的关键。

从佛教的神圣传统来看，佛、法、僧，三位一体，不可分割，僧在寺中，寺靠僧护，从未见过僧寺分离的佛教形态。从目前国家的宗教信仰自由政策来看，僧团必须吃住生活于寺庙之内，僧在寺中几乎成为一个最基本的佛教管理制度。与此同时，寺院是僧人的家园，是他们的情感所系，僧人住寺也是宗教生活之必须，是他们的合法权益，受法律保护。僧人迁出之后的寺院，其宗教活动难以保障，而缺少或者没有宗教活动的寺院，将成为纯粹的文物古迹，成为没有灵魂的"文化遗产"，这样的话，佛菩萨的造像也将从礼拜的对象转变为欣赏的对象，圣物转变为文物，法相转变为艺术，这样的兴教寺就可能成为被部分"精英"人士供起来，但被广大信徒抛弃的躯壳。国内很多高高在上的宗教类文化遗产，都因为没有僧人居住，没有法事，没有香火而处于冷清消沉之中，这样被"保护"起来的文化遗产又有什么价值？何况剥夺了僧人们在寺院内的食宿权，他们的宗教生活会受到直接的冲击，这恐怕也不是符合宗教信仰自由政策的。

同时需要指出的是，根据我今天在寺院中的调查，所谓在西韦村另建僧舍，在兴教寺山坡下征地扩建寺院等计划，至今还仅仅是一种口头说法而已，据寺院负责僧人说，目前既没有征地，也没有规划与建设方案，更没有资金的具体落实，这样的话，且不说僧人们对此蓝图如何确信，就说他们眼下在哪里住，在哪里吃，如何保障他们的修行等宗教生活，难道不让人担心吗？如此紧急而强势的拆除命令与如此滞后而悠缓的生活安顿形成鲜明的对照，僧人们要求退出申遗也就完全可以理解了。如此看来，有关部门若要继续坚持兴教寺加入申遗，那就必须首先确保僧人眼下的居住饮食和宗教生活，而且通过法律形式给他们未来继续独立自主地住寺、管寺、养寺有一个坚实可信的保证，只有这样，兴慈楼等不符合申遗要求的部分新建建筑的拆除才可以成为被接受的一种无奈选择。

鉴于上述第二种转变正在可能成为现实，那么，即使未来在兴教寺山坡下建起一个新的寺域，兴教寺问题性质的第三种转变则有理由被认为可能已经处在潜伏之中，这就是由僧人被全部迁出寺院转变为寺院成为被开发的文化园区，从而发生兴教寺宗教功能的彻底转变，以及僧人合法权益面临巨大威胁，当然，这一转变目前只是处于被担心之中。

从我自己的观点来说，我对文化资源的开发利用持支持态度，就陕西来看，我对曲江在文化资源开发方面的贡献是肯定的，但对其在宗教类型的文化资源开发过程中存在的问题也是很痛心的。关于兴教寺文化资源的进一步开发利用，我是理解的，若有好的方案我可能也是支持的。但我对社会舆论最担心的"被开发""被商业化"也深有同感。我不希望看到未来在兴教寺山坡下扩建的寺域成为圈住兴教寺的文化围墙，也不愿意看到兴教古寺与未来可能出现的兴教寺文化园区之间的人为分隔，更不愿看到兴教寺僧人被请进新建的寺域而丢失坚守一千三百多年的古寺。

从全国的情况来看，宗教场所与文化旅游公司之间的貌合神离甚至激烈冲突，都是因为强力插进的文化开发导致的。但愿在唐僧的眼皮底下不要出现这种文化怪相，但愿传承千年的兴教圣地依然保持神圣的本色，但愿兴教寺僧人的合法权益得到充分的保障，但愿兴教寺的文化资源得到合理的保护和利用。

2013年4月13日　凤凰网　作者：李利安

对“兴教寺面临拆除”的反思

在事实没有彻底弄清楚前，我们不能被网络以及一些媒体吸引眼球的“爆炸性新闻”牵着鼻子走。

这两天，第一批全国重点文物保护单位、唐代高僧玄奘遗骨埋葬地——西安市兴教寺面临拆除的消息在网上传播，网友对此表现出了极大关注，微博、微信、论坛里讨论热烈。据《光明日报》报道，兴教寺的拆除工作确实是为了申遗，但此次要拆除的全部是新建筑，并非古建筑。

众多媒体跟踪报道兴教寺面临拆除，网友与民众持续关注，景象蔚为壮观。事件终于逐渐抵达真相，新闻终于接近常识，网友由近乎盲目的“怒发冲冠”回归理性平和。起初媒体表述“兴教寺，正面临大规模拆迁，约三分之二建筑要被拆除。当地政府给出的拆迁原因，是丝绸之路联合申遗的需要。联合申遗名单上只有兴教寺塔，不包括寺庙内其他建筑”，这种语焉不详极易误导公众，给人的感觉是除了兴教寺塔以及跟其密切相关的少数标志性建筑，其他建筑（不管是新建筑还是古建筑）在大规模拆除面前都“在劫难逃”——千年古刹即将毁于一旦，舆论沸腾、网友义愤填膺似乎就变得顺理成章了。

现在看来，事实远非想象的那样，甚至与当初新闻描述大相径庭，公众在错愕之余应多一些理性反思：在事实没有彻底弄清楚前，我们不能被网络以及一些媒体吸引眼球的“爆炸性新闻”牵着鼻子走，不能被甚嚣尘上的网络情绪裹挟，稀里糊涂喊出貌似“正义的声音”。只有冷静下来，我们才能从人云亦云的沼泽中挣脱，恢复常识判断。

但是，即使兴教寺拆什么、留什么的问题已经厘清，如何对待文化遗产的探讨仍有必要。申遗是庞大、复杂的系统工程，尽管要与国际认可的普遍标准接轨，但申遗成功与否，不仅由普遍标准决定，还包含其他因素。我们不能否认申遗成功的文化遗存的价值，但也没有理由抹杀申遗不成功以及没有纳入申遗视野的文化遗存的价值，哪怕兴教寺申遗不成或者没有参加申遗，亦无损它在世界文化遗产中的重要地位。

西安市文物局的表态还是值得肯定的，“兴教寺的申遗工作将在充分尊重寺院意愿的情况下进行”。继续申遗还是退出，政府部门不能凭单方意愿哪怕是主观良好愿望决定，毕竟利弊分析会有“横看成岭侧成峰”的迥然视角。在“充分尊重寺院意愿”的同时，还需广听民众意见，各方协商讨论应基于保护文化遗产的共识。完全没有必要纠结于“国际组织能否接受这种临时的退出”，就像运动员奔赴赛场一样，因为某种特殊情况宣布退出，赛事组委会会接受，观众也会理解。

2013年4月16日　光明日报　作者：涂启智

人民网、凤凰网、国学网、中国文明网、和讯网等网媒转载

记者调查兴教寺拆迁真相:“西安:新建建筑众多 兴教寺塔带病申遗”

用这次丝路申遗申报文本编制总负责人陈同滨的话讲，兴教寺是文物保护管理上的重灾区，即使不去申遗，兴教寺在文物保护上也是差距太远。这么一个带病丝绸之路文化遗存是如何进入到陕西省申遗名单中的呢?

1987 年，秦始皇陵及兵马俑申报世界遗产成功，此后，陕西省在申报世界遗产方面再无任何建树，中哈吉三国丝绸之路联合申遗，西安作为丝绸之路的起始点，无疑让相关方对申遗工作寄予了高度期望，早在两年前，当地政府就投资 130 多万元对兴教寺塔进行过保养维修，今年 2 月，在我国公布的首批 22 处丝绸之路申遗点名单中，陕西省就占有 7 处，是申遗点最多的省份，西安的兴教寺塔也在其中。

郭旃（国际古迹遗址理事会副主席）：兴教寺 1961 年就列入了全国重点文物保护单位，应该说它的重要性是毋庸置疑的，申遗要解决这种景点之间丑极了，而景点里边美极了，这样一种很大的一个反差。

由于国际专家组在今年 7 月要对丝绸之路各申遗点进行考察评估，能否过关就显得尤为重要。

张宁（长安区宗教局局长）：寺庙申遗，它要从这个申遗要求来讲，也不符合。再一个就是从寺庙整体的布局风格和规划，也是不符合申遗的。

针对兴教寺存在新建建筑体量、密度过大，与兴教寺塔环境、风貌不相协调等突出问题。在西安市政府的协调工作会上，申遗申报文本编制总负责人陈同滨曾提出：是否考虑兴教寺塔退出。

陈同滨（中国建筑设计研究院历史所所长）：当时，是大雁塔这个大和尚，叫曾勤，他当时非常激动地说，不能退出，申遗是千载难逢的机会，必须上。我说：你说了也不算，他说我能代表宽池（兴教寺主持）。

于是，在当地政府的支持下，兴教寺塔的环境整治、文物本体保护等申遗准备工作按计划进行，所有项目必须在 6 月 30 日之前完成。

陈同滨：按照世界遗产标准告诉你，哪些要怎么整治，等这些问题提出来以后呢，兴教寺的（主持）宽池不干了。

兴教寺的僧人们认为，这样的拆除破坏了寺院的整体，从根本上动摇了兴教寺的历史地位，面对申遗中专家的质疑和僧人态度的摇摆变化，在紧急协商没有结果的情况下，西安市政府办公厅的领导一反常态。

僧人：他（指政府领导）说你（申遗专家）不用考虑他们的意见，也就是我们僧人的宗教意见，这个我们市政府现在已经做出决定，一定要申遗。

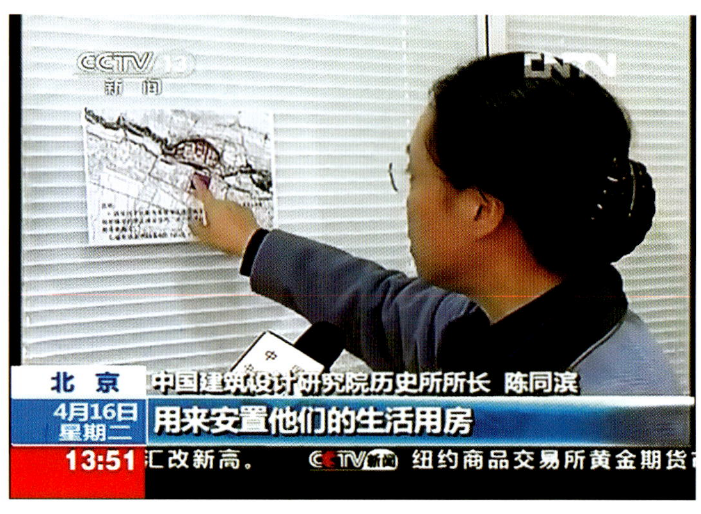

3 月 8 日，兴教寺收到了长安区民宗局限期拆迁的通知，要求兴教寺的兴慈楼、斋堂、僧舍、三藏院、方丈楼拆除。

僧人：被拆除的对象就是塔院西边的僧人生活区，所有的生活区、住宿区全部拆除。

按照规划，被拆除的违章建筑共 3950 平方米，展寺院总建筑基址的 28%，工程在 5 月 30 之前完成后玄奘塔可以实现与寺院生活区合理分开，兴教寺里可容纳 600 多名僧众设斋、诵经的最大体量建筑斋堂也在拆除之列。

僧人：僧人没有一个安身之所，也没有一个正常吃饭、修学、诵经的地方，这是僧人考虑最多的。

这种合理诉求立刻得到西安市政府积极回应，商定由四方提出面积和地点，政府拿出一定的土地予以补偿。

陈同滨：政府在 3 月 19 日的时候给我发来一个传真，就是提出来给他们新增一块地，用来安置他们的生活用房，这个图就是政府发给我的，底下写的是选址的情况，一共是 10.5 亩。

为了避免僧寺分离，陈同滨给出了一个非常合理的方案。

陈同滨：这块征地变瘦一点，变长一点，就从这里就进寺了，进来就是僧侣们的生活区，上面全是主要历史建筑，是一个非常理想的格局，如果政府把这块地划归给兴教寺，继续作为生活用房发展的话，这个寺院完全不是拆除的事，而是一个扩张的事。

然而 10 天后，兴教寺提出新方案，要以山门为中轴线，宽 100 米，长 600—700 米的区域，这比政府补偿方案一下多出近 8 倍的面积，西安市政府没有接受这一要求，在随后的一个星期，兴教寺塔申遗拆迁之争迅速成为网民和媒体关注的焦点。

陈同滨：我现在非常不理解的问题，那么好的一个前景，然后完全变成了说拆庙的事，我觉得非常困惑、非常困惑。

4 月 11 日下午，兴教寺向西安市长安区递交了一份关于退出申遗工作的报告。退出的理由主要是不同意申遗规划要求的拆除。

僧人：我们之前也向政府提出过，可是没有奏效，在不拆除寺庙房屋的情况下，我们全力以赴支持申遗。如果拆除，我们大家没有地方住，没有地方吃，我们怎么申遗。

2013 年 4 月 16 日　中央电视台《新闻直播间》栏目

陕西百亿“丝绸之路”申遗迎来大考

7月底，“丝绸之路”申遗将迎来世界文化遗产专家的现场验收；目前，陕西涉及的7个申遗项目已经进入扫尾阶段。此时，距离2002年西安市呼吁将“丝绸之路”列为世界文化遗产，已有10年历程。10年以来，仅是“丝绸之路”申遗的起点——汉长安城未央宫遗址，所需申遗资金就有125亿元，陕西“丝绸之路”申遗所需资金高达数百亿元。

近年来，全国各地兴起的申遗热潮，究竟是出于保护之需，还是商业开发的冲动？国内知名旅游和文化学者裴钰表示，若将申遗资金用于文物保护，申遗也就没有必要，如今各地片面追逐“申遗”的商业利益和地方政绩，这已经背离了保护遗产、传承后代的初衷。

火速迁移

老百姓都想生活在自己的土地上，谁愿意到处漂泊？都盼着政府能够兑现“30个月后入住安置房”的承诺。

4月25日，汉长安城国家大遗址保护特区申遗区征地拆迁工作指挥部发出一纸公告，表示“因汉长安城一直‘申遗’工作需要”，未央区未央宫街道卢家口村、周河湾村等9个村庄土地范围内的坟墓，须于2013年4月27日至5月7日全部迁移，“逾期将按无主坟处理”。

“具体到涉及拆移的坟墓数量，现在各个村还在统计中。”4月27日，汉长安城遗址拆迁办公室一位负责人在接受《中国经营报》记者采访时表示，按照陕西省政府要求，“丝绸之路”申遗工作必须在6月底完成，7月底就要迎接世界文化遗产专家的现场验收，因此迁坟工作必须很快完成。

记者获悉，迁坟是汉长安城遗址申遗的收尾工作之一，周边9个村庄的其他拆迁工作基本上已经完成。

4月27日，西安最高气温已达到32℃，在未央区东叶寨村水泥路两边的空地上，依然留有大量没有清理干净的石块、瓦砾，在炎炎烈日之下，偶尔有一两辆载着建筑材料的货车驶过。这个已经拆迁完毕的村子显得寂静空旷，“胸怀申遗全局，支持拆迁工作”的横幅标语仍然随处可见。

和东叶寨一起全部拆迁的，还包括西叶寨村、卢家口村、周河湾村、天禄阁村、大刘寨村、西马寨村、东南马寨村和东张村9个行政村、1.5万人。

“截至目前9个村子3381家住户已经拆除3378户，861户企业已经拆除了851户，完成率为99.9%。”前述汉长安城遗址拆迁办公室负责人告诉记者，自2012年启动实质性的拆迁以来，涉及1.5万人的拆迁工作在一个多月的时间里已经基本完成，大约105万立方米的垃圾清运工作也将很快完成，剩下的就是迁坟、环境整治和文物保护展示等收尾工作。

2012年陕西省政府出台《西安汉长安城国家大遗址保护特区实施方案》，将汉长安城未央宫遗址定为“丝绸之路”申遗的起点。“如果不采取措施，汉长安城遗址将面临彻底消失。”陕西省文物局一位官员表示，由于离主城区很近，汉长安城遗址周边已经成为西安市最大的城中村，外来人口迅速增长，让这里聚集了大量出租户、小工厂和小作坊，生活垃圾乱堆乱放现象非常严重，未央宫遗址被人为破坏的现象非常严重。

在西安市北三环附近一块2400亩的地块上，由香港新恒基集团和西安海荣房地产集团联合开发的汉长安城申遗区安置楼项目已经开工，按照规划，未央宫遗址周边9个村、1.5万人将全部安置在这里。

“老百姓都想生活在自己的土地上，谁愿意到处漂泊？”大刘寨一位村民告诉记者，一家人现在都在租房住，全家都盼着政府能够兑现“30个月后入住安置房”的承诺。

兴教寺退出

联合国教科文组织正针对此事进行调查，关于兴教寺退出“丝绸之路”申遗一事仍在僵持当中。

此前陷入争议旋涡的兴教寺已经宣布退出“丝绸之路”申遗。

建于唐朝的兴教寺，位于西安城南约20公里，是唐代著名翻译家、旅行家玄奘法师埋骨之地，也是国务院确定的第一批全国重点寺院。

按照西安市政府的规划，为了配合“丝绸之路”申遗工作，需要拆迁兴教寺的部分新建建筑，这在社会上引起轩然大波。

4月12日，国家文化局新闻发言人表示，“丝绸之路”申遗的主体是兴教寺院落内的玄奘、窥基、圆测三塔，但由于现存的山门、钟鼓楼、大雄宝殿、藏经楼等历史建筑，在反映兴教寺的历史兴衰方面也具有重要见证价值，因此予以保留。而1990年以来新建的、对兴教寺文化遗产真实性和完整性造成负面影响的斋堂、僧舍等需要进行拆除、整治。

“塔、佛、法、僧四位一体，不可分离。”兴教寺宽树法师告诉记者，如果拆除斋堂、僧寮，僧人将失去基本生活保障，如果按照官方的决定，让僧人都住在山下，那就是与塔、佛分离，将是灵魂与身躯的分开。

宽树法师表示，兴教寺方面的最低要求是，以山门为中轴线，以100米宽为标尺向山下延伸，将这一范围内的狭长地带划给寺院用于建设，从而做到塔、佛、法、僧四位一体。

“说是违法建筑，我们不认同。”兴教寺雁翔法师告诉记者，从2002年开建，四方信众花了5年时间、投入300万元建成三藏院，中间没人干涉过，僧人也向文物部门提交了相关报告，但一直没有批复。

据记者了解，由于西安市政府与兴教寺方面无法形成统一意见，兴教寺方面已于4月11日提交了《关于退出申遗工作的报告》。“申报世界遗产工作是关乎全市人民的一件大事，但是本寺的现状与申遗的要求存在一定差距，我们也不愿拖了申遗的后腿。”宽树法师表示。

不过，西安市申遗办公室冯健认为，“丝绸之路”申遗是中国和哈萨克斯坦、吉尔吉斯斯坦联合申请的，而且联合国教科文组织已经正式接受申遗文本，兴教寺此时提出退出不合时宜。

记者获悉，联合国教科文组织正针对此事进行调查，关于兴教寺退出“丝绸之路”申遗一事仍在僵持当中。

账本：一个申遗点上百亿元

申遗意味着大量的资金投入。记者掌握的数据显示，仅是汉长安城未央宫申遗拆迁一项，目前已经兑付了超过10亿元的拆迁资金。

2008年，在联合国教科文组织世界遗产中心的协调下，中国与哈萨克斯坦、吉尔吉斯斯坦、乌兹别克斯坦、塔吉克斯坦、土库曼斯坦等中亚五国政府决定展开“丝绸之路跨国联合申遗行动计划”。

此后，由于丝绸之路项目过于庞大、沿线涉及国家众多，具体的保护理念、保护措施和技术等也存在分歧，最终联合国将“丝绸之路”申遗分为两部分，中国、哈萨克斯坦和吉尔吉斯斯坦承担其中的一部分，其他三国承担另外一部分。

到了2010年，西安市已经成立了丝绸之路申报世界文化遗产工作领导小组，当时，仅仅是陕西省，就规划了20个申遗点。不过，到2013年3月4日，国家文物局公布的“丝绸之路”世界文化遗产项目名单当中，中国境内的申遗点一共有22处。

“我们此前对各省的申遗点都进行了考察，发现有的申遗点在历史研究成果和保护管理方面尚有欠缺，所以一些申遗点取消了。”中国古迹遗址保护协会副主席、丝路申遗申报文本编制总负责人陈同滨介绍。

申遗意味着大量的资金投入。记者掌握的数据显示，仅是汉长安城未央宫申遗拆迁一项，目前已经兑付了超过10亿元的拆迁资金。

此前，汉长安城保护特区管委会官员公开表示，汉长安城未央宫遗址除了拆迁、平坟之外，还需要进行树木移植、汉代道路恢复、景区参观设施建设等，整个未央宫遗址申遗项目需要125亿元。

2012年，西安市未央区的财政收入仅有25亿元，125亿元如何筹集？记者获悉，未央宫遗址申遗启动资金12亿元，其中未央区自筹资金1亿元，西安市财政借款5亿元，银行贷款2亿元，引进社会资金4亿元。

后续资金如何解决？2013年3月22日，未央区政府和汉长安城遗址保护特区和西安银行、长安银行、浦发银行、海通证券等金融机构签订合约，获得122亿元的授信。

至于贷款如何偿还，据了解，西安市的思路还是土地财政。去年8月，西安市成立汉长安城国家大遗址保护特区领导小组办公室和管委会，同时被赋予市级开发区的管理权限，目前西安市已经在汉长安城遗址以北的火车站附近，划拨3500亩地作为特区管委会的平衡用地，按照每亩200万元的市场价格，这块地的价值为70亿元。

申遗的经济动力

申遗资金高达上百亿元，容易给地方带来经济压力，短期之内无法收回投入成本，也就意味着未来将加大对未央宫周边土地的开发。

陕西省为什么在长达10年的时间里一直在积极推动“丝绸之路”申遗？

“陕西的世界文化遗产只有1处，众多的文物古迹都没有入选，这与陕西作为历史文化大省的地位非常不符。”陕西省文物局一位官员表示，“丝绸之路”申遗将使陕西的世界文化遗产景点数量大幅增加。

截至2012年7月，中国共有43处文化遗址和自然景观列入《世界遗产名录》，陕西省只有秦始皇陵及兵马俑名列其中，而且是在1987年我国第一次申报世界文化遗产的时候入选的。

据记者了解，被列入《世界遗产名录》的地方，不仅能接受“世界遗产基金”提供的援助，还能引来有关单位组织的大批游客。

“申报世界遗产成功，可以极大地提升遗产所在地在世界上的影响和文化地位，同时也可以带来明显的经济社会效益。”西安市政府2010年发布的一份申遗通知文件称，丝绸之路申遗必将对西安市文化遗产保护和西安市经济社会又好又快发展产生积极而深远的影响。此前，中国不少的旅游景点都因为成功申遗带来良好的经济效益。以山西省的平遥古城为例，自从1997年12月成功入选世界文化遗产以来，平遥古城的游客量已从当年的5万人增长到2012年的417万人，门票收入由当年的125万元增长到2012年的1.5亿元，旅游综合收入也由当年的1200万元增长到2012年的80亿元。

丽江古城、莫高窟、布达拉宫、龙门石窟、青城山－都江堰等多个景点都是鲜活的例子。

正因为如此，我国各地都在加快申遗步伐。由于申报项目越来越多，去年4月28日召开的世界遗产委员会第26次会议决定，今后一个国家一次最多只能申报两处遗产（至少有一项自然遗产），没有世界遗产景点的国家享有优先申报权。2012年9月，据国家文物局公布的《中国世界文化遗产预备名单》，目前我国有多达45个项目正在排队申遗。

“《世界遗产公约》的首要准则是‘保护第一，合理利用’，申遗实际上是向全世界立下了保护遗产的‘军令状’。”裴钰表示，若将申遗资金用于文物保护，申遗也就没了必要，如今各地片面追逐“申遗”的商业利益和地方政绩，这已经背离了保护遗产、传承后代的初衷。

裴钰认为，比如汉长安城未央宫遗址，申遗资金高达上百亿元，容易给地方带来经济压力，短期之内无法收回投入成本，也就意味着未来将加大对未央宫周边土地的开发。

“不能简单评价大遗址保护的价值，我们现在可能还不能完全利用和开发好大遗址。”近期，国家文化部副部长、国家文物局局长励小捷在调研汉长安城遗址时也指出，在大遗址的保护和利用中，不赞成旅游开发方面投入过大，同时应该避免因为人口搬迁覆盖面过大而让遗址周边成为所谓的“空城”、“鬼城”。

2013年5月6日　中国经营报

腾讯网、凤凰网、中国广播网、中国经济网等转载报道

搭建建设性共识的平台

从微博上爆出“悟空救师傅”以来，媒体和公众高度关注兴教寺整治事件。“拆迁”、“申遗”、“商业开发”、“曲江模式”这些被加工过的词汇，在展开其内容之前散发出某种负面气味，触动了在人们意识深处留下的情绪，舆论风向几乎是一边倒的反对之声。

经过一段时间各级文物部门的澄清和大众媒体的梳理，大约公众已经得知以下信息：“师傅”本无恙，所谓“拆迁”，计划拆除的是上世纪九十年代的违法建筑；从文物部门公布的整治计划图上可直观：拆除体量仅占整个兴教寺的一小部分，而并非此前爆出的“三分之二”。

然而关于此事的争议并未完全平息，网络上谴责声依然此起彼伏。笔者认为，从以下三个角度出发来梳理，很多谴责声都大有可商榷之处。

一、最首要的是不偏离事实和逻辑

一事当前，先问真假，再断是非。暂时搁置价值取向的异同，通过不断地回顾事实，厘清逻辑，不少观点本身已站立不稳：比如“保住一座有僧人的兴教寺”，首先从目前各方给出的信息，无法看出整治后将完全排除原僧团对兴教寺的使用；其次峨眉山、青城山等富含宗教因素的世界文化遗产地，各个宗教活动场所现依然香火鼎盛，信众络绎不绝，如何能推测出申遗必定会驱僧离寺的悲观结论呢？兴教寺依然还是“一座有僧人的兴教寺”，那谈何“保住”呢？

有观点从僧团生活需求可能无法完全保障角度，来反对拆除违法建筑。笔者认为从常识角度仔细推敲，所谓“生活需求”的合理性、合法性也值得怀疑。经询西安市宗教局，兴教寺目前驻寺合法登记的佛教教职人员仅为 29 人。29 人的生活需求是否真的已经超出兴教寺原有几千平方米建筑的容纳能力？

“坚决抵制一切以宗教场所为敛财工具的短视行径”、“以破坏遗产方式申遗，实属讽刺”，这类诉诸意志的观点，很煽情，心中的天然正义感让人不由地涌起响应号召的冲动。但细推敲，其逻辑前提是已经断定：申遗整治即等同于以宗教场所为敛财工具的短视行为，兴教寺整治即是破坏遗产。这类判断实际上是一种未经证明的，并非“显然如此”的可能性猜想。建立在猜想基础上的批判，其逻辑的跳跃是可疑的，使争论偏离了事实本身，确切地说是停留在“莫须有”的心理层面上了。

二、最重要的是坚守法律底线

排除了事实和逻辑的陷阱，争议依然反映着保护文化遗产、主张宗教需求、反对商业化经营等多种良好价值取向的紧张关系。那用什么样的是非标准去考量这些价值体系在兴教寺“申遗”整治这一具体情境下的排序？笔者认为最重要的是法律底线。

1982 年颁布及 2002 年修订的《文物保护法》均明确规定文物保护单位保护范围内不得进行其他工程建设。基于全国重点文物保护单位具有的重大价值，为了谨慎起见，特殊情况需要在其范围内建设，必须经国家最高文物行政部门批准。《宗教管理条例》也规定，在宗教活动场所内改建或者新建建筑物，应当征得所在地的县级以上地方人民政府宗教事务部门同意。

此次“申遗”要整治的对象正是未经任何文物部门或宗教事务部门批准同意的违法建筑。况且，此前西安市文物部门停止违建行为的诉讼主张，已经获得法院判决支持。保护文物，整治违法建筑，是维护法律尊严的应有之义！

三、最需要的是克制、谨慎的态度

在事实、逻辑能辨别的真假和法律底线可排除的是非之外，依然存在广阔的探讨空间：兴教寺事件妥善解决的可行路径在哪里？如何营造文化遗产保护与使用的良好体制？如何借鉴其他地区和国家的成功经验？

兴教寺事件本可以成为通过充分、公开辩论，逐步达成建设性共识的平台。但遗憾的是，看到的大多是：“没有文化内涵的申遗还有什么用呢”、“佛教尊严能谈判吗”、“坚拒异化‘圣物’为‘文物’”等这样带着“你死我活”架势、缺乏克制、情绪充沛的标签战，一些名人也被发动简单加入。标签战的后果很可能是理性离场、公权力转入幕后粗放处理。我们能否尽量以克制、谨慎的态度展开公开辩论和探讨，让文化遗产保护议题走得更深入一点？毕竟，兴教寺事件里面，除判断题和是非选择题外，更有一道道需要解答的问答题！

2013年5月11日　光明日报　作者：苋如旧

凤凰网转载

西安特区模式圆梦汉长安城大遗址保护

长乐宫四号建筑遗址 摄影：李明

五月初夏，芳草未歇。走进汉长安城未央宫遗址区域，映入眼帘的是热火朝天的文物保护各项施工现场，过去压在遗址本体上的所有建筑物都被拆除，文物基址得到复原展示，各项绿化工作都在有序推进，栽植的树木在微风中摇曳多姿，尽展风采，绿意浓浓，构成了一幅完美的林荫画卷。

具有核心地位的重大历史文化遗产

秦末楚汉相争，刘邦终得天下，定都关中。然咸阳宫室几被项羽焚毁殆尽，高祖皇帝只能筚路蓝缕，勉强居于尚称完好的长乐宫中。高祖七年（公元前200年），丞相萧何在长乐宫以西、秦章台的基础上营建新宫，两年乃成。《诗经》云：“夜如何其？夜未央。”故取“未央”二字为宫名。

作为汉长安城中最重要的宫殿，未央宫既是汉高祖之后西汉帝国200余年间的政令、权力中心，也是汉帝国统治者下达“汉通西域”政令的决策地和指挥中心，更是丝绸之路最早的东方起点国积极寻求与西方国家对话、交流并促成丝绸之路开辟的重要见证。

根据考古专家测试，未央宫的面积是北京紫禁城的6倍之大。亭台楼榭，山水仓池，它的壮观无与伦比。作为汉长安城的最高点，未央宫前殿呼应着汉皇帝“君临天下”的威仪。如今残存的夯土台基最高处仍高达15米，南北长约350米，东西宽约200米。

除了前殿，未央宫内有还有宣室殿、承明殿、椒房殿、石渠阁、天禄阁和沧池等40余座建筑。值得一提的是，天禄阁主要存放国家的文史档案和重要的图书典籍，著名的学者刘向、扬雄等都在这里做过“校书”工作。汉武帝时著名史学家司马迁就是在这里查阅资料编写出我国第一部纪传体通史《史记》。石渠阁则是汉中央的档案馆，建阁的目的在于珍藏刘邦进入咸阳后搜集秦的律令和图书典籍。石渠阁在未央宫前殿之北，足见这批秦秘籍对汉皇帝决策的参考价值是相当重要的。

汉长安城遗址是中华历史上第一个全盛王朝的都城遗址，是当时世界上规模最大的都市和国际经济文化交流的中心。它见证了十个王朝的兴衰更替，造就了绵延千年的大汉文化，孕育了生生不息的华夏文明。汉长安城遗址也是我国迄今规模最大、保存最为完整、遗迹最为丰富、文化含量最高的都城遗址，是中华民族具有核心地位的重大历史文化遗产。

早在 1961 年，汉长安城遗址就被国务院公布为第一批全国重点文物保护单位，此后一直秉承“原状保护”原则，遗址内禁止建高楼、办工厂、不许修建市政道路。1994 年，汉长安城遗址被列入世界文化遗产预备名录。

设立“特区”保护汉长安城遗址

去年 8 月 16 日，就在未央宫前殿遗址，西安汉长安城国家大遗址保护特区建设领导小组办公室及管委会正式挂牌成立，标志着汉长安城大遗址保护工作迈入了实质性推进阶段。

汉长安城遗址保护规划面积达 75.02 平方公里，其中仅城址区 37.47 平方公里，涉及 65 个村，人口约 10 万人。长期以来，由于遗址保护的需要，汉长安城遗址区内市政基础设施、群众生产生活条件发展受到严重制约，区域经济发展远远滞后于西安市总体水平。

如何在完整、有效、科学保护的基础上，以更高的水平、更好的形式，展示和利用汉长安城遗址这一珍贵的历史文化遗产，实现文物保护、生态建设、城市发展、民生改善等多方协调发展，一直是国家、省市各级政府和文物部门共同探索的难题。

正是基于这样一种认识，汉长安城大遗址保护特区应运而生。其主要目的就是整合和统筹各方力量，在国家文物局、陕西省和西安市的共同参与、共同支持和共同推动下，按照“保护为主、抢救第一、合理利用、加强管理”的文物工作方针和《汉长安城遗址保护规划》有关要求，以文化遗产保护为中心，通过改善遗址区内文化景观和生态景观，带动周边区域综合价值的提高，从而实现大遗址保护区与周边区域社会的全面协调发展，使该区域成为文化深厚、生态优美、生活舒适、极具文化活力的城市综合区域，实现统筹城乡、改善民生、文化遗产保护与城乡建设相融合的建设目标。

2012 年 8 月经西安市成立了西安市汉长安城国家大遗址保护特区建设领导小组及办公室，全面负责特区建设的组织领导工作，成立西安市汉长安城国家大遗址保护特区管委会具体负责建设工作。汉长安城特区建设作为全省重大民生工程被写入 2012 年省政府工作报告，西安市委、市政府将汉长安城特区建设作为西安当前必须抓好的五件大事之一全力推进，并将总面积 8.58 平方公里的汉长安城未央宫遗址申报丝绸之路世界文化遗产作为启动项目，启动了汉长安城大遗址建设工作。

中省共建“彰显华夏文明历史文化基地”

对汉长安城遗址区进行整体保护，是国家重大文化工程，是中省共建“彰显华夏文明历史文化基地”的重要内容。

按照《西安汉长安城国家大遗址保护特区实施方案》，特区建设按照“保护为主、抢救第一、合理利用、加强管理”、“统筹城乡、改善民生”、“文化遗产保护与城乡建设相融合”和“统一规划、统一领导、分步实施”等“四大原则”进行，分三个阶段实施。第一阶段到今年12月，启动、完成汉长安城未央宫遗址申报丝绸之路世界文化遗产工作。第二阶段为2014年1月到2015年12月，完成汉长安城遗址考古普探成果的规划调整和主要文物本体的保护和展示。全面启动特区建设范围内的基础设施。完成先期启动区域内村民安置工作。第三阶段为2016年1月到2020年12月，完成汉长安城考古遗址公园建设。启动特区整体保护和建设项目并取得阶段性成果，使其成为体制机制完善、管理科学高效、人民安居乐业、生态环境良好、历史文化特色突出的城市新区，成为彰显华夏文明历史文化的重要基地，为建设西安富有历史文化特色的国际化大都市提供文化支撑。

目前，第一阶段未央宫遗址保护工作，正按照世界文化遗产的高标准开展，短短三个月，西马寨、天禄阁、周河湾、卢家口、东南马寨、大刘寨、东张、东叶寨、西叶寨等9个村就完成了搬迁，搬迁群众3380户、1.5万人，搬迁之快、群众情绪之平稳，创造了成功的汉长安城遗址搬迁模式。

“汉长安城作为全国首个大遗址保护特区，陕西省和西安市在大遗址保护利用体制机制方面做了有益探索，工作卓有成效。”在今年4月2日召开的国家文物局、省政府合作共建汉长安城国家大遗址保护特区第二次工作会议上，文化部副部长、国家文物局局长励小捷如是评价。在省委常委、市委书记魏民洲看来，汉长安城遗址保护利用是一项前无古人的事业，面对这份光荣的历史使命，我市将坚持政府主导的方针，采用全新的管理模式和运营机制，高起点推进大遗址保护工作，将“特区”建设成为人民安居乐业、生态环境良好、历史文化特色突出的城市新区。

2013年6月8日　西安日报

陕西传媒网、西部网、网易、21CN等网媒转载报道

丝路申遗面临“国际大考” 兴教寺保护待专家评估

陕西省政府3日披露称，2006年启动的丝绸之路跨国联合申报世界文化遗产项目中，中国境内的22处申遗点将于今年10月接受联合国教科文组织世界遗产专家的现场评估。安葬着玄奘三师徒灵骨的兴教寺塔继续在列。陕西省丝绸之路申遗工作领导小组办公室主任周魁英表示，这是目前世界上最大的国际文化遗产项目。

截至2013年，经联合国教科文组织审核批准列入《世界遗产名录》的中国的世界遗产共有45项（包括自然遗产10项，文化遗产31项和双重遗产4项），在数量上居世界第二位，仅次于意大利。

丝绸之路横跨亚欧非数十国，是不同文明和民族交流融合的文化之路，也是沟通亚洲、欧洲、非洲之间政治、经济和文化的大动脉。2012年联合国教科文组织最终确定中国、哈萨克斯坦、吉尔吉斯斯坦三国政府联合申报丝绸之路世界文化遗产，其项目名称为“丝绸之路起始段和天山廊道的路网”，共包括三个国家的遗产点33处。

按照世界遗产申报规则，今年10月，联合国教科文组织将派遣两位专家赴中国进行现场考察，并提出评估意见，提交2014年世界遗产大会审议。

周魁英告诉中新社记者，“丝路申遗”的特点有两方面，依其长度及分布范围来看，属于线性文化遗产；三个国家联合申报，呈现出跨国性。“丝路申遗”中国段共包括陕西、河南、甘肃、新疆四省区的22处遗产点，其中陕西省有汉长安城未央宫遗址、唐长安城大明宫遗址、大雁塔、小雁塔、兴教寺塔、张骞墓、彬县大佛寺石窟等7处文物点被列入。兴教寺塔作为佛教传播史上著名人物唐代高僧玄奘及弟子的舍利墓塔，见证玄奘法师经丝绸之路西行取经的历史，反映了唯识宗对东亚佛教发展的影响。

2013年3月，兴教寺一度面临大规模拆迁，寺院方面认为，如果按照申遗方案进行，目前兴教寺三分之二的建筑将要被拆除，主要涉及到的是上世纪七八十年代修建的僧寮、斋堂、方丈楼等。因不同意申遗规划中的拆迁要求，兴教寺申请退出申遗项目的名单。

此事迅速成为舆论热点，质疑之声不断。随后官方回应称，遗产的真实性、完真性、科学有效的管理以及利益相关者的支持等是世界遗产申报的基本要求，兴教寺的申遗工作将在充分尊重寺院意愿的情况下进行。

兴教寺住持宽池法师3日接受中新社记者采访时称，目前，该寺僧侣的起居及宗教活动均处于正常状态，当初被纳入拆迁范围的建筑也均保持原状。对于“丝路申遗”及联合国教科文组织世界遗产专家10月的实地考察，他表示欢迎。

2013年9月3日　中国新闻网　记者：冽玮　张一辰

光明网、腾讯网、中国经济网等转载报道

解密丝路申遗陕西点 汉帝国唐王朝成世界推手

编者按：陕西是中华民族和中华文明的发祥地之一，历史上先后有周、秦、汉、唐等14个王朝在此建都，地下埋藏有丰富的历史文化遗产。

据第三次全国文物普查资料显示，陕西省共登记不可移动文物49058处，其中，秦始皇陵和兵马俑坑、长城遗址已列入《世界文化遗产名录》；丝绸之路7处文物点正在申报世界文化遗产；西安城墙、党家村古建筑群、统万城遗址被列入我国申报世界文化遗产预备名单；19处价值突出的大遗址列入国家“十二五”大遗址项目；235处不可移动文物被国务院公布为全国重点文物保护单位。

自汉武帝派遣张骞出使西域，开通丝绸之路后，经过2000多年的发展，丝绸之路已从最初的连接亚洲、非洲和欧洲的古代路上商业贸易路线，演变为一条东西方文明之间进行经济、政治、文化交流的主要道路。

在这条文化线路上，遗留下了大量璀璨夺目的珍贵文化遗产。陕西省被列入丝绸之路申遗报送名单的七处遗产点，就是丝绸之路从开通、发展到繁荣、鼎盛时期的文化遗产的重要载体和典型代表，见证了东西方之间的商贸往来、文化交融、科技交流，在全人类文明史上具有重大文化价值。

记者了解到，丝绸之路的遗产点众多，那么，陕西的七处遗产点又是如何在跨国申遗中脱颖而出的呢？在全人类文明发展史上具有怎样的突出价值？本文将一一解密。

汉长安城未央宫遗址

汉长安城未央宫遗址是中国统一帝国时期早期西汉帝国的都城宫殿遗址（公元前2世纪—公元1世纪），位于亚洲东部关中盆地、汉长安城遗址西南区，是丝绸之路最早的东方起点，揭示了丝路发展初期西汉帝国的都城城市文化特征和文明发展水平，见证了西汉帝国对丝路开创所发挥的决定性作用。

汉长安城未央宫遗址以其留存至今的4.8平方公里的宏大的规模、方形的宫垣、居中的主殿、大型的高台建筑及其周边各类遗址，揭示了中华统一帝国早期曾借助营建大型城市形象、彰显帝国权势的城市文化特色，展现了位于丝绸之路东端的亚洲东方文明发展水平。

作为汉帝国权力中心，汉长安城未央宫是汉通西域的决策和指挥中心，见证了汉帝国积极寻求对话与交流、促成了丝绸之路开辟的重要历史功绩，见证了汉长安城在丝绸之路发展历程中，兼具时间及空间上的双重起点价值。

汉长安城未央宫遗址以沿用200余年的东方大帝国权力中心之地位，揭示了“丝绸之路”这一人类长距离交通和交流的文化线路之缘起，是丝路文化交流的重要保障。

唐长安城大明宫遗址

唐长安城大明宫遗址是7–10世纪丝绸之路东方起点都城的宫城遗址，位于亚洲东部关中盆地、唐长安城遗址北部，是丝绸之路鼎盛时期东方起点城市唐长安城的代表性遗存，见证了东方农耕文明发展鼎盛时期帝国的文明水平及其礼制文化特征。

它以中轴对称的宫殿整体格局、规模宏大的宫殿建筑群遗存展现出明确礼制特征，见证了中国唐代农耕文明鼎盛时期的发展水平以及唐王朝开放、包容的文化特征。

作为丝绸之路鼎盛时期起点都城唐长安城的代表性遗存，唐长安城大明宫遗址前朝、中朝、内朝、寝区、后苑区南北依次排布，主要宫殿建筑中轴对称的整体规模格局，以及含元殿、丹凤门等规模宏大的宫殿建筑遗存，展现出明确的礼制特征，见证了中国古代农耕文明鼎盛时期唐代（公元 7-10 世纪）社会经济和文化的高度繁荣。麟德殿作为唐帝国宴请国外使节的重要宫殿建筑，见证了丝绸之路东端文明独有的文化吸引力，是唐王朝开放、包容的文化特征的重要标志。

唐长安城大明宫是唐代帝王长住的主要宫殿，是唐王朝最主要的权力中心。据《旧唐书》、《新唐书》等文献记载，唐王朝一系列经营西域的重大举措，如在西域广大地区设置州县、都护府、都督府、“安西四镇”等军镇、羁縻府州等军政建置，均以大明宫为决策指挥机构。唐长安城大明宫遗址见证了位于丝绸之路东端的唐王朝为丝绸之路的畅通和繁荣做出的不懈努力，见证了强大的帝国经济、政治、军事和文化实力对丝绸之路鼎盛的重要推动。

大雁塔

大雁塔作为现存最早、规模最大的唐代四方楼阁式砖塔，是佛塔这一印度佛教的建筑形式随着佛教传播而东传入中原地区并中国化的典型物证。

其所在的大慈恩寺由唐代皇室敕令修建，是唐长安城内最著名、最宏丽的佛寺，由玄奘法师主持，是唐代长安三大译经场之一，在佛教传播史上具有重要地位。大雁塔为寺内重要建筑，也是丝绸之路起点城市之一——唐长安城的名胜之地、标志性建筑。

大雁塔是 7—8 世纪为保存玄奘法师由天竺经丝绸之路带回长安的经卷佛像而建。玄奘（602—664 年），初唐高僧，于 627—645 年沿丝绸之路西行至印度半岛取经求法，历时十八载，行程遍及五天竺。归国后带回并翻译了大量佛经，由玄奘口授、弟子辩机笔录的《大唐西域记》是玄奘亲见亲闻的旅行记录，是中国与中亚、印度交往的珍贵记录。其所存石碑“大唐三藏圣教序”和“大唐三藏圣教序记”进一步佐证了大雁塔与丝绸之路佛教传播的历史。

此外，大雁塔的修建，也是塔这种印度佛教的建筑形式随着佛教传播而东传至中国的结果。大雁塔最初仿西域窣堵波形制，砖面土心，不可攀登，每层皆存舍利，由玄奘法师亲自主持修建。而后经历代改建、修缮，逐渐由原西域窣堵波形制逐渐演变成具有中原建筑特点的砖仿木结构，成为可登临的楼阁式塔。这一过程生动地体现了佛教建筑艺术传入中国并逐渐的中国化。

小雁塔

小雁塔所在的荐福寺是唐代长安三大译经场之一，佐证了佛教自印度东传的历史，也见证了佛教在唐代长安的流行。小雁塔始建于8世纪初并完好保存至今，其为唐代同类密檐砖塔保存至今最早的一例，是佛塔这一佛教建筑传入中原地区初期的珍贵例证。

小雁塔与丝绸之路佛教传播史上的重大事件——唐代高僧义净沿海路西行求法直接关联。义净（635–713年），唐代高僧，中国佛教四大译经家之一。于670—695年自广州出海，沿海路西行至印度半岛求取佛法。归来后曾在长安荐福寺翻译佛经，并圆寂于此。小雁塔即为保存义净带回的佛教经像而建。小雁塔所在的荐福寺，是唐代长安三大译经场之一，佐证了佛教在唐代长安的盛行。

兴教寺塔

兴教寺塔是佛教传播史上最著名的人物、唐代高僧玄奘法师及其弟子窥基、新罗弟子圆测的舍利墓塔，展现了佛教沿丝绸之路传至长安后的发展及其对朝鲜半岛的影响。其所在的兴教寺为佛教唯识宗重镇，兴教寺三塔即为唯识宗的三位祖师墓塔，在佛教传播史和中印文化交流史上具有重要地位。

兴教寺三塔中的玄奘墓塔、窥基墓塔作为仅存的唐代四方楼阁式墓塔，是窣堵波这一印度佛教墓葬建筑形式随着佛教传播而东传入中原地区并中国化的典型物证；玄奘弟子之一的圆测史载为朝鲜半岛新罗国王孙、唯识宗高僧，其墓塔及碑文揭示了佛教在中原地区的发展及对朝鲜半岛的影响。玄奘墓塔与丝绸之路佛教交流史上的重要人物——玄奘直接关联。

窥基墓塔中所葬的高僧窥基（632—682年），为玄奘法师嫡传弟子，精通教义，为玄奘译经的得力助手，并为玄奘所译经文大量作注解。其墓塔是佛教沿丝绸之路传播至长安的重要物证。圆测墓塔中所葬唐代高僧圆测（613—696年）的遗骨，是宋代自终南山分移而来。据载圆测为新罗王孙，其佛教思想在朝鲜半岛影响深远，其墓塔见证了佛教沿丝绸之路传至长安后对朝鲜半岛的影响。墓塔上所嵌唐、宋碑铭，不仅证实了墓主身份与建塔年代，而且为了解三位高僧生平及当时佛教传播情况提供了珍贵资料。

玄奘法师以其坚韧的精神、对佛教传播的巨大贡献和《大唐西域记》中对中亚、印度历史地理的珍贵记载，并创立佛教唯识宗，成为丝绸之路交流史上的著名人物。兴教寺塔作为玄奘法师及其弟子的墓塔，与他沿丝绸之路西行至印度求取佛经的这一佛教传播史和东西交通史上的重大历史事件密切关联，也佐证了玄奘师徒共同翻译阐释佛经、在东亚地区发展弘扬佛教的历史。

彬县大佛寺石窟

彬县大佛寺石窟建于7—10世纪，是中原文化鼎盛时期唐代都城长安附近的重要佛教石窟寺。其唐代泥塑大佛为长安及周边地区规模最大，体现了石刻大佛艺术自西域东传及在关中地区的流行。

彬县大佛寺石窟位于陕西省咸阳市彬县城西10公里的大佛寺村清凉山下，是中国现存初唐时期和盛唐时期规模最大、最为精美的石窟群之一。大佛寺建于唐贞观二年（628年），距今已有1384年的历史。彬县大佛寺石窟依山凿窟，雕石成像，岩体为砂岩，共有130多个石窟，错落有致地分布于约400米长的崖面上。共有佛龛446处、造像1980余尊，分为大佛窟、千佛洞、罗汉洞、丈八佛窟和修行窟五部分。另有经幢2件、碑刻8通、题记178则。

彬县大佛寺石窟是盛唐时期唐代都城长安及周边地区中国式石窟艺术的重要遗存。特别是其唐代大佛塑像为长安及周边地区规模最大，大佛形像以阿弥陀佛取代释迦摩尼，展现了佛教在东传至中原过程中的中国化。

张骞墓

张骞墓是公元前2世纪汉帝国杰出的外交家、探险家、丝绸之路开辟者张骞的墓葬，与丝绸之路开辟这一东西文化交流的重大世界性历史事件密切关联。

张骞墓位于汉中市城固县博望镇饶家营村，是中国西汉时期杰出的外交家、丝绸之路的开拓者张骞的墓葬。公元前114年张骞病逝于长安，归葬故里。该墓自汉以来，历代文献均有著录，沿革明确。1938年，西北联大对张骞墓墓道进行了初步发掘，出土刻有汉隶“博望造铭”封泥及灰陶片、瓦罐、汉五铢钱等文物，从考古学上证明了该墓的真实性。

张骞墓是公元前2世纪丝绸之路开辟者、汉代杰出外交家张骞的墓葬，与丝绸之路开辟这一东西文化交流的重大世界性历史事件密切关联。其以具有汉代特征的封土墓葬形制、“博望造铭”封泥、石首等出土物，与张骞这一伟大历史人物所处的时代特征相印证。迟至当今社会，张骞这一伟大历史人物以其坚韧不拔的开拓精神，仍受到后人的追思和纪念。

2013年9月4日　人民网　记者：王姿予

腾讯网、新浪网、新华网、网易网等网媒转载报道

丝路申遗陕西7处遗产点10月接受专家大考

唐长安城大明宫遗址西安新闻网－西安晚报讯 记者昨日从省政府新闻办召开的新闻发布会上获悉，包括未央宫前殿遗址在内的我省7处丝绸之路遗产点的保护工程基本完成，10月份世界遗产专家将对它们进行考察评估，并在明年上半年召开的世界遗产大会上进行投票表决。

7处遗产点保护整治已完成

经过多年的协调和准备，2012年中国和哈萨克斯坦、吉尔吉斯斯坦三国政府联合申报了全称为“丝绸之路起始段和天山廊道的路网”的世界文化遗产项目。这个目前世界上最大的国际文化遗产项目，于今年初被联合国教科文组织世界遗产中心正式受理。

该项目包括三国33处遗产点，中国段涉及4省共22处，陕西有7处。这7处分别是：汉长安城未央宫遗址、唐长安城大明宫遗址、大雁塔、小雁塔、兴教寺塔、张骞墓、彬县大佛寺石窟。

我省各遗产点保护展示和环境整治项目已完成了汉长安城未央宫前殿遗址保护工程、南城墙西段城墙遗址保护工程、东宫墙、北宫墙保护展示工程，唐长安城大明宫丹凤门遗址本体保护工程、张骞墓本体及附属文物保护、大佛寺石窟明镜台台面加固维修工程。完成后的各遗址真实性、完整性得到充分体现和保护，各遗产点专题陈列布展业已完成。

各遗产点初步建立了遗产区环境、气象、地质、水文、旅游接待等专项监测体系，制定了监测标准，确定了监测内容，完善了监测数据，监测管理水平明显提升，文物本体、安防技防、周边环境等监测及记录工作业已完成，正在进行进一步深化。

西安建二环曾避开汉长安城

据了解，我省各城市建设中，一直“绕”遗址区而行。其中，为了保护汉长安城遗址完整性，新中国成立60多年来汉长安城遗址范围未规划安排大型建设工程和城市建设工程。尤其在上世纪90年代，规划建设的西安二环路北段原设计横穿汉长安城遗址，省、市政府果断决策，调整方案避开汉长安城遗址区。

为了展示汉长安城未央宫遗址的真实性、完整性，西安市政府搬迁了占压遗址，影响遗址保护利用的9个村子一万多人，再现了历史上未央宫遗址的宏伟布局。为了保护唐大明宫遗址，西安市政府征用唐大明宫遗址区3.5平方公里土地，拆迁遗址区350万平方米建筑物，重新安置10多万群众。这些举措极大地改善了当地群众的居住和生活条件，提升了西安北郊的城市品位。

为保护张骞墓，城固县政府对97户居民重新安置，改善了张骞墓的保护环境。彬县政府不仅对大佛寺石窟广场进行了改造，实施了绿化美化，并将影响大佛寺石窟保护的312国道改线，保障了遗产的安全。

“借用”吉尔吉斯斯坦名额申遗

按照世界遗产申报规则，今年10月份，联合国教科文组织世界遗产专家将来我省进行现场考察，并提出专家评估意见，提交2014年5、6月份召开的世界遗产大会审议，接受表决。

真实性和完整性是专家评估的重点。省文物局副巡视员、新闻发言人周魁英介绍说，世界文化遗产申报的流程分为列入预备名单、提交申请文本、专家现场评估、提交评估报告，最后在每年一届的国际古迹遗址理事会上对遗产点进行投票表决。

根据申报规则，每个国家每年只有一个国际遗产申报的名额。明年召开的世界遗产大会上，我国将申报大运河项目，吉尔吉斯斯坦申报丝绸之路项目。据悉，这并不影响遗产的归属问题，只是“借用”名额。

我省去年同时被列入《世界文化遗产名录》预备名单的遗产点还包括陕西党家村古建筑群、统万城、明清城墙。这些项目暂未确定申遗时间表，需我国政府与联合国教科文组织沟通后确定。

相关链接

7处遗产点均是丝绸之路重要“物证”

自汉武帝派遣张骞出使西域，开通丝绸之路，2000多年的发展，丝绸之路从最初的连接亚洲、非洲和欧洲的古代路上商业贸易路线，演变为一条东西方文明之间进行经济、政治、文化交流的主要道路。记者获悉，我省7处丝绸之路遗产点，是丝绸之路开通、繁荣、鼎盛时期典型代表。

■汉长安城未央宫遗址西汉帝国的都城宫殿遗址，是丝绸之路最早的东方起点，见证了西汉帝国对丝路开创所发挥的决定性作用。

■唐长安城大明宫遗址7~10世纪丝绸之路东方起点都城的宫城遗址，见证了东方农耕文明发展鼎盛时期帝国的文明水平及其礼制文化特征，见证了唐帝国对丝绸之路鼎盛的重要推动。

■大雁塔8世纪为保存玄奘法师由天竺经丝绸之路带回长安的经卷佛像而建。它是佛塔这一印度佛教的建筑形式随着佛教传播而东传入中原地区并中国化的典型物证。

■小雁塔始建于8世纪初并完好保存至今，其密檐砖塔的建筑形式是佛塔这一佛教建筑传入中原地区早期的珍贵例证。它所在的荐福寺是唐代长安三大译经场之一，见证了佛教在唐代长安的流行。

■兴教寺塔佛教传播史上最著名的人物、唐代高僧玄奘法师及其弟子窥基、新罗弟子圆测的舍利墓塔，展现了佛教沿丝绸之路传至长安后的发展及其对朝鲜半岛的影响。

■彬县大佛寺石窟建于7～10世纪，是中原文化鼎盛时期唐代都城长安附近的重要佛教石窟寺，体现了石刻大佛艺术自西域东传及在关中地区的流行。

■张骞墓公元前2世纪汉帝国杰出的外交家、探险家、丝绸之路开辟者张骞的墓葬，与丝绸之路开辟这一东西文化交流的重大世界性历史事件密切关联。

2013年9月4日　西安晚报　记者：陈黎　实习生：苏丹

新浪网、新华网、腾讯网、中新网等网媒转载报道

东长安西罗马丝路两端的伟大城市

当张骞带着驼队出使西域时，驼铃叮当、前路迷蒙，他一定不曾想过，由他开辟的丝绸之路，会连接起来两个当时世界上最伟大的城市。在本期的“天下古长安”，我们就听于赓哲老师来说一说，长安与罗马这两个文明古都交往互通的故事。

东西方文化的摇篮

“对于西方人来说，罗马始终是一个震撼人心的名字，它既指一座名城、一个帝国，也代表着一个文明、一个时代，而且是他们心中可作典范的、伟大而光辉的文明和时代；而对于东方人来说，周秦汉唐的影响则超过了人类历史中的任何一个时代，至今人们提起盛唐气象，还充满了憧憬和向往之情。”于赓哲老师这样说道。

“众所周知，罗马、雅典、开罗、西安是世界著名的四大文明古都，西安和罗马一东一西，代表了东西方文化的最高成就。它们都曾有过无比辉煌的过去和无比灿烂的文化，并保存着无数历史文化遗产。”于赓哲老师对记者介绍道。

西安的建城史已有3100多年，周、秦、汉、唐等十三个王朝曾在此建都，历时2000多年，中国历史中最强盛的时代几乎都在这里度过，华夏文明最辉煌的一页在这里书写，在十一个世纪里充当世界文明中心的角色，还是世界上当时屈指可数的人口超过百万的城市，长安之盛，难以尽表！

而遍数世界名城，能与西安相匹敌的似乎也只有罗马，罗马出现于公元前700多年，有2700余年历史。它原是罗马帝国首都，又成为意大利王国统一后的王国首都，更是古代最大的教会，这里经济之繁荣，交通之发达，文化之昌盛，也是世界少有。

丝绸 柔软的黄金

“早在两千多年前，当我们的祖先第一次接触到有关罗马的信息时，就已凭古人素朴的直觉肯定它有点像我们的神州，并给它取了一个中国化的名字——‘大秦’，因‘其人民皆长大平正，有类中国，故谓之大秦’，也有说法认为汉人所说的大秦指的是叙利亚或者埃及，这些地方当时也在罗马帝国控制范围内。而罗马的史书上也称中国人‘举止温厚’。”于老师说道，“有类中国”与“举止温厚”的赞词确实蕴含着中西两大文明互为呼应的、意味深长的历史感受。

他告诉记者，真正将西安和罗马连在一起的，就是我们上期讲述的古丝绸之路。丝绸之路东起长安，跨经宁夏、甘肃、青海、新疆等省域进入古印度、阿拉伯、波斯，通地中海到罗马，全程7000余里。史籍记载，后汉班超于公元97年派遣甘英出使大秦（罗马），甘英虽然没能与罗马进行直接接触，但也促使了通商逐步走向繁荣。公元166年，大秦王安敦的使者来到后汉拜访，当时的国度已在洛阳。

“虽然中国与罗马官方的交往记录从东汉才开始，但是西汉年间，中国的丝绸就已通过丝绸之路，经在罗马帝国流行起来。”于赓哲老师对记者讲述道，据史料记载，恺撒大帝和被称为埃及艳后的克里奥帕特拉都喜欢穿中国的丝绸。有一次，恺撒大帝穿着一件丝绸制成的礼袍出现在剧院，光彩照人，引起全场的惊羡。最初丝绸的价格很贵，每磅要黄金 12 两。后来销售日增，以至平民百姓也纷纷穿起丝绸。

通过丝绸之路，使者们携带大批丝绸物品出境，又从远方带回各种珍奇物品，形成了中西经济文化交流的高潮。有学者认为，一些著名的古希腊雕像身上透明柔软的服饰，也是中国丝绸制成的。著名地理博物学家普林尼曾抱怨说，每年罗马有无数的银币在与印度、中国和阿拉伯半岛的丝绸与珠宝生意中丧失。

（栏目顾问：陕西师范大学历史文化学院教授于赓哲）

2013 年 10 月 14 日　西安日报　记者：张杨

凤凰网、新浪网转载

汉唐西安与丝绸之路

丝绸之路，是指中国古代经中亚通往南亚、西亚以及欧洲、北非的陆上贸易通道，因大量中国丝绸经此道西运，故称“丝绸之路”。这条大动脉贯通了当时人类文明发展的中心——亚、欧、非3个大陆，导致黄河流域的中华古文明、印度河流域的印度古文明、两河流域的希腊古文明、尼罗河流域的埃及古文明以及欧洲大陆的罗马古文明交流融合，也促进了佛教、祆（读音:xian，一声）教、基督教、摩尼教和伊斯兰教向东西传播，给人类文明发展史以极大的影响。因此，有学者认为“丝绸之路”的贯通，对人类历史的影响，不亚于哥伦布对新大陆的发现。

中国史籍以“凿空”称赞张骞开通丝绸之路的卓越贡献。西汉通西域后，汉使者、商人接踵西行，大量丝帛锦绣外运。西域五十余国通使汉廷，不绝于路，各国商队也将各自的珍奇异物运至长安，汉长安城遂成为一个国际性的商贸大都会。

汉长安城是当时全国的政治、经济和文化中心。城略呈方形，四面各开三门，城垣面积达36平方公里。人口约达五十万，是当时世界上最宏大最昌盛的城市。西汉王朝在长安城设立大鸿胪专门管理外交事务。在长安未央宫北的藁街设立居住各国使节的使馆区。一些友好国家的国王，君长慕名而到长安的，往往被安置在长安南郊上林苑内的葡萄宫、平乐观等国宾馆接待。不少国家还送年轻的王子到长安，学习先进的汉文化，其中有些回国继位后，更促进了双方的友好交往。

西域各国的商人，往往以各国使者的名义来长安。他们组成庞大的商队，少者百十人，多者数百人。他们带来各自国家的珍奇异物。外域文化也使长安的人们耳目一新。由西域传来了箜篌、觱篥、琵琶、胡笳、胡笛等乐器，使胡乐风靡长安。西域的舞蹈也在长安流行起来。以欧洲罗马黎轩善眩人（魔术师）为代表的杂技百戏在长安演出，更使朝野倾动。这些都开阔了人们的视野，丰富了人们的文化生活。

魏晋南北朝时期，是一个战乱纷争的时代。汉长安城也难免兵火破坏。但先后仍有前赵、前秦、后秦、西魏、北周以汉长安城为都。在丝绸之路因中国国内政治动乱无暇西顾而时断时通时，汉长安城始终是中国西部地区最宏大、最重要的城市，也是集结中西国际贸易的重要商埠。

大业五年（公元609年），隋炀帝自长安率军西巡，击溃了吐谷浑，又会见了西域27国君长，重新控制了河西四郡，恢复了丝绸之路的秩序。但隋末战乱，丝路又被阻隔。唐初在突厥威胁下，也禁约出国西行，自贞观三年（公元629年）经过二三十年的军事征战，先后击溃东突厥、吐谷浑，击灭高昌、薛延陀部，以及彻底击溃西突厥。唐朝廷设立龟兹、于阗、碎叶、疏勒四镇，又先后设立安西都护府和北庭都护府。这是唐朝廷对西域、中亚、阿姆河以南广大地区牢固控制的军事指挥系统和行政管理系统，有效地管理和保护了丝绸之路，使其达到有史以来最繁荣的顶点。与唐通使的国家和部族多达上百，沿途国家和地区经济都得到发展。《资治通鉴》天宝年条称“是时中国强盛、自开远门西尽唐境，凡万二千里，闾阎相望，桑麻翳野，天下称富庶者，无如陇右”。

隋唐长安城规模浩大、气势恢弘、布局整齐，城垣面积达8 4平方公里，人口达百万之众。随着丝绸之路的畅通和繁盛，长安成为交通频繁、宾客辐辏、商业繁荣的国际性大都会，有来自各国的使节、学者、高僧、艺术家、留学生和商人，有大批外国人流寓侨居。贞观初仅突厥降部入居长安的就近万家。他们都受到唐朝廷的保护和礼遇，他们的上层人物，还担当重要官职，受到唐皇室的宠信。他们中最多的是商人，在长安西市经营者多达数千人。他们的下层，由于娴于驯养驼马，长于骑射狩猎，故多为长安的豪贵、富商所雇用豢养。在西安出土的唐代墓葬中大量牵驼牵马俑、骑马狩猎俑都生动地反映了这一历史事实。他们勇武豪迈、剽悍矫健的性格特征，都被表现得淋漓尽致。

来自突厥、昭武九姓诸国、东罗马等中亚、西亚以及欧洲各地人们的奇装异服，使长安人眼花缭乱、艳羡不已。对美和新奇的追求是人之常情，尤以年轻人为最，在衣着上模仿也是很自然的事。贞观时长安城内“胡着汉帽，汉着胡帽”的已很常见。西域胡乐自两汉传入后，至唐初已达高峰，贞观十一年（公元637年）整理出的十部乐——《燕乐》《清乐》《西凉乐》《天竺乐》《高丽乐》《龟兹乐》《安国乐》《疏勒乐》《康国乐》和《高昌乐》，大多是西域诸国的。开元之际西域诸国多献胡旋女，玄宗深好此舞，杨贵妃、安禄山都能为胡旋。自波斯传入的打马球，更是在长安皇室贵族、御林禁军中盛行不衰。

经丝绸之路传入中国的宗教最早是佛教，此时唐长安城内已是塔寺林立，名僧辈出的佛教重地，佛教寺院有上百所。唐朝廷对侨居长安的外国人采取保护和礼遇的政策，对他们的宗教信仰也采取宽容和尊重的态度，准许在长安建立其宗教祠宇。因之从外域先后传入的有火祆教、景教、摩尼教和伊斯兰教。火祆教是波斯萨珊王朝国教。在与西市相接的醴泉、布政、崇化等坊都立有祠宇。另外在开远门北侧的普宁坊，东市旁的靖恭坊也立有祠，这些祠宇所在，当是信奉者聚居的地方。

唐长安城作为国内国际的商业贸易中心，四方货物转运至长安，与水陆交通的发展不无关系。据《唐六典·卷五》载，当时全国驿站有1639所，其中“二百六十所水驿，一千二百九十七所陆驿，八十六所水陆相兼”。“东至宋汴，西至岐州，夹路列店肆待客，酒馔丰溢，每店皆有驴赁客乘，倏忽数十里，谓之驴驿；南指荆襄，北至太原、范阳，西至蜀州、凉府，皆有店肆，以供商旅，远适数千里，不持寸刃”可见当时以长安为中心的全国水陆交通的畅通和安全。

“开远门前万里堠”。开远门是唐长安城的西门。这里是通向丝绸之路的起点。据《南部新书》载“平时开远门外立堠，上书，西去安西九千九百里，以示戎人不畏万里之行”，用以慰藉远行的人们。殊不知正是这种不远万里，不避险阻、勇往直前，开拓进取的精神，才使贯通中西的丝绸之路得以安全畅通，传播着和平、友谊、繁荣和文明，为人类的文明与发展作出了不朽贡献。

（作者系市文史研究馆馆员、原西安市文物园林局总工程师）

2013年10月14日　西安日报　作者：韩保全

未央宫遗址免费开放喽

10 月 28 日，事关西安长远发展五项重点工作之一的汉长安城国家大遗址保护工作取得阶段性成果，汉长安城未央宫遗址保护展示区一期工程基本完工，面向社会免费开放，二期工程不久亦将启动。为进一步激发社会各界对中华民族历史文化遗产保护的热情，凝心聚力，为建设丝绸之路经济带多作贡献，西安市文物局、未央区于当日在汉长安城未央宫遗址开展了“走进丝路起点、感受历史人文”千人健步走活动。

2000 多年前张骞从这里出发

汉长安城遗址 1961 年被国务院公布为第一批全国重点文物保护单位。未央宫是汉长安城内的皇宫，是古代丝绸之路的最早起点，是中华民族具有核心地位的重大历史文化遗产。2000 多年前，张骞从这里出发，凿空西域，开拓出了被后世称为“丝绸之路”的东西方经济文化交流线路。

此次建成开放的未央宫遗址展示区总面积 6.11 平方公里，包括整个未央宫遗址和汉长安城西南角的城墙、城壕区域，在考古发现的基础上，通过全景复原的方式，展示汉代城池等格局。展示区设有西安门、李西路、丰景路东、丰景路西等 4 个出入口。市民走进未央宫遗址保护展示区，可以零距离地感知汉代都城的皇皇气象，在前殿遗址可以感受到君临天下的豪迈气概，在直城门遗址则可见证古代地下排水系统的神奇，在天禄阁遗址遥想中国最早图书馆的概貌。

开放仪式中，千人健步团从西安门出发，经南宫门、汉代道路直达未央宫前殿遗址，对遗址区的宏大气势和浓郁的文化气息感叹不已。据了解，接下来未央宫遗址区将进入二期工程，继续完善路网、恢复水系、提升绿化，完善服务，待所有工程完成以后，遗址区概貌还将更加清晰，更加方便广大市民朋友直观体验感受汉文化的恒久魅力。

据介绍，汉长安城国家大遗址保护一直是国家和省、市各级共同关注的问题。西安市更是将其定位为“中华民族历史文化瑰宝的保护工程、城市形象的提升工程、汉城人民多年期盼的民生改善工程、千年受益的生态绿化工程和文化保护的聚集工程”。去年 8 月，西安市委、市政府做出“建设汉长安城国家大遗址保护特区”的重大决策并组建特区管委会，专门负责汉长安城遗址区的保护管理工作。

专家指出，未央宫遗址保护展示区不是一般的城市公园，它是以文物保护为主，考虑到遗址保护展示区的承载力和公共设施现状，每天进入遗址区的参观体验者不宜太多，因而，建议市民分批、有序、文明参观和体验。

遗址保护惠及民生

“长期生活在遗址区内的群众以国家利益为重、以大局和城市发展为重，响应政府号召离开遗址区开始新生活，为文物保护工程和城市生态环境建设作出巨大贡献。”陕西省文物局副巡视员周魁英说，由于历史原因，未央宫遗址区域先后形成了 9 个村落，有 1.5 万常住人口。一方面群众生活对遗址造成了严重影响，另一方面遗址保护政策也严重影响着遗址区群众生活的改善。未央宫遗址区建设保护工作开展以来，未央区政府和汉长安城管委会，先后完成了 3000 余户、1.5

万人和1000余户企业的搬迁工作，将人和遗址从相互影响的矛盾中解脱出来。

在遗址保护中，对区域环境进行了整治美化。先后完成土地整理1.15万亩，清理垃圾320万方；在遗址区内栽植各类树木5万余株，播撒草籽260万平方米。在遗址区周边扎建围栏1万余米，完成了近1万亩土地的流转征用和2400亩安置地的征收工作。其次，根据文物本体的遗存特征，采取原状保护、覆土保护、地面模拟展示、地面砾石标识展示、考古现场展示、视窗展示等方式，对未央宫前殿遗址、椒房殿遗址、中央官署遗址和少府遗址等61处重点文物本体进行了保护展示，恢复了未央宫区域内"两横一纵"的汉代道路格局，并对具有修复条件的部分宫墙、城墙进行了修复展示。最后，对被搬迁群众进行安置补偿。同时，这次搬迁制定了相对优厚的搬迁政策，使群众实现了财产性收入和现金收入双增长。对有创业意愿的群众政府免费为其提供就业、创业技能培训，并给搬迁群众办理了养老保险，确保他们生活无虞。这些工作的开展，实现了遗址保护、环境提升、民生改善的多赢。

"六大遗址点"再现大汉王朝魅力

历史上的汉长安城从汉高祖五年（前202年）兴建长乐宫开始，到汉武帝太初元年（前104年）兴建北宫、桂宫和明光宫等建筑结束，历时近百年。

未央宫遗址——未央宫是汉长安城中的皇宫，始建于公元前200年，面积4.8平方公里，平面近似正方形。其宫墙周长8800米，四面各开一门，分别有道路通往未央宫前殿。宫内的主要道路将宫城大致分为中部朝寝区、西南部皇家池苑区和西北部的官署区。

未央宫前殿——未央宫前殿是未央宫的主体建筑，分前、中、后三大殿，其中中殿是正殿，皇帝登基、重要朝会、皇家婚丧等大典均在此举行。现前殿遗址所存夯土台基残高15米，南北长350米，东西宽约200米。

椒房殿遗址——椒房殿为皇后所住宫殿，位于前殿之北。因宫殿墙壁使用花椒树的花朵所制粉末进行粉刷而得名，同时因椒者多籽，亦取其"多子"之意。初步探明的遗址有正殿、配殿、厢房及宫内通道等。

天禄阁遗址——天禄阁位于未央宫北部，南距前殿730米，它是世界上最早的国家图书馆。天禄阁主要存放国家文史档案和重要图书典籍，司马迁参考这些图书，写成了被后世誉为"史家之绝唱、无韵之离骚"的《史记》。

石渠阁遗址——石渠阁位于天禄阁以西520米，是世界上最早的国家档案馆。因其周围砌石成渠，以水环绕而得名，汉武帝以后由单一的档案典籍收藏机构发展为兼有学术讨论性质的场所。著名的"石渠阁会议"就在这里召开，"石渠阁会议"确立了皇帝的最高经学权威地位。

直城门遗址——直城门是汉长安城西城墙中间的一个门。公元前138年汉武帝派张骞出使西域时就在这里为其送行。门宽32米、进深20米，分为3个门道，相邻两个门道之间筑有4米左右宽的夯土隔墙。中门道为皇帝专用的御道，其地面以草泥抹平，部分至今可见。

2013年11月7日　三秦都市报

陕西电视台、西安日报、西安晚报、华商报等多家本地媒体同时报道

全国30余家媒体转载报道

文化之魂“贯通”最美城市公共空间
——解读西安大明宫遗址区文化发展路径

大明宫遗址区成为西安最美城市公共文化空间

无论是王维笔下的“九天阊阖开宫殿”，还是王涯感叹的“宫连太液见沧波”，抑或白居易的“太液芙蓉未央柳”，大明宫、玄武门、丹凤门、太液池等1000多年来鲜活在历史的述说及文学典籍中，也世世代代活在人们的心中。如今，当“宫阙万间都做了土”、国家级考古遗址公园又向世人敞开怀抱之时，对于许许多多祖居在遗址周边的人们，他们的生活因遗址而悄然改变：一个与大唐盛世贯通、与文物保护研究贯通、与当代科技创意贯通、与百姓现实生活贯通的公共文化空间，在这座古老的城市传唱着文化惠民、诗意栖居的时代新歌。

如今，居住在唐大明宫国家遗址公园附近的西安市民已习惯了在一个个清晨散步于太液池畔，习惯了在御道广场欣赏一场场精彩的演出，习惯了在恢弘的广场上或跳或唱，习惯了IMAX影院里口味纯正的咖啡或最新上映的国际大片……这样的时尚生活是几年前生活在棚户区的居民所不敢想象的。这种巨变，不仅体现了城市基础设施的提升、人们生活质量的提高，更重要的还体现了一种源自内心的文化自信，一种关于美好生活的无限畅想。

容纳历史厚重

博物馆聚集让古文明广泛传播

一座博物馆，就是一部当代的历史书，浓缩着一座城市的精神文化，折射着一座城市的文明程度。如今，在西安大明宫遗址区内，丹凤门遗址博物馆、大明宫考古探索中心、大明宫遗址博物馆、中国书法艺术博物馆、陶瓷艺术博物馆、唐都新碑林博物馆和大华工业遗产博物馆7座博物馆相继建成并投入使用，在遗址区形成了集遗址、考古、文物、书法、陶瓷、石碑为一体的博物馆集群。

作为遗址区扶持引进的一家民营博物馆，2012年9月1日，李鸿诚、印建幸夫妇创办的唐都新碑林博物馆在大明宫遗址公园正式开馆。为了给花费毕生心血收藏的几百块珍贵石碑寻找一处安身之地，年逾花甲的李鸿诚、印建幸夫妇苦苦坚守和寻找了30年，终于在大明宫实现他们的“博物馆梦”。

短短几年，大明宫遗址区通过博物馆建设，实现了拓展公共空间、弘扬历史传统、打造特色文化的良性循环，有力地提升了文化实力。根据西安市《关于大力发展博物馆事业的实施意见》，大明宫遗址区相继出台了鼓励、引导、扶持民间资本投资建设各类博物馆的一系列优惠政策。对于入驻遗址区的民办博物馆，不仅无偿提供展馆，还免费提供展馆的安保和灯光等设施；在博物馆的前期建设中，土地按成本价划拨，城市建设配套费减免，并对建设成本予以补贴；相关的规审、建审费用免除代收部分，税收5年内全额返还。

近年来，在加快博物馆集群建设的同时，大明宫遗址区依托大明宫遗址丰厚的历史遗存和丰富的文物资源，围绕遗址保护、文物考古、文物典藏、人才技术、文化交流等工作，积极与全国12家国家考古遗址公园展开合作，大胆尝试遗址公园博物馆际文物交流的新模式，通过文物换展，让大明宫的文物真正“走”出去，借此扩大大明宫遗址的文化影响力；同时，能让其他地区的珍贵文物“走”进来，让当地百姓在家门口就能欣赏到全国各地的珍贵文物。

2012年7月，“百年遗珍圆明园出土文物展”在大明宫遗址博物馆举行，这是圆明园出土文物首次在西安展出。17组20件圆明园珍贵文物一经亮相，立即吸引了大批市民和游客前来参观。展出期间，先后有15万名市民和游客走进大明宫遗址博物馆参观，国内数十家媒体对此进行了报道，引起了社会各界，尤其是文物界的广泛关注。

“此前，遗址公园之间主要以会议的形式进行交流，本次大明宫国家遗址公园联手圆明园举办文物会展，使遗址公园联盟之间的交流从会议走向了展览，开创了遗址公园之间实物交流的先河。”大明宫遗址博物馆负责人称，活动开展期间，来大明宫国家遗址公园参观的游客数量大幅增长，掀起了一股遗址旅游的热潮。

文物交流换展活动，使一个博物馆延伸为多个博物馆，对于丰富遗址区博物馆展示内容，实现大明宫与国内业界文博资源共享，扩大大明宫遗址区知名度发挥了积极作用，创造出“1+1 > 2”的社会效益和经济效益。圆明园文物在大明宫展出期间所产生的巨大社会影响以及由此给大明宫国家遗址公园带来的显著人气提升，让各遗址公园看到了文物换展活动所潜藏的巨大潜力，极大地促进了全国12家考古遗址公园博物馆间的文化交流。今年底，来自金沙遗址和三星堆遗址的20余件国家一级文物将首次亮相大明宫国家遗址公园，当地市民和游客有望零距离领略古蜀文明的非凡魅力。

在日益强调个性化、多元化选择的今天，随着人们物质生活水平和文化程度的提高，大众对精神文化的需求与日俱增。作为公众社会文化空间的博物馆，如何满足公众不断增长的需求，值得博物馆界思考。在这方面，12家国家考古遗址公园之间所形成的文物交流模式，是一种很好的探索。文物互展既是对各自博物馆基本陈列的补充，也是丰富博物馆教育内容的有效途径。通过这种方式，大遗址让古老文明广泛传播，让生活在这方土地上的市民及远来的游客也能更直观地

游客在大明宫晁衡馆感受科技文化融合的无穷魅力

品味其他地区文化遗产的魅力。

激发群众热情

遗址搭台使“文化基地”人气旺

占地5200亩的唐大明宫国家遗址公园自3年前建成之日起，就成为西安当之无愧的城市中央公园，即使在全国范围内，这样的规模也首屈一指。一座超大规模的遗址公园，如果仅仅就遗址说遗址，保护就失去了意义；如果缺少文化的支撑，公园也就失去了灵魂。这不仅与遗址保护利用的宗旨背离，也是对城市资源的极大浪费。

在这片皇家宫阙里，丹凤门、含元殿、大福殿等千年遗址肃穆巍峨，4万棵大树苍翠欲滴，210万平方米的草坪绿草如茵，近千亩环园水系碧波荡漾，小型足球场、篮球场、网球场等体育设施星罗棋布，800套健身设施和环绕公园的自行车系统让市民尽享健康新生活，御道广场上“群众大舞台”欢歌劲舞、文化活动方兴未艾……

一座独具特色的城市公共文化空间，是整个项目建设的题中之义。国家遗址公园不仅保护了大明宫遗址，更为西安增添了一个兼具遗址保护、城市生态和公共文化平台等功能的城市公共空间。

曾经的西安北郊道北地区，被戏谑为西安的“文化沙漠”。大明宫国家遗址公园的建成，不仅成为这片区域老百姓的文化空间，更重要的是它带动这座城市实现了文化自信和文化气质的全面提升。

依托遗址公园这个巨型文化载体，大明宫遗址区在公共文化服务体系建设上务实创新，让市民和游客尽享城市建设和文化发展带来的最新成果，也让普通百姓成为文化的创造者和传播者，让文化建设释放出无穷的生机与活力。

为吸引和扶持更多的群众文化团体加入，大明宫遗址区依托遗址公园这个文化大平台，相继出台了一系列促进群众文化发展的扶持政策。遗址公园通过举办“群众大舞台”“群众演艺大赛”“群众文化艺术节”等活动，并设立专项奖励资金，以“以奖代补”的形式，扶持补助优秀的演出团队和个人。此举有效解决了民间演出团队经费匮乏的困境，既调动了演员的创作热情，壮大了演出队伍，也丰富了公园的演出内容。在扶持政策的激励下，许多演出团队及时用奖金添置了演出器材和道具。仅2012年，大明宫遗址区在群众文化建设方面的投入就达400多万元。

5年前，戏迷赵礼辉和几个街坊邻居在小区组织起了一个秦腔自乐班，一开始很受街坊们欢迎。后来由于缺少经费，自乐班活动时断时续，时间不长便无疾而终。2012年，借助遗址公园“群众大舞台”这个平台，老赵重新披挂上阵，街坊们一鼓作气，在“群众戏曲大赛”的几轮比赛中一路过关斩将，不仅拿到了大赛二等奖，还获得了2000元的奖金。有了这笔钱，自乐班的活动经费就有了着落。老赵立即“招兵买马”，沉寂了三四年的自乐班重新焕发出生机。老赵办自乐班的“兴衰史”，其实是遗址区群众文化异军突起、演出团队由小到大、演员从业余到专业转变的一个缩影。今天，大明宫遗址公园群众演出团队已由最初的寥寥几个发展到现在的涵盖戏曲、合唱、杂技、武术、舞蹈、绝活等10多个门类的170多家；演员也从最初的几十人，发展到了上万人；仅公园御道广场上的观众每天就有两三万人。

为了培育扶持新生的群众文化力量，遗址公园还专门聘请了音乐、舞蹈、曲艺等专业老师，提供专门训练场所，为长期在园区活动的群众文化团体和群众演员进行培训指导。退休教师李玉红住在遗址公园的附近，酷爱舞蹈艺术的她，一直是遗址公园广场舞的忠实参与者。两年来，在专业老师的精心指导下，李玉红现在不仅成为广场舞的特聘教练，还组建了自己的舞蹈队，影响和带动了身边的一批人。

群众文化的蓬勃开展，让大明宫国家遗址公园成为群众文化的大集市。遗址公园“群众大舞台”已成为西安市群众文化的一个重要品牌。今年2月，大明宫国家遗址公园被陕西省文化厅授予全省首个“群众文化示范基地”，成为西安最具人气的城市公共文化空间。

3年来，随着群众文化的蓬勃开展和越来越多的群众加入，遗址区最初的文化受众正逐渐转变为文化的创造者和传播者。

为了让文化发展成果更广泛地惠及百姓，大明宫遗址区依托文化惠民工程，深入开展送文化进社区、进校园、进企业活动，带动全面文化建设从遗址公园这个“点”，向遗址区整个“面”延伸。9月7日一大早，在大明宫遗址区最大的安置小区——泰和居小区广场，由大明宫保护办组织的大明宫遗址区“送文化进社区”活动在这里拉开帷幕。舞台上，演员精彩的演出深深地吸引了台下的近千名观众。令许多人想不到的是，舞台上所有的演员全部是遗址公园的群众演员。这些被社区群众视为“专业范儿”的演员，昨天还是吹拉弹唱的门外汉，今天，他们已经自信地走上舞台，成为不少人心目中的“角儿”。演出现场一阵接着一阵的掌声，既是观众对他们演出的褒奖，也是社区群众对遗址区文化惠民工程的感谢。

仅仅3年多时间，随着一场场送文化活动的开展，一大批通过“群众大舞台”锻炼成长起来的群众演员，成为遗址区文化建设的主角，在他们的影响带动下，遗址区的群众文化正蓬勃开展。

群众文化只是大明宫遗址区文化建设的一部分，为了推进遗址区文化的全面建设，实现文化建设上的雅俗共赏，遗址区还相继引进和举办了“草莓音乐节”“快乐男声”“恒大音乐节”“露天交响音乐会”等国内外知名文化品牌活动，让遗址区群众在家门口就能享受到高水平文化节目。

推动文化开掘

与时俱进搭建文化交流大平台

遗址区就要连同它的文物遗存一并保持“古董”模样吗？西安给出了另一个答案，西北首家IMAX影院、西部首家球幕影院、国内首部IMAX3D电影，以及集实物展示、多媒体技术、虚拟现实动态捕捉技术和各类DIY考古体验互动游戏为一体的大明宫考古探索中心，大明宫中央博物馆数字展示系统，大明宫微缩景观，游客服务中心智慧系统……在大明宫国家遗址公园，随处可见的多媒体展示技术、投射光影动画技术、实景微缩技术，以及利用声光电等科技手段打造的独具特色的影视、演出、动漫游戏等，赋予了大明宫遗址新的文化价值和文化内涵，让游客能够直观真切地感受历史文化的魅力。

科技创新已成为大明宫遗址区文化建设的重要引擎，通过科技与文化融合，用科技诠释文化，使文化既容易为群众所接受，也有利于传播，使传统文化散发出强劲的现代活力。用科技挖掘展示历史文化的做法，既创新了文化传播形式，也极大地提升了文化的表现力和影响力，为遗址区城市公共文化体系的建设完善提供了强有力的保障。

除注重科技与文化的融合，进一步挖掘文化的传播力外，在文化开掘方面，大明宫更是将有形遗址与无形的文化传承相整合，不断彰显千年历史风韵。

2013 年 5 月，《唐代政治文明》一书出版发行。这部由西安大明宫研究院编辑出版的系列丛书，全面系统地展示了唐代的政体与吏治、法制与道德、制度与礼仪，在唐文化研究领域引起了诸多学者的广泛共鸣。作为遗址区专门设立的集“教科文、产学研”为一体的综合性专门机构，大明宫研究院主要负责大明宫遗址保护展示、唐文化研究推广和城市区域可持续发展等方面的科学研究工作。6 年来，大明宫研究院始终在由石兴邦、刘庆柱、安家瑶、张岂之、何炼成、余秋雨、张锦秋等专家组成的学术委员会的指导下，紧紧围绕大明宫遗址保护、遗址公园建设和遗址区周边改造过程中遇到的各种难题展开深入研究，先后完成的专项课题达 45 项，为大明宫遗址保护改造中遇到的难题找到了突破口。

2008 年 10 月成立的大明宫文物保护基金会，是大明宫遗址区在传承历史文化推广传播文保理念上的另一只智慧之手。今年 8 月 16 日，由大明宫文保基金会发起的“小小考古家”赴台交流活动圆满结束，这一活动不仅在西安市青少年中掀起了一股考古热潮，同时促进了海峡两岸青少年的文化交流，成为大明宫基金会一项重要文化交流品牌活动。

作为陕西省第一家以文物保护为宗旨的公募基金会，自成立以来，大明宫基金会先后与美、英、法等多个国家的文保机构建立了广泛的联系，促成了与德国国际文化交流协会、美国驻华大使馆文化发展基金会等机构的合作与交流，相继举办赴美修复昭陵二骏、《大明宫传奇》联合国首映等活动，成功搭建起社会与政府之间的文化桥梁，构建起文化发展传承大平台，有效推动了中国大遗址保护事业和文化遗产的传承与发展。

拓展创意空间

尊重“旧迹”谱写“新篇”

今天，与大明宫国家遗址公园仅一路之隔的原大华纱厂旧厂区，一项工业文化遗产的保护利用工程正在加紧实施。再过几个月，以“大华 · 1935”命名的大型现代文化商业中心将在这里应运而生。作为遗址区现代工业遗存保护利用的一个重点项目，“大华 · 1935”将在保留大华纱厂原有建筑风貌、承袭大华工业文明的基础上，通过创意改造，建成一个集合现代社会城市综合功能，涵盖文化艺术中心、工业遗产博物馆、小剧场集群、购物街区等城市生活多种功能、多样文化、多元消费相融合的大型综合文化中心。

“大华 · 1935”最令青年人期待的，将是其独特的文化创意街区。在这里，人们可以在有着 70 年历史的生产车间观赏一个时下流行的文化创意展，捧一本书喝咖啡；穿行于 4 个不同的小剧场，端着茶碗听相声、全身放松看话剧；徜徉在民国时期琳琅满目的画廊里，细细品味大师的作品；还可以走进工业化和后现代主义完美碰撞的艺术中心制作陶艺；在工业遗产博物馆里“阅览”中国近现代民族工业发展史……

在大明宫遗址区，这样的创意文化实例还有很多。大明宫国家遗址公园建设之初，建设方有意保留了遗址区原有的部分大树、建筑和民居。其所以专门保留下这些古旧的建筑和民房，不是单纯为了保留而保留，而是在保留其历史原貌的同时，通过一定形式的创意改造，赋予其新的文化内涵。大明宫考古探索中心、大明宫学术报告厅就是利用遗留下来的企业仓库和厂房改造而来的创意场馆。

不管是利用旧纱厂改造而来的“大华·1935”，还是由药厂仓库衍变而来的考古探索中心，抑或是炕底寨村改造有意保留下来几十间旧民居，昭示的其实是一种理念，那就是，城市改造不应是一味地推陈出新，或者是简单粗暴地将一切推倒重来。千年遗址是历史，诞生于近现代的老厂房、旧民居同样是历史，同样值得尊重。正是一个个富有文化的创意改造和抢救加固，让道北曾经的历史鲜活起来。

也许在将来的某一天，人们看到的炕底寨村保留下来的那几十间民房，被改造成“西安近代民居的博物馆”，或是“西安民俗文化的创意街”，不管改造成什么，那些刻录着上个世纪八九十年代西安城中村人生存记忆的民居原貌一定会原汁原味地保留下来，供人们去思索、去体味，让老西安的历史文化永远地传承下去。

今天，文化创意已成为大明宫遗址区城市公共文化空间再造与延伸的方向。未来几年，大明宫遗址区还将以太华路和玄武路为中心，进一步加大文化项目的引进和文化创意建设，通过规划建设文化创意街区、文化创意广场等创意空间，让遗址区城市公共文化空间的内容更加丰富。

本版撰文：秦毅、孟子发、葛超、王文静、刘小石、王涛

2013 年 11 月 28 日　中国文化报

特区模式保护遗址　大汉帝都焕发新生

走进汉长安城未央宫遗址保护展示区，宏大的气势和浓郁的文化气息令人感叹不已。在这里，可以零距离地感知汉代都城的皇皇气象：在前殿遗址可以感受到君临天下的豪迈气概，在直城门遗址可见证古代地下排水系统的神奇，而在天禄阁遗址可以遥想中国最早图书馆的概貌……

汉长安城国家大遗址保护特区建设一年多来，圆满完成了特区保护利用工作的第一个阶段目标，未央宫遗址保护展示区项目全面建成，已成为位居西安城市中心区的一个遗址保护规范完善、生态环境自然优美的新型文化园区。

“特区”模式开大遗址保护先河

汉长安城遗址是中国迄今规模最大、保存最完整、遗迹最丰富、文化价值最高的都城遗址之一。对汉长安城遗址区进行整体保护，是国家重大文化工程，是中省共建“彰显华夏文明历史文化基地”的重要内容。作为事关西安长远发展的五项重点工作之一，汉长安城大遗址保护工作从开始启动的那一天起就备受关注。

去年的 8 月 16 日，汉长安城国家大遗址保护特区领导小组办公室、特区管理委员会挂牌仪式在未央宫前殿遗址上举行，标志着中国首个大遗址保护特区建设正式启动。用“特区”模式保护汉长安城遗址，打破了原有的行政区划，进行统一规划，分步实施。

省委、省政府高度重视，省委书记赵正永、省长娄勤俭亲自到汉长安城遗址区调研，实地查看遗址保护，提出工作要求。市委、市政府全力以赴，全面推进遗址保护工作。省委常委、市委书记魏民洲强调，汉长安城大遗址是中华民族的文化瑰宝，是历史留给西安最珍贵的记忆，保护、建设和展示好汉长安城大遗址是我们的历史责任。西安市将按照国家文物局和省委、省政府要求，举全市之力，努力把汉长安城国家大遗址保护特区建设成为彰显华夏文明的文化工程，展示西安形象的生态工程，惠及人民群众的民生工程。市委副书记、市长董军要求，既要有效保护历史文化资源的真实性和完整性，又要充分发挥历史文化资源的文化功能、社会功能、生态功能和推动科学发展的功能，特别是要让广大群众从大遗址保护中得到实惠，努力使沉睡千年的大遗址早日焕发生机活力、早日造福于民，成为独具魅力的城市文化景观，成为人类共同的精神家园。

一年多来，特区管委会在认真研究特区建设目标定位和制约因素的基础上，确定了特区建设的整体工作思路。坚持“一个理念”，即以遗址保护为着眼点、以改善民生为立足点，坚持全面保护、重点展示、合理利用的理念；围绕“一个目标”，即将保护文物、传承文明与提升城市品位、惠及地区群众相结合，把汉长安城遗址建设成为具有“真实性、可读性和可持续性”的历史文化遗产保护和展示园区；破解“四个难题”，即积极破解“钱从哪里来、人往哪里去、工作怎样干、建成什么样”四个问题；突出“四项重点”，即突出筹建班子落实授权，组建公司筹措资金，安置先行整体拆迁，科学规划精心建设四个方面工作；打造六型工程，即把汉长安城遗址保护利用工程打造成一项文物保护工程、文化传承工程、城市建设工程、生态提升工程、产业培育工程和民生改善工程。

记者获悉，特区建设分为三个阶段。第一阶段从 2012 年 6 月至 2013 年 12 月，启动、完成汉长安城未央宫遗址申报丝绸之路世界文化遗产工作。第二阶段从 2014 年 1 月至 2015 年 12 月，完成汉长安城遗址考古普探成果的规划调整和主要文物本体的保护和展示，全面启动特区建设范围内的基础设施。第三阶段从 2016 年 1 月至 2020 年 12 月，完成汉长安城考古遗址公园建设。启动特区整体保护和建设项目并取得阶段性成果，使其成为体制机制完善、管理科学高效、人民安居乐业、生态环境良好、历史文化特色突出的城市新区。

保护大遗址不能让搬迁群众吃亏

根据统一规划，总面积 8.58 平方公里的未央宫遗址被作为特区建设的启动项目。位于遗址区内的未央宫街道天禄阁、周河湾、卢家口、西马寨、东南马寨、大刘寨、东张、东叶寨、西叶寨等 9 个村，被纳入保护搬迁范围。

未央宫是汉长安城内的皇宫，是古代丝绸之路的最早起点，是中华民族具有核心地位的重大历史文化遗产。2000 多年前，张骞从这里出发，凿空西域，开拓出了被后世称为“丝绸之路”的东西方经济文化交流线路。作为未央宫的主体建筑，未央宫前殿呼应着汉皇“君临天下”的威仪，凡皇帝登基，重要朝会，皇家婚、丧大典大礼等均在此殿举行。如今，前殿残存的夯土台基仍高达 15 米，南北长 350 米，东西宽约 200 米。

几十年来，由于遗址保护的需要，遗址区内市政基础设施、群众生产生活条件发展受到严重制约，区域经济发展远远滞后于西安市总体水平。“遗址区群众为保护大遗址作出了巨大贡献，政府不能让他们吃亏。”本着这一理念，2012 年 10 月中旬，汉长安城遗址保护征地拆迁工作拉开帷幕。这次搬迁制定了相对优厚的搬迁政策，使群众实现了财产性收入和现金收入双增长，对有创业意愿的群众，政府免费为其提供就业、创业技能培训，并给搬迁群众办理了养老保险，确保他们生活无虞。

鉴于群众为保护遗址房屋普遍没有建高的实际，当地政府规定：合法有效宅基地上的房屋三层及以上未盖的，在第一奖励期内签订拆迁安置补偿协议者视为已盖，统一予以奖励补偿。同时，对非法买卖宅基地行为一律不予安置、不予补偿，避免政策刺激造成买卖宅基地的行为加剧。搬迁时正值寒冬腊月，政府除按规定为群众发放过渡费外，还为每户发放了 5000 元取暖补助费；为解决搬迁户中中小学生上学问题，一次性为每人发放 1800 元的交通补助费，还为学生发放了“免费入学卡”。春节前，又为 3000 余户拆迁群众挨家挨户发放了米、面、油和新年大礼包等慰问品。这些工作的开展，实现了遗址保护、环境提升、民生改善的多赢。

“汉长安城遗址保护是西安的大事，大家都很理解很支持，看到政府用心安置好大家的生活，我们也就没有后顾之忧了！”天禄阁村委会主任魏建军的一席话，道出了大家的心声。一系列保护群众利益的政策，让老百姓们吃了定心丸。短短三个月，3773 户村民和 1315 户企业搬离工作全面完成，拆除建筑面积 305 万平方米。搬迁之快、群众情绪之平稳，创造了成功的汉长安城遗址搬迁模式。

离开自己生活几十年的家园，毕竟有些难舍，但未来生活的美好景象令人向往。今年 4 月 1 日，在铁路北客站西边、长安大学南侧的一片空地上，来自西马寨、天禄阁等 9 个村的村民代表为汉长安城未央宫遗址范围九村安置房项目奠基。现场没摆鲜花，也没鸣炮，但大家的脸上却洋溢着藏不住的兴奋。因为几年之后，这里就是他们的新家，一个配套设施齐全、生活环境优美的城市新社区。

沉睡千年大遗址焕发新生

今年 10 月 28 日，汉长安城国家大遗址保护工作取得阶段性成果，汉长安城未央宫遗址保护展示区一期工程完工，面向社会免费开放。保护展示区总面积 6.11 平方公里，包括整个未央宫遗址和汉长安城西南角的城墙、城壕区域，并设有西安门、李西路、丰景路东、丰景路西 4 个出入口。市民进入遗址保护展示区后，可以通过步行或刷卡租用自行车的方式参观遗址保护区。

一年多来，通过对区域环境进行整治美化，如今，遗址区的面貌已经得到彻底改变。目前，遗址区内栽植杨树、蜀桧等各类观赏树木 5 万余株，播撒草籽 260 万平方米，通过不同树种对遗址区的轮廓和不同遗址的界限进行了标识。同时，特区根据文物本体的遗存特征，采取原状保护、覆土保护、地面模拟展示，地面砾石标识展示，考古现场展示，视窗展示等方式，对未央宫前殿遗址、椒房殿遗址、中央官署遗址和少府遗址等 61 处重点文物本体进行了保护展示，恢复了未央宫区域内“两横一纵”的汉代道路格局，并对具有修复条件的部分宫墙、城墙进行了修复展示。

据了解，接下来未央宫遗址区将进入二期工程，继续完善路网、恢复水系、提升绿化，完善服务。待所有工程完成以后，遗址区概貌还将更加清晰，更加方便广大市民朋友直观体验感受汉文化的恒久魅力。

“汉长安城作为全国首个大遗址保护特区，陕西省和西安市在大遗址保护利用体制机制方面作了有益探索，工作卓有成效。”在今年 4 月 2 日召开的国家文物局、省政府合作共建汉长安城国家大遗址保护特区第二次工作会议上，文化部副部长、国家文物局局长励小捷如是评价。他表示，国家文物局将继续大力支持，使汉长安城这个国家的、民族的、辉煌的历史遗迹得到更好的保护、利用和展示。

下一步，汉长安城特区保护利用工作将坚持以习近平总书记提出的“丝绸之路经济带”战略构想为指针，不断加大工作力度，按照后续工作阶段的各项目标科学推进项目建设，在不久的将来将遗址区建成一个展示中华传统历史文化的亮丽园区，成为展现西安古都魅力、推进文化交流的新名片、新平台。

2013 年 12 月 13 日　西安日报　记者：文艳

网易网、西部网等转载报道

“丝绸之路起点”拂去历史尘埃重焕活力

日前，事关西安长远发展五项重点工作之一的汉长安城国家大遗址保护工作取得阶段性成果，汉长安城未央宫遗址保护展示区一期工程基本完工，面向社会免费开放，二期工程不久亦将启动。

汉长安城国家大遗址保护一直是国家和省、市各级共同关注的问题。西安市更是将其定位为“中华民族历史文化瑰宝的保护工程、城市形象的提升工程、汉城人民多年期盼的民生改善工程、千年受益的生态绿化工程和文化保护的聚集工程”。去年 8 月，西安市委、市政府做出“建设汉长安城国家大遗址保护特区”的重大决策并组建特区管委会，专门负责汉长安城遗址区的保护管理工作。今年，3 月 18 日下午，省委常委、市委书记魏民洲在调研汉长安城遗址保护区建设时强调，汉长安城遗址保护是事关西安长远发展的五项重点工作之一。这不仅是一项文化工程，更是一项重大的民生工程。要把遗址保护与统筹城乡、优化生态、传承和展示中华民族精神结合起来，让这块沉寂多年的土地重新焕发生机。

遗址保护展示工作开展以来，未央区和汉长安城遗址保护特区管委会，在不到一年时间内，先后将未央宫遗址区 9 个村、1.5 万人和 1000 余户企业搬离遗址区，并将被拆迁群众安置在北三环以北、长安大学以南、北客站以西区域，目前群众安置楼已经开工建设，化解了人与遗址利益互相影响的矛盾。整治了区域环境，栽植各类观赏树木近 5 万株，撒播草籽 260 万平方米，通过不同树种对遗址区的轮廓和不同遗址的界限进行了标识。保护了文物本体，通过原状保护、覆土保护，地面模拟展示，地面砾石标识展示，考古现场展示，视窗展示等方式，对未央宫前殿遗址、椒房殿遗址、中央官署遗址和少府遗址等 61 处重点文物本体进行了保护，恢复了未央宫区域内“两横一纵”的汉代道路格局，彻底改变了遗址区的面貌。

2013 年 12 月 18 日　西安日报　记者：杨斌鹄

21CN、凤凰网、网易网、新浪网等网媒转载报道

遗址区保护让我的生活更美好

去年 12 月，为了汉长安城国家大遗址保护建设，张麦信所在的西马寨村因为地处遗址区的核心保护区而整村拆迁。短短一年时间，70 岁的张麦信一家经历了人生一次巨大的变化。

12 月 9 日的清晨，虽然微微刮着北风，有点冷，但灿烂的阳光照耀在湛蓝的天空间，整个世界透亮而温暖。抬眼望去，汉长安城遗址保护区内草坪都变成了黄褐色，一望无际，树木也大都顶着一头金黄，英姿飒爽……初冬的景象，让汉长安城遗址保护区更加显得开阔而沧桑。

漫步在这片一年前还是自己家园的地方，未央区未央宫街道西马寨村的村民张麦信心情有点复杂。“现在虽然拆完了，种了树，铺了草坪，以前的房子、街道都不见了，但再变化我也知道以前这里是哪家的房子，谁家的厂子。因为我在这里生活了多半辈子了，这里的一沟一坎我都熟悉，可将来儿孙们估计就记不得了。”指着眼前的景物，张麦信有点忧伤地告诉记者。

去年 12 月，为了汉长安城国家大遗址保护建设，张麦信所在的西马寨村因为地处遗址区的核心保护区而整村拆迁。与其他 1500 多名村民一样，短短一年时间，70 岁的张麦信一家经历了人生一次巨大的变化。也许他们现在还没有意识到和感觉到，这种变化带给他们生活变革的深度，但这种变化的巨大就像它表面呈现出来的一样：有着几百年时间沉淀的村庄不见了，祖祖辈辈几代人形成的生活方式变化了！

“拆迁是好事情，这是我的真心话！虽说有点故土难离，但拆迁让我们家的生活变得更好。按照区上的拆迁政策，我们家 9 口人 2 院子老房，得到了将近 800 平方米的住房补偿，也就是七八套房子，还有 180 平方米的商业房。这些房要靠咱自己挣钱买，几辈子都难。现在过渡期，每月每人还有 500 元的过渡费，一家人租房是绰绰有余了。”张麦信告诉记者。

拆迁村民代表兴奋地为自己的安置楼奠基（拍摄 李明）

记者了解到，此次汉长安城未央宫遗址区将被拆迁群众安置在北三环以北、长安大学以南、北客站以西区域，属于将来的北客站商业区的核心区，目前群众安置楼已经开工建设。在群众安置楼配套上，社区建有幼儿园、学校、医院和各种娱乐设施，群众看病、上学、购物、休闲娱乐均可“一站式”解决。同时，这次搬迁制定了相对优厚的搬迁政策，使群众实现了财产性收入和现金收入双增长。对有创业意愿的群众政府免费为其提供就业、创业技能培训，并给搬迁群众办理了养老保险，确保他们生活无虞。

“以前，在遗址区内群众发展受到的限制条件也不少，譬如盖房地基不准深挖，只准盖一层，不能挖鱼塘等等，这里现代化的城市基础设施也很少，其实拆迁前大多数年轻人也都外出打工了，拆迁对他们生活影响也不大。要说影响大的就是有孩子上学的家庭，学校拆了娃都要转学，但是这个问题政府也帮忙协调，你过渡期住在哪里，政府帮助联系就近上学。因为拆迁政策好，政府服务到位，所以这次拆迁很平稳，群众也都比较满意。”张麦信介绍。

记者问张麦信老人对一年的变化有何感想，他想了想说，这一年比较忙，拆迁、搬家，一件事情接着一件事情，还没静下心好好想一想。“要说真像做梦一样，一切都变化太快，别人都说我们发大财了，但我还没算过账。不管怎么样，生活还得好好过，就是有钱了也要踏踏实实的过日子！我经常看电视新闻，发现十八大和最近召开的十八届三中全会公布的惠及民生和鼓励创业的政策很多，我们只要在现有基础上好好干，一点都不用发愁将来的日子，肯定能过上幸福生活！”张麦信说。

2013 年 12 月 18 日　西安日报

21CN、网易网转载等网媒转载报道

“全国网媒陕西行”探访丝路起点汉长安城未央宫遗址

5月22日下午，“新丝路新起点”全国网络媒体陕西行记者团走进汉长安城未央宫遗址保护展示区，宏大的气势和浓郁的文化气息令人感叹不已。在这里，记者们零距离地感受汉代长安城的辉煌气象：在前殿遗址感受到君临天下的豪迈气概，在直城门遗址见证古代地下排水系统的神奇，而在天禄阁遗址可以遥想中国最早图书馆的概貌……

汉长安城未央宫遗址位于西安市汉长安城遗址西南部的西安门里，又称西宫，始建于公元前200年。未央宫在西汉以后是新莽、西晋、前赵、前秦、后秦、西魏、北周等七个朝代的理政之地，使用时间达360多年。未央宫遗址展示区是在考古发现的基础上，通过全景复原的方式，展示汉代的道路结构、宫墙、城墙、水系等格局，揭示了西汉帝国的都城城市文化特征和文明发展水平。

同时，汉长安城未央宫遗址也是国家文物局公布的“丝绸之路：起始段与天山廊道的路网”22处申遗点之一。从去年10月28日起汉长安城未央宫遗址保护展示区一期工程基本完工，已面向社会免费开放。

2014年5月23日　东南网　记者：倪斌

中新网、西部网、凤凰网等媒体转载报道

丝绸之路申遗——对丝路精神的敬意和传承

2000多年前，起始于西汉都城长安的丝绸之路跨越陇山山脉，经河西走廊沿绿洲和帕米尔高原通往中亚、西亚，甚至绵延到非洲和欧洲。千百年来，丝绸之路成为中西陆路交通、文化交流的大动脉，它所承载的和平合作、开放包容、互学互鉴、互利共赢精神薪火相传，在文明交流互鉴史上写下了重要篇章。2012年，中国和哈萨克斯坦、吉尔吉斯斯坦三国对“丝绸之路：起始段和天山廊道的路网”启动联合跨国申遗，申遗结果将于近期公布。光明日报今起推出“丝路遗珍·丝路精神”专栏，刊发系列报道，以充分展示丝路沿线的重点历史遗珍，传承和弘扬丝绸之路精神。

2100多年前，一个叫张骞的陕西汉中人，受汉武帝委派，走出西安城门，跨过当时世界上最大的木梁柱桥——渭桥，开始了一次彪炳千秋的“出访”。伴随着张骞出使西域的不朽传奇，“丝绸之路”开始进入国家史册。此后，沿线的国家和地区在见证它、感受它的同时，共同建造它、拓展它，并最终成为它的一部分。

丝绸之路，世界最长的一条文化遗产线路。从沙漠到草原，从陆地到海洋，从游牧到佛教，从经济到文化，丝绸之路将世界连在了一起，它成为经济交流、文明互鉴的象征。

如今，“丝绸之路：起始段和天山廊道的路网”申报世界文化遗产进入冲刺时刻，6月20日，在卡塔尔首都多哈召开的第38届世界遗产大会将开始审议这一申报，其结果牵动着中国和哈萨克斯坦、吉尔吉斯斯坦联合申遗三国人民的心。

创写历史的传奇

丝绸之路，一条由马队驼队在戈壁中闯出来的道路。

在这条路上，沿途的一个个古城竞相发展，一支支来自远方的马队驼队，带着印度、波斯、阿拉伯和欧洲的食物、玻璃、科技、艺术和宗教来到中国，又带着中国的丝绸、瓷器走向远方。随着商旅的驼队，僧侣也来到这里，甘肃境内那条壮观的石窟长廊就是最好的见证。这条路上，运输的不仅仅是财富，还有宗教信仰、文化艺术。

在这条连贯亚欧的道路上，文化认同成为穿越时空的内在纽带。

且不说中国丝绸为西方人装扮出了何等精致的生活，也不说佛教、伊斯兰教在中国获得如此众多的信徒；仅仅是中国餐桌上寻常可见的胡椒、洋葱、葡萄等这些名字带有异域色彩的蔬菜水果，还有西方人生活中不可或缺的茶叶和瓷器，就足以看出这条路为世界文明带去了怎样的影响与变化。

作为“贸易之路”“交流之路”“对话之路”，丝绸之路创造了一段近2000年的历史。而今，盛世中国要书写一段新的历史——去年9月，国家主席习近平在出访中亚时提出要共同建设“丝绸之路经济带”；今年6月5日，在中阿合作论坛上第六届部长级会议上，习近平强调要“弘扬丝绸之路精神，促进文明互鉴”。

今天，基于文化认同，我们与中亚国家携起手来，以申报世界遗产的形式，共同保护丝绸之路文化遗产。而此次中哈吉三国联合丝路申遗涉及的33处文物点，让文化认同找到了物质的载体。这样的认同感，给予“丝绸之路经济带”最好的历史支撑。

明天，不久的明天，历经千年辉煌与沧桑的欧亚廊道，将成为新世纪一个以点带面、从线到片、区域大合作的经济纽带。

有人说：“如果千年前的驼铃能摇响几个世纪的繁荣，那么今天来自强盛中国的召唤必将唤醒另一个传奇。”

跨越千年的致敬

这条跨越千年的道路，得到了世界的崇敬与尊重。

1988 年，联合国教科文组织启动“对话之路：丝绸之路整体性研究”项目，在世界范围再一次激发了人们对丝绸之路的兴趣，1990 ~ 1995 年，又组织全世界丝绸之路研究的专家学者开展了五次国际性科学考察。

2006 年，在联合国教科文组织世界遗产委员会的积极协调下，中国政府和哈萨克斯坦、吉尔吉斯斯坦、塔吉克斯坦、乌兹别克斯坦和土库曼斯坦等中亚 5 国联合启动了丝绸之路跨国申报世界文化遗产工作。

2011 年，因为丝绸之路庞大的规模，国际组织专家提出“廊道”的概念，对丝绸之路跨国申遗策略进行调整。经过多次协商，2012 年最终确定中国和哈萨克斯坦、吉尔吉斯斯坦三国联合申报“丝绸之路：起始段和天山廊道的路网”。

这段丝路，跨度近 5000 公里，形成于公元前 2 世纪，兴盛于公元 6 ~ 14 世纪，沿用至 16 世纪，连接了东亚和中亚大陆上中原地区、河西走廊、天山南北与七河地区 4 个地理区域，沿线包括了中心城镇遗迹、商贸城市、聚落遗迹、交通遗迹、宗教遗迹和关联遗迹等共 33 处，以及沿途丰富的特色地理环境。

这段丝路，是贸易、交流和对话之路。它在东亚古老的华夏文明中心和中亚历史悠久的区域性文明中心之间建立起长距离的交通联系；在长途贸易中推动着大型城镇和城市发展；它与张骞出使西域等重大历史事件直接相关，深刻反映出佛教、摩尼教、拜火教、祆教等宗教和城市规划思想等在古代中国和中亚等地区的传播。

不同的国家、不同的语言却拥有相同的记忆，中哈吉三国用联合申遗表达着对它的敬意。

翘首以盼的成功

斗转星移，岁月悠悠，拂去历史的尘埃，我们不得不看到，丝绸之路跨国系列申遗历时久、难度大，是前所未有的开创性项目。

丝绸之路规模巨大、遗产数量种类繁多。如何将这个超大规模的文化线路遗产申报为世界文化遗产，是摆在国际社会面前的难题。

别的不说，仅语言一项就是其他项目无法比拟的：中哈吉三国签署的协议文书涉及了中文、英文、俄文、哈萨克文和吉尔吉斯文 5 种文字。

落实到每个申遗点，都包括保护规划的编制、文物本体的保护修缮、周边环境的整治、保护工程的实施、设立专门保护管理机构、颁布专项保护管理法规等大量具体庞杂的工作，甚至包括对当地群众的宣传，每一项都不容忽视。

这是中国首次进行跨国联合申遗，无现成经验可供借鉴和学习。中国与中亚国家语言不通、体制机制不同、国家和社会各界参与程度不同，这些都为协调与沟通、统一推进申遗进程制造了不小的难度。

虽然困难重重，但中国不仅圆满完成了本国的申遗工作任务，而且主动承担相应的国际职责，成为跨国申遗重要的推动力量。

6月20日多哈时间下午，在第38届世界遗产大会上，“丝绸之路：起始段和天山廊道的路网”申遗项目将接受严格郑重的审议。

中哈吉三国人民正翘首以盼，盼望着申遗成功，这是对千百年来行走在这条路上的人们最好的告慰，也是对丝路精神最好的传承。

2014年06月16日　光明日报　记者：李韵

华商网、凤凰网等10余家媒体转载报道

2014年6月22日央视新闻联播

央视网消息（新闻联播）：由中国、哈萨克斯坦、吉尔吉斯斯坦三国联合申报的丝绸之路“长安－天山廊道路网”，历经26年筹备、两次重大调整和多轮考察评审，今天终于成功列入世界文化遗产名录，这也成为国际上第一项跨国申报成功的丝路遗产。至此，我国的世界遗产已增至47项。

丝绸之路是古代横贯欧亚大陆的路网之总称，分布于东西长约10000公里、南北宽约3000公里的区域内。此次申遗路线“长安－天山廊道路网”总长约5000公里，自东向西跨越中国的中原地区、河西走廊、天山南北，一直延伸到哈萨克斯坦和吉尔吉斯斯坦的七河地区。它是人类社会遗留至今规模最大的文化遗产，也是最难梳理，最难统计，最难申报的千年古道。

丝路古道沿途经过几十个国家和地区，任何一个国家都难以独立完成丝路申遗。上世纪80年代联合国教科文组织启动了“丝绸之路整体性研究项目”，90年代上百位国际专家对丝绸之路进行了5次大规模综合考察，在这基础上提出“廊道”概念，确认了丝绸之路上现存的54个“廊道”。打破国界，将分散在各个国家的古迹遗址整合起来，使得丝绸之路申遗具有了真正的可操作性。

此外，我国申报的中国大运河项目今天也成功入选世界遗产名录。中国大运河北起首都北京，南至浙江，流经天津、河北、河南、安徽、山东、江苏，是世界上建造时间最早、延续使用时间最久、空间跨度最大的人工运河。始建于公元5世纪，到公元13世纪也就是元朝发展达到顶峰，将黄河、长江等中国境内五大最重要的水系有机联系起来成为一个整体，体现了古代水利工程的最高成就。

2014年6月22日　中央电视台新闻联播

丝路跨国申遗成功 世界文化遗产西安新增 5 处

丝绸之路穿越两千多年时空，横跨亚欧非数十国，是一条不同文明和民族交流融合的文化之路，也是沟通亚洲、欧洲、非洲之间政治、经济和文化的大动脉。

在卡塔尔多哈举行的第 38 届世界遗产大会上，“丝绸之路”项目成功入选《世界遗产名录》。此次申遗成功，再次改写了中国拥有的世界遗产数量，至此中国世界遗产的总数已达到 47 项，继续稳居世界第二位。而西安区域内的世界文化遗产也由原先的秦始皇陵及兵马俑 1 处变为 6 处。

自 2006 年以来，丝路申遗已走过了 8 年。8 年的努力与期待，终于圆梦成真。从此，《世界遗产名录》新增了 5 个闪亮的名字：汉长安城未央宫遗址、唐长安城大明宫遗址、大雁塔、小雁塔、兴教寺塔。

从今日起，本报将开设专栏“丝路申遗圆梦时”，全面宣传我市申遗工作的主要成就、重大意义和深远影响。记者将深入各遗产点，宣传申遗过程中的经验做法和主要成就，申遗中涌现出来的先进典型、感人事迹，同时向广大市民展示我市世界文化遗产的巨大历史价值和文化魅力，提高大家对文化遗产的保护意识和参与热情，为西安加快建设丝绸之路经济带新起点和具有历史文化特色国际化大都市营造良好的舆论氛围。

世界遗产有个标志，中央的正方形是人类创造的形状，圆圈代表大自然，这个标志呈圆形，既象征全世界，也象征着它需要人类给予保护，两者密切相联。

今后，《世界遗产名录》中将新增一个闪亮的名字——“丝绸之路：长安—天山廊道的路网”，西安汉长安城未央宫遗址、唐长安城大明宫遗址、大雁塔、小雁塔、兴教寺塔作为丝绸之路上的重要遗迹，也将永久悬挂上世界遗产的标志。

申遗之路

八年的不懈努力与期待

27 年前，在联合国教科文组织举办的世界遗产委员会第十一届全体会议上，首次将中国的故宫博物院、周口店北京人遗址、泰山、长城、秦始皇陵（含兵马俑坑）、敦煌莫高窟 6 处文化与自然遗产列入《世界遗产名录》。秦始皇陵作为世界第八大奇迹和中国其他世界遗产一起得到世界的尊重。

27年后，中国、哈萨克斯坦与吉尔吉斯斯坦跨国联合申报的“丝绸之路”项目成功列入《世界遗产名录》。西安改变了仅有秦始皇陵一处世界文化遗产的遗憾。

从秦始皇陵到丝绸之路，西安已经等得太久。

自汉武帝派遣张骞出使西域，开通丝绸之路后，经过2000多年的发展，丝绸之路已从最初的连接亚洲、非洲和欧洲的古代路上商业贸易路线，演变为一条东西方文明之间进行经济、政治、文化交流的主要道路。它把古代世界的文明中心中国、印度、埃及、美索不达米亚联结在一起，世界三大宗教——佛教、基督教、伊斯兰教以及道教、儒教、摩尼教等也通过它得以传扬并对亿万人的思想产生巨大的影响。

在这条文化线路上，遗留下了大量璀璨夺目的珍贵文化遗产。其中，西安五处遗产点，就是丝绸之路从开通、发展到繁荣、鼎盛时期的文化遗产的重要载体和典型代表，见证了东西方之间的商贸往来、文化交融、科技交流，在全人类文明史上具有重大文化价值。

长期以来，我市各级党委、政府和人民群众为保护好这些珍贵的文化遗产付出了极大的努力，为我国乃至全人类共同文化遗产保护作出了卓越的贡献。

自2006年丝路申遗项目启动以来，市委、市政府高度重视，成立领导机构，完善领导机制，明确工作责任，制定实施方案，组织编制各申遗点的保护管理规划；加大申遗经费投入，扩充专业人员，实施了各申遗点的环境整治工程、陈列展示工程、基础设施工程、遗产监测和档案建设等工作。各申遗点精心筹划设置了丝路专题陈列布展，帮助观众认识当年丝绸之路东西文明交流与创新的史实；西安市在全市大力营造浓厚的申遗宣传氛围，各遗产点结合实际组织开展丰富多彩的宣传活动，在全市形成了共同参与、干群齐心协力、共促申遗的良好局面。

大力投入

保护遗产点真实性完整性

八年申遗路，昨日终于梦圆多哈。

在丝路申遗各项工作中，我市始终把文化遗产保护与促进当地经济社会发展相结合，努力实现文化遗产由单体保护为主向整体保护为主转变，由单纯保护向保护传承利用有机结合的方向转变，积极促进文化遗产保护与旅游产业、休闲产业，与生态建设融合，使文化遗产保护融于经济社会建设、融入百姓生活，使文化遗产利用造福人民群众。

其实，保护一直以来从未间断。

我市对这五处遗产点采取重点投入、重点管理、重点实施的方式，在保护过程中攻克难题、解决问题。

为了保护汉长安城遗址的完整性，我市始终没有在汉长安城遗址范围内规划安排大型建设工程和城市建设工程。上世纪90年代，规划建设西安二环路北段时，方案避开了汉长安城遗址区。

近年来，为了更好地保护展示汉长安城未央宫遗址的真实性、完整性，更好地展示、传播历史文化，我市通过了《汉长安城国家大遗址保护特区实施方案》，组织实施了汉长安城未央宫遗址区环境整治。2013年10月28日，汉长安城未央宫遗址保护展示区免费向社会开放，再现了历史上未央宫遗址的宏伟布局，得到了区域内群众的支持和拥护。

大明宫遗址通过建设国家遗址公园，实现了对遗址的整体保护和展示，遗址区基础设施逐渐完备，环境得到美化，极大地改善了当地群众的居住和生活条件。通过各级政府和社会各界的共同努力，这些文化遗产的真实性、完整性得到了有效保护；文物所处的环境有了极大改善，文物本身的价值得到凸显；申遗成为惠及千万百姓的民生工程，申遗工作与百姓福祉紧密相联，涉及申遗的百姓生活和生活环境已经或正在发生新的改善。我们所做的文物保护工作既是对中华文化遗产的热爱、尊重和保护，也是对世界文化遗产保护作出的贡献。

世界遗产

是至尊品牌更是重大责任

“丝绸之路是国际文化遗产项目，丝绸之路成功申报世界文化遗产，对于树立世界文化遗产大国形象，提升中华文化国际地位和话语权具有着重要意义。”西安市文物局局长郑育林在接受采访时说，通过这五处文化遗产的申遗，不仅充分彰显西安丝路起点的历史地位，极大提升了西安市的文物保护理念和水平，而且有效促进了遗产地百姓幸福指数的提高，提升了西安这座遗产地城市的品位和文化产业的发展，推动了西安丝绸之路经济带建设的新发展。

郑育林表示，丝绸之路成功列入世界文化遗产，既是至尊的世界品牌，更是一种重大的责任。我们将恪守《世界遗产公约》，把严格保护作为第一要务，加大遗产的广泛宣传，培养公众的保护意识；进一步完善管理体制，加大监督和执法力度，在全社会形成热爱丝路遗产、保护丝路遗产的浓厚氛围。

据悉，未来，我市将继续推进五处遗产精细化、科学化管理，并以大量实践探寻出的保护规律为基础，连贯持续地对明德门遗址、含光门遗址、延平门遗址、天坛遗址、大唐西市遗址、兴庆宫遗址、大清真寺、草堂寺鸠摩罗什舍利塔、大秦寺塔等丝路相关遗产点实施保护，形成示范和带动作用。同时进一步完善各遗产点的旅游基础设施，为游客提供良好的服务条件；发挥旅游产业的带动功能和综合效应，着力提高丝路遗产旅游的软实力。

同时，我市将全力推进全市大丝路文化遗产保护管理模式，以世界遗产的保护管理要求为标杆，不断推动全市文化遗产保护管理水平，发展全市文化旅游事业，促进西安城市文化建设，提升西安投资环境，推动西安与丝路沿线城市全方位的交流与合作，为丝绸之路经济带建设作出巨大的贡献。

2014年6月23日　西安日报　记者：文艳

腾讯网、新华网、西部网、华夏网、中国经济网等转载报道

让千年丝路重焕荣光——回首西安八年申遗路

2014年6月22日，注定载入史册。在卡塔尔多哈举行的第38届世界遗产大会上，仅仅30分钟的审议，最终确定“丝绸之路”项目入选《世界遗产名录》。为了这30分钟，中哈吉三国整整努力了8年，这背后凝聚了无数文保工作者的辛勤汗水。

此次申遗成功，不仅改写了中国拥有的世界遗产数量，让47项遗产数量稳居世界第二，同时也让西安区域内的世界文化遗产由原先的1处变为6处。从此，汉长安城未央宫遗址、唐长安城大明宫遗址、大雁塔、小雁塔、兴教寺塔永远铭记在《世界遗产名录》中，为世人展示巨大的历史价值和文化魅力。

6月24日，刚下飞机的上海游客余先生就迫不及待地来到西安几个申遗成功的景点参观，与此同时，有旅行社开始筹划“丝绸之路申遗景点”的旅游线路。申遗成功还不到两天，它对地方的旅游经济和知名度提升已有了显著影响。

千年的丝路赢得世人尊重

1877年，德国地理学家、旅行家李希霍芬出版的一本并不起眼的游记书，无意开辟了一个学界的时代，在这本名为《中国》的游记中，他第一次提出“丝绸之路”的概念。从此，这条自中国长安出发，西经中亚、西亚，远及欧洲、非洲，全长7000多公里，持续近2000年的贸易之路真正被世人所知。

作为世界上第一条连接东西方的商贸之路、文化之路、友谊之路，它不仅开辟了东西方政治、文化、经济交流的新纪元，它所传递的历史文化价值和丝路精神在当今愈发地弥足珍贵，千年丝路最终赢得世人尊重。

1988年，联合国教科文组织启动“对话之路：丝绸之路整体性研究”项目，1990～1995年，又组织全世界丝绸之路研究的专家学者开展了五次国际性科学考察。

2006年，在联合国教科文组织世界遗产委员会的积极协调下，中国和哈萨克斯坦、吉尔吉斯斯坦、塔吉克斯坦、乌兹别克斯坦、土库曼斯坦等中亚5国联合启动了丝绸之路跨国申报世界文化遗产工作。

2011 年，因为丝绸之路庞大的规模，国际组织专家提出“廊道”的概念，对丝绸之路跨国申遗策略进行调整。经过多次协商，2012 年最终确定中国和哈萨克斯坦、吉尔吉斯斯坦三国联合申报“丝绸之路：起始段和天山廊道的路网”。

申遗路漫漫八年努力终圆满

自 2006 年丝路申遗项目启动以来，西安市委、市政府高度重视，成立领导机构，完善领导机制，明确工作责任，制定实施方案，组织编制各申遗点的保护管理规划；扩充专业人员，实施了各申遗点的环境整治工程、陈列展示工程、基础设施工程、遗产监测和档案建设等工作。西安各申遗点精心筹划设置了丝路专题陈列布展，在全市大力营造浓厚的申遗宣传氛围，各遗产点结合实际组织开展丰富多彩的宣传活动，在全市形成了共同参与、干群齐心协力、共促申遗的良好局面。

走进小雁塔申遗点，8 年来的申遗材料足足装了好几个柜子，摞起来有两三个人高。“不管哪一届院领导，任期内的首要任务就是申遗！”全程参与申遗，现西安博物院研究部主任、副研究馆员李燕回忆说，当时接到申遗任务时，因为没有现成的模板对照，只有一项项抠细节，反复修改，提升精细化管理水平，没有任何捷径可以走。她举例说，一开始联合国专家前来考察验收时，总会提出一些看起来很古怪刁钻的问题，比如他会问小雁塔上有多少块砖，每块修补后的砖是否有手绘图案的档案等等，“当时认为这是专家在有意刁难，现在看来还是管理中的精细化程度不够”！李燕说，事后他们从保护规划的编制、文物本体的保护修缮、周边环境的整治、保护工程的实施、设立专门保护管理机构、颁布专项保护管理法规等大量具体庞杂的工作，甚至包括对当地群众的宣传，每一项工作都认真对待。

这样的努力得到了回报。此后，联合国专家再次考察验收时，很多管理细节连专家们都感觉意外：原先铺设的青砖更换成大块的青石，每块青石上人为地刻上划痕，达到“修旧如旧”的美观效果；原先古树四周的保护栏都是不锈钢的，显得很突兀，现在在保护栏上全部贴上了木条，看起来更为和谐统一；标识也采用国际通行标准标识系统，将古建、古树及碑刻融为一体，文字内容详尽。

注重文化遗产保护更注重民生

一有空闲时间，家住自强东路的 78 岁刘师傅就会来到附近的大明宫遗址公园逛逛，公园里绿树成荫、鲜花环抱，市民们在这里得到全身心的放松。回想起十多年前这里还是远近闻名的“脏乱差”，刘师傅不禁发出感慨：“有这么好的环境，我还要争取再活 20 年！”当宏伟的遗址保护和城市公共绿地完美结合时，它让文化遗产保护融于经济社会建设、融入百姓生活，使文化遗产利用造福人民群众。

从坚持由单纯保护向保护传承利用有机结合的方向转变，西安的 5 处申遗点在申遗过程中注重文化遗产的保护，更注重周边居民的民生。为保护唐大明宫遗址，西安市政府征用唐大明宫遗址区3.5平方公里土地，拆迁遗址区350万平方米建筑物，重新安置10多万群众。极大地改善了当地群众的居住和生活条件，也改善了大明宫遗址的保存条件，提升了西安北郊的城市品位。

在未央宫遗址，在各遗产点的文物保护、陈列展示、环境整治、基础设施建设方面做了大量艰苦细致的工作。对占压未央宫遗址的部分村庄和居民进行了拆迁安置，既有效地保护和改善了遗址的保存环境，又很好地改善了当地村民的居住环境和生活环境，实现了文化遗产保护与提高群众生活水平的“双赢”。

谈起此次绸之路申遗成功，省文物局副巡视员周魁英说，丝绸之路申遗成功，充分说明我省文化遗产保护利用的理念、思路、方法和实践探索成果，得到了联合国教科文组织及国际社会的充分肯定和普遍认可，证明我省丝绸之路文化遗产在人类文明交流互鉴和发展进步中具有不可替代的重要作用，极大地提高了陕西文化遗产的国际地位和国际影响力。

省社科院社会学专家方海韵表示，全省7处申遗点，5处都在西安，此次能够顺利申请通过，是对丝路精神的敬意和传承，申遗极大地改善了文物周边的环境，为地方民众营造了赏心悦目的文化生活空间，增强了中国人民的民族自尊心、自信心和自豪感，充分发挥了文化遗产保护对于弘扬社会主义核心价值观的重要作用，并为促进遗产地旅游业进步，增进社会可持续协调发展，使文化遗产保护惠及于民、反哺社会发挥更大的作用。

2014年6月27日　西安晚报　记者：杨明
人民网　凤凰网、旅游网等转载报道

丝路起点 再添五处世界文化遗产

承古开新 围绕“五通”建设丝路经济带

西安，丝绸之路的起点，中华文明的发祥地。6月22日，“丝绸之路：长安—天山廊道的路网”成功申报世界文化遗产，西安汉长安城未央宫遗址、唐大明宫遗址、大雁塔、小雁塔、兴教寺塔名列其中，成为全人类共同呵护的历史文化瑰宝，这一成果凝聚了历届西安市委、市政府以及几代西安市民的心血和汗水！

延续丝路历史 弘扬丝路文化

西安在丝绸之路起点续写时代辉煌

2100对年前，汉朝使者张骞两次从先启程前往中亚，完成了探索中亚的史诗般功业，开辟出横贯东西，连接欧亚的丝绸之路。2100年后的今天，餐风露宿的大漠驼队，已变成风驰电掣的“长安号”专列；跋涉艰难的丝绸之路，已变成世界上跨度最长得经济大走廊，高铁相连，“商旅不绝”，延续着这条世界上最伟大的贸易之路，对话之路、和平之路和发展之路，创造着新丝绸之路经济带的兴旺繁荣。

6月22日，在第三十八界世界遗产大会上，中哈吉三国联合申报的“丝绸之路：长安——天山廊道的路网”被正式列入世界遗产名录，西安汉长安城未央宫遗址、唐大明宫遗址、大雁塔、小雁塔、兴教寺塔名列其中。

申遗不是目的，保护、造福后代才是目的。

丝绸之路申遗过程中，西安市委、市政府多次调研西安的申遗点，安排部署遗址保护和申遗工作，要求认真对照申遗各项质保，做强硬件，完善软件，按照规划和时间节点有序推进。

申遗过程中，西安五个申遗点都进行了保护规划的编制，文物本体的保护修缮，周边环境的整治、保护工程的实施，设立专门保护管理机构，颁布专项保护管理法规，当地群众积极参与其中，广泛宣传、自觉保护，文物环境得到极大改善，营造出赏心悦目的文化生活空间。

申遗的成功，使西安世界文化遗产数量增加为六个。这些文化遗产还将进一步带动旅游业进步，增加社会可持续协调发展，使文化遗产保护在惠及于民、反哺社会中发挥更大的作用。

申遗的成功，表明了西安文物保护获得世界肯定，这既是一种荣誉更是一份沉甸甸的责任。西安将恪守《世界文化遗产公约》，把严格保护作为第一要务，同时加大对遗产的宣传，“让文化遗产活起来”、“走出去”，不断改进展示方式，提升市民保护历史文化遗产的自觉性，让历史文化与城市现代化和谐共生、交相辉映，让西安历史文化遗产保护迈向新的阶段，让西安和世界人名共享保护成果，续写历史的辉煌。

传承丝路精神 重振丝路雄风

西安争当丝绸之路经济带建设排头兵

2013年9月，共建丝绸之路经济带的战略倡议和构想正式提出。市县沿途各国政策沟通、道路联通、贸易畅通、货币流通、民心相通，这一战略构想描绘出一幅连接欧亚、辐射40多个国家、覆盖30多亿人口，世界上最长、最具发展潜力的经济大走廊蓝图。

西安作为丝绸之路的起点城市、新欧亚大陆桥中国段最大的中心城市，理应担当起建设丝绸之路经济带的历史使命，当好丝绸之路经济带建设的排头兵，努力建设丝绸之路经济带新起点。

西安将抢抓机遇，积极作为，充分发挥国家支持西安建设发展的政策效用，加大省市共建大西安力度，优化城市空间布局，完善市政公共服务设施、发挥“建设大西安、带动大关中、引领大西北”的作用，高标准打造丝绸之路经济带的新起点。

深化亚欧合作，促进政策沟通。认真落实《共建丝绸之路经济带西安宣言》，制定具体的实施意见，着力办好丝绸之路经济带沿线城市市长论坛，深化各领域务实合作。

建好西安枢纽港，促进道路连通。发挥西安东联西进、贯通南北的区位优势和铁路、公路、航空交通等枢纽作用，构建以西安为中心的丝绸之路经济带综合立体交通体系和国际中转枢纽港。发挥已开通的西安至阿拉木图“长安号”国际货运班列转关直转通关模式的优势，积极筹备开通西安至莫斯科和鹿特丹国际货运班列，尽快将西安国际港务区融入国际港口体系。

聚集生产要素，促进贸易畅通。发挥西安高新技术、装备制造等产业优势，以西安科技大市场为平台，打造具有世界影响力的科技资源集聚中心、科技创新交流中心和科技成果国际交易中心，吸引中亚、西亚乃至欧洲现代服务业向西安聚集，推动中亚、西亚企业落户欧亚经济论坛综合园区。

构建丝路金融中心，促进货币流通。加强与国家金融管理机构和国家开发银行的沟通体系，争取上合组织开发银行落户西安，积极引进国内外银行、证券、期货、保险、信托、租赁等金融机构进驻西安金融商务区，打造丝绸之路经济带金融中心。

打好丝路文化牌，促进民心相通。发挥西安文化优势，加强与沿线城市交流与合作，彰显西安文化软实力。争取在西安建设上合组织大学中国校区，开展高端人才培养、留学生教育、青少年互访活动。

西安，已站在丝绸之路经济带的新起点上，肩负起延续丝路历史、弘扬丝路文化、践行“丝绸之路经济带”战略构想的重大责任。西安正迈开坚实的步伐，遵循“五通”原则路径，秉承开放包容的丝路精神，以勇于担当的胸襟气度，立足地理区位、交通、旅游、文化和科教等优势，抢抓机遇，积极作为，争当丝绸之路经济带建设的排头兵。

2013年7月2日　人民日报

他们，守护着历史

王永伟正在通过监控巡视遗址安保情况
记者　窦翊明　摄

长乐宫建筑遗址（资料照片）
记者　张宇明　摄

10个王朝在这里建都，历经2000年风雨，汉长安城遗址内的城墙和一些大型夯土遗迹仍清晰可见。今年6月份，汉长安城未央宫遗址申遗成功，它的历史价值和保护成果获得世界认可，这背后凝聚着无数人大量的心血。

无论刮风下雨还是烈日当头，汉长安城遗址区内都有文保工作者的身影，他们与破坏遗址的行为斗争；无论是农忙之时，还是村民聚会，遗址区所在街办的工作人员都会抓住时机宣传文物保护，并想方设法为村民寻找不破坏遗址的致富之路；遗址区淳朴的村民，不经意间挖出的一块瓦当，不会私藏而是将它交给国家……

（一）

1994年的一天，甘洪更来到了汉长安城遗址，被委以重任，组建汉长安城遗址保管所。他看着这片蕴藏着丰富历史遗存的遗址，脑中勾画着一幅保护蓝图。然而当年的这里是一片田地，连一间可以坐下办公的房子都没有，人员少、资金少、条件艰苦，他脑中的蓝图能否实现？

汉长安城遗址保管所保卫部部长王永伟是最早来到汉长安城遗址保管所工作的人员之一。他回忆说，每天早上他们骑着自行车来到遗址，站在树荫下，甘洪更所长给大家安排一天的工作任务。

刚刚开始汉长安城遗址的保护工作，他们要将遗址内的整体状况调查清楚，36平方公里，他们分片巡查。一些遗存在田地中，很多地方骑自行车无法过去，他们就只能步行，就这样他们用脚丈量着这里的每一片土地。早上分配完任务后，大家就各自忙碌起来。中午就蹲在田间地头吃着从家中带来的午饭。

“那时候条件真是苦啊！”回想起当时的工作环境，王永伟不由自主地感慨道。初见到王永伟，第一印象就是他黝黑的皮肤，然而当见到宣教部部长高亚平后才发现这是一个普遍现象，那就是每个人的肤色都因长年户外工作而晒得黝黑。

王永伟和高亚平告诉记者，随着城市化进程的加快，现在的遗址区比多年前面临更大的威胁，经济要发展，村里要致富就会积极引进企业，但是有的类型的企业会对遗址造成破坏。如就曾经有铁厂建在遗址区上，为了将这个“大毒瘤”从遗址中清除出去，他们找厂子、找村长、找当地街办，最终这个铁厂被拆除。此后又有煤场、化工厂等企图进入这里，但都没有进来。

高亚平到汉长安城遗址保管所的时间稍晚些，他赶上了遗址保护任务最为繁重的时期。从2005年开始，全国范围内展开对大遗址的保护，并开始积极探索大遗址保护的方式，汉长安城遗址自然被列入重点。

借此东风，汉长安城遗址获得了一定资金，开始对遗址展开更大范围的保护。正当大遗址保护如火如荼地开展时，汉长安城遗址作为丝绸之路的起点又迎来了申遗，这样汉长安城遗址的保护无论从资金上还是人员上都有了极大提升。

中国古代建筑和西方国家不一样，宫殿建筑均是土木结构，经过千年的风吹日晒，建筑遗址都只残留地下。而一旦发掘后，再经过风吹雨淋就彻底破坏了。考古工作者对遗址进行发掘采集足够的资料后，均会进行回填以保留其原状。不仅要将遗址保护好，还要充分展示出来，发挥遗址的宣教作用，按照申遗标准，汉长安城遗址保管所开始对已经探明的遗址进行展示。

高亚平还记得，当时前来视察的国家文物局领导，对于汉长安城遗址能否在规定时间内完成相关保护工程持怀疑态度，汉长安城遗址作为丝绸之路的起点，如果无法通过审核，将影响整个申遗计划的顺利进行。

“无论如何都要按期完成任务”，高亚平说，当时所里的每个人都顶着这样的压力。黑面孔、花白头发已经成为汉长安城遗址保管所工作人员的普遍形象，高亚平自己的头发就是在申遗这段时间突然花白了。

高亚平当时承担着10多项保护工程，每天从早到晚都在工地上，时刻根据工程情况还要对施工图纸进行研讨更改。去年高亚平的孩子恰逢高考，而王永伟的孩子也要中考，就在这样关键的时刻，他们作为孩子的父亲却几乎很少能与孩子见面，更不要提关心孩子的学习，家中的大小事务全要靠妻子打理。所长甘洪更知道后很不忍心，在孩子临考前专门给他们放假，让他们回家陪孩子考试。

经过大家的努力，汉长安城遗址保管所通过多种方式将遗址区的珍贵遗存向市民精彩展示出来。去年，汉长安城未央宫遗址向社会正式开放。桂宫2号等遗址区采用的是地表模拟展示，虽然发掘后进行了填埋，但在地上原样进行模拟，参观者可以了解到宫殿结构。

还有一种方式是对遗址进行标识，就是在遗址本体上用砖或植物勾勒其形象，如道路遗址用石子标识，城墙遗址就用桧柏这种低矮的植物进行标识。另外一种展示方式是在遗址上建陈列厅，如长乐宫4、5号遗址就是这样。宫墙、城壕、未央宫、长乐宫、椒房殿、中央官署、少府等遗存均采用不同的方式进行了展示。

看着现在的汉长安城遗址，甘洪更、高亚平、王永伟以及汉长安城遗址保管所的文保工作者无不为之骄傲，申遗成功，他们的工作获得了世界肯定，如今甘洪更脑中在勾勒着另一幅更美好的保护蓝图。

（二）

1997年，徐家宽来到当时的汉城乡任副乡长，他还清楚记得领导找他谈话时说了四个字：稳定发展。

工作不久，他发现汉长安城遗址保护区的好几个石碑被砸倒了，徐家宽觉得很蹊跷，于是展开调查。原来，有许多石碑是被人为砸倒的。为什么大家对石碑有这样的不满？

在调查中，许多群众指着邻村给他说，你看看朱宏路以东是什么样子，而朱宏路以西又是什么光景。当时在老百姓流传着这样的话：临潼致富，不忘秦始皇；汉城翻不了身，只因汉刘邦。

朱宏路以东经济迅速发展，居民生活富裕；朱宏路以西正是汉长安城遗址保护区，村民生活贫困。老百姓认为，就是这个汉长安城遗址，使得他们无法富裕起来，就将怨恨发泄到这些石碑上。

"老百姓的心情咱理解，但是作为政府工作人员，遗址咱也必须要保护。"于是徐家宽开始对汉长安城遗址保护进行研究。"文物是不可再生资源"，他理解到保护遗址的重要性，也深刻领悟到在汉城街办工作，需要的不仅仅是"稳定发展"，还要在保护的同时，让这里的老百姓过上好日子。

徐家宽开始琢磨，怎样提高老百姓的保护意识，怎样在保护遗址的前提下让老百姓致富。在农村，农忙时是人最全的时候，徐家宽和同事利用这个机会走到田间地头和农民拉家常，给他们讲金屋藏娇，讲韩信是怎样被杀……

徐家宽说，遗址区的村民们都十分淳朴，很多人尽管不富裕，但是仍然十分重视文物的保护，盖房子时发现一个瓦当都会收集起来上交。

文物不能破坏，还要让村民逐渐富裕起来。徐家宽和同事引导村民开办小作坊，利用现有的房子搞印刷，做小工艺品，兴办农家乐。同时鼓励老百姓走出去，一些村民说自己没有技能，徐家宽就告诉他们只要会使钳子就能够打工挣钱。村子距离大明宫建材市场较近，很多村民都在那里找到了工作，生活状况逐渐好转。

徐家宽常常在想，怎样将汉长安城的历史文化资源利用起来，带动村民富裕。当时，长乐宫4、5号遗址考古发掘完成，他就与主持发掘的负责人商谈，能否在这里建设展示厅对外开放，不再填埋。后来，他主动解决了建展示厅所要解决的土地问题，展示厅顺利建立起来。

汉长安城遗址清明门前有一座门楼，上面写着：汉长安城，走过这个门楼就走进了汉长安城遗址区，这个门楼就是当年徐家宽主持建造的。他说文物保护就是从这个门楼开始，利用这个门楼来起到警示提醒作用。同时他们还对汉城街办辖区内各村之间的道路用水泥路硬化连通，并在路边栽植树木，呈现出路在花中的美丽景象，节假日很多市民会选择到这里游玩。

现在，徐家宽已经离开汉城街办，然而在汉长安城遗址区工作过的经历，一直让他引以为豪。

（三）

汉长安城遗址区居住着万余村民，他们对这片土地有着深厚的感情，他们用自己的方式为遗址保护贡献着力量。让我们来看看这些普通人为大遗址保护作出的贡献：

施建军，张家堡街道红色村村民，人称“高铁寨汉墓守护者”。担任文物保护员20余年，不计任何报酬，义务对辖区文物和遗迹进行巡视保护，不仅自己坚定不移守护高铁寨文物古迹，还大力宣传文物保护重要性，动员村民一起保护。高铁寨汉墓在他的多年守护下，未曾发生过盗掘现象，自然形态保存完好。

查胜利，咸阳市国棉七厂退休职工，1994年开始收藏文物，他共收藏文物400余件，并于2011年9月28日将其全部捐给汉长安城遗址保管所。他从开始收藏文物到捐交，从未卖过一件文物。看到汉城“石马湾”隐藏的丰富历史文化，为了使这里的历史文化不被湮灭，他到处呐喊，并在“石马湾”仿建一尊“大夏石马”。

郑富林，一名退休干部，出生在未央区六村堡村“雍城门”遗址附近，从小与汉砖、“泥娃”为伴，对这些有着极深的感情。1997年起，先后在各类媒体上发表以介绍汉长安城文物古迹、呼吁文物保护、改善遗址区民生为主要内容的文章，在其呼吁下，汉天禄阁、石渠阁遗址得到保护。

赵小林，未央区汉城街道罗寨村党支部书记，他积极配合中国社会科学院汉长安城工作队完成了6处遗址的发掘，同时还配合摸清了田野遗址的底数，划定了保护界限。他积极动员，大力宣传大遗址保护的重要性，在汉长安城申遗中，及时完成了罗寨村的整体拆迁。

靳小厚，未央宫街道西马寨村村委会主任，常年在村民中宣传文物保护政策，在“不挖、不盖、不建厂、不污染”的文物保护前提下，推广农家乐发展模式，改善遗址区内群众生活。他要让汉长安城未央宫前殿拂去历史的尘埃，为西马寨村增添美丽的光彩。

……

如今，汉长城遗址作为世界文化遗产吸引了全世界的目光，未来也将迎接越来越多的国际游客前来参观游览，汉长安城遗址区的村民也将在汉长安城遗址的保护利用中获利，大遗址保护与当地经济发展在这里完美融合。

无论是文保工作者，还是当地政府工作人员以及世代居住在这里的村民，他们为遗址保护所作的贡献将永久载入汉长安城遗址保护发展的史册。

2014年7月14日　西安晚报　记者：吕华

我省通报表彰丝路申遗工作先进单位

8月6日记者获悉，陕西省政府日前印发《关于表彰丝绸之路申报世界文化遗产工作先进单位的通报》，决定授予陕西省文物局等16个单位“丝绸之路申报世界文化遗产工作先进单位”称号，并予以通报表彰。

16单位获通报表彰

《通报》指出，今年6月22日，经第38届世界遗产大会审议，我国和哈萨克斯坦、吉尔吉斯斯坦联合申报的“丝绸之路：长安—天山廊道路网”项目成功列入世界文化遗产名录，其中包括陕西汉长安城未央宫遗址、唐长安城大明宫遗址、大雁塔、小雁塔、兴教寺塔、彬县大佛寺石窟和张骞墓7处遗产点，标志着丝绸之路跨国申报世界文化遗产工作取得圆满成功。《通报》说，在陕西省委、省政府高度重视和积极推动下，有关市、县（区）政府和相关单位以高度的责任感和强烈的大局意识，科学规划、团结协作、克服困难、不懈努力，确保了申遗成功。为了表彰先进，省政府决定授予陕西省文物局等16个单位“丝绸之路申报世界文化遗产工作先进单位”称号，并予以通报表彰。受到表彰的单位包括7处申遗点所在市、县（区）政府和遗产点所在文物保护机构、陕西省文化遗产研究院。

丝路申遗成功后，陕西省政府举行新闻发布会通报情况

《通报》强调了申遗成功的重大意义。这次申遗成功使陕西世界文化遗产点由1处增加到8处，这是陕西继1987年“秦始皇及兵马俑坑”申遗成功后文化工作的重大突破。7处遗产点顺利进行世界文化遗产名录，对于深入挖掘陕西文化资源优势，促进历史文化资源的保护和合理利用、扩大陕西文化影响都具有重大而深远的意义。同时，通过开展丝绸之路申遗工作极大地改善了文物遗迹周边的环境，提升了城市的文化品位，为广

大群众营造了良好的文化生活空间，带动和促进了当地旅游业的发展。

丝路申遗是对文明的尊重

“世界文化遗产强调真实性和完整性，为了此次丝路申遗，我省各级政府和人民群众长期以来付出了极大努力。”省文物局副巡视员周魁英说，为遗产保护所作出的努力和牺牲是不能仅仅用金钱来计算价值的。站在人类历史的纬度，它是对文明的尊重；站在社会发展的角度，它是时代的选择；站在普通百姓的角度，它则带来生活改善的可能。

周魁英说，在丝路申遗各项工作中，陕西始终把文化遗产保护与促进当地经济社会发展相结合，努力实现文化遗产由单体保护为主向整体保护为主转变，由单纯保护向保护传承利用有机结合的方向转变，积极促进文化遗产保护与旅游产业、休闲产业，与生态建设融合，使文化遗产保护融入经济社会建设、融入百姓生活，使文化遗产利用造福人民群众，这既是对我们中华文化遗产的热爱、尊重和保护，也是对世界文化遗产保护作出的贡献。丝绸之路成功申报世界文化遗产，对于提升中华文化国际地位和话语权，树立世界文化遗产大国形象具有重要意义。

提升文化遗产保护利用水平

“世界文化遗产是人类对文化遗产的认定最高标准，陕西作为一个文化大省，是中华文明重要的起源地，但却由于各种原因一直独守着1987年入选的秦始皇陵及兵马俑这唯一的世界文化遗产，至今已过27年。所以，此次丝绸之路跨国联合申遗成功，对陕西来说意义非常重大。”省文物局局长赵荣说，通过申遗，让更多的宝贵遗产从仅仅是我们国家的民族标志，变成一个世界人类关注的、世界人类去保护的世界遗产，这个过程是提升和宣传我们陕西文物的机会，更是学习国际先进的文化遗产理念和方法，提高文化遗产管理

6月22日，经第38届世界遗产大会审议，“丝绸之路：长安—天山廊道路网”项目成功列入世界文化遗产名录

的思路和方法，提升文化遗产保护的水平的绝好机遇。

赵荣表示，将以此次申遗成功为契机，加强保护管理，不断与国际接轨，提升我省文化遗产保护利用水平。一是按照国际标准和要求，做好我省世界文化遗产的保护管理工作；二是加强茂陵、乾陵、昭陵、西安清真寺等我省丝绸之路未列入首批申报的遗产的保护管理工作，努力争取这些遗产早日列入丝绸之路拓展项目；三是要用国际先进的理念和方法，加强我省古代其他都城遗址、汉唐帝陵等，甚至用于历史文化名城的保护，推动我省文物保护利用水平的全面提升；四是不断探索和创新我省大遗址保护的理念和方法，坚持在文化遗产在保护中利用，在利用中保护，充分发挥文化遗产弘扬民族文化的社会功能。全力推进秦始皇陵、周原、汉长安城、统万城、乾陵等文化景区建设，充分发挥我省文物资源优势，让文化成果服务社会，惠及民生，成为陕西文化强省的支撑；五是采用新的科学技术，通过智慧博物馆、考古博物馆建设，以大家所喜闻乐见的形式展示出来。

2014 年 8 月 6 日　三秦都市报　记者：赵争耀

西安日报、华商报同时报道，人民网、新华网、凤凰网等网媒转载

附 录

西安市丝绸之路历史文化遗产保护管理办法

第一条 为了加强对丝绸之路历史文化遗产的保护和管理，依据《中华人民共和国文物保护法》、《中华人民共和国文物保护法实施条例》和《陕西省文物保护条例》等法律法规，结合本市实际，制定本办法。

第二条 本市行政区域内丝绸之路历史文化遗产的保护和管理适用本办法。

本办法所称丝绸之路历史文化遗产，是指汉长安城遗址、鸠摩罗什舍利塔、大明宫遗址、兴庆宫遗址、天坛遗址、西市遗址、明德门遗址、延平门遗址、含光门遗址、大雁塔、小雁塔、兴教寺塔、大秦寺塔和清真大寺等不可移动文物以及其他与丝绸之路有关的不可移动文物。

第三条 丝绸之路历史文化遗产的保护和管理，应当坚持保护为主、抢救第一、合理利用、加强管理的原则，正确处理丝绸之路历史文化遗产保护与社会经济发展、人民群众生产生活的关系，确保丝绸之路历史文化遗产的真实性和完整性。

第四条 市文物行政管理部门是本市丝绸之路历史文化遗产保护管理工作的行政主管部门。

区县文物行政管理部门按照职责负责本行政区域内丝绸之路历史文化遗产的保护管理工作。

其他与丝绸之路历史文化遗产保护工作相关的部门应当按照各自职责，做好保护工作。

第五条 区县人民政府应当依法加强对丝绸之路历史文化遗产的保护，并将其纳入国民经济和社会发展规划。

第六条 公民、法人和其他组织都有依法保护丝绸之路历史文化遗产的义务，并有权对违反本办法的行为进行制止、检举和控告。

第七条 对在丝绸之路历史文化遗产保护管理工作中做出突出贡献的单位和个人，由相关管理部门给予表彰奖励。

第八条 丝绸之路历史文化遗产不得转让、抵押。建立博物馆、保管所或者辟为参观游览场所的，不得作为企业资产经营。

第九条 丝绸之路历史文化遗产的保护范围和建设控制地带以省人民政府公布的范围为准。

第十条 文物行政管理部门应当在丝绸之路历史文化遗产的保护范围、建设控制地带内设置保护标志和界碑，任何单位和个人不得擅自移动和破坏。

保护标志、界碑损坏的，应当及时修复。

第十一条　丝绸之路历史文化遗产的保护、管理和利用详细规划由文物行政管理部门会同规划行政管理部门及其他有关部门编制，报本级人民政府及上级文物行政管理部门批准后实施。所需经费列入本级财政预算。

第十二条　市级相关部门、区县人民政府及其相关部门应当加强对丝绸之路历史文化遗产周边环境的治理，对不符合保护要求和有碍丝绸之路历史文化遗产环境风貌的单位、村庄及其他建筑物、构筑物，应当进行改造或者拆迁，拆迁时应当按照国家有关规定给予安置补偿。

第十三条　市文物行政管理部门可以根据丝绸之路历史文化遗产抢救、修缮、安全设施建设等需要向市人民政府申请专项经费。

第十四条　经依法批准，尚未对外开放的丝绸之路历史文化遗产可以建立博物馆、遗址公园或者辟为参观游览场所，展示历史和文物风貌。

第十五条　丝绸之路历史文化遗产管理机构应当针对人为破坏和自然灾害制定各类应急预案并组织演练，提高应对突发事件的能力。

第十六条　发生危及丝绸之路历史文化遗产安全的突发事件时，丝绸之路历史文化遗产管理机构应当立即采取必要的控制措施，并同时向市人民政府和省文物行政管理部门报告。

第十七条　在丝绸之路历史文化遗产保护范围内禁止下列行为：

（一）在文物和保护标志上刻划、涂画、张贴；

（二）排放污水、挖掘取土取石、修建坟墓、堆放垃圾和其他可能损害文物安全的行为；

（三）存储易燃、易爆等危险物品；

（四）设置户外广告设施，修建人造景点和其他与丝绸之路历史文化遗产保护无关的工程；

（五）其他危害丝绸之路历史文化遗产的行为。

第十八条　在丝绸之路历史文化遗产保护范围内实施下列文物保护工程，应当制定文物保护工程方案，并按照有关规定履行报批手续：

（一）新建、改建、扩建文物保护设施；

（二）实施修缮、保养文物工程；

（三）铺设通讯、供电、供水、排水等管线；

（四）设置防火、防雷、防盗设施和修建防洪工程；

（五）其他文物保护的建设工程。

第十九条　在丝绸之路历史文化遗产保护范围内不得进行与保护无关的其他建设工程或者爆破、钻探、挖掘等作业。因特殊情况确需进行的，应当保证丝绸之路历史文化遗产的安全，并依法履行审批手续。

第二十条　丝绸之路历史文化遗产保护范围、建设控制地带内，不得建设污染丝绸之路历史文化遗产及其环境的设施，不得进行可能影响丝绸之路历史文化遗产安全及其环境的活动。对已有的污染丝绸之路历史文化遗产及其环境的设施，应当限期治理。

第二十一条　在丝绸之路历史文化遗产的建设控制地带内的建设工程，不得破坏丝绸之路历史文化遗产的历史风貌；工程设计方案应当按照有关规定经文物行政管理部门同意后，报有关部门批准。

第二十二条　在丝绸之路历史文化遗产建设控制地带内进行工程建设前，建设单位应当报市文物行政管理部门组织考古调查、勘探、发掘，所需费用列入建设工程预算。建设工程的风格、色调和高度应当与不可移动文物的历史风貌和周边环境相协调。

第二十三条　确需利用丝绸之路历史文化遗产拍摄电影、电视、广告和其他音像资料或者举办大型活动的，拍摄单位或者举办者应当制定文物和环境保护方案，按照审批权限，报相应的文物行政管理部门批准。文物行政管理部门应当对拍摄单位和举办者的活动进行监督。

第二十四条　在丝绸之路历史文化遗产保护范围内的文物遗迹应当实施原址保护；发现、出土的文物，应当交市文物行政管理部门或市文物行政管理部门指定的文物收藏单位收藏。

第二十五条　违反本办法规定的，由有关部门依据相关法律、法规进行处理。

第二十六条　行政机关工作人员在丝绸之路历史文化遗产保护管理工作中滥用职权、玩忽职守、徇私舞弊的，依法给予行政处分；构成犯罪的，依法追究刑事责任。

第二十七条　本办法自 2008 年 10 月 10 日起施行。

西安市汉长安城未央宫遗址保护管理办法

第一条　为了加强对汉长安城未央宫遗址(以下简称“未央宫遗址”)的保护和管理，依据《中华人民共和国文物保护法》、《中华人民共和国文物保护法实施条例》、《陕西省文物保护条例》、《西安市周丰镐、秦阿房宫、汉长安城和唐大明宫遗址保护管理条例》等法律法规，结合本市实际，制定本办法。

第二条　未央宫遗址的保护和管理工作适用本办法。

未央宫遗址的保护范围和建设控制地带以省人民政府公布的范围为准。

第三条　未央宫遗址的保护和管理,应当坚持保护为主、抢救第一、合理利用、加强管理的原则，正确处理未央宫遗址保护与社会经济发展、人民群众生产生活的关系，确保未央宫遗址的真实性和完整性。

第四条　未央区人民政府负责未央宫遗址的保护管理工作。

汉长安城特区管委会具体负责未央宫遗址的保护管理工作。

市文物行政管理部门负责对未央宫遗址保护管理工作的监督、指导。

其他与未央宫遗址保护工作相关的部门应当按照各自职责，做好保护工作。

第五条　未央区人民政府应当依法加强对未央宫遗址的保护，并将其纳入国民经济和社会发展规划。

第六条　未央宫遗址不得转让、抵押，建立博物馆、保管所或者辟为参观游览场所时不得作为企业资产经营。

第七条　公民、法人和其他组织都有依法保护未央宫遗址的义务，并有权对违反本办法的行为进行制止、检举和控告。

第八条　未央区人民政府可以对在未央宫遗址保护管理工作中做出突出贡献的单位和个人给予表彰或者奖励。

第九条　市级相关部门、未央区人民政府及汉长安城特区管委会应当加强对未央宫遗址保护范围和建设控制地带环境的治理，严格控制各类建设活动和设施设置。

禁止在未央宫遗址保护范围和建设控制地带内进行任何危害遗址安全、破坏景观或者污染环境的建设活动。

第十条　在未央宫遗址保护范围内不得进行可能影响遗址安全性、完整性的活动，除保护、展示及必要的辅助设施外，不得对遗址本体进行任何作业，禁止进行与保护无关的其他建设工程及爆破、钻探、挖掘等作业。

遗址保护、展示工程的设计和施工单位，应当具有相应的资质，设计方案应当严格限制附加建（构）筑物，并符合相关规范要求，按照规定程序依法审批后方可实施。

第十一条 在未央宫遗址建设控制地带内进行工程建设前，建设单位应当报市文物行政管理部门组织考古调查、勘探、发掘，所需费用列入建设工程预算。

在未央宫遗址建设控制地带内的建设工程，不得破坏未央宫遗址的历史风貌，工程设计方案应当按照有关规定经文物行政管理部门同意后，报有关部门批准。

第十二条 在不破坏未央宫遗址本体和景观环境的前提下，可以进行适度的展示。

在未央宫遗址建设控制地带内从事其他生产经营活动的，不得破坏遗址的环境风貌，不得污染环境，不得危及遗址安全。

第十三条 未央宫遗址保护范围内的园林绿化，以及建（构）筑物、景观设施的色彩、体量和风格应当符合未央宫遗址的历史文化价值和内涵。园林绿化应当采用本地植物品种。

第十四条 未央宫遗址保护范围内的植被、建（构）筑物等可能对遗址本体和环境造成危害或者影响的，汉长安城特区管委会应当采取相应的措施，消除隐患。

第十五条 未央宫遗址保护范围内应当根据需要设置必要的安防系统，并配备相应的管理人员和通讯设施。

第十六条 汉长安城特区管委会应当制定各类应急预案并组织演练，提高应对突发事件的能力。

发生危及遗址安全的突发事件时，汉长安城特区管委会应当立即采取必要的措施，并同时向市人民政府和省文物行政管理部门报告。

第十七条 确需利用未央宫遗址拍摄电影、电视和其他音像资料或者举办大型活动的，拍摄单位或者举办者应当制定文物和环境保护方案，按照审批权限，报相应的文物行政管理部门批准。汉长安城特区管委会应当对拍摄单位和举办者的活动进行监督。

第十八条 未央宫遗址保护范围内的文物遗迹应当实施原址保护。发现、出土的文物，应当交市文物行政管理部门或者市文物行政管理部门指定的文物收藏单位收藏。

第十九条 违反本办法规定的，由有关部门依据相关法律、法规进行处理。

第二十条 行政机关工作人员在未央宫遗址保护管理工作中滥用职权、玩忽职守、徇私舞弊的，由其所在单位或者上级行政主管部门给予行政处分；构成犯罪的，由司法机关依法追究刑事责任；给当事人造成损失的，应依法予以赔偿。

第二十一条 本办法自2013年8月26日起施行。

西安市大明宫遗址保护管理办法

第一条　为了加强对大明宫遗址的保护和管理，依据《中华人民共和国文物保护法》、《中华人民共和国文物保护法实施条例》、《陕西省文物保护条例》、《西安市周丰镐、秦阿房宫、汉长安城和唐大明宫遗址保护管理条例》等法律法规，结合本市实际，制定本办法。

第二条　大明宫遗址的保护和管理工作适用本办法。

大明宫遗址的保护范围和建设控制地带以省人民政府公布的范围为准。

第三条　大明宫遗址的保护和管理，应当坚持保护为主、抢救第一、合理利用、加强管理的原则，正确处理大明宫遗址保护与社会经济发展、人民群众生产生活的关系，确保大明宫遗址的真实性和完整性。

第四条　曲江新区管委会负责大明宫遗址的保护管理工作。

大明宫遗址保护管理机构具体负责大明宫遗址的保护管理工作。

市文物行政管理部门负责对大明宫遗址保护管理工作的监督、指导。

其他与大明宫遗址保护工作相关的部门应当按照各自职责，做好保护工作。

第五条　市人民政府应当将大明宫遗址保护工作纳入国民经济和社会发展规划。

第六条　大明宫遗址不得转让、抵押，建立博物馆、保管所或者辟为参观游览场所时不得作为企业资产经营。

第七条　公民、法人和其他组织都有依法保护大明宫遗址的义务，并有权对违反本办法的行为进行制止、检举和控告。

第八条　曲江新区管委会可以对在大明宫遗址保护管理工作中做出突出贡献的单位和个人给予表彰或者奖励。

第九条　市级相关部门、曲江新区管委会应当加强对大明宫遗址保护范围和建设控制地带环境的治理，严格控制各类建设活动和设施设置。

禁止在大明宫遗址保护范围和建设控制地带内进行任何危害遗址安全、破坏景观或者污染环境的建设活动。

第十条　在大明宫遗址保护范围内不得进行可能影响遗址安全性、完整性的活动，除保护、展示及必要的辅助设施外，不得对遗址本体进行任何作业，禁止进行与保护无关的其他建设工程及爆破、钻探、挖掘等作业。

遗址保护、展示工程的设计和施工单位，应当具有相应的资质，设计方案应当严格限制附加建（构）筑物，并符合相关规范要求，按照规定程序依法审批后方可实施。

第十一条　在大明宫遗址建设控制地带内进行工程建设前，建设单位应当报市文物行政管理部门组织考古调查、勘探、发掘，所需费用列入建设工程预算。

在大明宫遗址建设控制地带内的建设工程，不得破坏大明宫遗址的历史风貌，工程设计方案应当按照有关规定经文物行政管理部门同意后，报有关部门批准。

第十二条 在不破坏大明宫遗址本体和景观环境的前提下，可以进行适度的展示。

在大明宫遗址建设控制地带内从事其他生产经营活动的，不得破坏遗址的环境风貌，不得污染环境，不得危及遗址安全。

第十三条 大明宫遗址保护范围内的园林绿化，以及建（构）筑物、景观设施的色彩、体量和风格应当符合大明宫遗址的历史文化价值和内涵。园林绿化应当采用本地植物品种。

第十四条 大明宫遗址保护范围内的植被、建（构）筑物等可能对遗址本体和环境造成危害或者影响的，大明宫遗址保护管理机构应当采取相应的措施，消除隐患。

第十五条 大明宫遗址保护范围内应当根据需要设置必要的安防系统，并配备相应的管理人员和通讯设施。

第十六条 大明宫遗址保护管理机构应当制定各类应急预案并组织演练，提高应对突发事件的能力。

发生危及遗址安全的突发事件时，大明宫遗址保护管理机构应当立即采取必要的措施，并同时向市人民政府和省文物行政管理部门报告。

第十七条 确需利用大明宫遗址拍摄电影、电视和其他音像资料或者举办大型活动的，拍摄单位或者举办者应当制定文物和环境保护方案，按照审批权限，报相应的文物行政管理部门批准。大明宫遗址保护管理机构应当对拍摄单位和举办者的活动进行监督。

第十八条 大明宫遗址保护范围内的文物遗迹应当实施原址保护。发现、出土的文物，应当交市文物行政管理部门或者市文物行政管理部门指定的文物收藏单位收藏。

第十九条 违反本办法规定的，由有关部门依据相关法律、法规进行处理。

第二十条 行政机关工作人员在大明宫遗址保护管理工作中滥用职权、玩忽职守、徇私舞弊的，由其所在单位或者上级行政主管部门给予行政处分；构成犯罪的，由司法机关依法追究刑事责任；给当事人造成损失的，应依法予以赔偿。

第二十一条 本办法自 2013 年 8 月 26 日起施行。

西安市大雁塔保护管理办法

第一条 为了加强对大雁塔的保护和管理，依据《中华人民共和国文物保护法》、《中华人民共和国文物保护法实施条例》、《陕西省文物保护条例》等法律法规，结合本市实际，制定本办法。

第二条 大雁塔的保护和管理工作适用本办法。

大雁塔的保护范围和建设控制地带以省人民政府公布的范围为准。

第三条 大雁塔的保护和管理，应当坚持保护为主、抢救第一、合理利用、加强管理的原则，正确处理大雁塔保护与宗教活动场所的关系，确保大雁塔的真实性和完整性。

第四条 市宗教行政管理部门是大雁塔保护管理工作的行政主管部门。

大雁塔管理机构具体负责大雁塔的保护管理工作。

文物、国土、建设、环保等其他相关部门应当按照各自职责做好大雁塔保护工作。

第五条 市人民政府应当依法加强对大雁塔的保护，并将其纳入国民经济和社会发展规划。

第六条 大雁塔管理机构应当依法履行保护职责。

大雁塔不得转让、抵押，不得作为企业资产经营或者利用其进行经营性活动。

第七条 公民、法人和其他组织都有依法保护大雁塔的义务，并有权对违反本办法的行为进行制止、检举和控告。

第八条 市人民政府可以对在大雁塔保护管理工作中做出突出贡献的单位和个人给予表彰或者奖励。

第九条 大雁塔管理机构应当组织相关部门对大雁塔保护状况进行定期监测，并将监测情况报市宗教行政管理部门和市文物行政管理部门。

第十条 市宗教行政管理部门应当组织相关部门对大雁塔保护范围和建设控制地带的地质情况进行地质监测和地质灾害评估，防治各类地质灾害，确保文物安全。

第十一条 市级相关部门、雁塔区人民政府及曲江新区管委会应当加强对大雁塔保护范围和建设控制地带的环境治理，严格控制各类建设活动和设施设置，保持大雁塔及其附属建筑历史风貌的统一性、完整性。

第十二条 在大雁塔保护范围内不得进行与文物保护、展示及考古无关的其他建设工程或者爆破、钻探、挖掘等作业，除文物保护、展示及必要的辅助设施外，不得设置其他设施。除因保护工作需要，不得在大雁塔本体进行任何作业。

第十三条 在大雁塔保护范围内进行文物保护、展示及考古工程的设计方案应当严格限制附加建（构）筑物，确保大雁塔本体安全，与大雁塔历史文化价值和内涵相协调，符合相关规范要求，并按照有关规定办理相关手续。

第十四条　在大雁塔建设控制地带内的建设工程，其设计方案应当按照有关规定经市文物行政管理部门同意后，报有关部门批准。

进行工程建设前，建设单位应当报市文物行政管理部门组织考古调查、勘探、发掘，所需费用列入建设工程预算。

第十五条　承担文物保护、展示工程设计和施工的单位，应当具有相应的资质。

第十六条　大雁塔管理机构应当制定各类应急预案并组织演练，提高应对突发事件的能力，在大雁塔保护范围内开展宗教活动应当确保文物安全。

发生危及大雁塔安全的突发事件时，大雁塔管理机构应当立即采取必要的措施，并同时向市人民政府和省文物行政管理部门报告。

第十七条　确需利用大雁塔拍摄电影、电视和其他音像资料或者举办大型活动的，拍摄单位或者举办者应当征得市宗教行政管理部门的同意，并制定保护方案，办理相关手续。大雁塔管理机构应当对拍摄单位和举办者的活动进行监督。

第十八条　大雁塔保护范围内的文物遗迹应当实施原址保护。发现、出土的文物，应当依法予以处理。

第十九条　违反本办法规定的，由有关部门依据相关法律、法规进行处理。

第二十条　行政机关工作人员在大雁塔保护管理工作中滥用职权、玩忽职守、徇私舞弊的，由其所在单位或者上级行政主管部门给予行政处分；构成犯罪的，依法追究刑事责任。

第二十一条　本办法自 2013 年 8 月 26 日起施行。

西安市小雁塔保护管理办法

第一条　为了加强对小雁塔的保护和管理，依据《中华人民共和国文物保护法》、《中华人民共和国文物保护法实施条例》、《陕西省文物保护条例》等法律法规，结合本市实际，制定本办法。

第二条　小雁塔的保护和管理工作适用本办法。

小雁塔的保护范围和建设控制地带以省人民政府公布的范围为准。

第三条　小雁塔的保护和管理，应当坚持保护为主、抢救第一、合理利用、加强管理的原则，正确处理小雁塔保护与社会经济发展、人民群众生产生活的关系，确保小雁塔的真实性和完整性。

第四条　市文物行政管理部门是小雁塔保护管理工作的行政主管部门。

小雁塔管理机构具体负责小雁塔的保护管理工作。

国土、建设、环保等其他相关部门应当按照各自职责做好小雁塔保护工作。

第五条　市人民政府应当依法加强对小雁塔的保护，并将其纳入国民经济和社会发展规划。

第六条　小雁塔管理机构应当依法履行保护职责。

小雁塔不得转让、抵押，不得作为企业资产经营或者利用其进行经营性活动。

第七条　公民、法人和其他组织都有依法保护小雁塔的义务，并有权对违反本办法的行为进行制止、检举和控告。

第八条　市人民政府可以对在小雁塔保护管理工作中做出突出贡献的单位和个人给予表彰或者奖励。

第九条　小雁塔管理机构应当组织相关部门对小雁塔保护状况进行定期监测，并将监测情况报市文物行政管理部门。

第十条　市文物行政管理部门应当组织相关部门对小雁塔保护范围和建设控制地带的地质情况进行地质监测和地质灾害评估，防治各类地质灾害，确保文物安全。

第十一条　市级相关部门、碑林区人民政府应当加强对小雁塔保护范围和建设控制地带的环境治理，严格控制各类建设活动和设施设置，保持小雁塔及其附属建筑历史风貌的统一性、完整性。

第十二条　在小雁塔保护范围内不得进行与文物保护、展示及考古无关的其他建设工程或者爆破、钻探、挖掘等作业，除文物保护、展示及必要的辅助设施外，不得设置其他设施。除因保护工作需要，不得在小雁塔本体进行任何作业。

第十三条　在小雁塔保护范围内进行文物保护、展示及考古工程的设计方案应当严格限制附加建（构）筑物，确保小雁塔本体安全，与小雁塔历史文化价值和内涵相协调，符合相关规范要求，并按照有关规定办理相关手续。

第十四条　在小雁塔建设控制地带内的建设工程，其设计方案应当按照有关规定经市文物行政管理部门同意后，报有关部门批准。

进行工程建设前，建设单位应当报市文物行政管理部门组织考古调查、勘探、发掘，所需费用列入建设工程预算。

第十五条　承担文物保护、展示工程设计和施工的单位，应当具有相应的资质。

第十六条　小雁塔管理机构应当制定各类应急预案并组织演练，提高应对突发事件的能力，在小雁塔保护范围内开展活动应当确保文物安全。

发生危及小雁塔安全的突发事件时，小雁塔管理机构应当立即采取必要的措施，并同时向市人民政府和省文物行政管理部门报告。

第十七条　确需利用小雁塔拍摄电影、电视和其他音像资料或者举办大型活动的，拍摄单位或者举办者应当征得小雁塔管理机构的同意，并制定保护方案，办理相关手续。小雁塔管理机构应当对拍摄单位和举办者的活动进行监督。

第十八条　小雁塔保护范围内的文物遗迹应当实施原址保护。发现、出土的文物，应当依法予以处理。

第十九条　违反本办法规定的，由有关部门依据相关法律、法规进行处理。

第二十条　行政机关工作人员在小雁塔保护管理工作中滥用职权、玩忽职守、徇私舞弊的，由其所在单位或者上级行政主管部门给予行政处分；构成犯罪的，依法追究刑事责任。

第二十一条　本办法自 2013 年 8 月 26 日起施行。

西安市兴教寺塔保护管理办法

第一条　为了加强对兴教寺塔的保护和管理，依据《中华人民共和国文物保护法》、《中华人民共和国文物保护法实施条例》、《陕西省文物保护条例》等法律法规，结合本市实际，制定本办法。

第二条　兴教寺塔的保护和管理工作适用本办法。

兴教寺塔的保护范围和建设控制地带以省人民政府公布的范围为准。

第三条　兴教寺塔的保护和管理，应当坚持保护为主、抢救第一、合理利用、加强管理的原则，正确处理兴教寺塔保护与宗教活动场所的关系，确保兴教寺塔的真实性和完整性。

第四条　长安区人民政府负责兴教寺塔的保护管理工作。

兴教寺塔管理机构具体负责兴教寺塔的保护管理工作。

市文物、宗教等行政管理部门应当按照各自职责做好兴教寺塔保护管理的监督工作。

其他相关部门应当按照各自职责，做好兴教寺塔保护工作。

第五条　长安区人民政府应当依法加强对兴教寺塔的保护，并将其纳入国民经济和社会发展规划。

第六条　兴教寺塔管理机构应当依法履行保护职责。兴教寺塔不得转让、抵押，不得作为企业资产经营或者利用其进行经营性活动。

第七条　公民、法人和其他组织都有依法保护兴教寺塔的义务，并有权对违反本办法的行为进行制止、检举和控告。

第八条　长安区人民政府可以对在兴教寺塔保护管理工作中做出突出贡献的单位和个人给予表彰或者奖励。

第九条　长安区人民政府应当组织相关部门对兴教寺塔保护状况，以及兴教寺塔保护范围和建设控制地带的地质情况进行定期监测，加强地质灾害评估，防治山体滑坡、地面塌陷等灾害，并将监测情况报市文物行政管理部门。

第十条　市级相关部门、长安区人民政府及其相关部门应当加强对兴教寺塔保护范围和建设控制地带的环境治理，严格控制各类建设活动和设施设置，保持兴教寺塔及其附属建筑历史风貌的统一性、完整性。

兴教寺塔保护范围和建设控制地带内，禁止进行任何危害兴教寺塔安全、破坏景观或者污染环境的建设活动。

第十一条　在兴教寺塔的保护范围内，不得进行与保护无关的其他建设工程或者爆破、钻探、挖掘等作业，除保护、展示及必要的辅助设施外，不得设置其他设施。除因保护工作需要，不得在兴教寺塔本体进行任何作业。

第十二条　承担文物保护、展示工程设计和施工的单位，应当具有相应的资质。

在兴教寺塔保护范围内辅助设施的位置、规模、形式、色彩等应当与兴教寺塔相协调，其设计方案应当符合相关规范要求，并按照有关规定办理相关手续。

第十三条　兴教寺塔管理机构应当制定各类应急预案并组织演练，提高应对突发事件的能力，在兴教寺塔保护范围内开展宗教活动时应当确保文物安全。

发生危及兴教寺塔安全的突发事件时，兴教寺塔管理机构应当立即采取必要的措施，并同时向市人民政府和省文物行政管理部门报告。

第十四条　确需利用兴教寺塔拍摄电影、电视和其他音像资料或者举办大型活动的，拍摄单位或者举办者应当征得兴教寺塔管理机构的同意，并制定保护方案，办理相关手续。兴教寺塔管理机构应当对拍摄单位和举办者的活动进行监督。

第十五条　兴教寺塔保护范围内的文物遗迹应当实施原址保护。发现、出土的文物，应当依法予以处理。

第十六条　违反本办法规定的，由有关部门依据相关法律、法规进行处理。

第十七条　行政机关工作人员在兴教寺塔保护管理工作中滥用职权、玩忽职守、徇私舞弊的，由其所在单位或者上级行政主管部门给予行政处分；构成犯罪的，依法追究刑事责任。

第十八条　本办法自 2013 年 8 月 26 日起施行。

图　版

彬县大佛寺石窟
唐长安城大明宫遗址
汉长安城未央宫遗址
大雁塔
小雁塔
兴教寺塔
张骞墓
银川
YINCHUAN

（一）汉长安城未央宫遗址

图1 汉长安城未央宫前殿遗址鸟瞰图

图 2　汉长安城城墙东南角遗址保护后

图 3　汉长安城未央宫前殿遗址保护后

图4 汉长安城未央宫中央官署遗址保护后

图5 汉长安城未央宫椒房殿遗址保护后

图 6　汉长安城未央宫石渠阁遗址保护后

图 7　汉长安城西安门遗址保护后（西南—东北）

图 8　汉长安城西安门遗址外广场

图 9　汉长安城未央宫前殿南侧道路遗址保护后

图 10　汉长安城未央宫遗址综合服务管理中心及专题陈列馆

图 11　“大汉中枢　丝路起点——未央宫的前世今生”展厅

图 12 汉代“长乐未央”瓦当

图 13 汉代“长生无极”瓦当

图 14 汉代“千秋万岁”瓦当

图 15 汉代“延年益寿”瓦当

图 16 汉代“与天无极”瓦当

图 17 汉代云纹瓦当

图 18　汉代青龙瓦当

图 19　汉代白虎瓦当

图 20 汉代朱雀瓦当

图 21 汉代玄武瓦当

图 22 汉代布泉钱币

图 23 汉代铸造范

图 24 汉代铺首

图 25 汉代陶奁

图 26 汉代陶马

图 27 汉代陶碗

图 28 汉代“延年益寿与天相侍日月同光”十二字瓦脊

图 29 汉代玄武纹空心砖平面

（二）唐长安城大明宫遗址

图 1　唐大明宫国家遗址公园航拍图

图 2 唐大明宫遗址

图 3 唐大明宫丹凤门遗址保护工程实施后

图 4　唐大明宫御道遗址保护工程实施后

图 5　唐大明宫含元殿遗址保护工程实施后

图6　唐大明宫麟德殿遗址保护工程实施后

图7　唐大明宫大福殿遗址保护工程实施后

图 8 唐大明宫三清殿遗址保护工程实施后

图 9 唐大明宫望仙台遗址保护工程实施后

图 10　唐大明宫太液池遗址

图 11　唐大明宫太液池南岸水渠石桥遗迹展示窗

图 12　唐大明宫玄武门南侧过水桥涵遗迹展示窗

图 13　唐大明宫麟德殿东广场改造提升后

图 14 石经幢

图 15 石刻力士

图 16 石刻翼兽

图 17 龙首石构建

图 18 石柱础

图 19 陶水道

图 20 “天宝五载西坊官砖”铭文砖

图 21 鸱吻

图 22 鎏金兽面纹铜铺首

图 23 石佛首

图 24 石刻印章

图 25 石璧

图 26 铁鑁

图 27 鎏金铜鱼饰

图 28 白釉瓷罐

图 29 褐釉瓷罐

（三）大雁塔

图1 大雁塔及慈恩寺全景

图 2　大雁塔单体照

图 3 玄奘雕像与大雁塔

图 4 大雁塔西侧视线通廊

图 5　大雁塔北广场

图 6　大雁塔剖视图

图 7　玄奘负笈图

图 8　大雁塔南门楣

图 9　大雁塔西门楣上的佛说法殿堂图拓片

图 10　大唐三藏圣教序记碑

图 11　唐代佛首

图 12 唐代汉白玉龙首

图 13 唐代莲花佛足

（四）小雁塔

图 1 西安博物院全景图

图 2 小雁塔单体照

图 3 小雁塔鸟瞰图

图 4　荐福寺南山门外

图 5　荐福寺大雄宝殿

图 6　荐福寺藏经楼

图 7　荐福寺白衣阁

图 8 荐福寺慈氏阁

图 9 荐福寺钟楼

图 10　荐福寺鼓楼

图 11　荐福寺南山门内

图 12 西安博物院基本陈列厅

图 13 唐代三彩胡人腾空马

图 14 唐代鎏金走龙

图 15 唐代三彩载物卧驼及牵驼俑

图 16　唐代金背瑞兽葡萄镜

图 17　唐代粉彩偏髻大女俑

图 18　唐代童子叠罗汉杂技俑

图 19 唐代胡旋舞纹铊尾玉带饰

图 20 唐代白瓷皮囊壶

图 21　唐代金镶玉佩

图 22　唐代都管七国人物银盒

图 23　汉代鎏金羊灯

图 24　汉代铜羽人

图 25　汉代彩绘车马人物镜

图 26　汉代玉杯

图 27　汉代玉舞人

图 28 汉代喇叭裙女俑

图 29 汉代青玉猪

图 30　汉代鎏金凤鸟铜锺

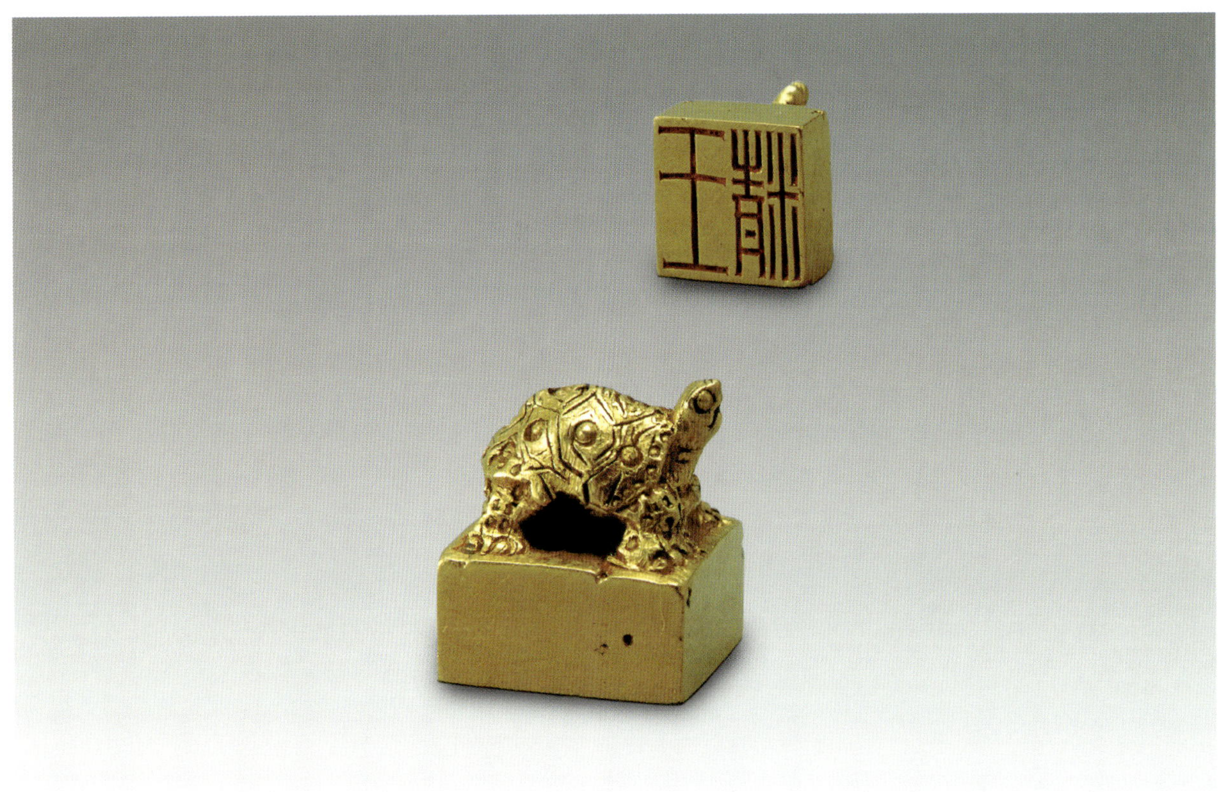

图 31　汉代“王精”金印

图 32　汉代错金银勾连云纹钫

图 33　汉代鎏金鸟兽纹剑饰

图 34 唐代三彩捧笏胡人武官俑

图 35 隋董钦鎏金铜佛像

图 36　唐三彩狮子

图 37　唐彩绘石雕佛立像

图 38　唐“金筐宝钿”金花饰

图 39　唐三彩凤首壶

图 40 唐彩绘仕女小憩骑驼俑

图 41 唐三彩胡人牵马俑

图 42　唐彩绘陶骑马抱犬狩猎胡俑

图 43　唐彩绘陶骑马带豹狩猎胡俑

图 44 唐彩绘陶骑马带猞猁狩猎胡女俑

图 45 唐彩绘陶骑马架鹰狩猎胡俑

图 46　北朝东罗马帝国狄奥多西斯二世半身像金币

图 47　北周贴金彩绘石雕菩萨立像

图 48 东汉绿釉饮酒胡人俑

图 49 西汉陶翼马

（五）兴教寺塔

图 1　兴教寺核心区全景

图 2 兴教寺塔

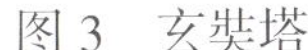

图 3 玄奘塔

图 4 窥基塔

图 5 圆测塔

图 6 玄奘塔立面图

图 7 兴教寺塔申遗专题展板（前言部分）

后 记

2006 年 8 月，在联合国教科文组织的推动下，在国家文物局的指导下，“丝绸之路跨国联合申报世界文化遗产”项目正式启动。由于该项目内容复杂，涉及面广，参与各国在文化遗产保护管理方面基础不同，所以申报工作前后经过近 8 年时间，在 2014 年 6 月 22 日，由中、哈、吉三国联合申报的“丝绸之路：长安—天山廊道的路网”被世界遗产委员会列入《世界遗产名录》。

作为丝绸之路的起点和入选申遗点最多的城市，西安市 5 个申遗点多位于城市建成区，申遗工作面临的情况复杂、任务艰巨、困难重重。值此丝绸之路申遗成功一周年之际，西安市文物局以西安市 5 个申遗点为依托，组织出版《千年一诺——西安丝绸之路申遗实录》一书，旨在把西安市丝绸之路申报世界文化遗产工作的发展脉络较为清晰系统地介绍给广大读者，为今后的跨国申遗工作积累经验。

本书以时间为顺序，翔实地复原出 2006~2014 年西安市开展的丝绸之路申报世界文化遗产工作内容，并附录了申遗结束后相关工作人员对此项工作的认识与理解、感悟与体会，添加了相关媒体对此项工作开展过程的追踪报道。全书不仅陈述了 8 年申遗过程的复杂与艰辛，亦展示了申遗成功后的感动与收获。

汉武帝曰：“盖有非常之功，必待非常之人。”在此，我们衷心感谢那些在申遗工作中团结协作、拼搏进取、坚持坚守的相关领导、专家和所有参与此项工作的管理人员，感谢媒体的监督与见证，感谢人民群众和利益相关者对申遗工作的坚定拥护和支持。

本书稿是在国际古迹遗址理事会西安国际保护中心和西安市丝绸之路申报世界文化遗产工作领导小组办公室收集资料的基础上完成的，在此对他们致以崇高的敬意。同时，由于该项工作周期长、内容多，尽管我们汇编资料时力求全面，但亦或有不尽完备之处，敬请读者多提宝贵意见。

编者于 2015 年 6 月